Handlungsorientierung im Fremdsprachenunterricht

Dagmar Abendroth-Timmer · David Gerlach

Handlungs-orientierung im Fremdsprachen-unterricht

Eine Einführung

J.B. METZLER

Dagmar Abendroth-Timmer
Romanisches Seminar
Universität Siegen
Siegen, Deutschland

David Gerlach
Anglistik/Amerikanistik
Universität Wuppertal
Wuppertal, Deutschland

ISBN 978-3-476-05825-6 ISBN 978-3-476-05826-3 (eBook)
https://doi.org/10.1007/978-3-476-05826-3

Die Deutsche Nationalbibliothek verzeichnet diese Publikation in der Deutschen Nationalbibliografie; detaillierte bibliografische Daten sind im Internet über ► http://dnb.d-nb.de abrufbar.

Umschlagabbildung: © [M] Kritchanut/Getty Images/iStock

Planung/Lektorat: Ferdinand Pöhlmann
J.B. Metzler ist ein Imprint der eingetragenen Gesellschaft Springer-Verlag GmbH, DE und ist ein Teil von Springer Nature.
Die Anschrift der Gesellschaft ist: Heidelberger Platz 3, 14197 Berlin, Germany

Geleitwort

Bewährtes bewahren oder weiterdenken? Handlungsorientierung als didaktisches Konstrukt hat sich immerhin seit gut einem halben Jahrhundert – zumindest im deutschsprachigen Raum – im Unterricht und in der Lebens- und Arbeitswelt praktisch bewährt. Dem folgend wäre dieses Buch ein weiteres Ausrufezeichen zum Erhalt eines gesicherten didaktisch-methodischen Ansatzes – im Fremdsprachenunterricht und darüber hinaus. Aber dieses Buch will mehr; es will die Dichotomie von Tradiertem und neu zu Schaffendem auflösen; also: Bewährtes bewahren *und* weiterdenken. Denn Handlungsorientierung, so das Autorenteam, ist kein statisches Konstrukt; vielmehr ist Handlungsorientierung in ihrer Erscheinungsform prozesshaft, fließend, dynamisch, variabel, anpassungsfähig und bereit für Veränderungen, seien diese in enger Betrachtung auf das unterrichtliche Geschehen gerichtet oder weitläufig auf soziale, kulturelle, sprachliche Gegebenheiten.

Als Dagmar Abendroth-Timmer mich vor gut zwei Jahrzehnten, zu einem Zeitpunkt, als „Handlungsorientierung" seinen Zenit zu erreichen schien, fragte, wie es denn wohl mit diesem Ansatz weitergehen würde in Unterricht und Forschung, antwortete ich, es sei an der Zeit, sich von dem Konzept der Handlungsorientierung zu verabschieden, da es sich der Gefahr einer didaktischen Verwässerung nicht entziehen könne. Wie falsch ich doch lag! Mit Prognosen für die Zukunft sollte man – zumindest, was Lernen durch Handeln, was Spracherwerb durch Kommunikation betrifft – vorsichtig sein. Denn eines zeigt das vorliegende Buch in besonderem Maße: als Modell für einen Unterricht, der die Lernenden im Mittelpunkt des Unterrichtsgeschehens sieht, hat Handlungsorientierung noch sehr viel zu bieten.

Handelnd lernen ist weit mehr als das viel bemühte „learning by doing". Wie das Autorenteam bereits im ersten Kapitel zeigt, ist der Handlungsbegriff vielschichtig und facettenreich. Ihn methodisch zu ordnen, gelingt dann, wenn Lernen als Interaktion gefasst wird. Das hört sich vertraut an, wird aber in diesem Buch in den nachfolgenden Kapiteln mit Blick auf die Zukunft neu austariert: Authentizität des Lerngeschehens, „learner agency", Multiliteralität, Aufgabenorientierung, kollaboratives und digitalisiertes Lernen sind Stichworte, die die erweiterte Dimension von Handlungsorientierung charakterisieren.

Bewährtes weiterdenken: dazu werden die Leser*innen dieses Buches aufgerufen; mögen sich viele auf diese Herausforderung einlassen!

Gerhard Bach

Vorwort

Dieser Band richtet sich an Student*innen, Referendar*innen, Fremdsprachenlehrer*innen, an Lehrende in den verschiedenen Phasen der Lehrer*innenbildung sowie an Forscher*innen in Sprachlehr- und -lernforschung und Fremdsprachendidaktik. Ziel des Bandes ist es, das Konzept der Handlungsorientierung für den schulischen Fremdsprachenunterricht bzw. für die Sprachbildung zu bestimmen, zu erklären und weiterzuentwickeln. In großen Teilen sind die Ausführungen sprachübergreifender Natur. Bei den praktischen Beispielen liegt ein Schwerpunkt auf den verbreiteten Schulfremdsprachen Englisch, Französisch und Spanisch, wobei außerdem Italienisch und Russisch berücksichtigt werden und Fragen zur Einbeziehung von Herkunftssprachen eine wichtige Rolle spielen. Insgesamt ist der Band vornehmlich auf die theoretische Modellbildung und die Entwicklung exemplarischer, unterrichtspraktischer Vorschläge ausgerichtet (für einen Überblick über bisherige empirische Forschungsarbeiten zum Thema vgl. Delius/Surkamp/Wirag 2021).

In einem ersten Schritt soll der Begriff der Handlungsorientierung in ▶ Kap. 2 umfassend erkenntnis- und bildungstheoretisch definiert werden, um auf dieser Basis fachdidaktische Konzepte und unterrichtsmethodische Ansätze der fremdsprachlichen Bildungsarbeit zu begründen. In ▶ Kap. 3 werden die Lernenden in den Mittelpunkt gestellt: Es soll beleuchtet werden, wie der bzw. die Lernende als autonomes Individuum und als sozialer Akteur bzw. soziale Akteurin handelnd lernt. Eine Rolle spielen individuelle sowie sprachlich-kulturelle und sozial-emotionale Lerndispositionen und multiple Identitäten, die ins Verhältnis gesetzt werden mit fremdsprachendidaktischen Konzepten als Grundlagen für Handlungsorientierung. Dies wird an Beispielen aus dem Fremdsprachenunterricht verdeutlicht. ▶ Kap. 4 fokussiert im Detail die unterrichtliche Spracharbeit. Hier wird zum einen die kognitive Handlungsebene in den Blick genommen, zum anderen werden unterrichtliche Handlungsdimensionen skizziert und an Beispielen illustriert. Schließlich richtet ▶ Kap. 5 ein Augenmerk auf konkrete Unterrichtsszenarien, welche handlungsorientiert verschiedene Kompetenzen und Bildungsziele integrieren. Es folgt in ▶ Kap. 6 ein Blick auf die Unterrichtsplanung und die Rolle der Lehrenden nach dem hier vorgeschlagenen Verständnis von Handlungsorientierung. Den Abschluss bildet ein Modell der handlungs- und kontextorientierten Sprachbildung. Dieses basiert auf einem postmodernen, dynamischen Verständnis von Sprachen, Kulturen, Identitäten und mehrsprachig-mehrkulturellen Bildungsprozessen sowie auf Ansätzen der kritischen Fremdsprachendidaktik (vgl. Gerlach 2020).

Wenn man sich einem derart komplexen thematischen Feld widmet, ist man als Autor*in auch immer auf die Hilfe Dritter angewiesen. Daher sei an dieser Stelle besonders Melina Eckhardt, Christian Koch, Mareen Lüke, Marta M. Röder, Katharina Spellerberg, Barbara Thomas und Martin Wolter gedankt für ihr

Feedback und ihre Beiträge zu unterschiedlichen Stadien des Manuskripts. Beim Metzler-Verlag danken wir Ute Hechtfischer und Ferdinand Pöhlmann für die Betreuung.

Dagmar Abendroth-Timmer
David Gerlach
im April 2021

Literatur

Delius, Katharina/Surkamp, Carola/Wirag, Andreas (erscheint 2021): *Handlungsorientierung empirisch*. Göttingen: Göttinger Universitätsverlag.

Gerlach, David (Hg.) (2020): *Kritische Fremdsprachendidaktik: Grundlagen, Ziele, Beispiele*. Tübingen: Narr.

Inhaltsverzeichnis

1 **Einleitung: Handlungsorientierter Fremdsprachenunterricht** 1
1.1 Zum Konzept dieser Einführung 2
1.2 Überblick über die Kapitel 4
Literatur 5

2 **Der Handlungsbegriff und seine kommunikations- und bildungstheoretischen Grundlagen** 7
2.1 Handlung und Wissen 9
2.2 Handlung und Kommunikation 10
2.3 Handlung und Interaktion 13
2.4 Handlung und Partizipation 16
2.5 Handlung und Bildung 19
2.6 Handlung und Leiblichkeit 22
2.7 Handlung und Emotionen 27
2.8 Handlung und Kultur 30
2.9 Handlung und Handlungsorientierung 41
Literatur 43

3 **Fremdsprachenlernende und handlungsorientierte Lernprozesse** 53
3.1 Fremdsprachenlernende als Individuen 54
3.2 Fremdsprachenlernende als sprachlich-kulturell Handelnde 65
3.3 Fremdsprachenlernende als sozial-emotional Handelnde 77
3.4 Fremdsprachenlernende als Lerngruppen 82
3.5 Individualität, Diversität und Handlungsorientierung 88
Literatur 89

4 **Handlungsorientierte Spracharbeit** 97
4.1 Fremdsprachliches Handeln 98
4.2 Lesen 102
4.3 Hören und Hör-Seh-Verstehen 110
4.4 Schreiben 114
4.5 Sprechen 121
4.6 Sprachmittlung 129
4.7 Sprachliche Mittel 136
4.8 Sprachbewusstheit 139
4.9 (Inter-/Trans-)Kulturelle Kommunikation 143
4.10 Sprachlich-kulturelle Kommunikationskompetenzen und Handlungsorientierung 145
Literatur 145

5 **Beispiele für handlungsorientierten Fremdsprachenunterricht** 155
5.1 Handeln mit Texten 156
5.2 Handeln an Lernorten 174
5.3 Handeln mit digitalen Medien 185
5.4 Ästhetisches und performatives Handeln 195
5.5 Mehrsprachiges und fächerverbindendes Handeln 211
5.6 Kritisches Handeln 223
5.7 Fazit 232
Literatur 233

6 **Handlungsorientiert Unterricht planen und durchführen** 251
6.1 Aufgabenorientierung 252
6.2 Produkt- und Prozessorientierung 259
6.3 Handlungsorientiert diagnostizieren, testen und evaluieren 268
6.4 Die Rolle der Lehrperson im handlungsorientierten Fremdsprachenunterricht 275
6.5 Neue Perspektiven auf Handlungsorientierung 282
6.6 Ausblick 288
Literatur 288

Einleitung: Handlungsorientierter Fremdsprachenunterricht

Inhaltsverzeichnis

1.1 Zum Konzept dieser Einführung – 2

1.2 Überblick über die Kapitel – 4

Literatur – 5

D. Abendroth-Timmer und D. Gerlach, *Handlungsorientierung im Fremdsprachenunterricht*,
https://doi.org/10.1007/978-3-476-05826-3_1

1

1.1 Zum Konzept dieser Einführung

Das Konzept der Handlungsorientierung einer umfassenden Sichtung und Weiterentwicklung zu unterziehen, erweist sich als höchst relevant, betrachtet man Handlung als das eigentliche Ermöglichungselement für kognitive und interaktionale, unterrichtliche Lern- und Bildungsprozesse.

Zur Vertiefung: Ursprünge der Handlungsorientierung
Die Grundideen des Begriffs der Handlungsorientierung reichen weit u. a. auf die Tätigkeitstheorie nach Leont'ev oder die Reformpädagogik nach Kerschensteiner zurück und lassen sich in methodischen Ansätzen des neusprachlichen Unterrichts des 19. Jahrhunderts an höheren Mädchenschulen nachzeichnen (vgl. Doff 2009: 29; Peuschel 2012: 31–49). Vor allem entwickelt sich der Ansatz im Zuge der kommunikativen Wende, der Pragmadidaktik sowie der Lerner*innenorientierung in den 1970er und 1980er Jahren. Für diese Zeit können zunächst 41 bibliographische Einträge im *Informationszentrum für Fremdsprachenforschung* (IFS) belegt werden. Das Konzept geht allerdings über jenes der Kommunikationsorientierung deutlich hinaus (vgl. Europarat 2001/2018).

Die umfassendste Diskussion um einen handlungsorientierten Fremdsprachenunterricht erfolgt in den 1990er Jahren mit 304 Publikationen und dem ersten Jahrzehnt der 2000er Jahre mit 298 Publikationen im deutschsprachigen Raum laut der Datenbank des IFS. Eine große Rolle spielen das aufkommende Interesse an erkenntnistheoretischen und lerner*innenorientierten Fragestellungen und die durchaus kontrovers geführten Diskurse um Kognitivismus, Konstruktivismus, Soziokonstruktivismus, Hermeneutik, Phänomenologie sowie subjektwissenschaftliche und bildungstheoretische Ansätze. Diese Überlegungen führen zu einer intensiven Grundlagen- und Lerner*innenforschung, deren Ergebnisse vielfältige unterrichtliche Entwicklungen befördern und sich in Konzepten wie Autonomie, Kreativität, Strategien usw. niederschlagen. Parallel dazu bewirkt der gleichzeitig eingeführte *Gemeinsame Europäische Referenzrahmen für Sprachen* (im Folgenden: GeR) seinerseits auf einer bildungspolitischen Ebene eine Verschiebung der Konzentration von vermittelten Lerninhalten hin zu angeleiteten Lernprozessen und Lernergebnissen *(learning outcomes)*, deren lerner*innenbezogene Divergenzen unterrichtsmethodisch relevant werden. Entsprechend führt dies seit der Jahrtausendwende zu einer stärkeren Betonung der funktional-fremdsprachendidaktischen Kompetenzen im Sprechen und Schreiben (produktive Kompetenzen) sowie Hör-Seh- und Leseverstehen (rezeptive Kompetenzen) und der Sprachmittlung.

Definition
Was die grundlegende Konzeption und unterrichtliche Umsetzung **handlungsorientierten Fremdsprachenunterrichts** angeht, legten Bach/Timm (1989, 1996, 2003, 2009, 2013a) den zentralen Meilenstein. Sie definierten Handlungsorientierung wie folgt:

„*Handlungsorientierter Fremdsprachenunterricht* ermöglicht es den Schülerinnen und Schülern, im Rahmen authentischer, d. h. unmittelbar-realer oder als lebensecht akzeptierbarer Situationen inhaltlich engagiert sowie ziel- und partnerorientiert zu kommunizieren, um auf diese Weise fremdsprachliche Handlungskompetenz(en) zu entwickeln." (Bach/Timm 2013b: 12; Herv. im Orig.)

Die genannten Aspekte finden sich bis heute weiterhin in Vorstellungen zur Handlungsorientierung wieder, wenn auch mit je unterschiedlichen Schwerpunkten (vgl. Viebrock 2009: 45–48). Die Präsenz des Begriffs wurde jedoch mit den 2003 eingeführten Bildungsstandards, auch als Folge des PISA-Schocks und stark beeinflusst durch den GeR, durch den Kompetenzbegriff abgelöst. Dass dies nicht unproblematisch ist, zeigen kritische Überlegungen seitens der Fremdsprachendidaktik (vgl. z. B. Hallet 2012, zur Diskussion um Bildungsstandards und Kompetenzorientierung auch Bechtel 2015: 48 f.) gerade zur Rolle von literarischen und interkulturellen Inhalten sowie Bildungsprozessen. Dies hat zugleich zur Folge, dass die bibliographischen Einträge zur Handlungsorientierung weniger werden. Bei genauerer Betrachtung stellt sich jedoch heraus, dass die Definition bzw. Beschreibung handlungsbezogenen Lernens oft explizit mit *task-based learning* gleichgesetzt wird und im Deutschen durch Kompetenz- und Aufgabenorientierung ersetzt wird. Das von Bach und Timm konzeptualisierte Handeln im Fremdsprachenunterricht, das bestimmten Anforderungen und Prinzipien folgt, findet sich damit auch in der Theorie der Aufgabenorientierung im Besonderen wieder. Der *task-based learning*-Ansatz macht jedoch genaue Strukturvorgaben für den Unterricht, wohingegen Handlungsorientierung als ein weiterer Ansatz einzustufen ist (vgl. Viebrock 2009: 50), der gewisse Schwerpunkte wie z. B. die Ganzheitlichkeit des Lernprozesses hervorhebt und das fremdsprachlich kompetente Handeln in den Vordergrund rückt. Dieser war bereits in der ersten Fassung des GeR (vgl. Europarat 2001) angedeutet, in der auf Englisch vorliegenden Überarbeitung von 2018 wird dann jedoch der *action-oriented approach* deutlich in den Mittelpunkt gerückt

» The CEFR's action-oriented approach represents a shift away from syllabuses based on a linear progression through language structures, or a predetermined set of notions and functions, towards syllabuses based on needs analysis, oriented towards real-life tasks and constructed around purposefully selected notions and functions. (Europarat 2018: 26)

Dieser Ansatz zeichnet sich durch die Orientierung an Kommunikationssituationen und Aufgaben aus, die sich an der Lebenswirklichkeit ausrichten (vgl. Europarat 2018: 26; Piccardo/North 2019). Hervorgehoben wird weiterhin die soziale Funktion von Sprache, Sprachgebrauch und Interaktion im Fremdsprachenunterricht und in außerunterrichtlichen Kommunikationssituationen. Daher sollen Lernende in ihrer mehrsprachigen und mehrkulturellen Individualität verstanden und ernst genommen, ihr sprachliches Repertoire entsprechend benutzt und eingebracht werden. Es soll weniger um Lernen über Sprache als um Lernen bzw.

Ko-Konstruktion von Bedeutung in und mit der Sprache gehen, wobei kooperative Prozesse und vielfältige Lernprodukte ins Zentrum rücken (vgl. Europarat 2018: 27; Piccardo/North 2019).

1.2 Überblick über die Kapitel

Handlungsorientierung stellt für die Planung und Evaluation von Lehr- und Lernprozessen in der Lehrer*innenbildung ein wesentliches Kriterium dar. Dieser Band kann hierfür eine theoretisch abgesicherte Grundlage bieten, die aktuelle fremdsprachendidaktische und bildungspolitische Diskurse aufgreift.

Zu diesem Zweck wird in ▶ Kap. 2 zunächst der Handlungsbegriff eingehend beleuchtet. Dies erfolgt auf kommunikations- und bildungstheoretischer Basis, wobei wichtige fremdsprachendidaktische Konzepte wie Erkenntnis- und (Inter) Kulturalitätstheorien hierauf bezogen werden. Konzepte, die in diesem Kapitel eingehend beleuchtet werden, sind folgende: Menschenbilder, Handlungsrealisierung, Denken, Wissen, Handlung und Sprache, kommunikative Kompetenz und kommunikatives Handeln, Multiliteralität, Interaktion, kulturelles Handeln und Bildung als Prozesshaftigkeit, Erfahrungslernen, Körper und Leib, *embodiment*, Ästhetik und Aisthetik, Emotionen als Prozesse und Leiblichkeit sowie Kultur als diskursive Praxis.

In ▶ Kap. 3 schließt sich eine eingehende Betrachtung der Lernenden als zentrale Akteur*innen eines handlungsorientierten Fremdsprachenunterrichts an. Es werden Lernvoraussetzungen und Lernprozesse auf kognitiver, emotionaler und konativer Ebene herausgearbeitet, auf die Lehrende kontextsensibel reagieren können. Die Lernenden werden zum einen in ihrem individuellen Lernen betrachtet, zum anderen als sozio-kulturelle Akteur*innen sowie Mitglieder einer Lerngruppe. Konzepte, die in diesem Kapitel besprochen werden, sind folgende: Lerner*innenmerkmale, Autonomie, Lernstrategien, authentisches Handeln, Diskursfähigkeit und narrative Kompetenz, soziokulturelle Identität, fremdsprachliche Diskursbewusstheit, Mehrsprachigkeit und *translanguaging*, symbolische Kompetenz und Emotionen. Konzepte, die bereits in ▶ Kap. 2 erschienen sind, werden erkenntnistheoretisch und hier bezogen auf die Lerner*innen besprochen.

Das ▶ Kap. 4 widmet sich sodann den funktional-kommunikativen Kompetenzen und beschreibt detailliert sprachlich-diskursive Strukturen und mentale Prozesse, die bei einer Modellierung handlungsorientierten Unterrichts zu berücksichtigen sind. Ziel ist es dann, sprachlich-kulturelle Kommunikationsprozesse im Lichte von Handlungsorientierung zu bestimmen. Schlagworte, die in diesem Kapitel besprochen werden, sind die folgenden: Sprache als komplexes System, fremdsprachliche Fertigkeiten, Leseverstehen, Lesemotivation und Lesekompetenz, literarische Kompetenz, Ebenen des Hör-/Hör-Seh-Verstehens, visuelle Kompetenz, Modelle des Schreibens, Schreibmotivation und Emotionen, Sprechen als Interaktion, Aussprache, aufgeklärte Einsprachigkeit – aufgeklärte Mehrsprachigkeit – reflektierte Mehrsprachigkeit, Bedeutung von Sprachmittlung in Schule, Sprachmitteln und Übersetzen, Wortschatzerwerb und Wortschatzlernen, Grammatik, Sprachlernstrategien, *critical language awareness,* gendersensible Sprache, interkulturelle sowie transkulturelle kommunikative Kompetenz.

Nach diesen theoretischen Grundlegungen handlungsorientierter Lern- und Unterrichtsprozesse dient ▶ Kap. 5 dazu, konkrete Praxisbeispiele zu entwerfen, die das Konzept von Handlungsorientierung illustrieren. Es wird vorgestellt, wie Handlungsorientierung im Umgang mit Texten, an verschiedenen Lernorten, mit digitalen Medien, in der ästhetischen und performativen Arbeit, im mehrsprachigen und fächerverbindenden Unterricht und schließlich auf Basis eines Ansatzes kritischer Fremdsprachendidaktik umgesetzt werden kann. Konzepte und unterrichtliche Beispiele, die im Einzelnen entwickelt werden, sind nachfolgende: handlungsorientierte Textarbeit z. B. mit Comics und Graphic novels, Film, Sachtexten, Handlungsorientierung und Lernorte, Handlungsorientierung mit digitalen Medien, ästhetisches Handeln mit Performativität und Handlungsorientierung, mehrsprachiges und fächerverbindendes Handeln sowie zuletzt kritisches Handeln mit politischer Bildung im Fremdsprachenunterricht und *critical literacy.*

Den Abschluss bildet das ▶ Kap. 6. Hier wird die Sicht der Lehrenden auf Erfordernisse der Unterrichtsplanung eingenommen. Handlungsorientierung wird in Bezug gesetzt zu Aufgaben-, produkt- und prozessorientierten Ansätzen des Fremdsprachenunterrichts. Es schließt sich die Beschreibung handlungsorientierter Evaluationsformate an, bei denen individualisierten, entwicklungsorientierten Ansätzen Normsetzungen der Vorrang gegeben wird. Dies verlangt auch eine Betrachtung der Rolle von Lehrpersonen im handlungsorientierten Unterricht. Schließlich werden die theoretischen und unterrichtspraktischen Ausführungen in einem eigenen Modell der „Prinzipien handlungs- und kontextorientierten Fremdsprachenunterrichts" zusammengeführt. Hiermit soll ein Impuls für die weitere fremdsprachendidaktische Modellierung und Umsetzung von Handlungsorientierung gesetzt werden. Themen und Konzepte in ▶ Kap. 6 sind die folgenden: Aufgabenorientierung, Produkt- und Prozessorientierung, Planung für heterogene Lerngruppen sowie unterschiedliche Schulstufen und Schulformen, Evaluation (Leistungsbeurteilung) – Messen (Leistungsmessung) – Testen (Leistungsüberprüfung), Identität, Wissen und Überzeugungen von Fremdsprachenlehrer*innen, Professionalisierung für handlungsorientierten Unterricht, kritische Fremdsprachenlehrer*innenbildung sowie Lehrkräfte im kontextsensiblen und handlungsorientierten Fremdsprachenunterricht.

Literatur

Bach, Gerhard/Timm, Johannes-Peter (Hg.) (1989): *Englischunterricht. Grundlagen und Methoden einer handlungsorientierten Unterrichtspraxis*. Tübingen: Francke.

Bach, Gerhard/Timm, Johannes-Peter (Hg.) (^{2}1996): *Englischunterricht. Grundlagen und Methoden einer handlungsorientierten Unterrichtspraxis*. Tübingen: Francke.

Bach, Gerhard/Timm, Johannes-Peter (Hg.) (^{3}2003): *Englischunterricht. Grundlagen und Methoden einer handlungsorientierten Unterrichtspraxis*. Tübingen: Francke.

Bach, Gerhard/Timm, Johannes-Peter (Hg.) (^{4}2009): *Englischunterricht. Grundlagen und Methoden einer handlungsorientierten Unterrichtspraxis*. Tübingen: Francke.

1

Bach, Gerhard/Timm, Johannes-Peter (Hg.) ([5]2013a): *Englischunterricht. Grundlagen und Methoden einer handlungsorientierten Unterrichtspraxis*. Tübingen: Francke.

Bach, Gerhard/Timm, Johannes-Peter (2013b): Handlungsorientierung als Ziel und als Methode. In: Bach, Gerhard/Timm, Johannes-Peter (Hg.): *Englischunterricht. Grundlagen und Methoden einer handlungsorientierten Unterrichtspraxis*. Tübingen: Francke, S. 1–21.

Bechtel, Mark (2015): Das Konzept der Lernaufgabe im Fremdsprachenunterricht. In: Bechtel, Mark (Hg.): *Fördern durch Aufgabenorientierung. Bremer Schulbegleitforschung zu Lernaufgaben im Französisch- und Spanischunterricht der Sekundarstufe I.* Frankfurt a.M.: Lang, S. 43–78.

Doff, Sabine (2009): ‚Handlungsorientierung': Historische Perspektiven auf ein vermeintlich neues fremdsprachendidaktisches Konzept. In: Abendroth-Timmer, Dagmar/Elsner, Daniela/Lütge, Christiane/Viebrock, Britta (Hg.): *Handlungsorientierung im Fokus. Impulse und Perspektiven für den Fremdsprachenunterricht des 21. Jahrhundert.* Frankfurt a.M.: Lang, S. 27–39.

Europarat (2001): *Gemeinsamer europäischer Referenzrahmen für Sprachen: Lernen, lehren, beurteilen.* Berlin, München: Langenscheidt.

Europarat (2018): *Common European Framework of Reference for Languages: Learning, Teaching, Assessment. Companion Volume with New Descriptors.* ▸ https://rm.coe.int/cefr-companion-volume-with-new-descriptors-2018/1680787989 (11.11.2020).

Hallet, Wolfgang (2012): Die komplexe Kompetenzaufgabe. Fremdsprachige Diskursfähigkeit als kulturelle Teilhabe und Unterrichtspraxis. In: Hallet, Wolfgang/Krämer, Ulrich (Hg.): *Kompetenzaufgaben im Englischunterricht. Grundlagen und Unterrichtsbeispiele.* Seelze-Velber: Klett Kallmeyer, S. 8–19.

Peuschel, Kristina (2012): *Sprachliche Tätigkeit und Fremdsprachenlernprojekte. Fremdsprachliches Handeln und gesellschaftliche Teilhabe in radiodaf-Projekten.* Baltmannsweiler: Schneider Verlag Hohengehren.

Piccardo, Enrica/North, Brian (2019): *The Action-oriented Approach: A Dynamic Vision of Language Education.* Bristol: Multilingual Matters.

Viebrock, Britta (2009): Unsere Besten: Handlungsorientierter Englischunterricht und was nach der Jahrtausendwende daraus geworden ist. In: Abendroth-Timmer, Dagmar/Elsner, Daniela/Lütge, Christiane/Viebrock, Britta (Hg.): *Handlungsorientierung im Fokus. Impulse und Perspektiven für den Fremdsprachenunterricht des 21. Jahrhunderts*. Frankfurt a.M.: Lang, S. 41–54.

Der Handlungsbegriff und seine kommunikations- und bildungstheoretischen Grundlagen

Inhaltsverzeichnis

2.1 Handlung und Wissen – 9

2.2 Handlung und Kommunikation – 10

2.3 Handlung und Interaktion – 13

2.4 Handlung und Partizipation – 16

2.5 Handlung und Bildung – 19

2.6 Handlung und Leiblichkeit – 22

2.7 Handlung und Emotionen – 27

2.8 Handlung und Kultur – 30

2.9 Handlung und Handlungsorientierung – 41

Literatur – 43

D. Abendroth-Timmer und D. Gerlach, *Handlungsorientierung im Fremdsprachenunterricht*,
https://doi.org/10.1007/978-3-476-05826-3_2

Es soll nachfolgend der Handlungsbegriff als Basis der weiteren Ausführungen eingehend betrachtet werden. Dazu werden erkenntnis-, lern- und spracherwerbstheoretische sowie bildungsphilosophische Positionen aufeinander bezogen. Da wir die unterrichtlichen Akteur*innen durchgehend in den Mittelpunkt rücken, beschäftigt uns zunächst das zugrundeliegende Menschenbild.

Menschenbilder Handlungstheorien sind unmittelbar mit Menschenbildern verwoben.

Definition

Menschenbilder in der Theoriebildung der fremdsprachendidaktischen Forschung und im unterrichtlichen Kontext sind bewusste oder unbewusste Grundannahmen und Haltungen gegenüber dem Anderen und bestimmen das Miteinander. Sie gehen einher mit Erkenntnistheorien und bestimmen die Modellierung unterrichtlicher Prozesse sowie Interaktionen zwischen Lehrenden und Lernenden (vgl. Kurtz 2003: 149).

Während ein behavioristisches Menschenbild die Kontrollierbarkeit und Steuerbarkeit von (automatisierten) Handlungen annimmt, betonen subjektwissenschaftliche Erkenntnistheorien die „Autonomie, Reflexivität und kognitive Konstruktivität" von Handlung (vgl. Groeben 1986: 61). Grotjahn (2005) differenziert in diesem Sinne zwischen reduktiv-implikativen versus prospektiv-elaborativen Menschenbildern. Während reduktiv-implikative Menschenbilder wie im Behaviorismus von außen beeinflussbare Lernprozesse zugrunde legen, verweisen prospektiv-elaborative Menschenbilder zugleich auf die Annahme hoher Komplexität von Handlung, die als zielgerichtet und für das Subjekt als sinnhaft und rational verstanden wird (vgl. ebd.: 62). Unabsichtliches Verhalten wie z. B. körperliche Reaktionen lassen sich dagegen in ihrer Unbewusstheit nicht im engeren Sinne als Handlungen definieren (vgl. Gudjons 2014). Vielmehr ist Handlung eine „proaktive bzw. reaktive Auseinandersetzung mit einer Situation bzw. mit einer Abfolge von Situationen" (Dietrich 1984: 58), d. h. sie ist kontextuell eingebettet und für den Handelnden bzw. die Handelnde bedeutsam. Menschenbilder sind im unterrichtlichen Handeln wirksam als „lern- und lehrregulative Überzeugungs- und Wertesysteme" (Kurtz 2003: 151), die Einfluss auf die Akteur*innen und die Lernumgebung haben. Insofern sind Menschenbilder zugleich „gesellschaftlich und kulturell vermittelte Gesellschaftsbilder" (Grotjahn 2005: 24).

Handlungsrealisierung Für die Realisierung einer intendierten Handlung müssen die emotionale Ebene und die Verhaltensebene notwendigerweise hinzutreten und bilden so die Basis der grundsätzlichen menschlichen „Handlungsfähigkeit" (vgl. Groeben 1986: 63). Handlung wird demgemäß verstanden als intentionales Verhalten, mit dem ein Ziel erreicht werden soll (ebd.: 71). Durch die reflektierte Planung wird dem Individuum zugleich die Verantwortlichkeit seines Tuns zugesprochen (vgl. ebd.: 72). Im Planungsakt einer Handlung spielen die Bewertung der

Kontextfaktoren ebenso wie subjektive Kategorien (Emotionen, Volition, Motivation etc.) eine Rolle (s. ▶ Kap. 6). Damit wird Handlung zu einem mehrschrittigen Ablauf von der Planung bis hin zur nachgelagerten Bewertung darüber, ob und inwiefern eine Handlung abgeschlossen, abgeändert oder auch nicht abgeschlossen wurde (vgl. ebd.: 73). Handlung hat in einem ersten Schritt eine innere Planungs- und Reflexionsebene durch das Individuum. Es folgt in einem nächsten Schritt die äußere Realisierung der Handlung durch das Individuum. Diese veräußerlichte (leibliche) Ebene kann mit einer verbalisierten Beschreibungs- und Erklärungsebene durch das Individuum einhergehen und wird von der Selbstbewertung gefolgt. Eine weitere Brechung tritt hinzu, wenn eine Analyse und Bewertung der Handlung durch Dritte vorgenommen wird, so wie dies im Unterrichts- oder Forschungszusammenhang nicht selten der Fall ist (vgl. ebd.: 82).

In diesem Sinne nähern wir uns im Folgenden dem Begriff der Handlungsorientierung über kognitions-, kommunikations- und bildungstheoretische Ansätze.

2.1 Handlung und Wissen

> » Denken geht aus dem Handeln hervor, und es trägt – als echtes, d.h. noch nicht dualistisch pervertiertes Denken – noch grundlegende Züge des Handelns, insbesondere seine Zielgerichtetheit und seine Konstruktivität. (Aebli 1980: 26)

Denken Mit seinen Ausführungen stellt sich Aebli streng gegen die weithin heute noch kolportierte Trennung von Denken und Handeln. Vielmehr entwickelt sich, so Aebli, Denken aus dem Handeln beständig weiter und erhält damit ein reflexives Potenzial, Bildungsprozesse anzubahnen bzw. zu ermöglichen (s. u.). Nicht überraschend ist demnach, dass Handlungsorientierung als konstruktivistisches Konzept verstanden wird, bei dem die Lernenden ihre eigene Vorstellung der Welt selbst konstruieren auf Grundlage ihrer Erfahrungen und (sozio-konstruktivistisch) der Interaktionen, die sie machen. Dabei spielt sowohl individuelles Vorwissen als auch eine adressatengerechte Vermittlung von Wissen eine Rolle, damit diese handlungsorientiert angewendet werden kann.

Wissen Eine wichtige Unterscheidung ist hier diejenige zwischen explizitem und implizitem Wissen. Während Ersteres z. B. fach- oder themenbezogene, explizier-, d. h. formulier- und aussprechbare, Wissensbestände darstellt, ist implizites Wissen verinnerlicht und kann nur schwer bewusst gemacht werden. Gleichzeitig gilt implizites Wissen, wozu auch persönliche Überzeugungen und Einstellungen gehören können, stark handlungsleitend (vgl. Mannheim 1964), d. h. viele Handlungen verlaufen spontan und automatisch, ohne dass der/die Handelnde sie erklären oder begründen könnte. Klassische Beispiele hierfür sind routinisierte Prozesse wie z. B. das Binden der Schnürsenkel, bei dem kaum jemand spontan beschreiben kann, welche Schlaufe er wann mit welcher verknotet, oder das Fahrradfahren, bei dem zahlreiche körperliche und physikalische Prozesse ablaufen (vom Besteigen des Rads bis zum Halten des Gleichgewichts, Treten und

Abbremsen), die wir zwar steuern, uns ihrer in der Komplexität jedoch kaum bewusst werden (können) (vgl. Neuweg 2004; Polanyi 2016).

Wenn insbesondere implizite Wissensbestände das (spontane) Handeln bestimmen, müssen Wege gefunden werden, dieses Wissen reflektierbar zu machen, also in Ansätzen in explizites Wissen zu überführen. Ob dies möglich (oder nötig) ist, wird kontrovers diskutiert. Zumindest in mit bestimmten Bildungs- und Handlungszielen verknüpften Settings wie dem schulischen Fremdsprachenunterricht scheint eine Bewusstmachung dieser Wissensformen je nach Unterrichtsgegenstand sinnvoll. Und auch die Vermittlung von Sach- und Fachwissen ist hinsichtlich der Handlungsorientierung im Unterricht ein wichtiger Baustein, wenn auch nicht genug.

> » Sachwissen ist gut und nötig, aber für Handlungskompetenz ist es wichtig, dass unser Sachwissen schon im Hinblick auf das Handeln organisiert ist. Und das geschieht am besten, wenn es handelnd erworben wurde. (Gudjons 2014: 58)

Mit Sprache ist dies über sogenannte Diskursfunktionen verbunden. Diskursfunktionen meinen die sprachlich-kulturell angemessene Verwendung sprachlicher Mittel und Register sowie der dazugehörigen Textformen oder Genres (vgl. Hallet 2016; Vanderbeke/Wilden 2017). Sie stehen in Zusammenhang mit (fachbezogenen) Kognitionen und Handlungen, wie beispielsweise dem Abfassen eines Versuchsprotokolls in der angemessenen generischen Form und unter Verwendung von Fachtermini oder dem Führen einer Diskussion. Besondere Beachtung findet dieses Paradigma in der Didaktik des bilingualen Unterrichts/CLIL *(Content and Language Integrated Learning*) und neuerdings im Konzept des generischen Lernens (vgl. Zydatiß 2005; Hallet 2009/2016; s. auch ▶ Abschn. 5.5).

2.2 Handlung und Kommunikation

Wissen wird über Sprache und in der Kommunikation (ko-)konstruiert, ausgehandelt und vermittelt. Insofern müssen der hier verwendete Sprachbegriff und die Rolle der Kommunikation in einem Handlungsmodell näher betrachtet werden.

Handlung und Sprache Postmoderne Konzepte von Sprache beschreiben diese nicht mehr als fest umrissene Systeme, sondern als Produkt des individuellen Handelns und der sozialen Interaktion. Hierauf muss auch das schulische Sprachlernangebot zunehmend abgestimmt werden (vgl. Hufeisen 2011 zum Gesamtsprachencurriculum; s. ▶ Kap. 3). Die individuellen (mehr)sprachlichen Ressourcen von Sprecher*innen werden auch als „sprachliches Repertoire" (Schädlich 2017: 296) bezeichnet. Hieraus „schöpfen Sprecher/innen situations- und partneradäquat, wobei auch *code-switching* oder *translanguaging* eine Rolle spielen […]" (ebd.). *Code-switching* – also der Wechsel zwischen zwei Sprachen – ist ein Konzept, das stärker von Sprachsystemen als beschreibbaren und erwerbbaren Objekten ausgeht. Hiermit verbunden ist die Vorstellung des *native speaker* als Zielgröße sprachlicher Kompetenzen. Dahingegen fußt das Konzept *translanguaging* auf der Idee von Sprachen in einer dynamischen, performativen Handlung und sozialer Interaktion, wobei Sprache und Bedeutung emergieren (vgl. Wei 2017). Zentral ist damit die Vorstellung der hohen Dynamik und Veränderlichkeit des sprachlichen Repertoires (vgl. ebd.). Das Idealbild ist nicht ein *native speaker,* sondern der *intercultural speaker* im Sinne eines dynamischen und fortwährenden Lern- und Identitätsbildungsprozesses (vgl. Schmenk 2017; s. ▶ Abschn. 3.2). Demzufolge wird der Begriff des *languaging* (vgl. Thibault 2017) bzw. der Sprachlichkeit (vgl. Hu 2019) verwendet, also des sprachlichen Handelns. Weiterführend stellt Pennycook (2010: 49) fest:

> » [...] languages themselves cannot be viewed as discrete items, cannot be treated as autonomous systems outside the other meaning-making practices of the bodies, texts, contexts and histories in which they are embodied.

Es zeigt sich hier, dass Sprache als sozial-situierte und dynamische sowie leibliche Praktik verstanden wird. Im Fokus ist der „sprecher- und situationsbezogene Gebrauch von Sprache(n)“ (Schädlich 2020: 6). Diese Praktik bezieht sich auf andere Kommunikationsmodi, derer sich das Individuum bedient (semiotisches Repertoire), und betrifft zugleich das Individuum mit seiner Identität. Schließlich liegt dem postmodernen Sprachbegriff im Sinne des *multilingual turn* ein Verständnis von Sprachnutzer*innen zugrunde, die ihr komplettes (heteroglosses) Sprachenrepertoire in einem Prozess des *languaging* einsetzen (vgl. Meier 2017; Hu 2019). Dieses ist gleichwohl nicht frei von gesellschaftlichen Normierungen und damit verbundenen Zugehörigkeits- oder Nicht-Zugehörigkeitsgefühlen, worauf das Individuum über das eigene Sprachhandeln reagiert: „Jede Aktualisierung von Teilen des s. R.s [sprachlichen Repertoires] ist eine Reaktion auf machtvolle Sprachideologien und -normen, die bestätigt oder emanzipatorisch-kreativ unterwandert werden” (Schädlich 2017: 296) bzw. der Markierung von Gruppenzugehörigkeiten dienen (vgl. Ekoç/Etuş 2017). Pennycook weist Sprache dabei performativen Charakter zu, wenn er feststellt: „we […] perform languages with words“ (ebd.: 73). Performativität beschreibt damit kreative und sozial-interaktionale Prozesse der Sprachnutzung und der Kommunikation. Dies ist insofern von Konsequenz für den Fremdsprachenunterricht, als dass pragmatische Kompetenzen wichtiger werden als sprachstrukturelles Wissen. Sprachwechsel im Unterricht werden zunehmend als lernpsychologisch nutzbar eingeschätzt (vgl. Schädlich 2020: 7 f.; s. ▶ Abschn. 3.2).

Kommunikative Kompetenz Mit der Pragmalinguistik wird die Vorstellung des oben beschriebenen intentionalen, reflexiven sowie sozial eingebundenen Handlungsverständnisses mit dem Sprechakt verbunden, der Äußerungsabsichten und kontextorientierte Äußerungsrealisierungen stärker miteinander in Bezug bringt. Er folgt der Einsicht: „[…] wenn man etwas sagt, tut man dadurch immer etwas. Sprechen heißt also Handeln“ (Edmondson/House 2006: 82).

Hieraus folgt das für den Fremdsprachenunterricht fortan zentrale Konzept der kommunikativen Kompetenz (vgl. Hymes 1972), dessen Ziel nach Piepho (1979: 4) ist,

2

> [...] daß der junge Mensch mehr über sich selbst, mehr über andere Menschen in anderen Bindungen und Werthaltungen und dabei dann zwangsläufig auch mehr über die Sprache erfährt, über die allein man Zugang zu diesen Menschen und zu einer genaueren Erkenntnis der Bedingungen, Werte und Umstände in fremden Daseinsfunktionen und Geschichtskontexten gewinnt.

Einige zentrale Aspekte werden hier bereits indirekt erwähnt. Es geht in einem so verstandenen, kommunikativen und handlungsorientierten Unterricht um die Herstellung eines Selbst- und Weltbezugs und um gesellschaftliche Partizipation. Der Subjektbezug und die Sinnhaftigkeit von sprachlicher Kommunikation bzw. kommunikativem Handeln stehen im Vordergrund *(focus on meaning)*.

Kommunikatives Handeln Als Vertreter der Frankfurter Schule und der damit ständig fortentwickelten Kritischen Theorie steht Jürgen Habermas (1981) in der Tradition des Versuches, Hierarchien und gesellschaftliche wie politische Ungleichheiten zu hinterfragen. Kommunikation stellt für Habermas – und kritische Theoretiker*innen – insgesamt daher ein Konstrukt dar, in dem es um Inhalte und Sachlichkeiten auf einer gleichberechtigten Ebene geht, nicht um machttheoretische Spiele. Kommunikation wird damit nur möglich, wenn bestimmte Rollen der beteiligten Personen sowie die Bedeutung und Rolle der Sache klar sind. Erst dann können sie in Interaktionsprozesse (s. ▶ Abschn. 2.3) eintreten und damit zu gleichberechtigten Sprechenden und Handelnden werden (s. ▶ Abschn. 2.4). Als handelnde Person ist ein Mensch damit immer zugleich Produkt als auch Schöpfer*in seiner/ihrer (sozialen) Lebenswelt.

Gleichzeitig impliziert dieser Umstand, dass Menschen niemals *nicht* kommunizieren können. Dieses von Paul Watzlawick beschriebene Axiom stellt damit ebenso die Bedeutung von Körpersprache, Mimik und Gestik heraus (vgl. Watzlawick/Beavin/Jackson 2007). Darüber hinaus betonten er wie seine Kolleg*innen Janet H. Beavin und Don D. Jackson, dass Kommunikation neben einem sachorientierten Inhaltsbezug auch immer einen Beziehungsaspekt hat. ‚Sozial neutrale' Kommunikation ist damit nur schwerlich möglich, wenn es um echte Handlungssituationen geht: Kommunikatives Handeln drückt im Positiven immer eine Akzeptanz des Gegenübers aus oder (z. B. im Streit) eine Nicht-Akzeptanz.

Friedemann Schulz von Thun (1981/1994) hat dieses Axiom in Anlehnung an die Kommunikationsmodelle von Karlheinz Bühler und Roman Jakobson um zwei weitere Pole erweitert: Neben der Sach- und Beziehungsseite zeigt sich im sprechenden Handeln auch immer eine Selbstbekundung, wie viel der*des Sprechenden also im Sprechakt preisgegeben wird, sowie eine Appellseite, die impliziert, was der*die Sprechende vom Empfänger erhalten möchte. Diese vier Pole werden wiederum vom Empfänger bzw. der Empfängerin individuell interpretiert, können damit also ggf. auch metasprachlich missinterpretiert werden, was den Kommunikationsprozess behindern oder gar abbrechen lassen kann. Kommunikatives Handeln ist damit ein komplexer Prozess, der sich nicht allein auf Inhalt und Sprache reduzieren lässt. Zudem ist kommunikatives Handeln in einer globalisierten Welt zunehmend mit Mehrsprachigkeit und Mehrkulturalität verbunden und erfordert die Entwicklung von Multiliteralität.

Multiliteralität Die moderne Welt zeichnet sich durch sprachliche und kulturelle Vielfalt, durch eine hohe Mobilität sowie eine hohe Medialität der Kommunikation aus. Diese Aspekte greifen ineinander und entwickeln sich miteinander weiter:

> Linguistic diversity goes hand in hand with the rapid development of new information technology. People all over the world communicate with each other, exchange information, and read the same texts being at completely different places, speaking different languages. (Elsner 2011: 28)

Laut PISA-Studie gehört zur Literalität „die Beherrschung der Muttersprache [...] sowie ein hinreichend sicherer Umgang mit mathematischen Symbolen und Modellen [im Kontext der] modernen Informations- und Kommunikationsgesellschaften“ (Deutsches PISA-Konsortium 2001: 20). Der Aufbau von Literalität kann demnach nicht mehr getrennt von Medien betrachtet werden:

> Zu einer umfassenden Lesekompetenz gehört die *media literacy* unbedingt dazu, und umgekehrt baut sich das literale Lernen, welches für den Umgang mit virtuellen Textpräsentationen und mit Hypertextstrukturen notwendig ist, bei der Nutzung von neuen Medien auf. (Bertschi-Kaufmann/Schneider 2004: 20)

Schon lange wird auch der Textbegriff nicht mehr eng im Sinne linearer, schriftsprachlich verfasster Aussagen verstanden. Mit fortschreitender und zunehmender Medialisierung zeichnen sich Texte durch Mehrdimensionalität, Nicht-Linearität, Multimodalität, Interaktivität und Diskontinuität aus (vgl. auch Elsner 2011: 29). Hierüber entstehen neue Kommunikationsformen, die Sprachen verändern. Pennycook (2010) bezeichnet diese Prozesse als *translingualism* und *transmodality* und drückt durch das „trans“ die komplexe Durchdringung und (Neu-) Schaffung verschiedener Kommunikationswege und -formen aus. Die New London Group (2000) setzt sich dafür ein, beim Sprachenlernen als Folge zunehmender Globalisierung und Digitalisierung sowie wachsender Heterogenität stärker auf diese unterschiedlichen Literalitäten im Sinne einer „Pädagogik der Multiliteralitäten“ einzugehen, um machttheoretische Strukturen aufzubrechen und Interaktion (s. ▶ Abschn. 2.3) sowie Partizipation (s. ▶ Abschn. 2.4) zu ermöglichen, welche kritisches Handeln in der Gesellschaft fördert (s. ▶ Abschn. 5.6). Dies führt zu Fragen der Interaktion.

2.3 Handlung und Interaktion

Interaktion Nach Decke-Cornill/Küster (2015: 145) ist Interaktion „[...] wechselseitiges bewusstes und unbewusstes (Sprach-)Handeln [...], bei dem mindestens zwei Interaktionspartner/innen Bedeutung aushandelnd und Beziehung stiftend aufeinander Einfluss nehmen“. Dies entspricht soziokonstruktivistischen Annahmen, denen gemäß individuelle Bedeutungskonstruktion nicht losgelöst vom sozialen Kontext betrachtet werden kann (vgl. Vygotsky 1978/1986). Auch interaktionistische Spracherwerbstheorien (vgl. Roche 2005: 107; Königs 2013: 324) unterstützen diese Prinzipien für den fremdsprachlichen Unterricht. Eines der

Grundprinzipien handlungsorientierten Unterrichts ist die *negotiation of meaning,* d. h. bedeutungsorientierte Aushandlungsprozesse wahrhaftiger Äußerungsabsichten und Bildung stiftende Problemlöseprozesse von Lernenden miteinander und von Lernenden und Lehrenden. Damit wird die individuelle Bedeutungskonstruktion sowie dabei die biologische und psychische Dimension des Lernprozesses als ebenso wichtig betrachtet wie die soziale Interaktion. Hier sind die Muster der Interaktion (neben verbalen und non-verbalen Kommunikationsmitteln auch die Nutzung von Raum und Medien) vonseiten der Lehrperson an die unterrichtlichen Ziele anzupassen (vgl. García 2017: 361). Eine Reduzierung der Vorstellungen zum Lernen auf die soziale Interaktion würde gleichwohl manipulativ-deterministischen und behavioristischen Lernprinzipien das Wort reden (vgl. Bleyhl 2004: 229) und kann auch nicht alle (sprachenbezogenen) Lerndimensionen erklären (vgl. VanPatten 2014: 110). Das Gefühl sozialer Eingebundenheit und Anerkennung hingegen ist eine wesentliche Grundlage für das Gelingen von Unterricht (vgl. Bleyhl 2004: 216). So weisen Decke-Cornill/Küster (2015: 146 f.) darauf hin, dass Schule zugleich ein symbolisch vorgeformter Raum ist, der die Struktur möglicher Interaktionen in Teilen bereits vorgibt, ohne dennoch unveränderbar von den Akteur*innen zu sein (s. ▶ Abschn. 5.6).

Bezogen auf den Fremdsprachenunterricht besteht die Besonderheit von Interaktion im Gebrauch des Lerngegenstands Sprache als Medium der Unterrichtskommunikation (vgl. Decke-Cornill/Küster 2015: 147). Paul Seedhouse (2004) entwickelte ein Modell, demgemäß unterrichtliche Interaktion drei Dimensionen hat: Sie ist zum einen jeweils in sich gegeben, sie ist aber zudem durch den fremdsprachlichen Unterricht strukturiert und weiterhin institutionell gerahmt. Die bildungspolitische und gesellschaftliche Ebene müssten also um zusätzlich wirkende Kontexte ergänzt werden (vgl. Gerlach/Leupold 2019). All diese Ebenen bestimmen, wie die einzelne Interaktion letztlich beschaffen sein kann, welche Machtverhältnisse (vor)gegeben sind, was thematisiert werden kann, wie und mit welchen Zielen gelehrt und gelernt wird. Davon ist abhängig, ob die Lernenden den Lernprozess und den Unterricht als authentisch wahrnehmen.

Authentizität Eine Leitlinie des handlungsorientierten Fremdsprachenunterrichts ist es, Lernende mit bedeutungsvollen unterrichtlichen Kommunikationsanlässen innerhalb von Aufgaben zu konfrontieren, über die sie gemeinsam in Interaktion treten. Damit entstehen authentische Aushandlungssituationen zwischen Lernenden, deren Chance es ist, Diskursfähigkeit zu fördern (vgl. Will 2018). Es besteht kein Zweifel daran, dass die Herstellung einer Nähe zur Lebenswirklichkeit der Lernenden für Lehrwerkverlage einen immensen Anspruch bedeutet und letztlich nur schwer einlösbar ist. Zu differenzieren ist dann zwischen dem Erfordernis inhaltlich ansprechender und bestenfalls authentischer Texte und Kommunikationsformate sowie der Schaffung wirklicher unterrichtlicher Sprechanlässe im Hier und Jetzt der Unterrichtssituation. Daneben aber gibt es viele methodische Möglichkeiten, die Lernenden an der Gestaltung von Unterrichtsinhalten partizipieren zu lassen, indem sie an der Themenwahl und Materialbeschaffung beteiligt sind (vgl. Gerlach 2020b).

Maßgeblich sind es die Lehrkräfte, die die unterrichtliche Interaktion steuern und gestalterischen Einfluss haben. Vielfältige Analysen von Lehrperson-Lernenden-Interaktionen zeigen jedoch, dass oftmals ein von Lehrenden schnell eingenommener *focus on forms* wirkliche Sprachproduktion von Lernenden unterbricht oder verhindert (vgl. z. B. Decke-Cornill/Küster 2015). Dies liegt im jeweiligen professionellen Selbstverständnis der Lehrkraft als Wissende/Evaluiererin und weniger als Unterstützerin/Kommunikationspartnerin (vgl. Bach 2000), aber auch in den ‚Grundparadoxien' des schulischen Systems begründet. Diese drücken sich darin aus, dass zugleich (und im Grunde unvereinbar) Bildungsziele ebenso wie Selektionsmechanismen verfolgt werden (vgl. Decke-Cornill/Küster 2015: 112 f.). Zudem besteht aufseiten der Lernenden die Schwierigkeit darin, dass das Kommunikationsmedium Sprache zugleich der Lerngegenstand ist. Dies führt zu bisweilen nicht-intentionalen Sprachwechseln (vgl. Edmondson 2004) und zur Vermischung von Kommunikationsebenen und -zielen. Wenn Lehrenden dies jedoch bewusst ist, können sie in der Interaktion mit Lernenden darauf achten, die authentische Mitteilungsabsicht zu unterstützen und einen wirklichen Dialog mit ihnen zu führen, der den*die Lernende*n als Person ernst nimmt. Dies wird im Beispiel aus Bach/Timm (2013b: 10) gezeigt.

▶ Beispiel: Authentische Lehrkraft-Lernenden-Interaktion

Das folgende Beispiel aus Bach/Timm (2013b: 10) zeigt, wie auf Basis eines scheinbar eher der Unterrichtsphase „Organisatorisches" zuzuordnenden Gesprächs zwischen Lehrperson und Schüler über eine vergessene Hausaufgabe ein echtes Bedeutungshandeln in der Fremdsprache entsteht:

L: – Richard, where is your homework?

S: – I couldn't do it. I was by my uncle and I come late at home.

L: – What time was it when you came home? When did you come home from your uncle's?

S: – At eight or so. At half past eight.

L: – And what did you do at your uncle's?

S: – We repaired the car.

L: – Your uncle's car?

S: – Yes. We hat – äh – Probleme – äh – problems. We did not find a – 'n Engländer, an Englishman (lacht) – so'n (unverständlich, Klasse lacht).

L: – Well, what you mean is a tool, ein Werkzeug, ein Schraubenschlüssel, for turning nuts … (macht entsprechende Geste). I think it's called a spanner. Did you find a spanner in the end?

S: – No.

L: – So you couldn't repair the car after all?

S: – No, we couldn't. But we – äh – tried long, till late in the night.

L: – I see. And therefore you couldn't do your homework. Well, do it for tomorrow then, will you?

Dieses Beispiel ist weitläufig bekannt. Daher soll hier ein methodischer Vorschlag geliefert und das Beispiel dahingehend erweitert werden, wie hier alle Lernenden gleichermaßen einbezogen werden könnten: So kann die Aufgabe immer zum Unterrichtsbeginn sein, dass sich die Lernenden gegenseitig jeweils eine Minute von ihrem Wochenende oder einem besonderen Ereignis in den vorherigen Tagen berichten. Gegebenenfalls werden dazu Redeimpulse im Sinne von kurzen Fragen oder Statements sowie sprachliche Mittel auf Karten bereitgestellt. ◄

Kooperation und Kollaboration Im Zusammenhang mit der Forderung nach Authentizität stehen immer wieder Überlegungen zur Rolle unterschiedlicher Lernorte (s. ► Abschn. 5.2). Forschungen zu kooperativem und kollaborativem Lernen verweisen ferner auf die Möglichkeit, den Sprachlernprozess stärker in den Fokus von komplexen Aufgaben und authentischen Kommunikationsformaten zu stellen, so dass Interaktions- und Reflexionsanlässe der Lernenden die beiden Kommunikationsebenen (Sprache lernen/über Sprachenlernen sprechen) verbinden (vgl. Legutke/Thomas 1991; Legutke 2006; Burwitz-Melzer/Königs/Riemer 2015). Während kooperatives Lernen die Eigenständigkeit und Verantwortung jedes Gruppenmitglieds stärkt, da Aufgaben arbeitsteilig erledigt und dann zusammengeführt werden, unterstützt kollaboratives Lernen durch einen gemeinsamen Arbeitsprozess die Ko-Konstruktion von Wissen. Beide Formen kommen im regulären Unterricht vor, finden aber besondere Aufmerksamkeit in der Didaktik des digitalen Lernens (für die Lehrer*innenbildung vgl. Schneider 2020; s. ► Abschn. 5.3). Dies wiederum soll nicht zuletzt durch den Fokus auf soziale Interaktion in einem handlungsorientierten Setting des Unterrichts gesellschaftliche Partizipation fördern und ermöglichen.

2.4 Handlung und Partizipation

Partizipation oder gesellschaftliche Teilhabe erfordern neben den zuvor beschriebenen Kompetenzen die Fähigkeit zum autonomen Handeln und führt zu selbstbestimmter verantwortungsvoller Wirkmacht *(agency)*.

Autonomie und *agency* Menschen entwickeln in der Regel ein Bewusstsein dafür, dass sie frei von Einflüssen Dritter oder bestimmter Strukturen handeln können, dass sie in ihrem Handeln also autonom sind.

Zur Vertiefung: Autonomie

Autonomie kann definiert werden als

> multifaktorielle und unterschiedliche Domänen bezogene Kompetenz des Lerners, die Verantwortung bzw. die Kontrolle für das eigene Fremdsprachenlernen und dessen Ziele und Prozesse zunehmend selbstständig, selbstbestimmt und aktiv in seinem Lernumfeld zu übernehmen (Weck 2020: 150).

Allerdings stellt sich die Begriffsbestimmung in verschiedenen Fachrichtungen uneinheitlich dar, so dass der Begriff immer wieder kritisch hinterfragt wurde (vgl. Schmenk 2008). Für den Fremdsprachenunterricht umreißt Martinez (2008: 74–77) folgende Dimensionen:

1. eine philosophische bzw. (kritisch-) politische Perspektive < Verantwortung
2. eine technisch situativ-strukturelle < Ressourcen
3. eine psychologische (prozessorientierte) Perspektive < Selbstregulation/Strategien
4. eine sozio-interaktive Perspektive < zwischenmenschliche Interaktion

Nach Weck (2020: 170) entwickelt ein auf Autonomie ausgerichteter Unterricht Folgendes im Hinblick auf die Lernenden:

- „eine individuelle, selbstbestimmte und aktive Beziehung zum Lerngegenstand
- Sprachbewusstheit und Sprachlernkompetenz
- insbesondere die Fähigkeit, den eigenen Lernprozess aktiv zu reflektieren, flexibel zu kontrollieren und zu evaluieren und selbstverantwortlich zu organisieren sowie sich Lernziele zu setzen
- die kommunikative Kompetenz, darunter auch die interkulturelle Kompetenz und die Medienkompetenz (auch im Sinne von Medienbildung)
- ein positives Selbstkonzept, positive Selbstwirksamkeitserwartungen und die Fähigkeit, sich selbst zu motivieren
- Kooperations- und Teamfähigkeit
- Partizipation, soziale Verantwortung und Kritikfähigkeit."

Bezogen auf *agency* interessiert besonders die erste Dimension nach Martinez sowie nach Weck vor allem der letztgenannte Aspekt, wobei die vorgenannten hier durchaus hineinspielen.

Diese subjektive Wirkmacht des eigenen Handelns und das Bewusstsein darüber wird mit dem englischen Begriff der *agency* bezeichnet (vgl. Mick 2012). Diese Handlungsfähigkeit wird nicht selten durch Strukturen eingeschränkt bzw. führt im Testen der Grenzen bestimmter Strukturen (wie z. B. gesellschaftlicher oder auch schulischer Normen) auch zu Konflikten. Zu *agency* gehört damit auch, dass man eine individuelle Entwicklungsnotwendigkeit (Entwicklungsaufgaben; s. u.) wahrnehmen kann und sich darüber bewusst wird, dass Lernen und Entwicklung nötige Prozesse sind, die man selten alleine, sondern in Interaktion mit anderen Individuen absolviert. *Agency* wird damit zum Teil eines Bildungsprozesses, der sich aus individueller Handlungsfähigkeit sowie Selbst- und Mitbestimmung in sozialen Strukturen entwickelt. Damit muss auch immer die Struktur, in der sich *agency* entwickelt, mitgedacht werden: So wie Bildungsprozesse hoch individuell sind und durch Strukturen lediglich grob gelenkt werden können, ist *agency* immer ein Aushandlungsprozess mit sozialen-gesellschaftlichen Strukturen und Anforderungen, auf die beispielsweise Lehrpersonen in Schule kontextsensibel reagieren müssen (vgl. Gerlach/Leupold 2019; s. ► Kap. 6). Es geht also um die Befähigung zur Kommunikation mit dem Ziel der Partizipation an einer *community of practice* oder Diskursgemeinschaft (vgl. Peuschel 2012: 35–43 sowie bereits Lave/Wenger 1991 und Block 2007).

Gesellschaftliche Teilhabe Schulische Bildung (s. ► Abschn. 2.5) ist eng verbunden mit emanzipatorischen Zielen, die Schülerinnen und Schüler zu mündigen, an der Gesellschaft teilhabenden Bürgerinnen und Bürgern erziehen sollen (s. o.: Selbst- und Mitbestimmung, *agency* und Autonomie). Eingeschränkte Teilhabe an gesellschaftlichen, auch demokratischen Prozessen wird dabei heutzutage verkürzt auf Behinderungen im Zusammenhang mit inklusiver Beschulung, die darauf abzielt, vormals durch ein selektives Schulsystem verbaute Teilhabechancen wieder zu ermöglichen. Dies kann zwar auf struktureller Ebene ein Weg sein, Partizipation herzustellen, im handlungstheoretischen Sinne bildet dieser Weg jedoch nicht notwendigerweise ein methodisch-didaktisches Konzept ab.

Vielmehr muss gesellschaftliche Partizipation auch vor dem Hintergrund sich ändernder Lebenswelten und -konzepte der Schülerinnen und Schüler gesehen werden: Wo in der Vergangenheit gesellschaftliche Handlungsprozesse in der realen Welt stattfanden, mittels präsenter, d. h. real-haptischer und -interaktionaler Prozesse, hat sich diese Lebenswelt in Richtung digitaler Aushandlungsprozesse gewandelt, deren Handlungssimulation im fremdsprachenunterrichtlichen Kontext zunehmend erschwert wird: „Die mögliche Dynamik zwischen Symbolwelten und 'erster Wirklichkeit' beginnt sich zu verschieben zu Ungunsten der tätigen Aneignung konkreter, authentischer und originaler Lebenswelt." (Gudjons 2014: 66)

Handeln muss folglich in einem sozialisationstheoretischen Sinne und im Dienste des Aufbauens einer Handlungskompetenz verstanden werden, die alle möglichen Formen von Handlungen in der realen wie digitalen Welt ermöglicht, d. h. „Handeln als tätigen Umgang mit Gegenständen, Handeln in sozialen Rollen und Handeln auf symbolisch-geistiger Ebene" (ebd.). Wird ein Handeln an und mit lebensweltlichen Gegenständen der Lernenden – und dazu gehören auch soziale, politische, lokal bedeutsame – gefördert, besteht damit die Chance, Interesse für soziale und politische Teilhabe zu wecken. Schülerinnen und Schüler übernehmen dann Verantwortung für das eigene Handeln wie auch für das Handeln von Mitschülerinnen und Mitschülern, Mitbürgerinnen und Mitbürgern. In dieser Interaktion spielen die jeweiligen kulturellen Kontexte eine Rolle.

Kulturelles Handeln Dieser Anspruch von gesellschaftlicher Teilhabe durch Handlungsorientierung bezieht sich damit unmittelbar auf die Gegenstände des Unterrichts:

> » Rein formal wäre das Abschreiben eines Tafeltextes zwar auch eine ‚Handlung', aber handlungsorientierter Unterricht lädt den Handlungsbegriff *normativ* auf. Es gilt also, ein wirkliches Problem zu bearbeiten oder zu lösen. (Gudjons 2014: 67; Herv. im Orig.)

Besonders im Sinne des interkulturellen Lernens bietet der Fremdsprachenunterricht eine Sensibilisierung der Lernenden für sein genuin „Fremdes", das sich übertragen lässt auf zahlreiche Interaktions- und Handlungssituationen im privaten wie auch später beruflichen Alltag. Dies erfolgt nicht zuletzt sprachlich. Dazu bemerkt Hallet (2009: 119):

> » Es ist zu zeigen, dass ein übergroßer Teil unseres kulturellen Handelns diskursiv verfasst ist, sodass nur die Beherrschung grundlegender diskursiver Formen und Muster die erfolgreiche Teilhabe an sozialer Interaktion und an kulturellen Prozessen ermöglicht. Damit wird fremdsprachliche Diskursfähigkeit zugleich als kulturelle Partizipationsfähigkeit und somit als bildendes Leitziel des Fremdsprachenunterrichts bestimmt.

Wie im Weiteren noch gezeigt werden soll, gibt es darüber hinaus zahlreiche andere Anwendungsbeispiele, Inhalte und thematische Schwerpunkte auch über das interkulturelle Lernen hinaus, die Partizipation im gesellschaftlichen und sozial-interaktionalen Sinne fördern können. Insgesamt erfordern die benannten Ziele Bildungsprozesse und lösen diese wiederum immer wieder neu aus.

2.5 Handlung und Bildung

> » Bildung ist ein sozialisatorischer Prozess, in dem sich das Selbst entwickelt, mit Krisen, Regression, Brüchen, Entwicklungsschüben und Aufbrüchen. Die Förderung von Bildung bedarf daher einer Kultur, die nicht nur die Reproduktion der Gesellschaft sichert, sondern zugleich gesellschaftliche Transformation ermöglicht. (Meyer 2008: 133)

Bildung als Prozesshaftigkeit Bildung ist seit jeher mit großen Ansprüchen verknüpft, wie das Zitat Meinart Meyers zeigt. Dabei wird ihre Prozesshaftigkeit sehr deutlich, wenn von einer Entwicklung des Selbst und der Identität sowie dem interaktiven Aushandeln und dem Bewältigen von Krisen die Rede ist. Lernende sollen ermutigt werden, nicht den Status Quo zu erhalten, sondern selbst zu handelnden Individuen zu werden, die (ihre) Zukunft (und die anderer) gestalten (s. auch ▶ Abschn. 2.4). Bonnet/Breidbach/Hallet (2013) grenzen damit Lernen folgerichtig von Bildung ab:

> » *Lernen* findet statt, wenn Informationen aufgenommen und Konzepte konstruiert werden. Von *Bildung* sprechen wir dagegen, wenn die subjektiven Rahmungen, in die solche Konzepte und Informationen eingebettet sind, verändert werden und die Person sich dies bewusst macht. (Ebd.: 180–181; Herv. im Orig.)

Diese Vorstellung von (transformatorischer) Bildung ist damit stark mit der Fähigkeit zur Reflexion verknüpft (siehe auch Breidbach 2007; Plikat 2017), dem Erkennen und Bewerten eines z. B. soziokulturellen Zustandes bzw. dem Umgang mit auftretenden Krisen und unerwarteten Entwicklungen.

Erfahrungslernen Um in solchen Situationen handeln zu können, sind vorher gemachte Erfahrungen und dadurch errungenes Wissen vonnöten. In der Philosophie John Deweys erfolgt der Weg zur Erkenntnis durch das Erleben von Erfahrungen. Tatsächlich ist seine Phrase des *learning by doing* mittlerweile leider stark banalisiert worden, für Dewey hatte sie eine viel umfänglichere und weitreichendere Bedeutung. Das Erfahrungslernen war zentral für seine Konzeption von Bildung und Schule und auch für die Natur von Unterrichtsgegenständen:

> » Denn in jedem Objekt der Primärerfahrung stecken immer Möglichkeiten, die nicht explizit sind; jedes Objekt, das zutage liegt, ist belastet mit möglichen Konsequenzen, die verborgen sind [...] Wir mögen unser Denken anstrengen, solange wir wollen, wir können doch nicht alle Konsequenzen voraussehen oder zu einem ausdrücklichen oder bekannten Teil der Reflexion und Entscheidung machen. (Dewey 1995: 37)

Zum einen drückt dies die Schwierigkeit aus, institutionalisiertes Lernen überhaupt planbar zu machen (s. ▶ Kap. 6), zum anderen verdeutlicht es den Wert, den ein gezieltes Interagieren mit und Bearbeiten eines bestimmten Inhalts oder Themas für die Lernenden haben kann. Erfahrungslernen durch Handeln ist damit immer latent unvorhersehbar.

Dennoch kann Handeln, insbesondere in institutionalisierten Kontexten wie der Schule, mit Bildungsabsichten verknüpft werden. Der Fremdsprachenunterricht selbst verfolgt hier nicht nur „funktional-pragmatische Ziele“ (Bonnet/Hericks 2014: 90) durch ein Diagnostizieren und Fördern der sprachlichen Kompetenzen, sondern auch im bildungstheoretischen Sinne „reflexiv-emanzipatorische Ziele“ (ebd.). Dabei kann Reflexion als Voraussetzung von Bildung und sich damit einstellender individueller Entwicklung und Emanzipation innerhalb einer Gesellschaft betrachtet werden. Dieser Bildungsprozess kann durch individuelles Handeln mit fremdsprachendidaktischen Gegenständen erreicht werden. Dafür ist es nötig, dass innerhalb von zu strukturierenden Lernprozessen Schülerinnen und Schüler dazu angehalten werden, über ihr eigenes Handeln zu reflektieren. Auch für Dewey ist es nicht nur das Handeln an sich, durch welches Lernen und Wissens- bzw. Kompetenzzuwachs entsteht, sondern auch das Denken über das Handeln als *„learning by thinking about doing“* (Porsch 2016: 87). Die nötigen Denkprozesse müssen über (Meta-)Kognition angebahnt und gefördert werden (s. ▶ Abschn. 4.9), um sowohl einen Wissens- als auch Kompetenzzuwachs zu ermöglichen. Solche Bildungsprozesse werden durch sogenannte Entwicklungsaufgaben ausgelöst.

Entwicklungsaufgaben Die Bildungsgangdidaktik (vgl. z. B. Trautmann 2004; Schenk 2005), die auch Meyer (s. Zitat oben) mit geprägt hat, konzipiert Bildung als Ergebnis subjektiver Aneignungsprozesse von Kindern und Jugendlichen und den sie bestimmenden äußeren Faktoren wie z. B. den bildenden Institutionen oder auch Lernorten und Erfahrungen außerhalb der Schule. Zentral ist in der Bildungsgangdidaktik das auf Robert James Havighurst (1972) zurückgehende Konzept der Entwicklungsaufgaben, „biographisch bedeutsame Anforderungen und Themen, die sich Menschen zu bestimmten Zeiten ihres Lebens aufdrängen“ (Hericks 1998: 178) und die dann bearbeitet werden müssen. Bildung wird somit zu einem Reflexions- und Aushandlungsprozess dieser Entwicklungsaufgaben, bei dem eine handlungsorientierte Herangehensweise in unterrichtlichen Settings einen Ermöglichungsraum, Lernenden gleichsam ein Spielfeld bietet, auf dem diese Entwicklungsaufgaben bearbeitbar werden (vgl. Meyer 2005).

Um dieses Spielfeld erschaffen zu können, muss das Unterrichtssetting von gegenseitigem Respekt und Offenheit geprägt sein. Zwar gelten die Lehrenden machttheoretisch immer als diejenigen, die den Unterrichtsverlauf – zumindest im Groben – strukturieren und werden von den Lernenden auch immer so wahrgenommen, zu Bildungsprozessen im engeren Sinne gehört jedoch auch das Überlassen von Verantwortung für die Konstruktion von Sinn aufseiten der Schülerinnen und Schüler:

> » Pädagogisches Handeln muss gerade unter Bedingungen der Asymmetrie eine freie Gegenseitigkeit voraussetzen, die nicht davon entlastet, sondern dazu verpflichtet, dem Heranwachsenden erst die Möglichkeitsräume für die Konstruktion einer eigenen Welt und eines eigenen Selbst innovativ zu erschließen. (Peukert 2000: 520)

Zur Vertiefung: Theoretische Begründungslinien der Handlungsorientierung im Zusammenhang mit Bildung

Hinsichtlich der mit Handlungsorientierung verbundenen Bildungsziele lassen sich in einer historischen Perspektive insbesondere die kritisch-konstruktive Didaktik Wolfgang Klafkis als eine der Grundlagen im deutschen Diskurs ausmachen (vgl. Klafki 1985). Die Ganzheitlichkeit von kognitivem, sozialem und emotionalem Lernen, die Klafkis Bildungsbegriff prägt, sowie die epochaltypischen Schlüsselprobleme, die bei ihm in das didaktische Zentrum gerückt werden, sind auch zentrale Bestandteile und Fragestellungen hinsichtlich der Planung handlungsorientierten (Fremdsprachen-)Unterrichts. Nach Gudjons (2014) spielen darüber hinaus vier weitere zentrale theoretische Begründungslinien für die Handlungsorientierung eine Rolle, die in den späteren Kapiteln immer wieder aufgegriffen und hier als Empfehlung zur weiteren Vertiefung aufgeführt werden:

- Die Aneignungstheorie beziehungsweise Tätigkeits- oder Aktivitätstheorie *(activity theory)* beschreibt verschiedene Ebenen von Tätigkeit als Gesamtprozess, Handlungen als Einzelteile des größeren Tätigkeitsprozesses sowie Operationen auf einer Mikroebene (vgl. Leont'ev 1977, 1984). Im Sinne einer Ermöglichungsdidaktik werden Lernende in Situationen versetzt, in denen zunehmend selbstbestimmtes Handeln auf diesen verschiedenen Ebenen erprobt werden kann. Als Beispiel kann die Tätigkeit des Sprachenlernens als übergeordneter Kontext bzw. als Motiv dienen. In diesem Rahmen werden verschiedene zielgerichtete Handlungen ausgeführt wie „einen Brief lesen und beantworten". Die Operationen können beispielsweise Einzelstrategien wie Wörter markieren, Stichwörter notieren etc. sein (vgl. Peuschel 2012: 36). Es wird zwischen sprachlichen Tätigkeiten als kommunikatives Handeln und sprachliche Tätigkeit als Erkenntnis über Sprache sowie als Lernen von Sprache unterschieden.
- Die Handlungsregulationstheorie (vgl. Volpert 1997; Hacker/Sachse 2014) erklärt zielgerichtete Handlungen von Menschen mittels bestimmter Gegenstände.

Hier steht die Operationalisierung bzw. Aufgliederung eines größeren Ziels in Teilziele im Fokus sowie die individuelle Bewusstmachung dieser (Teil-)Ziele im Handeln.

- Die kognitive Handlungstheorie nach Jean Piaget und Hans Aebli (1980), die – wie bereits oben ausgeführt – im Wesentlichen kognitiv-psychologisch sowohl die Verbindung von Handeln und Wissen herzustellen als auch das potenzielle Handeln bestimmten entwicklungspsychologischen Stufen zuzuordnen versucht. Aebli hat Piagets Theorie hier insofern ergänzt, als dass die relativ strenge Begrenztheit des Piaget'schen Stufenmodells im konstruktivistischen Sinne erweitert wird.
- Zuletzt begründet Gudjons (2014) Handlungsorientierung entlang der einschlägigen Annahmen und Erkenntnisse aus der Lern- und Motivationspsychologie insofern, dass Lerngegenstände eine subjektive Bedeutsamkeit haben müssen, um (handelnd) erschlossen zu werden. Dies ist auch in dem Sinne zu verstehen, dass man die menschliche Neugier und das damit verbundene Streben nach Weiterentwicklung (Kompetenzentwicklung, Entwicklungsaufgaben) auch für schulisches Lernen nutzbar machen müsse.

2.6 Handlung und Leiblichkeit

Körper und Leib Die bisherigen Ausführungen verweisen vielfach darauf, dass Handlungsorientierung komplexe ganzheitliche Bildungsprozesse bewirkt. Wenn von Ganzheitlichkeit die Rede ist, so steht dies immer auch in Zusammenhang mit Leiblichkeit. Die mit dem sogenannten *multilingual turn* (vgl. Reimann 2016; Meier 2017) einhergehenden offenen Sprach(lern)begriffe verstehen (mehrsprachige) Kommunikation immer als hochdynamisch, individuell sowie „socially embedded and culturally embodied" (Pennycook 2010: 63). Sprachliches Handeln ist somit situiert und immer auch verleiblicht. Der Begriff ‚Leib' geht auf die Unterscheidung der philosophischen Anthropologie von *Leib sein* und *Körper haben* zurück (vgl. Plessner 1970). So definiert Fuchs (2015: 149) wie folgt:

> » Der Leib als Medium vermittelt uns mit der Welt, ohne dass wir ihn bemerken. Die unwillkürliche, gelebte Leiblichkeit ist eingebettet in die natürliche und soziale Umwelt und in ständigen Wechselbeziehungen mit ihr verbunden. […] Der Körper ist das, was sich aus dem Lebensprozess heraus fortwährend bildet, ablagert und verfestigt, während der Leib immer auf die Gegenwart und in die Zukunft gerichtet ist.

Dieser Prozess schließt an die zuvor beschriebene Bildungsarbeit im Sinne von Entwicklungsaufgaben an, wählt aber den Leib als Zugang zur Erkenntnis. Der Körper entspricht der materiellen Ebene, dem von außen Wahrgenommenen oder ist verbunden mit der Vorstellung des Subjekts dieser Außenwahrnehmung (vgl. Fuchs 2015: 149). Leiblichkeit hingegen ist das subjektiv Gelebte, das Sein des Individuums. Leiblichkeit ist daher unmittelbar mit Identität verbunden (ebd.: 147). Während der Leib „Resonanzraum für Gefühle" (ebd.: 148) ist, stellt der Körper nach

Fuchs dagegen das „Instrument“ dar, das man hat, womit sprachliches Handeln und Kommunikation Ausdruck und Teil der Interaktion von Körper und Leib werden.

Enaktivismus und Emergentismus In der Fremdsprachendidaktik wird auch auf den leiborientierten erkenntnistheoretischen Ansatz des Enaktivismus zurückgegriffen (vgl. Aden 2017; Miras 2017). Vertreter*innen dieser Richtung beziehen sich auf den Ansatz der Neurophänomenologie nach Francisco Varela (1996), das phänomenologische Körper-Geist-Verständnis nach Maurice Merleau-Ponty (1966, 1976) sowie den linguistischen Emergentismus (vgl. MacWhinney 1998; O'Grady/Lee/Kwak 2009; O'Grady 2010). Sie gehen von der ganzheitlichen Konstruktion von Wirklichkeit und sprachlicher Bedeutung sowie von Sprachentwicklung durch die Interaktion des Individuums mit der umgebenden Welt aus. Gemäß des Emergentismus entsteht durch diese Interaktion eine eigene Komplexität und Bedeutung im Kontrast zu den einzelnen Komponenten. Diese Vorstellung reicht bereits auf John Stuart Mill (1843) zurück:

> » Les théories émergentistes reposent donc sur l'existence de propriétés des parties qui émergent, de manière différente, dans le système complexe qu'elles composent. [Miras 2017: 3; „Theorien des Emergentismus begründen sich auf die Existenz der Eigenschaften der Teile, die in dem komplexen System, das sie bilden, in unterschiedlicher Weise entstehen“; eigene Übersetzung].

Für Varela (1996) sind zwei Feststellungen bezüglich des Ansatzes der Enaktion entscheidend:

> » (1) perception consists in perceptually guided action and (2) cognitive structures emerge from the recurrent sensorimotor patterns that enable action to be perceptually guided.

Der Begriff der Enaktion betont hierauf aufbauend den Vorrang der Handlung vor einer prädeterminierten oder vermittelten Vorstellung von Wirklichkeit und Bedeutung. So fassen Aden/Eschenauer (2020: 186) die Bestandteile von Enaktion wie folgt zusammen: « […] la corporéité *(embodied mind)*, le primat de l'action, l'expérience sensible *(empathie)*, le couplage subjectivité/intersubjectivité » [„Leiblichkeit *(embodied mind)*, Primat des Handelns, Empathie *(empathie)*, Verbindung von Subjektivität/Intersubjektivität“; eigene Übersetzung].

Keusch (2017: 445) resümiert gemäß Merleau-Ponty (1966: 383) diese Vorstellung der Interaktion des menschlichen Seins und der spezifischen, letztlich immer partiellen Wahrnehmung des jeweils Kontextes wie folgt:

> » Wahrnehmung ist vielmehr (logisch) gar nicht anders möglich als in der Intransparenz und Vorläufigkeit des standpunktgebundenen Bewusstseins. […] Unter der Perspektivität des Bewusstseins ist nun aber nichts anderes zu verstehen als seine Leiblichkeit […].

Was wir wahrnehmen und wie wir es sprachlich fassen, steht demnach in Bezug zu unserem Leib. So greift Keusch (2017: 446) den Begriff des Körperschemas nach Merleau-Ponty (1966) auf und beschreibt diesen folgendermaßen:

> Oben/unten, rechts/links sind keine absoluten Koordinaten, sondern stets relativ zum Leib als Nullpunkt des Koordinatensystems gegeben.

Insofern ist Wahrnehmung und die damit verbundene sprachlich-soziale Handlung nie nur ein soziales und sprachlich-kommunikatives, sondern unbedingt auch ein leibliches Phänomen, zumal Kommunikation immer auch über Körperhaltung, Gestik und Mimik sowie dabei den Ausdruck von Emotionen läuft (vgl. Watzlawik et al. 2007; s. auch Lantolf 2000: 16; s. ▶ Abschn. 2.2).

Der linguistische Emergentismus wiederum betrachtet den Spracherwerb und seine Verbindung zu Körper und Geist. Miras (2017: 4) geht davon aus, dass beispielsweise das mentale Lexikon (s. ▶ Abschn. 4.7) im wechselseitigen Einfluss der Struktur und Frequenz des von außen eingehenden Inputs und der jeweiligen Art der Verarbeitung der Lexik durch das Gehirn entsteht. Miras spricht auch von einer sensorischen Kartographie des Gehirns. Das Gedächtnis wird dann nicht mehr (nur) als Speicher betrachtet, sondern als Basis für Wahrnehmung und Bedeutungskonstruktion. Demzufolge ist eine enge Verbindung zwischen Körper, Wahrnehmung und (sprachlicher) Handlung anzunehmen: « […] les traits linguistiques émergent de corps physiologiques, cognitifs et sociaux » [ebd.: 7; „[…] linguistische Merkmale gehen aus physiologischen, kognitiven und sozialen Körpern hervor"; eigene Übersetzung]. Ähnlich stellen Aden/Eschenauer (2020: 180) fest: « Le sens n'est pas extérieur à nous, il émerge de nos interactions constantes avec les autres et avec leur connaissance, leurs perceptions, leurs actions. » [„Bedeutung ist nicht außerhalb von uns, sie ergibt sich aus unseren ständigen Interaktionen mit anderen und mit ihrem Wissen, ihren Wahrnehmungen, ihren Handlungen."; eigene Übersetzung].

Embodiment Sprache ist unlösbar mit Körper und Leiblichkeit verbunden. Während wir zuvor eher einen erkenntnistheoretischen Blick auf Leiblichkeit geworfen haben, kann der Zusammenhang ebenso aus kognitions- und neurowissenschaftlicher Sicht betrachtet werden (vgl. Koch 2018: 52). Sprache wird sensomotorisch und neuronal verarbeitet und über die Artikulationswerkzeuge des Körpers produziert. Mit diesem Zusammenhang beschäftigt sich nicht zuletzt die *embodiment*-Forschung, die verschiedene Forschungsansätze vereint. Insgesamt geht die internationale Forschung zu Leiblichkeit („*embodiment*" in der Literatur bzw. „*embodied cognition*") davon aus, dass kognitive Verarbeitungsprozesse im Gehirn eng mit den sensomotorischen Erfahrungen und Interaktionen mit der sozialen und dinglichen Umwelt verwoben sind (vgl. Wilson 2002).

Verbunden mit dem oben dargelegten offeneren Zugang zu Sprache als komplexem Werkzeug und Produkt sozio-kultureller Kommunikation, befasst sich auch die Neurolinguistik zunehmend mit der Erforschung der Verbindung von Sprache, Bewegung und ihrer mentalen Repräsentation sowie Aktivierung. Prominent in der neurologischen Forschung ist die Theorie der Spiegelneuronen (vgl. Ahlsén 2011). Diese Neuronen werden bereits bei der Beobachtung einer Handlung, aber auch bei der Durchführung dieser Handlung aktiviert und sie spielen eine Rolle bei der Imitation der Handlung anderer (vgl. Rizzolatti/Craighero 2004: 176, 182). In der *Motor Theory of Speech Perception* wird davon ausgegangen, dass zugleich ein Zusammenhang zum Spracherwerb besteht (vgl. Ahlsén 2011: 463) und eine objektbezogene Gestik über die Spiegelneuronen eine kommunikative Bedeutung erhält (vgl. Rizzolatti/Craighero 2004: 183 f.). Ferner werden gleiche Hirnareale für die körperliche Bewegung und die Aktivierung der entsprechenden Tätigkeitsverben aktiviert (vgl. Arbib 2005 und Pulvermüller 2005 zitiert in Ahlsén 2011: 466 f.).

Die *spatial bias*-Forschung innerhalb der *embodiment*-Forschung geht von einem dichten Gefüge von Leib- und Raumwahrnehmung und einer Wirkung auf die sprachliche Bedeutungsentwicklung aus (vgl. Koch 2018: 52). Diese Ergebnisse können allerdings nicht unmittelbar und ohne den Abgleich mit fachspezifischen Studien auf Spracherwerbsprozesse und Unterrichtsvorschläge übertragen werden (vgl. Sambanis 2016: 51).

Multisensorisches und ganzheitliches Lernen Bewegung im Lernprozess kann zur kognitiven Erholung beitragen und einen ansonsten monoton-sitzenden Habitus durchbrechen. Ferner gibt es Evidenzen dafür, dass bewegungsorientiertes und multisensorisches Lernen zu einer vertieften Durchdringung des Lernstoffes führen kann.

Neuromythen

Während multisensorische und ganzheitliche Ansätze im Allgemeinen als sehr lernförderlich gelten, steht die Ausrichtung von (Fremdsprachen-)Unterricht an sinnesorientierten Lerntypen stark in der Kritik. So wurde bislang keine Studie vorgelegt, die eine Wirksamkeit eines an auditiven, visuellen oder kinästhetischen Lerntypen orientierten Unterrichts bestätigt. Zahlreiche Neurowissenschaftler*innen und Linguist*innen haben sich im Jahr 2018 in einem offenen Brief im britischen *Guardian* dafür ausgesprochen, diesen Neuromythos in Schule und Unterricht endlich aufzugeben (vgl. Gerlach 2018).

Als weitere Neuromythen, die in Lehrer*innenbildung und Schule vorherrschen, gehören u. a. auch die Vorstellung, dass bestimmte Bewegungsübungen zu besserem lateralem Denken führen (z. B. Paradis 1990), dass die Einnahme von zuckerhaltigen Getränke zu einer geringeren Aufmerksamkeit führt oder auch der Irrglaube, dass wir nur zehn Prozent unseres Gehirns tatsächlich benutzen (vgl. Lethaby/Harries 2015; Gerlach 2018). Verlockend sind Neuromythen häufig aufgrund ihrer vermeintlichen Logik und Einfachheit, übersehen wird dann gerne, dass sie durch keine Studien differenziert gestützt werden (vgl. Gerlach 2018).

Ganzheitliches Lernen geht über das multisensorische Lernen hinaus und schließt den Lernenden mit seiner Identität und seinen Kommunikations- und Interaktionsbedürfnissen ein. In einem Interview mit Gerhard Bach beschreibt dieser die Bedeutung des ganzheitlichen, körperbetonten Fremdsprachenlernens durch Handeln:

> Handlungsorientierter Unterricht fordert nicht unbedingt immer Sprechen, dafür aber immer aktiv sein, also ,Handeln' ein. Das ganzheitliche Lernen erlaubt uns, ohne Wörter und Sätze zu produzieren, sprachlich tätig zu sein. Wir können auch Sprachen begleiten durch Mimik und Gestik. Wir können Lerner zum chorischen Sprechen auffordern, wobei der Einzelne möglicherweise gar nicht spricht, sich aber im Chor aufgehoben fühlt und sozusagen auch im Stillen mitspricht, mitagiert, dabei ist. Solche Ansätze müssen im handlungsorientierten Fremdsprachenunterricht berücksichtigt werden. (Bach im Interview in Abendroth-Timmer 2009: 23)

Dass leiblich-handelndes Lernen – im Gegensatz zu rein kognitiv-verarbeitendem – die Gehirnaktivität deutlich erhöht, zeigt Forschung zu Neurophysiologie wie sie zuvor im Hinblick auf Spiegelneurone dargelegt wurde (vgl. Rizzolatti/Craighero 2004). Auch kann Bewegung zur optischen Darstellung des Lernstoffes beitragen und durch die leibliche Umsetzung können gleichzeitig Emotionen freigesetzt bzw. emotionale Bindungen zum Lerngegenstand hergestellt werden (vgl. Arndt/Sambanis 2017: 129–146; Sambanis 2017: 268). Für den Fremdsprachenunterricht legen die von Sambanis dargestellten Forschungsergebnisse nahe, dass die Behaltensleistung von Wortschatz durch die Verbindung mit Bewegung erhöht ist. Dies kann begründet werden über die multimodale Enkodierung und die Lerner*innenaktivierung über bewegungsorientierte Methoden. Auch scheint die wiederholte Ausführung derselben Bewegung in anderen Kontexten das mit dieser Bewegung Gelernte unbewusst zu aktivieren und damit indirekt zu wiederholen. Darüber hinaus werden bei der Konsolidierung des Gelernten, z. B. im Schlaf, offensichtlich Inhalte unterschiedlich und je nach Art der Aufnahme verarbeitet. Außerdem führen Bewegungen von Lehrkräften bei der Vermittlung von Lernstoff und eigene Bewegungen der Lernenden zu einem zusätzlichen visuellen Impuls, der emotional und kognitiv bedeutsam sein kann (vgl. Sambanis 2016: 50–57).

Ästhetik und Aisthetik Die Begriffe ,Ästhetik' als „Natur-, Alltags- und Lebenserfahrungen und -gestaltungen" sowie ,Aisthetik' als leibsinnliche Wahrnehmung verbinden sich in phänomenologischen und subjektorientierten Bildungskonzepten (Mattenklott 2013/2012: 1 f.). In Abgrenzung von technizistisch-(neuro)kognitivistischen Vorstellungen von Lernen spricht Schwerdtfeger (2001: 441) von der „Einverleibung von Sprache". Bach/Timm (2013b: 16) führen darüber hinaus einen ganzheitlichen Sprachbegriff ein, der Sprache den Objektcharakter des Lerngegenstandes nimmt, indem wie folgt definiert wird:

> [Sprache] wird vielmehr [...] als ein spontan und unreflektiert zu gebrauchendes Instrument sprachlichen Handelns angesehen, dessen Ziel in erster Linie im kommunikativen Erfolg (Verstehen und Reagieren, Mitteilen und Bewirken) und der daraus resultierenden Befriedigung liegt.

Hieran können Konzepte ästhetischer und aisthetischer Bildung angeschlossen werden (s. ▶ Abschn. 5.4). Diese leib- und sinnorientierten Ansätze gehen davon aus, dass das tastend-begreifende Spiel des Kindes als Grundform der Ästhetik die

Verbindung zwischen Sinnlichkeit und Kognition bildet. Der Begriff der Aisthetik betont dabei stärker die leibsinnliche Dimension, wohingegen Ästhetik eher mit gestalterischen Tätigkeiten verbunden wird (vgl. Mattenklott 2013/2012). Leibsinnorientierte Theorien stellen den Leib in den Mittelpunkt menschlicher Erkenntnis, Identitätsbildung, (sprachlichen) Ausdrucks und sozialer Interaktion. Die Begründung ist eine wie zuvor dargelegte phänomenologische und interaktionistische Erkenntnistheorie. Dabei ist mit Brandstätter (2013/2012: 2) hervorzuheben, „dass in der ästhetischen Wahrnehmung […] die Leiblichkeit selbst thematisch [wird], das heißt die Präsenz des Leibes stellt eine zentrale und bewusste Erfahrungsdimension dar." Ästhetisch-aisthestische Lern- und Bildungsprozesse sind daher mit bewusster Selbst-/Fremdwahrnehmung und Reflexion verbunden, wobei auch die Präsenz künstlerischer Objekte in die Wirkung auf Erkenntnis im Sinne einer „ästhetischen Erfahrung" einzubedenken sind (vgl. ebd.):

> » Gegenstand ästhetischer Wahrnehmung und Erfahrung ist nicht nur das Wahrgenommene, sondern gleichzeitig auch der Akt der Wahrnehmung selbst. In der ästhetischen Wahrnehmung nehmen wir also nicht nur etwas wahr, sondern wir nehmen den Prozess des Wahrnehmens und auch uns selbst als Wahrnehmende wahr. (Brandstätter 2013/2012: 3)

Ästhetische Erfahrungen werden zudem in ihrer Zeitlichkeit (verbunden mit Gefühlen der Beschleunigung/Verlangsamung) und Räumlichkeit betrachtet (z. B. visuelle, literarische, digitale Räume) (vgl. ebd.: 4). An den Prozess ästhetischen Erlebens schließt die Entwicklung von (Fähigkeits-)Selbstkonzepten, Empathie und schließlich von gesellschaftlicher Partizipation an, allesamt Aspekte, die beispielsweise in der Forschung zu dramapädagogischen Methoden relevant sind. Somit münden ästhetisch-aisthetische Lern- und Bildungsprozesse wiederum in kontextspezifische Performanz (leiblich, sprachlich, interaktional sowie kritisch-partizipativ und reflexiv).

Ein solcher Sprach-, Lern- und Bildungsbegriff bezieht selbstverständlich auch die Rolle von Emotionen ein.

2.7 Handlung und Emotionen

Emotionen als Prozesse Emotionen wird eine affektive, kognitive, motivationale sowie physiologisch-expressive Komponente zugesprochen, welche eine große Bedeutung für das Fremdsprachenlernen haben können (vgl. Beermann/Cronjäger 2011: 19; vgl. auch Beiträge in Burwitz-Melzer/Riemer/Schmelter 2020). Neben Emotionen werden Stimmungen und Dispositionen im Hinblick auf die Dauer der Zustände unterschieden (vgl. Donnerstag 2017: 57). Für das Lernen sind hier drei Systeme relevant: das Belohnungssystem, das Stopp- oder Verhaltenshemmsystem sowie das Kampf-Fluchtsystem (vgl. Arndt/Sambanis 2017: 125–127). Emotionstheorien beschreiben daher Prozessmodelle, bei denen ein erster schneller physiologischer Affekt am Anfang steht und erst dann eine kognitive

Beurteilung einer Situation erfolgt (vgl. Burwitz-Melzer 2008: 32). Das Stopp- oder Verhaltenshemmsystem ermöglicht bereits im Prozess selbst ein Eingreifen, falls die Handlung droht zu misslingen und nachjustiert werden muss (vgl. Arndt/Sambanis 2017: 126). Ist Lernen mit Angst verbunden, so bedingt die Verarbeitung über das Kampf-Fluchtsystem, dass ein Vermeidungsverhalten eintreten kann oder das Gelernte mit diesen negativen Emotionen und den entsprechenden körperlichen Reaktionen verbunden bleibt (vgl. Arndt/Sambanis 2017: 127). Die kognitive Beurteilung der Emotionen im Lernprozess kann bzw. sollte reflektiert, versprachlicht und damit abschließend bewertet werden, damit gelernt wird, mit Emotionen in ihrer förderlichen wie hinderlichen Funktion umzugehen und sich auf entsprechende Situationen einlassen zu können (vgl. Piccardo/North 2019: 78 ff.).

Neben diesen kognitionstheoretischen und neurologischen Erklärungen von Emotionen gibt es hermeneutische Ansätze, die sich zugleich mit verschiedenen fremdsprachendidaktischen Bereichen verknüpfen lassen. Hierzu folgert Bredella (2005: 228):

> Emotionen sind somit nicht bloße subjektive Befindlichkeiten, sondern verbinden uns mit der Welt und lassen dabei auch deutlich werden, dass wir keine autonomen Wesen sind, die über die Welt verfügen, sondern von ihr auch beeinflusst werden.

Emotionen und Leiblichkeit Wird die leibliche Seite des Ausdrucks von Emotionen und der Konstruktion von Identität sowie sozialen Interaktionen betont, kann gemäß Fuchs/Koch (2014: 77) festgestellt werden:

> In the past decades a growing body of research on embodiment has demonstrated that not only bodily sensations, but also bodily postures, gestures and expressions are inherent components of emotional experience and tacitly influence the evaluation of persons, objects and situations as well as memory recall.

Weiterhin ist das, was wir körperlich darstellen, wiederum mit Emotionen verbunden. Beispielsweise drückt sich Traurigkeit durch körperlich niedrige oder gedrungene Bewegungsrichtungen aus. Allein die Einnahme dieser Körperhaltung lässt uns umgekehrt die Emotion nachspüren (vgl. Fuchs/Koch 2014: 78; s. ▶ Abschn. 5.4). Durch einen veränderten Muskeltonus variieren zugleich die Kraft und der Ausdruck der Stimme, dies wiederum ist von Wirkung in der sozialen Interaktion. Fuchs/Koch (2014) führen das Modell der *embodied affectivity* und der *interaffectivity* ein. Sie unterscheiden bezüglich des Individuums zum einen zwischen dem „Berührt-sein" *(„to affect, to be moved")* durch etwas als körperliches Gefühl und dem Gefühlsausdruck als körperliches Handeln bzw. als Reaktion *(„to act, to move")*. Hierbei heben sie hervor, dass auch eine kulturelle Dimension der Aneignung von (emotionalen) Körperreaktionen und ein biographisch bedingtes Körpergedächtnis zu berücksichtigen sind (vgl. ebd.: 81). Komplex wird das Modell durch die Ergänzung der Interaktion und der Vorstellung einer *interaffectivity*. Hiermit ist die Wahrnehmung eines körperlich ausgedrückten Gefühls durch ein Gegenüber und die sich dann einstellende Reaktion hierauf gemeint:

> Thus, emotions are not inner states that we experience only individually or that we have to decode in others, but primarily *shared states* that we experience through interbodily affection. (Fuchs/Koch 2014: 83; Herv. im Orig.)

Die Autoren sprechen auch von einer zwischenkörperlichen Resonanz oder einer verkörperlichten Wahrnehmung (*interbodily resonance/embodied perception,* ebd.: 82) und betrachten dieses Phänomen als ausschlaggebend für Empathie (ebd.: 83). Man kann hier auch von Zwischenleiblichkeit oder von „leiblicher Ko-Präsenz" sprechen (vgl. Fischer-Lichte 2012: 54–58; s. ► Abschn. 5.4).

In diesem Zusammenhang spielt in der *embodiment*-Forschung auch Gestik eine große Rolle (vgl. Forschungsüberblick in Lantolf/Smotrova 2013). Rosborough (2014) hebt die Bedeutung der Gestik für die unterrichtliche Kommunikation hervor und bezieht sich dabei unter anderem auf den Sozialkonstruktivismus nach Vygotsky. Demgemäß merkt er an (ebd.: 233):

> Vygotsky (1998) claimed that intersubjective relationships can be understood through materialization using the embodied-situated mind in learning directions displaying projections towards future development.

Der Einsatz von Gestik ist in der unterrichtlichen Interaktion und für die gemeinsame Bedeutungskonstruktion in der zu lernenden Sprache relevant (vgl. ebd.: 229, 232). Zugleich führt Gestik zu einer höheren Komplexität der Interaktion und zu einer zusätzlichen inhaltlichen Verständnisbasis im Lernprozess. Dabei entsteht eine neue Bedeutungsebene im Hinblick auf den unterrichtlichen Input (vgl. ebd., 24 f.).

Zur Vertiefung: Soziologie der Emotionen

Die Erforschung von Emotionen interessiert neben der (Neuro-)Biologie, Psychologie und Kulturanthropologie auch die Soziologie. Aus sozialwissenschaftlicher Sicht spielen Emotionen eine große Rolle für die Entwicklung von Individuum und Gesellschaft. Lange wurde ihre Erforschung als weniger relevant betrachtet und wurden Emotionen den rational handelnden Menschen entgegengesetzt. Das Ausleben von Emotionen und ihre Wirkung auf gesamtgesellschaftliche Prozesse und Stimmungen ist kulturell überaus bedeutsam. Viele Emotionen treten in kollektiven Situationen auf und sind in diesem Sinne auch Teil der Sinnkonstruktion. Ferner ist die Entwicklung von Emotionen Teil der Soziogenese und Identitätsbildung (vgl. Vester 1991: Kap. 1). Gleichzeitig ist mit dem Anthropologen und Psychologen Paul Ekman (1994) von kulturunabhängigen Basisemotionen (Angst, Ekel, Freude, Trauer, Überraschung, Verachtung, Wut) auszugehen. Diese drücken sich in der menschlichen Mimik in Millisekunden aus.

Motivation als Prozess Emotionen stehen innerhalb von Prozessmodellen der Motivation. Handeln erfordert eine vorherige Abwägung der persönlichen und kontextuellen Voraussetzungen für eine erfolgreiche Handlungsbewältigung. Das

Neugiermotiv und die Aussicht auf Erfolg und damit Belohnung erhöhen die Wahrscheinlichkeit der Handlungsaufnahme (vgl. Arndt/Sambanis 2017: 125 f.). Zudem müssen die Ziele und zu ergreifenden Maßnahmen definiert werden. Ist das Ziel erreichbar und im Anspruchsniveau attraktiv, so kommt es zur Energetisierung und Motivierung, so dass die Handlung aufgenommen wird. Hinzu treten Emotionen, welche die Einschätzung der Zielerreichung, den Prozess selbst und die spätere Bewertung der Handlung flankieren (vgl. Dörnyei 2001; s. zuvor Heckhausen 1985/1989). Dabei wirken die verschiedenen Persönlichkeitsmerkmale auf die emotionale Bewertung von aufzunehmenden oder erfolgten Handlungen. Je nach Selbstvertrauen in Kombination mit bestimmten sozialen Erfahrungen sowie dem jeweiligen Kontext (*peers*/Lehrende/Methoden etc.), kann sich bezogen auf den Spracherwerb und den Fremdsprachenunterricht beispielsweise Sprechangst einstellen oder kann umgekehrt Sprechfreude entwickelt werden (vgl. Arndt/Sambanis 2017: 108–112; s. zu Angst auch MacIntyre 2002: 64–67).

Investment Eine vorliegende grundsätzliche Sprachlernmotivation muss daher nicht notwendigerweise zu einem *investment* von Lernenden führen, d. h. zu einem aktiven Einbringen in den Unterricht (vgl. Norton/McKinney 2011). Dies ist jedoch dann möglich, wenn sich die Lernenden persönlich angesprochen fühlen (vgl. Ushioda 2011). Umgekehrt weist Fronhofer (2015: 8) daraufhin, dass jugendliche Lernende bisweilen ungern ihre Emotionen thematisieren und die Fremdsprache hier ein probates Mittel zur Distanzierung sein kann und dadurch die Entwicklung sozial-emotionaler Kompetenzen im fremdsprachlichen Handeln ermöglicht wird. Beispielsweise kann Literaturarbeit im Fremdsprachenunterricht über einen rezeptionsästhetischen Zugang zum Erfassen und Erleben von Emotionen sowie zu *investment* beitragen (vgl. Burwitz-Melzer 2008: 34; s. ► Abschn. 5.1). Die bei der rezeptionsästhetischen Arbeit mit Literatur oder bei anderen ganzheitlichen Lernprozessen (vgl. z. B. ► Abschn. 5.4) ausgelösten selbst-, kontext- und handlungsbeurteilenden Reflexionen weisen immer auch kulturelle Bezüge auf (vgl. Burwitz-Melzer 2008: 33):

> » Dabei ist zum einen wichtig zu wissen, dass unterschiedliche kulturelle Systeme durchaus auch unterschiedliche emotionale ‚Landkarten' besitzen können, die zum einen die Emotionen anders benennen können oder auch einige Emotionen aufweisen, die in anderen Kulturen gar nicht vorkommen mögen. (Ebd.)

Hier zeigt sich, dass Emotionen und Handeln in kulturellen Kontexten gedacht werden müssen.

2.8 Handlung und Kultur

Kultur und kulturelle Rahmungen Der Kulturbegriff war lange einem essentialistischen Konstrukt verhaftet. Demgemäß wird bzw. wurde Kultur als eine fest umrissene Entität oder ein Monolith gesehen. So verstanden wird Kultur gleichgesetzt mit einem geographischen Raum, Nationen und Sprachen. Oft wird damit vereinfachend die Oberflächenebene von Kultur betrachtet. Hier befinden sich im Sinne des sogenannten Eisbergmodells Daten, Fakten und Realien, die sichtbar und damit objektiv beschreibbar sind. Insbesondere landeskundliche Ansätze und die Thematisierung von Stereotypen tendieren zu einem essentialistischen Kulturbegriff, weswegen diese zunehmend in der Kritik stehen. Die unterrichtliche Arbeit mit Stereotypen kann aber ebenso genau diese Entstehung und Wirkung von Stereotypen kritisch aufgreifen, die individuelle Wahrnehmung der Lernenden bewusst machen und komplexe kulturelle Lernprozesse auslösen. Dies ist anschlussfähig an subjektorientierte Verfahren, die die Tiefenstrukturen der Werte und Haltungen ins Zentrum stellen und zunächst vom Individuum und von seinen dynamischen kulturellen Bedeutungskonstruktionen und Identitätsbildungsprozessen ausgehen.

Zur Vertiefung: Zur Geschichte des landeskundlichen und kulturellen Lernens

Das ausgehende 19. Jahrhundert markiert den Beginn des institutionalisierten schulischen Unterrichts für eine breitere Gesellschaftsschicht als zuvor. Unterricht in modernen Fremdsprachen findet nicht mehr allein in Adelshäusern durch Sprachlehrer*innen oder Gouvernanten statt. Durch die Einrichtung von Realschulen und die Einführung neusprachlichen Unterrichts auch an Gymnasien wird die gezielte Beschäftigung mit zielsprachlichen Kulturen relevant. Man befasst sich mit verschiedensten Texten, die Informationen jeglicher Art, geschichtlich, politisch etc. liefern, sowie mit Realien. Auswahlkriterien werden nicht festgelegt. Allein ist bedeutsam, den anderen aus seiner (d. h. der eigenen) Perspektive zu betrachten. Dies ändert sich in den zwanziger Jahren des 20. Jahrhunderts mit der Kulturkunde. Die Vertreter*innen der Kulturkunde grenzen sich dezidiert von der Realienkunde ab. Sie wollen andere Kulturen thematisieren, um das Eigene besser zu verstehen. Von den Nationalsozialist*innen wird der Kulturkunde gleichwohl Objektivismus, Pazifismus, Internationalismus vorgeworfen und es wird nun von der „Volkslebenslehre" gesprochen. Diese hat ein Freund-Feind-Bild zum Kern: Der Andere wird in seiner Andersheit und als potenzieller Feind betrachtet, das Eigene ist der ultimative Maßstab. Nach dem Zweiten Weltkrieg schließt man für kurze Zeit an die Kulturkunde an, um dann aber im Lichte der Völkerverständigung der 1950er Jahre von Landeskunde zu sprechen. Das Bemühen um Neutralität drückt sich in der Arbeit mit Texten und Fakten aus. Im Zuge der Migrationspädagogik der 1980er Jahre findet die Fremdsprachendidaktik den Übergang zur Didaktik des Fremdverstehens, dem interkulturellen, den *Cultural Studies* sowie dem transkulturellen Lernen (vgl. für historische Überblicke zum Fremdsprachenunterricht z. B. Klippel 1994; Christ 2000; Doff 2018; Schumann 2019).

Kulturelle Rahmungen von Handlung sind gemäß dem Identitätsmodell von Abendroth-Timmer/von Tschilschke (2020: 103) geographischer, politisch-historischer, sprachlicher, sozio-kultureller und religiöser Art, wobei diese Kategorien und die ihnen zugeschriebenen Bedeutungen sowie davon abgeleitete Rollenerwartungen differenztheoretisch als soziale Konstrukte zu verstehen sind (vgl. Allemann-Ghionda 2006: 237 f.). Die Nutzung dieser Rahmungen oder Spielräume, d. h. die Interaktion mit der Welt, ihren Konzepten und Interaktionspartner*innen wird dabei auf subjektiver Ebene gebrochen durch das „Prisma der konkreten Besonderheiten des Individuums" (Leont'ev 1977: 54). So verstanden ist Kultur nichts objektiv Gegebenes und Erfassbares, sondern eine diskursive Praxis von Individuen (vgl. auch Plikat 2016). Diese diskursive Praxis führt durchaus zur Schaffung von kulturellen Artefakten oder Kulturdimensionen, die sich in Haltungen und Handlungen im Sinne von Kultur- und Kommunikationsstandards materialisieren können (vgl. Hofstede 1993), aber vornehmlich entstehen dynamische kulturelle Identitäten, die diese kulturellen Rahmungen immer wieder verändern.

Zur Vertiefung: Kulturdimensionen

Hofstede entwarf anhand einer großen empirischen Studie im Wirtschaftskontext in den 1960er und 1970er die sogenannten Kulturdimensionen, die sich auf Einstellungen und Verhaltensweisen von Menschen verschiedener Nationen beziehen. Hofstede (1983) betont die Bedeutung des Nationenbegriffs für seine Studie beziehungsweise für den Wirtschaftskontext und dabei die sozial-psychologische Wirkung politischer und rechtlicher Rahmen einer Gesellschaft (vgl. ebd.: 75 f.). Demgemäß definiert Hofstede Kultur als „collective mental programming" (ebd.: 76) oder „mentale Software" (Hofstede/Hofstede/Minkov/Mayer/Sondermann/Lee 2017: 17 f.). Die Gefahr einer Übergeneralisierung durch den Begriff der Nationalkultur sieht er nicht (vgl. ebd.: 77) und Hofstede et al. (2017: 320 f.) heben die Gebundenheit von Wissenschaft und damit auch von Wirtschaftstheorien an Nationen hervor, deren Übertragung auf andere Systeme ihre ursprüngliche kontextuelle Verankerung mitdenken muss. Sie betrachten Kultur ausschließlich als Gruppenphänomen, als Bestreben eines Individuums zu einer Gruppe zu gehören (vgl. ebd.: 409). Demgemäß unternehmen Hofstede et al. (2017) differenzierte Analysen der Kulturdimensionen im Hinblick auf die geschichtliche Entwicklung und Beschaffenheit von Gesellschafts- und Wirtschaftssystemen bis hin zu Bildungssystemen und Familienstrukturen. Auch sprachliche Besonderheiten (z. B. Gebrauch des Personalpronomens „ich" in verschiedenen Sprachgemeinschaften oder der mimische Ausdruck von Emotionen) werden in die Analysen von Hofstede et al. (2017: 121 f.) einbezogen. Hofstede (1983) sieht aber durchaus in seiner Studie bestätigt, dass bei weitem nicht alle Mitglieder einer Nation in gleicher Weise ein kulturelles, mentales Programm aufweisen (vgl. ebd.: 78). Anzumerken ist auch, dass zum Zeitpunkt seiner ersten Studien in Wirtschaftstheorien der Aspekt der Kultur wenig Beachtung fand bzw. von einer mehr oder minder großen Einheitlichkeit des Wirtschaftslebens auf internationaler Ebene ausgegangen wurde.

Mit seiner ersten Fragebogenstudie erhob Hofstede Daten von 116.000 Mitarbeitern aus 40 Ländern eines internationalen Konzerns (vgl. ebd.: 70), welche später um weitere zehn Länder ergänzt wurden (vgl. ebd.: 78). Die Ergebnisse seiner Studie überprüfte er in einer internationalen Business School mit Teilnehmer*innen verschiedener Länder und Firmen (vgl. ebd.: 78). Er ermittelte zunächst vier Kulturdimensionen, die über die Jahre um zwei weitere Dimensionen ergänzt wurden. Diese sind: 1) hohe versus niedrige Machtdistanz, 2) starke versus schwache Vermeidung von Unsicherheit, 3) Individualismus versus Kollektivismus, 4) Maskulinität versus Femininität, 5) langfristige versus kurzfristige Orientierung, 6) Genuss versus Zurückhaltung.

Während Mitarbeiter*innen mit niedriger Machtdistanz in Entscheidungen einbezogen werden wollen, bevorzugen Mitarbeiter*innen mit hoher Machtdistanz klare Vorgaben. Eine schwache Unsicherheitsvermeidung ist verbunden mit Toleranz gegenüber Innovationen oder geringer Struktur, dahingegen führt eine starke Unsicherheitsvermeidung zum Wunsch nach Strukturen, zur Klärung von Detailfragen, zu geringer Toleranz gegenüber Innovationen. Individualistisch orientierte Gesellschaften erlauben individuelle Meinungsäußerungen, wohingegen kollektivistisch orientierte Gesellschaften nach Harmonie und Allgemeinwohl streben. Maskulin orientierte Gesellschaften werden als wettbewerbs- und leistungsorientiert verstanden, feminin orientierte Gesellschaften sind auf Gleichheit, Konsens und gute zwischenmenschliche Beziehungen ausgerichtet. Bei einer langfristigen Ausrichtung zählen Tradition, Sparsamkeit, langfristige Pläne, bei einer kurzfristigen Ausrichtung haben kurzfristige Gewinne und Pläne, Konsum sowie Respekt vor Status und Vermeidung von Gesichtsverlust Bedeutung. Die Dimension Genuss gegenüber Zurückhaltung ist z. B. mit hoher oder niedriger (Arbeits-)Disziplin und größerer oder geringerer Bedeutung der Freizeit verbunden (vgl. Towers/Peppler 2017: 16 f. sowie Hofstede et al. 2017).

Diese Dimensionen wurden häufig für interkulturelle Schulungen im Wirtschaftskontext übernommen und scheinen in relativ stark standardisierten Handlungsfeldern in der Wirtschaftskommunikation besonders gut anwendbar. Das Modell Hofstedes führte aber auch zu Kritik. Vor allem basiert es, wie eingangs gezeigt, auf einem eher essentialistischen Kulturbegriff, also der Vorstellung einer engen Verbindung von nationaler Zugehörigkeit und Kultur. Weiterhin wurde die Studie zunächst nur im Kontext eines einzigen Unternehmens durchgeführt. Gleichwohl ist auf die zahlreichen Wiederholungsstudien hinzuweisen (vgl. Hofstede et al. 2017). Schließlich muss von einer dynamischen Entwicklung von Kulturen und Gesellschaften ausgegangen werden, so dass das Modell immer wieder neu zu überprüfen ist (vgl. ebd.: 18). Demgemäß wurden zwischenzeitlich Dimensionen hinzugefügt, wie eine geringe oder hohe Nachgiebigkeit und Beherrschung im Sinne von mehr oder weniger Disziplin bezüglich der Arbeit und höherer oder niedrigerer Bedeutung von Freizeit (vgl. ebd.: 18).

Weitere Modelle mit Wirtschaftsbezug dieser Art, hingegen mit unterschiedlicher Einbettung in eine Kulturtheorie, liegen von Hall/Hall (1990), Demorgon

(1989) und Trompenaar (1993) vor (vgl. Layes 2005). Im Hinblick auf die Problematik einer möglichen übergeneralisierenden Analyse einzelner soziokultureller Differenzerfahrungen schlägt Layes (2005) für die Anwendung dieser Modelle vor, zunächst zwischen einer Individualebene, einer Kleingruppenebene, einer subkulturellen und einer nationalkulturellen Ebene zu unterscheiden (zur Kritik s. weiterhin McSweeney 2002).

Die jeweils prägenden kulturellen Rahmungen und ihre Überschneidungen sind jedoch so hochgradig individuell, dass eine Zuordnung von Kultur an eine Nation und eine Sprache kein Erklärmodell sein kann. Auch die benannten Kulturdimensionen verleiten zu engen Zuordnungen. Insofern kann Kultur wie folgt definiert werden.

Definition

Kultur wird in einem Wechselverhältnis zwischen dem Individuum und seinen sozialen Kontexten verstanden. Kulturelle Praktiken dienen der Erschließung und Strukturierung der Wirklichkeit. Demgemäß definiert Knapp wie folgt:

> ‚Kultur' wird in diesem Kontext als ein Bestand an Symbolen und Praktiken verstanden, durch den ein zwischen Mitgliedern einer Gruppe geteiltes Wissen an Standards des Glaubens, Deutens und Handelns in der sozialen Interaktion manifest gemacht wird. Er dient zur überindividuellen Konstruktion sozialer Wirklichkeit, stellt Orientierungsmuster bereit und konstituiert soziale Identität. (Knapp 2004: 412).

Kultur verstanden als soziale Praxis unterliegt zum einen einem semiotischen Kulturbegriff (vgl. Posner 2003; s. auch symbolische Kompetenz), zum anderen materialisiert sich Kultur im aktiven partizipativen Handeln und es wird daher auch von *„doing culture"* gesprochen:

> 'Doing culture' impliziert nicht nur Bewusstheit über und Reflexion von sprachlichen Funktionen in Prozessen kultureller Singgebung, sondern auch die aktive Teilhabe an diesen Prozessen mit eigenen Äußerungen und Handlungen. Zentrales Moment kulturellen Lernens wäre dann – ausgehend von einem weiten Textbegriff – neben der kritischen Rezeption von Texten auch die bewusste kulturelle Bedeutungsproduktion, indem Schüler*innen sprachliche Zeichen und andere symbolische Formen nicht nur verstehen lernen (im Sinne des semiotischen Kulturbegriffs), sondern für das eigene kulturelle Handeln auch nutzen lernen. (Surkamp/Freitag-Hild 2021: i.V.)

Weniger die Beschreibung vermeintlich gegebener kultureller Artefakte und Kulturstandards als die Entwicklung einer Kompetenz der kritischen Reflexion von Sinngebungsprozessen sowie des sprachlich-kulturellen Verstehens und Handelns ist demgemäß ein grundlegender Bildungsauftrag für den Fremdsprachenunterricht.

Fremdverstehen Die „Didaktik des Fremdverstehens" ist hinsichtlich der Reflexion von Eigenem und Fremden insbesondere in der Fremdsprachendidaktik in den 1990er Jahren ein prominenter Ansatz, der auch im Zusammenhang sowohl mit den Bildungsansprüchen von Fremdsprachenunterricht wie auch den Prinzipien des interkulturellen Lernens verknüpft zu sehen ist. Besonders durch die Arbeiten des gleichnamigen Gießener Graduiertenkollegs erschlossen (Bredella/Christ 1995; Bredella/Christ/Legutke 1997) hat sie als Vermittlungsziel, „eine andere Perspektive einzunehmen und eine Distanz zum Eigenen zu gewinnen" (Bredella/Meißner/Nünning/Rösler 2000: XIII). Vor allem die Rolle literarischer Texte wird immer wieder herausgestellt, wenn es um die Förderung dieses Fremdverstehens geht: Sie offenbaren eine Reflexionsfläche für den gewünschten Perspektivwechsel während der Lektürearbeit, in der Figuren in kulturell anderen (oder auch ähnlichen) Zusammenhängen als Akteurinnen und Akteure wahrgenommen und von den Rezipienten und Rezipientinnen in ihrem Handeln interpretiert und verstanden werden sollen. Bedeutend ist im Zusammenhang mit einer Didaktik des Fremdverstehens und dem Erschließen der Innenperspektive einer „fremden Kultur", dass die Interpretation derselben jeweils immer auch hochgradig individuell ist und auf der Grundlage der jeweils Interpretierenden, ihrer Hintergründe, Einstellungen und Überzeugungen gesehen werden muss: „Daraus können wir schon die Erkenntnis gewinnen, dass Menschen kreativ und reflexiv sein müssen, um sich orientieren zu können" (Bredella 2014: 121) – zwei Prinzipien, die im handlungsorientierten Fremdsprachenunterricht konstitutiv sind und es nötig machen, dass diese aufseiten der Lernenden biographisch wirksamen Einstellungen und Überzeugungen eingeholt und bewertet werden müssen.

Zur Vertiefung: Interkulturelle (kommunikative) Kompetenz

Es wurde mehrfach der Versuch unternommen, Stufenmodelle interkultureller Kompetenzen zu erstellen. Vielfach mangelt es dabei an empirischer Begründung (vgl. Harsch 2019: 257). Einige Beispiele für Stufenmodelle sollen nachfolgend beschrieben werden.

Ein bekanntes Modell zur Beschreibung von interkultureller Kompetenz oder *intercultural sensitivity* als Ziel des Fremdverstehens liegt von Bennett vor (1986; vgl. auch Hammer/Bennett/Wiseman 2003). Dieses Modell steht im Kontext der Entwicklung und Erforschung interkultureller Trainings. Es ist daher ein Entwicklungsmodell und wurde auch in der DESI-Studie eingesetzt (vgl. Hesse/Göbel 2007). Es untergliedert sich in eine ethnozentristische und eine ethnorelative Phase mit den dazugehörigen Zwischenschritten *denial*/Verleugnung, *defense*/Abwehr, *minimization*/Minimierung einerseits und *acceptance*/Akzeptanz, *adaptation*/Anpassung sowie *integration*/Integration andererseits. Hu (2008: 23 f.) stellt bezüglich des Modells u. a. kritisch fest, dass es sich als eine unidirektionale graduelle Linie hin zu erwünschten Kompetenzen darstellt. Weiterhin liegt hier ein differenztheoretischer Begriff von homogenen und unterscheidbaren Kulturen zugrunde, außerdem wird Sprachenlernen nicht einbezogen.

Eine Konkretisierung interkultureller kommunikativer Kompetenz für das Sprachenlernen liefert das Modell von Byram (1997: 73). Er unterscheidet fünf Wissensbereiche und liefert dazu Unterkategorien. Die Kategorien sind miteinander verschränkt. Folgende Kategorien werden genannt:

- *savoir:* Wissen über andere Kulturen,
- *savoir comprendre:* die Fähigkeit, Kultur(en) zu verstehen und zu interpretieren,
- *savoir apprendre:* die Fähigkeit, Neues über (andere) Kulturen zu erfahren und zu lernen,
- *savoir être:* Einstellungen, die der*die Lernende zu anderen Kulturen hat,
- *savoir s'engager:* Bewusstsein über die Entstehung von Werten/Einstellungen gegenüber anderen Kulturen.

Das Modell ist in den Gemeinsamen europäischen Referenzrahmen für Sprachen (GeR) sowie den Referenzrahmen für plurale Ansätze zu Sprachen und Kulturen (RePA, vgl. Europarat 2011; Meißner 2013) eingegangen. Auch die Anwendbarkeit in der Analyse von Lerner*innendaten aus interkulturellen Projekten wurde anhand Byrams Modell überprüft (vgl. Bechtel/Ciekanski 2014). Ein Progressionsmodell ist es allerdings nicht (vgl. Hu 2008: 25). Hierzu hat Eberhardt (2013) eine umfassende qualitative Studie zur Operationalisierung von Kompetenzstufen vorgelegt. Er unternimmt den Versuch, anhand des Modells von Byram horizontale und vertikale Entwicklungsstufen interkultureller Kompetenz empirisch zu entwerfen. Deutlich wird auch hier, dass ein Testen dieser Kompetenz nicht erfolgversprechend und von qualitativen Verfahren bestimmt werden muss.

Transkulturalität Wenn mit interkulturellem Lernen sowohl die Reflexion der eigenen kulturellen Identität und das Erschließen und Interagieren mit fremdkulturellen Gegenständen verfolgt wurde, löst das Konstrukt der Transkulturalität die vermeintlichen Grenzen zwischen eigener und fremder Kultur auf (zur Problematisierung der Dichotomie s. Hu 1997; Fäcke 2006: 13). Transkulturalität basiert auf der Prämisse, dass Individuen in einer globalisierten, digitalen und postmodernen Welt mit vielfältigen kulturellen Einflüssen konfrontiert sind und dies zur Entwicklung individueller kultureller Identitäten führt. Der damit verbundene Kulturbegriff ist notwendigerweise dynamisch, wie die nachfolgende Definition zeigt:

> Das Konzept der Transkulturalität impliziert somit ein Verständnis von Kultur als einem hybriden, polyphonen und zu anderen Kulturen hin offenen bzw. vernetzten Gewebe und lenkt die Aufmerksamkeit auf die Gestaltungsspielräume von Individuen bei der Konstruktion ihrer kulturellen Identität. (Freitag 2013: 126) (siehe *Thirdness oder der dritte Raum*)

Thirdness oder der dritte Raum

Die Begriffe des *Third Space,* des dritten Raums bzw. der *Thirdness* wurde in die fremdsprachendidaktische Diskussion von Kramsch eingebracht. Ursprünglich stammt die Begriffsfamilie aus den postkolonialen Kulturstudien von Bhabha (1994) und schließt an sprach- und literaturphilosophische Überlegungen zum *thirdness*-Begriff von Peirce und Bakhtin an (vgl. Kramsch 2009: 236). Kultur wird in diesen Konzepten als Teil eines diskursiven Schaffensprozesses von sozial Handelnden *(social actors)* verstanden. Zugleich entstehen hierbei unbewusste diskursive Praktiken. Kulturelle Räume sind aber durch Heterogenität ihrer Akteur*innen geprägt, was zur Schaffung eines Dritten Raums führt, der kulturelle Veränderungsprozesse ermöglicht (vgl. ebd.: 237).

Im Zusammenhang mit Fremdsprachenerwerb, aber besonders auch mit der Legitimierung von *non-native teachers,* stellt Kramsch daher ebenfalls die Dichotomie von L1/L2-Sprachen und -Kulturen in Frage (ebd.: 238 f.; s. ▶ Abschn. 2.2). Auch ist kritische Literaturdidaktik in diesem Diskurs der *thirdness* verortet. *Thirdness* bedeutet dann den kritischen Umgang mit Hybridität und Diversität anhand entsprechender literarischer Texte und im kritischen Klassenraumdiskurs. Kulturelle Artefakte wie Traditionen oder eben die Sprache und ihre Anerkennung ermöglichen sowohl Austausch mit- und untereinander als auch Teilhabe an sozialen Systemen. Die damit einhergehende Hybridisierung und Diversifizierung führen wiederum dazu, dass die Prozesse von Anerkennung und Akzeptanz fremder sowie die Reflexion der eigenen Position ständig aktualisiert werden müssen. Beim Aufeinandertreffen der unterschiedlichen Horizonte entsteht (auch im Klassenzimmer) ein „third space" (Bhaba 1994) bzw. eine „culture of a third kind" (Kramsch 1998), die dann im Handeln diesen kommunikativen Austausch und seine Reflexion ermöglichen. Beim Fremdsprachenlernen betreten Lernende gleichsam „einen mentalen Ort […], der eine Art hybrider I.[-dentität] begründet" (Küster 2017: 133).

Zusammenfassend definiert Kramsch (1998: 244) ihren Ansatz für den Fremdsprachenerwerb wie folgt:

» Language learners develop an intercultural perspective where they get to understand both their own culture and language contexts (First Place) and the target culture and language contexts (Second Place). Using this knowledge, they move to a position in which their developing intercultural competence informs their language choices in communication (Third Place). ILL [intercultural language learning] pedagogy helps students construct this Third Place by making connections between the L1/C1 and the L2/C2; communicating across linguistic and cultural boundaries and identifying and explaining those boundaries; critically reflecting on their own intercultural behaviours and their own identity; and taking responsibility for contributing to successful communication across languages and cultures.

Das zunächst von Welsch (1999, 2017: 9 ff.) vertretene Konzept von Transkulturalität beruht auf der Vorstellung einer Vermischung von Kulturen. Hybriditätstheorien grenzen sich von einem geschlossenen und normativen Kulturbegriff ab. Kulturen werden nicht als separat oder assimilierend, sondern als interaktiv verstanden (vgl. ebd.: 2). Umgekehrt kann der Einwand vorgebracht werden, dass Kulturen sich immer schon über Kontakt und Vermischung formiert haben, der Unterschied aber darin zu sehen ist, ob dies als bewusster und selbstbestimmter Prozess geschieht oder ob durch die Hybriditätsidee der situierte Ausdruck von Kulturalität einer Gruppe unterdrückt wird bzw. zu welchem Grad Hybridität auf einer Oberflächenebene von Praktiken oder als internalisierte transkulturelle Identität gelebt wird (vgl. Delanoy 2006: 236–239).

Transkulturelles Lernen Folglich geht transkulturelles Lernen nicht mehr von der Dichotomie zwischen Eigenem und Fremden aus, sondern nutzt Identitätsbegriffe, die als Produkte individueller Soziogenesen und situierte, diskursive oder transportable Identitäten jeweils eingebettet in kulturelle Rahmungen zu verstehen sind. Diese mehr oder weniger bewussten Prozesse sind selbstverständlich nicht gleichzusetzen mit der gesteuerten schulischen Auseinandersetzung mit Kulturen, kulturellen Positionierungen und mehrsprachig-mehrkulturellen Identitäten. Dabei neigt schulischer Fremdsprachenunterricht – entgegen lebensweltlicher Erfahrungen einer mehrsprachig-mehrkulturellen Schüler*innenschaft – unter Umständen zu einer kontrastiven Darstellung vermeintlich abgrenzbarer kultureller Räume und Zugehörigkeiten. Er kann auch eine „Strategie der Zurückhaltung" oder Homogenisierung bei der Darstellung von kultureller Diversität in Lehrwerken begünstigen (vgl. Schleicher 2017: 119), auch wenn erste Ansätze zu einer Diversifizierung der Darstellungen in Lehrwerken und vielfältige Formate handlungsorientierter Aufgaben zur Bewusstmachung von Einstellungen oder zum Perspektivenwechsel auszumachen sind (vgl. Anton 2017: 298–303). So führt Anton (2017: 201) als Ziele transkulturellen Lernens aus:

> » Um unzulässige Verallgemeinerungen und stereotypisierende Einordnungen zu unterbinden, ist eine multidimensionale, an Dekonstruktion orientierte Darstellung hybrider Lebensweisen zu fordern, die auch den Bezug auf den einzelnen Lerner zulässt. [...] Im Sinne transkultureller Lernziele müssen kulturelle Praxen dabei immer differenzierend betrachtet werden, damit die unscharfen, überlappenden Grenzen kultureller Verortungen erkannt und das Wissen um sie in die individuelle Weltsicht integriert werden können. [...] Dies kann zur Diversifizierung von Ansichten und zur Bewusstmachung von individueller Hybridität und Perspektivengebundenheit von Einstellungen führen.

Der Fremdsprachenunterricht wird dann zu einem transkulturellen Raum, wenn er die identitär bedeutsame und sprachlich-kulturell komplexe, d. h. auch globalisierte Lebenswelt der Schülerinnen und Schüler ernst nimmt und über sie hinaus auf weitere (u. U. hybride) kulturelle Diskurse verweist (vgl. Blell/Doff 2014). Aus der Sicht transkulturellen Lernens wird der Prozess des Fremdverstehens als „subjektiv und intersubjektiv konstruierte Wahrnehmung" (Eckert/Wendt 2003:

13 f.) und als sozialer Aushandlungsprozess verstanden. Die hiermit einhergehenden transkulturellen mentalen Prozesse definiert Fäcke (2006: 21)

> » als Fähigkeit und Bereitschaft, sich auf transkulturelle Aushandlungsprozesse einzulassen, d.h. sich diskursiv mit Kultur auseinander zusetzen, eigene Wirklichkeitskonstruktionen zu überprüfen, sie dementsprechend in der Folge zu bestätigen oder in Frage zu stellen und anschließend u.U. zu revidieren. Diese Auseinandersetzung beinhaltet, Aneignungen nicht zu vollziehen und kritisch mit Macht- und Herrschaftsdiskursen umzugehen. Darüber hinaus besteht die Fähigkeit und Bereitschaft zu Selbstreflexivität und kritischer Infragestellung eigener Sichtweisen. [...] Transkulturalität bildet somit den Rahmen für eher ergebnisoffene Denkprozesse und Auseinandersetzungen, in denen ein sensibler Umgang mit Kultur und Macht konstruktiv ausgehandelt werden kann.

Erforderlich für eine Öffnung hin zu transkulturellen Aushandlungsprozessen ist eine Verzahnung von Subjekt- und Kontextorientierung, d. h. eine subjektive Wahrnehmung verbunden mit der Neugier, zu einem Phänomen mehr kontextuelle Informationen zu erhalten und sich damit kritisch auseinanderzusetzen. Einzelne Stadien dieser transkulturellen Öffnung sind „Relativierung der eigenen Konstruktion“, „Dekonstruktion durch Kontextualisierung“, „Reinterpretation“ (detaillierter siehe Fäcke 2006: 54 f.). Dies führt dann zu einer *transcultural awareness* im Sinne einer „Bewusstmachung innerer und äußerer Hybridität und Vernetzungsprozesse“ (Anton 2017: 61). Thematisch eignen sich gerade globale Themenfelder dazu, transkulturelle Verflechtungen zu erschließen und ihre lokale Bedeutung zu erfassen (s. ▶ Abschn. 5.6). Literarische Texte wiederum erlauben die Beschäftigung mit hybriden Identitäten (vgl. Anton 2017: 305).

Kultur als diskursive Praxis Wie dargestellt, verläuft die Diskussion um inter- und transkulturelles Lernen entlang der Dichotomie „Eigenes/Fremdes“ und der Schwierigkeit, einen monolithischen, essentialistischen und territorialen Kulturbegriff hin zu einem subjektorientierten Verständnis von dynamischen Kulturen aufzubrechen (vgl. Stahlberg 2016: 39–42; Anton 2017: 57–67). Zugleich besteht aber auch bei einem transkulturellem Kulturbegriff die Gefahr der vermeintlichen „weltweite[n] kulturelle[n] Vereinheitlichung“ (Plikat 2019: 218), dies wiederum werfe Fragen der Verflechtung der Individuen in territorialen und globalen Machtstrukturen auf (vgl. Plikat 2017). Umgekehrt gilt diese Problematik auch für objektivierende Kulturbegriffe (vgl. Hu 2019: 22), welche

> » in der Gefahr [sind], Scheinsicherheiten in mystifizierten und mystifizierenden Kollektiven zu offerieren, die angesichts der erhöhten Anforderungen an das Individuum, sich in Übergängen, Verflechtungen und Ambivalenzen bewegen zu können, dessen Bewegungsfreiheit ausgerechnet nicht erhöhen, sondern beschränken (Breidbach 2003: 225).

Mitglieder einer Gesellschaft, die sich selbst über eine transkulturelle Identität definieren, sehen sich dann immer wieder mit kulturellen Zuschreibungen und der Aufforderung der kulturellen Selbstzuordnung konfrontiert. Werden umgekehrt eigene kulturelle Spezifika negiert, kann es dazu kommen, dass Individuen sich der kulturellen Öffnung und dem kulturellen Diskurs verschließen.

Der Fremdsprachenunterricht wiederum steht vor der Herausforderung, bei den Lernenden eine Offenheit für eine entsprechende kulturelle Vielfalt in zielsprachlichen Ländern zu entwickeln. Er muss die komplexe Lebenswelt der Lernenden aufgreifen und sie unterstützen, sich darin zurechtzufinden sowie die Neugierde auf Neues zu wecken, ohne dabei Sichtweisen auf Kulturen aufzuzwingen. Kontextsensible Ansätze können eine Möglichkeit bieten, auf kulturwissenschaftliche Wissensbestände zurückzugreifen, um subjektive Positionen zu relativieren und zu erweitern, wie von Fäcke (s. o.) vorgeschlagen (s. auch Delanoy 2006).

Aufgrund dieser Problematik wird auch ein reflexiv-diskursiver Kulturbegriff gefordert und zunehmend von kulturellem Lernen gesprochen (s. ▶ Abschn. 2). Plikat (2017) schlägt vor, zumindest in didaktischen Kontexten ausschließlich den Diskursbegriff zu verwenden (s. auch ▶ Abschn. 3.2). Diesen versteht er in Anlehnung an Michel Foucault (z. B. 1969, 1997) und Norman Fairclough (z. B. 1989) sozialphilosophisch. Ein solcher Diskursbegriff soll die machtkritische Hinterfragung von sprachlichen und sozialen Ordnungen ermöglichen. Delanoy (2006: 241–246) sieht in einem Ansatz des *dialogic cultural learning* – einem hermeneutischen, (inter-)kulturellen Dialog – die Möglichkeit, interkulturelle und transkulturelle Positionen zu verbinden und transkulturelle Bewusstheit zu entwickeln (vgl. auch Freitag 2013/2018: 127; Blell/Doff 2014; Anton 2017: 65). In dieser Argumentationslinie betont Djemai-Runkel (2018: 39) die schon in der Didaktik des Fremdverstehens hervorgehobene Relationalität von Eigenem und Fremden (vgl. Bredella/Christ 1995), weist gleichzeitig aber auch auf die Idee einer besonderen Dynamik hin und die Veränderlichkeit dieser Bezugspunkte in einem Transkulturalitätsverständnis:

> » Dabei bleibt das Fremde und Eigene auch in Transkulturen existent. Denn es ist davon auszugehen, dass die konstruierten Transkulturen in neuen Dialogen mit anderen Deutungsmustern auf ihrerseits als fremd und anders empfundene Bedeutungsgewebe stoßen. (Djemai-Runkel 2018: 39)

Ein im Unterricht initiierter kultureller Dialog kann demgemäß z. B. über literarische Texte dazu dienen, essentialistische und transkulturelle Vorstellungen von Identitäten in ihren Strukturen und Wirkungen zu ergründen sowie neue Sichtweisen hervorzubringen.

Diese Annahmen fügen sich in die bisherigen Überlegungen zu einem handlungsorientierten und kontextsensiblen Unterricht, der Identitätsentwicklung und soziale Partizipation ermöglichen will. Dabei scheint u. E. die Idee kultureller Praktiken mit dem Begriff von Kultur als diskursive Praxis gut anschlussfähig. Darüber hinaus schließen an das Ziel gesellschaftlicher Partizipation Konzepte des globalen Lernens an, die global und international relevante Themen berücksichtigen (vgl. Lütge 2015) und Bildung zur Erziehung global-verantwortungsbewusster Bürger*innen versteht (vgl. Freitag-Hild 2018: 169):

> Its basic idea is enabling young people to become **responsible global citizens** and actively take part in shaping a better, shared future in the world. Global education takes up the idea and principles of approaches like peace studies, environmental education, intercultural learning or human rights education. (Herv. im Orig.)

Es handelt sich damit um ein handlungsorientiertes Konzept, das besonders anschlussfähig an den Diskurs um *critical pedagogy* und kritische Fremdsprachendidaktik ist (s. ▶ Abschn. 5.6).

2.9 Handlung und Handlungsorientierung

Im einleitenden Kapitel wurde zunächst der Begriff der Handlung in Bezug zu bildungstheoretischen Diskursen sowie soziokulturell relevanten Konstrukten definiert. Es wurde deutlich, dass Handlung ein wesentlicher Bestandteil von individueller Identitätsarbeit zum einen und der Herstellung eines Weltbezugs zum anderen ist.

Betont wurde, dass Versprachlichung von Handlung einhergeht mit ihrer motivational-emotionalen Beurteilung und individuelle Selbstvergewisserung ermöglicht. Kommunikative Handlung, verstanden als soziale Praxis, steht wiederum im Zeichen von menschlicher Interaktion und gesellschaftlicher Partizipation. Hinzu tritt auf individueller Ebene die Leiblichkeit als verbindendes Element zwischen Körper, Sprache/n und Handeln im jeweiligen physischen und sozial-kulturellen Raum. Bleyhl fasst dies wie folgt zusammen:

> Spracherwerb, auch im schulischen Rahmen, ist kulturelles Lernen, ist ein fortwährender Kreiselprozess des auf seinen Körper angewiesenen Lerners, bei dem sich dessen kulturelle Kompetenz zusammen mit seiner Kognition und seinem Sprachvermögen in der sozialen Interaktion in der Welt entwickelt. (Bleyhl 2005: 61)

Alle genannten Komponenten zusammengenommen zeichnen *agency* aus, d. h. die Vorstellung und das zunehmende Bewusstsein fähigen, verantwortlichen Handelns gegenüber sich selbst und anderen. Das entworfene Verständnis von Handlungsorientierung stellt den*die sozial Handelnde*n (*social agent*; vgl. auch Piccardo/North 2019: 20 ff./245 ff.) in den Mittelpunkt. So verstanden ist Handlungsorientierung im Fremdsprachenunterricht ein weitreichendes, möglicherweise alle methodisch-didaktischen Fragestellungen durchdringendes Konzept. Es geht von der Definition von Bach/Timm (2013b; s. o.) aus. Diese vertreten bereits dezidiert eine nicht-utilitaristische Vorstellung eines handlungsorientierten Fremdsprachenunterrichts und integrieren einige der oben aufgeworfenen Überlegungen.

Aus einem Interview mit Gerhard Bach:

> Der kommunikative Unterricht war vielleicht vielfach von Lehrern und vielleicht auch von Wissenschaftlern als das Einüben bestimmter Handlungsmuster missverstanden worden, die dann in einem nach-schulischen Umfeld zu einer Anwendungsrealität werden würden. Da war ein Vorher-Üben und -Erarbeiten

und ein Hinterher-Anwenden. Unsere Vorstellung war, dass schulische Umwelt auch bereits eine Lebenswelt ist, in der unmittelbar gehandelt wird und unmittelbar kommuniziert wird. Diese Situation sollte aus unserer Sicht stärker in den Mittelpunkt unterrichtlicher Aktivitäten rücken. Handlungsorientierung meint dann, dass die Wirklichkeit des unmittelbaren Umfelds des Lernens stärker in den Fokus gerückt werden muss. (Abendroth-Timmer 2009: 22)

Von zentraler Bedeutung ist die Vorstellung der Unmittelbarkeit des Unterrichts, d. h. das Verständnis von wirklichen, also authentischen Äußerungsabsichten der Lernenden im Unterricht z. B. in der methodischen Form von Aufgabenorientierung (s. ▶ Kap. 6) und nicht in einer nachgelagerten außerschulischen Kommunikationssituation (vgl. Bach/Timm 2013b: 18). So stellen Babel und Hackl (2004: 26; Herv. im Orig.) fest, dass Handlungsorientierung darin bestehen sollte:

» [...] Lebensperspektiven der Lernenden im Rahmen des Schulunterrichts zu beherbergen, hier als eigenständige Handlungskontexte zu entfalten und damit endogene Motive zu mobilisieren. Diese Variante läuft darauf hinaus, den Unterricht selbst als eine *Praxis der Grundlegung, Erprobung, Kritik und Ausarbeitung bedürfnisorientierter Weltzugänge* zu interpretieren, anzulegen und mit allen Konsequenzen umzusetzen. In einer solchen Praxis lassen sich dann zum einen jene skizzierten subjektiven Motivationsvoraussetzungen kultivieren, ohne die keine Anstrengungsbereitschaften denkbar sind und zum anderen jene sozialen Funktionen etablieren, ohne die diese Bereitschaften ins Leere laufen müssen, wie etwa eine intakte soziale Kommunität als ‚*master*' und ‚*peers*', welche die sinnbezogenen Orientierungen kompetent verwaltet, sachliche Ressourcen bereithält und in einem Prozess der stufenweise fortschreitenden selbstkontrollierten Integration erobert werden kann.

Hierzu bedarf es eines „lernangemessenen Entfaltungsraumes", der Schutz bietet und die Bereitschaft fördert, neue Handlungsstrategien zu erproben. Außerdem soll er die „Problematisierung bestehender Orientierungen" ermöglichen, d. h. das Hinterfragen und die Erweiterung subjektiver Weltbezüge über die Arbeit mit gesellschaftlich relevanten Themen (ebd.: 26 f.).

Das bedeutet für den Fremdsprachenunterricht, dass die eingeübten und verwendeten diskursiven Formate und textuellen Genres jeweils nicht allein nützliche Lernprodukte sind, sondern im unmittelbaren Unterrichtsgeschehen kommunikativ relevant sind und darüber hinaus nachhaltige kommunikative Bedeutsamkeit für die Lernenden haben. Anders formuliert müssen sich Lehrende die Frage stellen, welche sinnstiftenden Diskurse im Unterricht ausgelöst werden können und ob die Lernenden im außerschulischen Kommunikationskontext das angebotene diskursive Format tatsächlich verwenden würden. Ein Beispiel: Handelt es sich um eine Textzusammenfassung, die selbst im Unterricht nur für die Bewertung nützlich ist oder handelt es sich um eine persönliche und involvierende Stellungnahme zu einem kulturellen oder politischen Thema, an wen richtet sich diese und in welcher Form, veranlasst es den direkten Austausch in der Lerngruppe und würden die Lernenden darüber hinaus in einer außerschulischen Kommunikationssituation einen formalen Brief oder eher einen Eintrag in einem Webblog schreiben?

Fremdsprachendidaktische Ansätze zur Entwicklung einer solchermaßen verstandenen *agency* sind vielfältig und integrieren Überlegungen zur Individualisierung und Differenzierung, zur Mehrsprachigkeit sowie zur Bewusstheit von Sprache, Kultur und eigenem Lernen. Im Sinne der Vorstellungen zur Leiblichkeit ist körperliches und soziales Handeln hierin mitgedacht. Dies kann über Ansätze der Aufgabenorientierung und Ganzheitlichkeit erfolgen und schließt Überlegungen zu unterrichtlichen Interaktionsformen (nicht zuletzt auch über digitale Medien) ein, welchen gemein sein sollte, dass sie Lernende in ihrer individuellen Identität ernst nehmen.

Das hier Dargestellte geht also von den gleichen theoretischen Kernvorstellungen zu Handlungsorientierung aus, wie sie Bach/Timm in den mittlerweile fünf Auflagen von *Englischunterricht* von 1989 bis 2013 entwickelt haben. Wichtige Schlagwörter bei Bach/Timm sind konstruktivistische Lernannahmen, „Wirklichkeitsbezug“ bzw. Unmittelbarkeit von unterrichtlichen Inhalten und Kommunikationsanlässen (im Sinne von „bedarfsrelevanten Bezügen“ und der Öffnung der Lernorte). Der Unterricht soll inhalts- und ergebnisorientiert, ganzheitlich und schüler*innenaktivierend sein und hierüber „Europakompetenz“ im Sinne von Mehrsprachigkeit und Interkulturalität entwickeln. Die entwickelte „Fremdsprachenkompetenz [wird als] eine Kulturtechnik“ verstanden (vgl. Bach/Timm 2003: 286 f.).

Die folgenden Kapitel in diesem Buch ergänzen dieses Verständnis von Handlungsorientierung im Fremdsprachenunterricht mit den seither weiterentwickelten postmodernen Diskursen zu transformatorischen Prozessen auf den Ebenen von Gesellschaft, Sprache, Bildung und Individuum, wie sie insbesondere in der Bildungsgangforschung, der Identitätsforschung, *embodiment*-Forschung und in kulturwissenschaftlicher Forschung beschrieben werden. Dies äußert sich in theoretischen Konzepten zu *agency*, Authentizität, Individualisierung, Leiblichkeit, Performativität und Multiliteralität, die wir vor dem Hintergrund einer Kontextsensibilität der Lehrer*innen sehen, die handlungsorientierten Fremdsprachenunterricht gestalten. Aufseiten von Unterrichtsansätzen in der Fremdsprachendidaktik geht dies wiederum ein in Aufgaben- und Kompetenzorientierung sowie in differenzierende Formate kooperativen, kollaborativen oder auch digitalisierten Lernens. Insbesondere ästhetische Lernformate (Arbeit mit Literatur, Kunst, Musik und dramapädagogische Ansätze) und eine kritische Fremdsprachendidaktik sind Ansätze, die wir mit Handlungsorientierung verbinden. Dies wird im Folgenden besondere Beachtung finden und entsprechend handlungsbezogen diskutiert. Zunächst jedoch sollen die Lernenden als autonom, sozial, kulturell, mehrsprachig Handelnde in den Blick genommen werden.

Literatur

Abendroth-Timmer, Dagmar (2009): Handlungsorientierung im Werk und Schaffen Gerhard Bachs. In: Abendroth-Timmer, Dagmar/Elsner, Daniela/Lütge, Christiane/Viebrock, Britta (Hg.): *Handlungsorientierung im Fokus. Impulse und Perspektiven für den Fremdsprachenunterricht des 21. Jahrhundert*. Frankfurt a.M.: Lang, S. 17–26.

Abendroth-Timmer, Dagmar/von Tschilschke, Christian (2020): „Derribar" oder „reconstruir"? Die Verhandlung identitärer Entwürfe und das maurische Erbe in Pedro Antonio de Alarcóns Erzählung „Una conversación en la Alhambra" (1859). In: Koch, Corinna/Schmitz, Susanne (Hg.): *Convivencia: Dialogische Studien von Fachdidaktik und Fachwissenschaft zu ambivalenten Deutungsmustern gesellschaftlichen Zusammenlebens in Spanien*. In: Berlin: Lang, S. 73–130.

Aden, Joëlle (2017): Langues et langage dans un paradigme enactif. In: *Recherche en didactique des langues et des culturels, Les cahiers de l'ACEDLE* 14/1, S. 1–14. ▶ http://journals.openedition.org/rdlc/1085 (11.11.2020). DOI: ▶ https://doi.org/10.4000/rdlc.1085.

Aden, Joëlle/Eschenauer, Sandrine (2020): Une pédagogie enactive-performative de la translangageance en milieu plurilingue. In: Schädlich, Birgit (Hg.): *Perspektiven auf Mehrsprachigkeit im Fremdsprachenunterricht – Regards croisés sur le plurilinguisme et l'apprentissage des langues.* Stuttgart: J. B. Metzler, S. 177–199.

Aebli, Hans (1980): *Denken: Das Ordnen des Tuns. Kognitive Aspekte der Handlungstheorie.* Band 1. Stuttgart: Klett Cotta.

Ahlsén, Elisabeth (2011): Neurolinguistics. In: Simpson, James (ed.): *The Routledge Handbook of Applied Linguistics.* New York: Routledge, S. 460–471.

Allemann-Ghionda, Cristina (2006): Soziokulturelle und sprachliche Pluralität als anthropologische Voraussetzung und notwendige pädagogische Perspektive der Entwicklung von Standards und Kompetenzen in der Lehrerinnen- und Lehrerbildung. In: Plöger, Wilfried (Hg.): *Was müssen Lehrerinnen und Lehrer können?* [Beiträge zur Kompetenzorientierung in der Lehrerbildung]. Paderborn: Schöningh, S. 235–256.

Anton, Daniela (2017): *Inter- und transkulturelles Lernen im Englischunterricht. Eine didaktische Analyse einschlägiger Lehrbücher.* Heidelberg: Universitätsverlag Winter.

Arndt, Petra & Sambanis, Michaela (2017): *Didaktik und Neurowissenschaften. Dialog zwischen Wissenschaft und Praxis.* Tübingen: Narr Francke Attempto.

Babel, Helene/Hackl, Bernd (2004): Handlungsorientierter Unterricht – Dirigierter Aktionismus oder partizipative Kooperation? In: Mayer, Horst O./Treichel, Dietmar (Hg.): *Handlungsorientiertes Lernen und eLearning.* Grundlagen und Praxisbeispiele. München: Oldenbourg Wissenschaftsverlag, S. 11–35.

Bach, Gerhard (2000): Handlungsorientiert lehren und lernen im Kontext von subjektiven Theorien und Methodenvielfalt. In: Abendroth-Timmer, Dagmar/Breibach, Stephan (Hg.): *Handlungsorientierung und Mehrsprachigkeit.* Frankfurt a.M.: Lang, S. 109–118.

Bach, Gerhard/Timm, Johannes-Peter (Hg.) (1989): *Englischunterricht. Grundlagen und Methoden einer handlungsorientierten Unterrichtspraxis*. Tübingen: Francke.

Bach, Gerhard/Timm, Johannes-Peter (Hg.) ([2]1996): *Englischunterricht. Grundlagen und Methoden einer handlungsorientierten Unterrichtspraxis*. Tübingen: Francke.

Bach, Gerhard/Timm, Johannes-Peter (Hg.) ([3]2003): *Englischunterricht. Grundlagen und Methoden einer handlungsorientierten Unterrichtspraxis*. Tübingen: Francke.

Bach, Gerhard/Timm, Johannes-Peter (Hg.) ([4]2009): *Englischunterricht. Grundlagen und Methoden einer handlungsorientierten Unterrichtspraxis*. Tübingen: Francke.

Bach, Gerhard/Timm, Johannes-Peter (Hg.) ([5]2013a): *Englischunterricht. Grundlagen und Methoden einer handlungsorientierten Unterrichtspraxis*. Tübingen: Francke.

Bach, Gerhard/Timm, Johannes-Peter (2013b): Handlungsorientierung als Ziel und als Methode. In: Bach, Gerhard/Timm, Johannes-Peter (Hg.): *Englischunterricht. Grundlagen und Methoden einer handlungsorientierten Unterrichtspraxis*. Tübingen: Francke, S. 1–21.

Bechtel, Mark/Ciekanski, Maud (2014): Comment retracer les compétences interculturelles en interaction dans la formation en ligne des enseignants de langues? Une réflexion méthodologique. In: Abendroth-Timmer, Dagmar/Hennig-Klein, Eva-Maria (ed.): *Plurilingualism and Multiliteracies. International Research on Identity Construction in Language Education*. Frankfurt a.M.: Lang, S. 277–296.

Beermann, Christian/Cronjäger, Hanna (2011): Die Rolle der Fachwertschätzung für Freude, Langeweile und Angst im Fach Französisch. Eine mehrebenenanalytische Längsschnittstudie über die Sekundarstufe I unter Verwendung von Piecewise Growth Modellen. In: *Zeitschrift für Interkulturellen Fremdsprachenunterricht* 16/2, S. 18–34. ▶ https://tujournals.ulb.tu-darmstadt.de/index.php/zif/article/view/116/111 (11.11.2020).

Bennett, Milton J. (1986): A Developmental Approach to Training for Intercultural Sensitivity. In: *International Journal for Intercultural Relations* 10/2, S. 179–186.

Bertschi-Kaufmann, Andrea/Schneider, Hansjakob (2004): Neue Medien. In: Bertschi-Kaufmann, Andrea/Kassis, Wassilis/Sieber, Peter (Hg.): *Mediennutzung und Schriftlernen. Analysen und Ergebnisse zur literalen und medialen Sozialisation.* Weinheim, München: Juventa, S. 11–22.

Bhabha, Homi K. (1994): *The Location of Culture.* London: Routledge.

Blell, Gabriele/Doff, Sabine (2014): It takes more than two for this tango: Moving beyond the self/other-binary in teaching about culture in the global EFL classroom. *Zeitschrift für Interkulturellen Fremdsprachenunterricht* 19/1, S. 77–96. Online: ▶ https://tujournals.ulb.tu-darmstadt.de/index.php/zif/article/view/17/14 (13.12.2020).

Bleyhl, Werner (2004): Das Menschenbild als Basis für eine Didaktik des Fremdsprachenunterrichts. In: *Zeitschrift für Fremdsprachenforschung* 15/2, S. 207–235.

Bleyhl, Werner (2005): Die Defizite des traditionellen Fremdsprachenunterrichts oder: Weshalb ein Paradigmenwechsel, eine Umkehr, im Fremdsprachenunterricht erfolgen muss. In: *Fremdsprachen Lehren und Lernen* 34, S. 45–64.

Block, David (2007): The Rise of Identity in SLA Research, Post Firth and Wagner (1997). In: *Modern Language Journal* 91, S. 863–876.

Bonnet, Andreas/Hericks, Uwe (2014): „... kam grad am Anfang an die Grenzen". Potenziale und Probleme von Kooperativem Lernen für die Professionalisierung von Englischlehrer/innen. In: *Zeitschrift für interpretative Schul- und Unterrichtsforschung* 3, S. 86–100.

Bonnet, Andreas/Breidbach, Stephan/Hallet, Wolfgang (2013): Fremdsprachlich handeln im Sachfach: Bilinguale Lernkontexte. In: Bach, Gerhard/Timm, Johannes-Peter (Hg.): *Englischunterricht: Grundlagen und Methoden einer handlungsorientierten Unterrichtspraxis.* Tübingen: Francke, S. 172–196.

Brandstätter, Ursula (2013/2012): Ästhetische Erfahrung. In: *Kulturelle Bildung online.* ▶ www.kubi-online.de.

Bredella, Lothar (2005): Die Rolle von Emotionen bei der Rezeption von Geschichten. In: Duxa, Susanne/Hu, Adelheid/Schmenk, Barbara (Hg.): *Grenzen überschreiten. Menschen, Sprachen, Kulturen. Festschrift für Inge Christine Schwerdtfeger zum 60. Geburtstag.* Tübingen: Narr, S. 225–234.

Bredella, Lothar (2014): Fremdverstehen und interkulturelles Verstehen. In: Hallet, Wolfgang/Königs, Frank G. (Hg.): *Handbuch Fremdsprachenunterricht.* Seelze-Velber: Klett Kallmeyer, S. 120–125.

Bredella, Lothar/Christ, Herbert (Hg.) (1995): *Didaktik des Fremdverstehens.* Tübingen: Narr.

Bredella, Lothar/Christ, Herbert/Legutke, Michael K. (Hg.) (1997): *Thema Fremdverstehen. Arbeiten aus dem Graduiertenkolleg ‚Didaktik des Fremdverstehens'.* Tübingen: Narr.

Bredella, Lothar/Meißner, Franz-Joseph/Nünning, Ansgar/Rösler, Dietmar (Hg.) (2000): *Wie ist Fremdverstehen lehr- und lernbar? Vorträge aus dem Graduiertenkolleg ‚Didaktik des Fremdverstehens'.* Tübingen: Narr.

Breidbach, Stephan (2003): Transkulturalität: Paradigma für den bilingualen Sachfachunterricht. In: Eckerth, Johannes/Wendt, Michael (Hg.): *Interkulturelles und transkulturelles Lernen im Fremdsprachenunterricht.* Frankfurt a.M.: Lang, S. 219–234.

Breidbach, Stephan (2007): *Bildung, Kultur, Wissenschaft. Reflexive Didaktik für den bilingualen Sachfachunterricht.* Münster: Waxmann.

Burwitz-Melzer, Eva (2008): Emotionen im fremdsprachlichen Literaturunterricht. In: *Fremdsprachen Lehren und Lernen* 37, S. 27–62.

Burwitz-Melzer, Eva/Königs, Frank G./Riemer, Claudia (Hg.) (2015): *Lernen an allen Orten? Die Rolle der Lernorte beim Lehren und Lernen von Fremdsprachen.* Arbeitspapiere der 35. Frühjahrskonferenz zur Erforschung des Fremdsprachenunterrichts. Tübingen: Narr.

Burwitz-Melzer, Eva/Riemer, Claudia/Schmelter, Lars (Hg.). (2020): *Affektiv-emotionale Dimensionen beim Lehren und Lernen von Fremd- und Zweitsprachen.* Arbeitspapiere der 40. Frühjahrskonferenz zur Erforschung des Fremdsprachenunterrichts. Tübingen: Narr.

Byram, Michael (1997): *Teaching and Assessing Intercultural Communicative Competence.* Clevedon: Multilingual Matters.

Christ, Herbert (2000): De la „Realienkunde" à l'apprentissage interculturel. Le développement du discours sur la conception de l'autre en didactiques des langues vivantes en Allemagne. In: Holtzer, Gisèle/Wendt, Michael (Hg.): *Didactique comparée des langues et études terminologiques. Interculturel – Stratégies – Conscience langagière.* Frankfurt a.M.: Lang, S. 11–24.

Decke-Cornill, Helene/Küster, Lutz ([3]2015): *Fremdsprachendidaktik.* Tübingen: Narr Francke Attempto.

Delanoy, Werner (2006): Transculturality and (Inter-)Cultural Learning in the EFL Classroom. In: Delanoy, Werner/Volkmann, Laurenz (ed.): *Cultural Studies in the EFL Classroom.* Heidelberg: Universitätsverlag Winter, S. 233–246.

Demorgon, Jacques (1989): *L'exploration interculturelle. Pour une pédagogie internationale.* Paris: Colin.

Deutsches PISA-Konsortium (Hg.) (2001): *PISA 2000. Basiskompetenzen von Schülerinnen und Schülern im internationalen Vergleich.* Opladen: Leske+Budrich.

Dewey, John (1995): *Erfahrung und Natur.* Frankfurt a.M.: Suhrkamp.

Djemai-Runkel, Soumaya (2018): *Sichtweisen auf den Englischunterricht. Die Bedeutung des Migrationshintergrunds von Englischlehrerinnen und Englischlehrern für den inter-/transkulturellen Englischunterricht – eine empirische Studie.* Berlin: Lang.

Doff, Sabine (2018): English Language Teaching and English Language Education – History and Methods. In: Surkamp, Carola/Viebrock, Britta (Hg.): *Teaching English as a Foreign Language. An Introduction.* Stuttgart: Metzler, S. 1–15.

Donnerstag, Jürgen ([2]2017): Emotionen. In: Surkamp, Carola (Hg.): *Metzler Lexikon Fremdsprachendidaktik. Ansätze – Methoden – Grundbegriffe.* Stuttgart: J. B. Metzler, S. 57–58.

Dörnyei, Zoltán (2001): *Teaching and Researching Motivation.* Harlow: Longman.

Eberhardt, Jan-Oliver (2013): *Interkulturelle Kompetenzen im Fremdsprachenunterricht. Auf dem Weg zu einem Kompetenzmodell für die Bildungsstandards.* Trier: WVT.

Eckert, Johannes/Wendt, Michael (2003): Brauchen wir einen inter- und/oder transkulturellen Fremdsprachenunterricht? In: Eckert, Johannes/Wendt, Michael (Hg.): *Interkulturelles und transkulturelles Lernen im Fremdsprachenunterricht.* Frankfurt a.M.: Lang, S. 9–21.

Edmondson, Willis J. (2004): Code-switching and world-switching in foreign language classroom discourse. In: House, Juliane/Rehbein, Jochen (eds.): *Multilingual Communication.* Amsterdam: Benjamins, S. 155–178.

Edmondson, Willis J./House, Juliane ([3]2006): *Einführung in die Sprachlehrforschung.* Tübingen: Narr Francke Attempto.

Ekman, Paul (1994): *The Nature of Emotion: Fundamental Questions.* New York: Oxford University Press.

Ekoç, Arzu/Etuş, Özlem (2017): Code-switching and Emerging Identities in an Academic Driven Social Media Class Group. In: *Journal of Education and Practice* 8/26, S. 215–229.

Elsner, Daniela (2011): Developing multiliteracies, plurilingual awareness & critical thinking in the primary language classroom with multilingual virtual talking books. In: *Encuentro* 20, S. 27–38.

Europarat (Hg.) (2011): *Referenzrahmen für plurale Ansätze zu Sprachen und Kulturen (RePa).* ▶ http://carap.ecml.at/ (11.11.2020).

Fäcke, Christiane (2006): *Transkulturalität und fremdsprachliche Literatur. Eine empirische Studie zu mentalen Prozessen von primär mono- oder bikulturell sozialisierten Jugendlichen.* Frankfurt a.M.: Lang.

Fairclough, Norman (1989): *Language and power.* London: Longman.

Fischer-Lichte, Erika (2012): *Performativität. Eine Einführung.* Bielefeld: Transcript.

Foucault, Michel (1969): *L'archéologie du savoir.* Paris: Gallimard.

Foucault, Michel (1997): *Il faut défendre la société: Cours au Collège de France, 1975–1976.* Paris: Gallimard.

Freitag, Britta ([2]2013): Transkulturelles Lernen. In: Hallet, Wolfgang/Königs, Frank G. (Hg.): *Handbuch Fremdsprachendidaktik.* Seelze-Velber: Klett Kallmeyer, S. 125–129.

Freitag-Hild, Britta (2018): Teaching Culture – Intercultural Competence, Transcultural Learning, Global Education. In: Surkamp, Carola/Viebrock, Britta (Hg.): *Teaching English as a Foreign Language. An Introduction.* Stuttgart: J. B. Metzler, S. 159–175.

Fronhofer, Nina-Maria (2015): Growing up. Affektiv-kreative Textarbeit. Jugendliche lernen, fremde und eigene Gefühle in der Fremdsprache differenziert auszudrücken. In: *Praxis Fremdsprachenunterricht Englisch* 3, S. 8–12.

Fuchs, Thomas (2015): Körper haben oder Leib sein. In: *Gesprächspsychotherapie und Personzentrierte Beratung* 15/3, S. 147–153.
Fuchs, Thomas/Koch, Sabine C. (2014): Embodied affectivity: on moving and being moved. In: *Frontiers in Psychology* 5/508, S. 77–87. ► http://www.frontiersin.org.
García, Marta (2017): Unterrichtsinteraktion. In: Surkamp, Carola (Hg.): *Metzler Lexikon Fremdsprachendidaktik. Ansätze – Methoden – Grundbegriffe.* Stuttgart: J. B. Metzler, S. 361.
Gerlach, David (2018): Addressing Neuromyths. Lehr- und Lernmythen im Englischunterricht. In: *Grundschulmagazin Englisch* 3, S. 31–34.
Gerlach, David (2020b): Einführung in eine Kritische Fremdsprachendidaktik. In: Gerlach, David (Hg.): *Kritische Fremdsprachendidaktik: Grundlagen, Ziele, Beispiele.* Tübingen: Narr, S. 7–31.
Gerlach, David/Leupold, Eynar (2019): *Kontextsensibler Fremdsprachenunterricht*. Tübingen: Narr.
Groeben, Norbert (1986): *Handeln, Tun, Verhalten als Einheiten einer verstehend-erklärenden Psychologie*. Tübingen: Francke.
Grotjahn, Rüdiger (2005): Subjektmodelle – Implikationen für die Theoriebildung und Forschungsmethodologie der Sprachlehr- und Sprachlernforschung. In: *Zeitschrift für Fremdsprachenforschung* 16/1, S. 23–56.
Gudjons, Herbert (2014): *Handlungsorientiert lehren und lernen. Schüleraktivierung – Selbsttätigkeit – Projektarbeit*. Bad Heilbrunn: Klinkhardt.
Habermas, Jürgen (1981): *Theorie des kommunikativen Handelns.* Frankfurt: Suhrkamp.
Hacker, Winfried/Sachse, Pierre (2014): *Allgemeine Arbeitspsychologie. Psychische Regulation von Tätigkeiten.* Göttingen: Hogrefe.
Hall, Edward T./Hall, Mildred R. (1990): *Understanding Cultural Differences. Germans, French and Americans*. Yarmouth: Intercultural Press.
Hallet, Wolfgang (2009): Available Design. Kulturelles Handeln, Diskursfähigkeit und generisches Lernen im Englischunterricht. In: Abendroth-Timmer, Dagmar/Elsner, Daniela/Lütge, Christiane/Viebrock, Britta (Hg.): *Handlungsorientierung im Fokus. Impulse und Perspektiven für den Fremdsprachenunterricht des 21. Jahrhundert*. Frankfurt a.M.: Lang, S. 117–142.
Hallet, Wolfgang (2016): *Genres im fremdsprachlichen und bilingualen Unterricht. Formen und Muster der sprachlichen Interaktion*. Seelze: Klett Kallmeyer.
Hammer, Mitchell R./Bennett, Milton J./Wiseman, Richard (2003): Measuring intercultural sensitivity: The intercultural development inventory. In: *International Journal of Intercultural Relations* 27, S. 421–443.
Harsch, Claudia (2019): Stufenmodelle interkultureller Kompetenzen. In: Fäcke, Christiane/Meißner, Franz-Joseph (Hg.) (2019): *Handbuch Mehrsprachigkeits- und Mehrkulturalitätsdidaktik.* Tübingen: Narr Francke Attempto, S. 256–260.
Havighurst, Robert James (1972): *Developmental Tasks and Education*. New York: David McKay Co.
Heckhausen, Heinz (1985): Emotionen im Leistungsverhalten aus ontogenetischer Sicht. In: Eggers, Christian (Hg.): *Emotionalität und Motivation im Kindes- und Jugendalter*. Frankfurt a.M.: Fachbuchhandlung für Psychologie Verlagsabteilung, S. 95–131.
Heckhausen, Heinz ([2]1989): *Motivation und Handeln*. Berlin: Springer.
Hericks, Uwe (1998): Der Ansatz der Bildungsgangforschung und seine didaktischen Konsequenzen – Darlegungen zum Stand der Forschung. In: Meyer, Meinert A./Reinartz, Andrea (Hg.): *Bildungsgangdidaktik. Denkanstöße für pädagogische Forschung und schulische Praxis*. Opladen: Budrich, S. 173–188.
Hericks, Uwe (2006): *Professionalisierung als Entwicklungsaufgabe: Rekonstruktionen zur Berufseingangsphase von Lehrerinnen und Lehrern*. Wiesbaden: VS Verlag für Sozialwissenschaften.
Hesse, Hermann-Günter/Göbel, Kerstin (2007): Interkulturelle Kompetenz. Interkulturelle Kompetenz: Diskrepanz zwischen Bedeutung und begrifflicher Präzision. In: Beck, Bärbel/Klieme, Eckhard (Hg.) (2007): *Sprachliche Kompetenzen. Konzepte und Messung.* DESI-Studie (Deutsch Englisch Schülerleistungen International). Weinheim/Basel: Beltz, S. 256–272.
Hofstede, Geert (1983): The cultural relativity of organizational practices and theories. In: *Journal of International Business Studies* 14/2, S. 75–89.
Hofstede, Geert (1993): *Interkulturelle Zusammenarbeit. Kulturen, Organisationen, Management.* Wiesbaden: Gabler.

Hofstede, Geert/Hofstede, Gert Jan/Minkov, Michael/Mayer, Petra/Sondermann, Martina/Lee, Anthony (2017): *Lokales Denken, globales Handeln. Interkulturelle Zusammenarbeit und globales Management.* München: dtv.

Hu, Adelheid (1997): Warum Fremdverstehen? Anmerkungen zu einem leitenden Konzept innerhalb eines interkulturell verstandenen Sprachunterrichts. In: Bredella, Lothar/Christ, Herbert/Legutke, Michael K. (Hg.): *Thema Fremdverstehen.* Tübingen: Narr, S. 34–54.

Hu, Adelheid (2008): Interkulturelle Kompetenz. Ansätze zur Dimensionierung und Evaluation einer Schlüsselkompetenz fremdsprachlichen Lernens. In: Frederking, Volker (Hg.): *Schwer messbare Kompetenzen: Herausforderungen für die empirische Fachdidaktik.* Baltmannsweiler: Schneider Verlag Hohengehren, S. 11–35.

Hu, Adelheid (2019): Sprachlichkeit, Identität, Kulturalität. In: Fäcke, Christiane/Meißner, Franz-Joseph (Hg.): *Handbuch Mehrsprachigkeits- und Mehrkulturalitätsdidaktik.* Tübingen: Narr Francke Attempto, S. 17–24.

Hufeisen, Britta (2011): Gesamtsprachencurriculum: Weitere Überlegungen zu einem prototypischen Modell. In: Baur, Rupprecht S./Hufeisen, Britta (Hg.): *„Vieles ist sehr ähnlich". Individuelle und gesellschaftliche Mehrsprachigkeit als bildungspolitische Aufgabe.* Baltmannsweiler: Schneider Verlag Hohengehren, S. 265–282.

Hymes, Dell H. (1972): On Communicative Competence. In: Pride, John B./Holmes, Janet (eds): *Sociolinguistics. Selected Readings.* Harmondsworth: Penguin, S. 269–293.

Keusch, Juliane (2017): Leiblichkeit und Lebendigkeit in der Phänomenologie Merleau-Pontys. In: Ebke, Thomas/Zanfi, Caterina (Hg.): *Das Leben im Menschen oder der Mensch im Leben? Deutsch-französische Genealogien zwischen Anthropologie und Anti-Humanismus.* Potsdam: Universitätsverlag Potsdam, S. 437–454.

Klafki, Wolfgang (1985): *Neue Studien zur Bildungstheorie und Didaktik. Beiträge zur kritisch-konstruktiven Didaktik.* Weinheim, Basel: Beltz.

Klippel, Friederike (1994): *Englischlernen im 18. und 19. Jahrhundert. Die Geschichte der Lehrbücher und Unterrichtsmethoden.* Münster: Nodus.

Knapp, Karlfried (2004): Interkulturelle Kommunikation. In: Knapp, Karlfried/Antos, Gerd/Becker-Mrotzek, Michael/Deppermann, Arnulf/Göpferich, Susanne/Grabowski, Joachim/Klemm, Michael/Villiger, Claudia (Hg.): *Angewandte Linguistik. Ein Lehrbuch.* Tübingen, Basel: Francke UTB, S. 409–430.

Koch, Sabine C. (2018): Wie der Körper spricht. Bewegungsrichtung und Bedeutung. In: *Hochschule & Lehre* 1, S. 52–53.

Königs, Frank G. ([2]2013): Spracherwerb und Sprachenlernen. In: Hallet, Wolfgang/Königs, Frank G. (Hg.): *Handbuch Fremdsprachendidaktik*. Seelze-Velber: Klett Kallmeyer, S. 322–325.

Kramsch, Claire (1998): *Language and Culture.* Oxford: Oxford University Press.

Kramsch, Claire (2009): *The Multilingual Subject. What Foreign Language Learners Say about their Experience and Why it Matters.* New York: Oxford University Press.

Kurtz, Jürgen (2003): Menschenbilder in der Theorie und Praxis des Fremdsprachenunterrichts. Konturen, Funktionen und Konsequenzen für das Lehren und Lernen. In: *Zeitschrift für Fremdsprachenforschung* 14/1, S. 149–167.

Küster, Lutz ([2]2017): Identität und Identitätsbildung. In: Surkamp, Carola (Hg.): *Metzler Lexikon Fremdsprachendidaktik*. Ansätze – Methoden – Grundbegriffe. Stuttgart: J. B. Metzler, S. 131–133.

Lantolf, James P. (2000): Introducing sociocultural theory. In: Lantolf, James P. (ed.): *Sociocultural Theory and Second Language Learning*. Oxford: Oxford University Press, S. 1–26.

Lantolf, James P./Smotrova, Tetana (2013): The Function of Gesture in Lexically Focused L2 Instructional Conversations. In: *The Modern Language Journal* 97/2, S. 379–416.

Lave, Jean/Wenger, Etienne (1991): *Situated learning: Legitimate peripheral participation.* Cambridge: Cambridge University Press.

Layes, Gabriel (2005): Kulturdimensionen. In: Thomas, Alexander/Kinast, Eva-Ulrike/Schroll-Machl, Sylvia (Hg.): *Handbuch Interkulturelle Kommunikation und Kooperation: Band 1: Grundlagen und Praxisfelder*. Göttingen: Vandenhoeck & Ruprecht, S. 60–73.

Legutke, Michael K. (2006): Projekt Airport – Revisited: Von der Aufgabe zum Szenario. In: Küppers, Almut/Quetz, Jürgen (Hg.): *Motivation Revisited. Festschrift für Gert Solmecke.* Berlin: LIT Verlag, S. 71–80.

Legutke, Michael K./Thomas, Howard (1991): *Process and Experience in the Language Classroom.* London, New York: Longman.

Leont'ev, Aleksej N. (1977): *Tätigkeit, Bewusstsein, Persönlichkeit.* Stuttgart: Volk und Welt.

Leont'ev, Aleksej N. (1984): Der allgemeine Tätigkeitsbegriff. In: Viehweger, Dieter/Leont'ev, Aleksej N./Judin, Erik G. (Hg.): *Grundfragen einer Theorie der sprachlichen Tätigkeit.* Stuttgart: Kohlhammer, S. 13–30.

Lethaby, Carol/Harries, Patricia (2015): Learning styles and teacher training: are we perpetuating neuromyths? In: *ELT Journal* 70/1, S. 16–27.

Lütge, Christiane (Hg.) (2015): *Global Education in English Language Teaching*. Münster: LIT.

MacIntyre, Peter D. (2002): Motivation, anxiety and emotion in second language acquisition. In: Robinson, Peter (Hg.): *Individual Differences and Instructed Language Learning*. Amsterdam, Philadelphia: Benjamins, S. 45–68.

MacWhinney, Brian (1998): Models of the emergence of language. In: *Annual Review of psychology* 49, S. 199–227.

Mannheim, Karl (1964): *Wissensoziologie.* Neuwied: Luchterhand.

Martinez, Hélène (2008): *Lernerautonomie und Sprachlernverständnis: Eine qualitative Untersuchung bei zukünftigen Lehrerinnen und Lehrern romanischer Sprachen*. Tübingen: Narr.

Mattenklott, Gundel (2013/2012): Ästhetisches-Aisthetisches Lernen. *Kulturelle Bildung online.* In: ▶ https://www.kubi-online.de/artikel/aesthetisch-aisthetisches-lernen (09.11.2020).

McSweeney, Brendan (2002): Hofstede's Model of National Cultural Differences and their Consequences: A Triumph of Faith – as Failure of Analysis. In: *Human Relations* 55/1, S. 89–118. DOI: ▶ https://doi.org/10.1177/0018726702551004.

Meier, Gabriela S. (2016): Zweiwegintegration durch zweisprachige Bildung? Ergebnisse aus der Staatlichen Europa-Schule Berlin. In: *International Review of Education* 3/58, S. 335–352. ▶ http://rdcu.be/mEBl (11.11.2020).

Meier, Gabriela S. (2017): The Multilingual turn as a critical movement in education: assumptions, challenges and a need for reflection. In: *Applied Linguistics Review* 8/1, S. 131–161.

Meißner, Franz-Joseph (2013): *Die REPA Deskriptoren der ‚weichen' Kompetenzen. Eine praktische Handreichung für den kompetenzorientierten Unterricht zur Förderung von Sprachlernkompetenz, interkulturellem Lernen und Mehrsprachigkeit.* GIF:on. Giessener Fremdsprachendidaktik: online. In: ▶ https://geb.uni-giessen.de/geb/volltexte/2013/9372/ (19.11.2020).

Merleau-Ponty, Maurice (1966): *Phänomenologie der Wahrnehmung*. Berlin: de Gruyter.

Merleau-Ponty, Maurice (1976): *Die Struktur des Verhaltens.* Berlin: de Gruyter.

Meyer, Meinart A. (2005): Die Bildungsgangforschung als Rahmen für die Weiterentwicklung der allgemeinen Didaktik. In: Schenk, Barbara (Hg.): *Bausteine der Bildungsgangforschung.* Wiesbaden: VS Verlag für Sozialwissenschaften, S. 17–46.

Meyer, Meinart A. (2008): Unterrichtsplanung aus der Perspektive der Bildungsgangforschung. *Zeitschrift für Erziehungswissenschaft Sonderheft* 9, S. 117–137

Mick, Carola (2012): Das Agency-Paradigma. In: Bauer, Ullrich/Bittlingmayer, Uwe H./Scherr, Albert (Hg.): *Handbuch Bildungs- und Erziehungssoziologie*. Wiesbaden: VS Verlag für Sozialwissenschaften, S. 527–541.

Mill, John S. (1843/2012): *A System of Logic, Ratiocinative and Inductive: Being a Connected View of the Principles of Evidence, and the Methods of Scientific Investigation. Two volumes,* New York: Cambridge University Press.

Miras, Grégory (2017): Corps et émergentisme. In: *Recherche en didactique des langues et des culturels, Les cahiers de l'ACEDLE* 14/1. ▶ http://rdlc.revues.org/1442.

Neuweg, Georg Hans (2004): *Könnerschaft und implizites Wissen. Zur lehr-lerntheoretischen Bedeutung der Erkenntnis- und Wissenstheorie Michael Polanyis*. Münster: Waxmann.

New London Group (2000): A Pedagogy of Multiliteracies: Designing social futures. In: Cope, Bill/Kalantzis, Mary (Hg.): *Multiliteracies: Literacy Learning and the Design of Social Futures*. London/New York: Routledge, S. 9–37.

Norton, Bonny/McKinney, Carolyn (2011): An Identity Approach to Second Language Acquisition. In: Atkinson, Dwight (Hg.): *Alternative Approaches to Second Language acquisition*. Abingdon: Routledge, S. 73–94.

O'Grady, William (2010): Emergentism. In: *Cambridge Encyclopedia of Language Science*. ▶ http://www.ling.hawaii.edu/faculty/ogrady/Emergentism.pdf (09.11.2020).

O'Grady, William/Lee, Miseon/Kwak, Hye-Young ([2]2009): Emergentism and Second Language Acquisition. In: Ritchie, William C./Bhatia, Tej K. (Hg.): *The Handbook of Second Language Acquisition*. San Diego: Academic Press, S. 69–88.

Paradis, Michel (1990): Language Lateralization in Bilinguals: Enough Already! In: *Brain and Language* 39, S. 576–586.

Pennycook, Alastair (2010): *Language as Local Practice*. Abingdon/New York: Routledge.

Peukert, Helmut (2000): Reflexionen über die Zukunft von Bildung. In: *Zeitschrift für Pädagogik* 46/4, S. 507–524.

Peuschel, Kristina (2012): *Sprachliche Tätigkeit und Fremdsprachenlernprojekte. Fremdsprachliches Handeln und gesellschaftliche Teilhabe in radiodaf-Projekten*. Baltmannsweiler: Schneider Verlag Hohengehren.

Piccardo, Enrica/North, Brian (2019): *The Action-oriented Approach: A Dynamic Vision of Language Education*. Bristol: Multilingual Matters.

Piepho, Hans-Eberhard (1974): *Kommunikative Kompetenz, Pragmalinguistik und Ansätze zur Neubesinnung in der Lernzielbestimmung im Fremdsprachenunterricht*. Düsseldorf: Winterscheidt.

Piepho, Hans-Eberhard (1979): Bedingungen von Kommunikation im Fremdsprachenunterricht. In: *Der fremdsprachliche Unterricht* 13/4, S. 2–5.

Plessner, Helmut (1970): *Philosophische Anthropologie*. Frankfurt: Fischer.

Plikat, Jochen (2016): Differenzierte und individualisierte Evaluation in Zeiten standardisierter Prüfungen. Die Quadratur eines Kreises? In: *Der fremdsprachliche Unterricht Spanisch* 53, S. 4–9.

Plikat, Jochen (2017): *Fremdsprachliche Diskursbewusstheit als Zielkonstrukt des Fremdsprachenunterrichts. Eine kritische Auseinandersetzung mit der Interkulturellen Kompetenz*. Frankfurt a.M.: Lang.

Plikat, Jochen (2019): Transkulturalität und transkulturelles Lernen. In: Fäcke, Christiane/Meißner, Franz-Joseph (Hg.): *Handbuch Mehrsprachigkeits- und Mehrkulturalitätsdidaktik*. Tübingen: Narr Francke Attempto, S. 216–220.

Polanyi, Michael (2016): *Implizites Wissen*. Frankfurt a.M.: Suhrkamp.

Porsch, Raphaela (2016): *Einführung in die Allgemeine Didaktik*. Münster: Waxmann.

Posner, Roland (2003): Kultursemiotik. In: Nünning, Ansgar/Nünning, Vera (Hg.): *Konzepte der Kulturwissenschaften. Theoretische Grundlagen – Ansätze – Perspektiven*. Stuttgart, Weimar: J. B. Metzler, S. 39–72.

Reimann, Daniel (2016): Zur ‚mehrsprachigen Wende' des Fremdsprachenunterrichts. In: Bär, Marcus/Bernecker, Walther L./Lüning, Marita (Hg.): *Interkulturalität und Mehrsprachigkeit. Beiträge zu Sprache, Literatur und Kultur Spaniens und Lateinamerikas. Festschrift zum 75. Geburtstag von Ursula Vences*. Berlin: edition tranvía – Verlag Walter Frey, S. 117–129.

Rizzolatti, Giacamo/Craighero, Laila (2004): The Mirror-Neuron System. In: *Annual Review of Neuroscience* 27, S. 169–192.

Roche, Jürgen (2005): *Fremdsprachenerwerb, Fremdsprachendidaktik*. Tübingen: Francke.

Rosborough, Alessandro (2014): Gesture, meaning-making, and embodiment: Second language learning in an elementary classroom. In: *Journal of Pedagogy* 5/2, S. 227–250.

Sambanis, Michaela (2016): Dramapädagogik im Fremdsprachenunterricht – Überlegungen aus didaktischer und neurowissenschaftlicher Sicht. In: Even, Susanne/Schewe, Manfred (Hg.): *Performatives Lehren, Lernen, Forschen. Performative Teaching, Learning, Research*. Berlin: Schibri, S. 47–66.

Sambanis, Michaela ([2]2017): Neurodidaktik. In: Surkamp, Carola (Hg.): *Metzler Lexikon Fremdsprachendidaktik. Ansätze – Methoden – Grundbegriffe*. Stuttgart: J. B. Metzler, S. 266–269.

Schädlich, Birgit ([2]2017): Repertoire, sprachliches. In: Surkamp, Carola (Hg.): *Metzler Lexikon Fremdsprachendidaktik. Ansätze – Methoden – Grundbegriffe*. Stuttgart: J. B. Metzler, S. 296–298.

Schädlich, Birgit (2020): Einleitung. In: Schädlich, Birgit (Hg.): *Perspektiven auf Mehrsprachigkeit im Fremdsprachenunterricht – Regards croisés sur le plurilinguisme et l'apprentissage des langues*. Stuttgart: J. B. Metzler, S. 1–11.

Schenk, Barbara (2005): *Bausteine der Bildungsgangforschung*. Wiesbaden: VS Verlag für Sozialwissenschaften.

Schleicher, Regina (2017): Diversität in Texten und Aufgaben in den Nationalen Bildungsstandards und in aktuellen Lehrwerken für den Anfangsunterricht Französisch. In: Fäcke, Christiane/Mehlmauer-Larcher, Barbara (Hg.): *Fremdsprachliche Lehrmaterialien – Forschung, Analyse und Rezeption*. Frankfurt a.M.: Lang, S. 109–122.

Schmenk, Barbara (2008): *Lernerautonomie: Karriere und Sloganisierung des Autonomiebegriffs*. Tübingen: Narr.

Schmenk, Barbara ([2]2017): Intercultural Speaker. In: Surkamp, Carola (Hg.): *Metzler Lexikon Fremdsprachendidaktik. Ansätze – Methoden – Grundbegriffe*. Stuttgart: J. B. Metzler, S. 143–144.

Schneider, Ramona (2020): *Virtuelle Aufgabenbearbeitung in mehrsprachigen Gruppen. Eine qualitative Studie in der Französischlehrerbildung*. Berlin: J. B. Metzler.

Schumann, Adelheid (2019): Landeskunde im Kontext von Mehrkulturalität und Globalisierung. In: Fäcke/Meißner (Hg.), *Handbuch Mehrsprachigkeits- und Mehrkulturalitätsdidaktik*. Tübingen: Narr, S. 192–195.

Schwertfeger, Inge Christine (2001): Ganzheitliches Lernen und Leiblichkeit im Fremdsprachenunterricht – zwei Seiten einer Medaille? In: *Informationen Deutsch als Fremdsprache* 28/5, S. 431–442.

Seedhouse, Paul (2004): *The Interactional Architecture of the Language Classroom: A Conversation Analysis Perspective*. Malden: Blackwell.

Stahlberg, Nadine (2016): *Rekonstruktionen interkultureller Kompetenz. Ein Beitrag zur Theoriebildung*. Frankfurt a.M.: Lang.

Surkamp, Carola/Freitag-Hild, Britta (2021, i.V.): WIE lässt sich ein aktuelles Verständnis von Kultur methodisch-didaktisch umsetzen? In: König, Lotta/Schädlich, Birgit/Surkamp, Carola (Hg.): *unterricht_kultur_theorie: Kulturelles Lernen im Fremdsprachenunterricht gemeinsam anders denken*. Heidelberg: Metzler.

Thibault, Paul J. (2017). The reflexivity of human languaging and Nigel Love's two orders of language. In: *Language Sciences* 61, S. 74–85.

Towers, Ian/Peppler, Alexander (2017): Geert Hofstede und die Dimensionen einer Kultur. In: Ternès, Anabel/Towers, Ian (Hg.): *Interkulturelle Kommunikation. Länderporträts – Kulturunterschiede – Unternehmensbeispiele*. Wiesbaden: Springer, S. 15–20.

Trautmann, Matthias (2004): *Entwicklungsaufgaben im Bildungsgang*. Wiesbaden: VS Verlag für Sozialwissenschaften.

Trompenaar, Fons (1993): *Handbuch globales managen: Wie man kulturelle Unterschiede im Geschäftsleben versteht*. Düsseldorf: ECON Verlag.

Ushioda, Ema (2011): Language Learning Motivation, Self and Identity: Current Theoretical Perspectives. In: *Computer Assisted Language Learning* 24/3, S. 199–210.

Vanderbeke, Marie/Wilden, Eva (2017): Sachfachliche Diskursfähigkeit durch fremdsprachliche affordances in bilingualen Schülerlaborprojekten. In: *Zeitschrift für Fremdsprachenforschung* 28/1, S. 3–27.

VanPatten, Bill (2014): Language Acquisition Theories. In: Fäcke, Christiane (ed.) (2014): *Manual of Language Acquisition*. Berlin/Boston: de Gruyter, S. 103–119.

Varela, Francisco (1996): Neurophenomenology. A Methodological Remedy for the Hard Problem. In: *Journal of Consciousness Studies* 3/4, S. 330–349.

Vester, Heinz-Günter (1991): *Emotionen, Gesellschaft und Kultur: Grundzüge einer soziologischen Theorie der Emotionen*. Opladen, Westdeutscher Verlag.

Volpert, Walter (1997): *Wie wir handeln – was wir können*. Heidelberg: Asanger.

Vygotsky, Lev S. (1978): *Mind in society*. Cambridge, MA: Harvard University Press.

Vygotsky, Lev S. (1986): *Thought and language*. Cambridge, MA: MIT Press.

Watzlawick, Paul/Beavin, Janet/Jackson, Don (2007): *Menschliche Kommunikation. Formen, Störungen, Paradoxien*. Bern: Hans Huber.

Weck, Christa (2020): *Lernerautonomie aus Sicht von Lehrerinnen und Lehrern des Französischen. Ein Beitrag zur professionsbezogenen Subjektive-Theorien-Forschung*. Tübingen: Narr Francke Attempto.

Wei, Li (2017): Translanguaging as a Practical Theory of Language. In: *Applied Linguistics* 239/1, S. 9–30. DOI: ▸ https://doi.org/10.1093/applin/amx039.

Welsch, Wolfgang (1999): Transculturality – the Puzzling Form of Cultures Today. In: Featherstone, Mike/Lash, Scott (Hg.): *Spaces of Culture. City, Nation, World*. London: Sage, S. 194–213.

Will, Leo (2018): *Authenticity in English language teaching. An analysis of academic discourse*. Münster: Waxmann.

Wilson, Margaret (2002): Six views of embodied cognition. In: *Psychonomic Bulletin & Review* 9/4, S. 625–636.

Zydatiß, Wolfgang (2005): *Bildungsstandards und Kompetenzniveaus im Englischunterricht. Konzepte, Empirie, Kritik und Konsequenzen*. Frankfurt a.M.: Lang.

Fremdsprachenlernende und handlungsorientierte Lernprozesse

Inhaltsverzeichnis

3.1 Fremdsprachenlernende als Individuen – 54

3.2 Fremdsprachenlernende als sprachlich-kulturell Handelnde – 65

3.3 Fremdsprachenlernende als sozial-emotional Handelnde – 77

3.4 Fremdsprachenlernende als Lerngruppen – 81

3.5 Individualität, Diversität und Handlungsorientierung – 88

Literatur – 89

D. Abendroth-Timmer und D. Gerlach, *Handlungsorientierung im Fremdsprachenunterricht*,
https://doi.org/10.1007/978-3-476-05826-3_3

Nachdem das zweite Kapitel den Handlungsbegriff definiert hat, stellt das nachfolgende Kapitel die Lernenden in den Mittelpunkt. Dabei werden zentrale Parameter des fremdsprachendidaktischen Diskurses im Hinblick auf Handlungsorientierung einbezogen. Der zuvor entwickelte Gedanke transformatorischer Bildungsprozesse von autonomen sozialen Akteurinnen und Akteuren bildet weiterhin die Basis der anschließenden Ausführungen. Diese beziehen die leiblich-emotionale, die kognitive sowie die sprachlich-interaktionale Ebene ein und betrachten die Lernenden mit ihren individuellen, sprachlich-kulturellen und sozial-emotionalen Voraussetzungen und multiplen Identitäten als autonom Handelnde und als Teil einer handelnden Gruppe. Dabei wird auf fremdsprachendidaktische Unterrichtsmodelle und Forschungserkenntnisse verwiesen, die diese Prinzipien und Voraussetzungen berücksichtigen.

3.1 Fremdsprachenlernende als Individuen

Individuelle Lerner*innenmerkmale Fremdsprachenlernende zeichnen sich in ihrer Individualität über eine Bandbreite an Lerner*innenmerkmalen aus. Hufeisen (2018) hat diese Diversitätsmerkmale im Hinblick auf mehrsprachige Lernende wie folgt strukturiert (s. ◘ Abb. 3.1).

Nicht nur diese große Bandbreite an Variablen, sondern auch die je individuelle Verwobenheit einzelner Merkmale machen eine exemplarische Modellierung handlungsorientierten Lernens unmöglich. Aufseiten von Lernenden und Lehrenden dient das Modell jedoch als (Selbst-)Diagnoseinstrument zur Entwicklung einer Bewusstheit von Lernvoraussetzungen und individuellen Lernprozessen.

Im Hinblick auf die Lernenden soll im Folgenden auf die Rubriken neurophysiologische, kognitive und emotionale Faktoren eingegangen werden. Nicht alle Merkmale, die außerdem noch weiter ausdifferenziert werden könnten, kön-

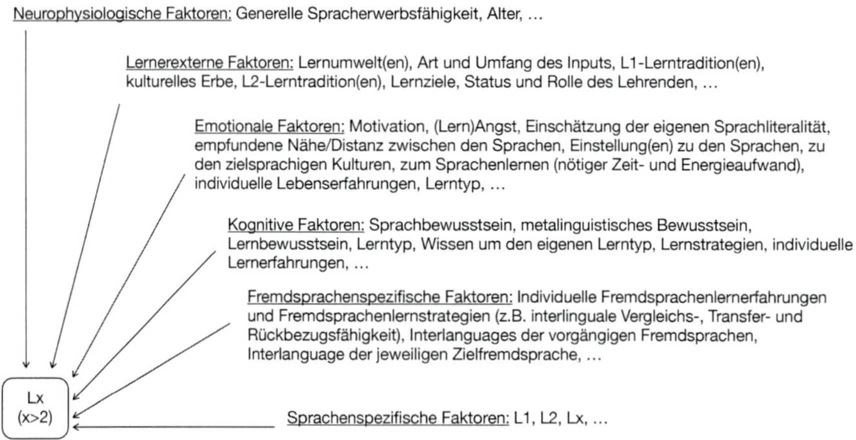

◘ **Abb. 3.1** Faktorenmodell mehrsprachiger Lernender. (Hufeisen 2018: 136; von der Urheberin freigegebene deutsche Version der zitierten Veröffentlichung)

nen eingehend besprochen werden. Stattdessen fokussieren wir zunächst auf häufig als wesentlich angenommene kognitive, emotionale und körperliche Variablen oder Voraussetzungen wie Sprachlerneignung, physische Eigenschaften, Intelligenz, Alter, Geschlecht/Gender und Motivation sowie Autonomie und Lernstrategien und deren mögliche Bedeutung für (erfolgreiches) Sprachenlernen.

Sprachlerneignung Nicht selten gilt Sprachlerneignung neben Motivation als einer der „big two" (vgl. Ellis 2004) Faktoren, um Sprachlernerfolg in Ansätzen erklärbar zu machen. Eine allgemeine Sprachlerneignung bzw. ein angeborener Spracherwerbsmechanismus wird dabei als grundsätzlich dem Menschen gegeben angesehen (vgl. Roche 2005; Grotjahn 2016: 251), wird aber nicht mehr als stabil, sondern „eine sich im Laufe der Lernbiographie durch Erfahrung entwickelte Expertise" betrachtet (Aguado 2016: 257 f.), so dass „[j]eder(r) Lernende [...] eine Fremdsprache lernen [kann], einige benötigen dafür nur etwas weniger bzw. etwas mehr Zeit" (Schlak 2013: 257). Sprachlerneignung kann somit definiert werden als „sets, or complexes of abilities which enables learners to profit from instructionals interventions" (Robinson 2012: 62). Bei der Entwicklung sind individuelle und Kontextfaktoren wie sprachliche Stimuli und Unterstützung relevant, so dass von einem „mehrdimensionale[n], komplexe[n], verschiedene kognitive Fähigkeiten umfassenden Konstrukt" ausgegangen wird (Aguado 2016: 258; s. dort auch zu Sprachlerneigungstests). Selbst- und Fremdeinschätzungen bezüglich einer besonderen (familiär bedingten oder z. B. geschlechtsspezifischen) Sprachbegabung wirken dann zirkulär auf die Selbstwahrnehmung und Verstärkung oder auch Vermeidung sprachlicher Lerngelegenheiten (vgl. Roche 2005: 42). Nebenbei ist hier anzumerken, dass die Begabtenforschung von komplexeren Modellen und der Kombination von möglicherweise genetisch bedingten Talenten oder „personinternen Begabungsfaktoren" und Expertisen aufgrund „leistungsförderlicher Personencharakteristika" und Kontextfaktoren ausgeht (vgl. Ziegler 2009: 943 f.). Eine förderliche Verbindung dieser Faktoren führt dann von Leistungsdispositionen zu Leistungsemergenz, wobei dieser Prozess als dynamisch angesehen werden muss (vgl. ebd. und Münchner Begabungs-Prozess-Modell ebd.: 945).

Sprachlerneignungsprofile unterscheiden sich durch den Grad der Ausprägung von Gedächtnisfähigkeiten und Analysefähigkeiten, die einzeln oder eventuell gemeinsam stärker oder weniger stark entwickelt sind (vgl. Schlak 2013: 259). Individuelle Sprachlerneigenschaften stehen in einem engen Zusammenhang mit dem Erwerbs- bzw. Lernkontext. Skehan (2002: 90) unterscheidet für den gesteuerten Erwerb relevante Phasen, die mit Lerneignungskomponenten zusammenhängen und die Ursachen von inter- und intraindividuellen Unterschieden deutlich machen. Diese sind im Wesentlichen: „Segmentierung, Aufmerksamkeitssteuerung, Arbeitsgedächtnis, grammatische Sensibilität, Restrukturierungskapazität, Automatisierung oder *Chunking*" (Aguado 2016: 259; Herv. im Orig.). Für den Unterricht bedeutet dies, Aufgaben individuell (aber mehrdimensional im Hinblick auf komplexe methodische Entscheidungen, vgl. Schlak 2013: 260 f.) an spezifische Leistungsniveaus in den benannten Bereichen anzupassen, z. B. durch eine transparente Phasierung und Visualisierung von Arbeitsschritten zur Unterstützung der Aufmerksamkeit oder die Reduzierung erforderlicher Kompetenzen zur

Anpassung an ein niedrigeres Arbeitsgedächtnis (s. auch Robinson 2012: 70 f.; Schlak 2013: 259; Aguado 2016: 260).

Bedeutsam erscheint für den Unterricht die Tatsache, dass sich Sprachlerneignung positiv entwickeln kann, trainierbar ist und kein statisches Lerner*innenmerkmal darstellt, das über subjektive Urteile (bzw. subjektive Fehler) oder auch Testungen einmalig festgestellt werden kann. Vielmehr entwickelt es sich über die Lebensspanne und macht gerade auch im handlungsorientierten Fremdsprachenunterricht differenzierende Ansätze vonnöten (s. ► Abschn. 3.4).

Physische Eigenschaften Die Möglichkeiten der Wahrnehmung und des körperlichen Agierens sind selbstverständlich abhängig von den individuellen körperlichen Eigenschaften oder Voraussetzungen. Einschränkungen z. B. durch Seh- oder Hörschwierigkeiten verhindern aber nicht die Möglichkeit des (schulischen) Fremdsprachenlernens, wenn entsprechende organisationale, technische oder personelle Hilfen bereitgestellt werden (s. ► Abschn. 3.4). Dies kann eine Spracherkennungssoftware zur Umwandlung in geschriebenen Text oder in Braille ebenso sein wie verlängerte Bearbeitungszeiten für bestimmte Aufgaben oder verändertes Arbeitsmaterial (z. B. durch angepasste Schriftgröße; vgl. Gerlach 2019). Auf der kognitiven Ebene können Schwierigkeiten in der Verarbeitung akustischer oder visueller Informationen vorliegen, deren Diagnose in der Regel (und damit tentativ) über die Performanzebene abläuft. Bisweilen erfolgen Tests über unzulängliche Instrumente und nicht immer durch ausgewiesenes Fachpersonal. Dadurch haben die Ergebnisse häufig nur wenig unterrichtliche Relevanz. Alternativ könnten vermehrt dynamische Tests verwendet werden, die mit Trainings- und Feedbackphasen einhergehen (vgl. Robinson 2012: 62).

Auch für die Begabtenförderung spricht sich Ziegler (2009: 948) für einen ganzheitlichen Diagnose- und Förderansatz aus, der auf die individuellen Lernprozesse und nicht im engen Sinne auf die Person gerichtet ist (so z. B. mittels Befragungs- und Beobachtungsverfahren und alternative Verfahren wie Portfolios, Lerntagebücher; vgl. Fischer 2014: 49). Entscheidend ist ferner, welche Maßnahmen der Unterstützung oder u. U. Segregation dann über das Bildungssystem erfolgen, welche Haltung bzw. welches Verständnis Bezugspersonen und Lehrende zur Förderung mitbringen und welche Beziehung sie mit dem Ziel der Förderung untereinander aufbauen (vgl. ebd.: 60 f.). So kann die Annahme, Lese-Recht-schreib-Schwierigkeiten verhinderten weiteren Fremdspracherwerb, zur Verstärkung defizitorientierter Fördermaßnahmen und zum Ausschluss von zusätzlichen Bildungsangeboten führen (vgl. Gerlach 2019). Dies wiederum verringert Bildungschancen und gesellschaftliche Partizipation.

Intelligenz Verbunden ist dies zudem mit der Debatte um Intelligenz als Lerner*innenmerkmal, die verstanden werden kann als „allgemeine kognitive Fähigkeit […], durch die der Mensch in der Lage ist, intellektuelle und logische Aufgaben zu lösen und komplexere Zusammenhänge wahrzunehmen" (Edmondson/House 2006: 187). Dies wird nicht selten noch ergänzt um das Konzept emotionaler Intelligenz (z. B. Schulze/Freund/Roberts 2006).

Multiple Intelligenzen nach Gardner (1983)

Im Zuge einer zunehmenden Kritik am klassischen Intelligenzbegriff entwickelte Howard Gardner eine Theorie multipler Intelligenzen. Er sieht für verschiedene kulturelle, soziale wie gesellschaftliche Handlungsfelder nicht einen Intelligenzbegriff als ausreichend, sondern diskutiert die Idee, dass es hinsichtlich bestimmter Problemfelder spezifische Fähig- und Fertigkeiten geben muss (= Intelligenzen), um innerhalb dieser Felder kompetent zu sein. Beispielsweise gibt es für ihn eine sprachlich-linguistische Intelligenz genauso wie eine logisch-mathematische, aber auch eine musikalisch-rhythmische oder eine bildlich-räumliche. Darüber hinaus spielt in zwischenmenschlicher Interaktion und Kommunikation interpersonale Intelligenz für Gardner eine bedeutende Rolle.

Die Theorie multipler Intelligenzen wurde wiederholt in verschiedenen Diskursen und wissenschaftlichen Disziplinen aufgegriffen, konnte aber im Kern nie bestätigt werden. Gardner selbst hat die Theorie nie empirisch erforscht, in 2016 gestand er sich selbst ein: „I readily admit that the theory is no longer current.“ (Gardner 2016: 169).

Das Konzept der kognitiven Intelligenz und der Versuch der Messung von Intelligenz ist nicht unproblematisch, da sie – wie die Sprachlerneignung (s. o.) – mittlerweile als stärker entwickelbar und fluide angesehen wird als noch vor einigen Jahrzehnten. Zudem ist das Ergebnis von Intelligenztests – zum Beispiel im Hinblick auf die Frage nach einem möglichen Zusammenhang zwischen Intelligenz und Sprachlerneignung oder Lernerfolg – hochgradig abhängig von dem zugrunde gelegten Intelligenzmodell, der Testgestaltung und dem hierfür nützlichen Wissen, d. h. ist der Test sprachbezogen, erfahrungsbezogen oder wahrnehmungsbezogen, erfordert er kognitive Herangehensweisen, die dem methodischen Zugang von im Unterricht oder im Alltag entwickelten Kompetenzen und Erfahrungen mehr oder weniger entsprechen (vgl. Sternberg 2002). Intelligenz kann insofern längst nicht hinreichend für die Erklärung von Lernerfolg gelten (vgl. auch Edmonson/House 2006: 188 f.).

Sternberg (2002) plädiert auf Basis empirischer Experimente für den Begriff „successful intelligence“, also erfolgreiche Intelligenz, der er wiederum eine analytische, eine kreative und eine praktische Komponente zuweist (vgl. ebd.: 22–32). Tests, die diese Aspekte integrieren, liefern ein vollständigeres Bild als ausschließlich analytische Tests. Werden Letztere als Selektionsinstrument verwendet, ist dies für Bildungschancen höchst problematisch (vgl. ebd.: 39). Sternberg geht weiterhin davon aus, dass alle Lernenden bei Berücksichtigung ihrer individuellen Fähigkeiten und Lernbedingungen in der Lage sind, erfolgreich Sprachen zu lernen: „People have different patterns of abilities, and they will learn a language successfully when the way they are taught fits their ability patterns.“ (Ebd.: 15) Den (durchaus auch kulturgebundenen) Zusammenhang zwischen Lernkontext, Lernzugängen und Lerninhalten zeigt Sternberg in einem Experiment, in dem

Lernende nach einem Intelligenztest bezüglich einiger testbezogener Fertigkeiten instruiert wurden und dann in einem anschließenden weiteren Test deutlich besser abschnitten (ebd.: 20). Dies ist der bekannte *backwash*-Effekt von Testverfahren, bestätigt aber die hohe Varianz und Kontextspezifik vermeintlich testbarer Intelligenz. Gerade kreative Intelligenz wird mit konventionellen Testverfahren nicht erfasst, wobei dieser Bereich Hinweise darauf gibt, wie Individuen mit neuen Situationen – wie sie gerade auch im sprachlich-kulturellen Lernen auftreten – umgehen. Auch diese Intelligenz ist entwickelbar und unterstützt handlungsorientierte Ansätze (vgl. ebd.: 26–29; s. ▶ Kap. 5). Dies gilt ebenso für die praktische Intelligenz, die sich darauf bezieht, ein (z. B. kulturelles oder Lern- und Arbeits-)Umfeld auf die eigenen Bedarfe und Fähigkeiten anzupassen und zu gestalten oder ein besser geeignetes Umfeld auszuwählen. Das hierfür erforderliche Wissen liegt oft als implizites Wissen vor (vgl. ebd.: 29 f.).

Alter Ein weiteres Lerner*innenmerkmal, dessen Bedeutung immer wieder diskutiert wird, ist das Alter. Eine kritische Phase bezogen auf das chronologische Alter (bisweilen in der Forschung fixiert ab Alter 6, 9 oder mit der Pubertät und der abschließenden Plastizität des Gehirns), in dem Zweit- oder Fremdspracheneerwerb nicht mehr umfänglich möglich wäre, hat inzwischen empirisch kaum noch Bestand, eher wird von für die jeweiligen sprachlichen Kompetenzen unterschiedlichen optimalen oder sensiblen Phasen ausgegangen (vgl. Muñoz/Singleton 2011: 8 f.; Grotjahn/Schlak 2013: 253; Grotjahn 2016: 251). Gleichwohl gilt, dass ein späterer Spracherwerbsbeginn die Wahrscheinlichkeit, eine hohe Kompetenz zu entwickeln, zunehmend verringert (vgl. Grotjahn 2016: 251).

Die Art zu Lernen unterscheidet sich auf den verschiedenen Altersstufen durchaus und auch hier ist mit pauschalen Annahmen zu günstigen Vermittlungsmethoden eher Vorsicht geboten (vgl. Grotjahn/Schlak 2013: 256). Wohl aber scheint es eine Prägungsphase in den ersten sechs Lebensmonaten oder auch schon vorgeburtlich zu geben, bei der sich das Lautinventar des Kindes entwickelt und dann die Basis für die weitere auditive Wahrnehmung und Artikulation bildet (vgl. Roche 2005: 38). Das Alter hat einen emotionalen Einfluss auf die Bereitschaft, sich in einer anderen Sprache im Klassenraum oder in kreativen Aufgabensettings zu äußern. Es beeinflusst auf physiologischer Ebene die auditive Diskriminierungsfähigkeit und damit verbunden auch die Aussprache, was u. U. bei älteren Lernenden zu Einschränkungen führen kann (vgl. Grotjahn 2016: 252). Während jüngere Kinder eher bereit sind, Rollen zu übernehmen und sprachliches Handeln nachzuahmen, entwickeln sich mit zunehmendem Alter kognitive Verarbeitungsfähigkeiten, welche durch den gezielten Einsatz von Lernstrategien und kognitiven Vernetzungsmöglichkeiten (Welt- und Sprachwissen) förderlich sind. Dies steht auch in positivem Zusammenhang mit dem allgemeinen Bildungsgrad und der Literalität älterer Lernender in der L1 (vgl. Roche 2005: 37; Grotjahn 2016: 252; s. ▶ Abschn. 4.7 und 4.8). Insofern lernen ältere Schüler*innen bzw. jüngere Erwachsene tendenziell schneller und haben Erwachsene Vorteile im Erwerb von Lexik und Pragmatik. Jüngere Lernende haben tendenziell Vorteile in der Aussprache bei Annahme einer sensiblen Phase zwischen dem 6. und 12. Lebensjahr und bezüglich Morphosyntax bei Annahme einer sensiblen Phase zwischen 3 und 15 Jahren (vgl. Grotjahn/Schlak 2013: 254; Grotjahn 2016: 251). Insgesamt muss aber der Faktor Alter sehr differenziert betrachtet werden:

- z. B. im Hinblick auf die Lernumgebung, und dabei die Qualität und Quantität von Input (Muñoz/Singleton 2011: 11–19),
- alle weiteren individuellen Lerner*innenmerkmale, auch sozial-affektive Merkmale wie z. B. „Motivation, Affekt, Selbstkonzept, interaktionaler Input, Einfluss der Erstsprache oder auch Sprachlerneignung" (Grotjahn 2016: 251),
- oder Möglichkeiten und Wunsch des Sprachkontakts, Identität, Einstellungen zu Sprache/n und Kultur/n und integrative Motivation etc. (vgl. Muñoz/Singleton 2011: 19 f.; DeKeyser 2013: 53).

Insofern ist eine unterrichtliche Stärkung dieser positiven Lerner*innenmerkmale als wirkungsvoll einzuschätzen, ohne dass biologisch-neurologische Voraussetzungen unbeachtet bleiben, wie beispielsweise bei älteren Lernenden ein angemessen gestalteter auditiver oder visueller Input und eine besondere Nutzung der Vorteile von jüngeren Schüler*innen im Bereich der Ausspracheentwicklung (vgl. Grotjahn 2016: 252 f.).

Geschlecht/Gender Auch das Lerner*innenmerkmal Geschlecht stellt ein für die Forschung schwieriges Konstrukt dar.

Definition

Mit **Geschlecht** ist die biologische Kategorie – männlich/weiblich – einer Person gemeint. **Gender** hingegen ist eine soziale Kategorie und bezieht verschiedene sexuelle Orientierungen ein. Mit dem Begriff Gender wird hervorgehoben, dass das biologische Geschlecht keine Implikation für Eigenschaften und Fähigkeiten hat, sondern diese Zuordnungen sozial konstruiert und veränderbar sind.

Geschlecht als biologische Kategorie ist also gegenüber Gender als soziokulturelles Konstrukt abzugrenzen (vgl. Schmenk 2013: 269). Diese Kategorien sind dennoch aufeinander zu beziehen, „denn kulturelle Repräsentationen von Gender […] beeinflussen durchaus das Lernen und Lehren der Geschlechter" (ebd.). So kann die Vorstellung von einer höheren Sprachlernkompetenz weiblicher Lernenden empirisch nicht abgesichert werden, sondern es mag ein höherer weiblicher Anteil an Lernenden unter Umständen genau über diese gesellschaftlichen Repräsentationen generiert sein. Gleiches mag für unterrichtsthematische oder mediale Präferenzen gelten (s. Roche 2005: 41), die über den gesellschaftlichen Sozialisierungsprozess geprägt werden (zur Bedeutung der Faktoren Alter und Geschlecht beim außerinstitutionellen Sprachkontakt über Medien vgl. Muñoz 2020). Gender wiederum versteht sich als dynamische „performative Kategorie", d. h. „dass unsere Selbst- und Fremdbestimmungen je nach biographischer Situation sowie soziokulturellem und historischem Kontext durchaus variieren können" (Schmenk 2013: 271). Dies kann auch im Fremdsprachenunterricht zum Thema gemacht werden, nicht zuletzt um Jugendliche in ihrer persönlichen und fachbezogenen Entwicklung zu unterstützen, Gleichberechtigung zu (er)leben und Reflexionsprozesse anzuregen (vgl. König/Surkamp/Decke-Cornill 2015: 2–4). Hierbei kann gendergerechte Sprache Analysegegenstand sein (vgl. ebd.: 5) und es erscheinen autobiographische und literarische Texte sowie Filme geeignet, heteronormative Sichtweisen aufzubrechen (vgl. Merse 2015). Insgesamt sind Geschlecht und Gender Kategorien, die im komplexen Geflecht der vielen weiteren lerner*inneninternen und lerner*innenexternen Merkmale im Spracherwerbsprozess in Forschung und Unterrichtsgestaltung differenziert zu betrachten sind. Eine unidirektionale Kausalität mit Sprachlernerfolg kann davon nicht abgeleitet werden.

Motivation Zu unterscheiden ist zwischen einer Lerner*innenmotivation und einer Lernmotivation. In ▶ Abschn. 2.7 wurde Motivation bereits grundsätzlich bezogen auf das Handlungsmodell dargestellt, ‚Lerner*innenmotivation' wird als Begriff daher an dieser Stelle bevorzugt, da er die Lernenden in den Blick nimmt. Es geht damit nicht allein um den (kognitiven) Lernprozess, sondern um die verschiedenen Persönlichkeitsdimensionen und auch die die Lernenden beeinflussenden externen Faktoren, wie sie auch im Schaubild von Hufeisen (2018; s. ◘ Abb. 3.1) vermerkt sind. Riemer (2013: 171) unterscheidet erstens soziale und kontextuelle Faktoren wie Bezugspersonen, Lernmöglichkeiten und Faktoren des Unterrichts, zweitens personale Faktoren wie z. B. Motive, Erfolgsaussichten, Einstellungen, Selbstregulation, Emotionen, Lernstil sowie drittens den Motivationsaufbau im Lernprozess mit Faktoren der Zielsetzung, Intentionsbildung, Handlungsinitiierung, Lernanstrengung und Lernergebnis und der sich anschließenden Selbst-/Fremdevaluation.

Motivation wird – so ist an diesen Modellen ersichtlich – als ein komplexer affektiver, kognitiver und konativer Prozess verstanden, der zugleich auf den jeweiligen Lern- und Lebenskontext wie auf die entwicklungspsychologische Phase des Lernenden zu beziehen ist. Jüngere Kinder führen zunächst nur eingeschränkt Erfolge oder Misserfolge auf sich selbst zurück, sie sind neugierig und offen für verschiedene Wissensbereiche (vgl. Heckhausen 1985: 104). Mit zunehmendem Alter entwickeln Lernende durch entsprechende Rückmeldungen ihr fachbezogenes Fähigkeitsselbstkonzept, das zu einer Fokussierung auf bestimmte unterrichtliche Inhalte und Fächer führt (vgl. Holder 2005; vgl. zum fachlichen Selbstkonzept Faber 2009). Auch die Wirkung von länderspezifischen sprachen- und bildungspolitischen Entscheidungen sowie die gesellschaftlichen Haltungen zu einer Sprache oder das Image des Unterrichts in dieser Sprache sind nicht zu vernachlässigen (vgl. Riemer 2016). Vor allem bestimmen die allgemeine Persönlichkeitsentwicklung und die (familiäre) Sozialisierung, wie selbstbewusst, offen, leistungsorientiert, frustrationstolerant etc. Jugendliche sind. Sie entwickeln in ihrem Lernen die Tendenz zur Misserfolgsvermeidung oder zur Erfolgszuversicht. Diese

Tendenzen sind verbunden mit Erklärungen, die Lernende für ihre (Miss-)Erfolge heranziehen.

Weiner (1994) unterscheidet zwischen vom Individuum kontrollierbaren vs. unkontrollierbaren Faktoren und internalen/externalen sowie stabilen/variablen Faktoren. Die Leistungsbereitschaft ist eine internale, positiv wirksame Erklärung für den eigenen Erfolg, eine variable unkontrollierbare Attribution ist die eigene Stimmung oder die Stimmung anderer. Ungünstig sind externe, instabile und unkontrollierbare Attributionen wie Glück oder Zufall. Zu unterscheiden sind jeweils stabile Attributionen (Talent) und instabile Attributionen (Schwierigkeitsgrad), diese Attributionen sind wiederum mit Affekten verbunden.

Innerhalb eines Phasenmodells (vgl. Dörnyei/Ottó 1998) bewirken die Attribuierungen, ob es zu einer Energetisierung und Aufnahme des Lernprozesses kommt, ob dieser im Verlauf fortgesetzt und später positiv bewertet und wiederholt wird. Das Handlungsmodell von Motivation zeigt, dass es möglich ist, über eine situationale Motivierung durchaus auch eine dispositionale Motivation bei den Lernenden zu entwickeln. Gelingt es also, Lernende in einer kurzen Unterrichtssequenz zu begeistern, kann der Weg hin zu einem langfristigen Interesse an einem Fach führen. Ein stark wirksames kurzfristiges Motiv (verstanden als wirksames Element innerhalb des Motivationsprozesses) ist nachweislich das Spaßmotiv; auch Neugiermotiv und Geltungsmotiv können unterrichtswirksam relevant werden. Hinzu treten fachspezifische Motive: Für Französisch hat beispielsweise das Klangmotiv eine starke Wirkung, wohingegen für das Englische insbesondere das Kommunikations- und Nützlichkeitsmotiv von Bedeutung sind. Je nach Sprache und Kontext ist weiterhin das Exoten-Motiv bedeutsam – als Motiv für das Lernen einer als schwierig wahrgenommenen Sprache (vgl. Riemer 2016: 41). Dies ist bei der Unterrichtsgestaltung zu berücksichtigen. Insgesamt sind Lernende auf Basis des bis hierher Dargestellten dann motiviert, wenn sie sich als kompetent, sozial eingebunden und autonom erleben (vgl. Deci/Ryan 1993: 235 f.; Noels 2001; Noels/Chaffee/Lou/Dincer 2016: 17). Daher berücksichtigen Motivationstheorien Fragen der Identität der Lerner*innen mit der Unterscheidung in ein vom Lernenden wahrgenommenen „actual self", ein vom Lernenden gewünschten „ideal self" und ein vom sozialen Umfeld erwarteten „ought self" (vgl. Ushioda 2011: 201; s. zuvor Higgins 1987; s. ▶ Abschn. 3.3).

Außerdem muss zwischen Motivation und *investment* unterschieden werden (s. ▶ Kap. 2; vgl. Norton/McKinney 2011), was ermöglicht, eine*n Lernende*n, der*die eine geringe äußere Performanz zeigt, nicht als unmotiviert zu beschreiben. Stattdessen ist es möglich, dass zu einer hohen Motivation weitere aktivierende Bedingungen hinzutreten müssen, um *investment* oder veräußerlichtes sprachliches Handeln zu initiieren. So können Gründe für niedriges *investment* auch Unsicherheitsempfinden und Angst sein. Angst ist komplex und kann sich auf verschiedene Bereiche im Unterricht beziehen, wie „Sprachverwendungsangst, Angst vor [bestimmten unterrichtlichen Methoden], Prüfungsangst, Angst vor der Lehrperson, Angst vor dem Fehlermachen usw." (Dragović 2019: 236). Dabei ist sicherlich auch der Faktor Alter wirksam (vgl. ebd.: 237). Da Angst als sozial erlernt verstanden wird, ist sie aber auch veränderbar (vgl. Bonnet 2018: 61). Ein besonderes Phänomen ist in diesem Zusammenhang der sogenannte *stereotype threat.* Dies ist die individuelle Reaktion auf (angenommene) soziale Erwartungen und Stereotype, die Lernenden durch externe Zuschreibung *(othering)* von Zugehörigkeit zu einer (ethnischen, kulturellen, sozialen etc.) Gruppe entgegengebracht werden. Eine Folge kann eine Verunsicherung und geringe Leistung in bestimmten Lernbereichen sein (vgl. ebd.: 63 f.).

▶ Beispiel: Fallschilderung und Fallanalyse von Lerner*innenmotivation

Zur Analyse und Bewertung unterrichtlicher Situationen im Hinblick auf Motivationsprozesse wurden Studierende im Praxissemester an der Universität Siegen gebeten, ihre Beobachtungen in Fallbeschreibungen festzuhalten. Die eingebrachten Fallbeschreibungen wurden leicht bearbeitet, d. h. vor allem anonymisiert und kontextualisiert im Hinblick auf die Schulform etc. In der Begleitveranstaltung haben die Studierenden dann in zwei Schritten ausgewählte Fälle analysiert und diskutiert. Zum einen wurden die Dimensionen von Unterricht und die jeweiligen Akteur*innen in den Blick genommen. Zum anderen wurde das Phasenmodell von Motivation herangezogen. Auf diese Weise erfolgte eine strukturierte theoriegeleitete Analyse anhand realer, selbst erlebter schulischer Situationen mit dem Ziel, die Diagnosekompetenz der Studierenden zu entwickeln. Abschließend entwarfen die Studierenden unterrichtliche Handlungsperspektiven.

> » Bei dem Fall von Motivationsschwierigkeiten handelt es sich um ein Mädchen in der 8. Klasse am Gymnasium, das sich weigert, im Unterricht mitzuarbeiten. Zwar schreibt sie ganz gute Klassenarbeiten, jedoch ist sie im Unterricht nicht dazu bereit, die von der Lehrerin gestellten Aufgaben zu bearbeiten. Dies führt häufig zu Konflikten (auch in anderen Fächern mit anderen Lehrern) und es gab auch schon mehrere Elterngespräche, die die Situation aber leider auch nicht verbessern konnten.

Schritt 1: Analyse nach folgenden Ebenen:
- Ebene 1: Lerner*in: Persönlichkeit/Kompetenzen/Selbsteinschätzung etc.
- Ebene 2: Klassenraum: a) Lehrer*in: Persönlichkeit/Kompetenzen/Interaktion/Feedback
- Ebene 2: Klassenraum: b) *peers:* Persönlichkeit/Interaktion/Kompetenzen
- Ebene 3: Schule: Strukturen, Vorgaben für den Fremdsprachenunterricht
- Ebene 3: Eltern: Einbindung, Erwartungen etc.
- Ebene 4: Gesellschaft: gesellschaftliche Rolle des Fachs, Prestige etc.

Schritt 2: Analyse anhand des Prozessmodells von Dörnyei/Ottó (1998)
- Präaktionale Phase (Ziel, Handlungsabsicht, Handlungsplan, Startbedingungen, Einflussfaktoren)
- Aktionale Phase (Handlung, Handlungskontrolle, Handlungsergebnis)
- Postaktionale Phase (Evaluation, kausale Attributionen, Strategien, weitere Handlungsplanung) ◀

Silent period bzw. _silent phase_

Vertiefend zur Frage des *investment* von Lernenden ist die Diskussion um die sogenannte *silent period* anzufügen. Aus der Spracherwerbsforschung ist beispielsweise die Bedeutung der *silent period* bzw. *silent phase* bekannt, d. h. dem Erfordernis einer Immersion bei zunächst ausbleibender Sprachproduktion seitens der Lernenden (s. ▶ Abschn. 4.5). Der *silent period* kann aber ebenso eine kognitive Notwendigkeit wie eine emotionale Barriere zugrunde liegen. Sprechangst wiederum kann unterschiedlichste Gründe haben, die mit der Persönlichkeit, vorherigen Lernerfahrungen, dem Lernarrangement oder dem Fähigkeitsselbstkonzept zu tun haben können. Die mentale sprachliche Konstruktion als nicht veräußerlichtes Handeln ist aber auch als natürlicher Teil des Spracherwerb- und Kommunikationsprozesses zu berücksichtigen. Inneres Sprechen ist eine wesentliche Gedächtnisstrategie (vgl. Deplazes 2006: 139–141), die als solche bei den Lernenden auch bewusst zu machen ist. Zugleich aber ist die Generierung sprachlichen Outputs ebenso essenziell für den Lernzuwachs wie auch die Selbstkontrolle und die Sprachbewusstheit (vgl. Benati 2014: 130 mit Bezug auf Swain 1985).

Lerner*innenautonomie Die persönlichen motivationalen Tendenzen und Attributionen, die unterrichtliche Gestaltung von Sozialformen und die Feedbackkultur prägen den Grad der Autonomie bzw. das Autonomie-Empfinden der Lernenden. Motivational ist es bedeutsam, ob Ziele und Strategien geklärt sind und ob die Rahmenbedingungen zu einem, zumindest situationalen, Interesse führen können. Schließlich spielt die Kompetenzerfahrung über entsprechende Rückmeldungen im Prozess durch Dritte eine wichtige Rolle.

Eine solchermaßen entwickelte Autonomie ist nach van Lier (2004: 48) „the feeling of being the agent of one's own actions“. Als Wegbereiter der Autonomie-Diskussion können Holec (1979), Little (1991) und Benson (1997, 2001) gelten. Diese legen den Akzent in unterschiedlicher Weise auf die Handlungs- und Entscheidungsdimension, auf die Prozessreflexion oder auf die Kontrolle des Lernprozesses (vgl. Tassinari 2007: 29 f.). Es folgten Studien und kritische theoretische Diskussionen des Autonomie-Begriffs vor allem durch Martinez (2008), Schmelter (2004) und Schmenk (2008). Martinez (2008) entwirft ein Modell von Lernerautonomie, das den reinen Fokus auf Lerntechniken weit überschreitet und in soziale und reflexive Zusammenhänge stellt. Hierbei werden machtpolitische Fragen des Lernens und technisch-/soziostrukturelle Aspekte aufgeworfen ebenso wie eine individuelle kognitiv-affektive Lernprozessebene von der sozio-interaktiven Dimension unterschieden wird (vgl. ebd.: 78). Anhand empirischer Daten kann sie einen engen Zusammenhang zwischen Lernerautonomie und subjektiven Theorien, Kommunikation, Motivation und Mehrsprachenlernen ermitteln (vgl. ebd.: 306). Schmelter (2004) ersetzt im Rahmen einer Studie zum Tandem-Lernen den Autonomie-Begriff durch das Konzept des selbstgesteuerten Lernens als komplexe Handlung, „die (in hohem Maße) aus genuinen Interessen und Bedürfnissen der lernenden Person hervorgeht, und welche keiner die Person einschränkenden Ziel- und Ergebniskontrollen unterliegt" (ebd.: 257). Dieses Konzept ergänzt er durch die Vorstellung des motivierten expansiven Lernens und des defensiven Lernens mit dem Ziel der Abwendung von Lernbeeinträchtigungen (ebd.: 518 f.). Das Modell unterstützt die Analyse von Lernprozessen in autonomen Kontexten und die Beratung von Lernenden. Dass Autonomie immer Heteronomie als Gegenspieler hat und ein ökonomischer Autonomiebegriff im Bildungssystem auch zu einer Internalisierung fremdbestimmter Ziele bei Lernenden und zu Pseudo-Autonomie führt, zeigt Schmenk (2008) in ihrer umfassenden Studie zur Begriffsanalyse. Zu fordern ist demnach für die Lehrer*innenbildung eine Reflexion dieses Wechselspiels von Autonomie und Heteronomie (vgl. ebd.: 406).

Ein praxis- und handlungsorientiertes Modell liegt von Tassinari (2007, 2010) vor. Sie unterscheidet eine fertigkeitsorientierte Komponente von Lerner*innenautonomie von einer organisatorischen bzw. handlungsorientierten Komponente, einer motivationalen und affektiven Komponente sowie einer sozialen und interaktiven Komponente (Tassinari 2007: 31 f.). Lernende müssen dazu über Wissen hinsichtlich der Sprache, der Sprachlernprozesse und Lernstrategien verfügen – und: Sie müssen dieses Wissen in Lernhandlungen umsetzen können und wollen. In Tassinaris Modell werden die Interaktionen zwischen den Aspekten Lernen managen, planen, durchführen, kooperieren, überwachen, evaluieren, wissen sowie motivieren betont. All diese Komponenten sind miteinander verbunden. Die Ausgestaltung dieser Interaktivität zwischen den Bereichen durch die Lernenden und die Beratung durch Lehrende führt letztendlich zu individuellen Ausformungen von Autonomie. Ein wesentlicher Aspekt der Lerner*innenautonomie stellt nach diesem Modell die Fähigkeit dar, Lernstrategien anzuwenden (s. ▶ Abschn. 4.8).

Weck (2020) legt ein komplexes und dynamisches Modell von Lerner*innenautonomie vor (s. ▶ Kap. 2) und schließt neben dem Aspekt der aktiven Gestaltung des Lernprozesses weitere Bereiche wie interkulturelle und Mehrsprachigkeitskompetenzen, Medienbildung, Motivierung und vor allem auch soziale Verantwortung und Kritikfähigkeit ein. Ein Unterricht, der diese Kompetenzen fördert, entwickelt neben Sprachlernstrategien und damit verbundener Fähigkeit zur Selbstorganisation und Selbstevaluation, aber vor allem auch kritische Sprachbewusstheit anhand komplexer reichhaltiger Lernumgebungen, die auch Interaktivität und Kreativität fördern (vgl. ebd.: 70; Gerlach 2020).

Zunehmend wird die individuelle Autonomie daher um die soziale und kulturelle Dimension ergänzt und Gruppenautonomie definiert (vgl. zu diesem Diskurs Schneider 2020: 85–89). Gruppenautonomie zeichnet sich durch die jeweiligen Interaktions- und Partizipationsstile aus, die bei der Handlung in Gruppen diskursiv entstehen (vgl. Feick 2016).

Lernstrategien Mittlerweile werden sowohl die Sinnhaftigkeit als auch die Effektivität angezweifelt, Unterrichtsmaterialien danach auszurichten, ob Lernende einen visuellen, auditiven oder kinästhetischen „Kanal" bevorzugen (vgl. Gerlach 2018; s. ▶ Abschn. 2.6). Selbstverständlich aber nutzen unterschiedliche Lerner*innen unterschiedliche Strategien, um Sinn zu erschließen. So ist es – was die Diskussion um die Sinneskanäle angeht – aus Sicht der Fremdsprachenlehrkraft unbedingt nötig, Gegenstände multisensorisch anzubieten (s. ▶ Kap. 6). Aus Sicht der Lernenden gibt es darüber hinaus eine Vielzahl an Herangehensweisen, Strategien, Prinzipien und Techniken, mit den angebotenen Materialien, Inhalten und Aufgaben zu arbeiten. Hierzu gehört z. B. die Unterscheidung zwischen global und analytisch, zwischen reflexiven und impulsiven oder auch ambiguitätstoleranten oder ambiguitätsintoleranten Lernenden (vgl. Reid 1995). Je weiter Schülerinnen und Schüler entwicklungspsychologisch voranschreiten, umso stärker können sie individuelle kognitive und metakognitive Strategien als individuelle Profile bewusst nutzen. Im Sinne einer Sprachlernbewusstheit kann (und sollte) dieses Strategiewissen bzw. ihr Einsatz auch durch Dritte bewusst gemacht oder direkt gefördert werden (s. ▶ Abschn. 4.9). Wie von Tönshoff (2013) zusammengefasst, ist hierbei die Einbindung in den regulären Fremdsprachenunterricht (im Gegensatz zu teilweise üblichen „Lernen lernen"-Projekten) unbedingt nötig. Außerdem müssen Strategien hinsichtlich ihres Nutzens und Einsatzes explizit vermittelt werden bzw. gemeinsam mit den Lernenden bewusst gemacht werden. Neu eingeführte Strategien oder Lerntechniken sollten darüber hinaus ausprobiert und lange und in immer wieder neuen Lernkontexten trainiert werden, damit die Lernenden letztlich auch auf metakognitiver Ebene den Strategieeinsatz regulieren, überwachen und evaluieren zu können. Nur so kann langfristig sichergestellt werden, dass sie zum Lerner*innentyp passen und durch den Schüler/die Schülerin sinnhaft eingesetzt werden. Ferner muss insbesondere von Lehrenden berücksichtigt werden, dass Strategien auch eine kulturelle Dimension aufweisen können, was das Handeln auf impliziter wie expliziter Ebene beeinflussen kann (vgl. Bonnet 2018: 63).

Insgesamt müssen die Lernenden als autonom Handelnde neben dem sprachlichen Wissen auch über Wissen um Strategien z. B. zur Selbstmotivierung verfügen. Sie sollten unterrichtlich angeleitet werden, dieses Wissen anzuwenden. Hierzu können Checklisten, Lerntagebücher oder Portfolios dienen (vgl. zu ePortfolios Bellingrodt 2011; s. ▶ Abschn. 5.3). Die Lernenden sind aber auch in einen sprachlich-kulturellen Kontext eingebunden, in dem sie interagieren. Dies soll nachfolgend betrachtet werden.

3.2 Fremdsprachenlernende als sprachlich-kulturell Handelnde

Authentisches Handeln Lernende, die in ihren individuellen Lerndispositionen, -interessen, -strategien und -kompetenzen als Person und Individuum angesprochen werden, handeln im unterrichtlichen Kontext bestenfalls unter optimal vorbereiteten Bedingungen maximal authentisch (s. ▶ Abschn. 2.3). Authentisches Handeln kann im schulischen Fremdsprachenunterricht auf verschiedenen Ebenen ermöglicht werden (vgl. auch Will 2018). Zum einen wird auf der Ebene der Materialien gefordert, möglichst originales Material zu verwenden, da dies die Sprache in ihrer Idiomatik darstellt und einem realen Kommunikationsziel

3

dient. Zum anderen liefern Begegnungssituationen im Rahmen von interkulturellen (virtuellen) Projekten oder Schüler*innenaustauschen authentische Kommunikationsanlässe (s. ▶ Kap. 5). Dies sind jedoch nur nebengeordnete Kategorien, um Authentizität herzustellen. Zentral ist in allen Fällen, dass sich die Lernenden als sie selbst ausdrücken und ein wirkliches Mitteilungsbedürfnis haben. So verstanden wird das Ziel einer „narrativen Identitätskonstruktion" der Lernenden angestrebt:

> » Die fremdsprachliche Unterrichtsrealität sowie der institutionelle schulische Diskurs sollten in ihrer für Lernzwecke notwendigen Dialektik von Authentizität und Authentisierung selbst als grundsätzlich authentisch und aus sich heraus originär angesehen werden. Authentisierung von Lernprozessen sind mithin Inszenierungen von Wahrhaftigkeit (Identität) der Subjekte und Echtheit der Objekte, was an jedem Ort – schulisch und außerschulisch sowie auch real und virtuell (soziale digitale Netzwerke) möglich ist. (Blell 2013: 31; vgl. Blell/Kupetz 2011: 111 f.)

Definition

Der Begriff der **Authentizität** ist vielschichtig und wird bisweilen unterschiedliche definiert. Als authentisch kann Material im Unterricht verstanden werden, das für einen bzw. im zielsprachlichen Kommunikationskontext und nicht für Lernzwecke konzipiert wurde. Dieses Originalmaterial kann für den Unterricht adaptiert und didaktisiert werden, womit es seine Authentizität im engen Sinne verliert. Als authentisch ist aber auch jede unterrichtliche Situation zu begreifen, in der sich die Lernenden als Person wahrgenommen sehen und an Gegenständen arbeiten, die sie für sich persönlich als relevant erachten.

Authentizität entsteht dadurch, dass die Lebenswelt der Schülerinnen und Schüler ernst genommen und sie als für ihren Bildungsprozess (mit-)verantwortliche Subjekte wahrgenommen werden. Wenn kommunikative Situationen im Unterricht auf aktuelle Bedürfnisse der Schülerinnen und Schüler eingehen, die auch allgemeinpädagogische Frage- oder Problemstellungen (wie Mobbing, Probleme in anderen Fächern, das Planen einer Schulveranstaltung etc.) verhandeln können, entsteht authentisches und zielgerichtetes, kommunikatives Handeln (s. ▶ Abschn. 2.2 und 2.4 sowie „kritisches Handeln" in ▶ Abschn. 5.6). Aus Sicht der Lehrkraft ist folglich von Bedeutung in Erfahrung zu bringen, „was Lernende denken und wissen, um sinnstiftende Erfahrungen im Lichte dieses Wissens zu konstruieren" (Hattie 2014: 280). Auch das Interesse oder Desinteresse von Schülerinnen und Schülern an bestimmten Themen muss aus diesem Grund kontextsensibel und jeweils altersgemäß reflektiert werden, um überhaupt dieses sinnstiftende Handeln im Unterricht erreichen zu können (vgl. Gerlach/Leupold 2019). Der aufgabenorientierte Ansatz (s. ▶ Kap. 6) greift dies auf, indem verschiedene sprachliche Kompetenzen nicht isoliert voneinander entwickelt werden, sondern thematisch sinnvoll in ein kommunikatives Setting integriert werden. Erforderlich ist dabei, dass in Aufgabenstellungen der kommunikative Kontext, das kommunikative Ziel und die Akteur*innen detailliert beschrieben werden, damit die Aufgabenerfüllung durch die Lernenden möglich ist und ihnen kommunikativ relevant erscheint (vgl. Stadler 2016: 215 f.).

Diskursfähigkeit und narrative Kompetenz Sinnstiftendes Handeln erfordert die damit einhergehende Diskursfähigkeit im Sinne eines sprachlich authentischen Handelns. Eine sprachlich-kulturell authentische Diskursfähigkeit ermöglicht den Lernenden zugleich gesellschaftliche Teilhabe (s. ► Abschn. 2.4). Vornehmlich wird der Begriff in der Diskussion um bilingualen Sachfachunterricht und die fachsprachliche Diskursfähigkeit verwendet. Nach Cummins (1979/1991, 2000) wird dann abgegrenzt zwischen BICS *(Basic Interpersonal Communicative Skills)* und den CALP *(Cognitive Academic Language Proficiency)*, bei denen Erstere primär auf die Betrachtung und Förderung alltagssprachlich-interaktionaler Diskurse abzielt, CALP dafür Bildungs- und Fachsprache in den Vordergrund rückt. Auch das Konzept des sprachsensiblen Unterrichts (vgl. Leisen 2013) geht in die Richtung, Lernende in allen Schulstufen und Schulformen sowie in allen schulischen Fächern in ihren individuellen Sprachdispositionen anzusprechen und ihnen einen sprachlichen Zugang zu den Fachinhalten sowie ihre sprachlich-inhaltliche Entwicklung zu ermöglichen (s. ► Abschn. 5.5).

Hiermit wiederum ist generisches Lernen (Hallet 2011/2015a) ebenso verbunden wie die Verwendung angemessener Diskursfunktionen *(cognitive discourse functions)* (s. ► Abschn. 2.1). Bezogen auf die vorherigen Ausführungen zur Autonomie sind hiermit auch der Begriff der Multiliteralität (s. ► Abschn. 2.2) und die Fähigkeit, autonom und über verschiedene Medien der Kommunikation (d. h. auch mehrere Sprachen, digitale Medien usw.) zu verfügen, bedeutsam. Eine solche Lernumgebung muss bereitgestellt werden, um den Lernenden *affordances* bzw. anspruchsvolle Handlungsmöglichkeiten zu bieten (vgl. Vanderbeke/Wilden 2017: 9).

Zur Vertiefung: *Affordance*

Das Konzept der *affordances* (vgl. Gibson 1979) basiert auf der Vorstellung der Interdependenz von Subjekt und Objekt bzw. des jeweiligen Herausforderungscharakters der Umgebung für das Subjekt. In der Fremdsprachendidaktik wird das Konzept der *affordances* auf einen Sprach(lern)begriff bezogen, der von einer subjektgesteuerten, dynamischen Sinnkonstruktion und von diskursgestützten Spracheneignungsprozessen ausgeht. „*Affordances* stellen […] Handlungsmöglichkeiten dar, die eine Lernumgebung den darin agierenden Personen bietet." (Vanderbeke/Wilden 2017: 9) Das Konzept stellt zugleich im sozio-konstruktivistischen Sinne die Akteur*innen innerhalb einer Spracherwerbsumgebung in den Mittelpunkt, insofern davon ausgegangen wird, dass sie überhaupt erst die Lernumgebung für sich wahrnehmen und relevant finden (vgl. Vanderbeke/Wilden 2017: 9 f.). Dies können Lehrende, Tutor*innen, *peers,* Projekt- oder Austauschpartner*innen sein. Dabei kann es sich um eine virtuelle oder analoge Lernumgebung handeln, die ihre jeweils eigenen physischen Bedingungen und damit Kommunikations-, Interaktions- und Lernmöglichkeiten schafft.

Die Aufgabe der Lernenden liegt darin, aus diesen Lernorten identitätsstiftende Lernräume der (fremd)sprachlichen Kommunikation zu schaffen (vgl. Abendroth-Timmer/Thomas 2019a, 2019b). Nach Legutke/Schart (2016: 21) entstehen in Klassenzimmern dadurch „temporäre Gemeinschaften" und „eine ganz eigene Spielart von Kultur". Die physische Gestaltung des Klassenzimmers und die Vorstellung ihrer Bedeutung (als Bühne, Trainingsplatz, als Kommunikationszentrum, als Kultur, als Textwerkstatt, als Landschaft; vgl. Legutke/Schart 2012: 70) durch die Akteur*innen bestimmt die Kommunikations- und Lernmöglichkeiten. Aber auch die Historie der Entstehung der Lerngemeinschaft schwingt als Einflussgröße mit (vgl. Legutke/Schart 2016: 22). Somit ist die hohe Kontextabhängigkeit und geringe Planbarkeit von Lernprozessen (und die dadurch generierten *affordances*) von Lehrpersonen nicht nur bei der Planung, sondern vielmehr bei der unterrichtlichen Interaktion zu berücksichtigen (vgl. ebd.: 22; Gerlach/Leupold 2019). Die Berücksichtigung der *affordances* entspricht auch den Ideen einer „Ermöglichungsdidaktik" (Arnold/Prescher/Stroh 2014) und der Entwicklungsaufgaben (im Bereich sozialer Rollen, Werte, Selbst etc.; vgl. Hericks/Spörlein 2001, s. dazu auch Bonnet 2018: 66 f.; s. ▶ Abschn. 2.5), die Lehrende als Lernbegleiter*innen in einem selbstreferentiellen Lernprozess versteht.

Auch die Entwicklung einer narrativen Kompetenz ist Teil von Diskursfähigkeit und relevant für die Persönlichkeitsentwicklung:

> » Erzählen gilt nicht nur als ein anthropologisches Grundbedürfnis des Menschen sowie unverzichtbares Mittel der Identitäts- und Sinnstiftung, sondern zählt auch zu den zentralen Kulturtechniken, denen in der heutigen Medienkulturgesellschaft in Erziehung, Wissenschaft, Medien und Wirtschaft große Bedeutung zukommt. (Nünning/Nünning 2017: 263)

Es ist hiermit die Fähigkeit gemeint, Geschichten zu erfassen, selbst zu gestalten, performativ zu präsentieren und hierüber in einen Metadiskurs einzutreten (s. zum mündlichen Erzählen Bergfelder-Boos 2018). Medial unterschiedliche narrative Formate können dabei je nach Alter der Lernenden, ihren Lerndispositionen und (schulformspezifischen) Lernzielen Verwendung finden. Eine solchermaßen auf Diskursfähigkeit, narrative Kompetenz und *affordance* ausgerichtete Lernumgebung will Anlässe der Persönlichkeitsbildung im Sinne transformatorischer Bildung bieten und nimmt hierdurch die soziokulturelle Identität der Lernenden ernst.

Soziokulturelle Identität Während sich die Fremdsprachendidaktik lange Zeit lediglich darauf konzentrierte, was den „guten Fremdsprachenlerner" und die „gute Fremdsprachenlernerin" ausmacht mit seinen*ihren Voraussetzungen, seiner*ihrer Motivation und der sich daraus ergebenden Unterrichtsplanung, wird mittlerweile stärker die sich individuell entwickelnde, soziokulturelle Identität der Lernerin und des Lerners in den Vordergrund gestellt. Hiermit wird die Rolle von

Sprache als soziale Praxis gewürdigt (Norton 2013b). In der Fremdsprachendidaktik wird individuelle Identität wie folgt beschrieben:

» Individuelle Identitätskonstruktionen erscheinen [...] als situationsspezifisch plural und dynamisch, als narrativ und/oder performativ verfasst und dabei nicht nur rückgewandt als biografisch geworden, sondern oft auch zukunftsgewandt auf neue Entwicklungen hin entworfen. (Küster 2020b: 49)

Identitäten im Individuum lassen sich entsprechend als sozial situierte Narrationen denken, die das Individuum für sich und sein Gegenüber mittels Interaktionen immer wieder aufs Neue konstruiert. Insofern steht Identität immer im Wechselverhältnis zwischen persönlicher und sozialer Identität (oder auch „actual self", „ought self", „ideal self", vgl. Higgins 1987; Ushioda 2011: 201; s. ▶ Abschn. 3.1). Ferner entsteht Identität über Narrationen und hat eine Funktion der Selbst-Kontinuität des Individuums. Damit zeigt sich zugleich die Verbindung von Sprache und Identität (vgl. Hu 2014: 92 mit Bezug auf Ricœur 1985, Ezzi 1998 oder Bruner 1990 u. w.).

Definition

Dem Begriff der **narrativen Identität** unterliegt das Verständnis, dass Identität im Entwurf und in der versprachlichten Erinnerung von (Lebens-)Geschichten sowie der erzählenden Selbstbeschreibung und Selbstdarstellung konstruiert wird. Dies erfolgt durch das Individuum für sich selbst und im Dialog mit anderen.

» L'identité n'est pas 'monologique', [...] elle s'élabore, se négocie par le dialogue. [...] Ainsi, la constitution et l'entretien de notre identité restent 'dialogique' toute notre vie durant. [Bénichou 2006: 13; Identität ist nicht ‚monologisch', [...] sie entsteht und wird verhandelt durch den Dialog. [...] Insofern bleibt die Bildung und Aufrechterhaltung unserer Identität ein ganzes Leben lang ‚dialogisch'; eigene Übersetzung; s. zur Dynamik von Identität auch Danzak 2011: 188].

Identität ist damit kein abgeschlossener Zustand – Identität und multiple Identitäten entwickeln sich ständig fort: „The idea of identity in terms of a reifiable existence of a fact becomes untenable; identity from these [post-structuralist] perspective must rather be understood, as a matter of principle, as an incomplete and unaccomplished aspiration." (Hu 2014: 91)

Kulturelle Identitäten entstehen in der Soziogenese und auf Basis der ontogenetisch entwickelten Persönlichkeit sowie des kulturellen Möglichkeitsraums (vgl. Krewer/Eckensberger 1991). Letzterer befördert einzelne Persönlichkeitsaspekte mehr, andere weniger und eröffnet durch die jeweiligen kulturellen Rahmungen (s. ▶ Kap. 2) Handlungsspielräume oder verschließt diese wieder. Sprache und Diskurs nehmen in dieser Vorstellung von Identität eine besondere Rolle ein, da Identität selbst- aber auch fremdkonstruiert und dialogisch (narrativ) situiert wird, gleichzeitig damit aber auch Machtrelationen und Konflikte innerhalb des Diskurses entstehen können (vgl. Block 2009). Identität kann wiederum relational gesehen werden zu anderen Kategorien wie Nationalität, Klasse, Gender, Migrationshintergrund etc. (ebd.) und individuell bewusst oder unbewusst je nach Kontext wirksam werden. Zugleich vervielfachen sich mögliche Identitäts- und Lebensentwürfe in einer pluralen Welt, eröffnen häufige Veränderungsmöglichkeiten oder -notwendigkeiten (Beruf, Wohnort etc.) im Laufe des Lebens. Dies fordert dem Individuum Flexibilität ab, schafft neue Identifikationsanlässe (z. B. im Kontext von Migration), kann aber auch zu Verunsicherungen führen (vgl. Küppers 2013: 6). Fremdsprachenunterricht muss an diesen lebensweltlichen Erfahrungen der Lernenden ansetzen.

Norton (2013a: 125 f.) nutzt das Konstrukt des *investment* von Lernenden (s. ▶ Abschn. 2.7 und 3.1), dem Sich-Einbringen in soziale und Bildungskontexte mit dem Ziel des Aufbaus kulturellen Kapitals im Bourdieu'schen Sinn. *Investment* stellt damit den soziologischen Gegenpart zum stärker psychologischen Begriff der Motivation dar:

> » [A] learner may be a highly motivated language learner, but may nevertheless have little investment in the language practices of a given classroom or community. The classroom, for example, may be racist, sexist, elitist or homophobic. Alternatively, the language practices of the classroom may not be consistent with learner expectations of good teaching, with equally dire results for language learning. (Norton 2013b: 3)

Wie beim Konzept der kulturellen Möglichkeitsräume wird dadurch nicht nur das Individuum betrachtet, sondern es werden auch die sozialen Beziehungen und Machtkonstellationen einbezogen. Dieses Modell „stellt sich [...] den Sprachlerner mit einer komplexen Identität vor, die sich durch Zeit und Raum ändert und in der sozialen Interaktion reproduziert wird" (Norton 2013a: 125 f.). Der sich hieraus ergebende Fluss und das Entstehen und Neu-Aushandeln kultureller Identität(en) muss damit als ein bedeutender Bestandteil von Bildungsprozessen anerkannt werden.

L'homme pluriel/The plural actor Identitäten sind ebenso die verschiedenen sozialen Rollen, die ein Individuum im Verlauf seines Lebens oder zu einem bestimmten Lebensabschnitt in Bezug zu den verschiedenen Rahmungen einnimmt. Lahire (2011) spricht vom « homme pluriel » bzw. „plural actor", der in der postmodernen Welt nicht eine einzige abgeschlossene Identität entwickelt, sondern auf die jeweiligen Kontexte und innerhalb verschiedener Strukturen unterschiedlich zu reagieren vermag. Ushioda (2011: 205 in Anlehnung an Zimmerman 1998) unterscheidet situierte, also kontextuell oder sozial zugewiesene Identitäten, diskursive Identitäten als kommunikativ entwickelte Rollen und transportable Identitäten als Rollen, die aus einem sozialen Kontext in einen anderen übertragbar sind (vgl. Abendroth-Timmer/Thomas 2019a, 2019b). Lernende werden mit diesem Identitätsverständnis in die Lage versetzt, im handlungsorientierten Fremdsprachenunterricht in einem Schutzraum handelnd aktiv zu werden, da sie nicht ihre komplette, sich weiterhin entwickelnde Identität offenbaren, sondern kontextuell situiert eine Facette ihrer Identität nutzen und sie in Interaktion mit anderen treten lassen. Norton/McKinney (2011: 74) dazu:

> The construct of identity as multiple is particularly powerful because learners who struggle to speak from one identity position can reframe their relationship with their interlocutors and reclaim alternative, more powerful identities from which to speak.

Denkbar ist beispielsweise auch für Lernende, außerschulische Identitäten im Schulkontext zu bemühen, um sich eventuell aktiver und motivierter einzubringen. So können außerschulische inhaltliche Interessen (Musik, Sport etc.) und damit verbundene Kompetenzen (Durchhaltevermögen, Organisationskompetenzen, Teamfähigkeit etc.) aktiviert und einbezogen werden. Umgekehrt führen neue Handlungen, die auch im institutionalisierten Kontext der Bildungseinrichtung und des Fremdsprachenunterrichts stattfinden, zur Weiterentwicklung der Identität. Diese Prozesse zu ermöglichen, ist letztendlich der Bildungsauftrag von Schule. Er versteht sich damit als eine zukunftsgewandte Identitätsbildung mit reflexiv-emanzipatorischen Bildungszielen, die in ▶ Kap. 2 bereits dargelegt wurden. Gleichzeitig muss Lehrenden wie Lernenden bewusst sein, dass im Kontext des Fremdsprachenunterrichts auch nur bestimmte Identitäten der Individuen hervortreten bzw. in ihrer Entfaltung gefördert werden können. Das Probehandeln bzw. das Handlungs- und Interaktionserleben, das durch Handlungsorientierung im Unterricht angestoßen wird, hat damit möglicherweise keinen direkten Einfluss auf die in Zeiten von Kompetenzorientierung mittelbar erwünschte (Messung von) Performanz. Vielmehr ist Handlungsorientierung als ganzheitlich-pädagogisches Prinzip zu verstehen, das Lernende in ihrer Entwicklung und Identitätsbildung ernstnimmt und ihnen neue sprachlich-kulturelle Erfahrungen ermöglicht.

The intercultural speaker Die Idee des *intercultural speaker* als interkulturell handlungsfähige Person ist ein postmoderner Gegenentwurf zur Vorstellung von Muttersprachler*innen:

> [*Intercultural speaker*] sind als Personen ständig im Wandel. Während Fremdsprachenlernen mit dem Ziel der Muttersprachenkompetenz immer auf einen gedachten Perfektionsgrad (linear) zustrebt, geht es bei der Bildung von interkulturellen Sprecher/innen eher darum, Personen zu befähigen, sich flexibel mit wechselnden Situationen und Personen auseinanderzusetzen und die eigenen Positionen und Wissensbestände ggf. zu hinterfragen und zu modifizieren oder auch zu revidieren. (Schmenk 2017: 144)

Durch jede bewusst ausgeführte und reflektierte Handlung entwickelt sich das Individuum weiter und fördert die Identitätsbildung durch die Aushandlung objektiver Wirklichkeit in Form von Gegenständen und Weltwissen sowie die individuelle Ausdeutung des jeweiligen Nutzens der Gegenstände oder eigener Überzeugungen hinsichtlich des Funktionierens der Welt und sozialer Interaktionen. Vermittelnde Instanzen zwischen Identität und kulturellen Rahmungen (s. ▶ Kap. 2) sind die Persönlichkeit des Individuums, seine Leiblichkeit und die damit verbundenen Arten von Wahrnehmung sowie die Möglichkeit, dies narrativ zu erfassen und handelnd (leiblich-sprachlich) zu partizipieren (vgl. Abendroth-Timmer/von Tschilschke 2020: 103).

So stellt Hallet (2007: 32 f.) fest:

> » Lernende sind aber auch im Klassenzimmer und in Lernprozessen immer auch kulturelle Subjekte, die im Hier und Jetzt an gesellschaftlichen, sozialen und kulturellen Entwicklungen und Prozessen partizipieren. Ihre kulturellen Erfahrungen, ihr lebensweltliches Wissen, ihre Interessen und Haltungen finden in jedem Lernprozess positiv oder negativ Eingang.

Hier zeigt sich erneut der Begriff von Kultur als diskursiver Praktik (s. ▶ Kap. 2).

Fremdsprachliche Diskursbewusstheit Plikat (2017), der die Modelle interkulturellen Lernens wie die Didaktik des Fremdverstehens, das Modell der *thirdness* nach Kramsch (1998) und das Modell der *savoirs* nach Byram (1997) kritisch hinterfragt (s. ▶ Abschn. 2.8), schlägt als Lernziel eine fremdsprachliche Diskursbewusstheit vor. Seine Kritik an den genannten Modellen richtet sich im Wesentlichen gegen eine essentialistische Sicht auf Kultur:

- Die Didaktik des Fremdverstehens bezieht sich besonders auf die Dichotomie zwischen dem Eigenen und dem Anderen, das unter Umständen auch als das Fremde gelten kann. Ziel ist die Auseinandersetzung mit eigenen und fremden Perspektiven und möglicherweise deren Koordination und Integration. Die Beschäftigung mit diesen Konzepten erfolgt aus verschiedenen erkenntnistheoretischen Positionen (Hermeneutik, Konstruktivismus, Phänomenologie) heraus, die die Möglichkeit des Fremdverstehens demgemäß unterschiedlich beantworten.
- Die Idee der *thirdness* nach Kramsch muss notwendigerweise auch zunächst von zwei voneinander abgrenzbaren Kulturen ausgehen. Indem Lernende in Projekten an gemeinsamen Themen arbeiten, entsteht ein eigener Raum („third space") mit eigenen Praktiken, die im Sinne einer Emergenz andere als die ursprünglich einzelkulturellen Praktiken sind.
- Das Modell von Byram mit den fünf Wissensbereichen (*savoirs*/Wissen, *savoir être*/Haltungen, *savoir apprendre*/Lernstrategien, *savoir comprendre*/Verstehenskompetenz und *savoir s'engager*/Vermittlungs- und kritische Urteilskompetenz) verbleibt sehr eng an sichtbaren kulturellen Artefakten und kommunikativen Praktiken. Es impliziert ebenfalls eine Abgrenzbarkeit von Kulturen zwischen denen die Lernenden zu vermitteln lernen.

In seinem Modell distanziert sich Plikat daher von dem tendenziell essentialistischen Kulturbegriff und fokussiert auf die Ebene von Sprache und Praktiken. Dabei unterscheidet er folgende Dimensionen fremdsprachlicher Diskursbewusstheit (Plikat 2017: 299):

- „Bewusstmachung von sprachlichem und nichtsprachlichem Handeln als Diskurse und Praxen"
- „Förderung und Bewusstmachung individueller Transformationsprozesse in/durch plurale Diskurse und Praxen"

- „Bewusstmachung und kritische Reflexion aus der Perspektive universeller Menschenrechte"
- „Bewusstmachung der affektiven, machtbezogenen und sprachstrukturellen Domänen von Diskursen"

Das Modell stellt die Lernenden und Lehrenden als reflexiv Handelnde in den Mittelpunkt, welche zu kritischem Handeln angeleitet und bemächtigt werden (s. ▶ Abschn. 5.6). Es wird deutlich, dass unterrichtliche Praxis über die Bewusstmachung pluraler Diskurse und Praxen zur Befähigung der Veränderung beitragen kann und soll. Dies entspricht damit auch den Konzepten von *agency* und Selbstwirksamkeit. Es erfordert des Weiteren dic handelnde Beschäftigung mit authentischem Material zu individuell relevanten Fragestellungen, wie u. a. auch der sprachlich-kulturellen Identität.

Mehrsprachigkeit Die skizzierten offenen Begriffe kultureller Identität sowie diskursiven Handelns bringen ein neues Verständnis von Mehrsprachigkeit mit sich. Die Konzepte Mutter-, Zweit- und Fremdsprache sind zu überdenken, betrachtet man individuelle diversifizierte Biographien, die mit Migrations- und Mobilitätsprozessen verbunden sind. Mehrsprachigkeit ist damit kein ausschließlich additiv, sich nach und nach ergebendes Fähig- und Fertigkeitsprofil einer Person, sondern im Sinne einer integrativen Mehrsprachigkeit mit (Rück-)Bezügen und Transfers von der Muttersprache zu weiteren Zweit- und Fremdsprachen zu konzeptualisieren – immer jedoch auch unter der individuell lernbiographischen Gefahr, dass Sprachverlust drohen kann oder Erfahrungen dazu führen, dass bestimmte Umstände und Faktoren Spracherhalt begünstigen oder benachteiligen (vgl. Olfert 2019).

Als Beschreibungsgrößen für Mehrsprachigkeit dienen die „Aneignungssituation, Gebrauchskontext und individueller Beherrschungsgrad" einer Sprache (Hartenstein 2014: 51). Demgemäß unterscheidet Dewaele (2017: 3) nur noch L1 und LX: Mit LX ist jede nach dem dritten Lebensjahr erworbene Sprache gemeint, als L1 werden die zuvor erworbenen Sprachen markiert. Mit Letzterer gehen laut Kramsch (2011: 20) zumeist eine besondere Affektivität und eine Verbundenheit mit einer kulturellen Gruppe einher. Die Unterscheidung in L1 und LX will die Konnotierung aufheben, der gemäß unter einer Muttersprache, die zwar zuerst gelernte, aber auch die auf dem höchstmöglichen Niveau gesprochene Sprache verstanden wird. Diese gesellschaftlich weit verbreitete Vorstellung kann zu sozialer Ausgrenzung führen und bei Sprecher*innen, Lernenden sowie Lehrenden zu spezifischen, mitunter lernhinderlichen Fähigkeitsselbstkonzepten führen (vgl. Derivry-Plard 2015; Hilton 2017). Dies ist auch für Lehrende im Fremdsprachenunterricht und die Definition ihrer Rolle als Vermittler*innen sprachlicher und kultureller Bildungsinhalte bedeutsam (s. ▶ Kap. 6.4; Piccardo/North 2019).

Die Begrifflichkeiten Mutter-, Zweit- oder Fremdsprache stimmen auch mit modernen Sprach(lern)biographien kaum überein. Mittlerweile kann davon ausgegangen werden, dass Sprachen in unterschiedlichen Zusammenhängen von Mobilität und Migration und in den jeweiligen Lebensabschnitten erworben, vertieft und auch wieder verlernt werden. Das Niveau einer LX kann dabei jenes einer L1 auch durchaus weit überschreiten. Das Verhältnis von Familien- und Umgebungssprachen bezogen auf verschiedene Generationen zeigt starke Veränderungen. Dies ist wiederum für die schulische Sprachbildung sowohl unterrichtspraktisch wie auch motivational relevant (vgl. für die Herkunfts- und Schulfremdsprache Russisch: Mehlhorn 2014: 248; Bergmann 2016b). Lernende sind zu befähigen, ihr sprachliches Repertoire situationsangemessen und identitätstreu zu verwenden. Wie Lernende hierzu angeleitet werden können und wie sie monolinguale oder mehrsprachige Profile aktualisieren, zeigt Dietrich-Grappin (2020) in einer Interventionsstudie. Sie merkt auch an, dass in mehrsprachigen Aufgaben Lernende Sprachwahlentscheidungen nicht immer an ihrem sprachlichen Können ausrichten, sondern die verschiedenen Sprachpraktiken nebeneinander aktualisiert und im Gespräch ausgehandelt werden (ebd.: 238 f.). Welche Haltungen hierzu Lehrende einnehmen und welche Praktiken sie entwickeln, erfasst Méron-Minuth (2018).

Insofern muss – je nach Kontext – außerdem bedacht werden, dass sich ein mangelndes Prestige von Sprachen bei Mehrsprachigen zu einer sogenannten „verschämte[n] Mehrsprachigkeit“ (Hu 2003: 285) entwickeln kann, also der Negierung eigener Mehrsprachigkeit in bestimmten Kontexten. Ein spezifisches Phänomen ist demgegenüber der Polyglottismus. Gemäß Koch (2020) ist Polyglottismus ein komplementäres Phänomen von Mehrsprachigkeit. Es „bezeichnet in sozialer als auch in individueller Dimension Sprachkonstellationen mit einer größeren Zahl von Sprachen“ (ebd.: 35). Individueller Polyglottismus ist zumeist das Ergebnis einer hohen Motivation am (häufig autonomen) Erwerb vieler Sprachen. Die empirisch untersuchten Lernstrategien und Sprachlernbiographien polyglotter Sprachnutzer*innen können Hinweise auf einen flexiblen Umgang mit mehreren Sprachen und auf individualisierte, schulische Sprachlernangebote liefern.

Translanguaging Das Konzept des *translanguaging* stellt das umfassende mehrsprachige Repertoire von Lernenden in den Mittelpunkt (vgl. Canagarajah 2013; Otheguy/García/Reid 2015).

> » From a Translanguaging perspective, asking simply which language is being used becomes an uninteresting and insignificant question. (Wei 2017: 26)

Diese Vorstellung ist zunächst eine reine spracherwerbs- und kommunikationstheoretische. Es geht darum zu verstehen, dass die Sprachen eines Individuums (kognitiv wie emotional) immer interagieren, auch wenn die Kommunikation eine vermeintlich einsprachige ist. Diese Repertoires und die damit verbundenen Kommunikationsstrategien und auch Kommunikationsmöglichkeiten (denkt man beispielsweise sprachkontrastiv an sprachliche Lakunen, also an Begriffe oder grammatikalische Strukturen, für die es in einer anderen Sprache kein Äquivalent gibt) sind den Lernenden nicht zwangsläufig bewusst oder unterliegen einer Sprachdefizitvorstellung. Es geht für den Fremdsprachenunterricht darum, dieses Repertoire bewusst zu machen und bewusst zu nutzen. Gleichwohl sind Regeln des unterrichtlichen Sprachgebrauchs für den Fremdsprachenunterricht aufzustellen, um Interaktionsprozesse überhaupt zu ermöglichen. Sprachverbote im Schul-

und Bildungskontext – auf dem Schulhof oder im Klassenraum zwischen Schüler*innen gleicher Herkunftssprache – sind identitär für Schüler*innen hingegen problematisch. Sie lernen nicht, ihr Sprachrepertoire sinnvoll zu nutzen und bekommen einen Eindruck von ihren Sprachen als wenig nützlich und gesellschaftlich nicht wertgeschätzt. Umgekehrt haben Bildungsangebote zur gezielten Nutzung der Mehrsprachigkeit der Lernenden positive Effekt (vgl. Meier 2016: 349).

Gesamtsprachencurriculum Hufeisen (2011) schlägt daher eine Systematisierung in einem Gesamtsprachencurriculum vor, um auf diese Weise eine systematische Planung des Sprachenlernens und eine Berücksichtigung der individuellen sprachlichen Ressourcen zu ermöglichen sowie eine Synergie beim Lernen herzustellen. Ziele sind damit neben der Förderung von Mehrsprachigkeit auch die Entwicklung von Sprach(en)bewusstheit und Sprach(lern)bewusstheit sowie die Förderung von sprachenübergreifenden Strategien, dadurch die Erleichterung des Spracherwerbs sowie interkulturelles Lernen in allen Fächern über die Verzahnung von Sachfach- und Sprachenlernen (vgl. ebd.: 266 f.). Die gemeinsame Bildungssprache Deutsch ist durchgehend auszubauen, um Partizipation im Bildungsprozess und in der Gesellschaft zu unterstützen (vgl. Cantone 2011). Die Berücksichtigung und Anerkennung verschiedener Herkunftssprachen ist des Weiteren für die lebensweltlich mehrsprachig aufgewachsenen Schüler*innen ein wichtiges Fundament für die gesamtsprachliche Entwicklung und ihre sprachliche Identität sowie ihr (Fähigkeits-)Selbstkonzept und Selbstwertgefühl. Zugleich ist dies für alle Lernenden zur Ausbildung einer umfassenden Sprachbewusstheit ebenso relevant wie zur Entwicklung eines wertschätzenden respektvollen Miteinanders der Schulgemeinschaft durch die Akzeptanz gegenüber allen Sprachen. Dies schließt den Gebrauch der Sprachen in der Schule mit dem Ziel der optimalen Nutzung aller sprachlichen Ressourcen für Lernprozesse und einem mitteilungsorientierten Sprachgebrauch in einem mehrsprachigen Schulleben ein. Im Kern des Modells stehen schulische Fremdsprachen, die in unterschiedlichen koordinierten Formaten (z. B. bilingualer Sachfachunterricht, Auslandsaufenthalte) anzubieten sind. Dies stellt sich wie in ◘ Abb. 3.2 gezeigt dar.

Indem auf diese Weise das Potenzial der Sprachen in ihrer Wechselwirkung und im Hinblick auf die Ausbildung kommunikativer Kompetenzen ausgeschöpft wird, kann gleichzeitig der monolinguale Habitus (vgl. Gogolin 1994) des Bildungssystems aufgebrochen werden. Dieser monolinguale Habitus bewirkt Marginalisierung, wenn Einsprachigkeit institutionell durchgesetzt wird, und verweist auf die Rolle von Sprache und Macht. Dies führt schließlich zum Modell der symbolischen Kompetenz.

Symbolische Kompetenz Claire Kramsch (2011) fügt der kommunikativen und der interkulturellen Kompetenz noch die symbolische Kompetenz hinzu. „Symbol" bezieht sich dabei „not only on the *representation* of people and objects in the world but to the *construction* of perceptions, attitudes, beliefs, aspirations, values through the use of symbolic forms" (Kramsch 2009: 7; Herv. im Orig.). Insofern sind Sprache und Sprachgebrauch immer symbolisch und prägen das Subjekt in seiner Wahrnehmung und seinen Gefühlen (vgl. ebd.: 7). Daher betrach-

3

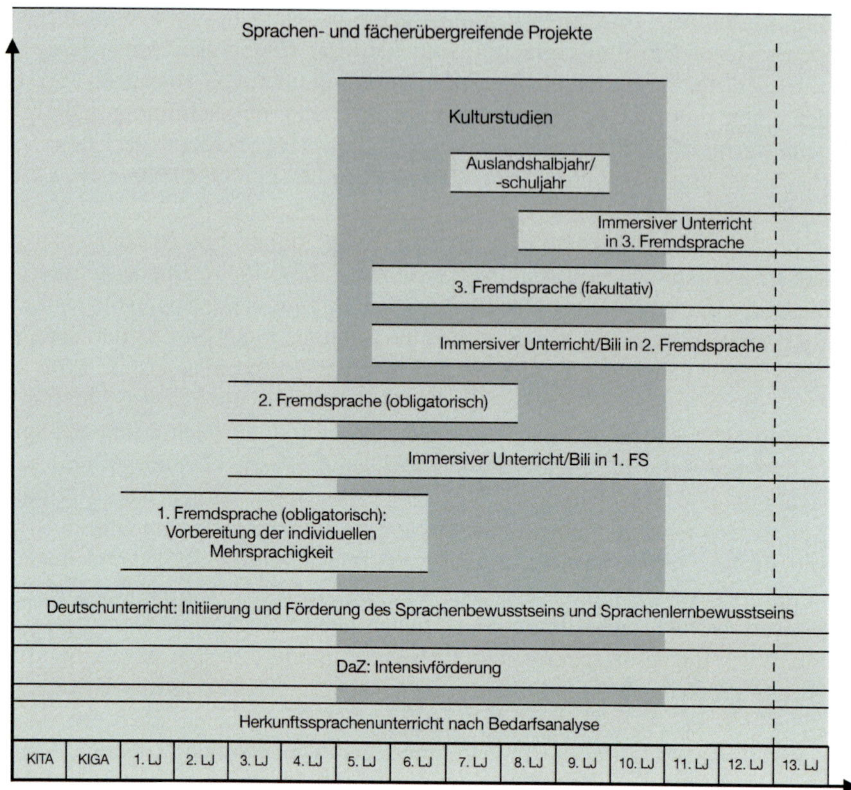

Abb. 3.2 Entwurf eines Gesamtsprachencurriculums (Hufeisen 2011: 272)

tet Kramsch besonders die Machtdimension von Sprachgebrauch *(„language as symbolic power")* und den ritualisierten Gebrauch von Sprache. Sie geht davon aus, dass das Verständnis in der Kommunikation nicht über das oberflächliche Sprachverständnis gelingt, sondern ein Verständnis konventionalisierten Sprachgebrauchs oder der Symbolik des Sprachgebrauchs erfordert (vgl. ebd.: 9 f.). Kramsch zeigt, dass dies zu sprachlich-kulturellen Missverständnissen führen kann und schließt: „Indeed, pedagogies that reduce language to its informational value, be it grammatical, social, or cultural information, miss an important dimension of the language-learning experience." (Ebd.: 14)

Unter der im Unterricht zu entwickelnden symbolischen Kompetenz versteht sie demgemäß das Erfassen von textueller Symbolik, ebenso wie der emotionalen Verfasstheit und der ideologischen Hintergründe.

▶ Beispiel: Symbolische Kompetenz und Literatur

Claire Kramsch (2011) arbeitet in ihrem Beispiel mit der Geschichte *„Als ich ein kleiner Junge war"* von Erich Kästner, in der es um die Bombardierung Dresdens am 13. Februar 1945 geht. Die amerikanischen Studierenden, mit denen sie arbeitet, werden aufgefordert, das *Wie* der Erzählung zu ergründen; in einem Fortbildungsseminar werden die Teilnehmer*innen außerdem gebeten sich vorzustellen, die historischen Ereignisse ihrem Kind zu erzählen. Dies führt zur Frage danach, wie die Kriegsgeschehnisse mit Erfahrungen und Bewertungen verbunden und wie diese überhaupt kommuniziert werden können. Das Verfahren führt dabei weg von einer unmittelbaren Beurteilung und hin zu einer persönlichen emotionalen und inhaltlichen Auseinandersetzung mit sprachlich-inhaltlichen Kommunikations- und Vermittlungsprozessen. ◀

Es geht letztlich darum, Lernende dazu anzuregen, z. B. zu (literarischen) Texten eine emotionale Haltung einzunehmen, um darüber Hintergründe zu erschließen und Konsequenzen für eigenes Handeln zu entwerfen (vgl. Fäcke 2006; s. ▶ Abschn. 2.8). Hierzu eignen sich besonders gut kreative oder kritische Verfahren (s. ▶ Abschn. 5.1, 5.4 und 5.6), da sie vorschnelle kognitive Analysen und Bewertungen vermeiden können. Indem die Lernenden in eine emotionale Haltung zu dem Text und den Protagonist*innen gehen, einen Perspektivwechsel versuchen, erfassen sie die symbolische Dimension der sprachlichen und damit auch der inhaltlichen Darstellung. Sie verbleiben nicht auf einer Faktenebene, zu der sie unmittelbar Position beziehen, sondern werden zu eingebundenen, sozial-emotional Handelnden.

3.3 Fremdsprachenlernende als sozial-emotional Handelnde

Emotionen von Lernenden Emotionen (s. ▶ Abschn. 2.7) und ihr Zusammenspiel mit kognitiven Prozessen von Lernenden sind eine zunehmend in der Forschung und Fremdsprachendidaktik beachtete Determinante. Dies bezieht sich auf Einstellungen oder Haltungen (verbunden mit Freude, Gefallen oder Unzufriedenheit, Ablehnung etc.), die Selbstregulierung der Motivation, Selbstachtung, Selbstvertrauen und die Selbsteinschätzung des (möglichen) Lernerfolgs und der eigenen Handlungsmöglichkeiten, den Lernerfolg zu beeinflussen (vgl. z. B. auch Piccardo/North 2019: 78 ff.). Dabei zeigt sich, dass diese Aspekte von Einfluss sind auf eigene Ziele und Handlungen sowie – dadurch ausgelöst – auf sprachlich-kulturelle Bildungsprozesse (vgl. Aguilar/Brudermann 2014; Martinez 2014). So kann ein Mangel an Selbstvertrauen zur Vermeidung einer unterrichtlichen Aufgabe führen. Ein niedriges Selbstwertgefühl und Fähigkeitsselbstkonzept kann wiederum zu einer falschen Einschätzung eigener Leistungen oder zur Vermeidung von kulturellen Kontakten führen (siehe auch Aguilar/Brudermann 2014: 295). Umgekehrt ist eine hohe intrinsische Motivation mit einem verstärkten außerschulischen Fremdsprachengebrauch (vgl. Bonney/Cortina/Smith-Darden/Fiori 2008: 8 in Faber 2009: 186) und ein positives fachliches Selbstkonzept mit hoher Lernfreude und niedriger Ängstlichkeit verbunden (vgl. Faber 2009: 199).

Die soziale Ebene spielt ebenso eine Rolle im Sinne der von außen auf die Lernenden einwirkenden Normen und Wertvorstellungen. So wirkt sich das Sprachprestige gerade gegenüber Herkunftssprachen deutlich auf das Selbstbewusstsein der Lernenden aus (vgl. Krumm 2006: 54 f.; Meier 2016). Weiterhin kann Lernen als situierte Praxis einer Lerngruppe verstanden werden (vgl. Aguilar/Brudermann 2014: 294–301). Dies impliziert das gemeinsame Aushandeln von Themen, Aufgaben und Arbeitsschritten, die Interaktion und Kooperation bzw. Kollaboration mit den diesbezüglichen (meta)kognitiven, sozial-emotionalen und kommunikativen Strategien. Situiertes Lernen in einer Lerngruppe bindet die einzelnen Lernenden ein, indem sie persönlich relevante sozial-emotionale wie kognitiv relevante Rückmeldungen zu ihrer Rolle und Leistung in der Gruppe erhalten (s. ► Abschn. 3.5).

Auf der individuellen Ebene sind diese Prozesse Teil und Wirkung von Identität und Persönlichkeit. Dabei bezieht sich Identität zum einen auf die persönliche Ebene, zum anderen auf die soziale Ebene im Sinne der Beziehungen zu anderen (s. ► Abschn. 3.3). Dies ist verbunden mit einer narrativen Funktion von Emotionen über Erzählungen. Das heißt individuelle emotionale Reaktionen auf eine Situation können versprachlicht als Erzählung (Narration) erfasst werden. Umgekehrt bieten gerade literarische Erzählungen die Möglichkeit, narrativ vermittelte Emotionen nachzuvollziehen und über eigene Emotionen zu erzählen und zu reflektieren (vgl. Schiewer 2018: 123–126 mit Bezug auf Bruner 1990, Kochinka 2004 und Voss 2004).

Ganzheitlichkeit Fremdsprachenlernen ist neben der kognitiven Verarbeitung ein sozial-emotionales Handeln und immer auch mit dem Körper und Leib verbunden und als ganzheitlich zu betrachten (s. ► Abschn. 2.6). Das Verständnis von Ganzheitlichkeit wird im Wesentlichen durch drei in engem Zusammenhang stehende Konzepte geprägt (vgl. Mayer 2002: 33 f.):

- einer erziehungswissenschaftlich-philosophischen Sichtweise, die davon ausgeht, dass der Mensch aus Körper, Seele und Geist besteht, welche nicht voneinander trennbar sind,
- einer technokratisch-konzeptuellen Sicht, die betont, dass das Ganze mehr ist als die Summe ihrer Teile, sowie
- einer ideologisch-kontextuellen Perspektive, nach der der Mensch ein harmoniebedürftiges Wesen ist, das danach strebt, sich selbst in Einklang zu bringen mit der Welt.

Hieraus ergibt sich:

> » Handlungsorientierter Unterricht ist ein ganzheitlicher und schüleraktiver Unterricht, in dem die zwischen dem Lehrer und den Schülern vereinbarten Handlungsprodukte die Gestaltung des Unterrichtsprozesses leiten, so dass Kopf- und Handarbeit der Schüler in ein ausgewogenes Verhältnis zueinander gebracht werden können. (Jank/Meyer 2011: 315)

In diesem Sinne sind Handlungsorientierung und Leiblichkeit eng mit dem Prinzip des ganzheitlichen Lernens verknüpft. Schon Pestalozzi betonte, dass im Lernen eine Einheit von Kopf, Herz und Hand gefunden werden müsse: „Ganzheitliches Lernen ist Lernen mit allen Sinnen, Lernen mit Verstand, Gemüt und Körper."

(Klippel 2000: 242) Allein die kognitive Aktivierung (=Kopf) reicht damit nicht aus. Auch die emotionale Seite (=Herz) muss angesprochen werden sowie das Herstellen eines Produkts mit den Händen, um ganzheitlich ein Lernerlebnis schaffen zu können.

Zugleich wird in diesem Zitat erneut die soziale bzw. interaktionale Dimension im Handlungsprozess deutlich, die zuvor im Hinblick auf gesellschaftliche Partizipation und Identitätsarbeit begründet worden war. So bemerkt Bleyhl (2004: 215 f.):

» Nur in der Handlungsorientierung, im – für alle Beteiligten – sinnlich wahrnehmbaren und emotional empfundenen körperlichen Geschehen als Folge vom Gebrauch der Sprache, erfolgt die gegen- und wechselseitige Rückkopplung von Sprache und Welt, von Geist und Körper.

Definition

Ein **Ganzheitlichkeitsbegriff** wäre stark verkürzt, beließe man es bei einer Vorstellung von einem kreativen Unterricht mit dem Selbstzweck der Erhöhung von Speicherkapazität und punktueller Motivierung. Ganzheitlichkeit zielt die Lernenden in ihrer Persönlichkeit und Leiblichkeit an. Für den Fremdsprachenunterricht ist dies mit der Bedeutung von Sprache als individuelles Kommunikationsmittel zu verbinden, so dass wie folgt definiert werden kann:

» Ganzheitlicher Fremdsprachenunterricht unterstützt individuelle, selbstbestimmte und multisensorische Zugänge zur Sprache und ihrer Bedeutung als ästhetisches und kommunikatives Mittel. Er basiert auf einem Begriff von Sprache als Mittel des persönlichen Ausdrucks und der sozialen Interaktion und liefert dem Lernenden Anlässe für einen sinnhaften und reflexiven Umgang mit der Sprache und Anlässe zur Entwicklung eines Selbstbildes. (Abendroth-Timmer 2008: 15).

Praktische Umsetzungsmöglichkeiten, gerade auch im Hinblick auf die erwähnte ästhetische Komponente, die nicht zuletzt bei der Beschäftigung mit Literatur im Fremdsprachenunterricht eine Rolle spielt und in der Rezeptionsästhetik eine wichtige theoretische Fundierung hat, werden in ▶ Kap. 4 und 5 geliefert. Aber auch kulturbezogene Fragen scheinen auf. So zeigt sich die Verbindung von Raum, Leib und Sprache nicht nur in Metaphern, sondern auch in Schriftrichtungen und medial gestalteter Symbolik (vgl. Koch 2018: 53). Alle Aspekte sind somit kulturell aufgeladen.

Bewegung und Fremdsprachenlernen Bewegtes Fremdsprachenlernen hat eine jahrhundertelange Geschichte (vgl. Kelly 1969; Klippel 2001: 225; zur bewegten Schule vgl. auch Moegling/Hildebrandt-Stramann/Laging 2013 sowie das sportpädagogische Bewegungskonzept von Gordijn 1968 in Tamboer 1979); in ▶ Kap. 2 wurden bereits die *embodiment*-Forschung und Konzepte ästhetisch-aisthetischer Bildung erwähnt, welche in diesem Zusammenhang eine besondere Relevanz haben. Die positive Wirkung der Verbindung von Sprache und Körper ist also lange bekannt. So verwendeten bereits die Philanthropen Bewegungs- und Reaktionsspiele zur Festigung von Wörtern und Wortbedeutungen. Klippel (2001: 224 f.) benennt vier Aspekte bewegten Fremdsprachenlernens: abwechslungsreiche Unterrichtsgestaltung, Berücksichtigung von kinästhetischen Lerner*innen (also Lernende, die besonders über Haptik und Bewegung angesprochen werden können), Anzielen spezifischer Lernziele (insbesondere Aussprache etc.) und ganzheitlich-spielerisches Lernen. Darüber hinaus betont Klippel die wichtige Rolle der Lehrer*innensprache, deren Wirkung durch Gestik und Mimik verstärkt und gezielt eingesetzt werden kann (vgl. ebd.: 223).

Auch wenn beispielsweise die Methode des *Total Physical Response* von James Asher (1969), bei der Lehrende Lernenden Handlungsaufforderungen geben und die Lernenden diese körperlich ausführen (z. B. „Öffne das Fenster"), in ihrem Wechsel von sprachlichem Input, Reaktion und Feedback eher einer behavioristischen Sprachlerntheorie folgt, weist sie durch die Vielzahl von Körperbewegungen und Bewegungsspielen zahlreiche bewegungsorientierte Handlungsformen auf. Besonders im Primar- und Anfangsunterricht wird sie verwendet, um z. B. bei Gedichten oder Liedern mittels Gestik und Mimik einzelne Begriffe oder damit verbundene Handlungen zu untermalen. Bleyhl (2000) betont aus einer konstruktivistischen Sicht, dass Lernende auf diese Weise eine unmittelbare „Rückmeldung über ihre Sinnkonstruktionen" (ebd.: 31) erhalten, auch wenn dies immer nur ganz konkret auf die unmittelbare Klassenrauminteraktion bezogen sein kann. So wird hier aber die lautliche, körperliche und interaktionale Spracherfahrung vor die produktive Sprachkompetenz und abstraktere Zugänge zur Sprache (Grammatik, Lesekompetenz) gestellt (vgl. ebd.: 31–33).

▶ Beispiel: Leiborientiertes Sprachenlernen

Ein leiborientiertes Konzept schlägt Beier-Marchesi (2007) vor. Sie greift die Antriebslehre von Rudolf von Laban (1879–1958; vgl. 1980) auf. Unter ‚Antrieb' versteht Laban die motorische Ausführung einer Bewegung verbunden mit Bewegungsmotivation und Bewegungsempfindung. Dabei werden die Antriebe Raum, Kraft, Zeit und Fluss unterschieden und diesen die polarisierenden Antriebselemente *direkt vs. indirekt, stark vs. leicht, schnell vs. getragen, gebunden vs. frei* zugeordnet. Übertragen auf Sprache korrespondiert dies mit der Verbindung von körpersprachlichen Gesten, Interaktion und Artikulation. So ist in ihrem Beispiel eine klare sprachliche Anweisung mit direkten Bewegungen verbunden. Phonetisch weist sie offenen oder geschlossenen Vokalen den Antrieb „Raum" (direkt/indirekt), weichen Vokalen das Antriebselement „Schwerkraft" (leicht) zu usw. In einem Experiment mit jugendlichen und erwachsenen Lernenden lässt sie zu fremdsprachlichen Werbeslogans diesen Antriebselementen entsprechende Bewegungen zuordnen. Dabei bewegen sich die Lernenden zunächst zu den vorgetragenen Texten bis sie später selbst Vortrag und Bewegung erproben. In der Folge setzen sie sich mit den Antrieben auseinander und beziehen in ihre bewegungsorientierten Analysen auch die Bilder zu den Werbeslogans ein. ◀

Kreativität Hierbei handelt es sich „um (eine) prinzipiell in jedem Menschen angelegte Fähigkeit, verschiedene ihm bekannte Elemente in neuen Zusammenhängen so miteinander zu verbinden, dass daraus etwas für ihn bzw. für seine Gruppe ‚Neues' und ‚Sinnvolles' entsteht" (Caspari 2003: 308 f.). Damit steht das „Erschaffen von Neuem" im Fokus des Unterrichts, das von den Lernenden selbst, in Kooperation oder auch in Interaktion mit anderen und/oder der Lehrperson kreiert wird. Kreativität bezieht sich in dem Sinne nicht notwendigerweise auf das „Erschaffen" künstlerisch-ästhetisch hochwertiger Produkte, sondern zeigt sich schon im Kleinen in Form von Äußerungen von Lernenden, sprachlichem Output oder der Transformation eines Textes in eine andere Darstellungsform. Gleichzeitig bieten diese kreativen Kleinode den Einstieg in komplexere Produkte wie szenische Darstellungen und das Nutzen dramapädagogischer Ansätze (s. ▶ Abschn. 5.4), die auch bildungstheoretisch umfassende, transformatorische Ziele verfolgen und zu unterrichtlichen Erlebnissen im wahrsten Wortsinn werden.

Als Grundmuster kreativer Verfahren im Fremdsprachenunterricht können folgende genannt werden: „Etwas ergänzen bzw. hinzufügen", „Etwas weglassen", „Unverbundenes zusammenfügen", „Zusammenhängendes trennen und ggf. neu ordnen", „Etwas Vorgegebenes transformieren", „Etwas Vorgegebenes variieren", „Etwas zuvor Verändertes rekonstruieren", „Assoziationen entwickeln" (Caspari 2003: 310). Solche Verfahren, die verschiedene ästhetische und ganzheitlich-sensorische Zugänge nutzen, führen in der Gemeinschaft der Lernenden in besonderer Weise zu Kokonstruktion von Bedeutung und zu Emergenz. Dabei bleibt zu diskutieren, wie der Aspekt der Kreativität mit den im Fremdsprachenunterricht angelegten Bewertungskriterien, die auf sprachliche Kompetenzen abzielen, zu vereinbaren ist.

Zur Vertiefung: Emergenz

Emergenz bezeichnet die Entstehung neuer Erkenntnisse, eventuell auch neuer Strategien der Problemlösung. Diese Vorstellung verschreibt sich zum einen konstruktivistischen Erkenntnistheorien, zum anderen steht die soziale Interaktion im Zentrum der Wissenskonstruktion:

> » Sollen Bildungsprozesse angeregt werden, so ist es notwendig, dass in der Interaktion auch neue Bedeutungen entstehen können, die über die von den Beteiligten mitgebrachten Deutungsmuster hinausgehen. Im Sinne des symbolischen Interaktionismus kann man diesen Interaktionsmodus auch als *Emergenz* bezeichnen. (Bonnet/Breidbach 2007: 254; Herv. im Orig.)

Dabei wird betont, dass die Reflexion dieser Prozesse bedeutsam ist. Zugleich kann angefügt werden, dass insbesondere kreative Unterrichtsverfahren dem Prozess der Emergenz eine leiblich-emotionale Ebene hinzufügen.

3.4 Fremdsprachenlernende als Lerngruppen

Sozial Handelnde Ausgehend von der sozio-kulturellen Theorie des Spracherwerbs ist Spracherwerb vor allem als situierte Praktik in der verbalen und non-verbalen Interaktion des Lernenden mit anderen zu verstehen; dieses soziale Handeln ist dabei Produkt von und hat eine Wirkung auf mentale Prozesse (vgl. Lantolf 2000: 14; VanPatten 2014: 109 f.). Lernende in dem bis hierher beschriebenen Sinne sind sprachlich-kulturelle und soziale Akteur*innen. Dies gilt für die Interaktion im Klassenzimmer, außerschulische Lernorte und informelle Begegnungssituationen. Neben Lernstrategien sind Kommunikationsstrategien wie auch soziale Strategien erforderlich und müssen unterrichtlich gefördert werden. Kommunikationsstrategien sind Reduktionsstrategien, lerner*innensprachbezogene Strategien und Kompensationsstrategien (vgl. Siebold 2009: 61 in Anlehnung an Knapp-Potthoff/Knapp 1982: 140–145). Diese Strategien, also das Nachfragen, Wiederholen und Umschreiben, unterstützen in der Interaktion zwischen den Lernenden und zwischen den Lernenden und Lehrenden den Sprachlernprozess (vgl. Benati 2014: 190). Soziale Strategien umfassen in Teilen auch Kommunikationsstrategien, aber ebenso interaktionale Kooperationsstrategien und Empathiefähigkeit – sie haben daher stärker mit der identitären Bewusstheit der Persönlichkeit der Lernenden und (inter)kultureller Kompetenz zu tun. Damit müssen im Zusammenhang mit sozialem und kulturellem Handeln, welche Interaktion und Kommunikation beinhalten, der Lerner und die Lernerin in ihrer identitären Wirksamkeit ernst genommen werden. Von Bedeutung ist daher die Initiierung von sprachlichem Output in einer sinnhaften Interaktion (vgl. ebd.: 191). Möglicherweise sind manchen Lernenden ihre Einstellungen zu anderen als der eigenen Kultur oder anderen Mitschüler*innen (noch) gar nicht bewusst, so dass methodisch-didaktisch Identitätsarbeit in den Vordergrund des handlungsorientierten Fremdsprachenunterrichts rückt. Ansätze, die dies methodisch umsetzbar machen wie z. B. die Dramapädagogik, werden an späterer Stelle in diesem Buch erwähnt (s. ► Abschn. 5.4).

Zugleich drängt sich die Frage der sprachlich ausgedrückten Macht im Klassenzimmer auf (vgl. Cummins 2006), wie im Unterricht rezipierte oder produzierte Texte diese Macht entfalten und ob dies reflektiert wird (oder nicht). Als sozial Handelnde müssen Lernende damit ein „kritisches Bewusstsein" entwickeln und zu kritischem Handeln angeleitet werden (s. ► Abschn. 5.6). Zunehmend in den Blick tritt im Fremdsprachenunterricht damit im bildungstheoretischen Sinne das soziale und demokratische Bewusstsein der Heranwachsenden. Lernende werden in ihrem sozialen (und kritischen) Handeln zu Gestalter*innen ihrer eigenen Zukunft und gesellschaftlicher Werte und müssen zur Deutung der sozialen Wirklichkeit (und Wahrnehmung ihres Veränderungspotenzials) multiliteral befähigt werden (vgl. New London Group 2000).

Heterogenität und Diversität Die moderne soziale Wirklichkeit zeichnet sich durch eine große Heterogenität bzw. Diversität aus. In Interaktion und Kommunikation stehen multidiverse Gruppen, die sich durch unterschiedliche Erfahrungen, Fähig-

und Fertigkeiten, (Lern-)Voraussetzungen, Sprachen und Zugänge zur Welt auszeichnen. Die Diskussion um die sprachenbiographische Auflösung von Konzepten wie Mutter- und Fremdsprachen (s. ▶ Abschn. 3.2) führt zu besonderen Herausforderungen (vgl. für den Russischunterricht: Bergmann 2016b; Maier 2016). Multiliteralität zeichnet sich auch dadurch aus, diese verschiedenen Zugänge in ihrer Individualität in einer Gesellschaft ernst zu nehmen und steht damit in Einklang mit unterrichtlichen Maßnahmen von Differenzierung und Individualisierung (vgl. Eisenmann 2019) sowie mit Forderungen nach inklusiver Bildung. Verschiedene Leistungsstudien wie PISA, IGLU oder TIMSS zeigen, dass eine starke Defizitorientierung und eine zu geringe (und auch gender- und sozialgerechte) Leistungsförderung im oberen Leistungsbereich erfolgt. Dies gilt für die verschiedenen Bundesländer und Schulformen in Deutschland (s. zur Forschungslage: Fischer 2014: 20–22, zur Gesetzeslage in den Bundesländern vgl. ebd.: 40–42).

Für den Bildungskontext bespricht Klein (2014) im Detail die Diversitätsmerkmale Geschlecht, soziale Herkunft, Ethnie, Religion und körperliche und/oder geistige Beeinträchtigung als wirkstarke Aspekte. Jedem einzelnen Merkmal wiederum lassen sich andere Aspekte zuordnen, wie dem Geschlecht die sexuelle Orientierung oder der Ethnie kulturelle und sprachliche Faktoren. Auch eine Sicht auf hohe/niedrige Begabung in Kombination mit hoher/niedriger Leistung erlaubt einen differenzierten Blick auf Lernende. Hervorzuheben ist insofern die intersektionale Wirkung von Lerner*innenmerkmalen, d. h. ihr jeweiliges Zusammenspiel in einer Person. Klein betont für den Bildungskontext, dass heterogene Lerngruppen besonders leistungsstark bei kreativen Aufgaben sind (ebd.: 161). Das Konzept der *Diversity Education* oder der „potenzialorientierten Pädagogik" (Fischer 2014: 12) will diesen Aspekt gegenüber der herrschenden Defizitorientierung und Segregation, welche ihrerseits oft mit lerner*innenseitigen Misserfolgsgeschichten verbunden sind, im Bildungssystem stark machen. Dies kann neben Maßnahmen der Differenzierung und Individualisierung durch Förder- und Forderunterricht sowie durch Modelle des offenen und adaptiven Unterrichts geschehen. Der adaptive Unterricht versucht individuelle Lernvoraussetzungen und Lernumgebungen als Kontext optimal in Passung zu bringen (vgl. Fischer 2014: 32 f.; s. ▶ Abschn. 3.1). Hieraus leitet Fischer (2013, zitiert aus Fischer 2014: 34) ein „Integratives Begabungs- und Lernprozessmodell" (s. ◘ Abb. 3.3) für alle Lernenden ab.

Das Modell stellt noch, wie schon in 3.1 dargelegt, die Multidimensionalität schulischer Lernentwicklungen dar, die sich im Spannungsverhältnis zwischen lerner*inneninternen und lerner*innenexternen Faktoren individuell und dynamisch gestalten.

Zur Vertiefung: *Diversity* und *Diversity Education*

Um vertiefend die Bedeutung von *Diversity* zu skizzieren, soll noch einmal auf die Begriffe ‚Heterogenität' und ‚Diversität' zurückgegriffen werden. Der Begriff ‚Diversität' wird synonym mit ‚Heterogenität' gebraucht. Hier geht es um die Merkmale, durch die sich Menschen im Vergleich zueinander unterscheiden (vgl. Klein 2014: 137). Bei ‚Heterogenität' handelt sich also um einen relativen Begriff, der die Ungleichheit besonders betont. ‚Diversität' und im englischen *Diversity* werden

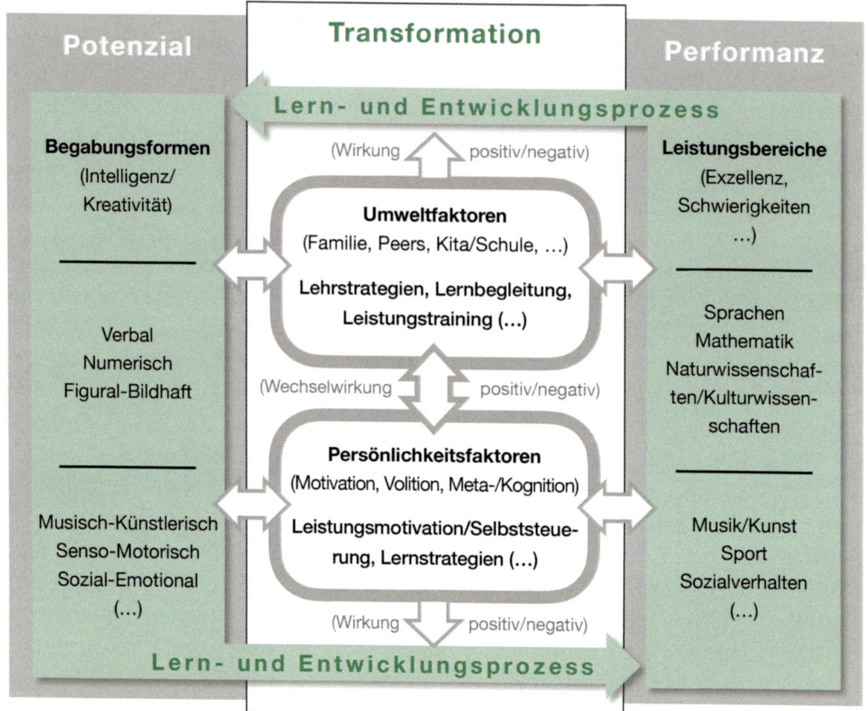

Abb. 3.3 Integratives Begabungs- und Lernprozessmodell (Fischer 2014: 34)

hingegen oft positiv mit ‚Vielfalt' assoziiert (vgl. ebd.: 164). Der Begriff *Diversity* wird jedoch meist verwendet, um nicht die Diversität selbst, sondern ein Konzept des Umgangs mit Vielfalt zu beschreiben (vgl. Miketta/Weiß 2016: 229 f. in Anlehnung an Schwarz-Wölzl/Maat 2003: 10 und Krell 2004: 368).

Für den Bildungskontext kann auch von *Diversity Education* gesprochen werden. Ziel ist, die einzelnen Schüler*innen mit ihren spezifischen Fähigkeiten wertzuschätzen und zu stärken sowie die Gemeinschaft zu fördern. Darüber sollen der Abbau von Fremdheitsgefühl sowie die Verbesserung der Leistungsmotivation gelingen (vgl. Klein 2014: 166–172). Letztlich werden darüber hinaus gesellschaftliche Integration, Partizipation und Gleichberechtigung angestrebt.

Differenzierung Um den individuell unterschiedlichen Faktoren, die für das Fremdsprachenlernen relevant sein können, zu entsprechen, sind Maßnahmen der Differenzierung im Unterricht vonnöten. Neben einer äußeren Differenzierung, die in unserem Schulsystem durch verschiedene Schulformen (s. ► Abschn. 6.2) bzw. auch unterschiedliche Schwerpunktsetzungen in Schulprogrammen gesetzt wird, bezieht sich Differenzierung im engeren Sinne als „innere Differenzierung" (auch: Binnendifferenzierung; vgl. zum theoretischen Hintergrund auch Strohn

2015) auf die eigentliche Unterrichtsgestaltung. Dieser Differenzierung vorangehen sollte ein Diagnostizieren und Evaluieren des sprachlichen Leistungsstandes (z. B. global angelehnt an Kriterien des Gemeinsamen Europäischen Referenzrahmens, GeR), aber auch individuelle Lernvoraussetzungen, Lernunterschiede und besondere lernbezogene Stärken. Auf dieser Basis wählt die Lehrkraft Lernmaterialien, Lernwege, Lernmethoden oder auch Sozialformen aus, welche im Unterricht zu inklusiven Lernprozessen führen (s. u.), Lernprozessen also, an denen alle Schülerinnen und Schüler teilhaben können, einen gemeinsamen Inhalt beispielsweise auf unterschiedlichen Lernwegen bearbeiten (s. ▶ Abschn. 6.2). Phasenweise mag es darüber hinaus sinnvoll sein, Lernende in getrennten Kleingruppen zu unterrichten, um über zusätzliche Lernzeit Lernschwierigkeiten aufzufangen oder um leistungsstarken Schüler*innen vermehrten Input zu bieten. Differenzierung läuft hier allerdings die Gefahr, Kategorisierungen herzustellen, die möglicherweise innerhalb des sozialen Gefüges stabil werden und Ungerechtigkeiten hervorrufen.

▶ Beispiel: Sprachenlernen bei besonderen Bedürfnissen

Ein schulischer Erfahrungsbericht von Bergner (2020) zeigt eindrucksvoll, wie taube Schüler*innen durch die Unterstützung der *peers* und mit entsprechenden technischen Hilfsmitteln eine Fremdsprache (lesend und schreibend) erwerben. Hierzu sprechen alle Personen grundsätzlich in ein Mikrophon, wobei eine Software das Gesprochene in einen schriftlichen Text umwandelt, den der*die Schüler*in am Laptop mitverfolgt. Hinzutreten kann je nach Kontext die zielsprachliche Gebärdensprache, die letztlich eine weitere Sprache darstellt, da sie sich von der deutschen Gebärdensprache unterscheidet. Darüber hinaus können Visualisierungen das Lernen sowie die Interaktion unter den Lernenden erleichtern. Eigene Beiträge der tauben Schüler*innen erfolgen schriftlich.

Für die Handlungsorientierung interessant ist dieses Beispiel besonders, da es zeigt, wie hier eine kooperative Klassenrauminteraktion entsteht, bei der alle das Kommunikationsziel in den Mittelpunkt rücken. Gleichzeitig zeigt es, wie sich Lernende gleichen Gegenständen über unterschiedliche Medien und Kompetenzen nähern können. ◀

Differenzierung lässt sich primär als ein *top-down*-Prozess beschreiben. Die Fremdsprachenlehrkraft hat daher gerade bei der differenzierenden Gestaltung eines handlungsorientierten Unterrichtssettings grundsätzlich eine große Bedeutung (s. ▶ Abschn. 6.5).

▶ Beispiel: Differenzierungslinien

Differenzierung kann im Unterricht entlang dreier Linien gestaltet werden:

- Inhaltliche Differenzierung:
  - Art, Umfang und Schwierigkeitsgrad des Materials
  - geschlossene versus offene Aufgabenformate
  - Lehrwerkmaterial, an das Lehrwerk adaptiertes/selbsterstelltes Material, fremdsprachliches Originalmaterial
  - unterschiedliche Inhalte, sprachsensibles Material

  - auditives, visuelles, haptisches Material
  - obligatorisches Fundamentum und fakultatives Additum
  - …
- Organisatorische Differenzierung:
  - zielgleiches versus zieldifferentes Lernen
  - freie Wahl des Material (Lerntheke) oder lerner*innenspezifische Zuordnung
  - freie Wahl oder Zuordnung von Sozialformen
  - Individualisierung des Lerntempos (Lerntempoduett; Terminierung von Evaluationen)
  - Angebot verschiedener Methoden
  - Individualisierung der Ergebnispräsentation
  - …
- Differenzierung der Unterstützung:
  - Lösungsblätter
  - Helfer*innensysteme
  - Bereitstellung von Nachschlagewerken
  - Lehrer*innensprache
  - …

(vgl. Joller-Graf 2010: 123; s. auch Abendroth-Timmer/Frevel/Lüning/Vázquez 2014). ◀

Individualisierung Individualisierung ist im Gegensatz zur Differenzierung eine Öffnung des Unterrichts *bottom-up*. Ausgangsidee ist die Feststellung hoch diverser, individueller Merkmale der Lernerinnen und Lerner. Paradies/Linser/Greving (2007: 61) unterscheiden fachlich-inhaltliche, methodisch-strategische, sozial-kommunikative und entwicklungsspezifische Merkmale der Lernenden (s. außerdem „Diversität" und „Inklusive Bildung").

Den Lernenden werden Methoden der Selbsteinschätzung (z. B. Portfolios) nähergebracht und ihnen wird im Sinne der Stärkung ihrer individuellen Autonomie (s. ▶ Abschn. 3.2) – so weit möglich – die Wahl der zur Verfügung gestellten Materialien und Lernwege überlassen. Dies kann über eine Lerntheke gesteuert werden, an der die Lernenden Materialien mit ausgewiesenem unterschiedlichem Schwierigkeitsgrad finden. Stationenlernen bietet den Lernenden ebenfalls vielfältige Auswahlmöglichkeiten von Sozialformen und zu vertiefenden sprachlichen Fertigkeiten. Wichtig ist, dass es immer wieder gemeinsame Momente im Lernprozess der Gesamtgruppe gibt, welche handlungsorientiert Interaktionsräume eröffnen. Das bereits erwähnte kooperative Lernen und seine Methoden bietet sich hierfür an. Gleichwohl ist kritisch der starke performative Charakter individualisierender Verfahren zu berücksichtigen, die jede*n einzelne*n Schüler*in mit den jeweiligen Leistungen nicht nur mit positiver Wirkung in das Zentrum der Aufmerksamkeit der Lehrkraft rücken (vgl. Idel/Rabenstein 2016).

Zur Vertiefung: Individualisierung und Kooperation
Kooperative Lernprozesse sind häufig nach dem Prinzip *Think – Pair – Share* strukturiert. Dies kann methodisch im Expertenpuzzle, dem Fishbowl oder im Placemat-Verfahren erfolgen. Vorteil dieser Verfahren ist immer die Tatsache, dass Lernende einzeln genügend Zeit für die selbstständige Erarbeitung eines Themas oder Materials haben. Bonnet und Küppers (2011: 37 mit Bezug auf Bonnet 2009) benennen sieben Kriterien für kooperatives Lernen: „*face-to-face-interaction,* Verfolgen gemeinsamer Ziele, positive Abhängigkeit, individuelle Verantwortlichkeit, gegenseitige Unterstützung, angemessener Einsatz sozialer Kompetenzen, Reflexion der Gruppenprozesse" (Herv. im Orig.).
Im Einklang mit einer differenzierenden Unterrichtsgestaltung kann hier das individuell zu bearbeitende Material individualisiert bzw. auf verschiedenen Niveaus angelegt werden, die Kooperationsprozesse, bei denen alle Schüler*innen aktiviert werden, dienen dann zum individuellen Einbringen von Vorerfahrungen und ersten Arbeitsergebnissen auf den individuellen Leistungsständen. Indem Lernende ihre Ergebnisse der Gruppe präsentieren, müssen sie diese sprachlich konzeptualisieren. Zudem treten sie hierbei in eine motivational wirksame soziale Interaktion. Durch eventuelle Rückfragen kann es zu einer tieferen Durchdringung kommen. Die Zusammenführung aller Ergebnisse führt zur Verantwortung für und Wertschätzung von Einzelarbeiten und zur Identifikation mit dem abschließenden Gruppenprodukt (vgl. auch Haß/Kieweg 2012: 236 f.). Dabei sind Aufgaben so zu gestalten, dass jede Teilleistung erforderlich ist für das Gruppenprodukt (s. Bewertungsbogen für Gruppen- und Einzelleistungen im kooperativen Lernen: Sommerfeldt 2014: 8).

Inklusive Bildung Lernprozesse sind im höchsten Maße durch individuelle Unterschiede geprägt. Zu Recht stellen Haß/Kieweg (2012: 14) fest:

» Als problematisch werden diese Unterschiede erst dann erlebt, wenn der höchst individuelle Prozess menschlichen Lernens einer Normierung unterworfen wird. Dies ist im institutionalisierten Lernen, also auch beim schulischen Lernen, der Fall.

Inklusive Bildung kann insofern eigentlich weniger im Hinblick auf die Lernenden, sondern muss im Grunde eher auf das Bildungssystem und die gesellschaftlichen Erwartungen hin beleuchtet werden, da Inklusion Teil oder Folge eines vorherigen Selektionsprozesses ist. Damit soll nicht negiert werden, dass es manifeste Lernschwierigkeiten gibt, die biologisch-organischer, psychologischer und/oder sozio-kultureller Natur sind und auf die je nach Schwere (bisweilen außerschulisch) professionell zu reagieren ist. Aufzuzählen sind hier Beeinträchtigungen im Hör- oder Sehvermögen, Variablen im psychologischen Bereich wie Intelligenz, Sprachlernbegabung, Selbststeuerungsfähigkeit, Aufmerksamkeit, Gedächtnis, Motivation und schließlich Variablen im sozio-kulturellen Bereich wie sozio-ökonomische Lebensbedingungen, akademischer Bildungsgrad und Einstellungen des Umfeldes im Hinblick auf Sprachen, Kulturen, Schule (vgl. Haß/Kieweg 2012: 1–29; Gerlach 2015). Gleichzeitig muss vor dem Hintergrund von entsprechenden Beeinträchtigungen, die auch Auswirkungen auf schulische Leistungen haben können, diskutiert und berücksichtigt werden, ob diese – in einem pathologisierenden Sinn – dem Schüler/der Schülerin zugeschrieben werden oder – in einem inklusiven Sinn – auf mangelhafte Strukturen (organisatorisch, personell, materiell) zurückgeführt werden können, deren Ursachen behoben oder deren Umstände zumindest im Sinne der Lernenden optimiert werden können.

Erwähnt werden muss in dem Zusammenhang auch, dass inklusive Bildung empirisch offensichtlich nicht zu schlechteren Lernergebnissen der lernstarken Schüler*innen führt (vgl. Wilden/Porsch 2019). Für die inklusiv beschulten Schüler*innen kann gemeinsamer Unterricht die Chance der Schulformdurchlässigkeit und des Ausstiegs aus der Förderung bieten, wenn dies von allen Akteur*innen im System zum Ziel gesetzt wird und die Lernenden nicht durch längerfristige zieldifferente Beschulung, Ausgrenzung durch parallele Lerngruppen und damit Stigmatisierung sowie mangelnde Fachkräfte zurückgelassen werden. Es bedarf also personeller und struktureller Ressourcen, auch im Sinne von multiprofessionellen Teams und einem grundsätzlichen Hinterfragen der bildungsgangrelevanten und lernmotivational wirkstarken Einsortierung der Lernenden und gesellschaftlich definierten Beeinträchtigungen bzw. Leistungsparametern. Werden inklusive Strukturen hergestellt und gefördert, bleiben weiterhin Fragen der professionellen Zusammenarbeit z. B. für die gemeinsame Unterrichtsplanung eines inklusiven, handlungsorientierten Fremdsprachenunterrichts offen.

3.5 Individualität, Diversität und Handlungsorientierung

Mit den Prämissen und Prinzipien, die mit dem handlungsorientierten Unterricht verbunden sind, wie z. B. die Bedeutung partizipativer Strukturen sowie die Tatsache, dass der Fremdsprachenunterricht auch immer Fremdheits- und Heterogenitätserfahrungen in sein didaktisches Zentrum stellt, scheint ein handlungsorientierter Ansatz im besonderen Maße geeignet, die Anforderungen von Inklusion und Diversitätssensibilität in methodisch-didaktischer Hinsicht praktisch gestalten zu können. Handlungsorientierung in dem in ▶ Kap. 1 beschriebenen und in ▶ Kap. 2 vertieften Sinne stellt soziale Akteur*innen mit ihren eigenen sprachlich-kulturellen und persönlichen Eigenschaften sowie ihren Kompetenzen in den Mittelpunkt. Das daraus abzuleitende Bild der Lernenden als autonom wie sozial Handelnden führt zwangsläufig zu einem anderen Zugang zu Sprache, nicht im Sinne von einfach beschreibbaren Strukturen, sondern von komplexen sozialen Praktiken. Diese müssen für die Lernenden als solche erlebbar gemacht werden, aber nicht traditionell probehandelnd, sondern durch für die Lernenden bedeutsame Lernsettings im Hier und Jetzt institutioneller und außerinstitutioneller Lernorte. Handlungsorientierter Fremdsprachenunterricht arbeitet dann in anderer Weise mit Sprache, deren Funktion bewusst zu machen ist. Der kreative und ganzheitlich-leibliche Umgang mit Sprache ist damit eine notwendige Bedingung, um (Fremd-)Sprache in ihren verschiedenen Dimensionen individuellen und sozialen Handelns zu erfassen. So kann im Hinblick auf einen lerner*innenorientierten kommunikativen Fremdsprachenunterricht geschlossen werden:

> Fremdsprachenlernen besteht demnach in einem auf die persönlichen Erfahrungen und Bedingungen des einzelnen Lerners zugeschnittenen Rückgriff auf vorhandene Ressourcen, seien sie sprachlicher oder lernreflektierender Art. [...] Lerner werden mit ihren Erfahrungen und ihrem Wissen ernst genommen und Fremdsprachenlernen ist mehr als das Ausgesetztsein (eigener oder fremder) fremdsprachlicher Kommunikation. (Königs 2018: 241)

Im nachfolgenden Kapitel soll dies anhand der einzelnen Bereiche unterrichtlicher Spracharbeit näher beleuchtet werden.

Literatur

Abendroth-Timmer, Dagmar (2008): Más allá de las paredes está el mar. Gedichte und mehr im Spanischunterricht. In: Vences, Ursula (Hg.): *Sprache – Literatur – Kultur. Vernetzung im Spanischunterricht*. Berlin: edition tranvía, S. 13–25.

Abendroth-Timmer, Dagmar/Frevel, Claudia/Lüning, Marita/Vázquez, Graciela (2014): Ansätze zur differenzierenden Arbeit mit dem Lehrwerk. In: Grünewald, Andreas/Krämer, Ulrich (Hg.): *Vielfalt gestalten: Differenzierung im Spanischunterricht. Eine Selbststudieneinheit.* Seelze: Klett Kallmeyer, S. 43–76.

Abendroth-Timmer, Dagmar/Thomas, Barbara (2019a): *¡Por fin hablan! El tema… ¿da igual?* Virtuelle Schülerbegegnung im Spanischunterricht als Ort identitärer Sinnstiftung. In: Schleicher, Regina/Zenga, Giselle (Hg.): *Autonomie, Bildung und Ökonomie. Theorie und Praxis im Fremdsprachenunterricht*. Stuttgart: ibidem, S. 27–44.

Abendroth-Timmer, Dagmar/Thomas, Barbara (2019b): Identitätsstiftende Kommunikation im Spanischunterricht: die Rolle des digitalen Raums. In: *Language Education and Multilingualism – The Langscape Journal* 2. ► https://edoc.hu-berlin.de/handle/18452/21340 (11.11.2020).

Abendroth-Timmer, Dagmar/von Tschilschke, Christian (2020): „Derribar" oder „reconstruir"? Die Verhandlung identitärer Entwürfe und das maurische Erbe in Pedro Antonio de Alarcóns Erzählung „Una conversación en la Alhambra" (1859). In: Koch, Corinna/Schmitz, Susanne (Hg.): *Convivencia: Dialogische Studien von Fachdidaktik und Fachwissenschaft zu ambivalenten Deutungsmustern gesellschaftlichen Zusammenlebens in Spanien*. Berlin: Lang, S. 73–130.

Aguado, Karin ([6]2016): Sprachlerneignung. In: Burwitz-Melzer, Eva/Mehlhorn, Grit/Riemer, Claudia/Bausch, Karl-Richard/Krumm, Hans-Jürgen (Hg.): *Handbuch Fremdsprachenunterricht.* Tübingen: Narr Francke Attempto, S. 257–262.

Aguilar Río, Jose I./Brudermann, Cédric (2014): Language Learner. In: Fäcke, Christiane (ed.) (2014): *Manual of Language Acquisition*. Berlin/Boston: de Gruyter, S. 291–307.

Arnold, Rolf/Prescher, Thomas/Stroh, Christiane (2014): *Ermöglichungsdidaktik konkret: Didaktische Rekonstruktionen ausgewählter Lernszenarien*. Baltmannsweiler: Schneider Verlag Hohengehren.

Asher, James J. (1969): The Total Physical Response Technique of Learning. In: *The Journal of Special Education* 3, S. 253–262.

Beier-Marchesi, Kirsten H. (2007): Die Bedeutung der Emotionen beim Sprachenlernen: Körpererfahrung und Empathiebildung im Fremdsprachenunterricht. In: Koch, Sabine C./Bender, Susanne (Hg.): M*ovement Analysis – Bewegungsanalyse. The Legacy of Laban, Bartenieff, Lamb and Kestenberg.* Berlin: Logos, S. 161–173.

Bellingrodt, Lena C. (2011): *ePortfolios im Fremdsprachenunterricht – Empirische Studien zur Förderung autonomen Lernens.* Frankfurt a.M.: Lang.

Benati, Alessandro (2014): Second Language Acquisition. In: Fäcke, Christiane (ed.): *Manual of Language Acquisition*. Berlin, Boston: de Gruyter, S. 179–197.

Bénichou, Meidad (2006): *Le multiculturalisme*. Rosny: Bréal.

Benson, Phil (1997): The philosophy and politics of learner autonomy. In: Benson, Phil/Voller, Peter (ed.): *Autonomy and Independence in Language Learning*. London, New York: Longman, S. 18–34.

Benson, Phil (2001): *Teaching and Researching Autonomy in Language Learning.* London: Longman.

Bergfelder-Boos, Gabriele (2018): *Mündliches Erzählen als Performance: die Entwicklung narrativer Diskurse im Fremdsprachenunterricht*. Tübingen: Narr Francke Attempto.

Bergmann, Anka (2016b): Lernervoraussetzungen und Differenzierungsansätze im Russischunterricht: Einige Überlegungen für einen lernerorientierten schulischen Russischunterricht. In: Bergmann, Anka (Hg.): *Kompetenzorientierung und Schüleraktivierung im Russischunterricht*. Frankfurt a.M.: Lang, S. 43–70.

Bergner, Katrin (2020): Spanisch lernen als tauber Schüler? In: *Der fremdsprachliche Unterricht Spanisch* 69, S. 28–31.

Blell, Gabriele (2013): Sprach(en)lernen und Identität im Kontext eines literatur- und kulturdidaktischen Fremdsprachenunterrichts. In: Burwitz-Melzer, Eva/Königs, Frank G./Riemer, Claudia (Hg.): *Identität und Fremdsprachenlernen: Anmerkungen zu einer komplexen Beziehung. Arbeitspapiere der 33. Frühjahrskonferenz zur Erforschung des Fremdsprachenunterrichts*. Tübingen: Narr, S. 29–38.

Blell, Gabriele/Kupetz, Rita (2011): Authentizität und Fremdsprachendidaktik im Dialog. In: Funk, Wolfgang/Krämer, Lucia (Hg.): *Fiktionen von Wirklichkeit: Authentizität zwischen Materialität und Konstruktion*. Bielefeld: transcript, S. 99–115.

Bleyhl, Werner (2000): Grundsätzliches zu einem konstruktiven Fremdsprachenlernen und Anmerkungen zur Frage: Englisch-Anfangsunterricht ohne Lehrbuch? In: Fery, Renate/Raddatz, Volker (Hg.): *Lehrwerke und ihre Alternativen*. Frankfurt a.M.: Lang, S. 20–34.

Bleyhl, Werner (2004): Das Menschenbild als Basis für eine Didaktik des Fremdsprachenunterrichts. In: *Zeitschrift für Fremdsprachenforschung* 15/2, S. 207–235.

Block, David (2009): *Second language identities*. London: Bloomsbury.

Bonnet, Andreas (2009): Kooperatives Lernen. In: *Der Fremdsprachliche Unterricht Englisch* 99, S. 2–9.

Bonnet, Andreas (2018): Language Learners – From Learning Styles to Identity. In: Surkamp, Carola/Viebrock, Britta (eds.): *Teaching English as a Foreign Language. An Introduction*. Stuttgart: J. B. Metzler, S. 57–71.

Bonnet, Andreas/Breidbach, Stephan (2007): „Reflexion inszenierbar machen. Die Bedeutung der Bildungsgangforschung für die Fremdsprachendidaktik". In: Decke-Cornill, Helene/Hu, Adelheid/Meyer, Meinert A. (Hg.): *Sprachen lernen und lehren. Die Perspektive der Bildungsgangforschung.* Opladen, Farmington Hills: Barbara Budrich, S. 251–270.

Bonnet, Andreas/Küppers, Almut (2011): Wozu taugen Kooperatives Lernen und Dramapädagogik – Vergleich zweier populärer Inszenierungsformen. In: Küppers, Almut/Schmidt, Torben/Walter, Maik. (Hg.): *Inszenierungen im Fremdsprachenunterricht: Grundlagen, Formen, Perspektiven.* Braunschweig: Schroedel-Diesterweg-Klinkhardt, S. 32–52.

Bonney, Christina Rhee/Cortina, Kai S./Smith-Darden, Joanne P./Fiori, Katherine L. (2008): Understanding strategies in foreign language learning: Are integrative and intrinsic motives distinct predictors? In: *Learning and Individual Differences* 18/1, S. 1–10.

Bruner, Jérôme (1990): *Acts of Meaning*. Cambridge, MA: Harvard University Press.

Byram, Michael (1997): *Teaching and Assessing Intercultural Communicative Competence*. Clevedon: Multilingual Matters.

Canagarajah, Suresh (2013): *Translingual Practice: Global Englishes and Cosmopolitan Relations.* Oxon, New York: Routledge.

Cantone, Katja Francesca (2011): Förderung der Zweisprachigkeit in Erwerb und (Schul-)Alltag: Eine neue Sicht auf sukzessive Bilinguale. In: Baur, Rupprecht S./Hufeisen, Britta (Hg.): *„Vieles ist sehr ähnlich". Individuelle und gesellschaftliche Mehrsprachigkeit als bildungspolitische Aufgabe.* Baltmannsweiler: Schneider Verlag Hohengehren, S. 225–247.

Caspari, Daniela ([4]2003): Kreative Übungen. In: Bausch, Karl-Richard/Christ, Herbert/Krumm, Hans-Jürgen (Hg.): *Handbuch Fremdsprachenunterricht*. Tübingen, Basel: Francke, S. 308–312.

Cummins, Jim (1979): Linguistic interdependance and the educational development of bilingual children. In: *Review of Educational Research* 49, S. 222–251.

Cummins, Jim (1991): Interdependence of first- and second-language proficiency in bilingual children. In: Bialystok, Ellen (Hg.): Language processing in bilingual children. New York: Cambridge University Press, S. 70–89.

Cummins, Jim (2000): Putting Language Proficiency in Its Place: Responding to Critiques of the Conversational / Academic Language Distinction. In: Cenoz, Jasone/Jessner, Ulrike (Hg.): *English in Europe: The acquisition of a Third Language.* Clevedon: Multilingual Matters, S. 54–83.

Cummins, Jim (2006): Sprachliche Interaktionen im Klassenzimmer: Von zwangsweise auferlegten zu kooperativen Formen von Machtbeziehungen. In: Mecheril, Paul/Quehl, Thomas (2006) (Hg.): *Die Macht der Sprachen. Englische Perspektiven auf die mehrsprachige Schule*. Münster: Waxmann, S. 36–62.

Danzak, Robin L. (2011): Defining Identities Through Multiliteracies: EL Teens Narrate Their Immigration Experiences as Graphic Stories. In: *Journal of Adolescent & Adult Literacy* 55/3, S. 187–196.

Deci, Edward L./Ryan, Richard M. (1993): Die Selbstbestimmungstheorie der Motivation und ihre Bedeutung für die Pädagogik. In: *Zeitschrift für Pädagogik* 39/2, S. 223–237.

DeKeyser, Robert (2013): Age Effects in Second Language Learning: Stepping Stones Toward Better Understanding. In: *Language Learning* 63, S. 52–67.

Deplazes, A. (2006): *Inneres Sprechen. Vom Handeln zum sprachlichen Denken. Fallanalysen.* Bern: Haupt.

Derivry-Plard, Martine (2015): *Les enseignants de langues dans la mondialisation. La guerre des représentations dans le champ linguistique et de l'enseignement. (Pluralité des langues et des identités et didactique.)* Paris: Éditions des archives contemporaines.

Dewaele, Jean-Marc (2017): Why the Dichotomy 'L1 versus LX User' is Better than 'Native Versus Non-Native Speaker'. In: *Applied Linguistics*, S. 1–6. DOI: ▸ https://doi.org/10.1093/applin/amw055.

Dietrich-Grappin, Sarah (2020): *Mehrsprachigkeitskompetenz als Bildungsziel im schulischen Tertiärsprachenunterricht. Transferbasierte Kommunikationsstrategien im Kontext von spontaner Mündlichkeit und Zwei-Sprachen-Aufgaben*. Trier: WVT.

Dörnyei, Zoltán/Ottó, István (1998): Motivation in action: A process model of L2 motivation. In: *Working Papers in Applied Linguistics* 4, S. 43–69.

Dragović, Georgina (2019): *Eine empirische Untersuchung zur Effizienz des dramapädagogischen Ansatzes im schulischen DaF-Unterricht mit speziellem Fokus auf Grammatik*. Dissertation, Universität Freiburg/Schweiz. In: ▸ http://doc.rero.ch/record/327181? (19.11.2020).

Edmondson, Willis J. & House, Juliane ([3]2006): *Einführung in die Sprachlehrforschung.* Tübingen: Narr Francke Attempto.

Eisenmann, Maria (2019): *Teaching English: Differentiation and Individualisation*. Paderborn: Schöningh.

Ellis, Rod (2004): Individual differences in second language learning. In: Davies, Alan/Elder, Catherine (eds.): *The Handbook of Applied Linguistics*. Malden: Blackwell, S. 525-551.

Ezzi, Douglas (1998): Theorizing Narrative Identity: Symbolic Interactionism and Hermeneutics. In: *Sociological Quarterly* 39, S. 239–252.

Faber, Günter (2009): Die Erfassung kognitiv-motivationaler Lernermerkmale gegen Ende der gymnasialen Sekundarstufe I. Ergebnisse aus einem interdisziplinären Forschungsprojekt zur mündlichen Erzählkompetenz in Englisch. In: *Zeitschrift für Fremdsprachenforschung* 20/2, S. 179–212.

Fäcke, Christiane (2006): *Transkulturalität und fremdsprachliche Literatur. Eine empirische Studie zu mentalen Prozessen von primär mono- oder bikulturell sozialisierten Jugendlichen.* Frankfurt a.M.: Lang.

Feick, Diana (2016): *Autonomie in der Lernendengruppe: Entscheidungsdiskurs und Mitbestimmung in einem DaF-Handyvideoprojekt*. Tübingen: Narr Francke Attempto.

Fischer, Christian (2013): Individuelle Förderung. Umgang mit Vielfalt als Herausforderung für die Schule und Lehrerbildung. In: *Engagement* 4, S. 281–289.

Fischer, Christian (2014): *Individuelle Förderung als schulische Herausforderung*. Berlin: Friedrich-Ebert-Stiftung.

Gardner, Howard (1983): *Frames of mind: the theory of multiple intelligences*. New York: Basic Books.

Gardner, Howard (2016): Multiple Intelligences: Prelude, Theory, and Aftermath. In: Sternberg, Robert J./Fiske, Susan T./Foss, Donald J. (eds.): *Scientists Making a Difference*. Cambridge: Cambridge University Press, S. 167–170.

Gerlach, David (2015): Inklusion im Fremdsprachenunterricht: Zwischen Ansprüchen und Grenzen von Heterogenität, Fachdidaktik und Unterricht(srealität). In: *Fremdsprachen Lehren und Lernen* 44/1, S. 123–137.

Gerlach, David (2018): Addressing Neuromyths. Lehr- und Lernmythen im Englischunterricht. In: *Grundschulmagazin Englisch* 3, S. 31–34.

Gerlach, David (2019): *Lese-Rechtschreib-Schwierigkeiten (LRS) im Fremdsprachenunterricht*. Tübingen: Narr.

Gerlach, David (Hg.) (2020): *Kritische Fremdsprachendidaktik: Grundlagen, Ziele, Beispiele*. Tübingen: Narr.

Gerlach, David/Leupold, Eynar (2019): *Kontextsensibler Fremdsprachenunterricht*. Tübingen: Narr.

Gibson, James J. (1979): *The ecological approach to virtual perception*. Hillsdale: Lawrence Erlbaum.

Gogolin, Ingrid (1994): *Der monolinguale Habitus der multilingualen Schule*. Münster, New York: Waxmann.

Gordijn, Carl C.F. (1968): *Inleiding tot het bewegingsonderwijs*. Baarn: Bosch & Keuning.

Grotjahn, Rüdiger ([6]2016): Alter. In: Burwitz-Melzer, Eva/Mehlhorn, Grit/Riemer, Claudia/Bausch, Karl-Richard/Krumm, Hans-Jürgen (Hg.): *Handbuch Fremdsprachenunterricht*. Tübingen: Narr Francke Attempto, S. 251–254.

Grotjahn, Rüdiger/Schlak, Torsten ([2]2013): Lernalter. In: Hallet, Wolfgang/Königs, Frank G. (Hg.): *Handbuch Fremdsprachendidaktik*. Seelze-Velber: Klett Kallmeyer, S. 253–257.

Hallet, Wolfgang (2007): Literatur und Kultur im Unterricht. Ein kulturwissenschaftlicher didaktischer Ansatz. In: Hallet, Wolfgang/Nünning, Ansgar (Hg.): *Neue Ansätze und Konzepte der Literatur- und Kulturdidaktik*. Trier: WVT Wissenschaftlicher Verlag Trier, S. 31–47.

Hallet, Wolfgang (2011): Generisches Lernen. Muster und Strukturen der sprachlichen Interaktion erkennen und anwenden. Der fremdsprachliche Unterricht. In: *Englisch* 45/114, S. 2–7.

Hallet, Wolfgang (2015): Literatur, Bildung und Kompetenzen. Eine bildungstheoretische Begründung für ein literaturbezogenes Kompetenzcurriculum. In: Hallet, Wolfgang/Surkamp, Carola/Krämer, Ulrich (Hg.): *Literaturkompetenzen Englisch*. Modellierung – Curriculum – Unterrichtsbeispiele. Seelze: Klett Kallmeyer, S. 9–20.

Hartenstein, Klaus (2014): Fremdsprachendidaktische Theoriebildung für das Praxisfeld Russischunterricht. In: Bergmann, Anka (Hg.): *Fachdidaktik Russisch. Eine Einführung*. Tübingen: Narr Francke Attempto, S. 32–56.

Hattie, John (2014): *Lernen sichtbar machen*. Baltmannsweiler: Schneider Verlag Hohengehren.

Haß, Frank/Kieweg, Werner (2012): *I can make it! Englischunterricht für Schülerinnen und Schüler mit Lernschwierigkeiten*. Seelze: Klett Kallmeyer.

Heckhausen, Heinz (1985): Emotionen im Leistungsverhalten aus ontogenetischer Sicht. In: Eggers, Christian (Hg.): *Emotionalität und Motivation im Kindes- und Jugendalter*. Frankfurt a.M.: Fachbuchhandlung für Psychologie Verlagsabteilung, S. 95–131.

Hericks, Uwe/Spörlein, Eva (2001): Entwicklungsaufgaben in Fachunterricht und Lehrerbildung. Eine Auseinandersetzung mit einem Zentralbegriff der Bildungsgangdidaktik. In: Hericks, Uwe/Keuffer, Josef/Kräft, Hans Christof/Kunze, Ingrid (Hg.): *Bildungsgangdidaktik. Perspektiven für Fachunterricht und Lehrerbildung*. Opladen: Leske und Budrich, S. 33–50.

Higgins, E. Tory (1987): Self-Discrepancy-Theory: A Theory Relating Self and Affect. In: *Psychological Review* 94/3, S. 319–340.

Hilton, Heather E. (2017): Enjeux méthodologiques de l'émergentisme pour la recherche en acquisition et en didactique des langues. In: *Recherches en didactique des langues et des cultures. Cahiers de l'Acedle* 14/1, S. 1–19. ► http://rdlc.revues.org/1101.

Holder, Martin C. (2005): *Fähigkeitsselbstkonzept und Leistungsmotivation im Fremdsprachenunterricht*. Bern: Lang.

Holec, Henri (1979): *Autonomie et apprentissage des langues étrangères. Strasbourg: Conseil de l'Europe.* Frankfurt a.M.: Pergamon Press. (wiederveröffentlicht auf Englisch 1981: Autonomy and Foreign Language Learning).

Hu, Adelheid (2003): *Schulischer Fremdsprachenunterricht und migrationsbedingte Mehrsprachigkeit*. Tübingen: Narr.

Hu, Adelheid (2014): Languages and Identities. In: Fäcke, Christiane (ed.): *Manual of Language Acquisition*. Berlin, Boston: de Gruyter, S. 87–102.

Hufeisen, Britta (2011): Gesamtsprachencurriculum: Weitere Überlegungen zu einem prototypischen Modell. In: Baur, Rupprecht S./Hufeisen, Britta (Hg.): *„Vieles ist sehr ähnlich". Individuelle und gesellschaftliche Mehrsprachigkeit als bildungspolitische Aufgabe*. Baltmannsweiler: Schneider Verlag Hohengehren, S. 265–282.

Hufeisen, Britta (2018): Institutional Education and Multilingualism: PlurCur®as a Prototype of a Multilingual Whole School Policy. In: *EuJAL* 6/1, S. 131–162. DOI: https:▸ https://doi.org/10.1515/eujal-2017-0026.

Idel, Till-Sebastian/Rabenstein, Kerstin (2016): Leistung als soziale Konstruktion: Was müssen Schüler/-innen wissen und können, um im heterogenitätssensiblen individualisierten Unterricht Anerkennung zu finden? In: Doff, Sabine (Hg.): *Heterogenität im Fremdsprachenunterricht. Impulse – Rahmenbedingungen – Kernfragen – Perspektiven*. Tübingen: Narr Francke Attempto, S. 9–19.

Jank, Werner/Meyer, Hilbert ([1]2011): *Didaktische Modelle*. Berlin: Cornelsen Scriptor.

Joller-Graf, Klaus (2010): Binnendifferenziert unterrichten. In: Buholzer, Alois/Kummer Wyss, Annemarie (Hg.): *Alle gleich – alle unterschiedlich! Zum Umgang mit Heterogenität in Schule und Unterricht*. Seelze-Velber: Klett Kallmeyer, S. 122–137.

Kelly, Louis G. (1969): *25 Centuries of Language Teaching*. Rowley: Newbury House.

Klein, Rebekka (2014): *Kultur der Selbstständigkeit und Diversity Education. Eine Handlungsempfehlung für die universitäre Lehrerbildung*. München: Rainer Hampp Verlag.

Klippel, Friederike (2000): Überlegungen zum ganzheitlichen Fremdsprachenunterricht. In: *Fremdsprachenunterricht* 4, S. 242–248.

Klippel, Friederike (2001): Bewegtes Fremdsprachenlernen – ein Gang durch drei Jahrhunderte Fremdsprachenmethodik. In: Abendroth-Timmer, Dagmar/Bach, Gerhard (Hg.): *Mehrsprachiges Europa. Festschrift für Michael Wendt*. Tübingen: Narr, S. 223–232.

Knapp-Potthoff, Annelie/Knapp, Karlfried (1982): *Fremdsprachenlernen und -lehren*. Stuttgart: Kohlhammer.

Koch, Christian (2020): *Viele romanische Sprachen sprechen. Individueller Polyglottismus als Paradigma der Mehrsprachigkeitsforschung*. Berlin: Lang.

Koch, Sabine C. (2018): Wie der Körper spricht. Bewegungsrichtung und Bedeutung. In: *Hochschule & Lehre* 1, S. 52–53.

Kochinka, Alexander (2004): *Emotionstheorien. Begriffliche Arbeit am Gefühl.* Bielefeld: transcript.

König, Lotta/Surkamp, Carola/Decke-Cornill, Helene (2015): Negotiating Gender. Aushandlungs- und Reflexionsprozesse über Geschlechtervorstellungen im Fremdsprachenunterricht anstoßen. In: *Der fremdsprachliche Unterricht Englisch* 135, S. 2–9.

Königs, Frank G. (2018): Ein Plädoyer für den kommunikativen Fremdsprachenunterricht – und gegen den Hang zur Verabsolutierung. In: Martinez, Hélène/Meißner, Franz-Joseph (Hg.): *Fremdsprachenunterricht in Geschichte und Gegenwart. Festschrift für Marcus Reinfried.* Tübingen: Narr Francke Attempto, S. 233–243.

Kramsch, Claire (1998): *Language and Culture*. Oxford: Oxford University Press.

Kramsch, Claire (2009): *The Multilingual Subject. What Foreign Language Learners Say about their Experience and Why it Matters*. New York: Oxford University Press.

Kramsch, Claire (2011): Symbolische Kompetenz durch literarische Texte. In: *Fremdsprache Deutsch* 44, S. 35–40.

Krell, Gertraude (2004): Managing Diversity und Gender Mainstreaming: ein Konzeptvergleich. In: *Sozialwissenschaften und Berufspraxis* 27/4, S. 367–376.

Krewer, Bernd/Eckensberger, Lutz H. ([4]1991): Selbstentwicklung und kulturelle Identität. In: Hurrelmann, Klaus/Ulrich, Dieter (Hg.): *Handbuch der Sozialisationsforschung*. Weinheim, Basel: Beltz, S. 573–594.

Krumm, Hans-Jürgen (2006): Sprachen im Kopf – Sprachen im Herzen – Sprachen in den Händen: Zum Sprachbewusstsein mehrsprachiger Lernender. In: Küppers, Almut/Quetz, Jürgen (Hg.): *Motivation revisited. Festschrift für Gert Solmecke*. Berlin: LIT, S. 49–56.

Küppers, Almut (2013): Me, myself, I. Identität: „Ich-Arbeit" in einer zunehmend unübersichtlichen Welt. In: *Praxis Englisch* 2, S. 6–8.

Küster, Lutz (2020b): Bildende und identitätsstiftende Funktionen. In: Küster, Lutz (Hg.): *Prendre la parole. Reflexive und übende Zugänge zum Sprechen im Französischunterricht*. Hannover: Kallmeyer in Verbindung mit Klett, S. 46–54.

Lahire, Bernard (2011): *L'homme pluriel. Les resorts de l'action*. Paris: Pluriel.

Lantolf, James P. (2000): Introducing sociocultural theory. In: Lantolf, James P. (ed.): *Sociocultural Theory and Second Language Learning*. Oxford: Oxford University Press, S. 1–26.

Legutke, Michael K./Schart, Michael (2012): *Lehrkompetenz und Unterrichtsgestaltung*. Berlin, Madrid, München, Warschau, Wien, Zürich: Langenscheidt.

Legutke, Michael K./Schart, Michael (2016): Fremdsprachliche Lehrerbildungsforschung: Bilanz und Perspektiven. In: Legutke, Michael K./Schart, Michael (Hg.): *Fremdsprachendidaktische Professionsforschung: Brennpunkt Lehrerbildung*. Tübingen: Narr Francke Attempto, S. 9–46.

Leisen, Josef (2013): *Handbuch Sprachförderung im Fach – Sprachsensibler Fachunterricht in der Praxis*. Stuttgart: Klett Sprachen.

Little, David (1991): *Learner Autonomy I: Definitions, Issues and Problems*. Dublin: Authentik.

Maier, Michael (2016): Russisch unterrichten in heterogenen Gruppen. In: Bergmann, Anka (Hg.): *Kompetenzorientierung und Schüleraktivierung im Russischunterricht*. Frankfurt a.M.: Lang, S. 181–200.

Martinez, Hélène (2008): *Lernerautonomie und Sprachlernverständnis: Eine qualitative Untersuchung bei zukünftigen Lehrerinnen und Lehrern romanischer Sprachen*. Tübingen: Narr.

Martinez, Hélène (2014): Cognition and Emotion. In: Fäcke, Christiane (Hg.): *Manual of Language Acquisition*. Berlin/Boston: de Gruyter, S. 308–324.

Mayer, Nikola (2002): *Ganzheitlichkeit und Sprache: Theorie des Begriffs und empirische Zugangswege im Gespräch mit Fremdsprachenlehrerinnen und -lehrern*. Frankfurt a.M.: Lang.

Mehlhorn, Grit (2014): Sozialformen und Differenzierung. In: Bergmann, Anka (Hg.): *Fachdidaktik Russisch. Eine Einführung*. Tübingen: Narr Francke Attempto, S. 241–252.

Meier, Gabriela S. (2016): Zweiwegintegration durch zweisprachige Bildung? Ergebnisse aus der Staatlichen Europa-Schule Berlin. In: *International Review of Education* 3/58, S. 335–352. ▶ http://rdcu.be/mEBl (11.11.2020).

Méron-Minuth, Sylvie (2018): *Mehrsprachigkeit im Fremdsprachenunterricht. Eine qualitativ-empirische Studie zu Einstellungen von Fremdsprachenlehrerinnen und -lehrern*. Tübingen: Narr.

Merse, Thorsten (2015): „I identify as queer". Mit queer autobiographical narratives Identitätsentwürfe erkunden. In: *Der fremdsprachliche Unterricht Englisch* 135, S. 32–37.

Miketta, Katharina/Weiß, Gabriele (2016): Die unbestimmte Vielfalt der Vielfalt. Erziehungswissenschaftliche Perspektiven auf Diversity-Management an der Hochschule. In: *DIAGONAL* 37, S. 229–245.

Moegling, Klaus/Hildebrandt-Stramann, Reiner/Laging, Ralf (Hg.) (2013): *Körper, Bewegung und Schule. Teil 1*. Leverkusen: Barbara Budrich.

Muñoz, Carmen (2020): Boys like games and girls like movies. Age and gender differences in out-of-school contact with English. In: *Revista Española de Lingüística Aplicada* 33/1, S. 172–202.

Muñoz, Carmen/Singleton, David (2011): A critical review of age related research on L2 ultimate attainment. In: *Language Teaching* 44/1, S. 1–35.

New London Group (2000): A Pedagogy of Multiliteracies: Designing social futures. In: Cope, Bill/Kalantzis, Mary (Hg.): *Multiliteracies: Literacy Learning and the Design of Social Futures*. London/New York: Routledge, S. 9–37.

Noels, Kimberly A. (2001): New orientations in language learning motivation: Towards a model of intrinsic, extrinsic, and integrative orientations and motivation. In: Dörnyei, Zoltán/Schmidt, Richard (Hg.): *Motivation and Second Language Acquisition*. Honululu: University of Hawai, S. 43–68.

Noels, Kimberly A./Chaffee, Kathryn E./Lou, Nigel Mantou/Dincer, Ali (2016): Self-Determination, Engagement, and Identity in Learning German. Some Directions in the Psychology of Language Learning Motivation. In: *Fremdsprachen Lehren und Lernen* 45/2, S. 12–29.

Norton, Bonny (2013a): Identität, Literalität und das multilinguale Klassenzimmer. In: Rosebrock, Cornelia/Bertschi-Kaufmann, Andrea (Hg.): *Literalität erfassen: bildungspolitisch, kulturell, individuell.* Weinheim, Basel: Beltz Juventa, S. 123–134.

Norton, Bonny (2013b): *Identity and language learning: Extending the conversation.* Bristol: Multilingual Matters.

Norton, Bonny/McKinney, Carolyn (2011): An Identity Approach to Second Language Acquisition. In: Atkinson, Dwight (Hg.): *Alternative Approaches to Second Language acquisition.* Abingdon: Routledge, S. 73–94.

Nünning, Ansgar/Nünning, Vera ([2]2017): Narrative Kompetenz. In: Surkamp, Carola (Hg.): *Metzler Lexikon Fremdsprachendidaktik. Ansätze – Methoden – Grundbegriffe.* Stuttgart: J. B. Metzler, S. 263.

Olfert, Helena (2019): *Spracherhalt und Sprachverlust bei Jugendlichen. Eine Analyse begünstigender und hemmender Faktoren für Spracherhalt im Kontext von Migration.* Tübingen: Narr.

Otheguy, Ricardo/García, Ofelia/Reid, Wallis (2015): Clarifying translanguaging and deconstructing named languages: A perspective from linguistics. In: *Applied Linguistics Review* 6/3, S. 281–307.

Paradies, Liane/Linser, Hans Jürgen/Greving, Johannes (2007): *Diagnostizieren, Fordern und Fördern.* Berlin: Cornelsen-Scriptor.

Piccardo, Enrica/North, Brian (2019): *The Action-oriented Approach: A Dynamic Vision of Language Education.* Bristol: Multilingual Matters.

Plikat, Jochen (2017): *Fremdsprachliche Diskursbewusstheit als Zielkonstrukt des Fremdsprachenunterrichts. Eine kritische Auseinandersetzung mit der Interkulturellen Kompetenz.* Frankfurt a.M.: Lang.

Reid, Joy M. (1995): *Learning styles in the ESL/EFL classroom.* Boston: Heinle & Heinle.

Ricœur, Paul (1985): History as Narrative and Praxis. In: *Philosophy today* 29/4, S. 212–225.

Riemer, Claudia ([2]2013): Motivation. In: Hallet, Wolfgang/Königs, Frank G. (Hg.): *Handbuch Fremdsprachendidaktik.* Seelze-Velber: Klett Kallmeyer, S. 168–172.

Riemer, Claudia (2016): L2-Motivation für Deutsch als Fremdsprache. Länderspezifische und länderübergreifende Einsichten. In: *Fremdsprachen Lehren und Lernen* 45/2, S. 30–45.

Robinson, Peter (2012): Individual differences, aptitude complexes, SLA processes and aptitude test development. In: Pawlak, Mirosław (ed.): *New perspectives on individual differences in language learning and teaching.* Berlin, Heidelberg: Springer, S. 57–76.

Roche, Jürgen (2005): *Fremdsprachenerwerb, Fremdsprachendidaktik.* Tübingen: Francke.

Schiewer, Gesine Lenore (2018): Emotionen im wissenschaftlichen Fokus der Didaktik des Dialogs. In: Roche, Jörg/Schiewer, Gesine Lenore (Hg.): *Emotionen – Dialoge im Deutschunterricht. Schreiben – Lesen – Lernen – Lehren.* Tübingen: Narr Francke Attempto, S. 121–129.

Schlak, Torsten ([2]2013): Sprachlerneignung. In: Hallet, Wolfgang/König, Frank G. (Hg.): *Handbuch Fremdsprachendidaktik.* Seelze-Velber: Klett Kallmeyer, S. 257–261.

Schmelter, Lars (2004): *Selbstgesteuertes oder potenziell expansives Fremdsprachenlernen im Tandem.* Tübingen: Gunter Narr.

Schmenk, Barbara (2008): *Lernerautonomie: Karriere und Sloganisierung des Autonomiebegriffs.* Tübingen: Gunter Narr Verlag.

Schmenk, Barbara ([2]2013): Genderspezifisches Lernen und Lehren. In: Hallet, Wolfgang/Königs, Frank G. (Hg.): *Handbuch Fremdsprachendidaktik.* Seelze-Velber: Klett Kallmeyer, S. 269–273.

Schmenk, Barbara ([2]2017): Intercultural Speaker. In: Surkamp, Carola (Hg.): *Metzler Lexikon Fremdsprachendidaktik.* Ansätze – Methoden – Grundbegriffe. Stuttgart: J. B. Metzler, S. 143–144.

Schneider, Ramona (2020): *Virtuelle Aufgabenbearbeitung in mehrsprachigen Gruppen. Eine qualitative Studie in der Französischlehrerbildung.* Berlin: J. B. Metzler.

Schulze, Ralf/Freund, P. Alexander/Roberts, Richard D. (2006): *Emotionale Intelligenz. Ein internationales Handbuch.* Göttingen: Hogrefe.

Schwarz-Wölzl, Maria/Maad, Christa (2003): *Diversity und Managing Diversity. Teil I: Theoretische Grundlagen.* Wien: Zentrum für Soziale Innovation.

Siebold, Jörg (2009): Kommunikationsstrategien. In: *Praxis Fremdsprachenunterricht* 2, S. 61.

Skehan, Peter (2002): Theorizing and Updating Aptitude: In: Robinson, Peter (ed.): *Individual Differences and Instructed Language Learning*. Amsterdam, Philadelphia: Benjamins, S. 69–94.

Sommerfeldt, Kathrin (2014): Kooperatives Lernen im Spanischunterricht. In: *Der fremdsprachliche Unterricht Spanisch* 44, S. 4–11.

Stadler, Wolfgang (2016): Деятельностный подход к тестированию русского языка – ein Plädoyer für handlungsorientiertes Testen im Russischunterricht. In: Bergmann, Anka (Hg.): *Kompetenzorientierung und Schüleraktivierung im Russischunterricht.* Frankfurt a.M. u. a.: Lang, S. 201–219.

3

Sternberg, Robert J. (2002): The theory of successful intelligence and its implications for language-aptitude testing. In: Robinson, Peter (ed.): *Individual Differences and Instructed Language Learning*. Amsterdam/Philadelphia: Benjamins, S. 13–43.

Strohn, Meike (2015): *Binnendifferenzierung im Englischunterricht: Die Lehrerperspektive.* Bochum/Freiburg: projekt verlag.

Swain, Merrill (1985): Communicative competence: some roles of comprehensible input and comprehensible output in its development. In: Gass, Susan/Madden, Carolyn (ed.): *Input in second language acquisition*. Rowley, MA: Newbury House, S. 235–253.

Tamboer, Jan (1979): Sich-Bewegen – ein Dialog zwischen Mensch und Welt. In: *Sportpädagogik* 3/2, S. 14–19.

Tassinari, Maria Giovanna (2007): Autonomes Fremdsprachenlernen im Hochschulbereich: Komponenten, Kompetenzen, Strategien. In: Doff, Sabine/Schmidt, Torben (Hg.): *Fremdsprachenforschung heute. Interdisziplinäre Impulse, Methoden und Perspektiven.* Frankfurt a.M.: Lang, S. 29–42.

Tassinari, Maria Giovanna (2010): *Autonomes Fremdsprachenlernen: Komponenten, Kompetenzen, Strategien*. Frankfurt a.M.: Lang.

Tönshoff, Wolfgang ([2]2013): Lernkompetenz, Lernstrategien und Lern(er)typen. In: Hallet, Wolfgang/Königs, Frank G. (Hg.): *Handbuch Fremdsprachendidaktik.* Seelze-Velber: Klett Kallmeyer, S. 195–199.

Ushioda, Ema (2011): Language Learning Motivation, Self and Identity: Current Theoretical Perspectives. In: *Computer Assisted Language Learning* 24/3, S. 199–210.

Vanderbeke, Marie/Wilden, Eva (2017): Sachfachliche Diskursfähigkeit durch fremdsprachliche affordances in bilingualen Schülerlaborprojekten. In: *Zeitschrift für Fremdsprachenforschung* 28/1, S. 3–27.

Van Lier, Leo (2004): *The Ecology and Semiotics of Language Learning: A Sociocultural Perspective*. Boston: Kluwer.

VanPatten, Bill (2014): Language Acquisition Theories. In: Fäcke, Christiane (ed.) (2014): *Manual of Language Acquisition*. Berlin/Boston: de Gruyter, S. 103–119.

Von Laban, Rudolf (1980): *The Mastery of Movement*. London: Macdonald and Evans.

Voss, Christiane (2004): *Narrative Emotionen. Eine Untersuchung über Möglichkeiten und Grenzen philosophischer Emotionstheorien*. Berlin: De Gruyter.

Weck, Christa (2020): *Lernerautonomie aus Sicht von Lehrerinnen und Lehrern des Französischen. Ein Beitrag zur professionsbezogenen Subjektive-Theorien-Forschung*. Tübingen: Narr Francke Attempto.

Wei, Li (2017): Translanguaging as a Practical Theory of Language. In: *Applied Linguistics* 239/1, S. 9–30. DOI: ▸ https://doi.org/10.1093/applin/amx039.

Weiner, Bernard ([3]1994): *Motivationspsychologie*. Weinheim: Beltz.

Wilden, Eva/Porsch, Raphaela (2019): The illusion of inclusion? Evaluating inclusive primary English as a foreign language education in an innovative special educational needs school. In: *Zeitschrift für Fremdsprachenforschung* 30/1, S. 15–31.

Will, Leo (2018): *Authenticity in English language teaching. An analysis of academic discourse*. Münster: Waxmann.

Ziegler, Albert ([2]2009): Hochbegabte und Begabtenförderung. In: Tippelt, Rudolf/Schmidt, Bernhard (Hg.): *Handbuch Bildungsforschung*. Wiesbaden: VS Verlag für Sozialwissenschaften, S. 937–951.

Zimmerman, Don H. (1998): Discoursal Identities and Social Identities. In: Antaki, Charles/Widdicombe, Sue (ed.): *Identities in Talk*. London: Sage, S. 87–106.

Handlungsorientierte Spracharbeit

Inhaltsverzeichnis

4.1 Fremdsprachliches Handeln – 98

4.2 Lesen – 102

4.3 Hören und Hör-Seh-Verstehen – 110

4.4 Schreiben – 114

4.5 Sprechen – 121

4.6 Sprachmittlung – 129

4.7 Sprachliche Mittel – 136

4.8 Sprachbewusstheit – 139

4.9 (Inter-/Trans-)Kulturelle Kommunikation – 143

4.10 Sprachlich-kulturelle Kommunikationskompetenzen und Handlungsorientierung – 145

Literatur – 145

D. Abendroth-Timmer und D. Gerlach, *Handlungsorientierung im Fremdsprachenunterricht*,
https://doi.org/10.1007/978-3-476-05826-3_4

Innerhalb der handlungsorientierten Lernprozesse, die in den letzten Kapiteln insbesondere entlang der kommunikations- und bildungstheoretischen Grundlagen sowie individuellen, aber auch sozial-interaktiven Prämissen diskutiert wurden, sollen auch sprachliche Kompetenzen seitens der Lernenden gefördert und ausgebaut werden. Dies hat zum einen kompetenzorientierte Ziele, die eine Progression sprachlicher Kompetenz (und Performanz) implizieren. Zum anderen ermöglicht eine Entwicklung dieser Kompetenzen eine zunehmend komplexere Beschäftigung mit den unterrichtlichen, fremdsprachlichen Gegenständen und trägt in der Auseinandersetzung damit sowie mit anderen Interaktanden zur Identitätsbildung bei.

Die Fertigkeiten werden im Folgenden – wie in Einleitungen üblich – zunächst getrennt voneinander in ihren Grundlagen vorgestellt. Es werden Implikationen wie die gängigsten Prinzipien oder methodischen Ansätze zusammenfassend diskutiert und dann jeweils auf handlungsorientierte Arbeit im Fremdsprachenunterricht bezogen. Die Zusammenführung der Fertigkeiten – und damit handlungsorientierter Spracharbeit – erfolgt dann entlang von Beispielen und exemplarischen Unterrichtsgegenständen in ▶ Kap. 5.

4.1 Fremdsprachliches Handeln

Sprache als komplexes System Im Folgenden wird insbesondere auf die sprachlichen Fertigkeiten eingegangen, die im Wesentlichen als grundlegende Kompetenzen angesehen werden, die handlungsleitende Spracharbeit im Unterricht herstellen können. Dabei sind sie jedoch nicht als Mindestanforderungen zu sehen (was manche Standardsetzung – siehe unten – durchaus andeuten mag). Vielmehr muss die Prozesshaftigkeit dessen, wie Schülerinnen und Schüler im Fremdsprachenunterricht in der Sprache Leseverstehen aufbauen oder Sprechen üben, von Beginn an handlungsorientiert gedacht werden. Sowohl der Prozess des Sprachenlernens bzw. Spracherwerbs wie auch der Gegenstand, die Sprache selbst, sind dabei als dynamisch und komplex zu betrachten:

> » Languages have a double nature: they are the means through which things are accomplished, transactions are done, contacts are established or ended, and by which tastes, dreams, and feelings are expressed. But whilst serving such different purposes, they also structure themselves as entities, albeit constantly evolving ones. (Piccardo/North 2019: 9)

In der internationalen Fremdsprachendidaktik und Spracherwerbsforschung hat sich mittlerweile die Vorstellung verfestigt, dass Sprache als komplexes System verstanden werden muss (vgl. z. B. Larsen-Freemann 1997/2017; van Lier 2004; Levine 2017; Piccardo/North 2019). Komplexität meint dabei keineswegs „nicht-beherrschbare Überforderung“, sondern begreift Sprache als bestehend aus vielen Komponenten, die – auch unter Beteiligung sozialer Faktoren (d. h. z. B. ihrer Sprecherinnen und Sprecher) – ständigem Wandel unterworfen ist. Der Gegenstand „Sprache“ ist dabei immer anders, je nachdem, wer sie mit welchem Ziel betrachtet: Linguist*innen arbeiten mit Sprache anders als Dolmetscher*innen, Lehrpersonen haben einen anderen Zugang zu (ihrer eigenen oder der zu vermittelnden) Sprache als Lernende. Die Komplexitätstheorie sagt auch aus, dass Spracherwerb und Sprachenlernen als System nur bedingt vorhersehbar und von zahlreichen individuellen Faktoren abhängig ist (s. ▶ Abschn. 3.1): „Variationen im System – also in der Kompetenz oder im Sprachgebrauch der Lerner – sind deshalb keine Ausnahmen im System, die ignoriert oder erklärt werden müssen; sie sind das Wesentliche im System." (Levine 2017: 24–25) Wird der Unterrichtsgegenstand Sprache so verstanden als multifaktoriell bedingt und komplex, gilt es, beim Aufbau fremdsprachlicher Kompetenzen das Lernsetting so zu gestalten, dass Lernende Gelegenheiten erhalten, sich sprachlich-handelnd einzubringen und auszudrücken (vgl. *affordances* in ▶ Abschn. 3.2). Die funktional-pragmatischen Fertigkeiten, Grammatik und Wortschatz dienen als Werkzeuge, um dieses Handeln zu ermöglichen und (Selbst-)Wirksamkeit der Lernenden real erlebbar zu machen.

Fremdsprachliche Fertigkeiten Mit dem Ziel der Förderung einer kommunikativen Kompetenz wird fremdsprachliches Handeln in funktional-pragmatischer Sicht durch fünf zentrale Fertigkeiten bestimmt: die rezeptiven Kompetenzen des Leseverstehens und Hörverstehens bzw. Hör-Seh-Verstehens, die produktiven des Schreibens und Sprechens sowie die teils fertigkeitsverbindende Sprachmittlung als fünfter Sprachkompetenz. Die Fertigkeiten werden aus dem Grund nicht selten mit Kompetenzen gleichgesetzt, als dass sie als förder- und entwickelbar, in ihrer Performanz auch beschreib- und evaluierbar, konzeptualisiert werden. Unter Fähigkeiten sind im Gegensatz dazu eher die in ▶ Kap. 3 bereits vorgestellten individuellen Faktoren zu fassen, die Fremdsprachenlernende als Disposition in den Fremdsprachenunterricht mitbringen.

Im Zusammenhang mit der Förderung sprachlicher Fertigkeiten haben standardorientierte Instrumente versucht, verschiedene Niveaustufen zu beschreiben oder verbindliche Bildungsstandards festzulegen. Die Kritik an ihnen ist nicht selten, dass sie Fremdsprachenunterricht auf funktional-pragmatische Ziele reduzieren und die mit der Disziplin ebenfalls verbundenen Bildungsansprüche wie Reflexion, Emanzipation und Fremdverstehen vernachlässigen. Eine differenzierte Betrachtung müsste jedoch dazu führen, dass sich beide Ansprüche nicht gegenseitig ausschließen, sondern eher die Progression sprachlicher Kompetenzen insofern fremdsprachliches Handeln befördern, als dass das Durchdringen z. B. kultureller Gegenstände oder interkultureller Fragestellungen erst durch sprachliche Fertigkeiten ermöglicht wird. Gleichzeitig sollte nicht angenommen werden, dass auf unteren Niveaustufen fremdsprachlicher Kompetenz interkulturelles Lernen bzw. handlungsorientiertes Arbeiten nicht möglich sein kann. Es bedarf vielmehr geeigneter Gegenstände, Probleme und Themen, die sich lohnen, altersangemessen mit Hilfe der Fremdsprache durchdrungen zu werden. Ebenso ist es notwendig, sowohl die Charakteristika der einzelnen Fertigkeiten in ihrer Differenziertheit und in ihren Ansprüchen nachvollziehen zu können, als auch die bildungssystemsteuernden und standardsetzenden Instrumente zu kennen.

Gemeinsamer europäischer Referenzrahmen für Sprachen (GeR) Auf einer politischen Ebene stand der Europarat immer schon für eine Förderung institutionalisierten Fremdsprachenlernens im europäischen Kontext. Dies soll zum einen in einem bildungstheoretischen Sinn interkulturelles Lernen und Fremdverstehen fördern, in einem eher ökonomischen Sinn – auch vor dem Hintergrund der Freizügigkeit innerhalb der Union sowie eines weit gefassten Arbeitsmarktes – flexiblere Chancen für junge Menschen bieten, in das Arbeitsleben zu starten. Der *Gemeinsame europäische Referenzrahmen für Sprachen* sowie der Begleitband *Companion Volume* sind ein Instrument, das Standards für das Erreichen bzw. Fördern dieser Ziele etabliert hat und weit über die Grenzen Europas wirksam ist (GeR; Europarat 2001, 2018).

Obwohl dieser in seiner Konzeption nie normativ sein wollte, hat er eine große normative Kraft entwickelt: Nicht nur die meisten international anerkannten und standardisierten Sprachtests richten sich mittlerweile nach den Einstufungen des GeR, auch Lehrwerke sowie begleitende Lektüren benennen, an welche Zielgruppe bezüglich der Sprachkompetenzstufe sie sich richten. Der Referenzrahmen unterteilt fremdsprachliches Können in sechs übergeordnete Stufen beginnend mit A1 und A2 (elementare Sprachverwendung), B1 und B2 (selbständige Sprachverwendung) sowie C1 und C2 (kompetente Sprachverwendung). Fremdsprachenlernende beginnen im Grunde vor A1 und zeigen dann in den verschiedenen Fertigkeitsbereichen bei guter Förderung eine Progression in Richtung der höheren Stufen. C2 entspricht einem muttersprachlichen Niveau. Die Stufen sind allerdings nicht äquidistant, d. h. das zu investierende Zeitvolumen erhöht sich von Stufe zu Stufe. Der Abstand zwischen den Stufen A1 und A2 ist also sehr viel kleiner als der Sprung von der Stufe B1 zu B2. Im Einzelnen sind diese Lernwege aber sehr individueller Natur und von den Kenntnissen weiterer Sprachen, allgemeinen Lerndispositionen und den Sprachlernerfahrungen abhängig (s. ▶ Kap. 3).

Der GeR gibt für jede Stufe Indikatoren und Deskriptoren im Sinne von „Kann"-Beschreibungen in Verbindung mit entsprechenden Texten oder Genres, die Lernende – je nach Kompetenz und Stufe – rezipieren oder produzieren können. ◘ Tab. 4.1 zeigt hier lediglich die Beschreibungen der sogenannten Globalskala. Der GeR an sich ist weitaus differenzierter angelegt und beschreibt hinsichtlich der verschiedenen Fertigkeiten auch Unter-Kompetenzen, z. B. bezüglich der Rezeption von audiovisuellen Medien.

Der GeR kann – bezogen auf die Förderung sprachlich-funktionaler Aspekte – für die Unterrichtsplanung eingesetzt werden (s. ▶ Kap. 6). Nicht selten wird im Sinne Vygotskys Zone der proximalen Entwicklung (Vygotsky 1978/1986) kompetenzorientiert argumentiert, dass das Niveau der einzusetzenden Materialien zur Förderung eines Kompetenzbereichs immer leicht über dem aktuellen Niveau liegen soll, um herausfordernd und damit motivierend zu sein. Gleichzeitig bieten die Niveaustufen mit ihren Deskriptoren die Möglichkeit, Lernstände festzustellen und entsprechende Fördermaßnahmen zum Erreichen der nächsthöheren Stufe einzuleiten (s. ▶ Abschn. 6.3).

Tab. 4.1 Die Globalskala des *Gemeinsamen europäischen Referenzrahmens für Sprachen* (leicht angepasst nach Europarat 2001: 35)

Stufe	Deskriptor
A1	Kann vertraute, alltägliche Ausdrücke und ganz einfache Sätze verstehen und verwenden, die auf die Befriedigung konkreter Bedürfnisse zielen. Kann sich und andere vorstellen und anderen Leuten Fragen zu ihrer Person stellen – z. B. wo sie wohnen, was für Leute sie kennen oder was für Dinge sie haben – und kann auf Fragen dieser Art Antwort geben. Kann sich auf einfache Art verständigen, wenn die Gesprächspartnerinnen oder Gesprächspartner langsam und deutlich sprechen und bereit sind zu helfen
A2	Kann Sätze und häufig gebrauchte Ausdrücke verstehen, die mit Bereichen von ganz unmittelbarer Bedeutung zusammenhängen (z. B. Informationen zur Person und zur Familie, Einkaufen, Arbeit, nähere Umgebung). Kann sich in einfachen, routinemäßigen Situationen verständigen, in denen es um einen einfachen und direkten Austausch von Informationen über vertraute und geläufige Dinge geht. Kann mit einfachen Mitteln die eigene Herkunft und Ausbildung, die direkte Umgebung und Dinge im Zusammenhang mit unmittelbaren Bedürfnissen beschreiben
B1	Kann die Hauptpunkte verstehen, wenn klare Standardsprache verwendet wird und wenn es um vertraute Dinge aus Arbeit, Schule, Freizeit usw. geht. Kann die meisten Situationen bewältigen, denen man auf Reisen im Sprachgebiet begegnet. Kann sich einfach und zusammenhängend über vertraute Themen und persönliche Interessengebiete äußern. Kann über Erfahrungen und Ereignisse berichten, Träume, Hoffnungen und Ziele beschreiben und zu Plänen und Ansichten kurze Begründungen oder Erklärungen geben
B2	Kann die Hauptinhalte komplexer Texte zu konkreten und abstrakten Themen verstehen; versteht im eigenen Spezialgebiet auch Fachdiskussionen. Kann sich so spontan und fließend verständigen, dass ein normales Gespräch mit Muttersprachlern ohne größere Anstrengung auf beiden Seiten gut möglich ist. Kann sich zu einem breiten Themenspektrum klar und detailliert ausdrücken, einen Standpunkt zu einer aktuellen Frage erläutern und die Vor- und Nachteile verschiedener Möglichkeiten angeben
C1	Kann ein breites Spektrum anspruchsvoller, längerer Texte verstehen und auch implizite Bedeutungen erfassen. Kann sich spontan und fließend ausdrücken, ohne öfter deutlich erkennbar nach Worten suchen zu müssen. Kann die Sprache im gesellschaftlichen und beruflichen Leben oder in Ausbildung und Studium wirksam und flexibel gebrauchen. Kann sich klar, strukturiert und ausführlich zu komplexen Sachverhalten äußern und dabei verschiedene Mittel zur Textverknüpfung angemessen verwenden
C2	Kann praktisch alles, was er / sie liest oder hört, mühelos verstehen. Kann Informationen aus verschiedenen schriftlichen und mündlichen Quellen zusammenfassen und dabei Begründungen und Erklärungen in einer zusammenhängenden Darstellung wiedergeben. Kann sich spontan, sehr flüssig und genau ausdrücken und auch bei komplexeren Sachverhalten feinere Bedeutungsnuancen deutlich machen

Bildungsstandards Nicht als unmittelbare Folge, aber inmitten des PISA-Schocks im Jahr 2001 entwickelte die Ständige Konferenz der Kultusminister in der Bundesrepublik Deutschland (kurz: Kultusministerkonferenz oder KMK) in den frühen 2000er Jahren Bildungsstandards, welche zum Zwecke der Qualitätssicherung (und damit als Outputorientierung) das mittels Schule zu erreichende Mindestmaß – jeweils fachlich ausdifferenziert – für bestimmte Bildungsabschlüsse festlegt. Bildungsstandards sind wie die Kompetenzorientierung wiederholt Gegenstand von Kritik geworden, die u. a. eine zu starke Steuerung des Unterrichts durch ein ‚teaching to the test' und eine zu funktional ausgerichtete Unterrichtsgestaltung sehen (vgl. z. B. Zydatiß 2005/2008; Breidbach 2008; Leupold 2013). Die Standards sind dabei Regelstandards, keine Mindestanforderungen, was gleichzeitig bei der Betrachtung und Diskussion berücksichtigt werden muss.

Für die erste Fremdsprache ist bezogen auf die sprachlichen Kompetenzen für die Hauptschule ein A2-Niveau als Ziel vorgesehen, für den mittleren Schulabschluss B1, für die Allgemeine Hochschulreife etwa B2 (teilweise z. B. in Leistungskursen bzw. für die rezeptiven Fertigkeiten sogar C1). Realistisch ist allerdings für die erste Fremdsprache mit ca. 1200 h Unterricht am Ende der Jahrgangsstufe 12 eher ein Niveau anvisierbar, das leicht über B1 liegt (B1+; vgl. Tschirner 2008). Ähnliches wird für die zwar später einsetzende zweite Fremdsprache erwartet, hier sind aber positive Transfereffekte erwartbar, wenn diese unterrichtlich genutzt werden.

Die Bildungsstandards orientieren sich damit ebenfalls am GeR, ergänzen diesen jedoch um in der Schule besonders zu vermittelnde interkulturelle sowie methodische Kompetenzen, die nicht nur unmittelbar fertigkeitsbezogen konzeptualisiert wurden, sondern auch Lernstrategien (s. auch ▶ Abschn. 4.1), Präsentations- bzw. Mediennutzungstechniken einbeziehen. Das Ziel ist eine Diskursfähigkeit, die einen angemessenen Umgang sowie die eigenständige Rezeption und Produktion fremdsprachlicher Texte (mündlich wie schriftlich) fördert, die im Anspruch zusätzlich in der gymnasialen Oberstufe ansteigt. Daher sind dort besonders auch eine sich entwickelnde Sprachlernkompetenz sowie Sprachbewusstheit als separate Kompetenzen in den Bildungsstandards verortet (vgl. ◘ Abb. 4.1). Zu Letzterer gehört die zunehmende Sensibilität gegenüber der sozial-kontextuellen Gebundenheit von Sprache, damit verbunden auch die individuelle Persönlichkeitsbildung vor dem Hintergrund einer (fremd)sprachlichen Identität. Folgendes wird von der KMK (2012: 21) beispielsweise auch für den Unterricht formuliert: „Die Reflexion über Sprache richtet sich auch auf die Rolle und Verwendung von Sprachen in der Welt, z. B. im Kontext kultureller und politischer Einflüsse."

4.2 Lesen

Lesesozialisation Lesesozialisation bezeichnet das Hineinwachsen des Individuums in eine durch Schriftsprache geprägte Gesellschaft und die individuelle Interpretation und ggf. Aneignung der damit verbundenen Praktiken (vgl. Groeben/Hurrelmann 2004). Literarische Sozialisation ist dabei stärker bildungstheoretisch geformt durch die Konfrontation mit literarischen Texten z. B. im Kindesalter durch Vorlesen bzw. Hören von Geschichten, später verstärkt auch das bewusste Rezipieren von Filmen, Geschichten und fiktionalen Werken (vgl. Philipp 2011a/b). Die Nutzung verschiedener Medien und Textformen ist dabei spezifisch

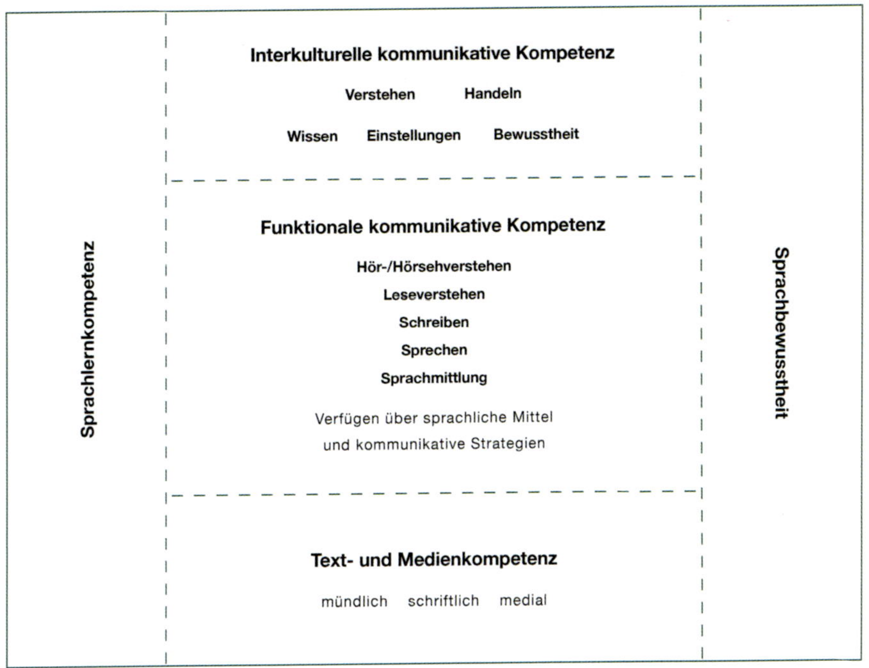

Abb. 4.1 Bildungsstandards für die fortgeführte Fremdsprache in der Sekundarstufe II (KMK 2012: 12)

für bestimmte soziale Schichten, im Wesentlichen ähnelt das elterliche Nutzungsverhalten innerhalb der Schicht dem der Heranwachsenden aufgrund von Imitation oder auch (mangelnder) Verfügbarkeit (z. B. von literarischen Texten; vgl. Ennemoser/Schneider 2004).

Leseflüssigkeit Neben vorschulisch bereits beobachtbaren Faktoren (sog. Vorläuferfertigkeiten) wie Intelligenz sowie phonologischer Bewusstheit, d. h. der Fähigkeit sprachliche Einheiten identifizieren, isolieren und ggf. auch manipulieren zu können, gilt die Benenngeschwindigkeit als ein wichtiger Prädiktor für die spätere Lesekompetenz. Schnelles Benennen ist eng verbunden mit Verarbeitungsprozessen im Arbeitsgedächtnis, das sowohl den lexikalischen Abruf aus dem Langzeitgedächtnis steuert, aber auch die Informationsaufnahme und Weiterleitung. Das Benennen einzelner Wörter, was im Satz- und Textzusammenhang als Lesegeschwindigkeit gemessen wird, ist eine kognitive Grundlage des Lesens (vgl. z. B. Munser-Kiefer 2014; Castles/Rastle/Nation 2018). In der Deutschdidaktik wird Leseflüssigkeit in vier Komponenten aufgeteilt (vgl. Rosebrock/Nix 2017: 37):

1. Genauigkeit des Dekodierens
2. Automatisierung der Dekodierfähigkeit
3. Lesegeschwindigkeit und
4. Fähigkeit zum ausdrucksstarken Vorlesen.

Beim Blick in einschlägige Einführungsbände der letzten beiden Jahrzehnte wird deutlich, dass in der Fremdsprachendidaktik das Konstrukt Leseflüssigkeit mit seinen Teilkomponenten lange zugunsten der Diskussion hierarchiehöherer Leseverstehensprozesse (s. u.) vernachlässigt wurde (vgl. Gerlach/Lüke 2020). Ein Grund hierfür war die Annahme, dass die grundlegenden Lesefertigkeiten als Ergebnis des Schriftspracherwerbs in der Grundschule nach Klasse 4 weitgehend abgeschlossen seien, dass also den Schülerinnen und Schülern Dekodierstrategien vorlägen, die sprachenunabhängig übertragbar seien. Nicht selten kommt es allerdings zu Entwicklungsverzögerungen, mangelhafter Automatisierung dieser Strategien oder Schwierigkeiten, diese in die LX zu übertragen. Ist diese Automatisierung nur unzureichend angelegt, können Wörter z. B. nicht schnell benannt werden, wird viel Aufmerksamkeit auf die Dekodierung gelegt, fehlt diese für die Leseverstehensprozesse (vgl. Lutjeharms 2010). Flüssige Leserinnen und Leser folgen weitgehend automatisiert „den semantischen, syntaktischen, orthographischen und morphologischen Hinweisen im Text" (Rosebrock/Nix 2017: 39) und haben damit die Grundlage für hierarchiehöhere Verstehensprozesse. Hierarchieniedrigere Lesefertigkeiten zu fördern gehört also unbedingt in den handlungsorientierten Fremdsprachenunterricht, der eine Basis für Leseverstehen legen möchte (vgl. Gerlach/Lüke 2020).

Ebenen des Lesens und Leseverstehen Als Leseverstehen gelten alle Prozesse, die zu einer Informationsentnahme aus Texten führen. Es wird daher nicht selten auch „als Kern der Lesekompetenz betrachtet" (Philipp 2012: 38), die weiter unten detaillierter konturiert wird.

Gemeinhin wird beim Lesen als rezeptiver Fertigkeit (wie auch beim Hörverstehen) von zwei Richtungen ausgegangen, aus denen heraus Bedeutung konstruiert wird: Zum einen kann dies die basale, sehr kleinschrittige Dekodierung einzelner Wörter oder Sätze *(bottom-up processing)* sein oder zum anderen die Entschlüsselung auf Basis des individuellen Vorwissens (Weltwissen oder Erfahrungen) und vorhandener Schemata *(top-down processing)*. Dass diese Prozesse streng voneinander getrennt ablaufen bzw. bewusst seitens der Leserin oder des Lesers gesteuert werden können, wird allerdings zunehmend bezweifelt, so dass eher von einer Interaktion beider ausgegangen wird (*interactive model;* vgl. Hudson 2007).

Diehr und Frisch (2010) haben die verschiedenen Ebenen, Schritte und Wissensformen in einem Lesemodell zusammengebracht (s. ◘ Abb. 4.2). Es betont zum einen die *bottom-up* stattfindenden Prozesse des schrittweisen Dekodierens (schon auf der Ebene des Erschließens von Graphem-Phonem-Zuordnungen) über die Wort- und Satzerkennung und dem Entschlüsseln diskursiver sowie propositionaler Merkmale im Text. Dieses Dekodieren steht dabei im Abgleich mit sprachlichem sowie Welt-Wissen *(top-down)* und führt ganzheitlich gesehen zu Textverständnis als mentaler Repräsentation des Lesenden. Gerahmt wird dieser Prozess vom Text hin zum Verständnis desselben von der individuellen Leseabsicht, d. h. der Zielsetzung (Motivation), die der Leser/die Leserin verfolgt, sowie dem soziokulturellen Lesekontext, in den der Text eingebettet ist.

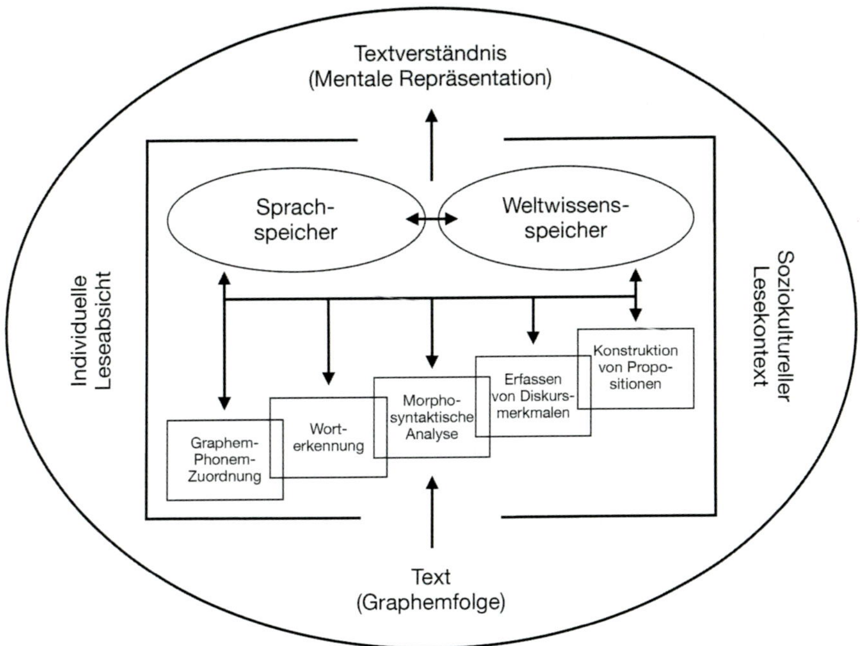

Abb. 4.2 Lesemodell von Diehr/Frisch (2010: 27)

Lesemotivation und Emotion Sowohl fiktionale wie non-fiktionale Texte können eine emotionale Ebene bei den Leserinnen und Lesern ansprechen, (Lese-) Freude bereiten und Spaß machen, Betroffenheit, Trauer und Anteilnahme auslösen. Die Identifikationskraft der Rezipient*innen mit Figuren in Geschichten, die Reflexion über ihre Handlungen und Erlebnisse sowie das In-Verhältnis-Setzen dessen mit der eigenen Lebenswelt können idealiter zur Identitätsbildung Heranwachsender beitragen. Hennig-Klein (2018) zeigt aber auch, dass eine empfundene starke sozio-emotionale Nähe der Protagonist*innen bei den Lernenden zu Abgrenzungsbemühungen führen kann und wie hierauf reagiert werden kann (s. ► Abschn. 5.1). Eine habitualisierte Freude am Lesen, die primär durch lesesozialisatorische Prozesse im Elternhaus, aber auch durch schulische Förderung geschehen kann, führt zu *flow*-Erleben (vgl. Csikszentmihalyi 1990).

Definition

Der Begriff *flow* meint einen Zustand der Vergessenheit und des kognitiv und emotional vollständigen Aufgehens in eine Aufgabe. Ein *flow*-Erleben im Leseprozess bedeutet, dass die lesende Person die Welt um sich herum vergisst und gänzlich in die Welt des Textes abtaucht, die Zeit vergisst. *Flow* ist damit als die im höchsten Maße intrinsische Form der Lesemotivation zu betrachten, die Schülerinnen und Schüler im Umgang mit Texten erreichen können.

Lesemotivation ist allerdings nicht nur intrinsisch zu verorten, sondern kann von verschiedenen Aspekten abhängig sein. Tab. 4.2 stellt unterschiedliche Lesemotive bzw. Formen von Lesemotivation gegenüber.

Im Zusammenhang mit dem Lesen von Büchern in der L1 findet sich zunehmend das Phänomen des Leseknicks in der Literatur. Hierunter versteht man „den plötzlichen, starken Rückgang des Lesens zu einem bestimmten Zeitpunkt. Kinder und Jugendliche hören entweder ganz auf zu lesen oder ihre Motivation verändert sich, so dass sie weniger lesen" (Pfaff-Rüdiger 2011: 49). Handlungsorientierte Ansätze der Leseförderung müssen diesem Umstand im Fremdsprachenunterricht insofern Rechnung tragen, als sie Mittel und Wege aufmachen, interessengeleitete, möglichst lernendenorientierte Zugänge zum Lesen und Literatur zu finden. Wie dies gelingen kann, wird weiter unten umfassender sowie an Beispielen in ▶ Abschn. 5.1 erläutert.

Lesekompetenz In Diskussionen um die Förderung des Lesens werden verschiedene Lesekompetenzbegriffe mit unterschiedlichen Schwerpunktsetzungen verwendet. Grundlage der meisten Konzeptualisierungen des Konstrukts sind vier Faktoren, die Lesekompetenz nach Hurrelmann (2003) als „basale Kulturtechnik" (ebd.: 7) ausmachen: kognitive und affektive Faktoren (Dekodierfähigkeiten, Motivation und Emotion), Reflexionsfähigkeit und die Fähigkeit, in eine Anschlusskommunikation zum Text zu treten. Wie dem Lesemodell von Diehr/Frisch (2010) ist dem „Mehrebenenmodell des Lesens" nach Rosebrock/Nix (2017; s. Abb. 4.3) eigen, dass neben Dekodieren und Identifizieren textlicher Strukturen (Prozessebene) auch die Subjektebene und die soziale Ebene einbezogen werden müssen. Dies betrifft einerseits das Involvieren der/des Lesenden, ihre/seine Motivation, das individuelle Wissen und die Reflexion, andererseits den soziokulturellen Kontext, der über die Anschlusskommunikation, also das Reden über das Gelesene, mit Familie, Schule, *peers* und im kulturellen Leben erfolgt.

Einem weiten Textbegriff folgend kann Lesekompetenz damit auf das Entschlüsseln, Reflektieren und Kommunizieren von und über verschiedenste Textarten bezogen werden: fiktionale Romane und non-fiktionale Sachtexte, digitale

Tab. 4.2 Lesemotive und damit verbundene Varianten der Lesemotivation (Philipp 2011a: 34)

Unterscheidungsdimension	Gegenüberstellung der Begriffspaare	
Angestrebter Zweck	**Unterhaltung**	**Information**
Textart	Fiktional	Nonfiktional
Kontext	Freizeit	Schule/Beruf
Dauer/Vorkommen	Aktuell	Habituell
Anreiz des Lesens	Intrinsisch	Extrinsisch
Personale Quelle des Leseantriebs	Eigene Person	Fremde Person(en)
Funktionalität für das Leseverstehen	Funktional (förderlich)	Dysfunktional (hemmend)

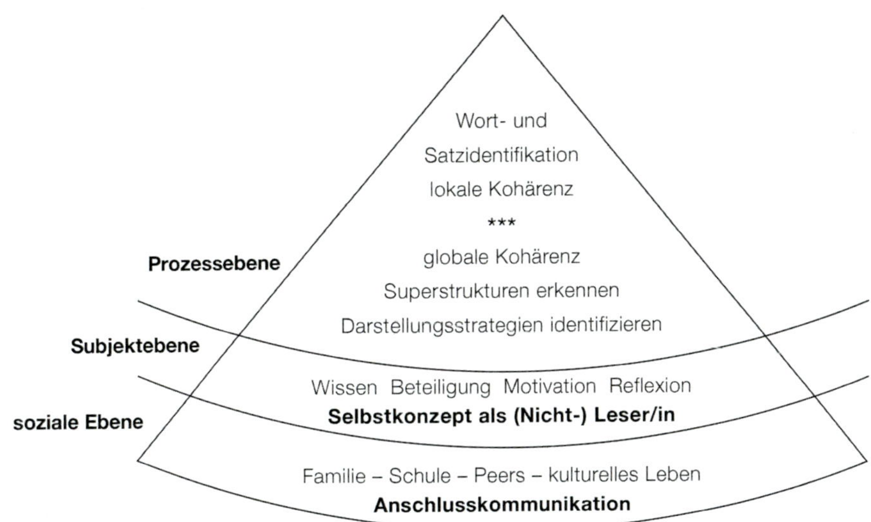

Abb. 4.3 Mehrebenenmodell des Lesens (Rosebrock/Nix 2017: 11)

Texte (Blogs, Social Media), Zeitungsartikel, Werbung, Graphic Novels. Auch das Beschreiben und Interpretieren von Diagrammen und Fotos, ihre Kontextualisierung und Relationierung für bestimmte Zusammenhänge, die im Fremdsprachenunterricht aufgeworfen werden, gehören in dieses Feld.

Lesen in L1 und LX Das Lesen in der Fremdsprache ist als komplexerer Prozess zu werten als das Lesen in der L1, da Ersteres immer auch Wissen der L1 mitberücksichtigt (vgl. Koda 2005). Schon in der L1 wird zwischen zwei „Sprachen" vermittelt, der Symbolebene aus Buchstaben (Graphemebene) und der Lautebene (Phonemebene), deren Übersetzungsprozess zunächst erlernt, Graphem-Phonem-Korrespondenzen und morphologisches Wissen um die L1-Strukturen aufgebaut werden muss. Nicht selten müssen Lernende feststellen, dass sich das in der L1 erworbene Wissen nicht als direkt transferierbar und produktiv nutzbar zeigt: Während wir quantitativ betrachtet in der L1 eine normale Lesegeschwindigkeit von ca. 150 Wörtern pro Minute erwarten (vgl. Rosebrock/Nix 2017), ist diese in der LX in der Regel geringer. Dies ist zudem abhängig von der orthographischen und morphosyntaktischen Komplexität der Zielsprache sowie dessen Ähnlichkeit zur L1, wenn Schülerinnen und Schüler bereits in ihr alphabetisiert wurden.

Als eine Grundvoraussetzung kompetenten Lesens in der Fremdsprache gelten darüber hinaus ein gewisser Entwicklungsstand in der L1 sowie eine sprachenübergreifende Sprachlerneignung (vgl. Cummins 1991; s. ▶ Abschn. 3.1). Damit ist dem Lesen in der LX und seiner Förderung ein höherer Komplexitätsgrad zu attestieren als der Förderung in der L1, da die individuellen Voraussetzungen ungleich umfangreicher erscheinen. Als förderlich für den Aufbau von fremdsprachlicher Lesefähigkeit gelten die Exposition mit entsprechenden Texten, die Bewusstmachung von Unterschieden und Gemeinsamkeiten zwischen L1 und LX sowie mit zunehmendem Alter die Förderung von Strategien (s. u.), welche meist in beiden Sprachen einsetzbar sind.

Lesestile und Texterschließungsstrategien Hinsichtlich der oben angesprochenen Konstruktionswege von Bedeutung beim Lesen ist davon auszugehen, dass ohne entsprechende Intervention(en) seitens einer Lehrkraft oder begleitenden Bildmaterials Texte in der Fremdsprache zunächst primär über *bottom-up*-Prozesse erschlossen werden, während mit wachsendem lexikalischem (und ggf. zielkulturellem Welt-)Wissen stärker auch *top-down* Bedeutung konstruiert wird. Entsprechende Aktivitäten, die vor dem eigentlichen Lesen stattfinden (*pre-reading strategies;* s. u.) und darauf abzielen, Wissen zu aktivieren, können *top-down processing* begünstigen.

4

Allgemein lassen sich Lesestrategien (s. auch ▶ Abschn. 4.1) von Lesetechniken unterscheiden. Erstere werden als übergeordnete, auch komplexere Herangehensweisen an Texte charakterisiert, welche stark *top-down* wirken (können), während Lesetechniken eher *bottom-up*-Verstehensprozesse fördern und begünstigen (s. ◘ Tab. 4.3).

Literarische Kompetenz Während frühere Unterrichtskonzepte, angelehnt an die Schule des *New Criticism,* streng formorientiert waren und damit dekontextualisiert Literatur als künstlerische Stücke interpretierbar machten, wird heute stärker der rezeptionsästhetische Wert in der Literaturdidaktik betont (s. ▶ Abschn. 2.7, 3.3, 5.1). Literatur im weitesten Sinne – und damit gehören beispielsweise auch Filme zu dieser Kategorie – soll im Hinblick auf die individuelle Wirkung auf den*die Lesende*n didaktisch-methodisch aufbereitet werden, also auch eine je subjektive Interpretation und Reflexion ermöglichen. Sie soll darüber hinaus auch zum kreativen Umgang mit ihr, der Reinterpretation bzw. De- und Rekonstruktion, anregen, performative Darstellungen wie Theater, filmische Umsetzungen oder Standbilder ermöglichen. Es liegt auf der Hand, dass diese Unterrichtsformen im besonderen Maße handlungsorientierten Prinzipien entsprechen.

Es ist allerdings auch ein bedeutendes Ziel moderner Literaturdidaktik, die Texte – entgegen der Strömung des *New Criticism* – zu kontextualisieren, sie als Produkte ihrer Zeit in einem soziokulturell-historischen Gefüge entstanden zu begreifen. Die nötigen Hintergrundinformationen, die für diese Kontextualisierung im Verstehen nötig sind, müssen daher didaktisch aufbereitet und handlungsorientiert anwendbar gemacht werden, um Reflexion und Anschlusskommunikation auf Grundlage dieser Wissensbasis zu ermöglichen (vgl. Hallet/Surkamp/Krämer 2015). Der *Companion Volume* (Europarat 2018) greift neue Skalen zur Modellierung literarästhetischer Kompetenzen auf, bleibt aber nach wie vor an pragmatisch-inhaltlichem Verstehen gebunden und ist noch weiter im Hinblick auf unterschiedliche Bildungskontexte sowie die Spezifik von Literatur – z. B. Anbahnung sprachlich-kultureller Lernprozesse – zu ergänzen (vgl. Schädlich 2019). Steininger (2014) hat literarische Kompetenz empirisch in fünf Dimensionen und entsprechende Subdimensionen modelliert:

Tab. 4.3 Texterschließungsstrategien und -techniken nach Henseler/Surkamp (2013: 89–90)

	Strategien	Techniken
Bereitstellung	**Vor der Lektüre** • relevantes Vorwissen aktivieren • Aufmerksamkeit fokussieren, Interesse lenken	***Pre-reading activities*** • Hypothesen über Textsorte, Textinhalt bilden • sich auf Überschriften, grafische Hervorhebungen, Bilder konzentrieren • Fragen an den Text formulieren Wortfelder erarbeiten
	Während der Lektüre • fortlaufend relevantes Vorwissen aktivieren • fortlaufend Leseerwartung und Textinhalt vergleichen	***While-reading strategies*** • Lektüre unterbrechen und Hypothesen und Fragen formulieren • *Think aloud*
Erschließung	**Kompensationsstrategien** unverstandene Textelemente erschließen oder kompensieren • unwichtige Textelemente überlesen • im lexikalisch-semantischen Bereich erschließen • im strukturellen Bereich erschließen • mit Hilfsmitteln umgehen kontrollieren und evaluieren	• zum Textverständnis nicht notwendige unbekannte Wörter durchstreichen, Positivlesen • Wörter über Internationalismen, Muttersprache, andere Fremdsprachen, sprachimmanente Ableitungsregeln, Kontext erschließen • unterstreichen, gliedern, Fragen formulieren • mit dem Wörterbuch arbeiten • Abschnitte (gegebenenfalls auf Deutsch) zusammenfassen
	Inferierungsstrategien • im Text nur implizit enthaltene Informationen erschließen	• logische Strukturen eines Textes mithilfe von Schemata *(graphic organizers)* visualisieren
Verarbeitung	**Anpassen des Lesestils** an Leseintentionen, Text, Rahmenbedingungen • orientierend *(skimming)* • suchend *(scanning)* • kursorisch *(receptive)* • detailliert *(intensive)* • analytisch *(close)* • argumentativ *(responsive)* • kombiniert *(combined)*	• *skimming:* Text am Layout zur ersten Orientierung überfliegen • *scanning:* nach Schlüsselwörtern suchen • Schlüsselwörter unterstreichen *note-taking:* Notizen zum Inhalt einzelner Abschnitte anfertigen • Symbole einfügen • visualisieren • *SQ3R-method (Survey, Question, Read, Recite, Review)*
	Aufbereitung • Wissen rekonstruieren und verdichten • Gelesenes in Vorwissen und persönliche Erfahrungen integrieren (elaborative Strategien) • Textinhalt bewerten	• Hauptgedanken/Thema einzelner Textabschnitte notieren • Text in einem Satz zusammenfassen • Anschlusskommunikation pflegen

- Kommunikative Kompetenzen: Sprachvermögen, Leseverstehen, Textproduktion
- Psycho-soziale Kompetenzen: affektive und ästhetische Fähigkeiten
- Reflexive Kompetenzen: Weltwissen, Sprachwissen, literarisches Wissen
- Interkulturelle Kompetenzen: soziokulturelles Wissen, Fremdverstehen
- Methodische Kompetenzen: Textbegegnung, Sinnkonstitution, Schreibhandeln, Aufführung und Vortrag

Die Arbeit mit Literatur im Fremdsprachenunterricht hängt von diesen Dimensionen mittels eines dementsprechend förderlich gestalteten, handlungsorientierten und ästhetischen Zugangs ab. Je nach literarischem Werk oder Genre, Alter und Motivation der Lernenden können über die Subdimensionen Zugänge zu literarisch-kulturellen Gegenständen gesucht werden.

Handlungsorientierte Leseförderung Lesen gilt als komplexe Fertigkeit, die sich als solche auf Grundlage der individuellen Faktoren höchst unterschiedlich entwickelt. Nicht selten wird in höheren Klassenstufen jenseits der Primarstufe von einer grundsätzlich vorhandenen Lesekompetenz ausgegangen, was dazu führt, dass unmittelbar auf höheren Ebenen Leseförderung stattfindet, die nicht selten direkt auch literaturdidaktische Fragestellungen in den Unterricht zu holen versucht. Aufgrund der hohen Zahl von leseschwachen Schülerinnen und Schülern (vgl. Gerlach 2019) stellt die Diagnose und Förderung gerade auch von hierarchieniedrigeren Unterfertigkeiten wie der Leseflüssigkeit im Fremdsprachenunterricht eine bedeutende Grundlage dar, um überhaupt Leseverstehensprozesse initiieren zu können (vgl. Gerlach/Lüke 2020). Auch diese können dabei handlungsorientiert gestaltet werden, wenn motivationale Faktoren ernst genommen und beispielsweise Strategiewissen sowie autonomes und interaktionales Handeln im Zusammenhang mit Texten gefördert wird (s. Beispiele in ▶ Kap. 5).

Auf den höheren Ebenen der Lesekompetenz können wiederum stärker bildungstheoretisch orientierte Konzepte handlungsorientierter Sprachförderung greifen: Sinnstiftendes Handeln und Kommunizieren im Anschluss an das Lesen einer Lektüre oder Kurzgeschichte (Anschlusskommunikation), das spielerisch-ganzheitlich, kreativ-weitererzählende Darstellen von Szenen oder das gemeinsame, interaktional auszuhandelnde Interpretieren – z. B. über kooperative Verfahren (s. ▶ Abschn. 5.1) – gehören genauso hierzu wie das Transformieren eines Sachtextes in eine Grafik oder andere Präsentationsformen, die differenzierte bzw. differenzierende Zugänge zur Thematik ermöglichen.

4.3 Hören und Hör-Seh-Verstehen

Herausforderungen beim Hör-/Hör-Seh-Verstehen Das Hörverstehen (oder *audio literacy*; vgl. Blell 2017) bzw. Hör-Seh-Verstehen (vgl. Beiträge in Michler/Reimann 2016) ist als zweite rezeptive Fertigkeit ein komplexer Prozess, der sowohl allgemeine kognitionspsychologische Aspekte (Stimmhaftigkeit, Klanghöhe, Lautstärke) wie auch kulturelle Aspekte der Wahrnehmung betrifft (sprachspezifische

Phoneme oder Töne, Klangräume) (vgl. Blell 2017: 7). Es findet sowohl gesteuert während gezielter Übungen statt, die den Fokus auf Hörtexte oder audiovisuelle Medien legen, benötigt allerdings ebenfalls ein Höchstmaß an Aufmerksamkeit *(cognitive load)* in spontanen Interaktionen zwischen Fremdsprachenlehrkraft und Lernenden sowie zwischen den Lernenden untereinander bzw. in Kontakt mit Dritten. Während in diesen Situationen oder Übungsphasen Bedeutung konstruiert wird, greifen Lernende auf verschiedene Unterkompetenzen zurück, die Hörverstehen bedingen (vgl. Schumann 2008):

- Zum einen ist dies die **sprachliche Kompetenz**, die auf phonetischer, lexikalischer und grammatikalischer Ebene das Gehörte verarbeitet,
- die **soziolinguistische Kompetenz**, welche Gesprächsverläufe verständlich macht und die Beziehung zwischen Sprecherinnen und Sprechern identifiziert,
- die **pragmatische Kompetenz**, die Diskursverläufe mit ihren Wendungen und Strukturen versteht und zuletzt
- die **strategische Kompetenz**, welche dem Hörer bzw. der Hörerin erlaubt, in den Diskursverlauf einzusteigen bzw. über das Gesprochene in Kommunikation mit Anderen zu treten.

Bei der Arbeit mit Hörtexten steht zudem nicht selten die Frage im Raum, wie authentisch es ist, beispielsweise einen Dialog in der Fremdsprache mehrfach zu hören, um Verstehensprozesse anzuregen bzw. mit unterschiedlichen Höraufträgen den Text zu verarbeiten. Dies zielt auf Fragen der Authentizität, lässt sich aber in Übungssituationen zur Förderung des Hörverstehens nur selten vermeiden, sollen Schülerinnen und Schüler mit dem Ziel gefördert werden, dass sie in Interaktionsprozessen mit Muttersprachlerinnen und Muttersprachlern potenziell in Austausch treten und diese verstehen sollen. Medien wie Filme (oder Szenen daraus), bei denen auch Hörverstehen, allerdings unterstützt durch visuelle Elemente (Hör-Seh-Verstehen), im Vordergrund steht, werden zwar in der Regel auch mehrfach betrachtet, jedoch ist das methodisch-didaktische Setting hier anders gelagert: Die Arbeit mit dem Medium als Text steht im Vordergrund – zumal dieser in der Regel ein authentisches, kulturelles Produkt ist.

Ebenen des Hör-/Hör-Seh-Verstehens Wie beim Leseverstehen können auch hier *bottom up-* sowie *top-down*-Prozesse (aktiv) genutzt werden. Bei Letzterem werden Schemata und Vorwissen aktiviert, bei Ersterem primär auf Grundlage des eigentlichen sprachlichen Akts Bedeutung konstruiert. Je nach Gestaltung des Hörtextes können auch begleitende Musik, Geräusche oder Erzähltexte das Verstehen unterstützen. Beim Hör-Seh-Verstehen von Filmen, aber auch in realen Interaktionen, sind es visuelle Zeichen von Bewegungen, Mimik, Gestik und Proxemik, die Sprechhandlungen unterstreichen, verständlicher machen, möglicherweise auch irritieren, wenn eine Aussage nicht mit dem Handeln übereinstimmt. Gleichzeitig ist die Informationsdichte und -fülle bei audiovisuellen Medien deutlich höher, das Arbeitsgedächtnis (vgl. Flower/Hayes-Modell zum Schreiben unten) in seiner Abhängigkeit von individuellem Vorwissen und notwendig aufzunehmenden Informationen steht latent ständig vor Überforderung (vgl. Porsch/Grotjahn/Tesch 2010).

4

Visuelle Kompetenz Die mediale Rezeption von Film erfordert neben dem Hörverstehen auch ein dezidiertes Sehverstehen (visuelle Kompetenz bzw. *visual literacy*; vgl. auch Michler/Reimann 2016). Sie geht einher mit einem weiten Literalitätsbegriff, der Bilder (oder im Film: Bildfolgen) als Text versteht und damit ähnliche Zugänge der Interpretation und Wirkungsrezeption ermöglicht wie bei literarischen Texten. Dabei wird nicht selten im Fremdsprachenunterricht der Zugang zu einem Bild zunächst auf einer Ebene des Beschreibens gesucht, bevor Wirkung und Komposition analysiert und bewertet werden. Dies stellt zum einen das Erschließen und ggf. Absichern der für die Interpretation nötigen sprachlichen Mittel sicher, zum anderen gehört es zur Förderung einer Sprachbewusstheit sowie Analysekompetenz, zwischen Beschreibung und Interpretation klar trennen zu können.

Hör-/Hör-Seh-Strategien Strategisches Verstehen von Hörtexten oder audiovisuellen Medien berücksichtigt *bottom-up*- und *top-down*-Prozesse bzw. das Potenzial ihrer Interaktion. So kann ein Hörtext zunächst zu dem Zweck präsentiert werden, dass allgemein verstanden wird, worum es in einer Konversation geht, beim nächsten Hören kann es um Details gehen, die parallel zum Hören beispielsweise mithilfe eines Arbeitsblattes festgehalten werden. Dieses Vorgehen sollte durch eine entsprechende Vorstrukturierung in *pre-*, *while-* und *post-listening*-Übungen unterstützt werden. Dabei sollten innerhalb von Übungen vor dem Hören jedoch nicht alle neuen Wörter des Textes vorentlastet werden, um Erschließungsstrategien (s. auch ▶ Abschn. 4.1) der Hörenden zu fördern. Eine Wortschatzvorentlastung ist in der Regel nur für tatsächlich neue und für das Verständnis essentielle lexikalische Items nötig. Die *while-listening*-Übungen erhalten eine bei jedem nächsten Hören stärkere Fokussierung oder werden innerhalb der Lerngruppe durch individualisierte bzw. differenzierte Höraufträge nach Fähigkeit oder inhaltlichem Schwerpunkt aufgeteilt. Die sich anschließenden *post-listening*-Übungen dienen dem Textverständnis und seiner Kontrolle, bevor diese auch als Texttransformation und den kreativen Umgang mit einem Hörtext fortführen (z. B. Simulieren des Fortgangs eines Dialogs, Erarbeiten eines eigenen Hörtextes).

Während es bei Hör- und Hör-Seh-Texten zu keiner Interaktion mit den Sprecherinnen und Sprechern kommt, ist in Sprech-Hör-Situationen mit Mitschüler*innen oder der Lehrkraft strategisches Wissen gefragt. Schülerinnen und Schüler müssen dem Gesagten Informationen entziehen und angemessen auf diese reagieren können, ggf. den Kontext schnell erschließen oder fehlerhafte Äußerungen des Gegenübers interpretieren.

Auswahl von Hörtexten/Hör-Seh-Texten Neben der Komplexität der den Hörtext begleitenden Aufgabe sowie dem vorhandenen (sprachlichen) Vorwissen der Lernenden ist die Schwierigkeit des zu hörenden Textes von besonderer Bedeutung. Neben authentischen Texten, die z. B. Interviewsituationen aus Nachrichtenbeiträgen oder Dialoge in Filmen sein können, kann auch ein didaktisierter Hörtext durch verschiedene akustische Komponenten anspruchsvoller oder im Gegensatz didaktisch reduziert werden. Zu diesen Komponenten gehören u. a. Abweichungen von standardsprachlichen Ausdrucksweisen und Dialekte oder Soziolekte, aber auch authentische Störgeräusche wie Verkehrslärm, lauter und leiser werdende Monologe oder überlappende Sprecher*innenwechsel (s. ◘ Tab. 4.4).

Handlungsorientierte Hör-/Hör-Seh-Verstehensförderung Im Sinne der Handlungsorientierung sollte die Förderung von Hörverstehen bzw. Hör-Seh-Verstehen niemals als passive Tätigkeit konstruiert werden. Die vermeintliche Nicht-Authentizität aufgezeichneter Dialoge muss demnach in ein Lernszenario eingebettet werden, welches einerseits einen sinnstiftenden Kontext für das Hören des Textes liefert, andererseits – ebenfalls kontextgebunden – eine sinnvolle Anschlusskommunikation ermöglicht. Nützlich können hierfür durchaus lehrwerkintegrierte Lernvideos sein, die an den jeweiligen Lernstand angepasst, didaktisiert oder authentisch sein können (vgl. Schäfer 2017). Das heißt der nachzuvollziehende oder zu verstehende Text wird gewissermaßen zugunsten einer Kontextgebundenheit instrumentalisiert, bildet sodann im fremdsprachlichen Klassenzimmer allerdings die Gelegenheit für authentische Kommunikation unter Lernenden mit und ohne Lehrkraft. Bereits während des Hörens oder Sehens können handlungsorientierte Formen der Texttransformation (darstellendes Spielen oder Zeichnen der gehörten Situation) Verstehensprozesse initiieren.

◘ **Tab. 4.4** Schwierigkeitsfaktoren der akustischen Komponente bei Hörtexten nach Solmecke (2000: 63; entnommen Porsch/Grotjahn/Tesch 2010: 155)

Textschwierigkeit						
	←eher leicht			**Eher schwierig→**		
Akustische Komponente		**1**	**2**	**3**	**4**	
Störgeräusche	**Leise**					**Laut**
Raumakustik	Gut					Schlecht
Aufnahmequalität	Gut					Schlecht
Sprechgeschwindigkeit	Langsam					Schnell
Artikulation	Deutlich					Undeutlich
Intonation	Gliedernd					Monoton
Pausen zwischen Sätzen und Satzteilen	Eher länger					Eher kürzer
Dialekt, Regiolekt, Soziolektfärbung	Keine					Stark
Sonstige Abweichungen vom Standard	Keine					Starke
Zahl der Sprecher/innen	Eine(r)					Mehrere
Unterscheidbarkeit der Stimmen im Dialog	Problemlos					Schlecht
Sprecherwechsel überlappend	Nie					Häufig
Zwischenrufe/sonstige Unterbrechungen	Nie					Häufig
Präsentationshäufigkeit	Mehrmals					Einmal

Ähnlich wie bei der Förderung von Lesekompetenz kann auch die Metakommunikation über eine entsprechende Übung bedeutsam sein, wenn diese beispielsweise der Reflexion von (meta-)kognitiven Strategien (s. auch ▶ Abschn. 4.1) beim Umgang mit Hörverstehensübungen dient.

Und nicht zuletzt sollte das (mittlerweile durch neue Medien niedrigschwellige) Potenzial der Produktion eigener filmischer Produkte im handlungsorientierten Fremdsprachenunterricht nicht unterschätzt werden: Das Einüben und Festhalten szenischer Handlungen in der Fremdsprache, welche, je nach Klassenstufe unterfüttert durch cinematographische Überlegungen wie Kameraperspektiven, Musik, Farbgebung, bilden authentische Produkte ab, die von häufig hochmotivierten Schülerinnen und Schülern beim gemeinsamen Sehen fremdsprachlich gewürdigt werden. Lernende können zudem angeleitet werden, eigene Hörspiele zu inszenieren oder aber eine Audiodeskription für Filmmaterial zu erstellen (vgl. Cedeño 2016).

4.4 Schreiben

Modelle des Schreibens Ein einflussreiches Modell, das den Schreibprozess (in der L1) abzubilden versucht, ist dasjenige von Flower und Hayes (1981; s. ◘ Abb. 4.4). Es zeigt, dass das Schreiben im Optimalfall in verschiedenen Stadien ständig reflektiert wird: Zunächst werden zielorientiert Pläne über den zu schreibenden Text und Ideen entwickelt, die anschließend in einen Text transferiert bzw. formuliert („übersetzt") werden und dann vor dem Hintergrund des kommunikativen Ziels evaluiert und ggf. überarbeitet werden. Hieraus entstanden ist besonders eine prozessorientierte Perspektive auf das Schreiben (s. u.). Das Modell be-

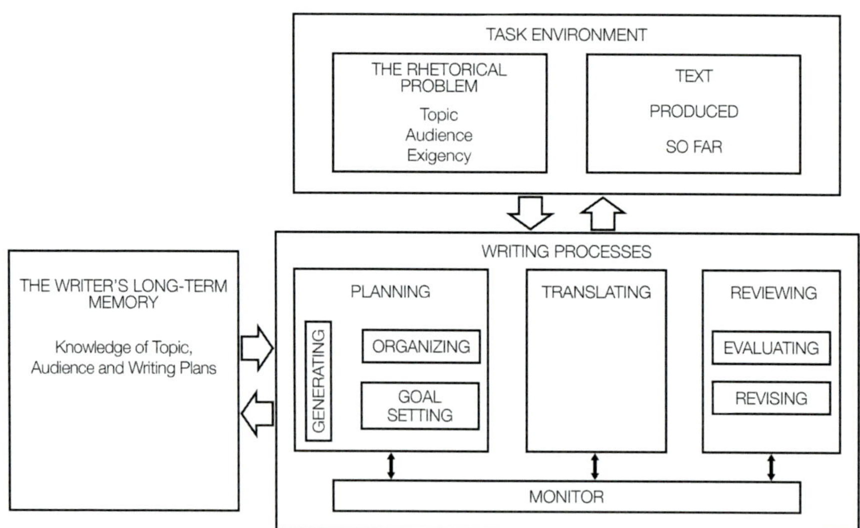

◘ **Abb. 4.4** Schreibprozessmodell von Flower/Hayes (1981: 370)

tont zudem das explizite Wissen um das Thema, die angesprochene Zielgruppe und vorhandene Schreibpläne, sogenannte Skripte, die aktiviert werden, um bestimmte Textkomponenten oder -sorten/Genres umsetzen zu können. Darüber hinaus wird der Schreibprozess direkt von den in der Aufgabe gestellten Bedingungen und dem ständig wachsenden Text beeinflusst (s. auch Breuer 2020: 22–31).

Insgesamt hilft dieses Modell – und das zeigt auch sein weiterhin großer Einfluss – insbesondere die kognitiven sowie nötigen metakognitiven Prozesse und Einflussfaktoren für das Schreiben bewusst zu machen. Gleichzeitig verdeutlicht es die Notwendigkeit von Wissen um Textstrukturen, Genres und zielgruppenadäquate Sprache sowie dazu passende Aufgaben, die prozessorientiert abgearbeitet werden können. Dass das Schreiben in der LX als komplexer zu betrachten ist als in der L1 scheint offensichtlich, schließlich müssen fremdsprachliche Strukturen und Schemata aktiviert und im Schreibprozess eingebracht werden (vgl. Breuer 2020: 31). Die damit einhergehende kognitive Belastung des Arbeitsgedächtnisses bei der Steuerung von Abruf und Verarbeitung der Informationen muss demzufolge bei der Schreibprozessförderung in der LX generell berücksichtigt werden (vgl. Schnell 2017).

Auch soziokulturelle und motivationale Einflüsse spielen (auch in der L1) eine besondere Rolle, so dass sie von Hayes (1996) später noch ergänzt wurden. Die Studien, die Schreibprozesse in der Fremdsprache untersuchen (z. B. Sasaki 2000 und Zimmermann 2000; für einen Überblick siehe z. B. Breuer 2020), konnten zeigen, dass Lernende – wenig überraschend – die Planungs- und Entwurfsphasen primär über ihre L1 steuern (vgl. Schnell 2017: 391 f.; Breuer 2020: 22), dann aber tatsächlich direkt in der LX schreiben. Eine Zwischenphase des „Übersetzens", wie früher angenommen wurde (vgl. z. B. Krings 1992), konnte nicht festgestellt werden. Dennoch kommt es nicht selten vor, dass beim Schreiben in der LX im Vergleich zur L1 weniger Text produziert wird, der im Prozess gleichzeitig mehr Zeit benötigt (vgl. Chenoweth/Hayes 2003).

Schreibmotivation und Emotionen Im Vergleich zum Lesen gibt es relativ wenig Forschung zu motivationalen Aspekten, die das Schreiben und den Schreibprozess positiv wie negativ beeinflussen könnten (vgl. Boscolo/Hidi 2007). Dies gilt sowohl für das Schreiben in der L1 als auch in der LX. Die wenigen vorliegenden Untersuchungen weisen jedoch auf die große Bedeutung der Berücksichtigung von Emotionen hin. So führt eine hohe kognitiv-emotionale Belastung unter Umständen zum Abbruch oder zur mangelnden, dysfunktionalen Systematik der Problemlösung im Schreibprozess. Schreibstrategien können sich hingegen positiv ändern, wenn die Belastung, der *cognitive load,* durch eine Aufgabenveränderung herabgesetzt werden kann (vgl. Schnell 2017: 394–397). Hilfreich kann sein, Lernenden ein zeitnahes Feedback zu Textteilen zu geben, damit diese nicht zu langwierige komplexe Problemlöseprozesse negativ erleben (vgl. ebd.: 416 f.). In einem weiteren Experiment sollten Fremdsprachenlernende Texte zu einem für sie emotional relevanten und zu einem kaum relevanten Thema verfassen (vgl. Clachar 1999). Der Schreibprozess des Ersteren dauerte nicht nur länger, die Lernenden verwendeten auch komplexere und deutlich vielfältigere sprachliche Strukturen im Vergleich zu dem Text, der offenbar weniger wichtig für sie war. Darüber hinaus stellt Porsch (2020: 74) das motivationale Potenzial des kreativen (schulischen) Schreibens heraus, das – wie oben dargelegt – darin besteht, durch eigene Ideen Individualität (und damit auch Emotionen) in den Schreibprozess miteinfließen zu lassen.

Orthographie Beim Schreiben greifen Lernende für die orthographische Umsetzung auf folgende Wissensarten oder -module zurück (vgl. Hans-Bianchi/Katelhön 2010: 38):

1. das prosodisch-phonematische z. B. mit Phonem- und Silbenstruktur sowie prosodischem Wissen,
2. das morpholexikalische mit Wissen über morphologische Einheiten,
3. das graphemisch-orthographische z. B. für das Herstellen von Graphem-Phonem-Zuordnungen,
4. das syntaktisch-grammatische für syntaktische und grammatische Regeln
5. und das motorische Modul für das eigentliche Ausführen des Schreibens z. B. von Buchstabenfolgen.

Kompetente Schreiber*innen greifen auf alle Module in ausgewogener Form zurück (vgl. ebd.: 44), Anfänger*innen hingegen aktivieren oft gespeichertes Wissen und achten dann nicht mehr auf den prosodisch-phonologischen Input (vgl. ebd.: 45). Oft ist auch das lexikalisch-semantische Bewusstsein weiter auszubauen, damit Lernende Wörter wiedererkennen und konsequent in gleicher Weise schreiben. Schließlich ist es wichtig, dass Lehrende Übergeneralisierungen erkennen und positiv aufgreifen (vgl. ebd.: 46 f.).

Die Aneignung der fremdsprachlichen Orthographie ist ferner von den vorgelernten Sprachen abhängig (vgl. z. B. Mertens 2017). Für Lehrkräfte ist es insofern erforderlich, das sprachliche Repertoire ihrer Lerngruppe zu kennen, um phonetische Korrespondenzen („*house* – Haus") und Divergenzen („*culture* – Kultur") bewusst zu machen. Hierfür eignen sich besonders Visualisierungen (Hans-Bianchi/Katelhön 2010: 47). Darüber hinaus ist fremdsprachliche Orthographie sprachspezifisch und mehr oder weniger einfach zu durchschauen (orthographische Transparenz) je nach individuellen Voraussetzungen der Lernenden (vgl. Gerlach 2019). Das Englische stellt hierbei die quantitativ größte Graphem-Phonem-Divergenz und orthographische Intransparenz dar, aber auch das Französische birgt seine Schwierigkeiten. Spanisch und noch stärker Italienisch zeichnen sich hingegen durch starke Transparenz aus: Die meisten Grapheme im Italienischen haben eine eindeutige lautliche Entsprechung als Phonem (und umgekehrt), wobei es hier natürlich auch verschiedenste Ausnahmen gibt. Seitens der Lehrkräfte ist in diesem Fall ein fundiertes Wissen und eine gezielte Kombination von Hör-, Sprech- und Schreibübungen hilfreich, die abweichende Graphem-Phonem-Korrespondenzen transparent machen und seitens der Lernenden üben lassen (vgl. Mordellet-Roggenbuck 2014; Gerlach 2019). Im Russischen kommt für das motorische Modul die Herausforderung einer anderen Schrift hinzu (vgl. Heyer 2014).

Handlungsorientierte Schreibschulung sollte also an den genannten Modulen ansetzen, die Lernenden mit ihrem sprachlichen Repertoire einbeziehen und verschiedene Fertigkeiten sowie die Bewusstmachung des Lernprozesses integrieren. Schreiben kann dabei ganzheitlich-leiblich und über mehrere Sinneskanäle erlebbar gemacht werden.

Konzeptionelle Schriftlichkeit Im Spannungsfeld von Nähe und Distanz zum Adressaten oder zur Adressatin können Texte „konzeptionell mündlich" oder „konzeptionell schriftlich" beschaffen sein (vgl. Koch/Oesterreicher 1994). Sie können Charakteristika mündlicher Konversation (Konventionen wie z. B. gemeinsames Hintergrundwissen, meistens zeitliche und örtliche Abhängigkeit oder ungeplante Rede) beinhalten und damit familiärer klingen (informelle E-Mails, Konversation in Social Media oder über Messenger-Dienste). Sie können aber auch distanziert-professionell ausschließlich Konventionen formeller Sprache folgen (Konventionen wie z. B. einen längeren Planungsprozess, eine zeitliche und örtliche Unabhängigkeit oder das Überarbeiten eines Textes) (vgl. Kirchhoff 2018: 113). Dies ist im Fremdsprachenunterricht nicht unerheblich, sollen Lernende doch verschiedene Textformen (Genres; s. u.) kennenlernen (und produzieren), welche auch den Einsatz verschiedener Register und Strukturen nach sich ziehen.

In diesem Zusammenhang wird nicht selten die Frage nach Authentizität relevant, da Modelltexte z. B. von Dialogen als konzeptionell mündlich abgedruckt erscheinen, eigentlich aber mündliche Interaktion simulieren sollen (vgl. Koch/Oesterreicher 1994). Dieser Bruch muss Schülerinnen und Schülern im Sinne der Entwicklung einer Sprachbewusstheit nähergebracht werden, um entsprechende Diskursformen in schriftlicher und mündlicher Form unterscheidbar zu machen.

Scaffolding im Schreibprozess Das Schreiben kann auf verschiedene Weisen im Prozess unterstützt werden. Diese um den Lerngegenstand sinnbildlich als Gerüst *(scaffold)* entstehenden Maßnahmen können sich auf die inhaltliche, die methodische oder die sprachliche Ebene beziehen. Neben kognitiv aktivierenden Übungen, die in Wortschatz und Thema einführen, können auf sprachlicher Ebene unterstützende Wendungen oder Strukturen zur Verfügung gestellt werden. Auch Modelltexte sind besonders für produktorientiertes Schreiben (s. u.) sinnvoll, da sie in ihrem Vorbildcharakter die Struktur des Textes und Genres, Modi des Adressatenbezugs und möglicherweise gestalterische Elemente vorgeben. Diese zugegeben normative Setzung eines potenziellen Zieltextes eignet sich dementsprechend eher für jüngere Lernerinnen und Lerner, denen die erwartete Textform und ihre Eigenschaften (noch) nicht vollkommen klar sind.

Die Planungs- und Gliederungsphase kann durch *pre-writing*-Aktivitäten unterstützt werden. Der Umgang mit Hilfsmitteln (Wörterbücher, Online-Wörterbücher oder Übersetzungsprogramme, Videos mit Verbalisierungen schreibbezogener Handlungen; vgl. Schnell 2017: 418–420) hilft, die sprachliche Qualität der Schreibtexte zu verbessern. Die Überarbeitungsphase ist dabei so zu gestalten (im Hinblick auf z. B. Zeit, Raum, Interaktion und Feedback), dass einer kognitiv-emotionalen Überlastung, die ggf. im Schreibprozess entstanden ist, entgegengewirkt wird (ebd.: 415).

4

Schreibstrategien Neben prozess- und produktorientierten Ansätzen, die in ▶ Kap. 6 noch dargestellt werden, gelten verschiedene Schreibstrategien bzw. methodische Ansätze zur Schreibförderung als besonders lohnenswert. Graham/McKeown/Kiuhara/Harris (2012) haben unterschiedliche Untersuchungen als Meta-Analyse zusammengefasst (s. ◘ Tab. 4.5; s. auch Roca de Larios/Nicolás-Conesa/Coyle 2016). Es zeigt sich, dass insbesondere die explizite Vermittlung von Schreibstrategien je nach Textsorte (Genre) den positivsten Effekt hat und hier insbesondere diejenigen Strategien, die den selbstregulierten Einsatz von Strategien fördern. Dies bedeutet, Lernenden werden – durch die Lehrkraft modelliert – Strategien vermittelt, welche mit zunehmender Übung und abnehmender Unterstützung durch die Lehrperson eigenständig eingesetzt werden können (s. ◘ Abb. 4.5). Darüber hinaus sollte beachtet werden, dass die Forschung auch einen Schwerpunkt auf die Frage nach dem Transfer von Schreibstrategien aus der L1 in die jeweilige LX legt (vgl. Roca de Larios et al. 2016: 270; siehe auch Hirvela/Hyland/Manchón 2016).

Prozessorientiertes Schreiben Basierend auf dem Flower/Hayes-Modell (1981) zielt prozessorientiertes Schreiben darauf ab, strukturiert das Planen und Entstehen eines Textes sowie seine Überarbeitung unterstützt von Feedback zu begleiten (vgl. Tesch 2020: 58 f.). Denkbar sind hier mehrere Szenarien von star-

◘ **Tab. 4.5** Effektive Schreibinterventionen (je höher die Effektstärke, umso größer der positive Effekt auf die Schreibkompetenz; gekürzt, angepasst und übersetzt nach Graham et al. 2012: 7)

Schreibintervention	Zahl der betrachteten Studien	Effektstärke
Explizite Strategievermittlung	20	1,02
Selbstregulierte Strategieentwicklung	14	1,17
Nicht-selbstregulierte Strategieentwicklung	6	0,59
Unterstützung durch Peers	4	0,89
Ziele setzen	7	0,76
Kreativität und Vorstellungskraft vermitteln	4	0,70
Textstrukturen vermitteln	9	0,59
Aktivitäten vor dem Schreiben (*pre-writing activities*)	8	0,54
Selbstregulation zu Strategievermittlung ergänzen	6	0,50
Bewertung der Schreibprodukte	14	0,42
Feedback durch die Lehrkraft	5	0,80
Feedback durch Peers	10	0,37
Prozessorientiertes Schreiben	16	0,40
Grammatik vermitteln	4	−0,41

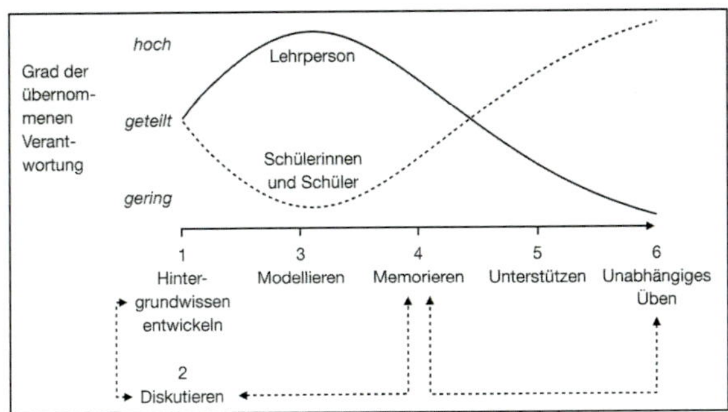

Abb. 4.5 Selbstregulierte Strategieentwicklung beim Schreiben (Philipp 2017: 92)

ker lehrkraftgeleiteter Prozessunterstützung hin zu kooperativem Feedback oder kooperativem Schreiben, das stärker vonseiten der Lernenden (kriteriengeleitet) strukturiert wird.

Im Wesentlichen findet prozessorientiertes Schreiben in sechs Schritten statt:

1. Ideen sammeln und strukturieren
2. einen ersten Entwurf schreiben
3. Feedback einholen (Inhalt und Sprache)
4. Entwurf überarbeiten und in eine endgültige Form bringen
5. Evaluation und Bewertung des Produkts
6. Veröffentlichung des Textes

Feedback und Überarbeitung erfolgen – je nach Komplexität des zu erstellenden Textes oder der Intention – in mehreren Schleifen. Hierbei können auch kooperatives Schreiben und Portfolios sinnvoll genutzt werden (vgl. Porsch 2010: 58). Der Text wird nach Lehrkraft- oder Peer-Feedback anschließend überarbeitet. Der prozessorientierte Erfolg liegt in der je individuellen Bewertung des Feedbacks und seiner Integration im Textprodukt (s. auch ▶ Abschn. 6.3). Darüber hinaus sollte der Veröffentlichung von schriftlichen Texten vermehrt Bedeutung für die Motivation und die Realisierung authentischer Sprachhandlungen beigemessen werden (vgl. ebd.: 72).

Kreatives Schreiben Kreativen Verfahren im Fremdsprachenunterricht (s. ▶ Abschn. 3.3, 5.1) liegt ein konstruktivistisches Verständnis des Sprachlernprozesses zu Grunde. Lernende sollen Sprache weniger an Normen und einer vorgegebenen Progression entlang lernen, sondern prozessorientiert im Hier und Jetzt als authentisch und ganzheitlich erleben. Solche Lernprozesse führen zu originellen Produkten, die in kollektiven und individuellen Arbeitsprozessen gestaltet werden. Dabei sprechen sie „affektive Faktoren an […], regen Intuition, Phantasie und Spontanität an und geben Gelegenheit zum persönlichen Ausdruck“ (Caspari 2002: 18). Als Beispiele können hier das assoziative Schreiben anhand von Stimuli (Bilder etc.) dienen, das Umschreiben oder Weiterschreiben von literarischen Texten, das Schreiben bestimmter Textformen wie z. B. Raps, Gedichte oder Texttheater (s. ▶ Kap. 5), oder das Schreiben im Sinne der Gruppe OuLiPo (*Ouvroir de Littérature Potentielle*/Werkstatt für potenzielle Literatur). Schriftsteller*innen, die nach den Prinzipien dieser Gruppe arbeiten, schreiben ihre Texte anhand bestimmter vorgegebener (textueller, visueller oder sprachlicher) Regeln, wie z. B. die durchgehende Vermeidung bestimmter Vokale oder Konsonanten bzw. Tempora (vgl. Caspari 2002; Elis 2017: 178).

Gleichzeitig kann kreatives Schreiben zu einem ästhetischen Verständnis von Sprache und zu einem Verständnis der Distanzierung zwischen Sprache und Welt über die spezifische Medialität literarischer Sprache beitragen: „Künstlerischer Sprachgebrauch bricht die Medialität sprachlicher Artikulation auf und eröffnet so Spielräume für immer neue sprachliche Artikulation." (Bertram 2019: 76) Durch die Kollektivität ebenso wie die Fiktionalität entsteht für einzelne Lernende ein Schutzraum, in dem sie sich motiviert und angstfrei sprachlich erproben können (vgl. ebd.: 20). Kreatives Schreiben kann im Fremdsprachenunterricht nicht nur zu spielerischem und spontanem Umgang mit Sprache, sondern auch zu generischem Lernen beitragen (vgl. ebd.; Hallet 2016). Eine besondere Form kreativen Schreibens stellt das szenische Schreiben dar, das kreative individuelle und kooperative Schreibaufgaben mit Improvisationsübungen und Analysen von Dramatexten kombiniert und zur Stückentwicklung sowie -inszenierung führen kann (s. Verfahren und Übungsbeispiele in Richhardt 2011). Angemerkt sei noch, dass die Offenheit von kreativen Aufgaben und die Prozessorientierung eine Herausforderung an den Schreibprozess und die Bewertung der Schreibprodukte darstellt (vgl. Matz 2018: 40).

Genreorientiertes Schreiben Die Genre-Didaktik hat ihren Ursprung in der Forderung nach bildungsgerechter Entwicklung der Schulsprache (und zwar zunächst in Australien; vgl. Hallet 2017: 106). Insofern ist für das genreorientierte Schreiben zwar auch der Prozess an sich nicht zu vernachlässigen, deutlich bedeutsamer ist jedoch das soziale Element des Schreibens sowie das am Ende stehende Produkt mit der Frage, ob es den Prinzipien der Textform und des Genres unter Berücksichtigung des sozialen Kontextes entspricht (vgl. Hyland 2009; Hallet 2016). Standardisierte Textvorlagen wie Postkarten, Briefe, Blogbeiträge und Zeitungsartikel bieten hier Kriterien, die von Lernenden erschlossen und in ihren eigenen genreorientierten Schriftprodukten erarbeitet werden. Das Ziel ist, die Diskursfähigkeit der Lernenden orientiert an bestimmten Kriterien und Zielvorstellungen zu fördern (vgl. Hallet 2016). Zu diesen Kriterien gehören neben der angemessenen Adressat*innenorientierung auch genrespezifische Charakteristika der Textgestaltung, -strukturierung, -form und der Art der Veröffentlichung. Betont werden sollte aber, dass es nicht ausschließlich um die Erfüllung der Kriterien geht, denn „der Genre-Begriff orientiert sich über die textuelle Form hinaus immer auch an der sozialen Situation, an den Zielen kommunikativer Akte, an inhaltlich-thematischen Konstituenten und an interpersonalen Beziehungen" (Hallet 2016: 25). Die Angemessenheit einer sprachlichen (schriftlichen oder letztlich auch mündlichen) Handlung, die Partizipation am Diskurs zum Ziel hat, muss damit bestimmten Normen und Konventionen zwar folgen, ihre Erfüllung hängt jedoch auch von Aspekten ab, die über sprachliche Korrektheit hinausgehen.

Handlungsorientiertes Schreiben Insgesamt ist Schreiben eine sprachliche Kompetenz, die für den Spracherwerbsprozess und für fremdsprachliches Handeln – insbesondere in der Lingua franca Englisch – wichtig ist:

> Eine hohe fremdsprachliche Schreibkompetenz ist bedeutsam für die schulische und berufliche Karriere, zunehmend auch für den Lebensalltag. Schreiben dient der Förderung des Sprachbewusstseins und stellt ein Mittel zur Unterstützung des Fremdsprachenerwerbs bzw. -lernens dar. Schreibkompetenz eröffnet Schülern durch das Internet Möglichkeiten zu grenzüberschreitenden Erfahrungen, bietet Zugänge zu weiteren Lernquellen und Kommunikationswegen sowie einer Teilhabe an der demokratischen Gesellschaft. (Porsch 2010: 54)

Hier zeigen sich die verschiedenen Ebenen von Handlungsorientierung und dabei die Bedeutung von mehrsprachiger Bildung, Sprach(lern)bewusstheit und gesellschaftlicher Partizipation, auch im Rahmen der Digitalisierung (s. ▶ Abschn. 6.5).

Das Schreiben in der LX kann in hohem Maße ein identitätsstiftendes Unterfangen darstellen. Zudem unterstreicht Tesch (2020: 52), dass Schreiben eine Praktik der sozialen Konstruktion und damit stark handlungsleitend ist. Im Schreiben zeigen sich Überzeugungen und Haltungen, die je individuelle Kreativität kann sich (insbesondere beim kreativen Schreiben) entfalten, angeleitet und unterfüttert durch das sprachliche Wissen und Ausdrucksvermögen. Gleichzeitig erlaubt eine Schreibförderung, die sowohl genre- als auch handlungsorientiert ist, gezielt schriftsprachliche Produkte zu erstellen, welche wiederum kulturelle Repräsentationen darstellen und zu zeigen vermögen, inwiefern Lernende im Sinne des interkulturellen Lernens ihre eigene Kultur reflektieren und mit der fremden Kultur innerhalb eines Textes zusammenbringen.

Neben der Tatsache, dass schriftsprachliche Produkte zudem – im Gegensatz zum Sprechen – nicht flüchtig sind, sondern als Produkt erhalten bleiben und überarbeitet, ergänzt und wiederum in andere Text- oder Darstellungsformen transformiert werden können, erhält auch die Interaktion zwischen Lernenden über Text (z. B. durch kooperatives Schreiben und Anschlusskommunikation) zur Förderung einer Diskursfähigkeit eine besondere Bedeutung im handlungsorientierten Fremdsprachenunterricht.

4.5 Sprechen

Sprechprozess Das einflussreichste Modell hinsichtlich dessen, was beim Sprechen prozesshaft passiert, wurde von Levelt (1989) beschrieben (s. ◘ Abb. 4.6). Nach diesem besteht das Sprechen aus vier übergeordneten Abschnitten: dem Konzeptualisieren, dem Formulieren, dem Artikulieren und dem Monitoring bzw. Verstehen. Während Letzteres analog zum oben bereits diskutierten Hörverstehen zu sehen ist, sind die ersten drei Schritte als genuine Schritte hin zum Produzieren von gesprochener Sprache zu betrachten, obwohl sie dabei nicht zwangsläufig streng nacheinander abgeschlossen ablaufen müssen, sondern durchaus auch spontan gleichzeitig absolviert werden.

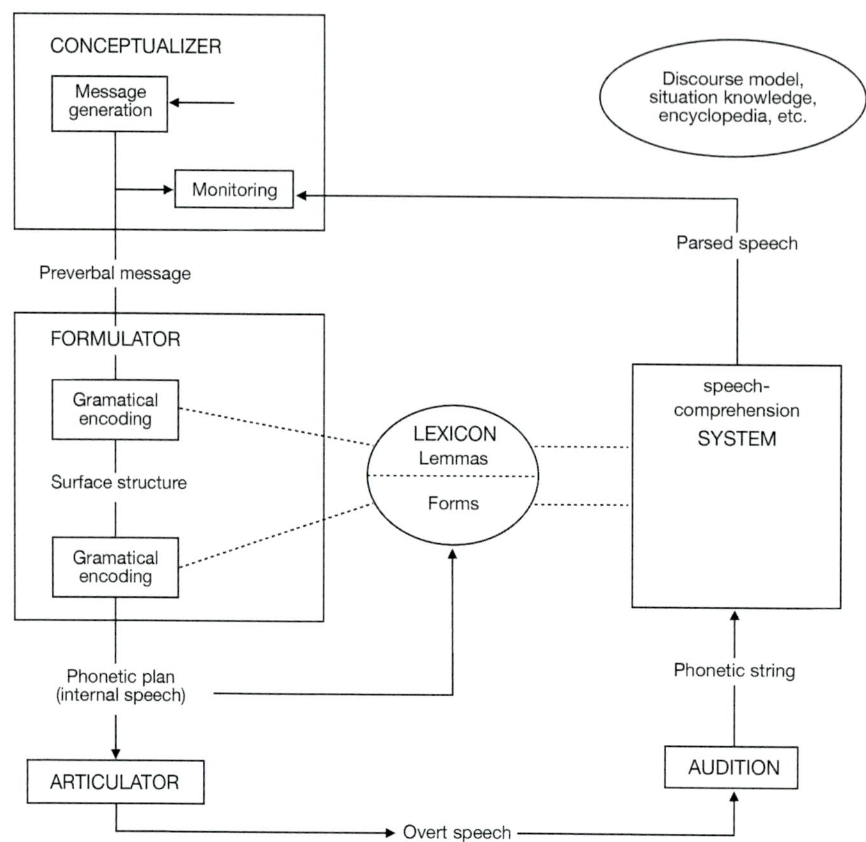

Abb. 4.6 Modell des Sprechens (adaptiert nach Levelt 1989: 9)

Während der Konzeptualisierung entsteht eine präverbale Nachricht, die bedeutungsorientiert ist und je nach Situation kontextuell aufgebaut wird. So kann sie in einer monologischen Sprechsituation eine einfache Aussage darstellen, in einer dialogischen Sprechsituation hingegen die Reaktion auf etwas vorher Gesagtes einer dritten Person. Die Nachricht kann eine Frage aufbauen, sie kann komplexere Konstrukte aus dem Langzeitgedächtnis abrufbar machen oder einfach in einen Ein-Wort-Satz oder gar einem Seufzen resultieren. Entscheidend ist der intendierte, bedeutungsvolle Sprechakt des*der Sprechenden. In der Phase der Formulierung wird dieser Sprechakt in eine sprachliche Form gegossen. Die grammatikalisch nötige Grundform als Oberflächenstruktur wird aktiviert und zieht nötigen Wortschatz mit ihrer semantischen und syntaktischen Information aus dem mentalen Lexikon. Die Syntax der Äußerung wird zusammengestellt und phonetisch enkodiert, um sie letztlich über die Sprechorgane artikulieren zu können.

Im vierten Schritt des Verstehens können Monitoringprozesse stattfinden, die das eigene Gesagte überwachen oder das Gesprochene des Gegenübers zu verstehen versuchen und abgleichen gegenüber dem (Vor-)Wissen bzw. in der Interaktion aktivierten Diskursmodellen, so dass dieses Verstehen in einer neuen Reaktion, einer neuen Konzeptualisierung mündet.

Einfluss der L1 Neben im Vergleich zur L1 in der Regel wenig elaborierten, kürzeren Äußerungen zeigt sich nicht selten im fremdsprachlichen Sprechen ein Einfluss der L1 insofern, als z. B. sprachliche Strukturen oder Wörter der L1 spontan im Sprechen mit eingebracht werden, obwohl eine zielsprachliche Äußerung erwartet wird. Dies hängt einerseits mit der Aktivierung des notwendigen Wortschatzes und der grammatischen Strukturen zusammen – oder dem Mangel an entsprechend hinterlegten Formen. Andererseits verdeutlicht Levelts Modell auch die Notwendigkeit von Verstehens- und Monitoringprozessen sowie vorhandenem Welt- und Vorwissen besonders in interaktional orientierten Sprechsituationen (dialogisches Sprechen). Können diese Verstehensprozesse nicht absolviert werden, wird folglich eine sprachliche Reaktion darauf kaum adäquat ausfallen können.

Auch können auf der Ebene des sprachlichen Produkts, der *interlanguage,* die von Lernenden im Fremdsprachenunterricht geäußert wird, kompetenzorientiert Rückschlüsse auf verinnerlichte, produzierbare Strukturen, aber auch mögliche Einflüsse der L1 und/oder Übergeneralisierungen (sowohl aus der L1 wie auch der zu lernenden LX) gezogen werden. Entsprechend korrektives Feedback in der Interaktion zwischen Lehrkraft und Lernenden kann hier bedeutende Impulse setzen, die im Monitoring-Schritt bemerkt und in die nächste Äußerung eingesetzt werden.

Monologisches Sprechen Monologisches Sprechen verfolgt primär das Ziel der Informationsvermittlung, z. B. im Rahmen von kurzen Erklärungen über antrainierte Kurzzusammenfassungen bis hin zu Referaten und Vorträgen. Diese Sprechform verläuft selten ungeplant oder spontan, d. h. vorab findet bereits eine Prä-Formulierung statt, die z. B. auch in schriftlicher Form mittels Stichworten vorbereitet werden und den Sprechprozess an entsprechender Stelle zum späteren Zeitpunkt kognitiv entlasten kann. Gleichzeitig ist die Toleranz für sprachliche Fehler im monologischen Sprechen meist geringer, da diese Vorentlastung besteht und inhalts- und bedeutungsorientiert gearbeitet werden soll. Im dialogischen Sprechen und aufgrund der Komplexität des dortigen Interaktionsprozesses mit einer*m oder mehreren Gesprächspartner*innen ist in diesen Sprechsituationen die Fehleranfälligkeit, aber auch ihre -toleranz, in der Regel höher.

Sprechen als Interaktion Im Gegensatz zum monologischen Sprechen ist dialogisches Sprechen als Interaktion zu verstehen, welche sich besonders dadurch auszeichnet, dass es gleichzeitig auch Hörverstehensstrategien (s. auch ▶ Abschn. 4.3) aktiviert. Die oben in dem Zusammenhang bereits genannten Unterkompetenzen, besonders das Verstehen des Diskurses und der Rollen der jeweils Sprechenden, das Reagieren auf und Initiieren von Absichten sind hier zentral. Für den Sprechenden sind neben sprachlichen und diskursiven Kenntnissen folglich ebenfalls Aspekte wie Prosodie oder Körpersprache von Bedeutung.

Im Sprechen müssen die Interaktionspartner*innen nicht selten auf Kommunikationsstrategien zurückgreifen, um sich verständlich zu machen. Hierzu gehört neben dem Paraphrasieren von unbekanntem Wortschatz auch gezieltes, effizientes Code-Switching in eine andere Sprache, nonverbale Zeichen oder Vereinfachungen (siehe z. B. Kirchhoff 2018: 112). Hilfreich können hier Diskursmarker sein (z. B.: „Well, I think that …"), die Äußerungen einleiten, gleichzeitig Zeit für den Konzeptualisierungs- und Produktionsprozess bringen. Um das Sprechen systematisch und sukzessiv in fortgeschrittenen Lerngruppen zu vermitteln, hat Thornbury (2005) verschiedene Lernstufen mit jeweiligen (Sprech-)Aktivitäten konzeptualisiert, die verschiedene Sprechtheorien (behavioristische, soziokulturelle und kognitive Theorien) inkorporieren. Für die Primarstufe wurden von Legutke/Müller-Hartmann/Schocker-von Ditfurth (2014: 53 f. in Kirchhoff 2018: 121) vier Prinzipien für die Entwicklung der Sprechfertigkeiten formuliert (vgl. auch EVENING- und BIG-Studie in Engel/Groot-Wilken/Thürmann 2009 und BIG-Kreis 2015):

1. „Find a balance between listening and speaking.
2. Use English as a means of communication in the classroom.
3. Present new language using gesture, mime and action.
4. Encourage learners to interact spontaneously and give them support to get their message across."

Zur Vertiefung: Diskursmarker

Die Definitionen für das Konzept der Diskursmarker sind laut Koch/Thörle (2019) äußerst heterogen. Gemäß ihrem Ansatz, den sie ausgehend von Bazzanella (2001) entwickeln, handelt es sich um kurze sprachliche Formen, die zu verschiedenen Wortarten gehören und in ihrer Rolle als Funktionswörter bzw. Diskursmarker neue Bedeutung einnehmen können. Die Funktionen von Diskursmarkern sind metadiskursiver, kognitiver und interaktionaler Art (vgl. López Serena/Borreguero Zuloaga 2011). Dabei dienen sie unter anderem der Eröffnung, Aufrechterhaltung und Strukturierung von Gesprächen, der Schaffung von Kohärenz, dem Sprecher*innenwechsel und der Schließung eines Diskurses. Koch/Thörle (2019) stellen in einer empirischen Studie mit Spanischstudierenden (L1: Deutsch) vor und nach einem Auslandsaufenthalt fest, dass sich der Umfang der verwendeten Diskursmarker mit zunehmendem Sprachstand und in der Folge eines Auslandsaufenthaltes deutlich erweitert. Zudem werden der L1 vermeintlich ähnliche Diskursmarker *(sí/okay)* zunächst überproportional häufig verwendet, während sie später durch zielsprachenspezifische Diskursmarker ersetzt werden *(vale)* und durch zusätzliche neu erworbene Diskursmarker ergänzt werden *(o sea)*. Ob dieser positive Effekt aufgrund der Immersionssituation auch im Unterrichtskontext zu erzielen ist, werfen Koch/Thörle (2019) als notwendige weitere Forschungsfrage auf. Die Ergebnisse sind im Sinne einer Handlungsorientierung allemal von großer Bedeutung, gleichwohl werden sie zwar in Lehrwerken verwendet, aber nur selten explizit zum Gegenstand und damit bewusst gemacht.

Koch (2020) zeigt, wie in der Lehrer*innenbildung über die Analyse von Aufnahmen eigenen Sprechens, Beobachtungsbögen und Selbsteinschätzungen die Bewusstheit der Funktion von Diskursmarkern geschärft werden kann. Dies liefert Anregungen auch für die schulische Unterrichtspraxis.

Aussprache Die Aussprache gehört ebenfalls zu den zu fördernden Bereichen, wenn es um Sprechkompetenz geht. Zwar wird nicht mehr als Ziel im Fremdsprachenunterricht die vollkommen korrekte Aussprache der zielkulturellen Varietät erwartet (vgl. Han/Selinker 2005), dennoch darf eine mangelhafte Aussprache das Verstehen nicht extrem einschränken (vgl. Jenkins 2000). Hierbei stellen sich auch Fragen, wie z. B. welches soziale Prestige ein Akzent hat, welche Identitätskonstruktionen damit verbunden sind, inwieweit nicht normkonforme Aussprache sozial akzeptiert wird bzw. welche Zuschreibungen durch Kommunikationspartner*innen erfolgen und welche Auswirkungen auf die Interaktion dies hat (vgl. Mordellet-Roggenbruck/Settinierei 2020: 5; Müller/Settinieri 2020).

Der Erwerb der Aussprache kann dabei auf phonetisch-segmentaler Ebene oder suprasegmentaler Ebene geschehen. Bei Letzterer werden übergeordnete Ausspracheaspekte wie Betonung, Intonation und Prosodie einbezogen. Letztere hat auch einen enormen Einfluss darauf, wie erfolgreich ein Verstehensprozess abläuft, besonders zwischen Sprechenden unterschiedlicher Ausgangssprachen (vgl. Setter/Jenkins 2005). Als hilfreich und förderlich bewertet wird seitens erfolgreich Lernender eine Integration von Hörverstehen, Imitation und das Singen im Fremdsprachenunterricht (vgl. Wild 2020; s. ▶ Abschn. 5.4).

Ferner ist der Vergleich der Aussprache ähnlicher Wörter in verschiedenen Sprachen für Lernende mit weiteren Ausgangssprachen, aber auch mit dem mehrsprachigkeitsdidaktischen Ziel der Sprach(lern)sensibilisierung für alle Lernenden lernförderlich (vgl. zum Sprachenpaar Türkisch-Französisch Materialien von Gabriel/Grünke/Schlaak 2020). Zu beachten ist weiterhin der emotionale Aspekt von Aussprache, insofern verschiedene Studien eine enge Wechselwirkung mit Identitätsbildungsprozessen nachweisen (vgl. für einen Überblick Abel 2018). Dies ist vor allem bezüglich des Altersspektrums von Lernenden der Sekundarstufe I relevant.

Eine wichtige Grundlage der Ausspracheschulung sind zunächst Hörübungen, um Laute zu unterscheiden und Akzentmuster auf Wort- und Satzebene zu erkennen (vgl. Mehlhorn 2016: 129–132). Für Lernende interessant ist es, ein in die Zielsprache übernommenes Wort aus der Ausgangssprache bezüglich Aussprache und Betonung zu vergleichen (z. B. „(dt.) Bu̩tterbrot – (russ.) *бутербрóд*"; vgl. Mehlhorn 2016: 117). Dieser Phase können reproduktive Ausspracheübungen mit Lesetexten, Zungenbrechern oder dem Singen von Liedern und dann angewandte Sprechübungen mit Reimen, Gedichten, Werbeslogans oder kleinen Rollenspielen folgen (vgl. Mehlhorn 2016: 132–138). Auch dramapädagogische Verfahren scheinen einen positiven Effekt auf die Aussprache zu haben (vgl. Dragović 2019: 228 f.; s. auch Einblicke in Forschung und Beispiele bei Sambanis 2020 sowie Abel 2019). Zusätzlich ist eine Kognitivierung hilfreich, die z. B. über Abbildungen von Sagittalschnitten zur Illustration der Artikulationswerkzeuge erfolgen kann.

Definition

Unterrichtliche **Kognitivierungen** sind methodische Maßnahmen, die Lernende zur bewussten Durchdringung eines sprachlich-strukturellen oder inhaltlichen Sachverhalts anregen. Im Falle der Ausspracheschulung sind dies Methoden, die beispielsweise Artikulationswerkzeuge visualisieren und beschreiben. Sie ergänzen Verfahren des Imitierens oder Nachsprechens, die der Automatisierung dienen, aber mitunter an Grenzen bei der Performanz stoßen.

4

▶ Beispiel: Labiogramm

Zur Erstellung eines Labiogramms wird zunächst Lippenstift aufgetragen. Während ein bestimmter Laut gebildet wird, werden die Lippen auf ein weißes Blatt Papier gedrückt. Die Aufgabe dient der Kognitivierung und ist darüber hinaus für die Lernenden motivierend. Hier folgt ein Beispiel zur Unterscheidung des russischen weichen [щ] ([ʃʲʃʲ] (links) und harten Frikativs [ш] [ʃ]) (rechts) (Abb. 4.7).

Abb. 4.7 Labiogramm (Mehlhorn 2016: 119)

Auch lese-rechtschreib-schwache Fremdsprachenlernende (vgl. Gerlach 2019), die Schwierigkeiten bei der Lautdiskrimination oder -bildung zeigen, profitieren von Labiogrammen. In der außerschulischen lerntherapeutischen Praxis hat sich daneben die Arbeit mit Spiegeln bewährt, bei der Förderkräfte die Bildung von Lauten durch die Sprechorgane deutlich machen und die Lernenden mithilfe des Spiegels diese Stellungen nachzubilden versuchen. ◀

Aufgeklärte Einsprachigkeit – aufgeklärte Mehrsprachigkeit – reflektierte Mehrsprachigkeit Als Resultat lerntheoretisch-nativistischer Strömungen, die das Prinzip der Immersion („Sprachbad") betonen, galt in der zweiten Hälfte des 20. Jahrhunderts das Primat der Einsprachigkeit – genauer: der Fremdsprachigkeit – im Fremdsprachenunterricht. Auch kognitivistisch orientierte Modelle, die Sprachenlernen anhand von Stufenmodellen erklärbar machten, griffen nur selten auf L1-Phänomene bzw. -Strukturen zurück, wie es im Gegensatz dazu das *interlanguage*-Konzept vorsah (vgl. Königs 2015). Die von Butzkamm (1973) bereits in den 1970er Jahren im Zuge der Kommunikativen Wende propagierte „aufgeklärte Einsprachigkeit" betonte hingegen die bewusste Einbeziehung der L1 an Stellen, an denen ansonsten Verstehen (insbesondere in mündlicher Kommunikation) behindert würde.

Kommunikative Wende

Die sogenannte kommunikative Wende wurde maßgeblich durch die Arbeit von Hans-Eberhard Piepho (1974) eingeleitet. Hintergrund waren Entwicklungen im Blick auf Lernen und Sprache. Vorherige behavioristische Lerntheorien und damit verbundene imitative Methoden wurden von kognitivistischen Vorstellungen des Lernens und der Lernenden abgelöst. Lernen wurde nun als autonomer Prozess der Wissenskonstruktion unter Einsatz individueller Strategien verstanden. Auch das strukturalistische Verständnis von Sprache als fest definierter Korpus wich der Pragmalinguistik und mit ihr der Idee von Sprache als Instrument sozialer Diskurse. Lernen sollte nun dem Mitteilungsbedürfnis der Lernenden in möglichen zielsprachlichen Alltagssituationen gerecht werden. Dialoge und Alltagstexte (Zeitungsanzeigen, Speisekarten, Kinoprogramme etc.) waren vorherrschende Formate in den kommunikativ ausgerichteten Lehrmaterialien. In der Folge traten konstruktivistische Lerntheorien hinzu und es entwickelte sich die sogenannte neokommunikative Methode, die strategienbasierte Wissenskonstruktionen in individualisierten Lernprozessen förderte (vgl. Reinfried 1999).

Auch aus Gründen der Effizienz und effektiv genutzter Unterrichtszeit (z. B. im Rahmen der expliziten Vermittlung komplexer sprachlicher Strukturen) sollten durchaus die Ausgangssprachen Verstehensprozesse unterstützen.

Ferner sollten mit der Interkomprehensionsdidaktik und der vergleichenden Beschäftigung mit Sprachen einer Sprachfamilie (z. B. romanische oder slawische Sprachen) Strategien der Erschließung, des Transfers und Sprach(lern)bewusstheit entwickelt werden (s. die Beiträge in Fäcke/Meißner 2019). Nebenbei gelten mittlerweile auch andere Voraussetzungen: Deutsch ist nicht mehr selbstverständlich die dominante L1 im Klassenraum, ein mehrsprachigkeitsdidaktisch begründetes Einbeziehen verschiedener Sprachen, welches darüber hinaus Sprachbewusstheit und interkulturelles Lernen zu fördern vermag, ergibt sich quasi-automatisch aus dem vorhandenen Pool an bzw. bei einer gezielten Berücksichtigung von verschiedenen L1. So definiert Reimann (2015a: 8) einen Ansatz aufgeklärter Mehrsprachigkeit wie folgt:

> » Aufgeklärte Mehrsprachigkeit bezieht nicht nur die Interkomprehension ein, sondern nimmt auch die Entwicklung produktiver Fertigkeiten ins Visier, bezieht ferner die weiteren Schulfremdsprachen Englisch und Latein neben den romanischen Sprachen als vorgelernte Sprachen ebenso mit ein wie die Herkunfts- und Familiensprachen, das Deutsche (als Mutter- und Zielsprache) und (im rezeptiven Bereich) Varietäten in der Zielsprache. So führt sie letztlich zur Entwicklung transkultureller kommunikativer Kompetenz [...].

Die Idee der unterrichtlichen Nutzung und Förderung verschiedener Sprachen zur Gewährleistung des Unterrichtsdiskurses und zur Entwicklung von Mehrsprachigkeit bündeln Caspari/Schädlich (2020: 44) bezogen auf unterrichtliches Sprechen in einem Konzept der reflektierten Mehrsprachigkeit. Es geht um das Ziel des effizienten Erwerbs mehrerer Sprachen z. B. durch den Aufbau von Transferwissen, ferner um die Einbeziehung der individuellen sprachlich-kulturellen Lernvoraussetzungen und schließlich den „Aufbau kommunikativer Fertigkeiten" im Unterrichtsgeschehen (s. ▶ Abschn. 5.5).

Silent phase Werden die individuellen Voraussetzungen der Lernenden stärker berücksichtigt, muss auch die Möglichkeit des Nicht-Sprechens eingeräumt werden. Im *Total Physical Approach* werden Lernende aufgefordert, auf Sprache körperlich handelnd zu reagieren und so ihr Verstehen zu bestätigen (s. ▶ Abschn. 3.3). Der Ansatz lässt Lernenden möglichst viel Zeit, um Sprache zunächst aufzunehmen. Allerdings ist auch die Bedeutung des Sprechens vor dem Lesen – gerade bei Sprachen wie dem Französischen mit einer hohen Phonem-Graphem-Diskrepanz – zu betonen. Ein Weg kann sein, eine längere, visuell und auditiv unterstützte mündliche Phase der Lehrwerkarbeit voranzustellen (vgl. Schoppe/Wysk 2019). Dies lässt sich durchaus mit einer ersten *silent phase* kombinieren.

Handlungsorientiertes Sprechen Sprechen ist bezogen auf das Individuum in ganz besonderer Weise eine ganzheitliche leibliche Sprachhandlung. Gemäß den Überlegungen zu Leiblichkeit und *embodiment* (s. ▶ Abschn. 2.6) kann dies wie folgt beschrieben werden:

> » Im Sprechen ereignet sich also eine Verbindung zwischen Körperlichem und Geistigem. Diese ‚Synthese' kommt aufgrund der spezifisch leiblichen Struktur im Sprechen zustande, in der das Gesprochene zugleich gehört wird. Das ‚Geistige', das im Gesprochenen im Medium der Symbole entäußert wird und auf Vorstellungen beruht, wird in der Sprache empirisch, d.h., es tritt in die Erfahrung und in die Zeit ein. Das Sprechen begründet eine elementare Reflexivität zwischen Subjektivität und Objektivität: vom Mund zum Ohr und zurück zum Selbst. Das ‚Wiedertönen' der Sprache ist also nicht nur sozial und intersubjektiv, sondern als Struktur schon leiblich angelegt. (Brinkmann 2020: 20)

Demgemäß mahnt Küster (2020b: 52) an, Lernende im Unterrichtsdiskurs nicht als „‚talking heads', sondern in ihrer lebensweltlichen Einbettung und leiblichen Verfasstheit [zu betrachten]". In Hinsicht auf Sprechen als soziale Handlung wurde in ▶ Abschn. 2.3 anhand der dort zitierten Lehrkraft-Schüler*in-Interaktion zur nicht gemachten Hausaufgabe gezeigt, wie „entlang realer sozialer Interaktionsprozesse […] fremdsprachliche Kommunikation als *situated practice* erfahren und eingeübt werden [kann]" (Hallet/Königs 2013: 192). Selbst vermeintlich organisatorische Anteile im Unterricht (*classroom discourse*/Unterrichtssprache; vgl. ebd.: 193) können in ein authentisches, interaktionales Sprachhandeln umgesetzt werden, wenn die beteiligten Personen (hier Lehrperson und Lernende*r) sich sowohl ihrer Rolle bewusst sind, aber auch die Mitteilungsabsicht des anderen (auch z. B. Anregungen und Feedback der Lehrkraft zum sprachlichen Output) ernst nehmen. Eine Herausforderung stellt hier sicherlich das nötige Wissen um situationsadäquate sprachliche Mittel dar. Die Vorstrukturierung der entsprechenden sprechfördernden Situation erfolgt gerade bei jüngeren Lernenden sicherlich primär durch die Fremdsprachenlehrkraft. Allerdings muss diese es dabei ebenfalls schaffen, dass eine angst- und sanktionsfreie Atmosphäre entsteht, die überhaupt erst dazu führt, dass Lernende mit der Fremdsprache experimentieren möchten und so auch Gelegenheit haben, Sprechen zu üben und sich den Sprachprozess bewusst zu machen (vgl. Brinkmann 2020: 26–29).

Komplexere Sprechanforderungen, wie sie in Debatten, dem Führen von Interviews oder Diskussionen, dem Darstellen von Rollenspielen in höheren Jahrgangsstufen usw. gestellt werden, sind dann möglich, wenn zum einen der Inhalt eine didaktische (z. B. aber auch emotionale) Relevanz für die Lernenden zeigt und sie in Aufgaben eingebettet sind, die prozess- und produktorientiert (s. ▶ Kap. 6) entsprechende Übungs- und Unterstützungsgelegenheiten bieten. Besonders kriteriengeleitetes Feedback zu Sprechprodukten (seien sie monologischer oder dialogischer Natur) muss einen Platz im Unterrichtsverlauf haben, um Lernfortschritt und -potenzial transparent zu machen (vgl. Miede 2019; s. auch ▶ Abschn. 6.3.; s. zu unterrichtlichen Ansätzen der Entwicklung von Sprechkompetenzen: Küster 2020a). Zudem zeigt die wachsende Bedeutung von mündlichen Prüfungen im Fremdsprachenunterricht an Stelle von schriftlichen Leistungsüberprüfungen oder im Rahmen von Abschlussprüfungen, dass eine Sprechförderung mehrdimensional gedacht und handlungsorientiert mittels kriteriengeleitetem Feedback in den Unterricht eingebunden werden muss (s. z. B. Matz/Rogge/Rumlich 2018 und die weiteren Beiträge in *Der fremdsprachliche Unterricht Englisch* 153).

4.6 Sprachmittlung

Bedeutung von Sprachmittlung in Schule Sprachmittlung wurde durch den *Gemeinsamen europäischen Referenzrahmen* gleichbedeutend mit den vier anderen Fertigkeiten zu den sprachlich-funktionalen Kompetenzen im Fremdsprachenunterricht erhoben (vgl. Europarat 2001) und hat in der Neuveröffentlichung des Companion Volume des GeR noch einmal an Bedeutung gewonnen (vgl. Europarat 2018; Piccardo/North 2019: 230 ff.). Die Bildungsstandards in Deutschland (vgl. KMK 2012) sind dem gefolgt, so dass Sprachmittlung mittlerweile als fünfte Fertigkeit gesehen werden kann, wenn sie auch teils Überschneidungen zeigt, andere Fertigkeiten mit einbezieht und damit nicht selten ungleich komplexer in ihrer Anforderung wird (für einen Überblick vgl. z. B. Rössler/Schädlich 2019).

Sprachmitteln und Übersetzen Zuweilen wurde Sprachmittlung und Übersetzen deutlich voneinander abgegrenzt: Beim Übersetzen werde Wert darauf gelegt, den Inhalt des Originaltextes möglichst genau und ohne ihn zu verfälschen wiederzugeben, beim Sprachmitteln allerdings gehe es primär darum, einen Text derart in der Zielsprache zusammenzufassen, dass er vom Adressaten, der den Text nicht versteht, inhaltlich nachvollzogen werden kann (vgl. Königs 2016). Dabei kann es zu Kürzungen sowie semantisch-syntaktischen Transformationen kommen, die den Inhalt des Textes jedoch nicht verfälschen sollen. Allerdings kommt es auch beim Übersetzen bzw. Dolmetschen gelegentlich zu Anpassungen des Textes, was Übersetzen und Sprachmittlung doch näher rücken lässt, als gemeinhin angenommen (vgl. Abendroth-Timmer/Plikat 2017). Siepmann (2013) geht sogar so weit zu argumentieren, dass die Unterschiede sich lediglich im Produkt selbst, der „Professionalität bzw. Qualität des Zieltextes" (ebd.: 189), unterscheiden. Dabei ist die methodisch-didaktische Zielsetzung in Sprachmittlungsaufgaben immer ähnlich: Der*die Sprachmittelnde überträgt Informationen zwischen zwei Personen, die einander nicht verstehen. Lediglich der*die Sprachmittelnde ist (potenziell) kompetent in beiden Sprachen und dient damit als Vermittlungsinstanz. Übliche (teils auch für den Unterricht konstruierte) Situationen sind Schüler*innenaustausche, bei denen die Elterninformationen für die besuchenden Schüler*innengruppen „übersetzt" und schriftlich oder mündlich zusammengefasst werden müssen, oder auch Rollenspiele, in denen Interaktionssituationen im Ausland simuliert bzw. im Schutzraum des fremdsprachlichen Klassenzimmers probeweise verhandelt werden. Die Lernenden beschäftigen sich damit mit potenziellen außerunterrichtlichen Kommunikationssituationen (vgl. Königs 2017: 327 f.).

Sprachmittlungsaufgaben vermögen somit nicht nur, an Übersetzung angelehnte bzw. funktional-sprachliche Ziele zu erfüllen. Je nach Ausgestaltung im Fremdsprachenunterricht „bestehen [sie] aus einer kommunikativ und situativ aufeinander abgestimmten Folge von sprachlichen Handlungen" (Königs 2013: 99) und erlauben die Integration verschiedener Fertigkeiten, Sprachen sowie die Simulation und Anbahnung interkulturellen Austauschs. Ein bewusstmachendes Vorgehen unterstützt dabei Sprachbewusstheit und den Prozess hin zum autonomen Lernen (vgl. Königs 2013: 100, 2017: 327). Kolb (2016) verortet Sprachmittlung daher, ausgehend von den vorliegenden Modellen, konzeptionell im Zwischenraum von Translationswissenschaft und der Förderung interkultureller Kompetenz. Wichtig – und dies bereits im Sinne der in den 1970er Jahren entwickelten Theorie des *skopos* (Zweck/Funktion) – sind die Situationsgerechtheit und der Adressat*innenbezug (vgl. Reimann 2016a; Wieland 2016).

Zur Vertiefung: Analyse von Sprachmittlungsaufgaben

Pfeiffer (2013: 52) stellt normative Evaluationskriterien für Sprachmittlungsaufgaben vor:

- Schülerinteressen
- passendes Anforderungsniveau
- Klarheit der Handlungssituation
- Klarheit des Arbeitsauftrags
- Authentizität des Ausgangstextes
- Textsortendifferenz
- Differenz der sprachlichen Register
- Interkultureller Gehalt

- Verzicht auf Vokabelhilfen
- visueller Impuls durch Abbildungen
- Möglichkeiten zur Einbettung in den Unterricht
- Transparenz der Bewertungskriterien

Caspari (2014: 29 f.) liefert folgendes, eher offenes Analyseraster für Sprachmittlungsaufgaben:
- Titel/Jahr
- Lernjahr
- Situation
- Art der Sprachmittlung (mündlich – schriftlich/Sprachrichtung)
- Stimulus
- Art der Text-/Bildvorlage (u. a. Sprache, Inhalt, Textsorte, Länge, sprachliche Auffälligkeiten)
- erwartetes Produkt (Angaben zu Sprache, Textsorte, Länge, Art des Textes etc.)
- erwartete Genauigkeit des Zieltextes
- Adressierung des Zieltextes
- Hinweise zur Bearbeitung der Aufgabe
- erforderliche Kompetenzen (Schwerpunkt)
- erforderliche sprachliche Mittel (Schwerpunkt)
- Strategien

Typen von Sprachmittlungsaufgaben kombinieren schriftliche und mündliche Texte und Aktivitäten. Grundlage können auch andere Textformen oder -typen sein wie Hör- und Hörsehtexte sowie diskontinuierliche Texte. Diese können progressiv aufeinander aufbauen und die Sprachmittlung so vorbereiten – wie z. B. die mündliche Zusammenfassung eines schriftlichen Textes zur Vorbereitung auf das mündliche Sprachmitteln zwischen zwei Sprachen (vgl. Reimann 2016b: 60).

Kritische Aufgabenanalysen zeigen auch einige Schwierigkeiten bei der Gestaltung von Sprachmittlungsaufgaben. Sprachmittlung wird offensichtlich nicht selten dazu verwendet, Hör- und Lesekompetenzen zu überprüfen oder zur schriftlichen Produktion in der Zielsprache zu veranlassen, gerade auch das Zusammenfassen wird oft geübt, aber weniger mit dem Fokus der sukzessiven Entwicklung von Sprachmittlungskompetenzen (vgl. Caspari 2014: 30–36). Ebenso bemängelt Wieland (2017: 4) neben einer fehlenden Realitätsnähe der Sprachmittlungsaufgaben die geringe Performativität, die Sprachhandeln bewirken könnte. Wieland (2017) plädiert dafür, Sprachmittlungssituationen durch dramapädagogische Verfahren eine fiktive Ebene hinzuzufügen, um so den Lernenden einen größeren Spielraum für die Ausgestaltung zu bieten. Zudem werden die Lernenden über die performative Ebene angehalten, emotionale und körperlich-handelnde Zugänge zu entwickeln (s. auch ▶ Abschn. 5.4).

Zur Vertiefung: Übersetzungsaufgaben in historischen Lehrbüchern

Mit einer historischen Lehrwerkanalyse ab dem 17. Jahrhundert bis 1949 und damit quer durch die Methodengeschichte vor der Kommunikativen Wende wurde der Frage nachgegangen, welche Aufgabenformate verwendet wurden und welche Sichtweisen auf Übersetzungen im Fremdsprachenunterricht über die Zeitspanne hin nachzuweisen sind. Nachfolgende Ziele von Übersetzungsaufgaben konnten dabei im Detail herausgearbeitet werden (vgl. Abendroth-Timmer 2016):

- Ziel der Verständnissicherung
- Ziel der grammatikalischen Aneignung sowie der Sicherung und Evaluation
- Ziel der Kognitivierung
- Ziel der Vermittlung (sprachlich-)kulturellen Wissens
- Ziel des Lebensweltbezugs und der Kommunikation

Während einerseits anzumerken ist, dass Übersetzungsaufgaben praktisch nie eingebettet waren in Kommunikationssituationen heutigen Verständnisses, kann umgekehrt eine hohe Sensibilität gegenüber den verschiedenen Sprachen und der Komplexität kultureller Zeugnisse sowie dem Anforderungscharakter professioneller Übersetzung nachgewiesen werden. Anhand der Analyse kann umgekehrt der Innovationscharakter des Sprachmittlungskonzeptes bestätigt werden, welcher gerade in der Vernetzung der zuvor schon im einzelnen vorgestellten Ziele und in der kommunikativen Inszenierung besteht.

Modell der Sprachmittlung Ausgehend von einem Sprachmittlungsmodell und einer von Caspari (2014: 39) entwickelten Grafik (s. ◘ Abb. 4.8) haben Abendroth-Timmer (2016) und Abendroth-Timmer/Plikat (2016, 2017) ein Modell der Sprachmittlung entworfen, das nachfolgend erläutert wird.

Grundlage des Modells ist die Annahme, dass jede Kommunikation zwischen zwei Akteur*innen – und dies gilt auch bei gleicher L1 – ein Prozess von Rekonstruktion, Adaption und Emergenz ist. Die Akteur*innen haben ihren je eigenen Hintergrund, auf dessen Basis Kommunikate formuliert oder umgekehrt erfasst werden. Dies sind die jeweiligen Sprachen, Kulturen und die Persönlichkeit sowie die in der Situation kontextuell wirksame (oder wirksam werdende) Identität. Darüber hinaus ist in der Kommunikation für die Bedeutungskonstruktion relevant, um welchen Inhalt es geht, in welcher Textsorte bzw. über welches Medium, in welchem Stil, in welcher Diskursform und mit welcher Absicht kommuniziert wird.

Im Zentrum des Modells wurde die Kommunikationstheorie nach Schulz von Thun (1981/1994) aufgenommen (s. ▶ Abschn. 2.2). Diese liefert Erklärungsansätze dafür, dass Kommunikat 1 und 2 nie deckungsgleich sein können. Auch die Beziehung zwischen den Akteur*innen spielt eine bedeutsame Rolle und welcher Appell oder welche Selbstoffenbarung geleistet werden, d. h. was Akteur*in 1 verstanden wissen will und was Akteur*in 2 versteht („Dein Haus ist groß – Dort leben offenbar viele Familien" vs. „Das Haus ist groß – Dein Haus ist protzig"). Kommuniziert nun Akteur*in 1 in einer anderen Sprache (LX) mit Akteur*in 3

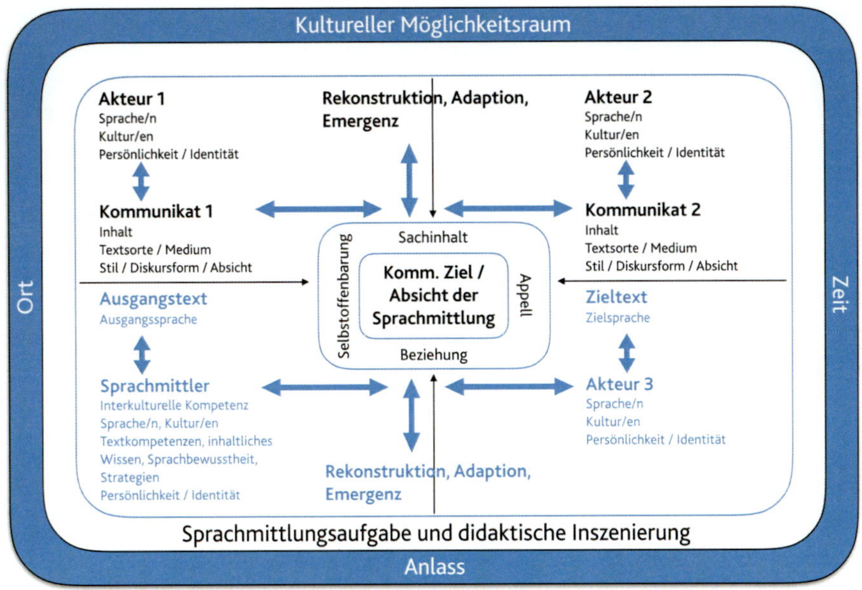

Abb. 4.8 Modell der Sprachmittlung (Abendroth-Timmer 2016: 498, s. in anderer Darstellungsform Abendroth-Timmer/Plikat 2016/2017)

als L1-Sprecher*in, so wird immer auch mitschwingen, wie das Kommunikat in der L1 für Akteur*in 2 derselben L1 gebildet worden wäre. Das heißt der Englischlernende mit der L1 Deutsch wird sich in einer englischsprachigen Kommunikation immer auch auf die Folie einer deutschsprachigen Kommunikation beziehen, sich also fragen, ob der gewählte englische Ausdruck die gleiche Wirkung erzielen wird wie eine deutschsprachige Entsprechung in einer deutschsprachigen Kommunikation.

Zugleich sind die sprachlichen und kulturellen Kompetenzen wesentliche Einflussgrößen bei der Formulierung des Kommunikats. Ist Sprachmittlung erforderlich, tritt eine weitere Person zwischen Akteur*in 1 (L1) und nun Akteur*in 3 (LX), die beide Sprachen beherrscht. Nun muss diese Person zum einen die Kommunikate sprachlich-kulturell einordnen, es entsteht zwischen Kommunikat 1 und Kommunikat 2 also potenziell eine weitere Brechung. Insbesondere hier ist eine „interaktionale Kompetenz" (Hallet 2008: 5) erforderlich, die diese Brechung relativieren kann.

All dies ist abhängig von Zeit, Anlass und Ort der Kommunikation bzw. der Sprachmittlung, aber auch vom kulturellen Möglichkeitsraum, der ebenso bestimmt, welcher Inhalt in welcher Weise formuliert werden kann. Wenn man bedenkt, dass die Sprachmittlung im Fremdsprachenunterricht in einem schulischen Kontext stattfindet, muss von einer didaktischen Inszenierung die Rede sein. Umso mehr wird dann relevant, dass Situation und Adressat*innen der Sprachmittlung sehr genau für die Lernenden beschrieben werden und sie sich in diese hineinversetzen können bzw. Gelegenheit zu einer vertieften Vorbereitung erhalten.

Sprachmittlungsstrategien Beim Sprachmitteln können zwei verschiedene strategische Ansätze verfolgt werden: zum einen derjenige, der darauf abzielt, den Inhalt des zu vermittelnden Textes adressat*innenangemessen in der Zielsprache bzw. den Zielsprachen umzusetzen, zum anderen der, der nötig ist, den Text sprachlich zu paraphrasieren, ggf. zu kürzen bzw. dank bestimmter Diskurspartikel für den Empfänger oder die Empfängerin verständlich zu machen. Dies ist auch von der Sprachkompetenz der Sprachmittelnden abhängig. Das heißt mit steigender Professionalität z. B. von Berufsübersetzer*innen vergrößert sich die Äquivalenz. Umgekehrt muss eine größere emotionale Involviertheit bei geringerer Professionalität angenommen werden (vgl. Abendroth-Timmer/Plikat 2016, 2017). Sprachmittler*innen bringen sich aber auch ein, beispielsweise durch zusätzliche Erklärungen mit dem Ziel einer Konfliktvermeidung (vgl. Knapp 2017: 481).

Auch kulturelle Unterschiede im Kommunikationsstil gilt es zu berücksichtigen (vgl. Knapp 2017: 482). Demgemäß benennen Behr/Wapenhans (2014: 162) folgende Strategien, die für die Sprachmittlung im schulischen Kontext relevant erscheinen:

- „paraphrasieren,
- Techniken zur Umschreibung unbekannter Lexik anwenden,
- sprachliche Strukturen vereinfachen,
- inhaltliche (speziell kulturspezifische Aussagen des Ausgangstextes erläutern),
- inhaltliche Kongruenz von Ausgangstext und Zieltext überprüfen."

Diese Liste kann für die Ausgestaltung von hierauf fokussierten Aufgaben herangezogen werden.

> **Zur Vertiefung**
> Bewertung von Sprachmittlungsaufgaben.
> Die Komplexität der Sprachmittlungskompetenz stellt eine Herausforderung an die Bewertung dar. Nachfolgende Tabelle liefert Kriterien, die neben der sprachlichen Performanz auch die inhaltliche und vor allem die kommunikative Leistung ermittelt (◘ Tab. 4.6).

Handlungsorientierte Sprachmittlung Sprachmittlung ist dann handlungsorientiert, wenn sie den Lernenden ein relevantes Thema und wirkliche Identifikationspersonen anbietet, wodurch sich Authentizität und Bedeutsamkeit im Lernprozess einstellen (vgl. Kolb 2016). Ggf. muss zu dem vorliegenden Thema recherchiert werden, um dieses auch kulturell in Gänze zu erfassen und deuten zu können. Ferner gilt es, einen kommunikativen Zusammenhang herzustellen, der sich lohnt, von den Schülerinnen und Schülern im Rahmen einer Sprachmittlungsaufgabe ausgehandelt zu werden.

Handlungsorientierte Sprachmittlung kann auch im bilingualen Sachfachunterricht erfolgen. Gerade hier bietet es sich an, verschiedensprachliche fachliche Diskurse zu beleuchten und für die eigene Konstruktion fachlicher Konzepte kritisch zu nutzen. In diesem Sinne muss bilingualer Unterricht als mehrsprachiger

Tab. 4.6 Kriterien für die Bewertung von Sprachmittlungsaufgaben (Behr/Wapenhans 2014: 169)

	Mündliche Form der Sprachmittlung	**Schriftliche Form der Sprachmittlung**
Kommunikative Ebene	Reaktionsfähigkeit	
	Situationsgerechtheit	(Situationsgerechtheit)
	Adressatenbezogenheit	
Inhaltliche Ebene	Vollständigkeit und Genauigkeit der wiedergegebenen Informationen inhaltliche Angemessenheit ggf. Formulierung notwendiger kulturspezifischer Erläuterungen	
Sprachliche Ebene	Sprachliche Angemessenheit Verständlichkeit der wiedergegebenen Informationen	
	(nonverbale Mittel: Mimik, Gestik, Blickkontakt)	textsortenangemessene Darstellung und Struktur inkl. Gliederung und Umfang
	ggf. Kompensation sprachlicher Defizite	

Unterricht verstanden werden, was bei weitem nicht der Fall ist, da zumeist die Förderung einer einzigen Arbeitssprache bis auf ein möglichst hohes Sprachniveau angestrebt wird (vgl. Deutsch 2016). Das Konzept des *translanguaging* (s. ▶ Abschn. 3.2) kann dagegen genutzt werden, um gezielt das gesamte sprachliche Repertoire der Lernenden im Sinne inhaltlicher Emergenz für den Sachfachunterricht zu nutzen (vgl. Abendroth-Timmer/Wieland 2019).

▶ Beispiel: Sprachmittlungsaufgaben im bilingualen Sachfachunterricht

Im Rahmen der Studie von Abendroth-Timmer/Wieland (2019) zu Sprachmittlung im bilingualen Sachfachunterricht wurden von den befragten Lehrkräften einige konkrete Aufgaben beschrieben, die hier exemplarisch abgebildet werden:

- „Erdkunde bilingual (Mittelstufe): Tu es chez ton corres en France. Tu veux lui expliquer les critères et les avantages du commerce équitable. Rédige un petit dialogue." (Informationen aus deutschem Schulbuch sollen mithilfe von Scaffolding-Angaben gemittelt werden)
- „Pk in Klasse 9 zur Zeit von ‚Wir schaffen das': Eine Art Presseschau, Thema ‚L'Allemagne et les réfugiés' Verarbeitung von ausgewählten deutschen Medienberichten und Interviews (TV und Presse) zu einem 3- bis 5-minütigen Beitrag für ‚Radio France'"
- „Thema Strukturwandel in Altindustrieregionen: Vergleich von frz. Dokumenten (Texte, Karten, Statistiken etc.) zum Strukturwandel in der Region Nord-Pas-de-Calais mit dt. Dokumenten zum Strukturwandel im Ruhrgebiet -> bei der Sprachmittlung steht dann im Vordergrund, wie in Frankreich und wie in Deutschland mit den Herausforderungen umgegangen wird; oder: dt. und frz. Zeitungsartikel zur Atompolitik -> unterschiedliche Perspektiven vergleichen und im Hinblick auf Nachhaltigkeit bewerten"

Die Beispiele könnten auch in den regulären Fremdsprachenunterricht übertragen werden. Sie zeigen allesamt, wie komplex Sprachmittlungsaufgaben sein können, wenn beispielsweise ein Genrewechsel eingefordert wird. Das erste Beispiel verbleibt auf der schriftlichen Ebene, könnte aber durchaus performativ umgearbeitet werden. Das zweite Beispiel ist sehr kreativ, indem medienproduktiv vorgegangen wird. Das dritte Beispiel verweist auf den zu erschließenden kulturellen Hintergrund. ◀

▶ Beispiel: Sprachmittlungsaufgaben mit Herkunftssprachen

Reimann (2015b; s. auch Reimann/Siems 2015) skizziert Sprachmittlungsaufgaben für den Spanischunterricht, die Ausgangssprachen der Lernenden einbeziehen. So wird ein Begegnungsprojekt simuliert, bei dem spanische und türkische Schüler*innen an eine deutsche Schule kommen. Aufgabe ist es, beiden Gruppen Informationen über den deutschen Schulalltag in die jeweilige Sprache zu mitteln. Dazu werden Dreiergruppen gebildet, in denen immer zwei Personen auch Türkisch sprechen. Bei einem weiteren Beispiel schlägt Reimann die Arbeit mit Liedern in verschiedenen Sprachen vor. Diese werden von den Lernenden gesucht und auf Spanisch für die anderen Schüler*innen zusammengefasst. ◀

4.7 Sprachliche Mittel

Wortschatzerwerb und Wortschatzlernen Die aktuell vorherrschenden Modelle zur Speicherung von Wortschatz im Langzeitgedächtnis gehen dahin, dass dieser in einem als mentalen Lexikon bezeichneten Konstrukt in Kategorien bzw. netzartig angelegt wird. Diese Netze können thematisch oder begrifflich orientiert sein, nach Merkmalen oder Wortfamilien, nach ähnlich klingenden Begriffen, syntagmatisch oder durch affektive Faktoren beeinflusst eng beieinander abgespeichert sein (vgl. Neveling 2004). Im Rahmen institutionalisierten Wortschatzlernens in der Schule ist das Ziel des gesteuerten Wortschatzlernens, den fremdsprachlichen Wortschatz möglichst in die vorhandenen Netze zu integrieren. Dies bedeutet z. B. auch, Rückbezüge zur L1 herzustellen, kontextbezogen und in Gesamtzusammenhängen Wortschatz anzubieten sowie eine emotional positive Atmosphäre zu schaffen, in der mit neuen Vokabeln spielerisch umgegangen wird. Aus sprachwissenschaftlicher Perspektive wird zudem verstärkt gefordert, den besonderen Zusammenhang zwischen Wortschatz und Grammatik zu beachten, da jedes Wort, als Grundform im mentalen Lexikon verankert (Lemma), in bestimmten Zusammenhängen mit anderen Wörtern korpuslinguistisch vermehrt als Kollokation vorkommt und somit kontextuell gebunden ist. Damit sollte der zu lernende Wortschatz weniger aus Einzelwörtern, sondern vielmehr aus lexikalischen Einheiten *(chunks)* bestehen, die bereits grammatische Phänomene enthalten können. Dies entlastet das Lernen sowie den Abruf kognitiv (vgl. z. B. Lewis 1997).

Nicht selten wird im Zusammenhang mit Vokabellernen die Frage laut, wie viele Wörter bzw. lexikalische Items gelernt bzw. gekannt werden sollten. Nation (2006) kommt auf Grundlage von korpuslinguistischen Analysen zu dem Schluss, dass die 2000 häufigsten Wörter ca. 89 %, die häufigsten 3000 Wörter und Nomen ca. 96 % der englischen Sprache ausmachen. Sprachenübergreifend kann bei 2500 Wörtern von ungefähr 80–85 %, bei weiteren 2000 Wörtern von 90–95 % und bei insgesamt 5500 gelernten Wörtern von bis zu 97 % der in Alltagstexten genutzten Wortschatzes ausgegangen werden (vgl. Kleinschroth 2012). Aus pragmatischer Sicht erscheint es daher durchaus zielführend, korpuslinguistisch hochfrequentes Vokabular (bzw. *chunks*) auch mit einer entsprechenden Häufigkeit in den Fremdsprachenunterricht einfließen zu lassen.

Die Beantwortung der Frage, *welcher* Wortschatz gelernt werden sollte, folgt grundsätzlichen didaktischen und inhaltlichen Interessen, muss aber auch Überlegungen eines hochfrequenten Basisvokabulars einbeziehen (vgl. auch Siepmann 2014). Im Anschluss daran sind die methodischen Zugänge, das „Wie" des Wortschatzlernens bzw. -erwerbens zu wählen. Daneben sind individuelle Lernstrategien (s. u.), die die Memorisierung von neuem Vokabular unterstützen, von großer Bedeutung. Sie müssen zu den individuellen Faktoren der*des Lernenden passen und entsprechend häufig angeboten bzw. wiederholt werden, um einen nachhaltigen Behaltenseffekt zu begünstigen. Auch inzidentelles Lernen bzw. Erwerben, das quasi-unbewusste Aneignen von Wortschatz durch Konfrontation beim Lesen oder Hören, spielt eine große Rolle und ist eng verbunden mit dem Konzept des rezeptiv-passiven und des potenziellen Wortschatzes, der ungleich größer ist als der aktive, den Lernende spontan selbst produzieren können. Die methodischen Zugänge zur Gestaltung von Wortschatzarbeit sind mannigfaltig (vgl. auch Kötter 2017) und auch für den Einsatz digitaler Medien zum Wortschatzerwerb gibt es Vorschläge (vgl. z. B. Brauweiler 2020). Handlungsorientiert ausgeschärft folgen sie dem Prinzip, die Diskursfähigkeit und -tüchtigkeit der Lernenden zu unterstützen, um fremdsprachliches Handeln in rezeptiver wie produktiver und interaktiver Form entstehen zu lassen. Dies ist insbesondere für den Erwerb kulturell konnotierter Wortbedeutungen relevant, die besonders dann differenziert entwickelt werden, wenn – neben multimodalen Zugängen – Lernende einen persönlichen motivierten Bezug zu Zielsprachenländern und außerschulische Interaktionsmöglichkeiten haben, so dass (Wort-)Bedeutung erfahrbar und identitär wirksam wird (vgl. Brunzel 2002: 334–340).

Grammatik Weitgehende Einigkeit besteht darüber, dass Grammatikkenntnisse nötig sind für eine kompetente Nutzung einer Fremdsprache: „Allerdings divergieren die Auffassungen darüber, ob dies durch explizite grammatische Unterweisung oder nicht besser implizit durch Interaktion erfolgen soll." (Gnutzmann 2013a: 114) In entwicklungspsychologischer Hinsicht wird stärker davon ausgegangen, dass besonders jüngere Schülerinnen und Schüler im Alter bis 11/12 Jahren aufgrund der bis dahin nur schwach ausgeprägten Fähigkeit zur Abstraktion sprachliche Strukturen besser implizit und unterbewusst aufgreifen. Bei älteren Lernenden kann hingegen auch ein deduktives Vorgehen, bei dem eine Regelhaftigkeit explizit genannt, gemeinsam diskutiert und angewendet bzw. geübt wird, allein schon aus zeitökonomischen Gründen sinnvoll sein. Mitnichten ist es so, dass seit der Kommunikativen Wende in den Siebziger Jahren Grammatik keine Rolle mehr spielen würde; vielmehr wird danach gefragt, wann welche Strukturen wie in möglichst authentischen Situationen und Kommunikationsanlässen im

Sinne einer aufgeklärten Einsprachigkeit (teilweise auch in der L1) vermittelt werden können. So prägte Long (1991) das Prinzip des *Focus on Form* (Formfokussierung), bei dem Lernenden sprachliche Strukturen im Grunde beiläufig oder gar zufällig bewusst gemacht werden, während der eigentliche Unterrichtsfokus primär auf Inhalt und Bedeutungsaushandlung liegt. Im Gegensatz hierzu steht der *Focus on Forms,* der explizit sprachliche Strukturen in ihrer Regelhaftigkeit vorentlastet.

Die Entwicklung zu einer eher impliziten Formfokussierung geht einher mit der Förderung von Sprach(lern)bewusstheit (s. u.) und Lerner*innenautonomie, d. h. dass Schülerinnen und Schüler unbekannte sprachliche Strukturen zunehmend autonom entdecken und in ihrer Funktion entschlüsseln und sie anwenden können. Auch die Einbettung grammatischer Strukturen innerhalb aufgabenorientierter Ansätze (s. ▶ Abschn. 6.1), d. h. die zweckgebundene Verwendung von sprachlichen Strukturen (Grammatik und Wortschatz), geht in diese Richtung (s. Begründungen und Aufgabenbeispiele bei Küster/Krämer 2013). Dem integrativ-deskriptiven Ansatz von Celce-Murcia und Larsen-Freeman (1999) folgend ist die kontextgebundene Angemessenheit das dominante Prinzip bei der bewussten Einführung von Grammatik. Dieser diskursbasierte Ansatz sieht Grammatik als komplexes System, so dass – wenn sie bewusst im Unterricht thematisiert wird – zwingend sowohl auf die grammatische Struktur als solche (die Form), aber auch auf die Bedeutung sowie die Verwendung eingegangen werden muss.

Gleichwohl muss die Sinnhaftigkeit bestimmten Regelwissens hinterfragt werden, insbesondere vor dem Hintergrund authentischer (mündlicher) Sprachproduktion von L1-Sprecher*innen, in der auch nicht immer grammatikalisch vollkommen korrekte Sätze geformt werden. Das kommunikative Ziel, das Sich-verständlich-machen-können (im Gegensatz zum früheren Gebot der *near-nativeness*), ist und bleibt das primäre, sprachlich-funktionale Ziel beim Fremdsprachenlernen und setzt damit die Grundlage für höhere, bildungstheoretische Ansprüche wie die des Erwerbs interkultureller, kritischer oder literarischer Kompetenz (s. ▶ Abschn. 4.9 und ▶ Kap. 5).

Handlungsorientierter Erwerb sprachlicher Mittel Sprachliche Mittel haben im modernen Fremdsprachenunterricht eine dienende Funktion (vgl. z. B. Koch 2015; Sommerfeldt 2016). Von den Grundzügen einer konstruktivistisch angelegten Handlungsorientierung ausgehend erwerben Lernende sprachliche Mittel dadurch, dass sie eine Lücke darin erkennen, was sie ausdrücken möchten (dem Ziel der Handlung) und dem ihnen zur Verfügung stehenden sprachlichen Wissen. Die Konstruktion dieses Wissens kann dann auf unterschiedlichen Wegen erfolgen: So kann im Sinne der Zone proximaler Entwicklung (s. ▶ Abschn. 4.1) durch die Unterstützung der Fremdsprachenlehrkraft, die z. B. dialogisch die Struktur anbietet, oder durch Mitlernende, die die Struktur, das Wort, das Phänomen schon kennen, Wissen erschlossen werden oder aber der Schüler bzw. die Schülerin ist in der Lage, sich selbst zu helfen und die Struktur herauszufinden. Dieses Vorgehen ist offensichtlich besonders von zwei Faktoren abhängig: Zum einen vom (Vor-) Wissen der*des Lernenden sowie der individuellen Fähigkeit, auch Lernstrategien einzusetzen (s. u.), zum anderen kommt es auf die Situation an, in der das sprachliche Mittel benötigt wird, ob z. B. überhaupt Unterstützung bzw. interaktives Erschließen möglich ist.

Ein handlungsorientierter Umgang mit Wortschatz- sowie Grammatikerwerb folgt in besonderem Maße dem Prinzip, Lernfortschritte transparent zu machen. Dies kann explizit erfolgen durch die Darstellung gelernter Strukturen. Schülerinnen und Schüler können aber auch mit Problemstellungen konfrontiert werden, bei deren Bearbeitung ihnen (zunächst implizit) bewusst wird, dass sie die sprachlichen Mittel kennen, die sie zur handlungsorientierten Lösung einsetzen müssen. Explizite Spracharbeit ist an solchen Stellen sinnvoll, an denen z. B. Strategiewissen mit Grammatik oder Wortschatz in Bezug gesetzt wird oder im Sinne der Förderung von Sprachbewusstheit „die Aufmerksamkeit der Lernenden auf Merkmale der Sprache zu lenken, die sie ohne diese Lenkung nicht bemerken würden" (Sommerfeldt 2016: 9). Sprachbewusstheit und das Wissen über sprachliche Strukturen allein genügen hingegen nicht, damit die Lernenden eine umfassende kommunikative Handlungsfähigkeit entwickeln. Even (2003) schlägt daher einen dramagrammatischen Ansatz vor. Hierbei geht es vornehmlich darum, sprachliches Handeln anschaulich (z. B. über (Stand-)Bilder oder szenische Umsetzungen) erfahrbar zu machen (vgl. auch Even 2011). Die Bewusstmachung ist gleichwohl ein wichtiger Teilschritt innerhalb des darstellerischen Vorgehens.

4.8 Sprachbewusstheit

Sprachbewusstheit Obwohl es noch als relativ neues und wenig erforschtes Feld gilt, ist man sich mittlerweile weitgehend darüber einig, dass eine Sprachbewusstheit oder *language awareness* förderlich für das Lernen fremder Sprachen ist. Erforderlich ist dabei, dass Lernende bzw. diejenigen, die eine Fremdsprache bereits kompetent benutzen, Strukturen dieser bewusst erkennen und verstehen (vgl. Schmidt 1995), dass ein „sprachliches Event" also nicht einfach unreflektiert durchgespielt wird bzw. an einem vorübergeht. Es wird davon ausgegangen,

> » dass erhöhte Sprachbewusstheit zu einer Verbesserung der Kenntnis von Sprache, der Sprachhandlungsfähigkeit, der Sprachlernfähigkeit und der Fähigkeit, Sprache(n) zu unterrichten führt [...] [sowie] dazu beiträgt, die Beziehungen zu anderen Menschen und Kulturen zu verbessern und den manipulativen Gebrauch von Sprache zu durchschauen. (Gnutzmann 2013b: 115)

Van Lier (1998) entwickelt ein Stufenmodell von Sprachbewusstheit, bei dem jede Stufe die Basis für die jeweils nächste bildet (vgl. ◘ Tab. 4.7), davon ausgehend, dass insbesondere für das „bewusste" Sprachenlernen in Institutionen nötig ist: „the involvement of a conscious mind (in interaction with the environment) which is aware of what it is doing and what is going on" (ebd.: S. 74).

Besonders vor dem Hintergrund einer auf die Berücksichtigung von Mehrsprachigkeit angelegten Fremdsprachendidaktik kann Sprachbewusstheit das je individuell auszuhandelnde (Wieder-)Erkennen sprachlicher Muster auf der Grundlage der bereits bekannten Sprachen greifbar bzw. integrierbar machen

Tab. 4.7 Stufenmodell von Sprachbewusstheit nach van Lier (1998)

Stufe	Erläuterung
1. Globales bzw. intransitives Bewusstsein	Sprecher*innen sind im Allgemeinen dafür empfänglich, dass sprachliche Botschaften in der aktuellen Umgebung entstehen können
2. (transitives) Bewusstsein	Sprecher*innen bemerken bestimmte linguistische Elemente wie Akzente und Varietäten, evtl. auch z. B. abweichende Syntax
3. Metabewusstsein	Sprecher*innen verfügen über die Fähigkeit, Sprache zu kontrollieren, zu manipulieren und kreativ mit ihr umzugehen
4. Kritisches Bewusstsein	Sprecher*innen erkennen das machttheoretische Potenzial von Sprache in soziokulturellen Kontexten

(vgl. Morkötter 2005; Fehling 2008). Morkötter (2005: 37) definiert demgemäß Sprachbewusstheit auf drei Ebenen:

> a) Sprachbewusstheit als ein individuelles dynamisches Gefüge von *Kognitionen*, *Einstellungen* und *Emotionen* einer Person zu Sprache(n) und zum Lernen und Lehren von Sprachen [...]
> b) Sprachbewusstheit als *Mittel* des Sprachenlernens im Sinne einer Nutzung expliziten Wissens für Sprachgebrauch und -erwerb sowie einer Explizierung von zuvor implizit(er)em Wissen, das daraufhin für einen Transfer auf andere und/oder neue Sprachverwendungs- und -lernkontexte zur Verfügung steht
> c) Sprachbewusstheit als *Ziel* an sich im Sinne einer Bewusstheit über beispielsweise sprachliche Vielfalt oder über eine Konzeption des sprachlichen Fehlers als ein natürlicher Prozess des Hypothesenbildens und -prüfens.

Küster (2020c: 59 f.) hebt neben der kognitiven und emotionalen Dimension von Sprachbewusstheit besonders ihre politische und interkulturelle Dimension hervor und betont für den Unterricht die damit einhergehende Rolle der Herstellung von Partizipation, Interaktion und Reflexion bzw. Metakommunikation (ebd.: 62 f.).

Insgesamt zeigt sich, dass Sprachbewusstheit anhand konkreter unterrichtlicher Materialien zu entwickeln ist und zugleich die Lernenden umfassend in die sprachbewusstheitsfördernde Unterrichtsgestaltung einzubeziehen sind (vgl. Morkötter 2005: 326). Auch die Berücksichtigung und das Angebot von mehrsprachigkeitsoptimierten Konzepten und angemessenen Materialien wie Bilderbüchern können bereits im Grundschulalter Sprachbewusstheit fördern (vgl. Lohe 2018).

Sprachlernstrategien Obwohl in den Bildungsstandards als separater Kompetenzbereich verankert (vgl. KMK 2012 und s. o.), kann der zunehmend bewusste bzw. vermittelte Einsatz von Lernstrategien auch zum Konstrukt der Sprach(lern)bewusstheit hinzugerechnet werden.

Im Allgemeinen werden drei Formen von Sprachlernstrategien unterschieden: kognitive, metakognitive sowie sozial-affektive (vgl. Oxford 1990; Chamot 2005):

- Bezogen auf bestimmte Fertigkeiten wie beispielsweise das Lernen von Vokabeln, das Zusammenfassen von Texten in der Fremdsprache oder den Einsatz von Lesestrategien (s. o.) sind es in der Regel kognitive, auf den Lerngegenstand bezogene Strategien, die Lernende nutzen können.
- Sobald es um dem Lernen übergeordnete Fertigkeiten wie das Planen von Schritten, Überwachen des Lernprozesses, Fokussieren auf oder Evaluieren des individuellen Ziels geht, spricht man von metakognitiven Strategien.
- Sozial-affektive Strategien zeichnen sich dadurch aus, dass Lernende die Regeln der gemeinsamen Interaktion und sprachlichen Aushandlungspraxis kennen und beachten, beispielsweise aber auch überhaupt sich im Fremdsprachenunterricht (motiviert) einbringen, gemeinsam produktiv kooperieren können oder – als Teil interkultureller Kompetenz (s. u.) – ein affektiv-positives Bild über die Zielkultur erhalten.

Allgemein empfohlen wird ein schrittweises Vorgehen beim Vermitteln von Lernstrategien (vgl. Chamot 2005; Koch 2011). Dieses beginnt mit einem Bewusstmachen bereits vorhandener Strategien, diese ggf. im wortwörtlichen Sinne aufzudecken. Soll eine neue Strategie vermittelt oder als Alternative vorgestellt werden, muss diese explizit erklärt und im Anschluss erprobt werden. Nach dieser Phase erfolgt eine (gemeinsame) Reflexion, Bewertung und Evaluation des Einsatzes, bevor sie – nach positiver Evaluation – auf weitere Lerngegenstände transferiert werden kann.

Critical language awareness Von van Lier (1998) als höchste Stufe der Sprachbewusstheit bezeichnet, ist das Ziel beim Aufbau einer *critical language awareness,* Lernende „für das Manipulationspotenzial von Sprache zu sensibilisieren" (Gnutzmann 2013b: 117). Hierzu gehören damit allerdings nicht nur die prototypisch im Fremdsprachenunterricht nicht selten verwendeten Unterscheidungen zwischen Zeitungstypen (*broadsheet* vs. *tabloid*) und ihren gesetzten Schwerpunkten oder auch eine Analyse der Struktur von Werbung, sondern auch soziale und ideologisch aufgeladene Sprache, wie sie in sexistischer oder politisierter bzw. popularisierender Form im Alltag vorkommt. Ein kritisch konzipierter Fremdsprachenunterricht (vgl. Gerlach 2020) versteht sich demnach aufbauend auf dem Prinzip der *critical language awareness* dem Aufbau von *critical literacy* verpflichtet (vgl. auch Breidbach/Medina/Mihan2014; siehe ▶ Kap. 2.4 und 5.6), der die De- und Rekonstruktion sozialer Wirklichkeit insbesondere unter einer machttheoretischen Perspektive begreift:

> » Critical literacy is about imagining thoughtful ways of thinking about reconstructing and redesigning texts, images, and practices to convey different and more socially just and equitable messages and ways of being that have real-life effects and real-world impact. (Vasquez 2017: 9)

Gendersensible Sprache Die Bewusstheit von Sprachgebrauch und der Wirkung von Sprache auf gesellschaftliche Wirklichkeitskonstruktionen zeigt sich im Thema der gendersensiblen Sprache. Im Kontext kritischer Fremdsprachendidaktik und den Zielen der *critical literacy* (s. ▶ Abschn. 5.6) haben gesellschaftspolitische Fragen von Macht und Unterdrückung (Feminismus, queer, trans etc.)

zunehmend in den Fremdsprachenunterricht Einzug erhalten. Einen kritischen Diskurs im Unterricht anzustoßen ist eine wichtige Aufgabe, bei der Literatur sinnvolle inhaltliche Anlässe und Sprachbeispiele bietet (vgl. Leonhardt/Viebrock 2020). Ferner ist die Wahl der Protagonist*innen im Bildungskontext relevant, d. h. die Frage danach, welche Autor*innen, gesellschaftliche Aktivist*innen oder historische Persönlichkeiten (z. B. Politiker*innen/Wissenschaftler*innen) Einzug in Lehrmaterialien finden.

Neben einer inhaltskritischen Ebene sind die unterrichtliche Interaktion und die Bewusstmachung der Möglichkeiten sprachlicher und inhaltlicher Ausdrucksmöglichkeiten über gendersensible Sprache gegenüber den Lernenden stärker zu fördern. Dabei sind die Möglichkeiten zwischen den Schulfremdsprachen durchaus unterschiedlich und es entstehen im gesellschaftlichen Zusammenhang immer wieder neue sprachlich-symbolische Formen mit dem Ziel gesellschaftlicher Inklusion und Gerechtigkeit. Beispielhaft zu nennen sind hier die Verwendung genderneutraler Formen (Lernende), geschlechterbinäre Nebeneinanderstellungen (Lehrerinnen und Lehrer) und Binnenzeichen (SchülerInnen, Schüler/innen, Schüler_innen, Schüler*innen oder Schüler:innen). Die zuletzt genannten Formen gehen im Mündlichen mit einer Markierung einer kurzen Pause einher. Letztlich geht es auch hier um *empowerment:* Sprache hat eine Wirkung auf die von ihr ausgelöste Vorstellung von Wirklichkeit und der schulische Unterricht ist gefordert, hier einen zentralen Beitrag zur je individuellen Identitätsentwicklung zu leisten.

Handlungsorientierte Förderung von Sprachbewusstheit Sprachbewusstheit (und damit Sprachenlernen) profitiert direkt von kognitiv anspruchsvollen, affektiv ansprechenden und sozial-interaktiv engagierenden Momenten (vgl. Svalberg 2009), welche durch das Prinzip der Handlungsorientierung vereint werden können. Um die van Lierschen Stufen zu erreichen bzw. bewusstseinsfördernden Unterricht zu gestalten, sind in verstärktem Maße Reflexionsphasen nötig, die Bewusstsein fördern bzw. auf Elemente von Sprache lenken, die ggf. auch mit der L1 (oder anderen LX) abgeglichen werden können (oder sollten; Stichwort: Transfer). Im Sinne eines postmodernen Sprachbegriffs definiert Lohe (2018: 34) *language awareness* als

> » die Fähigkeit, Sprache und Sprachen als Konstrukt aus einer Metaperspektive kognitiv betrachten zu können, Regelmäßigkeiten und Unterschiede wahrnehmen zu können und in der Lage zu sein, diese in Rückgriff bzw. im Vergleich und unter möglicher Verwendung aller vorhandenen Sprachen verbalisieren zu können. Zudem bezieht sich Language Awareness auch auf affektive Faktoren, die Neugier, Interesse und Toleranz gegenüber Sprachen umfassen.

Der Begriff umfasst weiterhin die Offenheit gegenüber Sprachen und Sprachenlernen gegenüber Mehr- und Vielsprachigkeit (vgl. ebd.).

Das damit verbundene Strategiewissen wird in einem handlungsorientiert gestalteten Fremdsprachenunterricht in authentischer Form explizit gemacht, um Lernende in ihrer Entwicklung als kompetente Nutzerinnen und Nutzer der Sprache in spezifischen kulturellen Kontexten ernst zu nehmen und eine interkulturelle kommunikative Kompetenz aufzubauen.

4.9 (Inter-/Trans-)Kulturelle Kommunikation

Interkulturelle Kommunikative Kompetenz Die Förderung interkultureller kommunikativer Kompetenz im Fremdsprachenunterricht – oder im Sinne Plikats einer weiterreichenden fremdsprachlichen Diskursbewusstheit – hat insofern zu einem Paradigmenwechsel geführt, als sie nicht mehr als Ziel die „near-nativeness" an sprachlicher Kompetenz in den Fokus stellt, sondern Sprache als Mittel *(lingua franca)* zum Austausch zwischen Sprecherinnen und Sprechern verschiedener Kulturen in den Vordergrund rückt (s. ▶ Abschn. 2.2 und 3.2). Sprachkompetenz dient dabei der Bedeutungsaushandlung *(negotiation of meaning)*, Lernende werden zum ko-konstruktiven Interpretieren kultureller Gegenstände angeregt, um Vergleichshorizonte herzustellen. In den Bildungsstandards bilden sie einen zentralen Bereich ab (s. ▶ Abschn. 4.1). Caspari/Schinschke (2007) haben im Anschluss an Byram (1997) besonders drei Komponenten für den Erwerb interkultureller kommunikativer Kompetenz herausgearbeitet:

- die affektive und attitudinale Komponente,
- die wissensbezogene und analytische Komponente sowie
- die handlungsorientierte Komponente.

Während innerhalb der ersten Komponente primär Haltungen und ihre Relativierungen konzeptualisiert werden, beinhaltet der zweite Bereich Wissen über die Kultur(en) der Zielländer, allerdings auch – in der analytischen Perspektive – mögliche (nötige) para- oder nonverbale Zeichen, die zur Kommunikationsinterpretation bzw. -herstellung nötig sind. Die letzte Komponente versucht die Frage zu beantworten, welche sprachlichen Fertigkeiten (produktiv wie rezeptiv) für den interkulturellen Austausch nötig sind und wie diese strategisch korrekt eingesetzt werden können (vgl. ebd.). (Lern-)Gelegenheiten zu schaffen, in denen diese Wissensformen bzw. die Komponenten aktiviert bzw. gefördert werden können, stehen demnach im Fokus eines modernen Fremdsprachenunterrichts (vgl. Beispiele in ▶ Kap. 5).

Transkulturelle Kommunikative Kompetenz Blell und Doff (2014) schlagen im Anschluss an Byrams Modell *Interkultureller Kommunikativer Kompetenz* (Byram 1997) ein *Model of Inter-/Transcultural Communicative Competence* vor. Dieses reagiert auf die weite Kritik an interkulturellem Lernen und der darin weiterhin herrschenden Binärität von eigener Kultur der Lernenden und fremder Kultur. Das Modell von Blell und Doff integriert insbesondere die Förderung von Wissen um Globalisierung und globale, soziale Prozesse und Zusammenhänge, integriert die Bedeutung von multiplen Literalitäten und Mehrsprachigkeit (im Anschluss an *multi-* bzw. *pluriliteracies;* vgl. New London Group 2000). Wichtig erscheinen ihnen im Bildungsprozess zudem *border literacies* (Blell/Doff 2014: 87): „Transcultural learners must be competent in recognizing, analyzing and successfully managing 'borders' and 'border situations' of all kinds (not only geographic ones)." Inter- und transkulturelles Lernen kann vor dem Hintergrund dieser Anforderungen und im Angesicht eines hybriden Identitätsverständnisses sowohl auf der Grundlage von persönlichen kulturellen Erfahrungen (d. h. Austauschbegegnungen) stattfinden, aber z. B. auch über die Arbeit mit Literatur im Fremdsprachenunterricht (s. ► Kap. 5).

Evaluation (inter-/trans-)kultureller kommunikativer Kompetenz Obwohl mit dem Begriff der Kompetenz und damit auch mit dem Anspruch verbunden, dass sie tatsächlich gefördert werden *kann,* ist die Evaluation inter- bzw. transkultureller Kompetenz bzw. die Messung ihres Zuwachses durch unterrichtliche Intervention nicht einfach (s. ► Abschn. 2.2). Decke-Cornill und Küster (2015) sehen Lernendenportfolios als möglichen Zugang: „Diese erlauben Rückschlüsse auf erreichte Niveaus der Wahrnehmung und Reflexion interkultureller Zusammenhänge, ohne dass im Interesse einer Vergleichbarkeit Komplexität unbotmäßig reduziert würde." (Ebd.: 234) Dieser Reflexion dienen Lehrenden und Lernenden die ausführlichen Deskriptoren des *Referenzrahmens für plurale Ansätze* (REPA), der im Rahmen eines Projekts des Grazer Europäischen Sprachenzentrums und des Europarats entstanden ist (vgl. Europarat 2011; Meißner 2013). Das Besondere des REPA besteht darin, die Bereiche Sprachenbewusstheit, interkulturelles Lernen, Mehrsprachigkeit, Mehrsprachigkeitsdidaktik, Interkomprehension sowie eine integrierte Didaktik (als transversale Verbindung verschiedener Didaktiken zu allen Altersstufen und Wissensdomänen) miteinander zu verzahnen. Die Einteilung der Deskriptoren nimmt die nach Byram (1997) definierten Dimensionen Wissen, Haltungen und Können auf.

► Beispiel: Deskriptoren zum Bereich Kultur aus dem REPA

Nachfolgend werden exemplarisch einige Oberkategorien zu den Deskriptoren des Bereichs Kultur aufgelistet (vgl. im Detail Meißner 2013).
Oberkategorien zum kulturellen Wissen:

- „Kenntnisse über Kulturen / das Funktionieren von Kulturen haben"
- „Wissen, dass kulturelle und soziale Diversität eng verbunden sind"
- „Die Rolle der Kultur in interkulturelle Beziehungen und in der interkulturellen Kommunikation kennen"
- „Wissen, dass Kulturen einer ständigen Entwicklung unterliegen, verschiedene Phänomene der Kulturendiversität kennen"
- „Wissen, dass zwischen den kulturellen Untergruppen Ähnlichkeiten und Unterschiede existieren."

Oberkategorien zu Haltungen in Verbindung mit Kulturen:

- „Sensibilität für andere Sprachen/Kulturen/Personen",
- „Positive Akzeptanz der sprachlichen/kulturellen Vielfalt"
- „Wunsch/Wille sich zu engagieren / zu handeln im Kontext sprachlicher oder kultureller Vielfalt/Pluralität // in einem mehrsprachigen oder plurikulturellen Umfeld"
- „Bereitschaft zu einem sprachlichen/kulturellen Perspektivwechsel/Relativierungsprozess"

Oberkategorien zum kulturbezogenen Können:

- „Mit anderen über bestimmte Aspekte der eigenen Sprache / der eigenen Kultur / anderer Sprachen / anderer Kulturen sprechen können"

- „In Kontaktsituationen mit Sprachen/Kulturen interagieren können"
- „Sich die in mehr oder weniger vertrauten Sprachen / Kulturen charakteristischen Elemente oder Gebräuche / kulturelle Bezüge oder Verhaltensweisen aneignen können" ◀

4.10 Sprachlich-kulturelle Kommunikationskompetenzen und Handlungsorientierung

In diesem Kapitel wurden kommunikative Kompetenzen als sprachlich-kulturelle und methodische Fertigkeiten im Sinn der Bildungsstandards und innerhalb des Lernprozesses betrachtet. Es wurde diskutiert, in welchem Zusammenhang sie mit dem Handlungsbegriff und einer unterrichtlichen Handlungsorientierung stehen. Zu unterscheiden sind mentale (kognitiv-affektive), leibliche und interaktionale Handlungsebenen, die mit den einzelnen kommunikativ-funktionalen Kompetenzen und dem Erwerb dazugehöriger sprachlicher Mittel verbunden sind. Zur Darstellung dienten empirische Modelle der kognitiven Modellierung von Prozessen beim Lesen, Hören, Sprechen, Schreiben sowie bei der Aneignung von Aussprache, Grammatik, Orthographie und Wortschatz. Die Sprachmittlungskompetenz und die interkulturelle Kompetenz können als die Fähigkeit beschrieben werden, welche in besonderer Weise alle anderen Kompetenzen erfordern und nicht jenseits sozialer Interaktion gedacht werden können. Gerade hier wird eine ausgeprägte *cultural and language (learning) awareness* virulent, wenn Sprache als komplexes System begriffen und in dieser Form auch unterrichtlich zum Gegenstand gemacht wird. Diese verbindet (Sprach-)Lernstrategien mit sozialen Strategien und einer vertieften Bewusstheit der Bedeutung von Sprachen und Kulturen im gesellschaftlichen Gefüge und in sozialen Kommunikationssituationen. Indem Lernende sich einerseits der mentalen Handlungsprozesse bewusst sind, andererseits leiblich die Gelegenheit zur Erprobung und zur Reflexion fremdsprachlicher Handlung erhalten, kann Handlungsorientierung im Sinne von mehrsprachig-mehrkultureller Autonomie, Authentizität und *agency* wirksam werden. Wie in ▶ Kap. 2 beschrieben, nimmt dies zugleich die Lernenden in ihrer Individualität und als selbstbestimmt handelnde Akteur*innen ernst. Diese werden nicht in einem extern bestimmten kognitiven und eindimensionalen Erwerbsprozess, sondern in einem multidimensionalen individuellen und sozial komplexen Handlungs- und Bildungsprozess betrachtet, den sie mitgestalten.

Im nachfolgenden Kapitel soll dies anhand komplexerer Beispiele zusammengeführt werden.

Literatur

Abel, Clémentine (2018): *Ausspracheschulung: Erhebung der Kompetenzen, Überzeugungen und Praktiken von Französischlehrkräften. Entwicklung eines bedarfsbezogenen Fördermoduls*. Tübingen: Narr Francke Attempto.

Abel, Clémentine (2019): Embodiment im Französischunterricht der Sekundarstufen – Bedingungen, Settings und Lehrkräftekompetenzen. In: *Babylonia* 3, S. 76–80.

Abendroth-Timmer, Dagmar (2016): Sprachmittlung zwischen Renaissance und Innovation? In: Hardy, Stéphane/Herling, Sandra/Sälzer, Sonja (Hg.): *Innovatio et traditio – Renaissance(n) in der Romania. Festschrift für Franz-Josef Klein zum 65. Geburtstag*. Stuttgart: ibidem, S. 491–517.

Abendroth-Timmer, Dagmar/Plikat, Jochen (2016): Begriffsbestimmung. In: Grünewald, Andreas/Harder, Ann-Kristin (Hg.): *Sprachmittlung im Spanischunterricht. Powerpoint-Präsentation der Klett Akademie für Fremdsprachendidaktik – Sektion Spanisch*. ▶ http://www.klett-akademie.de/sektion-spanisch/.

Abendroth-Timmer, Dagmar/Plikat, Jochen (2017): Sprachmittlung – Warum gute Praxis gute Theorie braucht. In: *Hispanorama* 155, S. 4–10.

4

Abendroth-Timmer, Dagmar/Wieland, Katharina (2019): Sprachmittlungsaufgaben im bilingualen Sachfachunterricht Französisch – zwischen Scaffolding und Emergenz. In: *Fremdsprachen Lehren und Lernen* 48/2, S. 88–101.

Bazzanella, Carla (^{2}2001): I signali discorsivi. In: Renzi, Lorenzo/Salvi, Giampaolo/Cardinaletti, Anna (eds.): *Grande grammatica italiana di consultazione*. Bologna: Il Mulino, S. 225–257.

Behr, Ursula/Wapenhans, Heike (2014): Sprachmittlung als kommunikative Aktivität im Russischunterricht. In: Bergmann, Anka (Hg.): *Fachdidaktik Russisch. Eine Einführung*. Tübingen: Narr Francke Attempto, S. 158–170.

Bertram, Georg (2019): Sprachphilosophie und Ästhetik. Über künstlerischen Sprachgebrauch. In: *Zeitschrift für Ästhetik und Kunstwissenschaft* 64/1, S. 63–77.

BIG-Kreis (2015) (Hg.): *Der Lernstand im Englischunterricht am Ende von Klasse 4. Ergebnisse der BIG-Studie*. München: Domino-Verlag.

Blell, Gabriele (^{2}2017): Audio Literacy. In: Surkamp, Carola (Hg.): *Metzler Lexikon Fremdsprachendidaktik. Ansätze – Methoden – Grundbegriffe*. Stuttgart: J. B. Metzler, S. 7–8.

Blell, Gabriele/Doff, Sabine (2014): It takes more than two for this tango: Moving beyond the self/other-binary in teaching about culture in the global EFL-classroom. In: *Zeitschrift für Interkulturellen Fremdsprachenunterricht* 19/1, S. 77–96. Online: ▶ https://tujournals.ulb.tu-darmstadt.de/index.php/zif/article/view/17/14 (13.12.2020).

Boscolo, Pietro/Hidi, Suzanne (2007): The multiple meanings of motivation to write. In: Boscolo, Pietro/Hidi, Suzanne (eds.): *Studies in Writing. Volume 19. Writing and Motivation*. Oxford: Elsevier, S. 1–14.

Brauweiler, Patrick (2020): Digitale Wortschatzarbeit. In: *französisch heute* 51/3, S. 17–22.

Breidbach, Stephan (2008): Fremdsprachliche Kompetenzen jenseits der Standardisierbarkeit. Warum mit den „Bildungsstandards" die Probleme für eine bildungsorientierte Fremdsprachendidaktik erst anfangen? In: Lüger, Heinz-Helmut/Rössler, Andrea (Hg.): *Wozu Bildungsstandards? Zwischen Input- und Outputorientierung in der Fremdsprachenvermittlung*. Landau: Verlag Empirische Pädagogik, S. 117–133.

Breidbach, Stephan/Medina, José/Mihan, Anne (2014): Critical literacies, multiliteracies and foreign language education. In: *Fremdsprachen Lehren und Lernen* 42/2, S. 91–106.

Breuer, Esther Odilia (2020): Schreibprozesse in der Erst- und in der Fremdsprache. In: *Fremdsprachen Lehren und Lernen* 49/1, S. 21–35.

Brinkmann, Malte (2020): Bildung, Reflexion, Übung. In: Küster, Lutz (Hg.): *Prendre la parole. Reflexive und übende Zugänge zum Sprechen im Französischunterricht*. Hannover: Kallmeyer Klett, S. 16–29.

Brunzel, Peggy (2002): *Kulturbezogenes Lernen und Interkulturalität. Zur Entwicklung kultureller Konnotationen im Französischunterricht der Sekundarstufe I*. Tübingen: Narr.

Butzkamm, Wolfgang (1973): *Aufgeklärte Einsprachigkeit. Zur Entdogmatisierung der Methode im Fremdsprachenunterricht*. Heidelberg: Quelle & Meyer.

Byram, Michael (1997): *Teaching and Assessing Intercultural Communicative Competence*. Clevedon: Multilingual Matters.

Caspari, Daniela (2002): Kreativität als Unterrichtsprinzip: Der – notwendigerweise – ‚andere' Fremdsprachen Unterricht. In: Kühn, Olaf/Mentz, Oliver (Hg.): *Zwischen Kreativität, Konstruktion und Emotion. Der etwas andere Fremdsprachenunterricht*. Herbolzheim: Centaurus Verlag, S. 16–26.

Caspari, Daniela (2014): Sprachmittlung als kommunikative Situation. Eine Aufgabentypologie als Anstoß zur Weiterentwicklung eines Sprachmittlungsmodells. In: Reimann, Daniel/Rössler, Andrea (Hg.): *Sprachmittlung im Fremdsprachenunterricht*. Tübingen: Narr, S. 27–43.

Caspari, Daniela/Schädlich, Birgit (2020): Sprechförderung im Französischunterricht als Teil einer mehrsprachigkeitssensiblen Sprachbildung. In: Küster, Lutz (2020) (Hg.): *Prendre la parole. Reflexive und übende Zugänge zum Sprechen im Französischunterricht*. Hannover: Kallmeyer Klett, S. 37–45.

Caspari, Daniela/Schinschke, Andrea (2007): Interkulturelles Lernen. Konsequenzen für die Konturierung eines fachdidaktischen Konzepts aufgrund seiner Rezeption in der Berliner Schule. In: Bredella, Lothar/Christ, Herbert (Hg.): *Fremdverstehen und interkulturelle Kompetenz*. Tübingen: Narr, S. 78–100.

Castles, Anne/Rastle, Kathleen/Nation, Kate (2018): Ending the Reading Wars: Acquisition From Novice to Expert. In: *Psychological Science in the Public Interest* 19/1, S. 5–51.

Cedeño, Maribel (2016): Cuando las imágenes se convierten en palabras: potencial didáctico de la audiodescripción. In: *Hispanorama* 151, S. 40–45.

Celce-Murcia, Marianne/Larsen-Freeman, Diane ([2]1999): *The grammar book: An ESL/EFL teacher's course*. Boston: Heinle & Heinle.

Chamot, Anna U. (2005): Language learning strategy instruction: Current issues and research. In: *Annual review of applied linguistics* 25, S. 112–130.

Chenoweth, Ann/Hayes, John R. (2003): The inner voice in writing. In: *Written Communication* 20, S. 99–118.

Clachar, Arlene (1999): It's not just cognition: the effect of emotion on multiple-level discourse processing in second-language writing. In: *Language Sciences* 21/1, S. 31–60.

Csikszentmihalyi, Mihaly (1990): *Flow: The psychology of optimal experience*. New York: Harper & Row.

Cummins, Jim (1991): Interdependence of first- and second-language proficiency in bilingual children. In: Bialystok, Ellen (Hg.): *Language processing in bilingual children*. New York: Cambridge University Press, S. 70–89.

Decke-Cornill, Helene/Küster, Lutz ([3]2015): *Fremdsprachendidaktik*. Tübingen: Narr Francke Attempto.

Deutsch, Bettin (2016): *Mehrsprachigkeit durch bilingualen Unterricht?: Analysen der Sichtweisen aus europäischer Bildungspolitik, Fremdsprachendidaktik und Unterrichtspraxis*. Frankfurt a.M.: Lang.

Diehr, Bärbel/Frisch, Stefanie (2010): A roadmap to reading – Bewusstmachende Verfahren im Umgang mit der englischen Schriftsprache. In: *Grundschule* 9, S. 26–28.

Dragović, Georgina (2019): Eine empirische Untersuchung zur Effizienz des dramapädagogischen Ansatzes im schulischen DaF-Unterricht mit speziellem Fokus auf Grammatik. Dissertation, Universität Freiburg/Schweiz. In: ▶ http://doc.rero.ch/record/327181? (19.11.2020).

Elis, Franziska ([2]2017): Kreativität. In: Surkamp, Carola (Hg.): *Metzler Lexikon Fremdsprachendidaktik. Ansätze – Methoden – Grundbegriffe*. Stuttgart: J. B. Metzler, S. 177–179.

Engel, Gaby/Groot-Wilken, Bernd/Thürmann, Eike (2009) (Hg.): *Englisch in der Primarstufe. Chancen und Herausforderungen. Evaluation und Erfahrungen aus der Praxis*. Berlin: Cornelsen.

Ennemoser, Marco/Schneider, Wolfgang (2004): Entwicklung von Lesekompetenz – Hemmende Einflüsse des medialen Umfelds. In: Groeben, Norbert/Hurrelmann, Bettina (Hg.): *Lesesozialisation in der Mediengesellschaft. Ein Forschungsüberblick*. Weinheim: Juventa, S. 375–401.

Europarat (2001): *Gemeinsamer europäischer Referenzrahmen für Sprachen: Lernen, lehren, beurteilen*. Berlin, München: Langenscheidt.

Europarat (Hg.) (2011): *Referenzrahmen für plurale Ansätze zu Sprachen und Kulturen (RePa)*. ▶ http://carap.ecml.at/ (11.11.2020).

Europarat (2018): *Common European Framework of Reference for Languages: Learning, Teaching, Assessment. Companion Volume with New Descriptors*. ▶ https://rm.coe.int/cefr-companion-volume-with-new-descriptors-2018/1680787989 (11.11.2020).

Even, Susanne (2003): *Drama Grammatik. Dramapädagogische Ansätze für den Grammatikunterricht Deutsch als Fremdsprache*. München: iudicium.

Even, Susanne (2011): Mit Vergnügen und Verstand. Performative Grammatik Deutsch als Fremdsprachenunterricht. In: Schmenk, Barbara/Würffel, Nicola (Hg.): *Drei Schritte vor und manchmal auch sechs zurück. Internationale Perspektiven auf Entwicklungslinien im Bereich Deutsch als Fremdsprache. Festschrift für Dietmar Rösler zum 60. Geburtstag*. Tübingen: Narr Francke Attempto, S. 37–47.

Fäcke, Christiane/Meißner, Franz-Joseph (Hg.) (2019): *Handbuch Mehrsprachigkeits- und Mehrkulturalitätsdidaktik*. Tübingen: Narr Francke Attempto.

Fehling, Sylvia (2008): *Language Awareness und bilingualer Unterricht: Eine komparative Studie*. Frankfurt a.M.: Lang.

Flower, Linda/Hayes, John R. (1981): A cognitive process theory of writing. In: *College Composition and Communication* 32/4, S. 365–387.

Gabriel, Christoph/Grünke, Jonas/Schlaak, Claudia (2020): Autonomes digitales Lernen: Material zur Förderung der Aussprache deutsch-türkischer Französischlernender. In: *französisch heute* 51/3, S. 32–37.

Gerlach, David (2019): *Lese-Rechtschreib-Schwierigkeiten (LRS) im Fremdsprachenunterricht*. Tübingen: Narr.

Gerlach, David (2020): Einführung in eine Kritische Fremdsprachendidaktik. In: Gerlach, David (Hg.): Kritische Fremdsprachendidaktik: Grundlagen, Ziele, Beispiele. Tübingen: Narr, S. 7–31.

Gerlach, David/Lüke, Mareen (2020): Förderung von Lesekompetenz im Englischunterricht: Ergebnisse einer Interventionsstudie. In: *Zeitschrift für Fremdsprachenforschung* 31/2, S. 159–182.

Gnutzmann, Claus ([2]2013a): Sprachliche Strukturen und Grammatik. In: Hallet, Wolfgang/Königs, Frank G. (Hg.): *Handbuch Fremdsprachendidaktik*. Seelze-Velber: Klett Kallmeyer, S. 111–115.

Gnutzmann, Claus ([2]2013b): Language Awareness. In: Hallet, Wolfgang/Königs, Frank G. (Hg.): *Handbuch Fremdsprachendidaktik*. Seelze-Velber: Klett Kallmeyer, S. 115–119.

Graham, Stephen/McKeown, Debra/Kiuhara, Sharlene/Harris, Karen R. (2012): A meta-analysis of writing instruction for students in the elementary grades. In: *Journal of Educational Psychology* 104/4, S. 879–896.

Groeben, Norbert/Hurrelmann, Bettina (Hg.) (2004). *Lesesozialisation in der Mediengesellschaft. Ein Forschungsüberblick*. Weinheim: Juventa.

Hallet, Wolfgang (2008): Zwischen Sprachen und Kulturen vermitteln. Interlinguale Kommunikation als Aufgabe. In: *Der fremdsprachliche Unterricht Englisch* 42/93, S. 2–7.

Hallet, Wolfgang (2016): *Genres im fremdsprachlichen und bilingualen Unterricht. Formen und Muster der sprachlichen Interaktion*. Seelze: Klett Kallmeyer.

Hallet, Wolfgang ([2]2017): Generisches Lernen. In: Surkamp, Carola (Hg.): *Metzler Lexikon Fremdsprachendidaktik. Ansätze – Methoden – Grundbegriffe*. Stuttgart: J. B. Metzler, S. 105–106.

Hallet, Wolfgang/Königs, Frank G. ([2]2013): Classroom discourse und Interaktion. In: Hallet, Wolfgang/Königs, Frank G. (Hg.): *Handbuch Fremdsprachendidaktik*. Seelze-Velber: Klett Kallmeyer, S. 190–195.

Hallet, Wolfgang/Surkamp, Carola/Krämer, Ulrich (Hg.) (2015): *Literaturkompetenzen Englisch. Modellierung – Curriculum – Unterrichtsbeispiele*. Seelze: Klett Kallmeyer.

Han, Zhao/Selinker, Larry (2005): Fossilization of L2 Learners. In: Hinkel, Eli (Hg.): *Handbook of Research in Second Language Teaching and Learning*. New York: Taylor & Francis, S. 455–470.

Hans-Bianchi, Barbara/Katelhön, Peggy (2010): Orthographieerwerb in der L3. In: *Zeitschrift für Fremdsprachenforschung* 21/1, S. 31–51.

Hayes, John R. (1996): A new framework for understanding cognition and affect in writing. In: Levy, C. Michael/Ransdell, Sarah E. (Hg.): *The Science of Writing: Theories, Methods, Individual Differences and Applications*. Mahwah: Laurence Erlbaum Associates.

Hennig-Klein, Eva-Maria (2018): *Identität und plurale Bildung in mehrsprachigen Französischlerngruppen: Konzeptmodellierung und empirische Studie*. Berlin: Lang.

Henseler, Roswitha/Surkamp, Carola ([2]2013): Lesen und Leseverstehen. In: Hallet, Wolfgang/Königs, Frank G. (Hg.): *Handbuch Fremdsprachendidaktik*. Seelze-Velber: Klett Kallmeyer, S. 87–92.

Heyer, Christine (2014): Russische Schrift. In: Bergmann, Anka (Hg.) (2014): *Fachdidaktik Russisch. Eine Einführung*. Tübingen: Narr Francke Attempto, S. 183–189.

Hirvela, Alan/Hyland, Ken/Manchón, Rosa M. (2016): Dimensions in L2 writing theory and research: Learning to write and writing to learn. In: Manchón, Rosa M./Matsuda, Paul Kei (Hg.): *Handbook of Second and Foreign Language Writing*. Berlin, Boston: Walter de Gruyter, S. 45–63.

Hudson, Thom (2007): *Teaching Second Language Reading*. Oxford: Oxford University Press.

Hurrelmann, Bettina (2003): *Basiskompetenz Lesen in der Mediengesellschaft. Friedrich Jahresheft Lesen und Schreiben*. Seelze, Velber: Friedrich, S. 4–10.

Hyland, Ken (2009): *Teaching and Researching Writing*. London, New York: Routledge.

Jenkins, Jennifer (2000): *The Phonology of English as an International Language. New Models, New Norms, New Goals*. Oxford: Oxford University Press.

Kirchhoff, Petra (2018): Productive Competences – Speaking, Writing, Mediating. In: Surkamp, Carola/Viebrock, Britta (Hg.): *Teaching English as a Foreign Language*. Stuttgart: J. B. Metzler, S. 109–132.

Kleinschroth, Robert (2012): *Sprachen lernen. Der Schlüssel zur richtigen Technik*. Hamburg: Nikol.

Knapp, Annelie (2017): Alles schon mal dagewesen? Zur Renaissance der Übersetzung in der Fremdsprachendidaktik. In: Hardy, Stéphane/Herling, Sandra/Sälzer, Sonja (Hg.): *Innovatio et traditio – Renaissance(n) in der Romania. Festschrift für Franz-Josef Klein zum 65. Geburtstag*. Stuttgart: ibidem, S. 477–489.

Koch, Christian (2020): Das eigene Sprechen erforschen: Lehre an der Schnittstelle von Linguistik, Didaktik und Sprachpraxis im Fach Spanisch. In: Franke, Manuela/Plötner, Kathleen (Hg.): *Fremdsprachendidaktische Hochschullehre 3.0: Alte Methoden – Neue Wege? Innovatives im Fokus und Bewährtes neu gedacht*. Stuttgart: ibidem, S. 165–186.

Koch, Christian/Thörle, Britta (2019): The discourse markers sí, claro and vale in Spanish as a Foreign Language. In: Bello, Iria/Bernales, Carolina/Calvi, Maria Vittoria/Landone, Elena (eds.): *Cognitive Insights into Discourse Markers and Second Language Acquisition*. Oxford: Lang, S. 119–149.

Koch, Corinna (2011): Strategien: Spanisch effektiver lernen und anwenden. In: *Der fremdsprachliche Unterricht Spanisch* 35, S. 4–11.

Koch, Corinna (2015): Dienen, nicht dominieren. Ein Plädoyer für die Instrumentalisierung von Grammatik im Französischunterricht. In: *Der fremdsprachliche Unterricht Französisch* 135, S. 2–8.

Koch, Peter/Oesterreicher, Wulf (1994): *Schriftlichkeit und Sprache. In: Günther, Hartmut/Ludwig, Otto (Hg.): Schrift und Schriftlichkeit. Ein interdisziplinäres Handbuch internationaler Forschung*. Berlin, New York: de Gruyter, S. 587–604.

Koda, K. (2005): *Insights into second language reading: A cross-linguistic approach*. Cambridge: Cambridge University Press.

Kolb, Elisabeth (2016): *Sprachmittlung. Studien zur Modellierung einer komplexen Kompetenz*. Münster: Waxmann.

Königs, Frank G. ([2]2013): Sprachmittlung. In: Hallet, Wolfgang/Königs, Frank G. (Hg.): *Handbuch Fremdsprachendidaktik*. Seelze-Velber: Klett Kallmeyer, S. 96–100.

Königs, Frank G. (2015): Keine Angst vor der Muttersprache – vor den (anderen) Fremdsprachen aber auch nicht! Überlegungen zum Verhältnis von Einsprachigkeit und Zweisprachigkeit im Fremdsprachenunterricht. In: *Zeitschrift für Interkulturellen Fremdsprachenunterricht* 20/2, S. 5–14.

Königs, Frank G. ([6]2016): Sprachmittlung. In: Burwitz-Melzer, Eva/Mehlhorn, Grit/Riemer, Claudia/Bausch, Karl-Richard/Krumm, Hans-Jürgen (Hg.): *Handbuch Fremdsprachenunterricht*. Tübingen: Narr Francke Attempto 2016, S. 111–116.

Königs, Frank G. ([2]2017): Sprachmittlung. In: Surkamp, Carola (Hg.): *Metzler Lexikon Fremdsprachendidaktik. Ansätze – Methoden – Grundbegriffe*. Stuttgart: J. B. Metzler, 327–328.

Kötter, Markus (2017): *Wortschatzarbeit im Fremdsprachenunterricht. Grundlagen und Praxis in Primarstufe und Sekundarstufe I*. Seelze-Velber: Klett Kallmeyer.

Krings, Hans P. (1992): Empirische Untersuchungen zu fremdsprachlichen Schreibprozessen: Ein Forschungsüberblick. In: Börner, Wolfgang/Vogel, Klaus (Hg.): *Schreiben in der Fremdsprache: Prozeß und Text, Lehren und Lernen*. Bochum: AKS Verlag, S. 47–77.

Kultusministerkonferenz (2012): *Bildungsstandards für die fortgeführte Fremdsprache (Englisch/Französisch) für die Allgemeine Hochschulreife. Beschluss der Kultusministerkonferenz vom 18.10.2012.* ▶ https://www.kmk.org/fileadmin/Dateien/veroeffentlichungen_beschluesse/2012/2012_10_18-Bildungsstandards-Fortgef-FS-Abi.pdf (08.01.2018).

Küster, Lutz (2020a) (Hg.): *Prendre la parole. Reflexive und übende Zugänge zum Sprechen im Französischunterricht*. Hannover: Kallmeyer in Verbindung mit Klett.

Küster, Lutz (2020b): Bildende und identitätsstiftende Funktionen. In: Küster, Lutz (Hg.): *Prendre la parole. Reflexive und übende Zugänge zum Sprechen im Französischunterricht.* Hannover: Kallmeyer in Verbindung mit Klett, S. 46–54.

Küster, Lutz (2020c): Sprachbewusstheit und Sprachlernbewusstheit im Kontext fremdsprachlichen Sprechens. In: Küster, Lutz (Hg.): *Prendre la parole. Reflexive und übende Zugänge zum Sprechen im Französischunterricht*. Hannover: Klett Kallmeyer, S. 55–63.

Küster, Lutz/Krämer, Ulrich (2013) (Hg.): *Mythos Grammatik? Kompetenzorientierte Spracharbeit im Französischunterricht*. Seelze: Klett Kallmeyer.

Larsen-Freeman, Diane (1997): Chaos/complexity science and second language acquisition. In: *Applied Linguistics* 18/2, S. 141–165.

Larsen-Freeman, Diane (2017): Complexity theory: The lessons continue. In: Ortega, Lourdes/Han, ZhaoHong (eds.): *Complexity Theory and Language Development: In Celebration of Diane Larsen-Freeman*. Amsterdam, Philadelphia: John Benjamins, S. 11–50.

Legutke, Michael K./Müller-Hartmann, Andreas/Schocker-von Ditfurth, Marita (2014): *Teaching English in the Primary School*. Stuttgart: Klett.

Leonhardt, Jan-Erik/Viebrock, Britta (2020): Ausgewählte Materialien für einen kritisch orientierten Fremdsprachenunterricht: Jugendliteratur mit Transgender-Thematik. In: Gerlach, David (Hg.): *Kritische Fremdsprachendidaktik: Grundlagen, Ziele, Beispiele*. Tübingen: Narr, S. 37–52.

4

Leupold, Eynar (2008): A chaque cours suffit sa tâche? Bedeutung und Konzeption von Lernaufgaben. In: *Der Fremdsprachliche Unterricht Französisch* 96, S. 2–9.

Leupold, Eynar ([2]2013). Bildungsstandards. In: Hallet, Wolfgang/Königs, Frank G. (Hg.): *Handbuch Fremdsprachendidaktik*. Seelze-Velber: Klett Kallmeyer, S. 49–54.

Levelt, Willem J. M. (1989): *Speaking: From Intention to Articulation*. Cambridge: MIT Press.

Levine, Glenn S. (2017): Das komplexe System des Fremdsprachenunterrichts: Ein ökologischer Ansatz zur Fremdsprachendidaktik. In: Appel, Joachim/Jeuk, Stefan/Mertens, Jürgen (Hg.): *Sprachen Lehren. Kongressband zum 26. Kongress der Deutschen Gesellschaft für Fremdsprachenforschung in Ludwigsburg*. Baltmannsweiler: Schneider Verlag Hohengehren, S. 17–33.

Lewis, Michael (1997): *Implementing the Lexical Approach. Putting theory into practice.* Hove: LTP.

Lohe, Viviane (2018): *Die Entwicklung von Language Awareness bei Grundschulkindern durch mehrsprachige digitale Bilderbücher*. Tübingen: Narr.

Long, Michael H. (1991): Focus on form: A design feature in language teaching methodology. In: *Foreign language research in cross-cultural perspective* 2/1, S. 39–52.

López Serena, Araceli/Borreguero Zuloaga, Margarita (2011): Los marcadores del discurso y la variación lengua hablada vs. lengua escrita. In: Loureda Lamas, Óscar/Acín Villa, Esperanza (Hg.): *Los estudios sobre marcadores del discurso en español, hoy*. Madrid: Arco, S. 415–495.

Lutjeharms, Madeline (2010): Der Leseprozess in Mutter- und Fremdsprache. In: Lutjeharms, Madeline/Schmidt, Claudia (Hg.): *Lesekompetenz in Erst-, Zweit- und Fremdsprache*. Tübingen: Narr, S. 11–26.

Matz, Frauke ([2]2018): Schreiben. In: Lütge, Christiane (Hg.): *Englisch-Methodik. Handbuch für die Sekundarstufe I und II*. Berlin: Cornelsen, S. 33–50.

Matz, Frauke/Rogge, Michael/Rumlich, Dominik (2018): What makes a good speaker of English? Sprechkompetenz mit mündlichen Prüfungen erfassen. In: *Der fremdsprachliche Unterricht Englisch* 153, S. 2–10.

Mehlhorn, Grit (2016): Der Ton macht die Musik! Anregungen zur Aussprachevermittlung im Russischunterricht. In: Bergmann, Anka (Hg.): *Kompetenzorientierung und Schüleraktivierung im Russischunterricht*. Frankfurt a.M.: Lang, S. 113–148.

Meißner, Franz-Joseph (2013): *Die REPA Deskriptoren der ‚weichen' Kompetenzen. Eine praktische Handreichung für den kompetenzorientierten Unterricht zur Förderung von Sprachlernkompetenz, interkulturellem Lernen und Mehrsprachigkeit*. GIF:on. Giessener Fremdsprachendidaktik: online. In: ► https://geb.uni-giessen.de/geb/volltexte/2013/9372/ (19.11.2020).

Mertens, Jürgen ([2]2017): Orthographie. In: Surkamp, Carola (Hg.): *Metzler Lexikon Fremdsprachendidaktik. Ansätze – Methoden – Grundbegriffe*. Stuttgart: J. B. Metzler, S. 272–273.

Michler, Christine/Reimann, Daniel (Hg.) (2016): *Sehverstehen im Fremdsprachenunterricht*. Tübingen: Narr.

Miede, Sebastian (2019): *Förderung des Sprechens im kompetenzorientierten Englischunterricht der gymnasialen Oberstufe. Eine qualitativ-empirische Studie*. Tübingen: Narr.

Mordellet-Roggenbuck, Isabelle/Settinieri, Julia (2020): Zur Einführung in den Themenschwerpunkt. In: *Fremdsprachen Lehren und Lernen* 49/2, S. 3–10.

Morkötter, Steffi (2005): *Language Awareness und Mehrsprachigkeit. Eine Studie zu Sprachbewusstheit und Mehrsprachigkeit aus der Sicht von Fremdsprachenlernern und Fremdsprachenlehrern*. Frankfurt a.M.: Lang.

Müller, Mareike/Settinieri, Julia (2020): „Solange dieser Mann gut Deutsch sprechen kann, ist auch kein Problem…" – Evaluative Reaktionen auf einen L2-Akzent aus Sicht von Sprecher*innen. In: *Fremdsprachen Lehren und Lernen* 49/2, S. 46–63.

Munser-Kiefer, Meike (2014): *Leseförderung im Leseteam in der Grundschule. Eine Interventionsstudie zur Förderung von basaler Lesefertigkeit und (meta-)kognitiven Lesestrategien*. Münster: Waxmann.

Nation, Ian S. P. (2006). How large a vocabulary is needed for reading and listening? In: *The Canadian Modern Language Review* 63, S. 59–82.

Neveling, Christiane (2004): *Wörterlernen mit Wörternetzen: eine Untersuchung zu Wörternetzen als Lernstrategie und als Forschungsverfahren*. Tübingen: Narr.

New London Group (2000): A Pedagogy of Multiliteracies: Designing social futures. In: Cope, Bill/ Kalantzis, Mary (Hg.): *Multiliteracies: Literacy Learning and the Design of Social Futures*. London/New York: Routledge, S. 9–37.

Oxford, Rebecca L. (1990): *Language learning strategies. What Every Teacher Should Know*. Boston/ Mass.: Heinle & Heinle Press.

Pfaff-Rüdiger, Senta (2011): *Lesemotivation und Lesestrategien. Der subjektive Sinn des Bücherlesens für 10- bis 14-Jährige*. Münster: LIT.

Pfeiffer, Alexander (2013): Was ist eine sinnvolle Sprachmittlungsaufgabe? Ein Instrument zur Evaluation und Erstellung von Aufgaben für den Fremdsprachenunterricht. In: Reimann, Daniel/ Rössler, Andrea (Hg.): *Sprachmittlung im Fremdsprachenunterricht*. Tübingen: Narr Francke Attempto, S. 44–64.

Philipp, Maik (2011a): *Lesesozialisation in Kindheit und Jugend. Lesemotivation, Leseverhalten und Lesekompetenz in Familie, Schule und Peer-Beziehungen*. Stuttgart: Kohlhammer.

Philipp, Maik (2011b): *Lesen und Geschlecht 2.0. Fünf empirisch beobachtbare Achsen der Differenz erneut betrachtet*. ▶ https://www.leseforum.ch/myUploadData/files/2011_1_Philipp.pdf (11.11.2020).

Philipp, Maik (2012): Einige theoretische und begriffliche Grundlagen. In: Philipp, Maik/Schilcher, Anita (Hg.): *Selbstreguliertes Lesen. Ein Überblick über wirksame Leseförderansätze*. Seelze-Velber: Kallmeyer, S. 38–57.

Philipp, Maik ([5]2017): *Grundlagen der effektiven Schreibdidaktik und der systematischen schulischen Schreibförderung*. Baltmannsweiler: Schneider Verlag Hohengehren.

Piccardo, Enrica/North, Brian (2019): *The Action-oriented Approach: A Dynamic Vision of Language Education*. Bristol: Multilingual Matters.

Piepho, Hans-Eberhard (1974): *Kommunikative Kompetenz, Pragmalinguistik und Ansätze zur Neubesinnung in der Lernzielbestimmung im Fremdsprachenunterricht*. Düsseldorf: Winterscheidt.

Porsch, Raphaela (2020): Fremdsprachliches Schreiben in der Schule lehren. In: *Fremdsprachen Lehren und Lernen* 49/1, S. 67–98.

Porsch, Raphaela/Grotjahn, Rüdiger/Tesch, Bernd (2010): Hörverstehen und Hör-Sehverstehen in der Fremdsprache – unterschiedliche Konstrukte? In: *Zeitschrift für Fremdsprachenforschung* 21/2, S. 143–189.

Reinfried, Marcus (1999): Handlungsorientierung, Lernerzentrierung, Ganzheitlichkeit. Neue Tendenzen in der Französischmethodik. In: *französisch heute* 3, S. 328–345.

Reimann, Daniel (2015a): Aufgeklärte Mehrsprachigkeit. Neue Wege (auch) für den Spanischunterricht. In: *Der fremdsprachliche Unterricht Spanisch* 51, S. 4–11.

Reimann, Daniel (2015b): Herkunftssprachen im Spanischunterricht. Sprachmittlung Spanisch – Türkisch – Deutsch. In: *Der fremdsprachliche Unterricht Spanisch* 51, S. 32–43.

Reimann, Daniel (2016a): *Sprachmittlung*. Tübingen: Narr Francke Attempto.

Reimann, Daniel (2016b): Sprachmittlung. In: Bär, Marcus/Franke, Manuela (Hg.): *Spanischdidakitk. Praxishandbuch für die Sekundarstufe I und II*. Berlin: Cornelsen, S. 53–60.

Reimann, Daniel/Siems, Maren (2015): Herkunftssprachen im Spanischunterricht. Sprachmittlung Spanisch – Türkisch – Deutsch. In: *Der fremdsprachliche Unterricht Spanisch* 51, S. 33–43.

Richhardt, Thomas (2011): *Szenisches Schreiben im Unterricht. Minidramen, Szenen. Stücke selber schreiben*. Seelze: Klett Kallmeyer.

Roca de Larios, Julio/Nicolás-Conesa, Florentina/Coyle, Yvette (2016): Focus on writers: Processes and strategies. In: Manchón, Rosa M./Matsuda, Paul Kei (Hg.): *Handbook of Second and Foreign Language Writing*. Berlin/Boston: Walter de Gruyter, S. 267–286.

Rosebrock, Cornelia/Nix, Daniel (2017): *Grundlagen der Lesedidaktik und der systematischen schulischen Leseförderung*. Baltmannsweiler: Schneider Verlag Hohengehren.

Rössler, Andrea/Schädlich, Birgit (2019): Sprachmittlung „revisited" – Neue Perspektiven und Herausforderungen in Zeiten des „Companion Volume" zum GER. In: *Fremdsprachen lehren und lernen* 48/2, S. 10–28.

Sambanis, Michaela (2020): Embodied Learning im Kontext von Aussprache – State of the Art. In: *Fremdsprachen Lehren und Lernen* 49/2, S. 64–78.

Sasaki, M. (2000): Toward an empirical model of EFL writing processes. In: *Journal of Second Language Writing* 9, S. 259–292.

Schädlich, Birgit (2019): Die neuen Skalen des Companion Volume zu Literatur: ein Beitrag zur Modellierung literar-ästhetischer Kompetenzen im schulischen Fremdsprachenunterricht? In: *Zeitschrift für Fremdsprachenforschung* 30/2, S. 199–213.

Schäfer, Elena (2017): *Lehrwerksintegrierte Lernvideos als innovatives Unterrichtsmedium im fremdsprachlichen Anfangsunterricht (Französisch/Spanisch)*. Tübingen: Narr.

Schmidt, Richard (1995): Consciousness and foreign language learning: A tutorial on the role of attention and awareness in learning. In: Schmidt, Richard (ed.): *Attention and awareness in foreign language learning*. Honolulu: University of Hawai'i, S. 1–64.

Schnell, Anna Katharina (2017): *Schreibprozesse und Schreibentwicklung in der Fremdsprache: eine empirische Untersuchung zum L2-Schreiben von Französischstudierenden*. Universität Bremen: Dissertation.

Schoppe, Heike/Wysk, David M. (2019): Sprechen fördern und „Französischfrust" vermeiden: Plädoyer für einen lehrbuch-unabhängigen Vorkurs. In: *französisch heute* 50/1, S. 28–31.

Schulz von Thun, Friedemann (1981): *Miteinander reden: Störungen und Klärungen. Psychologie der zwischenmenschlichen Kommunikation*. Reinbek: Rowohlt.

Schulz von Thun, Friedemann (1994): *Miteinander reden. Störungen und Klärungen. Band 1*. Reinbek bei Hamburg: Rowohlt.

Schumann, Adelheid (2008): Stereotype im Französischunterricht. Kulturwissenschaftliche und fachdidaktische Grundlagen. In: Schumann, Adelheid/Steinbrügge, Lieselotte (Hg.): *Didaktische Transformation und Konstruktion. Zum Verhältnis von Fachwissenschaft und Fremdsprachendidaktik*. Frankfurt a.M.: Lang, S. 113–127.

Setter, Jane/Jenkins, Jennifer (2005): Pronunciation. In: *Language Teaching* 38/1, S. 1–17.

Siepmann, Dirk (2013): Sprachmitteln im Fremdsprachenunterricht: eine kritische Bestandsaufnahme aus übersetzungswissenschaftlicher Sicht und Vorschläge für eine verbesserte Praxis. In: Bürgel, Christoph/Siepmann, Dirk (Hg.): *Sprachwissenschaft – Fremdsprachendidaktik: Neue Impulse*. Baltmannsweiler: Schneider Verlag Hohengehren, S. 189–208.

Siepmann, Dirk (2014): Wortschatz. In: Lütge, Christiane (Hg.): *Englisch-Methodik. Handbuch für die Sekundarstufe I und II*. Berlin: Cornelsen, S. 106–120.

Solmecke, Gert (2000): Faktoren der Schwierigkeit von Hörtests. In: Bolton, Sibylle (Hg.) (2000): *TESTDAF: Grundlagen für die Entwicklung eines neuen Sprachtests. Beiträge aus einem Expertenseminar*. Köln: VUB Gilde, S. 57–76.

Sommerfeldt, Kathrin (2016): „Verfügen über die sprachlichen Mittel" – Spracharbeit in Zeiten der Kompetenzorientierung. In: *Der fremdsprachliche Unterricht Spanisch* 55, S. 4–11.

Steininger, Ivo (2014): *Modellierung literarischer Kompetenz: eine qualitative Studie im Fremdsprachenunterricht der Sekundarstufe I*. Tübingen: Narr.

Svalberg, Agneta (2009): Engagement with language: interrogating a construct. In: *Language Awareness* 18/3–4, S. 242–258.

Tesch, Bernd (2020): Formen und Funktionen des Schreibens im Fremdsprachenunterricht. In: *Fremdsprachen Lehren und Lernen* 49/1, S. 51–66.

Thornbury, Scott (2005): *How to Teach Speaking*. Harlow: Longman.

Tschirner, Erwin (2008): Vernünftige Erwartungen: Referenzrahmen, Kompetenzniveaus, Bildungsstandards. In: *Zeitschrift für Fremdsprachenforschung* 19/2, S. 187–208.

Van Lier, Leo (1998): The relationship between consciousness, interaction and language learning. In: *Language Awareness* 7/2–3, S. 128–45.

Van Lier, Leo (2004): *The Ecology and Semiotics of Language Learning: A Sociocultural Perspective*. Boston: Kluwer.

Vasquez, Vivian (2017): Critical Literacy. In: *Oxford Research Encyclopedia of Education*. In: ► http://oxfordre.com/education/view/10.1093/acrefore/9780190264093.001.0001/acrefore-9780190264093-e-20 (03.03.2019).

Vygotsky, Lev S. (1978): *Mind in society*. Cambridge, MA: Harvard University Press.

Vygotsky, Lev S. (1986): *Thought and language*. Cambridge, MA: MIT Press.

Wieland, Katharina (2016): Erkenntnisse aus Translationswissenschaft und -didaktik für die Entwicklung von Strategien und Techniken zur Sprachmittlung im Fremdsprachenunterricht. In: *Fremdsprachen Lehren und Lernen* 45/2, S. 108–123.

Wieland, Katharina (2017): „Wenn du das nicht richtig mittelst, …" Dramapädagogische Verfahren zur Förderung von Sprachmittlung. In: *Hispanorama* 155, S. 4–9.

Wild, Kathrin (2020): Von guten Aussprachlernenden lernen. In: *Fremdsprachen Lehren und Lernen* 49/2, S. 11–27.

Zimmermann, R. (2000): L2 writing processes. A model of formulating and empirical findings. In: *Learning and Instruction* 10, S. 73–99.

Zydatiß, Wolfgang (2005): *Bildungsstandards und Kompetenzniveaus im Englischunterricht. Konzepte, Empirie, Kritik und Konsequenzen*. Frankfurt a.M.: Lang.

Zydatiß, Wolfgang (2008): SMS an KMK: Standards mit Substanz! Kulturelle Inhalte, Mediation zwischen Sprachsystem und Sprachhandeln, Kritikfähigkeit – auch im Fremdsprachenunterricht. In: Lüger, Heinz-Helmut/Rössler, Andrea (Hg.): *Wozu Bildungsstandards? Zwischen Input- und Outputorientierung in der Fremdsprachenvermittlung*. Landau: Verlag Empirische Pädagogik, S. 13–34.

Beispiele für handlungsorientierten Fremdsprachenunterricht

Inhaltsverzeichnis

5.1 Handeln mit Texten – 156

5.2 Handeln an Lernorten – 174

5.3 Handeln mit digitalen Medien – 185

5.4 Ästhetisches und performatives Handeln – 195

5.5 Mehrsprachiges und fächerverbindendes Handeln – 211

5.6 Kritisches Handeln – 223

5.7 Fazit – 232

Literatur – 233

D. Abendroth-Timmer und D. Gerlach, *Handlungsorientierung im Fremdsprachenunterricht*,
https://doi.org/10.1007/978-3-476-05826-3_5

Das nachfolgende Kapitel liefert – neben weiteren konzeptuellen Vertiefungen und zusätzlichen Modellen – vor allem vielfältige unterrichtspraktische Beispiele für die handlungsorientierte Arbeit im Fremdsprachenunterricht. Diese sollen dazu dienen, die erkenntnistheoretischen, bildungstheoretischen und spracherwerbsspezifischen Darstellungen der ▶ Kap. 2 bis 4 unterrichtsmethodisch zu modellieren und zu illustrieren sowie die aufgezeigten Ziele von Handlungsorientierung in komplexen Szenarien zusammenzuführen. Gegliedert ist das Kapitel entlang der Themen Handeln mit Texten (Literatur, Comics, Film, Sachtexte), Handeln an Lernorten (Museum, Theater, Austausch, Projekte) und Handeln mit Medien (mobiles Lernen, Apps, Games, ePortolio, Lernen auf Distanz), ästhetisches Handeln (darstellende und bildende Kunst, Musik, Populärkultur), mehrsprachiges Handeln (Interkomprehension, sprachsensibler Unterricht, fächerverbindende Projekte, bilingualer Sachfachunterricht) und kritisches Handeln (*critical pedagogy,* politische Bildung, globales Lernen, *critical literacy*). Hierbei werden – nach begründenden Überlegungen zur Bedeutung der einzelnen Bereiche für einen handlungsorientierten Unterricht – jeweils spezifische handlungsorientierte methodische Umsetzungen präsentiert und mit Material- und Aufgabenbeispielen versehen (für einen allgemeinen Methodenüberblick vgl. Hallet/Königs/Martinez 2020).

Zusammengeführt werden die Ansätze in ▶ Abschn. 6.5 in einem Modell von Handlungsorientierung im Rahmen von kontextsensibler Sprachenbildung. Dieses adressiert fünf Zugänge zu handlungsorientiertem Fremdsprachenunterricht: situierte sprachlich-kulturelle Bildung, mehrsprachig-mehrkulturelle Bildung, ästhetisch-aisthetische Bildung, Multiliteracy-Bildung und kritische Bildung. Diese je variablen Schwerpunkte spiegeln die in ▶ Kap. 2 entwickelten Begründungslinien wider und gruppieren sich um zentrale Merkmale unterrichtlicher Entscheidungsprozesse bei der Gestaltung handlungsorientierter Lernszenarien, wie der Wahl der Gegenstände, Medien, Interaktionsformen und methodischen Zugänge in sprachlich-kulturellen Bildungsprozessen.

5.1 Handeln mit Texten

Handlungsorientierte Textarbeit Die Arbeit mit Texten kann im Fremdsprachenunterricht verschiedene Ziele erfüllen. Zum einen stellen literarische (aber auch viele nonfiktionale) Texte authentische, kulturelle Produkte dar, die im Sinne interkulturellen Lernens und des Aufbaus kultureller Diskursfähigkeit genutzt werden können (s. ▶ Abschn. 3.2). Sie erlauben das Eintauchen in „das Fremde“ und sind Reflexionsfläche für die eigene kulturelle Identität. Der Unterrichtsgegenstand „Text“, so divers er auch gestaltbar ist, kann dabei zahlreiche handlungsorientierte Prinzipien erfüllen, die auch weit über inter-/transkulturelles Lernen sowie funktional-pragmatische Spracharbeit hinausgehen. In einem Wechselspiel von rezeptiven Textverstehensprozessen und produktiven Herstellungsprozessen können verschiedene Genres und Gattungen produziert oder transformiert werden. Schülerinnen und Schüler erhalten die Chance, auf ihrem individuellen Niveau und Wissensstand entlang ihrer Interessen und Vorlieben kreativ Texte herzustellen bzw. subjektiv zu deuten (s. ▶ Abschn. 4.2 und 4.4).

Wo im Fremdsprachenunterricht ein anderes Schriftsystem hinzutritt wie im Russischen das Kyrillische, hat dies eine besondere visuell-leibliche Dimension im Rezeptions- und Produktionsprozess, aber sicherlich auch im kreativen Spiel mit Sprachen und Schriften. Dabei ist ein an Texten ausgerichteter Unterricht, der in fremdsprachliches Handeln eingebettet ist, immer am sozialen Kontext der Schülerinnen und Schüler, ihrer identitär bedeutsamen Lebenswelt orientiert (vgl. Hallet 2016; s. ▶ Kap. 4). Das Erlernen textlicher Eigenheiten und die damit gewonnene funktional-pragmatische Sprachförderung sind produktive und nicht weniger wichtige „Nebenprodukte", welche in einem Transfer das Erschließen weiterer Genres und Texte im weitesten Sinne eröffnen.

Literaturarbeit und Textinterpretationen Über die Notwendigkeit, kognitiv-analytische Verfahren der Literaturarbeit mit handlungsorientierten Verfahren zu kombinieren, herrscht seit Langem Einigkeit. Die theoretischen Erklärungsrahmen sind bildungstheoretischer, populärkultureller oder kulturdidaktischer Natur und beziehen intertextuelle, intermediale, postkoloniale und Gender-Ansätze ein (vgl. Surkamp 2013: 138). Demgemäß gestaltet sich das in Hallet/Surkamp/Krämer (2015: 128–131) entworfene literaturbezogene Curriculum um motivational-attitudinale, ästhetische und kognitive sowie sprachliche und diskursive Kompetenzen. Der kognitiv-analytische Zugang zu literarischen Texten stellt die ästhetischen Mittel und die darüber geschaffenen Inhalte des Textes in das Zentrum. Weiterhin sind in Erzähltexten die verschiedenen Erzählperspektiven zu betrachten: Was wird von wem, wann, wie und warum erzählt? Die jeweiligen erzählerischen Mittel sind abhängig von der betrachteten Gattung (Epik, Lyrik, Dramatik) und deren Unterformen (z. B. Kurzgeschichte oder Roman – und wiederum Abenteuerroman, autobiographischer Roman, Briefroman, Fantasy-Roman, Historischer Roman, Kriminalroman, Liebesroman etc.).

Detaillierte Ansätze zur unterrichtspraktischen Analyse epischer, lyrischer und dramatischer Texte liefern Nünning/Surkamp (2008). In weiteren Schritten ist dann die Rezipient*innensicht zu stärken. Dabei sind das Leseinteresse einzelner Lerngruppen und die für sie geeigneten motivierenden Verfahren vonseiten der Lehrkraft bedeutsam. Von einer besonderen Attraktivität einzelner Gattungen (wie z. B. Jugendliteratur) für bestimmte Altersgruppen kann allerdings nicht per se ausgegangen werden (vgl. Matz/Rumlich 2020). Vieles deutet darauf hin, dass gerade Gedichte zunächst in ihrer besonderen lautlichen Wirkung durch ihr performatives Vortragen einen besonderen Wert für die Interpretation haben. Aber auch die optische Beschaffenheit von Gedichten ist Teil ihrer Rezeption (z. B. die visuelle Poesie *Calligrammes* von Apollinaire 1918, zum „sinnwahrnehmende[n] Sehen" durch *micropoemas*, vgl. Del Valle Luque 2014). Gedichte können so bereits in den ersten Lernjahren eingesetzt werden. Auch Kinder- und Jugendliteratur eignet sich zum Einsatz im Fremdsprachenunterricht (vgl. Caspari/Steininger 2016). Eine besondere Textform sind Autofiktionen, die inhaltliche Anknüpfungspunkte an die Lebenswelt der Lernenden erlauben und sich „durch eine subjektive Erzählweise, eine meist achronologische Anordnung der Geschehnisse und eingeschobene Reflexionen auszeichnen" (Aulf-Huber 2018: 220). Sie binden die Lesenden ein und fordern zugleich zu einer kritischen Distanzierung auf (vgl. ebd.: 220–

223). Auch spannungsgeladene Texte, wie Kriminalromane, können zur Aufrechterhaltung der Lesemotivation beitragen (vgl. Koch/Schmitz/Lang 2017).

▶ Beispiel: Vereinfachte Lektüren

Vieles spricht dafür, Lernende schon in der Spracherwerbsphase an Literatur heranzuführen (vgl. Gómez-Pablos 2007: 36–39). Auf diese Weise werden sie zum einen vertraut mit Literatur als kulturellem Artefakt, erfahren mehr über Schriftsteller*innen aus verschiedenen Zielsprachenländern und darüber, welche Themen wo, von wem und wie verhandelt werden. Zum anderen sind literarische Texte Produkte kreativen sprachlichen Handelns und können von daher anregen, entsprechend mit Sprache umzugehen. Vereinfachte Lektüren bzw. didaktisierte Texte ermöglichen es Lehrenden, aus einer größeren Palette an Texten zu schöpfen. Selbstverständlich ist eine Didaktisierung immer ein Eingriff in das literarische Kunstwerk; die Lernenden hierüber an Literatur heranzuführen, erscheint jedoch durchaus legitim und machbar. Vorschläge liegen vor, wie auch Lehrkräfte selbst Texte für ihre Gruppe anpassen können.

Koch/Tandayamo (2018) unterscheiden folgende Stufen der Didaktisierung, welche die Arbeit mit dem Text Lehrenden und Lernenden erleichtern kann:

1. Nummerierung der Textzeilen
2. Anmerkungen (für Wortschatzerklärungen); am Rand, in der Fußzeile, am Textende
3. Kürzungen
4. Veränderungen (Lexik, Syntax etc.)
5. Neuschreibung (z. B. über eine Zusammenfassung oder kreative Verfahren)

Darüber hinaus schlagen sie vor, im Zuge der Didaktisierung den bearbeiteten Text über visuelles und auditives Zusatzmaterial und aktivierende lesebegleitende Aufgaben anzureichern. ◀

Die Arbeit mit Literatur kann und sollte darüber hinaus weitere Ziele verfolgen. Weskamp (1997: 348–351) stellt fest, dass ein Literaturunterricht, der die Bedeutungseinheit Autor*in-Text-Leser*in als geschlossen betrachtet, zu einer Entkoppelung (vgl. ebd.: 349) der Lernenden führt, da diese einen scheinbar objektivierten Interpretationsansatz zu verfolgen haben und den Text nicht mit ihren persönlichen Lebensentwürfen und Verstehenszugängen in Bezug setzen können. Ein „*person-response-approach*“ (ebd.: 348) hingegen versteht

> » den Schüler als Akteur, der sich emotional und handelnd mit Texten auseinandersetzt, der neben der Sprache auch andere Ausdrucksformen (wie Pantomime, darstellendes Spiel usw.) wählt und der nicht nur Rezipient, sondern auch Produzent ist.

Diese Verstehenszugänge zu Literatur fördern (trans)kulturelle Lernprozesse (vgl. z. B. Alter 2015), die vor dem je spezifischen kulturellen Hintergrund der literarischen Figuren Identifikationskraft oder Perspektivenerweiterung ermöglichen. Der Ansatz fordert dazu auf, Selbst- und Weltbezüge über individuelle Leseprozesse anhand von Leseprotokollen herzustellen und flankierende Nebentexte wie Biographien oder zeitgeschichtliche Dokumente hinzuzunehmen.

Erkenntnistheoretische wie rezeptionsästhetische Begründungen hierzu liegen vielfach vor (s. ► Abschn. 3.3; z. B. Bredella/Delanoy 1996; Küster 2003; Nünning/Surkamp 2008; Caspari 2015; Hallet/Surkamp/Krämer 2015). Insofern kann die Arbeit mit literarischen Texten auf die Erfassung von Textstrukturen und das Spiel mit Textformaten und Sprache abheben.

► Beispiel: Kreative Arbeit mit literarischen Texten

Der Text *Sin noticias de Gurb* von Eduardo Mendoza (2012) verfolgt an sich einen sehr spielerischen Umgang mit Wirklichkeitswahrnehmung und Textualisierung. Inhaltlich handelt es sich um zwei Außerirdische, die in den 1990er Jahren mit ihrem Raumschiff in Barcelona landen und ein Logbuch (= Genre) über ihre Erlebnisse führen. Die beiden Außerirdischen haben den Auftrag, genaue Informationen über die Gesellschaft zusammenzutragen und nehmen hierzu verschiedenste körperliche Gestalten von gewöhnlichen über historische oder populäre Personen an. Gurb nimmt die Gestalt einer bekannten Sängerin an und verschwindet für längere Zeit, während der Ich-Erzähler bemüht ist, ihn wiederzufinden. Hierbei integriert er sich zunehmend und auch emotional in die Gesellschaft des Stadtviertels, indem er eine Wohnung kauft.
An dieser Stelle könnte eine Schreibaufgabe ansetzen – im folgendem Textabschnitt beschreibt der Ich-Erzähler die Einrichtung und Umgestaltung der Wohnung:

» 12:35 Entro en mi piso. Los operarios se han ido, pero han dejado instalado el jacuzzi, una sauna, una pista de baile, una piscina climatizada, dos barras americanas, un nautilus, una sala de juego y un fumadero de opio. ¡Y todo en un piso de 60 metros cuadrados! (Ebd.: 128); [12:35 Ich betrete meine Wohnung. Die Arbeiter sind bereits gegangen, sie haben ein Jacuzzi, eine Sauna, eine Tanzfläche, ein klimatisiertes Schwimmbecken, zwei amerikanische Theken, einen Nautilus, ein Spielzimmer und ein Opiumrauchzimmer installiert. Und das alles in einer Wohnung von 60 Quadratmetern!; eigene Übersetzung]

Die Lernenden können hier kreativ anschließen und selbst futuristische oder utopische Wohnungsbeschreibungen verfassen. Sie können aber auch ihre Traumwohnung beschreiben oder eine Werbeannonce oder Suchanfrage für eine Wohnung entwerfen.
Der Ausgangstext bietet darüber hinaus viele weitere Möglichkeiten des kreativen Schreibens (s. zu literarischen Schreibaufgaben Luu 2018), indem die Erlebnisse von Gurb, von denen die Lesenden wenig im Text erfahren, verfasst werden.
Viele Personenbeschreibungen laden zudem dazu ein, ähnliche Texte zu schreiben und eventuell visuell zu gestalten. Das im Text durchgehend verwendete Stilmittel variierender Wiederholung von Textabschnitten liefert vor allem auch Ansätze zur Erprobung verschiedener Textformate und sprachlicher Register, so unternimmt der Ich-Erzähler mehrfach den Versuch, seiner Nachbarin einen Brief zu schreiben:

» 19:45 'Mi adorable vecina:
Soy joven y de aspecto agraciado; romántico y cariñoso. Tengo una buena posición económico y soy muy serio para cosas serias (pero me gusta divertirme). Me encanta (además de los churros) viajar en metro, lustrarme los zapatos, mirar escaparates, escupir lejos y las chicas (...) ¿Te gustaría conocerme mejor?

Te espero a las 9.30. Habrá comida (gratuita) y bebidas. Hablaremos de lo que te he dicho y de otros asuntillos, ji, ji. R.S.V.P. Estoy por tus huesos.' (Ebd.: 118 f.); [19:45 'Meine liebenswerte Nachbarin: Ich bin jung und eines anmutigen Aussehens: romantisch und liebenswürdig. Ich bin gut situiert und gehe sehr ernst mit ernsten Angelegenheiten um (allerdings mag ich es, mich zu amüsieren). Ich liebe es (zusätzlich zu den Churros) mit der Metro zu reisen, meine Schuhe zu polieren, Schaufenster anzusehen, weit zu spucken und die Mädchen (...) Würde es dir gefallen mich besser kennenzulernen? Ich erwarte dich um 9.30 Uhr. Es wird (gratis) Essen und Getränke geben. Wir werden über das sprechen, wovon ich dir erzählt hab und über andere schlüpfrige Angelegenheiten hehehe. R.S.V.P. Ich sehne mich nach dir.'; eigene Übersetzung]

» 20.55 'Querida vecina:
Ya que vivimos en el mismo edificio, he pensado que sería bueno que nos conociéramos mejor. Ven a las 9.30. Preparé algo de comer y comentaremos a algunas cuestiones relacionadas con el inmueble (y otras no). Un cordial saludo, tu vecino.' (Ebd.: 119); [20.55 'Liebe Nachbarin: Da wir in dem gleichen Gebäude wohnen, habe ich daran gedacht, dass es gut wäre, wenn wir uns etwas besser kennenlernen. Komm um 9.30 Uhr. Ich werde etwas zum Essen zubereiten und wir werden einige Fragen bezüglich des Gebäudes klären (und einige Fragen lassen wir auch aus). Ein herzlicher Gruß, dein Nachbar.'; eigene Übersetzung]. ◄

Der Einsatz von Literatur kann zu *investment* seitens der Lernenden beitragen (s. ▶ Abschn. 2.7) und spielt zudem auf einer emotionalen Ebene eine besondere Rolle, wenn das Eintauchen in literarische Werke diese Emotionen im Leseprozess hervorruft (vgl. Burwitz-Melzer 2008; Steininger 2014; Fronhofer 2015). Multimodale (Jugend-)Literatur kann außerdem literarästhetische Zugänge schaffen, die zahlreiche alltagsweltliche Bezüge der Lernenden im Unterricht erlauben (vgl. Alfes 2018). Fronhofer (2015: 9) weist darauf hin, dass insbesondere Jugendliche durch die distanzierende Wirkung der Fremdsprache und durch den Einsatz von Musik und Literatur zur Beschäftigung mit Emotionen bewegt werden können. Die Beschreibung der beim Anhören von Musik erlebten Gefühle, die Schilderung der im Text ausgedrückten Emotionen veranlassen zu eigener kreativer Textproduktion und zur Übertragung der literarischen Welten auf die eigene Lebenswelt (s. ▶ Abschn. 4.4).

Hierzu eignet sich Literatur im Fremdsprachenunterricht, die plurilinguale und plurikulturelle Identitätsentwürfe der Protagonist*innen in den Mittelpunkt stellt und damit Reflexionsflächen und -gelegenheiten bietet. Einige Autor*innen spielen dabei mit verschiedenen Sprachen und thematisieren direkt oder indirekt „eigene Mehrsprachigkeit und erlebte Vielsprachigkeit z. B. in Migrationskontexten“ (Fäcke 2020: 109). Beispiele liefern Fäcke (2020) und Stamenkovic (2018). Die vorgeschlagenen Texte bewegen sich zwischen Sprachen und Identitätsentwürfen. Im Wechsel der Sprachen wird in den Texten die Zerrissenheit der Protagonist*innen zwischen unterschiedlichen sprachlich-kulturellen Zugehörigkeiten deutlich oder es wird mit (stereotypen) Fremd- und Selbstzuschreibungen gespielt (s. ▶ Abschn. 2.8). Das Spiel mit den Sprachen verweist auf die eigene

Lebenswelt und auf die Hoffnung, „Vielsprachigkeit als Selbstverständlichkeit sichtbar zu machen" (Fäcke 2020: 113). Die Lernenden können sich dabei mit anderen oder ihren ähnlichen Lebenserfahrungen, damit verbundenen Diskursen und entwickelten Wahrnehmungsgewohnheiten sowie ihrer emotionalen Bewertung und Beurteilung auseinandersetzen. Hennig-Klein (2018) stellt allerdings in einer qualitativen empirischen Studie fest, dass hierzu eine emotionale Bereitschaft vorhanden sein muss, die bei einigen Lernenden „aufgrund einer zu großen (emotionalen) Distanz oder aus einer sehr starken Identifikation [...], die als negativ erlebt wird", nicht gegeben ist (ebd.: 368). Diese Haltung zur eigenen Mehrsprachigkeit wurde zuvor bereits mit dem Begriff der „verschämten Mehrsprachigkeit" eingeführt (Hu 2003: 285; s. ▶ Abschn. 3.2). Dies gilt es im Unterrichtsprozess vonseiten der Lehrenden sensibel zu berücksichtigen.

▶ Beispiel: Leitfragen für die Planung der Textarbeit in mehrsprachigen Lerngruppen

Hennig-Klein (2018: 373 f.) liefert einige Leitfragen für Lehrende zur Gestaltung der Arbeit mit Texten in mehrsprachigen Lerngruppen, von denen hier exemplarisch nur einige genannt werden:

- „Mit welchen Sprachen und Diskursgemeinschaften identifizieren sich die Lernenden?"
- „Weisen die SuS [Schülerinnen und Schüler] der Lerngruppe möglicherweise verschämte Identitätsanteile auf, die durch den Text/die Textarbeit nicht zu stark in den Fokus gerückt werden dürfen?"
- „Mit welchen Vorurteilen werden mehrsprachige SuS in lebensweltlichen und schulischen Kontexten möglicherweise konfrontiert?"
- „Wird sprachlich-kulturelle Pluralität im Text tendenziell eher aus einer problemorientierten Perspektive oder aus einer chancenorientierten Sicht betrachtet?"
- „Wie stehen die durch den Text konstruierten Identitätskonstrukte hypothetisch im Verhältnis zu den Identitätskonstrukten der SuS?"
- „Werden im Text Machtstrukturen dargestellt und hinterfragt?" ◀

Mehrsprachig angelegte Texte können den Lernenden auch dazu dienen, sie als Modelle mit ihren Genre-spezifischen Eigenheiten für eigene kreative Schreibprodukte und für die Reflexion eigener mehrsprachiger und mehrkultureller Erfahrungen zu nutzen (vgl. Stamenkovic 2018: 25; s. ▶ Abschn. 4.4).

Für die kreative unterrichtliche Praxis der Literaturarbeit schlägt Deharde (2012: 4) zudem textspezifische Aufgaben (« consignes spécifiques ») und textunspezifische Aufgaben (« consignes passe-partout ») vor. Letztere können Aufgaben sein wie z. B. „Beschreibe die Protagonisten; Fasse die zentralen Szenen zusammen". Als kreative Produkte individueller Leseprozesse schlägt sie (ebd.: 5 f.) den Bühnenbildentwurf, die Leserolle oder das Leporello vor. Für den Bühnenbildentwurf werden mit kleinen Spiel- oder Knetfiguren und verschiedenen Requisiten Schuhkartons gestaltet. Von den Schüler*innen verfasste Texte zu gewählten Szenen werden an die Wände geklebt, die einzelnen Schuhkartons werden für die chronologische Textpräsentation nebeneinander gestellt. Für die Leserolle werden mehrere Schüler*innentexte hintereinander geklebt und aufgerollt, so dass sie in eine rollenförmige Chipsverpackung passen. Diese wird von außen gestaltet. Das Leporello ist ein Büchlein mit Schüler*innentexten (z. B. Zusammenfassungen der Kapitel oder Abschnitte im Text), das wie eine Ziehharmonika gefaltet wird.

▶ Beispiel: Differenzierende handlungsorientierte Arbeit mit Literatur

Ein Beispiel für die differenzierende handlungsorientierte Arbeit mit Literatur liefert Maier (2016: 182 f.) für den Russischunterricht in heterogenen Gruppen. Der literarische Ausgangstext wird nur in inhaltlichen Fragmenten, wohl aber im literarischen Original für die Lernenden mit Herkunftssprache Russisch ausgegeben. Ihnen ist damit die Gesamtgeschichte nicht bekannt. Die Lernenden der Fremdsprache Russisch erhalten eine vereinfachte Fassung des Textes und erschließen anhand von Verständnisfragen die gesamte Geschichte. Währenddessen erstellen die Herkunftssprachenlernenden auf einem Plakat eine vorgegebene Zahl an Szenenbildern zu ihren Textfragmenten. Diese werden in der Klasse besprochen, indem die jeweils Fremdsprachenlernenden, denen die gesamte Geschichte bekannt ist, die Bilder beschreiben. Die Herkunftsprachenlernenden können ihr Verständnis der Geschichte durch diese Beschreibungen vervollständigen und zusätzliche Fragen stellen. Die Fremdsprachenlernenden werden somit gegenüber den Herkunftssprachenlernenden zu inhaltlichen Experten. Das kreative Produkt bietet einen relevanten Austausch zu den Inhalten des Textes mit dem Ziel, die Geschichte komplett zu erfassen. Es kommt damit zu einem gleichberechtigten authentischen und interaktiven Diskurs. ◀

Kreative Produkte können auch dazu dienen, den Klassenraum als Lernort zu öffnen, wenn sie der Schulöffentlichkeit präsentiert werden. Sie ermöglichen es, den Leseprozess zu reflektieren und die Lesemotivation der Lerngruppe insgesamt zu steigern, zudem kann das individuelle Leseselbstbild positiv beeinflusst werden (vgl. Grabe/Stoller 2011: 195, 213).

Gemeinsame Literaturarbeit kann auch innerhalb von interkulturellen Austauschprojekten stattfinden. So beschreibt von Rosen (2019) die gemeinsame Fragebogenrecherche, komparatistische Romananalyse und Begegnungsarbeit einer deutschen und französischen Schüler*innengruppe. Eine öffentliche Veranstaltung und Dokumentation auf einer gemeinsamen oder öffentlichen Plattform führen die reichhaltigen Ergebnisse schließlich zusammen.

Für die individuelle Dokumentation des Leseprozesses, das kooperative Lernen im Klassenverband oder den interkulturellen Austausch mit Partnerklassen können ähnliche kreative Schreibprodukte auf einer gemeinsamen digitalen Plattform erstellt werden. Hier finden ePortfolios, Lesetagebücher oder wechselseitige Kommentare (Lerner*in-Lerner*in/Lehrer*in-Lerner*in) Verwendung (vgl. Donath 2010: 13). Da die Arbeitsergebnisse verschiedenen Personen zugänglich gemacht werden (Lernende/*peers*/Austauschpartner*in), erhöhen sich Relevanz und Verbindlichkeit der eigenen sprachlichen Handlung und der Grad der Authentizität der entstehenden Kommunikation. Die Lernenden befassen sich bestenfalls sorgsamer mit den Ausgangstexten und ihren eigenen sprachlichen Produkten.

Digitale Plattformen haben zudem den Vorteil, dass Theaterstücke, Filme oder Lektüren in ganz unterschiedlichen Formaten bereitgestellt und bearbeitet werden können, da nicht nur schriftliche Produkte, sondern auch mündliche oder audio-visuelle Produkte *(vlogs)* möglich werden (s. u.). Digitale Zugänge zu Literatur verändern dadurch die Erschließung literarischer Inhalte und die Leseprozesse selbst hin zu einem interaktiven „social reading" (Surkamp 2020: 254).

Comic/Graphic novel Das Genre Comic liefert ein reichhaltiges Angebot an visuellen Impulsen und Inhalten und gilt als „eigenständige Kunstform" (Vanderbeke 2016: 295) sowie als Kulturgut (vgl. Hertrampf 2016). Zunehmend wird in diesem Zusammenhang auch der Begriff der „Graphic novel" verwendet, welche aufgrund vielfältiger Einflüsse noch schwieriger zu definieren erscheint (vgl. Elsner 2013). Der Unterschied von Comics und Graphic novels zum Cartoon besteht darin, dass Comics/Graphic novels die Wechselwirkung zwischen Bild und Sprache benötigen, aus mehreren Bildern bestehen und auch als Serien regelmäßig erscheinen (vgl. Kohl 2005: 4 f.; Beiträge in Elsner/Helff/Viebrock 2013; zum Genre vgl. auch Grünewald 2010 und Morys 2018). Klassische Comicfiguren sind beispielsweise Asterix, Gaston, Lucky Luke, Mafalda, Tim und Struppi (Tintin) u. v. m. (für einen Überblick zum Comic für den Spanischunterricht vgl. Koch/Sommerfeldt 2016). Comics dienen nicht nur der Spracharbeit, sondern fördern vor allem auch literarische, visuell-ästhetische und interkulturelle Kompetenzen (vgl. Morys 2018: 319). Gerade die französische und belgische Tradition der *Bandes dessinées* liefert vielfältiges Material für die unterrichtliche Arbeit, die ganzheitlich ausgerichtet sein sollte, um das Potenzial des Genres auszuschöpfen (vgl. ebd.: 319).

Comics und Graphic novels sind zu verschiedensten historischen, (tages-)politischen Themen sowie fiktionalen Geschichten zu finden, ebenso wie diverse Genres wie Biographie, Krimi, Science Fiction usw. bedient werden (vgl. Elsner 2013). Die Besonderheit liegt auf dem Konvergenzprinzip, d. h. der spezifischen Verbindung von Bild, Text und Onomatopoesie sowie von jeweiligen Bildübergängen (vgl. Braun/Schwemer 2018: 4 f.). Jede Ebene liefert mit ihren eigenen erzählerisch-gestalterischen Mitteln eine spezifische Bedeutungsebene, die es zu dekodieren gilt. Durch diese Komplexität können zugleich Verstehensprozesse unterstützt werden. Insbesondere die Bildebene ist ein erster Anker für Lernende, muss dann aber auf die Übereinstimmung mit den weiteren semiotischen Elementen abgeglichen werden (vgl. nachfolgend *visual literacy*). Auch der zum Teil in den typischen Sprechblasen und knappen Hintergrundinformationen im Vergleich zu vielen anderen literarischen Texten eher reduzierte Sprachanteil mag einerseits motivieren, andererseits die Fantasie der Lernenden für die inhaltliche Interpretation und eigene Comic-Produktionen freisetzen (vgl. z. B. Braun/Schwemer 2018).

Ebenso kann im Fremdsprachenunterricht mit Zeitungskarikaturen produktiv gearbeitet werden (vgl. Christ 2018). Im Gegensatz zu Comics handelt es sich um einzelne, bisweilen collagenartige Bilder, die auch ohne Sprache auskommen und kritische Meinungen zu (politischen oder tagesaktuellen) Personen oder Ereignissen darstellen. Karikaturen sind in ihrer künstlerischen Umsetzung ebenso zu analysieren wie in ihrer politische Aussage(kraft). Die Arbeit mit politischen Karikaturen eignet sich daher besonders zum fächerverbindenden Unterricht (s. ▶ Abschn. 5.5).

▶ Beispiel: Arbeit mit Comics

Morys (2018: 323–324) liefert eine nach Kompetenzen systematisierte Zusammenstellung von methodischen Vorschlägen für die Arbeit mit Comics bzw. *Bandes dessinées* (im Folgenden: BD), die nachfolgend zitiert wird:

5

„Förderung von bildgestützter Texterschließungskompetenz

- ausgehend von BD-Titel und Titelbild *(couverture)* Vermutungen zu Thema und Protagonisten formulieren und damit eine Erwartungshaltung im Hinblick auf den Handlungsverlauf aufbauen
- eine BD-Seite *(planche)* ohne, dann mit Sprechblasentexten *(bulles)* lesen und die eigenen Lösungsvorschläge mit dem Originaltext vergleichen
- die Reihenfolge der Bilder *(vignettes)* einer kopierten, auseinandergeschnittenen *planche* ordnen lassen und die Lösungsmöglichkeiten der Schülerinnen und Schüler sowohl miteinander als auch mit dem Originaltext vergleichen
- eine einzelne *vignette* beschreiben und Vermutungen über den Handlungsfortgang anstellen
- narrative Leerstellen im Handlungsverlauf sowie Gedankengänge, Emotionen und Gestik/Mimik der Protagonisten deuten
- das Verhältnis von Bild und Sprache untersuchen

Förderung literarischer und ästhetischer Kompetenzen

- die künstlerischen Gestaltungsmittel (Zeichenstil, Farbgebung, Atmosphäre, Kameraeinstellungen und -perspektiven, etc.) einer einzelnen *vignette* oder Bildfolge analysieren und in ihrer Funktion für den Inhalt interpretieren
- BD unterschiedlicher Subgenres und Zeichenstile miteinander vergleichen
- (eine) einzelne *vignette(s)* (ggf. fächerübergreifend in Kooperation mit dem Kunstunterricht) zeichnen und dabei unterschiedliche BD-Stile und Gestaltungsmittel um-/einsetzen
- eine Rezension oder einen Brief an einen BD-Autoren verfassen und dabei zu den inhaltlichen und ästhetischen Eigenschaften einer BD Stellung beziehen
- den literarischen Aufbau einer BD (ggf. im Vergleich zu einem Roman oder einer Kurzgeschichte) untersuchen und Elemente wie Dialoge, Monologe, erzählte Rede, Zeitsprünge, Ellipsen, etc. bewusst wahrnehmen

Förderung (inter-)kultureller Kompetenzen und Erarbeitung von Gattungswissen

- die Vorerfahrungen und Vorstellungen der Schüler im Hinblick auf die Gattung bewusst machen und mit den Erfahrungen bei der Lektüre authentischer Ganzschriften abgleichen
- zu BD-Autoren und Entstehungskontext einer BD recherchieren
- BD unterschiedlicher Epochen und Stile vergleichen und in die Geschichte der Gattung einordnen

- die kulturelle Bedeutung der Gattung in frankophonen Ländern diskutieren und mit den Gattungstraditionen in anderen Ländern vergleichen
- BD-Protagonisten, ihre Handlungsmotive und Verhaltensweisen in ihrem kulturellen Kontext reflektieren und mit den eigenen Erfahrungen in Bezug setzen

Förderung sprachlicher Kompetenzen mit BD
- eine BD im Hinblick auf ihre sprachlichen Besonderheiten (*français familier,* Registerunterschiede, etc.) untersuchen
- die lautsprachlichen Mittel *(onomatopées),* ggf. im Vergleich mit Comics anderer Sprachen und im visuellen Kontext ausgewählter *vignettes,* systematisieren
- Dialoge und wörtliche Rede untersuchen und dabei Charakteristika umgangssprachlicher Kommunikation herausarbeiten
- Wortschatz zur Beschreibung und Analyse von BD (z. B. *planche, vignette,*
- *bulles, cartouches, …*) erarbeiten und anwenden
- unbekannte Wörter mit Hilfe der Bildebene erschließen und Vokabelfelder im Kontext einer BD erarbeiten
- das Ende einer BD schreiben oder zeichnen und ggf. mit dem Originaltext vergleichen
- eine Zusammenfassung der BD-Handlung verfassen und Protagonisten charakterisieren
- innere Monologe aus der Perspektive einer Figur verfassen
- die Atmosphäre einer textlosen *vignette* beschreiben". ◀

Neben der Arbeit mit publizierten und vielleicht auch klassischen Comics bieten soziale Netzwerke bzw. Internet-Portale für den weltweiten Austausch von Comics von Amateur- wie Profizeichner*innen in verschiedensten Sprachen die Möglichkeit, Comics im Hinblick auf (kulturell geprägte) Inhalte und visuelle Darstellungsformen zu vergleichen. Darüber hinaus motiviert dies, eventuell in Kooperation mit dem Kunstunterricht oder mit Hilfe von Comic-Generatoren eigene Comics zu erstellen und auf einem Webcomic-Portal einzustellen.

▶ Beispiel: Icy Winter, Cocodrilo – Little Monster

Nachfolgender Ausschnitt aus einer Comicserie von Lange/Rivera Hernandez (2020) ist ein Beispiel für Comics aus Webcomic-Portalen. Der Comic kann im Fremdsprachenunterricht zur eigenen Kreativität anregen und bietet Sprechanlässe auf verschiedenen Ebenen: Neben der Bildbeschreibung und der Ergründung möglicher Emotionen des Krokodils kann das Thema der Jahreszeiten, ihrer regional-geographischen wie kulturellen Bedeutung und der individuellen Wahrnehmung verschiedener Wetterlagen diskutiert werden. Damit verbunden kann durchaus auch die Kulturgebundenheit von Komik, die sich in Comics ausdrückt, betrachtet werden. Dazu ließe sich die Wirkung des Comics auf andere Personen im Umfeld der Lernenden feststellen und könnte so auch ergründet werden, was die Lernenden und vielleicht auch ihre Familien vor dem Hintergrund unterschiedlicher lebensweltlicher Erfahrungen mit Winter assoziieren.
Ein anderes Thema, das sich in einem kritischen Fremdsprachenunterricht oder auch im bilingualen Sachfachunterricht anschließen ließe, ist der Klimawandel. Hierbei

Abb. 5.1 „Winter" aus: Lange/Rivera Hernandez (2020)

könnte recherchiert werden, welche Klimatheorien es gibt und welche meteorologischen Veränderungen weltweit zu beobachten sind. Verschiedenste handlungsorientierte Aufgaben lassen sich anschließen: Denkbar wären die eigene Gestaltung eines ähnlichen Comics, der Entwurf einer Kurzgeschichte aus Sicht des Krokodils ebenso wie thematische Diskussionsrunden oder verfilmte Interviews im schulischen oder außerschulischen Umfeld zu den vorgeschlagenen Themen (Abb. 5.1). ◄

Film Die in Filmen stattfindende Inszenierung fiktionaler (oder authentischer) Welten, in die Lernende über ein visuelles Medium eintauchen können, bietet zahlreiche Chancen und Potenziale:

> » Die Personen, die in herkömmlichen Lehrmaterialien sprechen, sind ‚gelähmt'. Die Umwelt ist starr und tonlos. Redewendungen, Beschreibungsvokabeln für Gestik, Mimik, Körpersprache, Raumnutzung, Bewegungsabläufe und Geräusche finden sich im sog. ‚Grundwortschatz' nie. (Schwerdtfeger 1889: 26)

Gerade für einen handlungsorientierten Fremdsprachenunterricht, der sowohl sprachlich-funktional Hör-Seh-Verstehen kombinieren, literarische (Analyse-)Kompetenz fördern und zu einem interaktiven Umgang mit filmischen Produkten einladen möchte, sind filmdidaktische Ansätze daher gewinnbringend und zahlreich vorgestellt und diskutiert worden (vgl. z. B. Henseler/Möller/Surkamp 2011; Lütge 2012; *Der fremdsprachliche Unterricht Französisch* 119; Thaler 2014; Viebrock 2016a). Blell und Lütge (2008) verwenden den Begriff der Filmbildung und verbinden damit die kognitive Analysearbeit mit dem emotionalen Filmerleben. Indem die Schüler*innen darüber hinaus filmproduktiv tätig werden, ergründen sie handelnd die Wirkung filmästhetischer Mittel. Das bedeutet, dass die Integration des Mediums Film mit entsprechenden Fertigkeiten auf unterschiedlichen Ebenen verbunden ist:

- Wahrnehmung und Analyse des Inhalts, die auch auf einer (inter-)kulturellen Ebene zum Gegenstand im Unterricht gemacht werden kann;
- Wahrnehmung und Analyse filmischer Mittel wie z. B. Kameraeinstellungen/-winkel/-schwenks, der Einsatz von Farbgebung und Musik, die einen Einfluss auf die Erzählperspektive haben und damit den Zuschauer/die Zuschauerin in ihrer Wahrnehmung lenken können;
- Gestaltung und Produktion filmischer Medien, bei denen Lernende ihre Kenntnisse über Inhalte, Themen sowie filmische Mittel in Einklang bringen und produktorientiert nutzen.

In einem Modell zur Förderung von *film literacy,* welche Viebrock (2016b; s. ◘ Abb. 5.2) als die autonome und kritische Rezeption von Filmen versteht, zeigt die Autorin die Zusammenhänge zwischen unterschiedlichen Kompetenzen auf, aber auch die notwendige Unterscheidung zwischen einem alltagssprachlichen Zugang (BICS) auf einer stärker erlebnisorientierten Seite hin zu einem stärker bildungs- und fachsprachlichen Durchdringen (CALP; s. ▶ Abschn. 3.2) von Film. Die perzeptiven sowie ästhetisch-kritischen Kompetenzen bedürfen einer expliziten Förderung im Unterricht, die auch sprachlich unterfüttert werden müssen, wenn denn filmische Stilmittel erkannt, benannt und produktiv genutzt werden sollen (vgl. auch Lütge 2012). Viebrock (2016b) betont zudem, dass Film zwar als kulturelles und ästhetisches Produkt gesehen und gewürdigt werden kann, aber auch immer der kommerzielle Hintergrund („film as cultural industry") mitsamt seiner (finanziellen) Absichten gesehen und möglicherweise im Sinne einer Critical Literacy (s. ▶ Abschn. 5.6) thematisiert werden muss.

Methodisch muss Film so in den Unterricht integriert werden, dass er im Prozess handlungsorientiert bearbeitet werden kann, dass Lernende z. B. vorab bestimmte (differenzierte) Seh- und/oder Höraufträge bekommen, welche im Anschluss lohnenswert ausgewertet und diskutiert werden können. Die einschlägigen fremdsprachenunterrichtlichen Filmdidaktiken z. B. von Henseler et al. (2011), Lütge (2012)

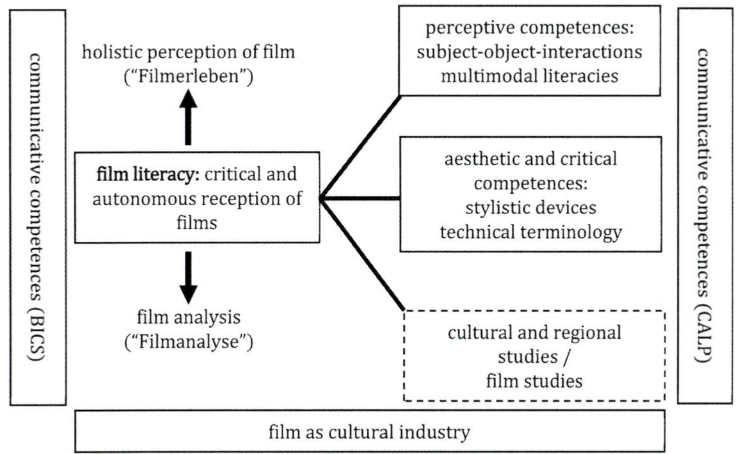

◘ **Abb. 5.2** Modell von *film literacy* von Viebrock (2016b: 17)

sowie Thaler (2014) empfehlen beispielsweise den Einsatz von Beobachtungsbögen, welche strukturiert bestimmte Beobachtungsschwerpunkte unterteilt in verschiedene Kategorien vorschlagen. Je nach Fokus während des Sehens können inhaltliche oder bereits filmanalytisch-ästhetische Aspekte im Vordergrund stehen, deren Wirkung im Anschluss besprochen wird.

Visual Literacy

Die Bedeutung von Bildern, ihre Analyse und Interpretation ist sowohl für die Filmarbeit im Fremdsprachenunterricht wichtig, kann aber auch auf der Ebene von einzelnen Abbildungen, Fotos, Werbung und Grafiken sowie multimedialer bzw. digitaler Visualisierungen handlungsorientiert genutzt werden (vgl. Chik 2014 sowie Beiträge in Hecke/Surkamp 2010; Elsner/Helff/Viebrock 2013 und Michler/Reimann 2016 oder Schumann 2008). In dem Zusammenhang steht nicht selten die Förderung einer *visual literacy:*

> » Unter *visual literacy* versteht man die Fähigkeit zum sinnstiftenden, kulturell informierten und kritischen Umgang mit Bildwelten. Dies schließt besonders die Kompetenz ein, die in einer visuellen Repräsentation enthaltenen interpikturalen Bezüge zu erkennen und den sich daraus ergebenden semantischen Mehrwert für das Verständnis eines Bildes und seiner kulturellen Verwobenheit wirksam werden zu lassen. (Moreth-Hebel/Hebel 2007: 39; Herv. im Orig.)

Als Leitfragen für eine handlungsorientierte Herangehensweise an piktoriale Darstellungen gelten (unter anderem): Was wird dargestellt? Wer hat das Bild hergestellt? Welche Perspektive wird eingenommen? Wie beeinflussen Perspektive, Farbgebung, Komposition etc. die Sicht auf die Darstellung? Welche Rolle spielen digitale Mittel? Inwiefern lässt sich die Darstellung in einen sozio-historischen Kontext einbetten? (vgl. symbolische Kompetenz nach Kramsch 2011; s. ▶ Abschn. 3.2).

Daraus können sich vielfältige Diskussions- und Interpretationszugänge ergeben, die kritisch z. B. macht-, klassen- oder gendertheoretische Aspekte in den Vordergrund rücken, Kontrastierungen zur heutigen Zeit vornehmen oder – vor dem Hintergrund aktueller piktorialer Darstellungen – politische oder propagandistische Züge entschlüsseln und offenlegen, um Lernende für die Wirkmacht von Bildern zu sensibilisieren (s. ▶ Abschn. 2.4). Ein nächster Schritt ist dann die eigene bildhafte Gestaltung durch die Lernenden, was auch in fächerverbindender Form erfolgen kann. ◀

In produktiver Hinsicht kann neben der Produktion eigener Videos, die zum einen Medienkompetenzen schult, aber gleichzeitig in technischer Hinsicht zunehmend einfacher wird, auch die Erstellung anderer kreativer Arbeiten im Anschluss an Filmerleben stehen: eigene Filmposter, die bestimmte Aspekte besonders hervorheben; eigene Filmkritiken, die ein bestimmtes Genre darstellen und somit gewisse Kriterien erfüllen müssen; ein Storyboard oder Drehbuch einer Szene, um diese genauer zu analysieren. Auch die Erstellung von verschiedensprachigen Untertiteln oder einer Hörfassung zum Film erfordert eine genaue Beschäftigung mit den Inhalten, Personenkonstellationen, Emotionen usw.

▶ Beispiel: Arbeit an Stereotypen in Filmen

Im Italienischunterricht kann der Film *To Rome with Love* von Woody Allen (2012) eingesetzt werden. Die Stadt und die Bewohner werden sehr stereotyp durch die Brille amerikanischer Tourist*innen präsentiert, die sich von dem römischen Charme anstecken lassen. Es werden lediglich die üblichen Sehenswürdigkeiten gezeigt. Betrachter*innen bekommen somit nur die schönen und verträumten Seiten der Stadt und seiner Bewohner*innen zu sehen. Hier könnte z. B. eine Recherchearbeit im Anschluss an die Präsentation von Szenen aus dem Film dazu dienen, weitere – kontrastive – Gesichter der Stadt zu konturieren und einen Vergleich mit der filmischen Darstellung vorzunehmen. Als schriftliches Produkt kann ein Leserbrief an Woody Allen geschrieben oder eine Kurzgeschichte verfasst werden, die in Rom spielt. Dazu könnten bestimmte Schauplätze vereinbart werden, die in der Geschichte vorkommen sollen. ◀

▶ Beispiel: Sprachmittlung mit und in Filmen

Beispielhaft können im Unterricht Übersetzungsszenen aus Filmen verwendet und analysiert werden. Im Hinblick auf die Rolle der sprachmittelnden Person eignet sich z. B. der Film *Spanglish* (James L. Brooks, 2004). Der Film erzählt die Geschichte der Mexikanerin Flor Moreno, die bei der amerikanischen Familie Clasky als Haushälterin beschäftigt ist. Gemeinsam mit ihrer Tochter Cristina verbringt sie die Sommermonate mit den Claskys in deren Sommerhaus. Die Claskys bemühen sich um die schulische Bildung von Cristina. Als jedoch John Clasky Cristina Geld schenkt, ist der Stolz von Flor überstrapaziert. Sie bittet Cristina darum, ihre zornigen Ausführungen auf Spanisch für John ins Englische zu übersetzen. Cristina kommt nun in die schwierige Situation, dem Willen der Mutter Folge zu leisten, deren Aussagen korrekt wiederzugeben, und ihr eigenes Interesse durchzusetzen, das Geld zu behalten.
Das Besondere dieser Szene (s. ◘ Abb. 5.3) zeigt sich in dem Wechsel von Cristinas Gestik, Mimik und emotionaler Stimmführung bedingt durch die Übernahme der Sicht der Mutter, der Meinung Johns und schließlich dem Ausdruck ihres eigenen Wunsches (Beispiel entnommen aus Abendroth-Timmer/Plikat 2017: 4; in Zusammenarbeit mit der Klett Akademie für Fremdsprachendidaktik – Sektion Spanisch, vgl. Grünewald/Harder 2016.). Der Filmausschnitt kann zur Bewusstmachung von Sprachmittlungsstrategien bzw. -prozessen dienen. ◀

◘ **Abb. 5.3** Szene aus *Spanglish* (James L. Brooks, 2004)

5

▶ Beispiel: Musikvideo „The Greatest" von Sia

Im Unterrichtsverlauf wird den Lernenden zunächst der Liedtext vorgelegt und parallel abgespielt. Die Schülerinnen und Schüler sollen beim Zuhören herausfinden, welche Stimmung das Lied verbreitet und was die grundlegende (tendenziell positive) Message ist („Sei stark!", „Lass dich nicht unterkriegen!", „Was mich nicht umbringt, macht mich stärker!").
Eingebettet in eine Einheit zu Film/Filmdidaktik oder Musikvideos kann im Anschluss ein Storyboard oder eine Konzeptskizze entwickelt werden von Ideen, wie die Lernenden sich ein zur *Message* passendes Musikvideo rezeptionstheoretisch vorstellen würden. Dieses Produkt wird kontrastiert mit dem realen Video – einem eher sehr düster gehaltenen Tanzvideo, in dem Kinder und Jugendliche sich durch ein heruntergekommenes, fast schon gefängnisartiges Haus bewegen und am Ende in einem großen, dunklen Raum in sich zusammensinken. Filmanalytisch ist hier besonders die Farbgebung interessant (die Anfangseinstellung und Endeinstellung sind fast identisch – bis auf die Tatsache, dass die Hintergrundfarbe sich tiefrot gefärbt hat zum Ende), scheinbar ungeschnittene Kamerafahrten ermöglichen kein Entkommen des*der Zusehenden aus der Situation.
Sollten bestimmte Aspekte oder Details (auch je nach Lerngruppe) für die Analyse nicht erkannt werden, kann die Lehrkraft auf diese hinweisen: der sich ändernde Hintergrund, die Beziehung Tanz – Laufen/Fliehen – Gebäude, eine Discokugel im zuletzt dargestellten Kellerraum sowie die Tatsache, dass die Protagonistin sich das Gesicht mit Regenbogenfarben zu Beginn bemalt und diese am Ende aufgrund ihrer Tränen verwischen – all dies kann in den Zusammenhang gesetzt werden zum homophob motivierten Anschlag auf einen Nachtclub 2016 in Orlando, bei dem 49 Personen (wenn man sie zählen würde, käme man im Video auch auf 49 Tänzerinnen und Tänzer) ums Leben kamen. Damit ergibt sich über das Medium Musik, die per Video umgesetzte Reaktion auf ein historisches Geschehen und Anschlusskommunikation über Homophobie und die LGBTQ-Community ein filmdidaktisches Potenzial, das unterrichtlich genutzt werden kann und sollte. ◀

▶ Beispiel: Werbeclips und Kurzfilme (kritisch) produzieren

Klassische Werbung folgt nicht selten der AIDA-Formel, bei der Aufmerksamkeit *(Attention)* geweckt, Interesse *(Interest)* sowie Verlangen *(Desire)* erzeugt und dieses schließlich im Agieren *(Act)* Erfüllung finden soll. Diese Stufen anhand von Werbeclips erkennen und beschreiben zu können, ist ein erster analytischer Zugang zu Werbeclips. Allerdings: Nicht selten funktioniert Werbung heute weitaus subtiler, es werden ganze Geschichten und *Storylines* entwickelt, welche innerhalb von 30 s eine Emotionalität erzeugen, die erst auf den zweiten Blick etwas mit dem beworbenen Produkt zu tun haben. Dieses spezifische Genre von Werbung zu entwickeln, erfordert ein hohes Maß an Kreativität und ein didaktisch-methodisches Scaffolding, das Schülerinnen und Schüler in die Lage versetzt, Ideen zu strukturieren und z. B. ein *Storyboard* zu entwickeln, das prozess- und produktorientiert (s. ▶ Kap. 6) auch gemeinsam mit den Mitschüler*innen immer weiter optimiert werden kann, bevor schließlich mithilfe des Smartphones tatsächlich ein Werbeclip als fremdsprachliches Produkt entsteht.

In einem kritischen Sinn (s. auch unten) kann Werbung auch de- und rekonstruiert werden: Spielen bestimmte Unternehmen mit emotionaler Werbung, profitieren aber z. B. auf Kosten der Umwelt oder sozialer Bedingungen, können Schülerinnen und Schüler diesen Missstand aufgreifen und Werbung derart umgestalten, dass sie „ehrlicher" wird: Das Model steigt in seiner Jeans dann nicht aus dem Meer heraus, sondern aus einem vom Farbstoff verschmierten Tümpel, der neue SUV fährt nicht durch eine blühende Berglandschaft, sondern durch eine apokalyptische Endzeitwelt.
Ein medienpädagogisches Ziel verfolgt Dorn (2004) mit seinem Konzept des *Digital Storytelling*. Hierbei werden Geschichten oder Themen emotional wirksam inszeniert, nachdem zuvor eine Recherche stattfindet und kollaborative Arbeitsschritte der Medienproduktion folgen (Auswahl visueller und akustischer Mittel etc.). Im Sinne umfassender Persönlichkeitsbildung legt Dorn großen Wert auf den inhaltlichen Austausch in den Lerngruppen und mit dem sozialen Umfeld sowie auf eine Reflexionsphase, in der nicht nur der mediengestalterische Prozess und die Wirkung des Produktes analysiert werden, sondern auch die eigene, vielleicht durch diese Arbeit veränderte Haltung der Lernenden zu dem jeweiligen Thema. Als ein Beispiel liefert er einen Film zur Drogenprävention, für den Studierende zunächst ihr eigenes Umfeld beleuchten. Der Ansatz vereint viele handlungsorientierte Aspekte der Kollaboration, der Einbeziehung des außerschulischen Umfeldes und der kritischen Reflexion mit dem Ziel der Persönlichkeitsbildung. Auf dem Fremdsprachenunterricht übertragen eröffnet das Modell die Möglichkeit sinnstiftenden sprachlichen Handelns. ◀

Arbeit mit Sachtexten Die Arbeit mit Sachtexten wurde mit der kommunikativen Wende der 1980er Jahre populär. Dabei ergänzten vermehrt sogenannte Alltagstexte die im Mittelpunkt stehenden Dialoge. Es handelte sich dementsprechend um Texte, die mit der im Dialog dargestellten kommunikativen Situation in einem inhaltlichen Zusammenhang standen wie Menükarten, Eintrittskarten, Kleinanzeigen aus Zeitungen, Programme für kulturelle Ereignisse u. ä. Mit der verstärkten Bedeutung des bilingualen Sachfachunterrichts wurden Diskursfunktionen (s. ▶ Abschn. 2.1 und 3.2) im Hinblick auf fachliche Diskurse in den Blick genommen. Es wurde also nicht mehr von der äußeren Erscheinungsform eines Textes, seinem angenommenen authentischen Inhalt und einem möglichen Nutzwert ausgegangen, sondern es wurden speziell die damit verbundenen kognitiven und sprachlichen Funktionen und damit die Prozesse lerner*innenseitiger Textrezeption und -produktion betrachtet. Im Zuge der Kompetenzorientierung werden beide Ebenen, d. h. die Texteigenschaften wie die kognitiv-sprachlichen Prozesse, im Konzept des generischen Lernens und der generischen Kompetenz zusammengebracht und um die sozio-kulturelle Textfunktion ergänzt (vgl. Hallet 2016).

Sachtexte sind damit ein möglicher Zugang zur Leseförderung (vgl. Baurmann 2009). Aufgaben, die eine Transformation eines fiktionalen in einen non-fiktionalen Text (oder umgekehrt) sprachlich und inhaltlich umsetzen, können damit ein handlungsorientierter Modus sein, der im Unterricht beide Genres in ihrer Spezifität verbindet.

Allgemein sind bezüglich der Sachtexte expositorische und argumentative Texte zu unterscheiden. Expositorische Texte liefern Fakten (z. B. Berichte, Protokolle, Handlungsanleitungen etc.), wohingegen argumentative Texte begründete Sichtweisen zu Fakten entwerfen (Rede, Brief, Diskussion etc.) (vgl. Hallet 2016: 84, 86). Die Erschließung der Inhalte kann über Lesestrategien erfolgen, welche kommunikativ in den handlungsorientierten Unterricht eingebettet sind (s. ▶ Abschn. 4.2). Nicht-kontinuierliche Sachtexte, die auch Grafiken und Illustrationen oder Tabellen enthalten, benötigen neben dem entsprechenden Wortschatz zur Vergegenständlichung und Kommunikation über den Inhalt weitere strategische und methodische Kompetenzen zur Entschlüsselung. Lernende müssen in die Lage versetzt werden, die in verschiedenen Modi abgebildeten Aussagen rein kognitiv in ein Verhältnis zu setzen und zuletzt sprachlich-analytisch in fremdsprachenunterrichtlichen Settings nutzbar zu machen.

▶ Beispiel: Arbeit mit Sachtexten in Lehrwerken

Sachtexte werden auf vielfältige Weise in Lehrwerken eingeführt. In der Spracheingangsphase werden strukturierte Aufgaben mit Sprachmaterial geliefert und durch die Lernenden direkt angewandt. Nachfolgendes Beispiel folgt einem Modelltext und macht Strategien bewusst (◘ Abb. 5.4).

Ferner wird immer auf längere Anhänge verwiesen, in denen sehr genaue Hinweise zu Textmerkmalen, Strategien, Modelltexten und nützlichem Wortschatz zu finden sind (◘ Abb. 5.5).

Stärker thematisch modularisierte Lehrmaterialien für fortgeschrittenere Lernniveaus ab B1 liefern in den Lektionen Kombinationen aus verschiedenen Textgenres zu einem Text wie z. B. Sachtexte in Form von Statistiken und Zeitungsartikel, oft verbunden

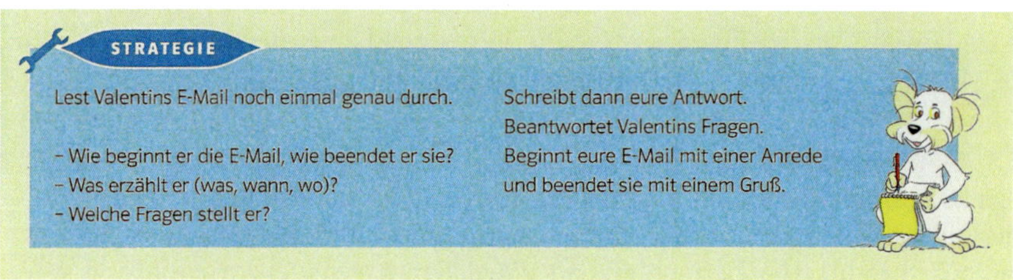

◘ **Abb. 5.4** aus: *Découvertes 1, Série jaune* (Klett 2012: 89)

Escribir un currículum vitae

Un CV sigue una estructura preestablecida que se divide normalmente en cinco partes:

- Datos personales
- Experiencia laboral u otras actividades (p. ej. en el instituto)
- Formación educacional
- Otros conocimientos (p. ej. idiomas)
- Información adicional (p. ej. aficiones, deportes)

◘ **Abb. 5.5** aus: *Punto de vista 1, nueva edición* (Cornelsen, 2014: 247)

b) Look at the bar chart below. What do you find out about the Internet use of young people?

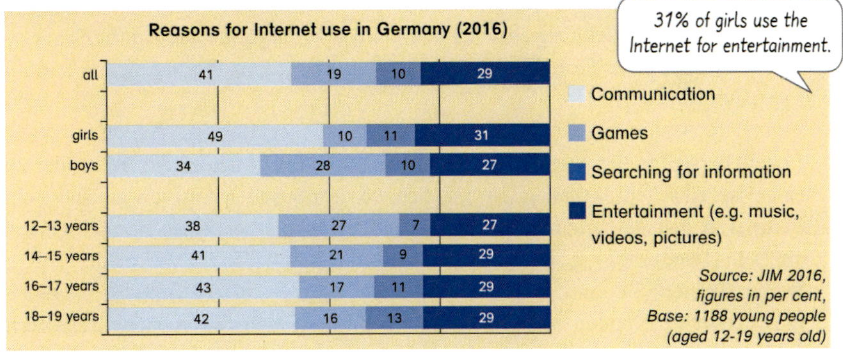

c) Compare the Internet use in your class with the information given in the bar chart.

Abb. 5.6 aus: *Notting Hill Gate 5* (Diesterweg 2019)

mit Comics, Liedern oder literarischen Texten. Auch Diagramme und Statistiken sind in diesem Sinne Sachtexte (Abb. 5.6).

Um den Sachtext wird ein kommunikativer Anlass handlungsorientiert eingebunden, nämlich die Frage danach, was die Lernenden im Internet machen bzw. wofür sie es nutzen. Dies mündet in eine klasseninterne Umfrage, welche sprachlich durch entsprechende Redemittel in Form von Häufigkeitsadverbien unterstützt wird. Im Vergleich mit einer realen Untersuchung vergleichen die Schülerinnen und Schüler abschließend ihre eigene kleine Umfrage mit dem, was Jugendliche in Deutschland allgemein online erledigen. ◄

Gerade sogenannte expositorische und argumentative Texte fördern Grundfertigkeiten des Argumentierens und Bewertens und ermöglichen damit den Lernenden gesellschaftliche Partizipation. Im Hinblick auf eine soziale Relevanz und die Förderung von Kritikfähigkeit führen sie potenziell zu einer anderen Qualität von Fremdsprachenunterricht (s. ▸ Abschn. 5.6). Dies ist aber nur dann möglich, wenn den Lernenden die generischen Eigenschaften eines Textes explizit bewusst gemacht werden (vgl. weiterführend Bürgel 2008). Die Lernenden werden dann mit Diskursfunktionen (Beschreiben, Erklären, Argumentieren etc.) vertraut, erhalten Strategien der Textrezeption (z. B. Strukturieren des Textes) und der Textproduktion (z. B. Vorüberlegungen zum Thema anstellen) sowie sprachliche Mittel (z. B. vorgegebene Satzanfänge) (vgl. Hallet 2016: 125), um zum einen die ihnen vorliegenden Texte rezipieren und (kriteriengeleitet argumentativ) bewerten zu können sowie andererseits vor dem Hintergrund ihres individuellen Wissens eigene Stellungnahmen bzw. neue Sachtexte zu kreieren.

▶ Beispiel: Schlagzeilen der Woche

Folgende Aufgabe kann der Entwicklung von Strategien zur Erschließung von Sachtexten dienen. Indem die Lernenden Informationen kreativ in Form eines Presseberichts zusammenstellen, müssen sie zugleich zu den Inhalten Stellung beziehen. Die Präsentation kann direkt vor einer interaktiven Tafel erfolgen oder mit der Handykamera gefilmt werden. Vielfältig einsetzbar sind auch Programme wie Adobe Spark (vgl. dazu Wirag 2020) oder Stop Motion Apps für Erklärvideos. Eine Aufgabe kann wie folgt gestaltet werden:

» Erstellt / erstellen Sie einen Pressebericht zur aktuellen Lage in der Welt oder zu einem spezifischen aktuellen Thema. Schaue dir / Schauen Sie sich zunächst ein Beispiel in den Nachrichtensendungen auf der Mediathek eines Fernsehsenders an (z.B. Telediario – 8 horas oder Revue de Presse France Info oder BBC). Suche / Suchen Sie nun zu dem gewählten Thema verschiedene Schlagzeilen und Pressemitteilungen aus der Presse. Wähle / Wählen Sie bewusst Zeitungen unterschiedlicher politischer Richtungen und eventuell verschiedener Länder aus. Mache dich / Machen Sie sich mit dem Inhalt der ausgewählten Zeitungsartikel vertraut. Analysiere / Analysieren Sie, welche Positionen vertreten werden und wie sich diese oder die Kritik an möglichen Gegenpositionen in der Schlagzeile ausdrücken.
Überlege / Überlegen Sie, welche Form der Pressebericht haben soll. Erscheinst du / Erscheinen Sie selbst im Bild oder nur die Zeitungsartikel mit deinen / Ihren Kommentaren aus dem off? Was sind wichtige Informationen? Worum geht es? Am besten erstellst du / erstellen Sie dann ein Skript, in dem Bilder, Schlagzeilen und Texte in eine sinnvolle Reihung gebracht werden. Wähle / Wählen Sie dazu passende Musik aus. Nimm / Nehmen Sie nun den Pressebericht auf oder führe / führen Sie diesen der Lerngruppe vor. ◀

5.2 Handeln an Lernorten

Handlungsorientierung und Lernorte Der physische oder zeitliche Ort, an dem Lernen stattfindet, hat besonderen Einfluss darauf, wie und was wir lernen (vgl. *affordances*; s. ▶ Abschn. 3.2).

Definition

Es können mehrere **Formen des Lernens** unterschieden werden, die sowohl mit dem Ziel als auch dem Kontext bzw. dem Ort eng zusammenhängen. Dabei wird gemeinhin das Lernen innerhalb einer Bildungseinrichtung, das von einem bestimmten curricularen Ziel bestimmt wird, als „formales Lernen" bezeichnet, während ein Lernen außerhalb einer solchen Einrichtung, die den Erfolg des formalen Lernens bescheinigen würde (z. B. durch ein Zeugnis oder einen Abschluss),

„non-formales Lernen" genannt wird. Einen Zwischenbereich stellt das Lernen auf Distanz dar, das je nach Ausgestaltung und technischem Einsatz mehr oder weniger gesteuert erfolgt. Ebenfalls außerhalb der Schule, allerdings in der Regel ohne eine gewisse Zielgerichtetheit, quasi zufällig und inzidentell, ist hingegen „informelles Lernen".

Diese unterschiedlichen Formen des Lernens können wiederum mit verschiedenen Lernorten zusammenhängen: Die (in aller Regel) Gerichtet- und Strukturiertheit des schulischen Fremdsprachenunterrichts steht dem beiläufigen Lernen fremdsprachlicher Strukturen und Inhalte beim Zusehen des neuesten Musikvideos per Smartphone beim Warten auf die U-Bahn entgegen.

Erkenntnistheoretisch können die Begriffe Ort und Raum voneinander abgegrenzt werden. Hallet (2015: 65) definiert Räume als

» Diskurse, in denen sich Menschen zu anderen Menschen und Entitäten im Raum positionieren, räumliche (An-)Ordnungen thematisieren und sich selbst als Raumakteure erleben und reflektieren.

Ein solcher Raum ist also ein sozial konstruierter Raum, dessen Symbole von einer Gemeinschaft geteilt werden (auch « lieu » nach Augé 1997: 156). Ein Raum ist damit von sozialer Interaktion zwischen Anwesenden und (möglichen) Interaktand*innen geprägt und wirkt identitätsstiftend, da Identität in der Interaktion ja immer wieder neu aufgebaut und verhandelt werden muss (s. ▶ Abschn. 3.2). Dies steht im Gegensatz zu « non-lieux » oder Orten, an denen Kommunikation jenseits situierter Rollen und im öffentlichen Raum abläuft und an denen keine Identitätsentwicklung stattfindet. Bezogen auf den Unterricht bedeutet dies, dass das Klassenzimmer zunächst ein Lernort ist. Erst indem sich die Akteur*innen diesen Ort handelnd zu eigen machen, ihn sozial und diskursiv in Interaktionen gestalten, sich mit ihm und der Diskursgemeinschaft identifizieren, wird das Klassenzimmer ein Lernraum (vgl. Abendroth-Timmer/Thomas 2019a, 2019b). Dem schulischen Lehr- und Lernort weist Legutke (2017: 204 f.) folgende Funktionen zu: Trainingsplatz, Kommunikationszentrum, Bühne, Textatelier, Fenster zur Welt, Forschungscenter, Lernwerkstatt und Lehrraum.

Lernorte können darüber hinaus nach ihrer Nähe bzw. Entfernung zum formalen Lernort des Klassenzimmers eingeordnet werden (s. ◘ Abb. 5.7). Die einzelnen Ringe um den Lernraum Klassenzimmer deuten dabei sowohl die Entfernung bzw. zunehmende Distanz an, als auch die Möglichkeiten, Verbindungen zwischen den Lernorten wahrzunehmen. Diehr (2015: 40) argumentiert zudem: „Je weiter ein Lernort vom Klassenzimmer entfernt ist, desto größer ist die Chance, dass die Kommunikation der Lernenden natürlich und funktional verläuft." Damit verändern sich auch die Bedingungen sprachlichen und kulturellen Handelns: Wo ein Klassenzimmer und von der Lehrkraft vorstrukturierte Settings immer auch latent (oder offen) mit machttheoretischen Verhältnissen und Hierarchien aufwarten (vgl. Hallet 2015), gleicht sich dieses Verhältnis aus oder kehrt sich sogar um, wenn Lernende z. B. im Ausland zunächst völlig auf sich allein gestellt sind. Dort

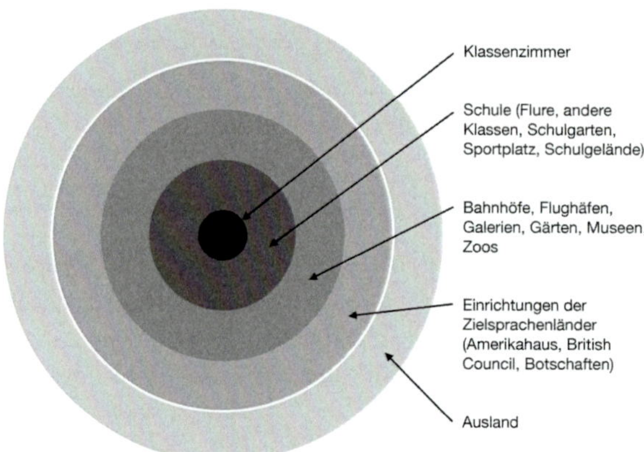

Abb. 5.7 Anordnung von Lernorten im Verhältnis zu ihrer Nähe des Lernorts Klassenzimmer (Diehr 2015: 41)

gestalten die Akteur*innen ihre Räume selbst, Erfahrungslernen und zielgerichtetes, authentisches Sprachhandeln stehen im unmittelbaren Mittelpunkt.

Außerschulische Lernorte wiederum lassen sich in primäre Lernorte unterteilen, welche pädagogisch bzw. didaktisch-methodisch begleitet sein können, wie bspw. Museen oder Gedenkstätten, und sekundäre Lernorte wie ein Bahnhof oder andere öffentliche Plätze, die zunächst für das Lernen didaktisiert werden müssten (vgl. Grau/Legutke 2013; Rymarczyk 2013a). Außerschulische Lernorte bedürfen generell der Vor- und Nachbereitung und damit ihrer Integration auch in den Lernort Klassenzimmer:

- „There is a need to integrate classroom-based learning with out-of-classroom learning since both support each other.
- It is important to establish clear goals for out of class learning activities, to prepare students for the activities, and to provide follow-up in the classroom.
- The activities entail new roles for both teacher and learners as well as the need to develop learning and communication strategies to support out-of-class learning.“ (Nunan/Richards 2015: XV)

Die Verknüpfung von Klassenraum und außerschulischen Orten lässt sich in zwei Dimensionen abtragen: zum einen bezüglich des Lernpotenzials, das ein Ort bietet, und zum anderen im Hinblick darauf, wie dieses Potenzial von den Lernenden genutzt wird (vgl. Grau/Legutke 2013). Demgemäß stellt Hallet Folgendes fest:

> Die Lernenden müssen Raumverhalten und Raumhandeln erlernen und reflektieren; dazu gehören vor allem die sozialen Positionierungen im Raum und die damit verbundenen sozialen Kategorisierungen und Hierarchien. (Hallet 2015: 66)

Die Lernenden müssen also den Raum, im Hinblick auf die physische und soziokulturelle Gestaltung erfassen und analysieren. Hierzu gehört ebenfalls die Beurteilung ihrer eigenen Positionierung und Position in diesem Raum. Folgende Fragen können geeignete Reflexionsanlässe schaffen.

▶ Beispiel: Reflexionsfragen für die Arbeit an außerschulischen Lernorten

- Woher komme ich bzw. was bringe ich mit, d. h. was sind meine (emotionalen, kognitiven, soziokulturellen) Hintergründe und in welchem Verhältnis stehe ich dadurch zu dem Raum, den Gegenständen und den Akteur*innen?
- Wie beeinflusst meine Position im Raum meine Sicht auf den Raum, die Gegenstände und die Akteur*innen?
- Welchen Zugang zu Raum, Gegenständen und Akteur*innen habe ich und mit welcher Wirkung?
- In welche Interaktionen mit den Gegenständen und Akteur*innen kann ich eintreten und mit welcher Wirkung?
- Wie, in welchem Medium, welcher Sprache, für wen und mit welcher Wirkung auf Dritte stelle ich meine Erkenntnisse dar? ◀

Diese Fragen lassen sich auf die nachfolgenden Beispiele anwenden. Sie haben immer eine physische, emotionale, kognitive, soziokulturelle und auch ethische Dimension. Dies wird vielleicht besonders deutlich bei der Arbeit an historischen Gedenkstätten (des Ersten Weltkriegs oder der NS-Gewaltherrschaft) und mit diesbezüglichen Materialien wie Zeitzeugenberichten. Auch die Wahl der jeweiligen Sprache, in der Ergebnisse präsentiert werden, erhält in solchen Projekten eine eigenständige Aussagekraft, wie am Beispiel des Podcast-Projekts der Universität Regensburg in Kooperation mit der KZ-Gedenkstätte Flossenburg deutlich wird (vgl. von Treskow 2019; ▶ https://podcast-projekt-uni-regensburg-flossenbuerg.de/).

Museumsbesuche Museen sind Lernorte, die je nach thematischer Ausrichtung in fast allen Fächern genutzt werden und im Sinne eines fächerverbindenden Projektunterrichts oder im bilingualen Sachfachunterricht mit sprachlichen Aufgaben verbunden werden können. Der Museumsbesuch kann auch ausschließlich ausgehend vom Fremdsprachenunterricht gedacht werden. So verstanden dient beispielsweise der Besuch eines Kunstmuseums „der kulturellen Bildung, wobei zunächst das Interesse an ‚der Sache', d. h. die Auseinandersetzung mit Kunstobjekten in einem Museum im Vordergrund steht" (Baur/Schäfer 2011: 139).

Inhaltlich sind Kunstobjekte vielfach an die unterrichtlichen Themen anschlussfähig und können eigene kreative Impulse und bereichernde spezifische Inhalte liefern. Kunstobjekte können Kern eines Hypertextes sein und satellitenartig durch verschiedene literarische oder Sachtexte ergänzt werden. Hierüber werden geschichtliche, kunsthistorische, geographische und biographische Kenntnisse vermittelbar, die durch die Verknüpfung mit dem Kunstwerk eine weitere emotionale Komponente erfahren und dabei ganz andere Informationen liefern können als literarische oder dokumentarische Texte. Umgekehrt sind Informationen zu den Hintergründen eines Kunstobjektes wichtig, da ansonsten die Gefahr besteht, dem Kunstwerk und den Künstler*innen nicht gerecht zu werden. Aber auch dies sollte im Sinne einer *Critical literacy* (s. ▶ Abschn. 5.6) zum unterrichtlichen Thema gemacht werden, wenn es um Werke geht, deren Vermarktung der Aussage des Kunstobjektes oder bestimmter Grundhaltungen der Künstler*innen bisweilen entgegensteht. Dies zeigt sich gut am Beispiel von Frida Kahlo – und viele andere wären zu nennen –, deren Selbstporträts wie jenes einer Pop-Ikone auf Taschen, Plakaten usw. zu finden sind (vgl. Santoyo 2019). Genau hier kann eine kritisch-ästhetische Bildung ansetzen und die Mechanismen von Visualisierungsstrategien aufdecken. Ein Besuch des Lernortes Museum mit den meist angeschlossenen Museumsshops kann hierzu Anlass bieten.

▶ Beispiele: Kunst und Geschichte

Im Sinne einer *critical literacy* im **Spanischunterricht** eignet sich die Beschäftigung mit der Mestizenkunst. Hierbei handelt es sich um koloniale Kunstwerke, die der christlichen Missionierung der indigenen Bevölkerung Lateinamerikas dienten und zu diesem Zweck christliche und indigene Symbolik und Personendarstellungen miteinander verbinden (vgl. Flores et al. 2013). Weiterhin ist ein im Spanischunterricht bei der Thematisierung des Franco-Regimes oft eingesetztes Kunstwerk sicherlich *Guernica* von Picasso, die Darstellung der Zerstörung der baskischen Stadt Guernica während des spanischen Bürgerkriegs durch deutsche und italienische Luftangriffe.

Für den **Französischunterricht** liegt eine große thematische Sammlung an Gemälden für pädagogische Zwecke auf der Seite *Histoire par l'image* vor, bereitgestellt durch das *Établissement public de la Réunion des musées nationaux et du Grand Palais des Champs-Elysées* unter der Leitung des *Ministère de la Culture et de la Communication* (▶ https://www.histoire-image.org). Die Gemälde sind über verschiedene thematische Stichworte sortiert und werden mit Begleittexten umfassend historisch kontextualisiert und interpretiert.

Im **Italienischunterricht** ist eine Auseinandersetzung mit der italienischen Renaissancekunst als ein zentrales Element der landeskundlichen Wissensvermittlung anzusehen. Die künstlerischen Meisterwerke in Form von Gemälden, Skulpturen und einzigartigen Bauwerken prägten nicht nur das kulturelle Leben der italienischen Halbinsel, sondern auch vieler weiterer europäischer Staaten. Die Kunstwerke sind Produkte einer damals neuen humanistischen Denkweise, die den Menschen, die antike Philosophie und die Wissenschaft in den Fokus der europäischen Gesellschaft rückte. Werke, welche das neue humanistische Geistesleben besonders anschaulich reflektieren, sind z. B. Skizzen und Gemälde von Leonardo da Vinci oder das Fresko *Die Schule von Athen* des Malers Raffaello Santi, welches in den Vatikanischen Museen zu sehen ist.

Im **Russischunterricht** bietet sich die Auseinandersetzung mit der Kunst von Natal'ja Sergeevna Gončarova an – einer russischen Malerin aus dem 20. Jahrhundert –, die der russischen Avantgarde zugerechnet wird. Ihre Werke reflektieren die künstlerische Verbindung der russischen Volkskunst mit westlicher abstrakter Kunst. Sie entwickelte den neoprimitivistischen Stil der russischen Avantgarde und trug somit maßgeblich zum künstlerischen Entwicklungsprozess in Russland bei. Die Kunstwerke reflektieren auf anschauliche Weise den kulturellen Austauschprozess zwischen Westeuropa und Russland, welcher für die kulturelle, soziale und politische Entwicklung des russischen Imperiums von großer Bedeutung gewesen ist. Gleiches gilt für die berühmte *Eremitage* von St. Petersburg. Das Museum gilt als eines der größten Kunstmuseen der Welt, welches weitgehend im europäischen Baustil des Klassizismus konstruiert worden ist und eine Vielzahl von bedeutenden west- und südeuropäischen Kunstwerken beherbergt. Wie viele andere Museen kann die *Eremitage* auch virtuell besichtigt und so unmittelbar in den Klassenraum geholt werden. ◀

Neben Kunstmuseen sind historische Museen und Gedenkstätten – gerade auch anlässlich von Austauschprojekten – wirkungsvolle Lernorte, an denen über verschiedene mediale Darbietungsformen Lernende mit geschichtspolitischen Fragen konfrontiert werden. Oftmals kann Geschichte über Realia und Zeitzeugenberichte oder spezifische museumspädagogische Angebote Lernenden auch emotional nahegebracht werden.

Theaterbesuche Theaterbesuche können als Teil einer Unterrichtseinheit zu einem Dramentext oder als weitere mediale Perspektive auf das Unterrichtsthema eingebunden werden. Da davon auszugehen ist, dass immer weniger Schülerinnen und Schüler auf die Erfahrung von Theaterbesuchen in ihrem außerschulischen Alltag zurückgreifen können, ist noch vor dem fachspezifischen Inhalt, der Raum Theater als Ort der ästhetischen Gestaltung, als Arbeitsstelle verschiedener Gewerke und als Ort der Begegnung zu erfassen (vgl. Delius/Surkamp 2015). Insofern stellt das Theater in mehrfacher persönlichkeitsbildender wie fachlicher Hinsicht einen komplexen Lernort dar und fördert soziokulturelle Partizipation. Hinsichtlich der textbezogenen Rezeption von Theater haben Delius/Surkamp (2015: 123) ein Modell entworfen (s. ◘ Abb. 5.8).

Es geht zunächst um die umfassende Rezeption eines Theatertextes und der szenischen Umsetzung. Diese gilt es im Hinblick auf das Genre Theater und auch bezüglich der eigenen ästhetischen Rezeption zu reflektieren. Schließlich können die Lernenden veranlasst werden, eigene Texte über das jeweilige Theaterstück zu verfassen. Dies kann auch über andere Medien erfolgen. Für alle drei Bereiche theaterästhetischer Kompetenz benötigen die Lernenden nicht nur inhaltliches

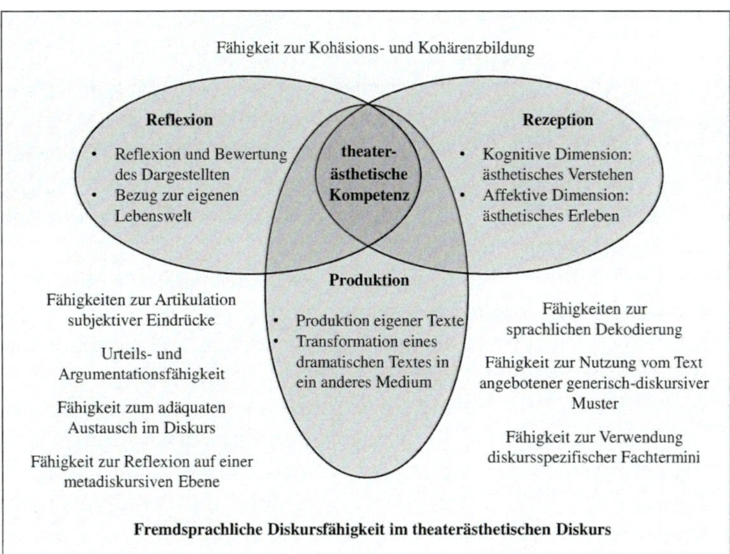

◘ **Abb. 5.8** Modell theaterästhetischer Kompetenz und fremdsprachlicher Diskursfähigkeit (Delius/Surkamp 2015: 123)

und generisches Wissen, sondern auch sprachliche Mittel und Kompetenzen für die Beschreibung, Argumente und Urteile sowie den reflexiven Diskurs mit anderen. Delius/Surkamp (2015) schlagen vor, dass die Lernenden sich aus der Sicht der verschiedenen, an einer Theaterinszenierung beteiligten Berufsgruppen (Schauspieler*innen, Bühnenbildner*innen, Beleuchter*innen, Maskenbildner*innen, Kostümbildner*innen etc.) mit dem jeweiligen Stück befassen. Für jede dieser Gruppen entwerfen sie beispielhaft Fragen, mit denen sich die Lernenden beschäftigen, eigene Inszenierungsideen entwerfen und dabei Neugier für die spätere Umsetzung entwickeln (vgl. ebd., 128 f.). Neben der Auseinandersetzung mit dem Text, Plakaten, Ankündigungstexten und eventuell Ausschnitten aus Verfilmungen sollten auch der Besuch eines Theaters und diesbezügliche Verhaltenserwartungen vorbereitet werden. Ferner erstellen die Lernenden Erinnerungsprotokolle und erhalten hierfür einen konkreten Beobachtungsauftrag und sprachliche Mittel zur Beschreibung ihrer Eindrücke, Gedanken und Gefühle (vgl. ebd.: 130 f.). Abschließend sollten Rezeptionsgespräche und gegebenenfalls Verschriftlichungen hiervon erfolgen.

Austausch Austauschprogramme wurden schon nach dem Ersten Weltkrieg durchgeführt (vgl. Ertelt-Vieth 2003: 274; Grau 2016: 276). Schüler*innenaustausche werden insbesondere vor dem Hintergrund europäischer Völkerverständigung seit dem Zweiten Weltkrieg und dem Ziel interkulturellen Lernens sowie einem damit verbundenen Motivationsschub für den schulischen Fremdsprachenunterricht stark unterstützt (vgl. Mehlhorn 2017). Austauschprogramme

> » öffnen enge Auffassungen von Sprache und Kultur hin zu Kommunikation und symbolisch vermittelter Praxis, verändern Unterricht mit seinen festen Rollen, u. a. weil die Beteiligten leiblich in die fremde Kultur eintauchen (Ertelt-Vieth 2003: 275).

Mit diesen Zielen agieren vornehmlich das Deutsch-Französische Jugendwerk oder auch die Stiftung Deutsch-Russischer Jugendaustausch, das Deutsch-Polnische Jugendwerk oder über das Erasmus-Programm geförderte Projekte (vgl. Mehlhorn 2017: 15), welche Jugendlichen auch außerhalb von schulisch organisierten Fahrten vielfältige Begegnungsmöglichkeiten geben. Sprach- und Tandemprogramme sind hier aufgrund ihrer positiven Wirkung auf interkulturelle Lernprozesse hervorzuheben (vgl. Bechtel 2003).

Aufgrund der Erfahrung, dass das Wohnen in einer Austauschfamilie und der gemeinsame Schulbesuch allein noch keine Bildungsprozesse anstoßen, sondern unter Umständen Stereotype verfestigen, entstanden in der Vergangenheit vielfältige Begegnungsprogramme. Ihr Anliegen ist es, Schüler*innen in gemeinsame Aufgaben und reflektierte Erfahrungen zu bringen (vgl. zur Begegnungsdidaktik Grau 2013: 315). Oftmals ist der Kern eine historische oder strukturelle Gemeinsamkeit (Erinnerungsorte der Weltkriege, Industriekultur, Europa-Verständnis, globale Zukunftsaufgaben). Damit ist ein Ziel auch die Persönlichkeitsbildung aufseiten der Lernenden. Soll dies gelingen, muss Schüler*innenaustausch intensiv vorbereitet, begleitet und nachbereitet werden (vgl. Mehlhorn 2017).

▶ Beispiel: Lerntagebuch für Austauschs- und Begegnungsprojekte

Müller-Hartmann/Grau (2014) liefern Beispiele für Aktivitäten zur Vorbereitung, Begleitung und Nachbereitung von Austausch- und Begegnungsprojekten. Hier einige ihrer Vorschläge für ein Lerntagebuch:

1. „What were your main worries when you thought about meeting your host family?
2. What were the major difficulties in communication?
   - In understanding: when? who?
   - In speaking: when? with whom?
3. In which situations did you feel more at ease communicating in the foreign language?
4. Did your attitude to or use of the foreign language change during the week? What were the main reasons, in your opinion?
5. What were the main problems when communicating in the foreign language? (grammatical knowledge, knowledge of vocabulary, idiomatic phrases, cultural knowledge in general, etc.)“ ◀

Zur Begleitung von Begegnungsprojekten gehört neben sprachlichem Scaffolding nicht zuletzt die Thematisierung zugrunde gelegter Kulturbegriffe und die Dekonstruktion essenzialistischer Landeskundekonzepte. Wichtig sind daher auch Austauschprojekte für Lehrer*innen, die inzwischen über Erasmus gefördert werden, damit Lehrer*innen (oder auch Lehramtsstudierende) in einem anderen Land eine gewisse Zeit hospitieren und unterrichten können. Darüber hinaus gibt es eine Reihe an Angeboten für Jugendliche, um in anderen Ländern zur Schule zu gehen, Praktika zu absolvieren oder zu arbeiten (vgl. die Auflistung von Lange 2019b; Grau 2016: 277; vgl. auch Guttack 2016).

Ebenfalls auf einer eher niedrigschwelligen Ebene angesetzt sind kurzfristige Sprachexkursionen, die ein- oder mehrtägig das stärker vorstrukturierte Eintauchen in die Kultur und Sprache ermöglichen (vgl. Nowak 2016 und *Der fremdsprachliche Unterricht Französisch* 140). Diese Exkursionen fokussieren auf kommunikative und interkulturelle Begegnungssituationen: „Dies entspricht dem neueren Ansatz, Kultur und Kulturräume nicht als Inseln, sondern im Sinne eines diskursiv konstituierten, offenen Kulturbegriffs […] zu sehen.“ (Nowak 2016: 3) Diese kurzen Exkursionen können aufgabenorientiert (s. ▶ Abschn. 6.1) geplant werden und z. B. der Struktur einer Stadtrallye folgen (vgl. Schöpke 2016). Böing (2019) liefert das Beispiel der Rollenexkursion: Die Idee ist, einen Ort aus der Perspektive einer fiktiven Person zu erkunden. Hierzu erhalten die Schüler*innen Rollen- und Aufgabenkarten, um ein Stadtviertel aus Sicht einer jüngeren oder älteren Person oder von Personen mit unterschiedlichen Berufen oder Freizeitinteressen etc. heraus aufzusuchen. Durch diese Perspektive wird der Ort multiperspektivisch und intensiver ergründet.

Begegnungsprojekte sind auch virtuell möglich, indem Gruppen von Schüler*innen per Videokonferenzen, in virtuellen Räumen, über Lernplattformen und mit kollaborativen digitalen Schreibwerkzeugen zusammenkommen. Hier muss eine gute Mischung von Phasen des freien Gesprächs und dem gemeinsamen Arbeiten an Aufgaben und Lernprodukten organisatorisch angelegt werden. Die Lernenden haben so die Möglichkeit, sich in anderer Weise als Sprecher*innen der Zielsprache zu erleben als es im eher normorientierten Klassenunterricht der Fall ist (vgl. Abendroth-Timmer/Thomas 2019a, 2019b).

Projektunterricht Ein Projekt beschreibt – ganzheitlich formuliert – „planvolles Handeln von ganzem Herzen, das in einer sozialen Umgebung stattfindet" (Dewey/Kilpatrick 1935) und erfüllt durch seine Zielgerichtetheit und die Integration in soziale Prozesse wichtige Prinzipien der Handlungsorientierung (vgl. Legutke/Thomas 1991; Schart 2003). Auch Piccardo und North (2019) unterfüttern die theoretischen Bezüge ihres *action-oriented approach* stark entlang der Argumentationslinien von Projektarbeit. Sie konzentrieren sich besonders auf kleinere Projekte, die sie Szenarien nennen, in denen vonseiten der Lernenden sprachliches Handeln gestaltet wird.

Zur Vertiefung: Entwicklungslinien des Projektunterrichts

Die Projektidee geht auf die deutsche Reformpädagogik oder sogar schon im 18. Jahrhundert auf französische und im 19. Jahrhundert auf US-amerikanische Konzepte zum Werkunterricht zurück (vgl. Peuschel 2012: 10 f.). Eine wichtige Rolle für die Begründung des Projektunterrichts spielt die Vorstellung Deweys (1995) von einer Verbindung von Denken und Erfahrung. In den 1920/30er Jahren erprobt Fritz Karsen mit Bezug auf Dewey, Kilpatrick und Collings vielfältige Formen des Projektlernens, auch an außerschulischen Lernorten. Nach dem Zweiten Weltkrieg wird die Projektidee unter kognitions- und handlungspsychologischen sowie sozialisationstheoretischen Vorzeichen wieder aufgenommen und es kommt zu einer Neurezeption Deweys. Peuschel (2012: 12) sieht die Anschlussfähigkeit der Projektidee sodann in Konzepten wie „multimediales Lernen, Szenariendidaktik nach Piepho (2003), die Gestaltung komplexer Lernaufgaben (Hallet 2006), *situated learning* nach Lave & Wenger (1991) sowie […] an die bildungspolitische Autonomiediskussion und die Diskussion um Teilhabe von Lernenden an gesellschaftlichen Diskursen […]".

Minuth (2012) stellt 21 Thesen zum Fremdsprachenunterricht auf, von denen sich einige konkret auf das Projektlernen beziehen, wie unter anderem die folgenden (ebd.: 59):

> » Das Projekt realisiert schulisches Fremdsprachenlernen als Perspektivenerweiterung und -übernahme und stellt das Optimum selbstbestimmten Lernens dar. Gegenüber jedem noch so fein geplanten Unterrichtsszenarium, das immer Realsimulation und Probehandeln bleibt, berührt das Projekt die Realität. [...] Projekte entdeckender Landeskunde im Land der Zielsprache verlassen die Realsimulation der Schule vollständig zugunsten der authentischen Kommunikation mit dem Ziel der persönlichen Bedeutungsaushandlung auf der Basis eigener Fragestellungen. [...] Die Präsentation dieser Produkte ist selbst Teil des Verstehensprozesse und die nötige Form von Veröffentlichung, die das Individuum in seiner sozialen Vernetzung sichtbar macht und auf dem ihm gebührenden Platz wertschätzt.

Insofern entspricht Projektlernen folgenden Prinzipien (Sommerfeldt 2005: 10):
- Themenorientierung,
- Prozessorientierung
- Schüler*innenorientierung

- Handlungsorientierung
- Produktorientierung
- Öffnung des Unterrichts

In der Regel haben Projekte, die in schulischen Kontexten stattfinden, auch einen besonderen Bezug zu gesellschaftlichen Problemen oder Fragestellungen. Sie sind damit umfassender angelegt als komplexe Lernaufgaben (s. ▶ Abschn. 6.1), bedürfen also meist längerer Planung und Durchführung. Lernende werden in die Entwicklung des Projekts und seiner Ergebnisse oder Produkte streng eingebunden und bestimmen mit (vgl. Schart 2003; Legutke 2013; s. *agency* in ▶ Abschn. 2.4). Die Relevanz des Projekts erkennen sie durch einen bedeutsamen Lebensweltbezug. Im Sinne des entdeckenden Lernens können Aufgabenstellung und Ausgang des Projekts von Beginn an recht offen sein und sich prozessorientiert ergeben durch Aushandlungen zwischen den Lernenden oder den Lernenden und der Fremdsprachenlehrkraft. Der Lernprozess im Zuge des Projekts ist dementsprechend ebenso bedeutsam wie das Ziel bzw. die entstehenden Produkte. Wesentliche Aspekte sind ferner die gesellschaftliche Teilhabe *(agency)*, die kommunikative Tätigkeit und Wirksamkeit (vgl. Peuschel 2012). In ihrem Forschungsprojekt im Deutsch-als-Fremdsprache-Unterricht mit Realisierung einer Radiosendung ermittelt Peuschel (2012: 202) folgende vier Ebenen von Teilhabe:

- „die Teilhabe der Lernenden an ihrer Projektgruppe im jeweils spezifischen Sprachlernkontext (T1),
- die Teilhabe an der face-to-face-Kommunikation mit Sprechenden der Zielsprache im Projektverlauf (T2),
- die imaginierte Teilhabe an der massenmedial vermittelten Kommunikation mit der Zielsprachengesellschaft während des Erstellens der Vorlagen und des mündlichen Realisierens (T3),
- die abschließende Teilhabe an der massenmedial vermittelten Kommunikation mit der Zielsprachengesellschaft.“

Die Ebenen erfordern unterschiedliche sprachliche Tätigkeiten und sprachbezogenes Handeln.

▶ Beispiel: *Airport*-Projekt

Das *Airport*-Projekt, ursprünglich von Legutke (vgl. Legutke/Thiel 1983; Legutke 2006) entwickelt, verfolgte das Ziel, Lernende in einen nur gering strukturierten Lernort einzubringen und sie dort in der Fremdsprache mit einem bestimmten Kommunikationsanlass eine Aufgabe bewältigen zu lassen. Sechstklässler planten einen Besuch des Frankfurter Flughafens, bei dem sie in kleinen Gruppen fremdsprachliche Texte aufgreifen bzw. generieren und ins Klassenzimmer zurückbringen sollten. Die Varianz der Texte bestand dabei aus Schildern, Zeichen, Werbetexten in Läden, allerdings auch aus Interviews, die die Schülerinnen und Schüler mit Passagieren durchführten und diese z. B. zu ihrer Reise befragten. Im Klassenzimmer wählten die Lernenden Passagen aus ihren Interviews aus, um diese kriteriengeleitet zu präsentieren.

Legutke (2006) argumentiert, dass die Situation im Flughafen in motivationstheoretischer Hinsicht einen „Ernstfall" probt: Das Agieren unter einem gewissen Rededruck, mit einem bestimmten Ziel, aber in einer maximal ungewohnten Situation. Gleichzeitig offenbart dieser Ernstfall den Lernenden nach nur anderthalb Jahren Schulenglisch zum damaligen Zeitpunkt, wie viel fremdsprachliche Kompetenzen sie bereits besitzen. Das Airport-Projekt ist weiterhin aufgrund seiner Struktur ein einschlägiges Beispiel für aufgabenorientiertes Fremdsprachenlernen (s. ▶ Abschn. 6.1; die Dokumentation zum Airport-Projekt ist unter ▶ https://youtu.be/4N1U2sqdU1M abrufbar). ◀

Projektarbeit eignet sich auch im besonderen Maße zur Anbahnung und Durchführung interkultureller Austauschprojekte (vgl. z. B. *Der fremdsprachliche Unterricht Französisch* 141). Die Lernenden können beispielsweise gemeinsam einen Raum erkunden und mit Menschen in ihrem Stadtviertel Interviews führen, z. B. im Rahmen des Russischunterrichts mit Personen russischer Herkunft (vgl. Mehlhorn 2014: 221). Auch die Geschichte einer Stadt im Zusammenhang mit verschiedenen Bevölkerungsgruppen kann ebenso angeleitet durch Stadtführungen oder über selbst entwickelte Stadtführungen erkundet werden (z. B. Rolle des Französischen in Deutschland zu Zeiten Napoleons). Weiterhin kann die Verwendung verschiedener Sprachen *(Linguistic Landscapes)* im Stadtbild recherchiert werden und zur Grundlage der gemeinsamen Diskussion werden.

▶ Beispiel: *Linguistic Landscape – urban graffiti – graffiscape*

Die Recherche und Dokumentation der sogenannten *Linguistic Landscape* ist ein Ansatz der Mehrsprachigkeits- und interkulturellen Didaktik, der auf soziolinguistische Konzepte sprachlicher Markierungen in der Öffentlichkeit zurückgreift (vgl. Landry/Bourhis 1997). Die Lernenden gehen in ihrem unmittelbaren Umfeld auf die Suche nach Mustern des Sprachgebrauchs, z. B. auf Hinweisschildern oder Werbetafeln. Hieraus werden bebilderte Dokumentationen angefertigt, zu denen die Lernenden schriftlich oder mündlich Stellung nehmen, sie interpretieren und ihre Wirkung beschreiben. Wichtig dabei ist es, dass die Lernenden ihre Auswahl begründen und erklären, ob und was dies mit ihrer eigenen sprachlich-kulturellen Identität zu tun hat. In eine eher gesellschaftspolitische Richtung kann die Beschäftigung mit *urban graffiti* oder *graffiscape* (vgl. Pennycook 2010) gehen. Hierbei handelt es sich oft um kurze politische Statements, wie sie beispielsweise von der katalanischen Unabhängigkeitsbewegung in Barcelona zu finden sind (◘ Abb. 5.9).

Dies bietet Gelegenheit zum Aufbau einer *visual literacy* und symbolischer Kompetenz (vgl. Kramsch 2009: 7; Moreno 2018). Die Schüler*innen können, nach der Beschreibung der Fotos, der räumlich-zeitlichen Einordnung und der visuellen Wirkung auf sie (vgl. Lange 2019a: 11), zunächst Stellung nehmen zu Begriffen wie Republik, Wahlen und Freiheit. Sie könnten eventuell selbst aufgefordert werden zu formulieren, was sie persönlich mit diesen Begriffen aus ihrer Lebensgeschichte heraus verbinden. Ergänzt werden könnten Texte der beiden Lager mit Erklärungen zu der jeweiligen Position. Davon ausgehend können dann der historische, politische und emotionale Hintergrund geklärt werden (s. ▶ Abschn. 2.4). ◀

Abb. 5.9 Fotos von D. Abendroth-Timmer, Barcelona im April 2018. Übersetzung Foto **a**: „Wir sind die Republik." Foto **b**: „Wir haben gewählt, um frei zu sein."

5.3 Handeln mit digitalen Medien

Handlungsorientierung mit digitalen Medien Das Konstrukt der Multiliteralität, wie sie die New London Group (2000) beschrieben hat (s. ▶ Abschn. 2.2), war seinerzeit bereits eine Reaktion auf eine zunehmend (kulturell) diverse sowie digitalisierte Welt und die Erkenntnis, dass seitens der an dieser Welt Partizipierenden neue Kompetenzen im Verstehen, Deuten und Produzieren unterschiedlicher Textformen nötig wurden. Geschehe dies nicht, entstünden machttheoretische Ungleichheiten bzw. würden gesellschaftliche Gräben noch breiter werden. Aus einer westlichen Perspektive dienen die *multiliteracies* dem Zweck, mündige und reflektierte Bürgerinnen und Bürger zu fördern, die gleichzeitig auf eine sich ändernde Arbeitswelt vorbereitet werden. Dies kann selbstverständlich auch kritisch gesehen werden, sagt die Institution Schule und Lehrende gleichzeitig aber auch nicht los von der Verantwortung, digitale Kompetenzen bei den Schülerinnen und Schülern zu fördern. Im Sinne des Multiliteracy-Konzeptes stellt sich dann die Frage, wie Lernende ihre sprachlich-kulturellen und medialen Ressourcen nutzen, d. h. wann, wie und mit welchen Zielen sie welches Medium nutzen und welche Sprachen sie dabei wählen (vgl. Küster 2012, 2014). Handlungsorientierte Ansätze, die die Individualität und *agency* der Lernenden ernst nehmen, können dies bewerkstelligen, indem sie geeignete Unterrichtsgegenstände wählen, die selbst digitale Produkte sind oder die Schülerinnen und Schüler dazu einladen, digitale Produkte in einem kreativen, handlungsorientierten Prozess herzustellen.

Mit dem Web 2.0 ist das eigene digitale Handeln und Interagieren der Nutzer*innen im Gegensatz zur reinen Rezeption von Web 1.0-Inhalten in vielfältiger Form und über verschiedenste Anwendungen möglich (s. eine Übersicht in Grünewald 2011: 6 f.; Würffel 2016: 388). Zudem ist Teil der auszubildenden Medienkompetenz nicht nur das „Bedienen und Anwenden", „Informieren und Recherchieren", „Kommunizieren und Kooperieren", „Produzieren und Präsentieren", sondern schließlich ganz besonders auch das „Analysieren und Reflektieren" sowie das „Problemlösen und Modellieren" (Medienberatung NRW 2019). Das heißt, es geht darum zu verstehen, wie digitales Wissen generiert und verbreitet wird und wie auf diese Weise auch Meinungsbildung manipuliert wird (vgl. das Unterrichtsbeispiel zu Weblogs von Plikat 2011). Sowohl bei den produktiven als auch bei den kritisch-reflexiven Medienkompetenzen kann nicht davon ausgegangen werden, dass sogenannte *digital natives,* also Personen, die mit digitalen Medien von früher Kindheit an aufgewachsen sind, im Vergleich zu *digital immigrants,* also Personen, die erst seit Erwachsenenalter mit digitalen Medien umgehen, per se überlegen sind (vgl. De Florio-Hansen 2019: 238 f.).

In der Fremdsprachendidaktik wurden digitale Medien bis Ende des vergangenen Jahrhunderts primär im Sinne eines *Computer-Assisted Language Learning* (CALL) verwendet und verfolgten dabei weniger eine handlungsorientierte Sprachförderung als stärker lerntheoretisch-behavioristische Ansätze wie bspw. bei der audiolingualen Methode (vgl. Heim/Ritter 2012). Computersoftware ermöglichte zunächst das repetitive – wenn auch durchaus multimedial unterstützt motivierende – Einüben von sprachlichen *patterns* (vgl. Summer 2016). Durch die verstärkte Nutzung von mobile(re)n Endgeräten wie Smartphones und Tablets wurde CALL ab den 2000er zunehmend durch das Akronym MALL – *Mobile-Assisted Language Learning* – abgelöst, welche zu MALU – *Mobile-Assisted Language Use* – befähigen soll (vgl. Jarvis/Krashen 2014; Falk 2019). Diese technische Entwicklung führt insofern nicht nur zu einer lerntheoretisch stärker sozio-konstruktivistischen Nutzung digitaler Medien auch im Sinne einer Produktorientierung, sondern öffnet den „Lernort Fremdsprachenunterricht" hin zu stärker informellen bzw. inzidentellen Lernsituationen, die in besonderem Maße durch ihre individuelle Bedeutsamkeit und Authentizität Prinzipien von Handlungsorientierung erfüllen (vgl. Falk 2019). Kooperative Tools (z. B. zum gemeinsamen Schreiben und für Webquests) und die Verwendung von sozialen Netzwerken führen zu einem emotionalen Bezug zu den gestalteten Produkten, zu authentischer Kommunikation hierüber, zur Partizipation im „Mitmach-Internet" und eventuell auch zum Kontakt zu Personen außerhalb des Klassenraums (vgl. Merse/Schmidt 2018). Je nach Grad der Lenkung und Einbindung in Aufgabenstellungen bieten die verschiedenen multimedialen Software-Anwendungen und Web 2.0-Werkzeuge Möglichkeiten der Differenzierung und Motivierung (vgl. Praxisbeispiel in Eisenmann 2017: 164–174; s. auch Grünewald 2006). Dabei werden die digitalen Anwendungen immer komplexer und interaktiver: Lernende können sich z. B. über Avatare in virtuelle Welten begeben und mit anderen Lernenden interagieren oder über Blogs, Wikis, Tweets (vgl. hier besonders Visser 2015; Kirchhoff 2016) oder (Voice-/Text-)Chats mündlich oder schriftlich kommunizieren. Natürlich sind auch hier immer datenschutz- und persönlichkeitsrechtliche Fragen zu klären, wenn Lerner*innentexte im Internet öffentlich zugänglich werden (vgl. Rösler 2013: 288; De Florio-Hansen 2019: 310–321).

Die nicht selten mit gewissen Allheilsversprechen vertriebenen Sprachlernapps für mobile Endgeräte (vgl. auch Löhlein 2017) erfüllen diese Prinzipien (oder gar eine zielführende methodisch-didaktische Integration in den Fremdsprachenunterricht über eine „Beschäftigung" der Lernenden hinaus) jedoch selten, sondern verfallen eher in vorstrukturierte, behavioristische Abläufe, die die Chancen digitaler Medien und ihre zielführende Integration in Schule und Unterricht weitgehend vernachlässigen (vgl. Heim/Ritter 2012; Schmidt/Strasser 2016; Würffel 2016):

> Aufgaben, [...] die einen besonderen Lebensweltbezug und eine hohe Relevanz für die Lernenden aufweisen und die sie verstärkt in kommunikationsorientierten Szenarien als sie selbst zu Wort kommen lassen, finden sich in diesen primär für das individualisierte Üben konzipierten Angeboten jedoch höchst selten. (Biebighäuser/Zibelius/Schmidt 2012: 35)

Dem entgegen setzen Kukulska-Hulme/Norris/Donohue (2015) ein pädagogisches Rahmenkonzept, das für die Planung und Integration von MALL aufgeteilt in unterschiedliche Kategorien Reflexionsimpulse setzt (s. ◘ Abb. 5.10). Dabei geht es zwar auch um das Potenzial digitaler Medien vor dem Hintergrund der Schaffung authentischer Unterrichtsszenarien, der Möglichkeit zur Kollaboration und Multimodalität („device features"), diese müssen aber – unterstützt durch Kompetenzen der Lehrkraft („teacher wisdom"; siehe auch „Europäischer Referenzrahmen für die Digitale Kompetenz Lehrender", Europäische Union 2017) – ausgerichtet werden an Sprachdynamik und -veränderung („language dynamics") und die (potenzielle) Mobilität der Lernenden ernst nehmen („learner mobilities").

Für den Einsatz digitaler Medien im Fremdsprachenunterricht gilt:

> Ein Mehrwert des Einsatzes digitaler Informations-, Kommunikations- und Partizipationsmedien gegenüber anderen Unterrichtsmedien und Lernszenarien ergibt sich nur genau dann, wenn medienspezifische und didaktische Überlegungen ineinander greifen und die technischen Besonderheiten der jeweiligen Medienform getragen von geeigneten Aufgaben- und Arbeitsformen zielgerichtet im Handlungsraum Unterricht genutzt werden. (Schmidt 2009: 31; vgl. auch Schmidt 2007)

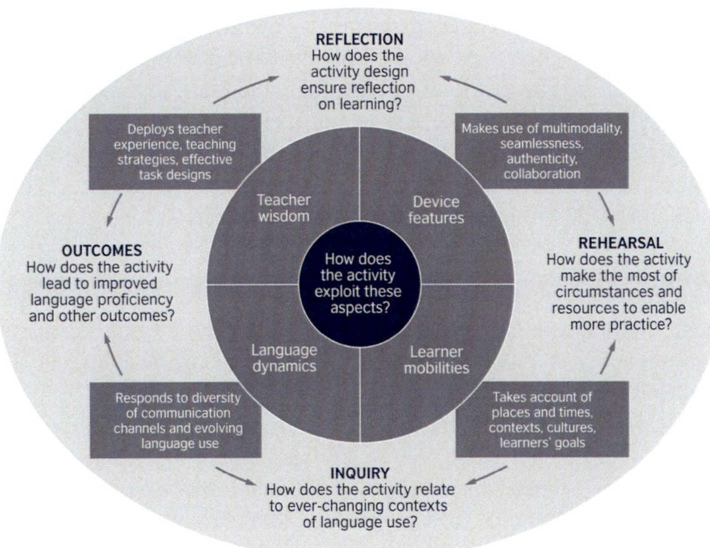

◘ **Abb. 5.10** Pädagogisches Rahmenkonzept für MALL (Kukulska-Hulme/Norris/Donohue 2015: 42)

Eine Bewertung des Nutzens erlaubt das SAMR-Modell (vgl. Puentedura 2010; Schmidt/Strasser 2018), welches auf vier Ebenen bzw. in vier Schritten das Innovationspotenzial digitaler Medien für Unterricht hinterfragt:

1. Substituiert das Medium lediglich ein altes ohne eine funktionale Änderung? *(Substitution)*
2. Verbessert das neue Medium das alte wesentlich? *(Augmentation)*
3. Modifiziert ein digitales Medium den Lernprozess insofern, als dass eine erweiterte Aufgabe entsteht? *(Modification)*
4. Redefiniert ein neues Medium den Lernprozess so weit, dass ein völlig neues Aufgabenformat entsteht? *(Redefinition)*

Das SAMR-Modell sowie das pädagogische Rahmenkonzept für MALL erlauben den reflektierten Einsatz von (digitalen) Medien in bestimmten handlungsorientiert-fremdsprachlichen Settings. Dabei muss jedoch beachtet werden, dass die einzelnen Stufen nicht notwendigerweise mit gleichzeitig tiefergehenden Lernprozessen einhergehen müssen, wie die grafische Darstellung des Modells bisweilen zu suggerieren scheint. Inwiefern die Reflexionsfragen auch für Unterrichtsplanung und Aufgabengestaltung Relevanz haben, wird in ▶ Kap. 6 diskutiert.

Mobiles Lernen *Mobile Learning* (teils auch *M-Learning* oder *mLearning;* vgl. Falk 2019) bezeichnet die Möglichkeit, mit mobilen Endgeräten praktisch jeden Ort zum Lernort werden zu lassen. Sie ist damit eine Ausprägung digitalen (in unserem Fall: Fremdsprachen-)Lernens.

Auch wenn Lernen digitalisiert mobil wird, ist – wie immer bei unterschiedlichen Lernorten – zu fragen, inwiefern dieses mobile Lernen Bezug zum Lernort Klassenzimmer hat, inwiefern es dort vor- und nachbereitet wird und inwiefern es möglicherweise auf eher freiwilliger Basis und fakultativ durch die Lernenden gestaltet wird. Als informelle Lerngelegenheit, die zudem mobil ist, können *games* (s. auch unten) gesehen werden, die sich Prinzipien von *augmented reality* zunutze machen und gleichzeitig einen fremdsprachlichen Austausch mit Mitspielenden ermöglichen. Aber auch bereits das Nutzen von Übersetzungsapps in der Konversation mit Personen mit anderen Sprachen im Alltag oder in Austauschsituationen kann als Form mobilen Lernens gelten, welche soziokulturelle wie auch sprachlich-funktionale Fähig- und Fertigkeiten erfordert.

▶ Beispiel: Quiz-Apps

Apps zur Erstellung von Quizzes können mobiles Lernen und *gamification* (s. u.) verbinden. Sie erlauben es, Aufgaben in einer eher offenen oder geschlossenen Form und Reihung anzubieten.
Denkbar ist in zahlreichen Quiz-Apps, dass in einigen Anwendungen ortsgebunden QR-Codes eingefügt werden, über welche die Aufgaben an festgelegten Stellen im Klassenzimmer, im Schulgebäude oder in der Stadt abrufbar sind. So wird das Lernen zu einer Art digitalen Schnitzeljagd (vgl. Höfler 2019) bzw. werden weitere Spiel-Apps oder Audio- und Videoaufnahmen verknüpf- und über den QR-Code unmittelbar abrufbar (vgl. Voss 2019).

Andere Szenarien erlauben optisch die zielkulturelle Welt einzubinden über zuvor angefertigte 360°-Fotos (z. B. mittels *Google StreetView*), so dass eine *virtual reality* entsteht. Dies kann beispielsweise die Plaça de Catalunya in Barcelona sein, von wo aus die Schüler*innen virtuell den nächsten Standort wählen und z. B. in einem Geschäft eine dort hinterlegte Aufgabe erledigen. Für die erfüllten Aufgaben gibt es Punkte, so dass später auch Gewinner*innen dieser virtuellen Schnitzeljagd ermittelt werden können. ◀

Der Erfolg mobilen Lernens mit digitalen Endgeräten hängt unter anderem maßgeblich davon ab, ob sie „als Möglichkeit verstanden werden, Lerninhalte sowohl durch die Lerner selbst bearbeiten und darüber hinaus personalisieren zu lassen" (Falk 2019: 177). Hierdurch werden die im Fremdsprachenunterricht entstehenden Produkte „mobiler", wenn sie z. B. zunächst als Entwürfe oder Planungsmodelle für eigenentwickelte Texte im Unterricht vorbereitet werden und dann in dieser Entwurfsform mittels digitaler Medien an andere Lernorte gebracht und dort diskutiert, modifiziert, ergänzt oder angereichert werden. Ebenso sind Unterrichtsaufträge, die (als Hausaufgabe) bestimmte Recherchen außerhalb von Klassenraum und Schule nach sich ziehen, eine Form mobilen Lernens: Als Teil einer komplexen Lernaufgabe könnten Schülerinnen und Schüler beispielsweise Menschen in ihrem Umfeld zu ihrer Sprachlernbiographie befragen und dafür nicht nur eine Textverarbeitung auf ihrem Smartphone oder Tablet nutzen, sondern Statements aufnehmen, kürzen und bearbeiten, um Podcasts zu erstellen und diese als multimediales Portfolio der Lerngruppe zugänglich zu machen. Digitale Bücher ermöglichen außerdem das *mobile reading* und erleichtern den Zugang zu literarischen Texten, wenn diese beispielsweise multimedial angereichert sind (vgl. Heinz/Hesse 2018: 90).

Produktorientierte Apps Als produkt- bzw. produktionsorientierte Apps sind diejenigen zu bezeichnen, mit denen fremdsprachliche Produkte, d. h. Lerner*innentexte im weitesten Sinne, produziert werden können. Diese schließen nicht nur schriftsprachliche Textsorten/Genres ein und erstrecken sich von Sach- über narrative Texte, Zeitungsberichte oder Blogbeiträge, sondern können auch Bilder und Plakate, gesprochene Podcasts oder Lieder, multimedial angereicherte Präsentationen oder Cartoons sein, die mithilfe von entsprechenden Apps hergestellt wurden (s. zu Apps und ihrer Anwendung Dausend 2019).

▶ Beispiele: Podcast und Erklärvideos

Podcast/Videocast-Projekt als Inszenierungsaufgabe
Schülerinnen und Schüler einer elften Klasse erhalten als Aufgabe, ein Video- und Audioangebot in Form von Podcasts oder Videocasts (Vodcasts) zur Schulhomepage zu erstellen. Die offen angelegte Lernaufgabe mit Projektcharakter erlaubt es den Schülerinnen und Schüler, sowohl die Themen selbst zu bestimmen, als auch sozial-interaktiv verschiedene Rollen auszuhandeln, die für die Produktion von Texten, Audio- und Videoaufnahmen nötig sind wie z. B. Redakteur*innen, Produzent*innen, Kameraleute etc.: „Die Bandbreite der von den Schülerinnen und Schülern erstellten Audio- und

Videobeiträge reicht dabei von Bandvorstellungen über Nachrichtensendungen und Sportberichte bis hin zu Reportagen über besuchte *Heavy Metal Festivals* oder Dokumentationen zu alternativen Energieformen.“ (Schmidt 2009: 31) Die Idee der Buch-Trailer wiederum, in dem über einen Clip z. B. ein Roman vorgestellt wird, kann Lesemotivation fördern und dabei Literatur und digitale Medien wirkungsvoll verbinden (vgl. Wirag 2020). Durch eine Verbreitung über Social-Media-Kanäle erhalten die Produkte sogar Zugang zu einem realen Publikum über die Schulgemeinde hinaus.

Erklärvideos

Etwas weniger aufwändig in der Erstellung sind sogenannte Erklärvideos. Unterschieden werden drei Formate: *Explainity-Videos, How-to-Videos* und Videos im Vlogging-Stil. Für das *Explainity-Video* werden Symbole, Personen oder Gegenstände auf Pappe gezeichnet und ausgeschnitten. Als Filmhintergrund dient ein großes Blatt aus Karton. Während ein*e Sprecher*in aus dem Off etwas erklärt (z. B. mein Tagesablauf, die Jahreszeiten etc.) werden die Pappelemente in Legetrick-Technik auf das Blatt ins Bild geschoben. In einem *How-to-Video* sieht man eventuell die erklärende Person oder nur ihre Hände, während sie einen Vorgang oder einen Gegenstand erklärt.

Videos im Vloggingstil vermitteln Nähe. Die Sprecher*innen sind in Halbnahaufnahme sichtbar und sie erzählen den Zuschauer*innen eine Begebenheit oder erklären ebenfalls Gegenstände oder Vorgehensweisen. Erklärvideos können unkompliziert mit dem Tablet oder Smartphone aufgenommen und ggfs. bearbeitet werden (vgl. Film + Schule NRW 2019; Böing/Conrad 2018). Zuvor sind der Ablauf und die jeweilig Verantwortlichen abzustimmen (Recherche, Storyboard, Herstellung und Präsentation/Veröffentlichung).

Auch Lehrkräfte können Erklärvideos erstellen, Inhalte darüber den Lernenden bereitstellen und dieses über weitere interaktive Übungen ergänzen (vgl. Schwaechler 2020) oder dieses Format für ihr Feedback an Lernende im Sinne von Korrekturfilmen nutzen (vgl. Wengler 2020).

Im Falle einer Veröffentlichung von Erklärvideos der Lernenden in der Schulöffentlichkeit oder auf einer Plattform sind die Bestimmungen des Datenschutzes einzuhalten (Recht am eigenen Bild und Urheberrechte) (vgl. Wengler/Nazaruk 2019). ◄

Games Spiele sind im Zuge der Lerner*innenorientierung ab den 1980er Jahren im Fremdsprachenunterricht populär geworden und decken eine Spanne von geschlossenen Formaten wie z. B. Brettspielen bis hin zu sehr offenen Formaten wie dem darstellenden Spiel ab. Ebenso breit sind die sprachlichen, interkulturellen und sozio-emotionalen Lernbereiche, die sie betreffen (vgl. Hansen/Wendt 1990; Kleppin 1980, 2017). Als *games* werden alle digitalen Anwendungen mit Spielcharakter bezeichnet. Viele Apps für MALL und Softwareprogramme für CALL nutzen Elemente von *Gamification* („Gamifizierung“, im Französischen: *ludification*) und damit Belohnungssysteme, um für höhere Motivation, *flow*-Erleben (vgl. Csikszentmihalyi 1990) und Eingebundenheit der Lernenden bzw. Spielenden zu sorgen (vgl. Harms 2019). Allerdings beschränken sich die meisten Sprachlernspiele hier nicht selten auf Punktesysteme, Fortschrittsanzeigen oder Countdowns und Spielstufen (vgl. Blume/Schmidt/Schmidt 2017).

Echte Involviertheit im Spiel/*game* entsteht zum einen durch Wettbewerb und ein gewisses Voranschreiten, zum anderen kann das Eintauchen in eine andere Welt, das Darstellen eines anderen Charakters in Form eines Rollenspiels motivationsfördernd sein. Spiele erlauben – wenn sie in ihrer Gestaltung ausreichend komplex und nicht allein auf die Automatisierung sprachlicher Formen in schönerem Gewand ausgelegt sind – fernerhin die Entwicklung aller funktional-kommunikativer Kompetenzen. Sie aktivieren die Lernenden in der Gruppe und fördern dabei Selbstvertrauen und soziale Eingebundenheit. In dem Sinne stellt Klippel (2013: 188) fest, dass sogenannte *communicative activities* den Informations- und/oder Meinungsaustausch *(information-/opinion gap activities)* fördern und die Lernenden als Person oder in einer Rolle aktivieren (*survival scenarios,* Rollenspiele etc.). Stärker behavioristisch angelegte *game*-Prinzipien wie Belohnungs- oder Punktesysteme werden teils auch in Apps umgesetzt, die das *Classroom Management* unterstützen, aber auch Mitbestimmung fördern können (vgl. Nowoczien 2016). So werden hier *in-game*-Belohnungen oder Punkte für geleistete Hausaufgaben oder als kriterien- und kompetenzorientiertes Feedback vergeben. Diese Gamifizierung des Klassenraums hat sich in verschiedenen Settings als durchaus lernförderlich herausgestellt.

Zur Vertiefung: Kriterien von *games*

Prensky (2007) schreibt aus einer unterrichtspraktischen Perspektive zum Einsatz von *games* für das Lernen. Er hat – neben anderen – den Begriff des „*game-based learning*" maßgeblich geprägt. In 12 Punkten stellt er zusammen, warum *Games* dafür geeignet sind, Lernende zu motivieren.

1. „Games are a form of fun. That gives us enjoyment and pleasure.
2. Games are a form of play. That gives us intense and passionate involvement.
3. Games have rules. That gives us structure.
4. Games have goals. That gives us motivation.
5. Games are interactive. That gives us doing.
6. Games are adaptive. That gives us flow.
7. Games have outcomes and feedback. That gives us learning.
8. Games have win states. That gives us ego gratification.
9. Games have conflict/competition/challenge/opposition. That gives us adrenaline.
10. Games have problem solving. That sparks our creativity.
11. Games have interaction. That gives us social groups.
12. Games have representation and story. That gives us emotion." (Ebd.: 106–107; Herv. getilgt)

Spiele bedürfen guter Vorbereitung. Hierzu gehört vornehmlich die Klärung des äußeren Rahmens (Lernort, verfügbare Utensilien und Medien), der allgemeinen Spielregeln und der Ziele des Spiels. Der Einsatz tatsächlicher Sprachlernspiele wie z. B. in Form von *serious games,* die vor dem Hintergrund realer (teils kritisch orientierter) Themen Sprachförderung antizipieren, wurde bislang im fremdsprachlichen Klassenzimmer nicht zielführend wissenschaftlich begleitet. Anhand von Fallstudien, die *games* beispielsweise erfahrungsbasiert vonseiten der Lernenden bzw. durch (kritische) Fancomics initiiert im Englischunterricht thematisieren, zeigt Jones (2018) die theoretischen wie praktischen Potenziale und Schwierigkeiten auf, kommerzielle Spiele und ihre Inhalte bzw. Ziele als Thema in den Unterricht zur Förderung einer fremdsprachlichen Diskursfähigkeit zu integrieren. Er erarbeitet ein Diskursmodell, das in die Dimensionen des *game,* des Spielers bzw. der Spielerin und der Welt aufgeteilt ist und offenbart damit die erzähltheoretischen, zielgerichteten Strukturen des Spiels, welches den Spieler/die Spielerin adaptiv in das Geschehen hineinzieht, identitätswirksam und damit motivationsfördernd *flow*-Erleben herstellt und dieses Erleben von Spielenden kulturell in ihre persönliche Erfahrungswelt eingebettet wird.

Die handlungsorientierte Einbeziehung von *games* in den Fremdsprachenunterricht – also z. B. die kulturellen Welten, die in ihnen kreiert und von den Spielenden durchlaufen werden – ist dabei maßgeblich abhängig von der Lehrkraft, ihrem Wissen um (bzw. ihre Offenheit und Einstellungen gegenüber) *Gaming* (vgl. Blume 2019) sowie, eng damit verknüpft, auch die Ausstattung der Schule, um digitale Medien und diese Lebenswelt für den Unterricht nutzbar zu machen.

ePortfolio Zur mittel- und längerfristigen, prozesshaften Dokumentation (und formativen Evaluation) des individuellen Lernens dient gemeinhin die Portfolioarbeit (vgl. Brunner/Häcker/Winter 2006; Ballweg 2015; Seemann 2016: 163). Portfolios sind dabei abzugrenzen von Lerntagebüchern (beim Einsatz von Literatur häufig auch „Lesetagebücher"), die stärker den Reflexionsprozess beim Lernen (oder Lesen) begleiten sollen, während Portfolios diesen Prozess auch dokumentieren, zusätzlich aber bewusst auch Produkte des Prozesses archivieren und dokumentieren (vgl. Stork 2013). Im Gegensatz zu klassischen Portfolios in Papierform erlauben die digitalen Varianten zum einen eine ständige Anpassung und Überarbeitung sowie Ergänzung der Produkte – sind also deutlich fluider –, zum anderen ermutigt das ePortfolio die Einbindung und Produktion multimedialer Elemente und trägt damit zur Förderung von *multiliteracies* sowie Medienkompetenzen bei. Im gleichen Zug können alle funktional kommunikativen Kompetenzen dokumentiert werden. Abhängig davon, in welcher Form ePortfolios geführt werden (individuell geschlossen oder öffentlich im Web beispielsweise in Form von Blogs), ergibt sich, wie der Prozess begleitet und auch für kooperatives Lernen, gegenseitiges Feedback geöffnet werden kann (vgl. Szucsich/Himpsl-Gutermann 2016). Diese Einbindung in das Unterrichtsgeschehen, anstelle einer Verlagerung in die häusliche Lernzeit, trägt wesentlich zum Gelingen der Portfolioarbeit bei (vgl. Bellingrodt 2011). Dies ist besonders gut möglich, wenn die Portfolioarbeit bereits im verwendeten Lehrwerk angelegt ist (vgl. Seemann 2016: 156–160).

ePortfolios wurden in der Vergangenheit nicht selten als einfache Ordnerstruktur zusammengestellt, welche mittlerweile dank Cloud-basierten Lösungen auch gemeinsam bearbeitet werden können. Darüber hinaus gibt es zunehmend digitale Tools und Apps, die das Sammeln verschiedenster Produkte und das Abgeben von Feedback durch Lehrkräfte oder *peers* ermöglichen. Die multimedialen

Möglichkeiten von ePortfolios machen es für Lernende erforderlich, eine begründete Auswahl zu treffen, Texte möglicherweise zu transformieren, Inhalte graphisch ansprechend aufzubereiten, wodurch technisches Geschick erforderlich ist. Gleichzeitig bergen sie großes Potenzial für kooperative Sozialformen, wenn Lerngruppen ihre heterogenen (technischen u. a.) Fertigkeit in ihrer Zusammenarbeit an ePortfolios einbringen. Portfolioarbeit ist in allen Schulformen und auf allen Altersstufen möglich. Wichtig ist jedoch eine altersgemäße optische und sprachliche Gestaltung (vgl. Burwitz-Melzer 2017: 282).

▶ Beispiel: *Your favorite novel in an ePortfolio*

Szucsich/Himpsl-Gutermann (2016) schlagen die Nutzung eines ePortfolios vor, um das Lesen eines Romans im Unterricht prozessorientiert zu begleiten. Dazu bieten sie checklistenartig einige Leitfragen, die die Lernenden bearbeiten, um anschließend von Mitschülerinnen und Mitschülern Feedback einzuholen, Überarbeitungen einzubinden und dann zum Abschluss der Einheit ihre Portfolios im Klassenkontext als Produkte vorzustellen (ebd.: 44; Aufzählung gekürzt):

- Write a short cover letter for your ePortfolio.
- Carry out research about the novel and the author. Collect about 5 pages via the social bookmarking tool diigo (▶ http://www.diigo.com). If possible, also include a video. Upload the link to your portfolio page.
- Design a new book cover and upload it.
- Outline important characters, events and key scenes from the book. E.g. draw a mind map (by hand or via the tool ▶ www.mindmeister.com) and upload it.
- Choose 3 characters and find a symbol (picture, photo or drawing) for each of them. Upload the symbols with a short explanation to your page.
- Create a new scene (and character?) for your novel. Act it out with some friends. Either film it or take pictures and upload them to your portfolio.
- While working on your book portfolio, together with your partner(s) keep a blog in which you reflect on various characters, the plot, motifs, themes etc.
- Write a review of the novel: Would you recommend it and why/why not? ◀

Lernen auf Distanz – digitaler Fernunterricht Fernunterricht hat im deutschsprachigen und auch europäischen Kontext eine geringe Tradition, wohingegen beispielsweise der Unterricht über Funk etwa in Australien *(School of the Air)* ein vertrautes und erprobtes Modell darstellt. Die ICILS-Studie von 2018 (vgl. Eickelmann/Bos/Gerick/Goldhammer/Schaumburg/Schwippert/Senkbeil/Vahrenhold 2019) zeigt für ein Drittel der Schüler*innen des achten Jahrgangs in Deutschland im internationalen Vergleich computer- und informationsbezogene Kompetenzen im unteren bis mittleren Leistungsbereich. Hinzukommen unterschiedlich ausgeprägte Kompetenzen im Bereich des selbstgesteuerten Lernens (vgl. Eickelmann/Bos/Labusch 2018: 13). Auch die technische Ausstattung war in Deutschland vor der Corona-Pandemie 2020 vergleichsweise unterdurchschnittlich (vgl. ebd.: 14). Dennoch gab ein Viertel der Lehrpersonen an, täglich digitale Medien im Unterricht zu nutzen, was im internationalen Vergleich jedoch niedrig ist (ebd.: 17).

Dabei ist für den Fernunterricht relevant, dass dieser Einsatz überwiegend für die Informationsvermittlung und nicht für die individuelle Förderung erfolgt (ebd.: 18). Interessanterweise nutzen Schüler*innen Medien im außerschulischen Bereich schulbezogen weit mehr als im Schulkontext (ebd.: 19).

Unabhängig von dieser Ausgangssituation entwickelt sich Lernen auf Distanz weltweit durch die Erfordernisse der Corona-Pandemie in den Jahren 2020 und 2021. Die Qualität von Fernunterricht kann über die Parameter der personellen, materiellen, digitalen und methodischen Unterstützung beschrieben werden. Einflussfaktoren sind hier nicht zuletzt die Schulgröße und Trägerschaft sowie das Fortbildungskonzept für die Lehrerinnen und Lehrer. Bezüglich der personellen Unterstützung zeigt sich eine größere oder geringere Involviertheit häuslicher Bezugspersonen jüngerer Lernender. Kritisch ist ein hohes Vertrauen auf häusliche Unterstützung durch Bildungsinstitutionen und daraus resultierende Folgen für den Lernerfolg und individuelle Bildungschancen, verbunden mit einem verstärkten sozialen Gefälle.

Hinzu kommt die Problematik der Bereitstellung von schulischen digitalen Endgeräten sowie der Infrastruktur hinsichtlich der Internetverbindung im Stadt-Land-Gefüge. Vor allem ist das erfolgreiche häusliche Lernen davon abhängig, wie digitale Medien von Lehrenden verwendet werden, d. h. werden Medien in ihrem digitalen Mehrwert eingesetzt oder wird asynchron über schriftliche Arbeitsblätter und Lösungsblätter bzw. mit oder ohne zeitnahe und regelmäßige persönliche (mündliche/schriftliche) Rückmeldungen kommuniziert? Gemäß Erhebungen des Schul-Barometers 2020 wird in einem zu geringen Maße der digitale Fernunterricht zur Individualisierung und Differenzierung eingesetzt und es erfolgt wenig Live-Kommunikation (vgl. Huber/Günther/Schneider/Helm/Schwander/Schneider/Pruitt 2020: 105). Einen digitalen und interaktionalen Mehrwert bieten Plattformen zur Unterrichtsorganisation und Dokumentation von Lernergebnissen, die zugleich synchrone Werkzeuge wie Videokonferenzen einbinden. Auch entwickeln Verlage zunehmend Lehrmaterialien, die online oder über eine App auch offline digital verwendet werden können (vgl. auch Grünewald 2021). Angebunden werden können verschiedenste asynchrone Applikationen, die handlungsorientierte Zugänge ermöglichen wie Quizzes, interaktive Spiele, Abfragen über *Wordclouds* und die Einbindung multimodaler Lernergebnisse (von den Lernenden aufgezeichnete Filme oder Podcasts sowie Fotoromane u. ä.). Ferner sind synchrone Anwendungen möglich, in denen Lernende miteinander in Gruppen interagieren, kooperativ Schreiben oder diskutieren sowie der Gesamtgruppe ihre Ergebnisse präsentieren. Im Sinne des *inverted classroom* (vgl. Baker 2000) können Lehrende Input in Form von selbst aufgesprochenen Präsentationen oder multimodalen Materialien (Lieder/Filme etc.) längerfristig bereitstellen, so dass die Lernenden die Gelegenheit haben, diese in Ruhe und mehrfach anzuschauen, um zu einem späteren Zeitpunkt in Videokonferenzen darüber mit den Lehrkräften zu sprechen und das Thema über Aufgaben und Übungen zu vertiefen. Feedback kann dann direkt in der Videokonferenz, über Feedback-Funktionen in digitalen Lernmaterialien oder auch über individuelle Audioaufzeichnungen erfolgen. Die Nutzung solcher Plattformen schafft hohe Transparenz und Verbindlichkeit sowie die Möglichkeit multimodal und interaktional viele Kompetenzbereiche zu entwickeln (vgl. Tokaryk 2020). Dies kommt sowohl Lernenden entgegen, die im Lernen auf Distanz mehr Möglichkeiten für selbstbestimmtes individualisiertes Lernen sehen, sowie Schüler*innen, die mehr Unterstützung in der Strukturierung ihrer Lernprozesse und mehr Feedback benötigen (vgl. Huber et al. 2020: 106).

5.4 Ästhetisches und performatives Handeln

Ästhetisches Handeln, Performativität und Handlungsorientierung Ästhetik (von altgriechisch αἴσθησις aísthēsis „Wahrnehmung“, „Empfindung“) stellt das Streben nach Ergründung des sinnlich Wahrnehmbaren dar (s. ▶ Abschn. 2.6). Ästhetische Bildung hat eine lange kulturphilosophische und erkenntnistheoretische Tradition der Entwicklung der Wahrnehmung (siehe dazu Dietrich/Krinninger/Schubert 2012: 33–74 und Laner 2018). Ziel ästhetischer Bildung ist die „Persönlichkeitsbildung in und durch ästhetische Erfahrungen“ (Laner 2018: 9). Hierbei spielt auch die Betrachtung des Verhältnisses zwischen Kunst und Markt sowie Kunst und Macht eine Rolle. Ästhetische Bildung wird dabei nicht im Gegensatz, sondern in notwendiger Ergänzung zu kognitiven Lernprozessen gesehen (vgl. ebd.). Die ästhetische Erfahrung oder das ästhetische Erleben sind abgesondert von der Alltagswelt, können aber auf sie zurückwirken, indem Erfahrung und Erleben mit anderen geteilt wird. Zunächst aber ist die ästhetische Erfahrung ein „Prozess, der seinen Zweck in sich selbst trägt“ (ebd.: 16), dabei entsteht ein Verhältnis zur eigenen Wahrnehmung. Das heißt es geht nicht um die Parameter der Beschreibung des Kunstobjektes, sondern um das „Vermögen [des Kunstobjektes] subjektive[…] Erfahrung“ auszulösen (ebd.: 17). Und zudem ist ihre sprachliche Beschreibung nicht evident, da die jeweils ausgelöste Stimmung nicht alltagsidentisch ist, nicht dem Kunstobjekt zu eigen ist, sondern eine individuelle Wirkung auf die Betrachtenden oder Zuhörenden darstellt (vgl. Mollenhauer 1990: 488–491). Im Zentrum steht daher das „Ich-Selbst-Verhältnis“ (Mollenhauer 1990) der ästhetisch erlebenden Person, es ist auch ein „Leibverhältnis“ (ebd.: 493). Daher kann ästhetische Bildung definiert werden als „eine durch ästhetische Erfahrungen ausgelöste (Selbst)Transformation, die vor allem das sinnliche, leibliche und imaginative Tun und Sein betrifft“ (Laner 2018: 26). So beschreibt Fleming die „transformative, neue Lebensenergie spendende Kraft aus der Begegnung mit Kunst“ (Even/Schewe 2016: 15) wie folgt:

> » Paradoxerweise kann die Auseinandersetzung mit Kunst uns in gewisser Weise aus dem normalen Alltagserleben herausbefördern, um uns dann eine intensivere Beschäftigung mit Aspekten unseres Lebens zu ermöglichen. (Fleming 2016: 41)

Ästhetische Erfahrungen umfassen nicht nur die Beschäftigung mit künstlerischen Produkten, sondern auch die eigene ästhetische Praxis, d. h. das eigene künstlerische Handeln (vgl. ebd.: 30 f.). Dieses erfordert, neben erlernten Techniken, auch Kreativität und Imagination (vgl. ebd.: 33). Insgesamt benennt Laner (2018: 55) folgende Ziele ästhetischer Bildung: „1. Wahrnehmungs- und Geschmacksbildung, 2. Moralität, Urteilskraft und Kritik und 3. Einbildungskraft, Kreativität und Handlungsfähigkeit.“ Über diese Bereiche haben ästhetische

Erfahrungen und Praktiken nicht nur eine Bedeutung für ästhetische Bildung im engeren Sinne, sondern sind auch von (bildungstheoretischer) Wirkung auf das Handeln des Individuums in nicht-ästhetischen Zusammenhängen und wirken auf das Subjekt selbst (vgl. Laner 2018: 196; s. auch Beichel 2017). Das heißt „im Modus des Ästhetischen [sind] Erfahrungen möglich […], die auch in *anderen Lebensbereichen wirksam* werden" (Dietrich/Krinninger/Schubert 2012: 162; Herv. im Orig.).

Im handlungsorientierten Fremdsprachenunterricht erlauben es ästhetische Erfahrungen, authentische und sprachlich-kulturell geprägte Inhalte (wie Kunstwerke, Musik und Liedtexte, Literatur, Filme etc.) auch und zunächst über einen leiblich-emotionalen Zugang zu erfassen. Die eigene emotionale Position(ierung) hierzu ist ein erster Schritt im Unterricht, der ebenso bedeutsam sein kann für Spracherwerbsprozesse wie für interkulturelle Lernprozesse (vgl. Falkenhagen/Noppeney 2018; Volkmann 2019; Willems 2019a). So bemerkt Brandstätter (2013/2012: 6 f.):

5

» Wenn wir uns auf ästhetische Phänomene einlassen, lernen wir, mit Pluralität, Heterogenität, Differenzen und Widersprüchen umzugehen. In ästhetischen Erfahrungen wird uns bewusst, dass die Wirklichkeiten, in denen wir leben, in gewisser Weise nur ‚Bilder mit Rahmen' sind, die jederzeit durch andere ‚Bilder' mit anderen ‚Rahmen' ersetzt werden können.

Ganzheitliche ästhetische Erfahrungen sind im Fremdsprachenunterricht aber nicht nur über die Betrachtung von Kunstobjekten, sondern weiterhin über die Erstellung eigener künstlerischer Produkte in Form von Bildern, Filmen oder Musik (z. B. eigene Songtexte) möglich. Gerade der lernförderliche und motivationale Effekt des sozialen Miteinanders in künstlerischen Schaffensprozessen wie dem gemeinsamen Singen, Musizieren oder Theater spielen wird auch für den Fremdsprachenunterricht immer wieder positiv hervorgehoben (vgl. Lütge/Owczarek 2019: 25). Ein wesentliches Ziel ist dabei die Entwicklung einer performativen Kompetenz. Diese berücksichtigt,

» das generelle kulturelle Phänomen der Performativität und Theatralität der Lebenswelt, des Alltagshandelns und sozialer Interaktionssituationen [...] und zielt auf die Entwicklung von Fähigkeiten des Individuums, die Inszeniertheit allen sozialen Handelns zu verstehen, selbstbestimmt mitzugestalten und kritisch zu reflektieren. (Hallet 2017: 273)

Bonnet/Küppers (2011: 35; Herv. im Orig.) greifen den Ansatz Hallets auf und entwerfen folgende Kategorien performativer Kompetenz:

1. „Identifizierung von **Interaktionsrollen**
2. Situationsadäquates **Handeln**
3. Reflexion eigener, anderer und fremder **Inszenierungen** im realen und medialen Alltag
4. Verstehen der interaktionalen Grundlagen der **Theaterästhetik** bei Aufführung von dramatischen Texten und dramatisierten Texten anderer Genres
5. Berücksichtigung **emotionaler und körperlicher Wirkungen** und Handlungsformen".

Die Vorstellung von performativer Kompetenz als einer Fähigkeit, auch im Alltag Inszeniertheit zu erkennen, steht in Zusammenhang mit der Unterscheidung zwischen sozialem und ästhetischem Drama nach Turner (1969) und Schechner (1988), die in ihrem Wechselverhältnis zwischen sozialer und politischer Handlung einerseits und theatralen Techniken andererseits immer aufeinander bezogen sind und aufeinander wirken (vgl. Fischer-Lichte 2012: 49 f.). Diesen Bezug stellen sie wie folgt dar (Schechner/Turner 2010: 311):

> » So there is theater in the theater; there is ordinary life; events in ordinary life that can be interpreted as theater; events from ordinary life that can be brought into the theater where they exist both as theater and as continuations of ordinary life [...]. For some, drama is the motor underlying social process and crisis management. For others [...] all human behavior has strong performative quality.

Der Begriff der Performativität bezeichnet in der kultur- und theaterwissenschaftlichen Studie von Fischer-Lichte (2012: 44)

> » [...] bestimmte symbolische Handlungen, die nicht etwas Vorgegebenes ausdrücken oder repräsentieren, sondern diejenige Wirklichkeit, auf die sie verweisen, erst hervorbringen. Sie entsteht, indem die Handlung vollzogen wird. Ein performativer Akt ist ausschließlich als ein verkörperter zu denken.

Der performative Akt ist verkörpert, da er über Lautlichkeit (Stimme und Sprache; vgl. bereits Austin 1979/1986), Räumlichkeit, die Körperlichkeit (den „phänomenalen Leib“ und „semiotischen Körper“; s. auch ► Abschn. 2.6. und 2.7), leibliche Ko-Präsenz von Akteur*innen, den Rhythmus der performativen Hervorbringung sowie die wechselseitige Wahrnehmung bzw. Erzeugung von Bedeutung emergiert (vgl. an dieser Stelle mit Bezug zur Aufführungstheorie Fischer-Lichte 2012: 53–67; s. auch performative Sprechakttheorie nach Austin 1979, 1986 und die Theorie der performativen Erzeugung von (Geschlechter-) Identität nach Butler 1990). Solchermaßen verstanden zeichnet sich Performativität durch „Unvorhersehbarkeit, Ambivalenz, Wahrnehmung und transformative Kraft“ (ebd.: 133) aus. Fischer-Lichte erweitert das Verständnis von Performativität, indem sie performative Akte ebenso im literarischen Text wie im Leseprozess, im „Bildakt“ und im „Blickakt“ der Bildgebung und Bildbetrachtung sowie im ganzheitlichen Umgang mit Dingen bzw. Gegenständen aufweist. (Im Einzelnen befasst sie sich mit heiligen Dingen, Gebrauchsdingen, Prestigedingen, musealisierten und vermüllten Dingen.)

Demgemäß schlägt Schewe (2020a: 114; s. auch Schewe 2020b) für den Fremdsprachenunterricht vor, den Begriff der Performativität breit anzulegen und performatives Lernen, Lehren und Forschen als „umbrella term“ zu schärfen. Wie dies über kunst-, drama- und musikpädagogische Ansätze gelingen kann, soll im Folgenden illustriert werden.

Darstellende Kunst Darstellende Kunst umfasst verschiedenste Formen des körperlichen Ausdrucks von Ballet über Schattenspiel hin zu diversen Formen des Theaters. Es ist zu unterscheiden zwischen theater- und dramapädagogischen Ansätzen: Theaterpädagogik stellt den dramatischen Text und seine Inszenierung ins Zentrum (s. ▶ Abschn. 5.2), Dramapädagogik hingegen meint den – besonders prozessorientierten – Einsatz von spielerischen, leiblich-körperlichen Verfahren, deren Ziele unterschiedlicher Natur sein können. Demgemäß unterscheidet Pinkert (2016: 257) eine „didaktisch und handwerklich orientierte Richtung" und eine „erfahrungsorientierte Richtung eines Theaterunterrichts" im schulischen Kontext. So können dramapädagogische Kleinverfahren der Selbsterfahrung dienen, Gruppenprozesse fördern oder aber die Erschließung eines Themas, einer Personenkonstellation oder eines Textes ermöglichen (s. dramapädagogische Konventionen bei Neelands/Goode 2015; s. auch Übungen in Nünning/Surkamp 2008: 175–179; s. Praxis und Forschung zu dramapädagogischen Fremdsprachenunterricht in *Scenario,* ▶ https://www.ucc.ie/en/scenario/). Dramapädagogische Verfahren verbinden wie kaum eine andere Unterrichtsmethode kognitive, leibliche und emotionale Bildungsprozesse. Wie breit dies zu fassen ist, zeigt die Definition von Neelands/Goode (2015), die von dramapädagogischen Konventionen sprechen und diese verstehen als „the way in which *time*, *space* and *presence* can interact and be imaginatively shaped to create different kinds of meaning in theatre" (ebd.: 3).

Der Grad der aktiven, körperlichen und sozial-interaktionalen Involviertheit in der Handlung sowie der Sprachproduktion (quantitativ wie qualitativ) kann äußerst selbstbestimmt differenziert werden. Dramapädagogik ermöglicht den Akteur*innen die eigenen körperlichen, sozial-emotionalen und sprachlichen Potenziale und Grenzen zu erleben, zu erproben, zu erweitern und zu reflektieren:

> » Dieses Probehandeln ermöglicht es Schülerinnen und Schülern, sich lebensähnliche Situationen zu erspielen, neue Verhaltensweisen und Handlungsmuster des fiktionalen Textes auszuprobieren, Kommunikationsstrategien einzuüben, verschiedene Identitätskonzepte und Rollenvorstellungen zu erkunden sowie andere Standpunkte einzunehmen. (Surkamp 2008: 109)

An dieser Stelle muss auch auf die Entwicklung einer Zwischenleiblichkeit verwiesen werden (s. auch ▶ Abschn. 2.6 und 2.7). Auf diese Weise ist es möglich, Handlungen anderer verstehen zu lernen und das eigene soziokulturelle und verbal wie nonverbal kommunikative Handlungs- und Interaktionsrepertoire zu verändern, d. h. zu revidieren oder zu ergänzen. Dabei werden auch Sprachkonventionen eingeübt (vgl. Barron 2016; Hallet 2016 in Anlehnung an Kurtz 2001). Dramapädagogik schult somit nicht nur Handlungskompetenzen, sondern trägt in besonderem Maße zur Analysekompetenz und zur Entwicklung von Sozialkompetenzen bei. Dies unterstützt die Entwicklung einer Rollendistanz, der Identitätsbildung, Empathiefähigkeit und die Ambiguitätstoleranz (vgl. Surkamp 2008: 113). Weiterhin können mit dramapädagogischen Ansätzen die Lernleistung, Motivation und Einstellungen positiv beeinflusst werden (vgl. Dragović 2019).

Der dramapädagogische Raum ist immer auch ein Raum der Selbst- und Fremdwahrnehmung, des sanktionsfreien Probehandelns und des sozialen Lernens (vgl. auch Hallet 2016 in Anschluss an Kurtz 2001). Dabei verweist Pinkert (2016) auf den Umstand, dass Schüler*innen auch als Darsteller*innen Teil der

Schulgemeinschaft bleiben, die von Hierarchien, Status und Gruppenzugehörigkeiten geprägt ist. Dies ist von Tragweite für die gemeinsame Theaterarbeit von Lehrenden und Lernenden sowie für das Vorhaben, ein Stück vor der Schulgemeinschaft aufzuführen. Umgekehrt kann gerade die ästhetische Dimension auch einen Schutzraum bieten:

> » Eine Rolle bietet die Möglichkeit, auch einmal ungewohnte Standpunkte einzunehmen, sie ist aber gleichzeitig auch ein Schutz, eine ‚Maske', hinter der man sich verstecken kann. (Wieland 2017: 6)

Diese Schutz bietende Maske der Rolle ist auch im Fremdsprachenunterricht nicht unerheblich relevant, da hier mit Sprache gespielt werden kann, ohne immer den Anspruch an sprachliche Perfektion zu erheben. Dies entlastet die Lernenden durch die Konstruktion eines sanktions- und angstfreien Raums und vermag sie damit in besonderem Maße zu motivieren.

Gleichzeitig wird mittels dramapädagogischer Verfahren Sprache in soziales Handeln eingebunden und der Fokus auf Sprache als Kommunikationsmittel gelegt (vgl. zu Leiblichkeit und *embodiment* ► Abschn. 2.6):

> » To know a language is to know the rules not just for grammar patterns but also for social conventions. Dialog in a play or sketch is useful for learners because it embodies these relationships. Students can take parts and read or perform, and in doing so experience a conversation among culturally situated speakers who have emotions and objectives. (Savage 2019: o. A.)

Hierüber unterstützt Dramapädagogik zugleich die Entwicklung von *agency* (s. ► Abschn. 2.4). Dies kann zum einen über das *Process Drama* erfolgen, in dem Szenen in einem vorgegebenen Rahmen entwickelt und vor allem reflektiert werden: Hierbei geht es nicht darum, Stücke für eine Aufführung zu entwerfen, sondern es geht um den Prozess, den die Lernenden durchlaufen und dabei verschiedene (z. B. auch kulturelle) Perspektiven ergründen, Probleme lösen sowie eine imaginäre Welt entstehen lassen (vgl. O'Neill 1995; Schroeter/Wager 2016; Piazzoli 2018: 33–38). Interessant ist das *Process Drama* für die Ergründung interkultureller oder sozialer Sichtweisen und Konflikte, z. B. auch im historischen Rückblick, dann verbunden mit entsprechenden thematischen Recherchen. Die Lehrperson ist oft *teacher-in-role* (vgl. Neelands/Goode 2015: 54 f.), um den Verlauf des Stücks, das in Episoden entsteht, wenn erforderlich zu lenken.

Je nach Gruppe kann Dramapädagogik auch in Richtung des biographischen oder dokumentarischen Theaters gestaltet werden, bei dem an Alltagserfahrungen gearbeitet wird und die Grenzen zwischen Realem und Fiktionalem ausgetestet werden (vgl. Pinkert 2016: 244). Das Dokumentarische Theater nutzt beispielsweise historische Quellen, steht aber dabei zugleich für die „künstlerische Auseinandersetzung mit dem Alltag […] mit ‚der' Wirklichkeit als Material" (Hruschka 2016: 114), wenn Historisches mit der Gegenwart in Bezug gebracht wird. Dies muss fachlich-inhaltlich gut begleitet werden und wäre ein Anlass für ein fächerverbindendes Projekt.

5

▶ Beispiel: Texttheater

Einen kritischen Blick auf Quellen legt das Text- bzw. Zeitungstheater. Hierbei werden beispielsweise inhaltlich strittige Zeitungsüberschriften und -artikel collagenartig und in einer poetisierenden Form neu zusammengefügt. Der Vortrag kann chorisch, als Rap und mit rhythmisierenden Bewegungen erfolgen, wodurch einzelne Textteile besondere Hervorhebung erlangen und damit eine neue und kritische Aussage der Vortragenden gegenüber dem behandelten Thema transportieren (vgl. Schumann 2016). Das Zeitungstheater geht mit dem Forumtheater oder „Theater der Unterdrückten" bzw. „Theater der Befreiung" und dem „Theater des Unsichtbaren" auf Augusto Boal zurück, der in Brasilien zur Zeit der Militärdiktatur die politischen Formen des Theaters entwickelte (vgl. Boal 2013). Die Besonderheit beim Forumtheater besteht darin, dass explizit das Publikum involviert wird, um Lösungsansätze für (politische) Konflikte zu entwickeln. Diese Form des (kritischen) Theaters war der Beginn der Auflösung der Trennung von Bühne, Figuren und Zuschauer*innen(raum).

Als Textmaterial zur Erstellung eines Texttheaters sollen hier zwei Beispiele genannt werden.

1. Ein Zeitungsartikel von Carlos Marcos aus *El País* vom 7.3.2014 zum Thema Abtreibung liefert zehn Beispiele von Liedern, in denen eine Pro- oder Contra-Haltung eingenommen wird oder aber die Haltung nicht eindeutig zugeordnet werden kann. Natürlich muss das Thema immer wieder neu beleuchtet und musikalisch aktualisiert werden. Bezogen auf den benannten Artikel können entweder diese kurzen Liedbeschreibungen herangezogen werden oder aber es wird mehrsprachig und unmittelbar mit den Liedtexten gearbeitet. In diesem Fall eignet sich das Lied *Se quiere, se mata*, das Shakira 1995 im Alter von 19 Jahren veröffentlichte. Dieses ist aus der Sicht einer Jugendlichen verfasst und positioniert sich nicht eindeutig. Klar herausgestellt werden aber die sozialen Zwänge. Als englisches Textbeispiel mit einer eindeutigen Contra-Haltung wird in dem Artikel zum Beispiel *Abortion is a Crime* von Alpha Blondy (1994) genannt. Über die im Artikel vorgeschlagenen Songs hinausgehende Beispiele finden sich im Hip-Hop bei J. Coles mit *Lost ones* (2011). Dieser Song, der aus der Sicht des werdenden Vaters geschrieben ist, zeigt eine unentschiedene Haltung.
2. Ein anderes Thema könnte der Drogenhandel sein. Zeitungsartikel aus verschiedenen Ländern können einen Einblick in das kriminelle Wirken von Pablo Escobar oder El Chapo geben. Auch in diesem Fall werden verschiedene Sichtweisen deutlich, neben der Verwerflichkeit des Drogenhandels und der extremen Kriminalität und Brutalität, steht die bisweilen festzustellende Verehrung der Drogenbosse als Familienmenschen, Wohltäter und Unternehmer. Entsprechende Textausschnitte mit den jeweiligen Aussagen können einander kritisch und collagenartig gegenübergestellt werden. Ein Ergebnis könnte wie folgt abgedruckt aussehen, wirkt aber erst durch einen rhythmisierten Vortrag mehrerer Darsteller*innen:

Escobar, el patrón, llegó a controlar el 80% del tráfico de drogas que entró en Estados Unidos. Si con 25 años no tenía un millón de pesos se suicidaría. [Escobar, der Chef, schaffte es 80% des Drogenhandels zu kontrollieren, der in die USA eingeflossen ist. Wenn er mit 25 Jahren noch keine Million Pesos gehabt hätte, hätte er sich umgebracht.]

...und wir haben es versäumt, die Opfer zu ehren.

La justicia le atribuye la muerte de más de 10.000 personas. [Es wird ihm der Tod von mehr als 10.000 Personen zugeschrieben.] Er ist sehr liebevoll mit seinen Kindern und seiner Frau umgegangen. Su violencia no tenía límite. [Seine Grausamkeit hatte keine Grenzen.]

He funded various projects to aid the poor.

Entró a «La Catedral» un edificio para el encarcelamiento del capo. No lo crees: Un gimnasio, una cancha de fútbol, salones de juego y las fiestas seguían celebrándose. [Er betrat «die Kathedrale», ein Gebäude, in dem der Chef inhaftiert war. Du glaubst es nicht: eine Turnhalle, ein Fußballfeld sowie Spielräume waren in Betrieb und die Partys liefen weiter.]

Officials decided to move him to a less-accommodating prison. But Escobar escaped.

Tanto dinero y tanto éxito en sus negocios. [So viel Geld und so viel Erfolg in seinen Geschäften.]

...und wir haben es versäumt, die Opfer zu ehren.

Wir verherrlichen Escobar nicht, wir erzählen die Geschichte der Stadt.

Escobar no se entregó fácilmente, intentó escapar y le dispararon con fusiles R15. [Escobar hat sich nicht leicht ergeben, er versuchte zu fliehen und sie erschossen ihn mit R15 Gewähren.]

Lieber ein Grab in Kolumbien als eine Zelle in den USA. Frische Blumen liegen auf seinem Grab.
Mein Geschäft läuft sehr gut, die Urlauber nehmen sich Pablo-Artikel als Andenken mit.

...und wir haben es versäumt, die Opfer zu ehren.

(D. Abendroth-Timmer mit Textausschnitten aus: ▶ https://sobrehistoria.com/quien-era-pablo-escobar-la-historia-del-mayor-narcotraficante-de-colombia/; ▶ https://www.watson.de/leben/geschichte/208265566-killer-drogenboss-familienmensch-das-leben-von-pablo-escobar; ▶ https://www.britannica.com/biography/Pablo-Escobar). ◀

Eine Interaktion mit dem Publikum erfolgt im Improvisationstheater. Dieses eignet sich durch eine Vielzahl strukturierter Übungen für den Fremdsprachenunterricht. Als einer der Begründer des Improvisationstheaters gilt Keith Johnstone (2011). Improvisationstheater ist in starkem Maße auf die voraussetzungslose und zugewandte Interaktion zwischen den Spieler*innen angewiesen. Diese lernen, Spielimpulse anzunehmen und spontan weiterzuentwickeln. Da Improvisationstheater auch Körpertheater ist, eignet es sich zur Differenzierung, da nicht jeder Inhalt bzw. jede Aussage oder Intention in Sprache ausgedrückt wird bzw. werden muss. Umgekehrt gibt es viele Möglichkeiten, mit Sprache(n) zu spielen, es wird zwischen Sprachen gewechselt, es wird eine Szene in unterschiedlichen Genres gespielt oder Sprache wird durch die Kunstsprache *Gromolo,* durch Gebärden oder reine Pantomime (mit Sprecher*innen aus dem Off) ersetzt. Während sprachlich konventionalisierte Routinehandlungen stärkere Aufmerksamkeit im lehrwerkorientierten Fremdsprachenunterricht finden, in dem ferner die sprachliche Unterrichtsinteraktion stark lehrergesteuert ist (vgl. Kurtz 2014: 24), bietet das Improvisationstheater vor allem Gelegenheit, sprachliche Stehgreifhandlungen als wesentlichen Teil mündlicher Alltagskommunikation zu erproben (vgl. Kurtz 2017: 135). Das Spiel mit Körper und Emotionen und die notwendige Aufmerksamkeit gegenüber den Spielimpulsen durch Mitspieler*innen und Publikum führt die Lernenden zu sehr intensiven Selbst- und Fremderfahrungen (s. ► Abschn. 2.6).

Demgegenüber ist das Erzähltheater eine Möglichkeit, ein Stück sehr genau vorzubereiten und weitere künstlerische Elemente zu integrieren. Das Erzähltheater hat eine lange Tradition. In Japan beispielsweise wird es in der Form der Kamishibai gepflegt (vgl. Deharde 2019). Auch das Schattenspiel hat eine asiatische Tradition: Anhand von wechselnden Bildkarten in Aufstellrahmen wird eine Geschichte vorgetragen. Schüler*innen können im Unterricht darüber in mehrfacher Weise künstlerisch tätig werden. Sie zeichnen und basteln z. B. die Erzählkarten oder die Figurinen für ein Schattenspiel, die Rollen (Beleuchter*in/Erzähler*in/Spieler*in) werden anschließend je nach Interessen und Fähigkeiten individuell verteilt.

Erzähltheater oder *Story Drama* können beispielsweise auch von einer Bilderbuchgeschichte ausgehen, die schrittweise über dramapädagogische Konventionen (Heißer Stuhl, Standbild etc.) mit den Lernenden erarbeitet und in kleinen Szenen dargestellt wird (vgl. Göksel 2019).

Die Darstellung zu den dramapädagogischen Verfahren zeigt, dass diese im Fremdsprachenunterricht wenig mit dem bekannten Rollenspiel zu tun haben, das sich z. B. anhand von Lehrwerkdialogen nachspielen lässt. Dramapädagogische Methoden erfordern sicherlich Zeit und auch Raum, zeichnen sich dann aber über einen ganzheitlichen, handlungsorientierten und bedeutungsstarken Zugang zu Sprache und Kommunikation aus. Dies geht dann auch mit der Bewusstmachung und Förderung sprachlicher Strukturen einher, wie Müller (2017) zeigt. Eine Sensibilität gegenüber den Schüler*innen ist allerdings in besonderer Weise erforderlich: Ihnen muss respektvoll begegnet werden und sie müssen auch die Freiheit des Rückzugs haben. Damit erfüllen die Verfahren gleichzeitig auch pädagogische, bildende und erzieherische Funktionen, erlauben zudem kritisches Probehandeln im Schutzraum des Klassenzimmers. Und zugleich bieten die beschriebenen Varianten Vorbereitungsmöglichkeiten, verlässliche Strukturen und Aufgabenformate außerhalb des reinen Spiels für Lernende, sich in der für sie geeigneten Form sprachlich einzubringen und performative Kompetenz zu entwickeln (s. zu Dramapädagogik und Inklusion Buck 2018; Delius 2018).

Bildende Kunst Bilder und bildende Kunst (Fotografie, Malerei, Bildhauerei, Architektur) weisen eine unerschöpfliche Quelle für den Fremdsprachenunterricht auf (vgl. Reinfried 1992, 2016). Bilder haben dabei erkenntnistheoretischen Wert:

> Vermutlich konstruieren wir unser (jeweils individuelles wie auch) kollektives historisches Gedächtnis entlang markanter Bilder, der Ikonen der Geschichte, an die sich wie in einem Kristallisationsprozess sprachlich vermittelte Informationen anlagern.
> Wenn die (‚inneren') Bilder unsere Wahrnehmung strukturieren, beinhaltet visuelle Alphabetisierung die Fähigkeit, die Bilder-Welt durch Reflexion zu erschließen, aus psychoanalytischer Sicht betrachtet: dem Ich das Vor- und Unbewusste zugänglich zu machen. Als (inter-)subjektiver Lern- und Erfahrungsprozess scheint dies vor allem über den Umweg der kreativen Gestaltung des kommunikativen Austauschs zu funktionieren [...] Mit Blick auf den (Fremd-)Sprachenunterricht könnte [...] konkretisiert werden: Gesucht sind möglichst vielfältige, kreative und multimodale Aufgaben, die es den Lernenden ermöglichen, an ihren Vorstellungsbildern, an Welt- und Selbst-Bildern zu arbeiten, ihnen eine Gestalt zu geben und durch Sprache Bedeutungen zu erschließen. (Holzbrecher 2020: 83 f.)

Bilder können in jeder Phase des Unterrichts eingesetzt werden und ganz unterschiedlichen Zielen dienen. Oftmals aber wurde die Arbeit mit Bildern instrumentalisiert (vgl. Hecke 2017: 23), sie wurden nicht umfassend und im Sinne einer ästhetischen Bildung genutzt, wie Badstübner-Kizik/Lay (2019: 2 f.) kritisch anmerken:

> Wenn künstlerisch gestaltete ‚Bilder' überhaupt eine Rolle spielen, dann meist als (sprachliche) Impulsgeber, als dekorative Illustration der ‚Zielkultur' oder als Sprungbrett in eine Landes- und Kulturkunde. Ein Oszillieren zwischen Bild und Sprache bzw. ihr reziprokes Durchdringen, mit dem Ziel, übergreifende Wahrnehmungs- und Deutungsprozesse, inhaltliche wie sprachliche Lernprozesse anzuregen, erfolgt in der Praxis noch viel zu selten.

Die Arbeit mit Kunstobjekten soll die Lernenden jedoch zur persönlichen und emotionalen Auseinandersetzung mit ihnen anregen. Sie sollen dabei Differenzerfahrungen anstoßen oder an Lebenswelterfahrungen anschließen. Vor allem sollte die Entwicklung einer ästhetischen Literarizität im Vordergrund stehen (vgl. ebd.: 3), also eine Schulung der Analysefähigkeit visueller Medien (*visual literacy,* s. o.), deren kommunikative Bedeutung zunimmt (vgl. ebd.: 2). Diese erscheinen als Fotos, gezeichnet oder gemalt und sind niemals Abbilder von Wirklichkeit, sondern immer Interpretationen oder auch Inszenierungen. Dies ist gerade für historische Bilddokumente zu beachten (vgl. ebd.: 23). Bei Fotos beispielsweise erfolgt die Inszenierung über den Bildausschnitt, die Kamera oder die Kontraste (vgl. Abraham 2019: 14). Daher ist eine „pictorial awareness" über eine gelenkte Reflexion unbedingt zu entwickeln (ebd.: 24).

Neben dem Sprechen kann im Unterricht natürlich auch über Bilder geschrieben werden, wobei Abraham (2019: 17) zwischen deskriptivem, reportagehaftem oder literarischem und fiktionalem Schreiben unterscheidet. Auch können Lernende Bildunterschriften entwerfen. Fotoprojekte mit Jugendlichen ermöglichen diesen, die kreative Auseinandersetzung mit Selbst- und Fremdbildern in Form von Foto-Inszenierungen. Auch die Erschließung eigener oder anderer Lebenswelten, z. B. während eines Schulaustausches, ermöglicht kulturelle Reflexionen und auch die Beschäftigung mit der nonverbalen Ebene von interkultureller Kommunikation (vgl. Holzbrecher 2020: 86 f.). Dies kann zusammengeführt werden in „literarischen Collagen (von selbst gemachten Fotos, eigenen und fremden Texten sowie von dazu passender Musik" (vgl. ebd.: 88). Holzbrecher (ebd.: 90) betont, dass Jugendliche gerade über Fotografie die Balance zwischen Nähe und Distanz erlernen können und überdies Räume neu erfahren lernen:

> » Die Fotografie als leicht handhabbares Medium ermöglicht, den Blick für den richtigen Augenblick zu schärfen und aus der alltäglichen ‚Blindheit' herauszutreten. Mit der Kamera in der Hand entwickelt man ein Gespür für eben diese Augenblicke, indem man sich in Situationen und Menschen hineinversetzt. Fotografie wird damit zu einem Medium einer bewussteren Aufmerksamkeitshaltung und des Kontaktes. (Holzbrecher 2020: 92)

Auch Gemälde eignen sich als Impuls zum ganzheitlichen und körperlichen Handeln der Lernenden durch ein Hineingehen in eine abgebildete Szene. Darüber werden die Gemälde *affektiv*-leiblich erfahrbar. Die Schüler*innen können die dargestellten Personen als Standbild nachstellen, sie nähern sich auch kognitiv über Personenbeschreibungen und entwickeln fiktive Dialoge der dargestellten Figuren (vgl. Banzhaf/Böing 2018). Die Gemälde sollten bei diesem Zugang so gewählt sein, dass sie unmittelbar inhaltliche Anknüpfungspunkte zum gerade behandelten Thema bieten. Über die detaillierte Beschäftigung mit dem Gemälde erlangen die Schüler*innen zugleich kunsthistorisches Wissen durch weiterführende Recherchen zum soziokulturellen Hintergrund.

▶ Beispiel: Kunst und Emotionen

Werke, die dem Surrealismus oder der Abstrakten Kunst zugeordnet werden können, eignen sich durch das Spiel mit Farben und Formen besonders zur Beschäftigung mit und Versprachlichung von Emotionen im Fremdsprachenunterricht. Dies können beispielsweise Werke von Salvador Dalí oder des italienischen Künstlers Giorgio de Chirico sein, welche in sich Dynamik ausdrücken, reale Objekte verfremden und damit vielfache Zugänge der Beschreibung und Deutung durch die Lernenden ermöglichen. Als Beispiele wären hier die zerfließenden Uhren im Gemälde *Die Beständigkeit der Erinnerung – (Die zerrinnende Zeit)* von Dalí oder *Die Archäologen* von de Chirico zu nennen. ◀

Schließlich können die Lernenden im Fremdsprachenunterricht selbst künstlerisch tätig werden, indem sie ihre eigenen Bilder oder Fotoreihen herstellen, ggf. in Kooperation mit dem Kunstunterricht oder gerade auch im bilingualen Sachfachunterricht. Die Lernenden sind dann aufgefordert, ihre Bilder mit einer schriftlichen Beschreibung zu versehen und diese – eventuell im Format eines Museumsgangs – anderen Schüler*innen zu präsentieren. Das Potenzial des Faches Kunst für den bilingualen Sachfachunterricht kann in der Verbindung von praktischem Handeln mit Sprache gesehen werden. Die Kontextualisierung über die Kunstobjekte erleichtern den Schüler*innen die sprachlichen Äußerungen. Zugleich liefert die Beschäftigung mit internationaler Kunst mehrperspektivische Sichtweisen und Differenzerfahrungen (vgl. Rymarczyk 2010; Rymarczyk 2013b: 266–269).

▶ Beispiel: Tweets und Hashtags formulieren

Der nachfolgende Aufgabenvorschlag geht von einer Idee des Streetart-Künstlers Slinkachu aus. Dieser positioniert im öffentlichen Raum kleine Spielfiguren und fotografiert diese (*Little People,* ▶ https://slinkachu.com). Die Figuren verbleiben dann an diesem Ort. Übertragen in den schulischen Kontext können Lernende aufgefordert werden, Figuren oder Plüschtiere an einem Ort in der Schule oder zuhause aufzubauen, diese zu fotografieren und einen kurzen Tweet hierzu zu verfassen. Dazu wird ihnen ausgehend von dem jeweiligen Thema oder einer Lehrwerklektion ein *Hashtag* als Motto vorgegeben, wie für das nachfolgende Beispiel der *Hashtag* #VacancesSansParents [#FerienOhneEltern] (◻ Abb. 5.11).

◻ Abb. 5.11 Tweet mit Hashtags (Studentische Arbeit bei D. Abendroth-Timmer.)

#VacancesSansFin #NonJeNeRangeRien #NonJeNeFaisPasLaVaisselle #NonJeN'apprendsPas #OuiJeFaisCeQueJeVeux #JouerAuxJeuxVidéoTouteLaJournée #RegarderLesSéries #SeReposer [#ohneEndeFerien #NeinIchRäumeNichtAuf# NeinIchSpüleDasGeschirrNichtAb #NeinIchLerneNicht #JaIchMacheWasIchWill #DenGanzenTagVideospieleSpielen #SerienSchauen #SichAusruhen.

Die Aufgabe ist überaus kreativ und schnell durchführbar. Die Lernenden erhalten nur wenige Vorgaben, so dass sich die Aufgabe für eine sprachliche Differenzierung sehr gut eignet. Es bleibt den Lernenden überlassen, ob die Tweets ausformulierte Sätze oder nur Hashtags sind. Die Aufgabe eignet sich für verschiedene Altersstufen der Lernenden und kann beispielsweise im Berufskolleg berufsorientiert ausgestaltet werden. ◀

Musik Der Zusammenhang zwischen der Verarbeitung von Sprache und Musik im Gehirn ist vielfach empirisch belegt. Während bestimmte Bereiche von Musik und Sprache in unterschiedlichen neuronalen Netzen verarbeitet werden (Wortbedeutung und Melodie), so werden auch einige in denselben Arealen verarbeitet (z. B. zeitliche Verstöße in Sprache und Musik). Auch haben offensichtlich musisch geschulte Personen in der sprachlichen Verarbeitung Vorteile, insbesondere in der Aussprache (vgl. z. B. Lütge/Owczarek 2019). Ferner kann (Hintergrund-)Musik in ganz verschiedener Weise den Lernprozess an anderen als musischen Aufgaben ebenso befördern wie hemmen, je nach Proband*innen und Musikrichtung. Allemal erleichtert Musik das spätere Abrufen der Satzmelodie und auch Singen befördert die Wortschatzverarbeitung. Für das interkulturelle Lernen ist relevant, dass musikalisch geschulte Lernende offenbar besser die emotionale Information von Musik erfassen (vgl. den Forschungsüberblick bei Zeromskaite 2014; Lütge/Owczarek 2019: 20–22 und Willems 2019a).

Eine emotionale sowie körperliche Reaktion auf Musik, eine „embodied experience" (Hallet 2018: 2), ermöglicht die Einbeziehung zahlreicher handlungsorientierter Konstrukte und Prinzipien im Fremdsprachenunterricht (s. auch Lütge 2009). Dabei spielt nicht nur die soziokulturelle sowie historische Situiertheit von Musikerinnen und Musikern und ihren Stücken eine wichtige Rolle, sondern auch die ästhetische Würdigung eines Produkts, die begründet, emotional und höchst individuell sein kann. In diesem Kontext ist auch die Arbeit mit kulturell geprägten Klangbildern oder Klangräumen *(soundscapes)* zu erwähnen. Hiermit können wiederum Farben, Licht etc. in Verbindung gebracht werden. Die Lernenden werden angeregt, ungewohnte Klänge wahrzunehmen, zu beschreiben und sprachlich oder visuell zu transformieren (vgl. Blell 2017: 260).

Lütge (2010) schlägt ein Stufenmodell vor, in dem musikalische Hörerfahrung handlungsorientiert im Fremdsprachenunterricht inszeniert werden kann *(audio literacy)*. Diese beginnt niedrigschwellig damit,

1. musikalische Stimmungen in Bewegungen zu übersetzen (nonverbal),
2. Impressionen zu visualisieren (auch zeichnerisch, szenisch, pantomimisch) und in der Fremdsprache (sprachlich) zu kommunizieren und
3. Musik fremdsprachlich zu inszenieren (z. B. unterteilt in verschiedene thematische Abschnitte entlang eines Musikstücks).

Das Besondere an diesem Modell ist die Tatsache, dass hier der Eindruck der Musik über weitere ästhetisch-leibliche Ansätze verarbeitet und damit dieses Paradigma nicht nur bei dem Schritt der Rezeption, sondern auch bei dem weiteren Schritt eigener Produktion angewandt wird. Eine Reflexion und damit Kognitivierung und Versprachlichung schließt sich gleichwohl immer wieder an.

Dieses Modell berücksichtigt damit die Tatsache, dass gerade Musik oft im Zusammenhang mit weiteren medialen Erzeugnissen steht. So spielt insbesondere in der Pop-Kultur die gesamte Vermarktung eines Songs über Videoclips sowie auch die Promotion der Künstler*innen (ggf. auch ihrer stetigen Anpassung an die Fans) in den sozialen Medien eine Rolle bei der Analyse und dem interkulturellen Verständnis eines einzelnen Songs (vgl. Bartosch 2019: 129; Volkmann 2019). Im Hinblick auf das interkulturelle Lernen unterscheidet Volkmann (2019: 48 in Anlehnung an Bähr/Gies/Jank/Nimczik 2003: 37) die materielle Dimension von Musik, die es zu rezipieren und analysieren gilt, die historisch-kulturelle Dimension im Sinne von „Objekten und Praktiken verschiedener Zeiten und Kulturen", die funktionale Dimension als „Einsichten in die kulturell und individuell unterschiedlichen En- und Dekodierungsprozesse", die ästhetische Dimension der kulturell und individuell unterschiedlichen Wertung sowie die subjektive Dimension der „Zugänge zur Musik". Das heißt, die Lernenden erfassen nicht nur emotional und analytisch ein Musikstück, sondern sie betten es in einen kulturell-historischen Zusammenhang ein und gewinnen darüber neue Bedeutungskategorien. Volkmann (2019: 30–32) liefert hierzu konkrete Beispiele, inwiefern Lieder in einem anderen nationalen Kontext andere Emotionen hervorrufen (Beispiel Hymnen), inwieweit die Lautstärke von Musik und ihre Integration in den Alltag anders bewertet wird oder sich die Beurteilung eines Stücks von Generation zu Generation verändern kann.

Betrachtet man nun konkrete unterrichtliche Gelegenheiten des Einsatzes von Musik, verfolgen im Anfangsunterricht (z. B. im Grundschulbereich oder im frühen Fremdsprachenunterricht der weiterführenden Schulen) zahlreiche Kinderlieder, Reime und Songs auch z. B. über den Einsatz von Körperlichkeit eher pragmatische Ziele wie den Aufbau von Wortschatz (Körperteile, gestische Darstellung von Tieren passend zum Lied usw.). Oft sind gerade Kinderlieder bereits mit festgelegten (Hand-)Bewegungen versehen und sehr bildhaft, eventuell auch in Kinderbüchern bebildert, so dass die Lernenden ganzheitlich involviert werden (vgl. Bergner 2019). Im Unterricht der neu einsetzenden Fremdsprache mit Jugendlichen müssen sprachlich leicht verständliche Texte gefunden werden, die dazu inhaltlich nicht banal sind. Das Singen von Liedern unterstützt nicht zuletzt die Aussprache. Hierfür können beispielsweise Online-Karaoke-Seiten genutzt werden (vgl. Mehlhorn 2016: 125).

Eine detaillierte Auflistung von Aktivitäten liefert Blell (2017: 261), von denen hier nur die Funktionen von Musik im Fremdsprachenunterricht mit wenigen Beispiele genannt werden sollen: psychohygienische und emotionale Funktion (z. B. Fantasiereisen), sozial-psychologische Funktion (z. B. Tanzen, Singen), Förderung des unbewussten Lernens (z. B. rhythmisierendes Artikulieren), Förderung (sprachlich) kognitiver Prozesse (z. B. Vertonung von Texten, Spracharbeit über Raps), Auslöser von fremdsprachlichen Kommunikationsprozessen sowie interkulturelles Lernen (z. B. Hörgeschichten schreiben, szenisches Interpretieren).

▶ Beispiele: Musik im Anfangsunterricht mit jungen Erwachsenen

Das Lied *Arte* von Nosotrãsh (▶ https://www.musica.com/letras.asp?letra=2345349) nutzt Basisvokabular, um alltägliche Abläufe und Dinge zu beschreiben. Gleichzeitig ist die Abfolge recht poetisch und durch die letzte Zeile erschließt sich erst der gesamte Zusammenhang. Text und Musik sind dadurch zwar sprachlich recht eingängig, aber nicht banal – ein Umstand, der im Anfangsunterricht bei jungen Erwachsenen sehr relevant ist. Um kreativ tätig zu werden, können die Schüler*innen eine eigene Strophe verfassen zum Thema: *¿Qué es arte para ti?* [Was ist für dich Kunst?].

Das Lied *Bella Ciao,* welches in seiner Adaption durch die Resistenza, der italienischen Widerstandsbewegung gegen den Faschismus während des Zweiten Weltkrieges, weltweite Bekanntheit erlangte (▶ http://parliamoitaliano.altervista.org/bella-ciao-canzone-della-resistenza), nutzt ebenfalls ein einfaches und sich stets wiederholendes Basisvokabular sowie unkomplizierte grammatische Strukturen, die bereits am Anfang des Sprachniveaus A2 weitgehend behandelt werden. Das Lied ist in verschiedenen Versionen aufzufinden, z. B. auch in einer modernen elektronischen Version des Künstlers El Profesor, dessen musikalische Gestaltung besonders für junge Erwachsene ansprechend sein dürfte.

Eine produktive, rezeptionsästhetische Auseinandersetzung mit diesem Lied könnte das Zeichnen einer Bildgeschichte oder eines Comics sein, worüber die im Lied erzählte Geschichte dargestellt wird und mit Hilfe der Farbgestaltung des Produkts die im Lied enthaltenen Emotionen veranschaulicht werden. Darüber hinaus ist es im Anschluss unverzichtbar das Lied in seinen historischen Kontext zu betten und die Ideologie der italienischen Partisanen zu thematisieren. ◄

Lieder stellen zugleich ein Kulturgut und damit einen wichtigen kulturellen Lernbereich dar. In höheren Lernstufen steht die Entwicklung einer musikalischen Diskursfähigkeit im Vordergrund:

» Je nach persönlichen Präferenzen, emotionaler Verfassung, Alter, Geschlecht und *peer group* der Rezipienten sowie Stil, Struktur und Komplexität der Musik lassen sich im Klassenraum schnell Redeanlässe schaffen, die sich z.B. auf die ästhetische Beurteilung, einen sogenannten ‚*aesthetic response*‘ (Barrett 2006: 173) von Musikstücken beziehen. (Hallet 2018: 4; Herv. im Orig.).

In einigen Fällen mag es gelingen, Musikstücke zu finden, die in literarischen Texten verarbeitet wurden. Durch diese Verbindung von Literatur und Musik erlangen die Lernenden andere Zugänge sowohl zur Musik als auch zum literarischen Werk (vgl. einige Beispiele hierzu in Falkenhagen 2019). Raps oder Chansons wiederum ermöglichen neben dem ästhetischen Verständnis des Sprachgebrauchs (metaphorische und poetische Sprache, Jugendsprache) eine soziokulturelle Auseinandersetzung mit den Liedtexten und dem sozio-historischen Kontext ihrer Entstehung (vgl. Willems 2019b). Vielfach bieten sie den Schüler*innen Gelegenheit zur inhaltlichen Identifikation.

Weiterhin ist der bilinguale Musikunterricht als möglicher Ort der Verbindung von Sprache und Musik hervorzuheben. Dieser strebt nach Falkenhagen (2019: 58) eine „[i]nterkulturelle fremd- und muttersprachliche musikästhetische Handlungskompetenz“ an, die sich aufteilt in eine Sachkompetenz, kommunikative Kompetenz, (inter-)kulturelle Kompetenz und Gestaltungskompetenz. Falkenhagen betont vor allem die Möglichkeit, über die richtige Musikauswahl eine authentische Beschäftigung mit den fremdsprachlichen Originaltexten zu ermöglichen. Auch das musikpraktische Handeln sieht sie als sehr förderlich und motivierend im sprachlichen Lernprozess an (ebd.: 64 f.), zumal es mit einem ästhetisch-handlungsorientierten Prinzip im Einklang steht. Neben dem kulturellen Lernen (s. einige musikpädagogische Beispiele in Binas-Preisendörfer/Unseld 2012) kann gerade auch der lebensweltliche Bezug von Musik als Potenzial bilingualen Musikunterrichts angesehen werden, so dass folgende Lernbereiche relevant sind:

» Verstehen der historischen transkulturellen Ursprünge einer Gattung und deren Relevanz für eigene (popkulturelle) Orientierungen als lebensweltliches Lernen, gefasst als essenzielle Komponente von rezeptionsorientierter Literalität und das Erlernen der Formsprache bzw. Aneignung von zielkulturellspezifischen musikalischen Ausdrucksformen, definiert als Komponente einer produktionsorientierten Literalität. (Kupetz/Salden 2013: 272)

▶ Beispiel Musikproduktion: *Let's Write a New Hit!*

Am Beispiel des Songs „Happy" von Pharrell Williams erarbeiten Schülerinnen und Schüler die typische Struktur eines – auch sprachlich – recht einfachen Popsongs (vgl. Summer 2018). Kreyer (2012) zeigt beispielsweise in lexikalischer Hinsicht, wie Lerner*innenkorpora im Unterricht produktiv eingesetzt werden können, um klassische Themen von Popsongs (in diesem Beispiel „Liebe") mit der Förderung von Wortschatz und Sprachbewusstheit zu verbinden.
Auf Basis der Songstruktur und ggf. weiterführender Diskussionen möglicher Popsong-typischer Aspekte wählen die Lernenden eigenständig ein Thema und schreiben einen eigenen Songtext und anschließend – wer möchte unterlegt mit Musik und/oder Melodie – den eigenen Song. ◀

▶ Beispiel Musikrezeption/-produktion: *Lieder und Reime im frühen Fremdsprachenunterricht*

Gerade einfache Lieder und Reime eignen sich für den Anfangsunterricht bzw. immersiv angelegten Fremdsprachenunterricht in der Primarstufe und können dabei auch zur Entwicklung von Sprachbewusstheit beitragen (vgl. Bergner 2019). Darüber hinaus lassen sich musikpädagogische Aspekte wie das Erkennen und selbständige Produzieren von Rhythmus und Melodien handlungsorientiert in den Fremdsprachenunterricht integrieren. Sprachliche Strukturen sind dabei zunächst zweitrangig, primär geht es um das gemeinsame Musizieren, Singen und ggf. Erkennen einzelner, inhaltlich bedeutungsvoller Wörter, welche dann mimisch, gestisch oder mit ganzem Körpereinsatz dar- oder nachgestellt werden. Gleichwohl sollte angemerkt werden, dass ein einfaches Nachsingen ohne inhaltliche Auseinandersetzung (wenn sie auch nicht später eingefordert und didaktisch-methodisch aufbereitet ist) durchaus kritisch gesehen wird und daher vermieden werden sollte (vgl. Bergner 2019).
Ein Beispiel, das sich im Sinne der Förderung von Sprachbewusstsein und Mehrsprachigkeit anbietet, ist „Bruder Jakob", das Bergner (2019) eingebettet in ein Unterrichtssetting vorstellt. Sie zeigt, dass sich hier auch im Sinne interkulturellen Lernens Aspekte finden (wie die Unterschiedlichkeit der Namen), wobei Lernenden sprachliche und inhaltliche divergierende Details entdecken können.

» Bruder Jakob, Bruder Jakob,
schläfst du noch, schläfst du noch?
Hörst du nicht die Glocken, hörst du nicht die Glocken?
Ding dang dong, ding dang dong.

Are you sleeping, are you sleeping?
Brother John, brother John,
Morning Bells are ringing, Morning Bells are ringing.
Ding ding dong, ding ding dong.

Frère Jacques, Frère Jacques
Dormez-vous, dormez-vous?
Sonnez les matines, sonnez les matines.
Ding ding dong, ding ding dong.

Martinillo, martinillo
¿Dónde está, dónde está?
Toca la campana, toca la campana.
Din don dan, din don dan.

Online findet sich das Lied in über 30 Sprachen. ◀

▶ Beispiel: Fächerverbindende Arbeit mit Musik

Viel Material, das fächerverbindend oder auch mit unterschiedlichen Schwerpunkten im Fremdsprachenunterricht eingesetzt werden kann, bietet der *Offenbach-Koffer* der Kölner Offenbach-Gesellschaft. Dieser stellt für Lehrende pädagogisches Material zu den Werken Jacques Offenbachs zur Verfügung und ist sortiert nach den Rubriken szenisches Spielen, kreatives Schreiben, historisches Verstehen, Europa, Musizieren, Gestalten, Hören und Sehen (▶ https://www.yeswecancan.koeln/digitaler-offenbach-koffer). ◀

Populärkultur Populärkultur verbindet eine mediale Vielfalt an massenkulturellen Erzeugnissen, wie (kommerzielle) Fernsehsendungen, Serien, Zeitschriften, Musikclips, Computerspiele, Popmusik oder soziale Medien. Populärkultur verknüpft globale und lokale Praktiken und Denkweisen, ist Teil der Lebenswelt der Lernenden und wird daher auch als geeigneter Anlass für interkulturelles und sprachliches Lernen gesehen (vgl. Volkmann 2017: 278):

> » Durch ihre vielfältigen Angebote der Teilhabe, Identifikation oder emotionalen Reaktion [...] bietet die [Populärkultur] ein großes Motivationspotenzial, nicht allein für den Bereich des interkulturellen Lernens, sondern auch mit Bezug auf authentische Sprachmuster [...], Grammatik und Wortschatz, welche dort oftmals in alltagsnahen Situationen Verwendung finden. (Ebd.)

Insofern können Produkte und Formate der Populärkultur Anregungen für die eigene sprachliche Produktion der Lernenden zum Abschluss von komplexen Lernaufgaben bieten (z. B. Videos im Vlogging Style, Blog Beiträge, Debatten etc.). Diese Formate sind den Lernenden meistens bekannt, so dass sie schnell in der Lage sind, diese umzusetzen. Daneben kann sich eine medienkritische Reflexion anschließen und so die Medienkompetenz der Lernenden vertieft werden (vgl. ebd.: 279).

▶ Beispiel: Erzählstunden

Erzählstunden erlauben kleinere gelenkte Vorträge von Geschichten und fördern die Erschließung von Texten sowie einen expressiven mündlichen Vortrag, unterstützt durch Gestik und Mimik sowie die Interaktion mit dem Publikum. Erzählen durch die Lehrperson fördert inhaltliche Neugier und vermag das Hörverstehen zu unterstützen. Beispielsweise eignen sich Märchen oder Abenteuergeschichten mit Kettenstruktur für eine Erzählperformance (vgl. Bergfelder-Boos 2018: 405–407; zu Erzählstunden s. auch Wardetzky 2020).

Ein Beispiel, das Lese- und Sprechkompetenzen emotional aufgeladen schult und zugleich Anlass für eine kritische Sicht auf sogenannten *fake news* bietet, ist die Arbeit mit Anekdoten oder Legenden *(urban legends/campfire legends/faits divers)*. Schüler*innen finden entsprechende Geschichten beispielsweise im Internet. Das Genre skurriler, bisweilen gruseliger Erzählungen aus dem Alltag zeichnet sich durch die sprachliche Markierung ihrer Glaubwürdigkeit, durch textuelle Kürze und einen Spannungsbogen aus.
Wirag (2019) liefert Vorschläge, wie Lernende angeregt werden können, Anekdoten auch mit entsprechender Inszenierung vorzutragen. Hierzu bedarf es der passenden Redemittel zur Bekräftigung der inhaltlichen Faktizität, aber auch zum Spannungsaufbau sowie der affektiven und gestischen Ausgestaltung sind entsprechende Wendungen hilfreich. Auch der Klassenraum kann atmosphärisch gestaltet werden, indem er abgedunkelt wird, Hintergrundgeräusche eingespielt werden und sich die Lernenden im Kreis wie um ein Lagerfeuer versammeln (vgl. ebd.). Dies kann entweder für sich stehen und die narrative und performative Kompetenz der Lernenden schulen sowie sie zum Sprechen motivieren, je nach Rahmenthema kann aber auch weiter im Sinne einer *critical pedagogy* gearbeitet werden, wenn Mechanismen der Informationsgestaltung und Meinungsbildung analysiert und auf ihre gesellschaftliche Wirkung befragt werden. ◀

5.5 Mehrsprachiges und fächerverbindendes Handeln

Mehrsprachiges und fächerverbindendes Handeln und Handlungsorientierung Die Entstehung mehrsprachigkeitsdidaktischer Ansätze begründet sich über soziokulturelle Entwicklungen und Globalisierungsprozesse, sprachenpolitische, bildungspolitische und curriculare Vorgaben, lernpsychologische Erkenntnisse sowie spezifische fremdsprachenpolitische und didaktische Erwägungen (vgl. im Detail Hallet/Königs 2013b: 303 f.; Bermejo Muñoz 2014). Gleichzeitig bleibt bislang die Berücksichtigung von Mehrsprachigkeit im Sinne von anderen L1 und LX im Allgemeinen in den deutschen Klassenzimmern auf einem recht ernüchternden Niveau, wenn z. B. Méron-Minuth (2018: 303–303) feststellt:

> » Die befragten gymnasialen Fremdsprachenlehrerinnen und -lehrer fühlen sich ausschließlich für ihre jeweils unterrichtete(n) Sprache(n) im Sinne von curricularer Progression, Sprachrichtigkeit und erreichbarer Abschlussqualifikation nach dem GER (2001) verantwortlich. [...] Die Einbeziehung von Schulfremdsprachen oder migrationsbedingter Herkunftssprachen erfolgt punktuell, häufig zufällig und situationsbedingt. [...] Eine durchgehende, unterrichtsstrategische Einbindung mehrsprachigkeitsdidaktischer Aspekte ist nicht zu erkennen.

Im Sinne eines Mehrsprachencurriculums oder Gesamtsprachencurriculums (vgl. Hufeisen 2011; s. ▶ Abschn. 2.2) ist an Konzepten zu arbeiten, welche die Bedeutung von Sprache/n im Bildungsprozess aller Fächer adressieren und individualisierte sprachenintegrierende Lernangebote entwerfen (vgl. Koch 2020: 123–126), Lernende für den Erwerb mehrerer Sprachen vorbereiten und motivieren (vgl. Fritz 2020). Das heißt Mehrsprachigkeit zu entwickeln muss sowohl als Unterrichtsgegenstand und Ziel gesehen werden, wie auch Mehrsprachigkeit als Voraussetzung der Lernenden gilt und im Unterrichtsdiskurs zu berücksichtigen und weiterzuentwickeln ist (s. reflektierte Mehrsprachigkeit: Caspari/Schädlich 2020: 44; s. ▶ Abschn. 4.5). Darüber hinaus erscheint lohnenswert, Konzepte der mehrsprachigen Schulgestaltung und der mitteilungsorientierten Schulkommunikation zu realisieren, die den monolingualen Habitus im Bildungssystem durchbrechen und Mehrsprachigkeit als gewinnbringende Ressource nutzen. Zu denken ist hier an mehrsprachige oder zielgruppenspezifische Internetauftritte, Informationsmaterialien, Beschilderungen und Lautsprecherdurchsagen, Befragungen durch Lernende gegenüber allen Mitgliedern der Schulgemeinschaft im Hinblick auf ihre Mehrsprachigkeit und Sprache(lern)biographie, mehrsprachige Musik- oder Theateraufführungen oder vielfältige internationale Schulprojekte. All dies fördert ein respektvolles Miteinander der Schulgemeinschaft und eröffnet allen Lernenden lernförderliche Einblicke in Sprache/n.

Die Tatsache, dass gute Sprachenlernende bewusst sprachliche Strukturen vergleichen, sollte über sprachenübergreifende Unterrichtsangebote systematisch berücksichtigt werden. Hierbei geht es nicht allein darum, eine Mehrsprachigkeit über entsprechende Unterrichtsangebote zu erzielen, sondern darüber hinaus im Sinne eines lebenslangen Lernens eine allgemeine Sprachlernkompetenz zu entwickeln (vgl. Meißner 2017: 316 f.; zur Rolle von Herkunfts- und Schulfremdsprachen im deutschen Bildungssystem s. *Fremdsprachen Lehren und Lernen* 46/1). Es stellen sich insofern die Fragen, welche sprachlich-kulturellen Unterrichtsangebote es gibt, wie der Unterricht in den Einzelfremdsprachen aufeinander bezogen werden kann und schließlich, in welcher Wechselwirkung der gesamte Fächerkanon steht. Berücksichtigt man die sprachlichen Voraussetzungen der Lernenden (Herkunfts- und Schulfremdsprachen), ergibt sich die Notwendigkeit eines sprachsensiblen Unterrichts, der in methodischer Hinsicht den Zugang zu fach- und bildungssprachlichen Inhalten ebnet. Dieser Zugang lässt sich durch einen genreorientierten Ansatz (vgl. Hallet 2016) einlösen, der berücksichtigt, dass das Wissen im Sachfach durch unterschiedliche fachliche Genres codiert durchdrungen werden muss.

Im Hinblick auf schulische Sprachlernangebote und die möglichen Abfolgen zu lernender Sprachen, ist zu thematisieren, welche Strategien eventuell bereits in der ersten Fremdsprache gesichert wurden und welche (kognitiven, metakognitiven oder sozial-affektiven) Strategien (s. ▶ Abschn. 4.8) gezielt für die weiteren Fremdsprachen (Transferstrategien etc.) auszubauen sind. Sprachübergreifendes Lernen kann wie folgt organisiert werden:

1. „als integrativer Bestandteil der Sprachfächer […],
2. als fächerübergreifendes Angebot der Sprachfächer,
3. als Form, projektbezogenen Lernens,
4. als punktuelle Unterrichtssequenz(en) in einzelnen Sprachfächern oder in Vertretungsstunden" (Behr 2014: 239).

Wie zunächst Einzelsprachen aufeinander bezogen werden können, soll nachfolgend betrachtet werden, um daran anschließend auf sprachsensiblen Unterricht und ferner Formen des fächerübergreifenden und bilingualen Unterrichts einzugehen.

Interkomprehension Als Interkomprehension wird die Fähigkeit bezeichnet, sich eine fremde Sprache auf der Grundlage sprachlichen Wissens aus Muttersprache oder anderen Sprachen zu erschließen. Die Erschließungsprozesse finden in der Regel bewusst statt, weswegen Interkomprehension häufig im Zusammenhang mit Sprach(lern)bewusstheit sowie mit Mehrsprachigkeit diskutiert und erforscht wird (vgl. z. B. Bär 2009; Strathmann 2010; Meißner 2013b; Morkötter 2016; Prokopowicz 2017).

Für die Planung eines solchermaßen ausgerichteten Unterrichts liefert der *Referenzrahmen für Plurale Ansätze zu Sprachen und Kulturen* detaillierte Deskriptoren (vgl. Meißner 2013a; s. ▶ Abschn. 4.9). Im Interkomprehensionsunterricht geht es vornehmlich darum, die bereits vorhandenen Ressourcen lernerleichternd zu nutzen, nicht aber unbedingt darum, neue Sprachen zu lernen (vgl. Schöpp 2016: 161 f.), wohl aber kann das Vorgehen für den zukünftigen Spracherwerb motivieren (vgl. Meißner/Strathmann 2019: 387). Es dient weiterhin dazu, Lesekompetenzen in weiteren Sprachen zu entwickeln und verdeutlicht den Nutzen gelernter Sprachen, sensibilisiert für sprachliche Ähnlichkeiten oder Unterschiede und fördert damit Sprach(lern)bewusstheit sowie Sprachlernroutinen. Ein bildungstheoretisches Ziel ist weiterhin die Entwicklung einer europäischen Identität (vgl. Meißner 2016: 237).

Die Interkomprehensionsdidaktik schlägt die Entwicklung einer Hypothesengrammatik oder einer interlingualen Korrespondenzgrammatik vor. Dies gelingt über Laut-Denk-Protokolle, diagnostisches Schreiben in der zu erschließenden Sprache (auch als kollaboratives mehrsprachiges Schreiben; vgl. Tesch 2019) und individuelle Lernpläne (vgl. Meißner 2016: 237; Meißner/Strathmann 2019: 388). Ferner erfolgt diese Entwicklung beispielsweise über Paralleltexte in verschiedenen Sprachen, Tabellen mit Wörtern gleicher Bedeutung in verschiedenen Sprachen (z. B. *sugar, sucre, azúcar, zucchero, caxap*) oder eine Interlinearübersetzung, also eine Wort-für-Wort-Übertragung zur Analyse der morphologischen und syntaktischen Sprachstrukturen (vgl. z. B. Meißner 2001).

Für Transferstrategien sind die sogenannten ‚Sieben Siebe' nützlich, die zunächst für die Interkomprehension innerhalb der romanischen Sprachfamilie entwickelt wurden. Sie sind im Einzelnen:
- internationaler Wortschatz
- panromanischer Wortschatz
- Lautentsprechungen
- Graphien und Aussprache
- syntaktische Strukturen
- morphosyntaktische Elemente
- Präfixe und Suffixe (vgl. Meißner/Meissner/Klein/Stegmann 2004: 141–262; Marx/Möller 2019; ▶ http://www.eurocomprehension.de/).

Beispiele zur Einbeziehung verschiedener Schulfremdsprachen und Herkunftssprachen im Sinne einer Interkomprehensions- und Mehrsprachigkeitsdidaktik liegen vielfach vor (vgl. Fäcke/Meißner 2019; s. ▶ Abschn. 3.2, 4.6), auch vergleichende Grammatiken können verwendet werden (vgl. z. B. für Spanisch mit Vergleichen zu Französisch, Deutsch und Englisch von Dorn/Navarro Gonzalez/

Strathmann 2012). Für das Sprachenpaar Englisch und Spanisch wurden umfassende Vorschläge für sprachen- und kulturbezogene Vernetzungen im Unterricht entwickelt, z. B. über die Arbeit mit Transferwortschatz, der Thematisierung von Spanglish und der Lingua Franca Englisch oder die thematische Arbeit zum Kulturkontakt, -transfer, -konflikt in Grenzregionen und in filmischen, künstlerischen oder virtuellen Ausdrucksformen (vgl. Blell/Leitzke-Ungerer 2011; Leitzke-Ungerer/Bell/Vences 2012). Besonders zu erwähnen sind transnationale Filme, die Mehrsprachigkeit u. a. als narratives, ästhetisches oder gesellschaftskritisches Mittel verwenden bzw. mehrsprachige Identitäten zum Thema machen (für Filmanalyse und Aufgaben s. Blell 2020). Für das Italienische stellt Schöpp (2020: 98) hingegen eine unsystematische Einbindung von Sprachvergleichen in Lehrwerken fest und fordert eine vergleichende Grammatik.

Die jeweiligen Vorschläge müssen an die sprachlichen Ressourcen der Lernenden angepasst werden. Dabei ist auch zu berücksichtigen, dass die Verfahren der Interkomprehensionsdidaktik bisweilen ungewohnt und anstrengend wirken und daher Unterstützung erfordern (vgl. Meißner/Strathmann 2019: 390). Wichtig ist außerdem, dass die verschiedenen mehrsprachigkeitsdidaktischen Ansätze integriert werden, Schul- und Herkunftssprachen gleichermaßen Berücksichtigung finden und die Lernenden in komplexen autonomiefördernden Lernaufgaben Sprach(lern)wissen anwenden (vgl. Bermejo Muñoz 2014: 128; s. dort detaillierte Aufgabenbeispiele; für vielfältige Vorschläge zur mehrsprachigen Leseförderung s. Kutzelmann/Massler 2018).

▶ Beispiel: Mehrsprachige Unterrichtsansätze

Leitzke-Ungerer (2015) liefert Vorschläge für die mehrsprachige Arbeit anhand des Sprachenpaares Englisch und Spanisch. Die Lernenden erarbeiten sprachliche Strukturen und Wortfelder zu kommunikativen Situationen, wie sie auch in der Lehrwerkprogression angelegt sind. Neben dem bewussten Sprachvergleich anhand entsprechender Übungen werden sie in kommunikative Simulationen gebracht, in denen sie beispielsweise in einem Souvenirladen Tourist*innen im Wechsel auf Spanisch und auf Englisch zu bedienen haben oder in denen sie eine zweisprachige Wegbeschreibung im Schulgebäude oder eine fiktive zweisprachige Stadtführung durchführen. Hier geht es also nicht um Sprachmittlung im engeren Sinne, sondern um die abwechselnde Verwendung zweier Sprachen in der gleichen kommunikativen Situation.

Das Projekt MuVit („Fostering multiliteracy through multilingual talking books"; vgl. Elsner 2011) ermöglicht Kindern und Jugendlichen die Lektüre von digitalen Kinderbüchern in verschiedenen Schulfremdsprachen und Herkunftssprachen und fördert damit einen spielerisch-handelnden Umgang mit den Sprachen. Um entsprechendes Material zu erstellen, müssen Lehrende zunächst explorieren, welche Sprachen von den Lernenden gesprochen werden, sie müssen sich dann über diese Sprachen informieren und sprachliche Beispiele suchen, um dann differenzierende Aufgaben zur Sprachidentifizierung und zum Sprachvergleich zu erstellen. Dieses Material ist immer wieder entsprechend der Lerngruppe zu ergänzen (vgl. detailliert in Lohe 2017).

Im Projekt „TET – Teaching English with Tablets" (vgl. Dausend/Nickel 2017) entwerfen Lernende in der Grundschule anhand einer App mit Tablets ein eigenes digitales Buch. Dabei wechseln die Lernenden selbstgesteuert und je nach Arbeitsschritt zwischen der Ausgangssprache Deutsch und der Projektsprache Englisch. Ferner verfolgen die Schüler*innen je nach Sprachkenntnissen individuelle Lernwege, so dass von einer „schülergesteuerten Differenzierung" (vgl. ebd.: 197) gesprochen werden kann. Die Verbindung zwischen Translanguaging und Performativität stellen Aden/Eschenauer (2020) anhand des Projekts „AiLES – Arts in Language Education for an Empathic Society" her. Jugendliche mit verschiedenen Herkunftssprachen entwerfen in dem Projekt gemeinsam mit einem Dramaturgen ein deutsch-englisches Theaterstück, das sowohl ihre Herkunftssprachen als auch Themen einbezieht, die sie aktuell beschäftigen. In einer Longitudinalstudie (vgl. Eschenauer 2017) kann eine positive Wirkung auf die Einstellungen zu den Sprachen festgestellt werden, welche nun als Mittel des Austausches und nicht als Lerngegenstand wahrgenommen und im unbewussten Sprachwechsel verwendet werden. Zudem entwickeln die Jugendlichen Motivation für das weitere Sprachenlernen. ◀

Denkt man in komplexeren Bildungszielen, so drängen sich Formate des sprachsensiblen Lernens in allen schulischen Fächern und des fächerverbindenden Lernens auf. Dies kann in der Form von Projekten ebenso gedacht werden wie im Sinne bilingualen Unterrichts. Diese Modelle werden nachfolgend genauer erläutert.

Sprachsensibler Unterricht Das Konzept des sprachsensiblen Unterrichts befasst sich mit den bildungssprachlichen Voraussetzungen in Lerngruppen, die bezüglich ihrer sprachlich-kulturellen und sozialen Voraussetzungen unterschiedliche Zugänge zum schulischen Lernen und dadurch häufig andere Erfolgswahrscheinlichkeiten haben. Dabei weisen Studien zu bildungssprachlichen Unterschieden zwischen Kindern mit Deutsch als L1 und solchen mit Deutsch als LX durchaus auf Sprachförderbedarfe in beiden Gruppen (vgl. Haberzettl 2016).

Sprachliches Handeln ist in jedem schulischen Fach der entscheidende Zugang zu den Fachinhalten und zum Fachdiskurs (vgl. auch Benholz/Mavruk 2016: 219). Dabei müssen die Übergänge von der Alltagssprache zur Bildungssprache geebnet werden. Die beiden unterschiedlichen Ebenen von Alltags- und Bildungssprache lassen sich exemplarisch über die folgenden Sprachhandlungen festmachen:

- „Sprachhandlungen im Alltag sind: reden, erzählen, schimpfen, erklären, maulen, twittern, telefonieren, unterhalten, lesen, schreiben, …
- Sprachhandlungen im Bildungsbereich sind: berichten, beschreiben, begründen, argumentieren, versprachlichen, modellieren, diskutieren, erläutern, protokollieren, lesen, schreiben, …" (Leisen 2018: 11)

Im Unterricht können alltagssprachliche Handlungen als gemeinsamer Einstieg genutzt werden, um Bildungssprache anzubahnen. Parallel muss es in den unterschiedlichen Sachfächern oder je nach Unterrichtsgegenstand auch zu einer

5

Förderung von Fachsprache kommen, die jedoch stärker auf lexikalischer Ebene z. B. einen bestimmten Fachwortschatz aufbaut, welcher wiederum mit bildungssprachlichen Konzepten bzw. bildungsorientierten/akademischen Sprachhandlungen in Anwendung tritt (vgl. Unterscheidung zwischen BICS und CALP in ► Abschn. 3.2). Bezüglich dieser Sprachhandlungen unterscheidet Leisen (2018) handlungsbegleitende Sprachhandlungen gegenüber fachbezogenen Sprachhandlungen. Handlungsbegleitende Sprachhandlungen können beispielsweise Gespräche der Lernenden bei einem Versuchsaufbau sein oder die Erklärung des Versuchsergebnisses; fachbezogenes Handeln tritt bei schriftlichen Protokollen oder der Lektüre von Fachtexten auf (vgl. Leisen 2018: 11).

Sprachliche Schwierigkeiten können auf der morphologischen, syntaktischen oder semantischen Ebene aufscheinen, indem die Lernenden Fachbegriffe oder komplexere Wortverbindungen oder Satzstrukturen nicht erfassen können. Weiterhin besteht eine Problematik in der Übertragung von Alltagsbegriffen in die Fachsprache, wenn Begriffe dort eine neue Bedeutung erhalten („Der Stuhl kippt um. Der See kippt um."; Leisen 2018: 12). Zwischen der Alltags- und der Bildungs- bzw. Fachsprache oszilliert die Unterrichtssprache, die im besten Fall den Lernenden den Übergang erleichtert. Hinzutritt die fachliche Symbolsprache und im Unterricht die non-verbale Sprache (vgl. Leisen 2018: 13). Gerade diese können von der Lehrperson bewusst zur Verständnissicherung genutzt werden. Die sprachliche Ebene kann also über eine gegenständliche und bildliche sowie eine abstraktere symbolische (ggf. noch eine mathematische) Ebene flankiert werden. Ein entsprechendes Scaffolding in didaktischer sowie methodischer Hinsicht ist daher vonnöten, um den Lernenden den Zugang zu diesen Konzepten oder unterschiedlichen Darstellungsformen zu erleichtern. Ein handlungsorientiertes Erschließen fachlicher Konzepte ermöglichen beispielsweise außerschulische Schülerlabore, in denen auch (sprachlich) heterogene Lerngruppen über forschendes Lernen an Fachinhalte und ihre Versprachlichung herangeführt werden können (vgl. Haberzettl/Huwer/Bröhl/Hempelmann 2020).

Der Fremdsprachenunterricht hat es mit einer Dopplung der sprachlichen Ebene zu tun. Die Lernenden sind mit einer ausgangssprachlichen und einer fremdsprachlichen Alltags-, Unterrichts- und Bildungssprache konfrontiert, wenn man beispielsweise an literarische Analysen, grammatikalische Erklärungen oder kultur-/landesspezifische Themen (Geographie, Geschichte, Politik etc.) denkt. Umso wichtiger sind Verfahren der Visualisierung, körperlichen Darstellung und der Gebrauch unterschiedlicher Genres und Medien. Gleichermaßen ist die Entwicklung von Sprachbewusstheit eine Kernaufgabe eines derart verstandenen Fremdsprachenunterrichts.

► Beispiel: Sprachlich koordiniertes Scaffolding am Beispiel der Einführung eines Kompasses

◘ Abb. 5.12 (zu lesen von unten nach oben) zeigt, wie Schülerinnen und Schüler sich das Funktionsprinzip eines Kompasses stufenweise mit zunehmender fachlich-inhaltlichen sowie sprachlichen Komplexität (handlungsorientiert) erschließen (vgl. Kniffka/Neuer 2008). Dabei wird mit einem Ausprobieren in Verknüpfung mit alltagssprachlichem Wortschatz begonnen, welcher zunehmend auch mittels unter-

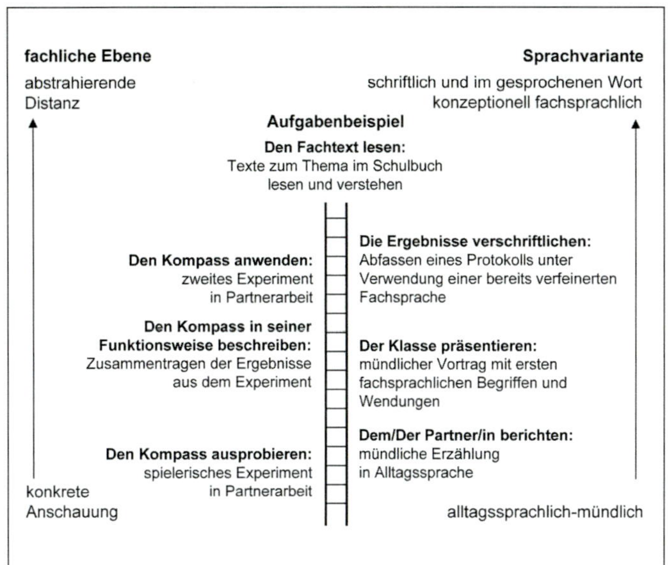

Abb. 5.12 Scaffolding sprachlich-inhaltlicher Anforderungen (Kniffka/Neuer 2008: 129)

schiedlicher Textformen (z. B. mündlicher Vortrag – Anfertigen eines Protokolls – Lesen eines Fachtextes) fachsprachlich unterfüttert und per Scaffolding unterstützt wird. Ein ähnliches Vorgehen ist in jedem (sprachsensiblen) Unterricht denkbar, in dem ein komplexer Fachinhalt sprachlich heruntergebrochen und mittels zunehmend komplexerer fachlicher Methoden sowie sprachlich-textlicher Formen erschlossen wird. ◀

Fächerverbindende Projekte Viele Themen im Fremdsprachenunterricht eignen sich auch dazu, als Unterrichtseinheiten parallel im Unterricht verschiedener weiterer Fächer umgesetzt zu werden. Dazu bedarf es der Kooperation der Lehrkräfte. Vorteil ist die tiefere Durchdringung, ggf. auch inhaltliche Absicherung der Inhalte sowie eine insgesamt höhere Lernzeit. Komplexe Inhalte können im Fachunterricht entlastet und im Fremdsprachenunterricht dann leichter aufgegriffen werden. Für die Planung eines fächerübergreifenden Projekts kann auch vorgesehen werden, verschiedene Klassenstufen mit unterschiedlichen Sprachniveaus einzubinden. Es muss dabei ggf. entschieden werden, ob eher sprachliche oder fachliche Kompetenzen im Fokus stehen. Schließlich können fächerübergreifende Projekte auch eine Vorbereitung auf eine Reise in ein Land der Zielsprache darstellen (vgl. Borgwardt/Wittner 2002: 64).

▶ Beispiel: Fächerverbindendes Lernen

Von literarischen Texten ausgehende Projekte

Ein Beispiel für ein fächerverbindendes Projekt liefern Abendroth-Timmer und von Tschilschke (2020). Anhand des literarischen Kurztextes „Una conversación en la Alhambra“ (1859) von Pedro Antonio de Alarcón erstellen die Lernenden einen Hypertext, der satellitenartig Recherche- oder Schreibprodukte der Lernenden illustrativ und

vertiefend an Textteile anbindet. Die Handlung spielt im Jahr 1859 unmittelbar vor dem spanisch-marokkanischen Krieg. In dem Text trifft der Erzähler auf einen Nachfahren der aus Andalusien vertriebenen Mauren und es entspannen sich Monologe und Dialoge, die um die Themen Vertreibung, Flucht, Diskriminierung aufgrund unterschiedlicher Religionszugehörigkeit sowie Herkunft und die dadurch erschwerte Identitätsstiftung kreisen. Darüber hinaus versteckt sich in der Kurzgeschichte eine romantisierte Darstellung des Al-Andalus und eine Legitimierung von spanischen Kolonisationsbestrebungen in Marokko.
Aus diesem Grund sollte der Text sowohl auf seine literar-ästhetischen Spezifika untersucht als auch historisch analysiert werden. Zudem ist es unverzichtbar, eine präzise Unterscheidung zwischen den auffindbaren faktualen und fiktionalen Elementen vorzunehmen, um die Aussagen des Textes korrekt interpretieren und einordnen zu können. Im Spanischunterricht unterstützt der Einsatz dieses Textes nicht nur die Förderung von sprachlichen oder literar-ästhetischen Kompetenzen, vielmehr ermöglicht die Kurzgeschichte – dank der in ihr behandelten Themen – eine vertiefte Reflexion über die Komplexität identitätsstiftender Prozesse, welche ganz besonders in kulturell heterogenen Gesellschaften auftreten. Basierend auf dem komplexen Inhalt der Kurzgeschichte ist es durchaus sinnvoll, die Analyse und die anschließende Produkterstellung fächerverbindend zu organisieren. Als mögliche Partner-Unterrichtsfächer lassen sich an dieser Stelle der Geschichtsunterricht, der Religionsunterricht, die Sozialwissenschaften, aber auch künstlerische Fächer wie der Kunst- und der Musikunterricht einbinden (vgl. Analysen und Konkretisierungen ebd.).

Von offenen Themenstellungen ausgehende Projekte
Für den Russischunterricht stellen Borgwardt und Wittner (2002) detaillierte Planungen für fächerübergreifende Projekte vor. Sie präferieren einen möglichst offenen thematischen Zugang, der es erlaubt, verschiedene Fächer und Lernendengruppen einzubinden sowie auf die schulischen Vorerfahrungen und außerschulischen Interessen der Lernenden einzugehen. Zugleich sind die vorgestellten Projektergebnisse wiederum anschlussfähig an den Fachunterricht. Um das Vorwissen der Lernenden zu erfassen, können diese im Vorfeld und in der Zielsprache einen Fragebogen ausfüllen. Lehrende müssen die Lehrpläne der einzubindenden Fächer sichten, um sinnvolle thematische Anknüpfungspunkte und Kompetenzbereiche festzulegen. Besonders offen gestaltet sich das Projekt zu Moskau und der Sicht der Lernenden hierauf (Россия – мой взгляд), das aus den verschiedensten Fächern heraus bearbeitet werden kann (Geschichte, Geographie, Sozialkunde, Kunst, Musik und weitere). Handlungsprodukte können sein: Steckbriefe, Interviews, Wandzeitungen, Chroniken oder Planspiele.
Als weiteres Beispiel schlagen die Autor*innen das Thema „Die Rolle der Kunst in meinem Leben“ vor. Je nach außerschulischen Interessen der Lernenden kann dies in Richtung von Malerei, Tanz, Musik oder auch Literatur ausgestaltet werden. Ergebnisse können Vorträge oder eigene künstlerische Produkte oder Vorführungen sein. ◄

Bilingualer Sachfachunterricht Die Anfänge bilingualen Sachfachunterrichts gehen in Deutschland auf das Ziel der Völkerverständigung zurück (vgl. Breidbach 2013). Dies führte dazu, dass zunächst gerade bilinguale Schulzweige mit

Französisch als Arbeitssprache eingerichtet wurden, wohingegen zwischenzeitlich die überwiegende Zahl bilingualer Schulen Englisch als Arbeitssprache verwendet, geringe Zahlen liegen für weitere Sprachen wie z. B. Spanisch oder Italienisch vor (vgl. Heine/Riccò/Schoof-Wetzig 2003). Die Entwicklung bilingualen Unterrichts erfolgte zunächst aus der Praxis heraus und kann ab den 1990er Jahren in Deutschland als wichtiges theorieentwickelndes Forschungsfeld bezeichnet werden (vgl. Doff 2010b: 11–15).

Die im bilingualen Unterricht einbezogenen Sachfächer waren zunächst primär die Fächer Politik, Geographie und Geschichte, denen ein großes Potenzial für landeskundliche Wissensvermittlung im Sinne der Völkerverständigung zugesprochen wurde. Mit einem weiterentwickelten Konzept interkulturellen Lernens, aber auch durch die höhere Bedeutung des Englischen, wird der Fächerkanon zunächst erweitert auf die naturwissenschaftlichen Fächer, dann auch um die künstlerisch-musischen Fächer und Sport, denen allen gleichermaßen ein Potenzial für (inter)kulturelle Bildungsprozesse zugesprochen wird. Das heißt die Festlegung auf wenige Sachfächer würde zu einer Einschränkung führen, wohingegen verschiedene Fächer in ihrer je spezifischen Weise einen Beitrag zum schulischen, interkulturell-sprachlichen Bildungsauftrag leisten, wenn diese in einem Gesamtcurriculum im Wechsel und eventuell kurzen Phasen angeboten würden (vgl. Mentz 2010: 42).

▶ Beispiel: Bildungsauftrag bilingualen Unterrichts

In einer Sammlung von Textanalysen und Unterrichtsbeispielen zum Konzentrationslager Flossenbürg (vgl. von Treskow 2019) wird eindrucksvoll nachgezeichnet, wie lerner*innen- und handlungsorientiert das schwierige Thema der NS-Verbrechen fächerverbindend aufbereitet werden kann. Die Textgrundlagen sind vielfältig und schließen originale Briefe ebenso ein wie literarische Texte. Die didaktischen Vorschläge legen bisweilen stärker einen Fokus auf die historische Arbeit, an anderer Stelle steht die sprachlich-inhaltliche Arbeit mehr im Mittelpunkt. Die Materialien können ebenso im bilingualen Unterricht wie im Sprachunterricht sowie in binationalen Projekten Verwendung finden. Angesichts immer wieder aufkeimender Rassismustendenzen in der Gesellschaft handelt es sich um ein hoch relevantes Thema. Die in besonderem Maße fachlich ausgewiesenen Lehrkräfte im bilingualen Unterricht Geschichte können Dokumente und damit Lebensgeschichten und politische Sichtweisen aufeinander beziehen und mit den Lernenden aufarbeiten; auch die gemeinsame Arbeit von Geschichts- und Fremdsprachenlehrkräften käme der Komplexität des Themas entgegen. ◀

Bilingualer Unterricht in Form von bilingualen Zügen als mehrjährige Bildungsgänge bietet Lernenden vielfältige Anlässe für eine mehrperspektivische fachliche Konzeptualisierung. Es wird theoretisch nicht selten davon ausgegangen, dass fachliche Konzepte durch den fremd- und bildungssprachlichen bzw. -kulturellen Vergleich tiefer durchdrungen werden, wenn auch empirische Untersuchungen hier insbesondere hinsichtlich allgemeiner Sprachkompetenzen teils eher ernüchternde Ergebnisse liefern (vgl. Bonnet 2004; Rumlich 2016). Allerdings: Neben einer ggf. kulturspezifisch unterschiedlichen Sicht auf fachliche Inhalte profitieren die Lernenden von der Analyse der sprachlichen Darstellung (vgl. Schmelter

2012: 45) und entwickeln ihre generische Kompetenz der Beschreibung, Analyse und Bewertung fachlicher Gegenstände (vgl. Hallet 2016). Hier sei noch einmal auf die narrative Kompetenz (s. ▶ Abschn. 3.2) verwiesen, wenn Lernende im bilingualen Geschichtsunterricht befähigt werden, historische Ereignisse darzustellen und die Darstellungsmittel der jeweiligen Quellen erkennen müssen (vgl. Nünning/Nünning 2017: 263). Sie werden dazu in die Lage versetzt, über die fachlichen Inhalte in einen Diskurs einzutreten und schließlich Fachwissen und Fachdiskurse kritisch zu reflektieren (vgl. Breidbach 2007). Dies drängt sich gerade im bilingualen Unterricht und durch die mit der weiteren Sprache eingeführten zusätzlichen Perspektiven ganz besonders auf. Als Methodenkonzeption bilingualen Unterrichts kann dies fächerübergreifend nach Breidbach (2006: 14) wie folgt dargestellt werden (◘ Tab. 5.1).

Dass Lernende im bilingualem Unterricht durchaus im Bereich Lexik und Morphosyntax, aber auch hinsichtlich einer wachsenden Sprachbewusstheit gute Erfolge erzielen, zeigen verschiedene empirische Studien (vgl. den Überblick in Heine 2013: 220). Gleichzeitig aber handelt es sich bei den Lernenden oftmals (aber nicht nur) um ohnehin sehr sprachaffine, in verschiedenen fachlichen Bereichen leistungsstarke und motivierte Lernende, die auch im Regelunterricht sehr gute Ergebnisse erzielt hätten (vgl. ebd.: 220; Fehling 2005: 200 f.; Zydatiß 2007: 92). Darüber hinaus sind die Rahmenbedingungen bilingualen Unterrichts an Schulen in Deutschland so unterschiedlich, dass die empirischen Aussagen zu relativieren und weitere komplexe Forschungsansätze erforderlich sind (vgl. Bonnet/Dalton-Puffer 2013; Heine 2013: 220; Diehr 2016: 58–62).

◘ **Tab. 5.1** Allgemeines Modell fachlicher Kompetenz und deren Erwerbsbedingungen im Kontext bilingualen Lehrens und Lernens (nach Bonnet/Breidbach/Hallet 2013 und Bonnet 2004; zitiert nach Breidbach 2006: 14)

Dimensionen fachlicher Kompetenz und zu erwerbende Inhalte/Gegenstände/Fähigkeiten				
Konzeptual	**Methodisch**	**Diskursiv**	**Interaktional**	**Reflexiv**
Zentrale fachliche Begriffe und Konzepte, Fachterminologie	Fachliche Methoden, Dokumentations- und Darstellungsweisen	Sprachliche Umgangsformen (Diskurs) des Faches, Fachsprache	Soziale Gesprächs- und Kooperationsfähigkeit	Strategien zum Umgang mit fachkulturellen und sozialen Differenzerfahrungen
Erwerbsbedingungen fachlicher Kompetenz in bilingualen Kontexten: kognitive Fremdsprachlichkeit – Kompetenzerwerb im Medium der Fremdsprache – fachkulturelle Fremdsprachlichkeit – Kompetenzerwerb als Lern- und Bildungsprozess durch fachliche Fremdheitserfahrung				
		Funktionale Spracharbeit – fachlich funktionale Handlungsfähigkeit – sozial		
Scaffolding Wechsel der Darstellungsformen				
Fächerverbindende Perspektivierung von Gegenständen, innerfachliche Perspektivenvielfalt Reflexion des individuellen sowie des Gruppenlernprozesses				

Kritisch anzumerken ist gleichwohl, dass bilingualer Sachfachunterricht den Erwerb von nur einer Sprache fördert. Dies führt zu einem eher monolingualen Unterricht, der sich durch die Lehrmaterialbasis und Prüfungsvorgaben ebenso wie durch entsprechende Vorstellungen der Lehrkräfte speist (vgl. Albrecht/Böing 2010: 58 f.; Diehr 2016: 64; Schneider 2018: 380–385). Die Idee der Förderung von Mehrsprachigkeit durch bilingualen Unterricht ist daher in der bisherigen Umsetzung nicht zu verwirklichen (vgl. Deutsch 2016) bzw. es werden sogar Hierarchien zwischen Sprachen verstärkt, wenn im Unterrichtsdiskurs lediglich die Zielsprache dominant gesetzt wird (vgl. Schneider 2018: 381). Gleichwohl liegt ein Modell der doppelten Fachsprachlichkeit und der kognitiven Repräsentation von L1-/L2 bzw. LX-Begriffen und L1-/L2 bzw. LX-Konzepten und ihrer Dynamik vor (vgl. Diehr 2016: 71), auf dem aufbauend Unterricht modelliert werden kann, der „das Ziel einer doppelten Fachliteralität [anstrebt], die […] Wissen über kulturspezifische, kontextgebundene und nicht-deckungsgleiche Komponenten von Fachkonzepten, Textsortenkompetenzen und den bewussten Gebrauch der Fachsprache in der L1 und der L2 umfasst“ (ebd.: 74).

Konzepte wie sprachsensibler Unterricht (s. o.), *translanguaging* und sprachvergleichende bzw. sprachenintegrierende Ansätze (vgl. Corcoll López/González-Davies 2016: 69 f.; Wenk/Marx/Rüßmann/Steinhoff 2016) könnten zu einer mehrsprachigkeitsdidaktischen Sensibilisierung von Lehrenden und Lernenden beitragen (s. ▶ Abschn. 3.2). Diese Konzepte betrachten die Bedeutung von Sprache in allen Bildungsbereichen und verstehen die Lernenden als Nutzer*innen eines komplexen (mehr)sprachlich-kulturell-symbolischen Repertoires. Während die Idee des *language across the curriculum* die Einbeziehung von Sprachen in verschiedenen Fächern je nach inhaltlichem Anlass ermöglicht, will sprachsensibler Unterricht Lernende mit unterschiedlichen sozialen und sprachlichen Lernausgangslagen den Zugang zur Bildungssprache durch ihren bewussten Gebrauch durch Lehrende erleichtern. *Translanguaging* wiederum geht davon aus, dass Bedeutungskonstruktion immer den Rückgriff auf das gesamte Wissensrepertoire bzw. semiotische Repertoire mit sich bringt und hiervon profitiert. All diese Ansätze im Sinne einer durchgängigen Sprachbildung (vgl. Lange/Gogolin 2010; Settinieri 2019: 506 f.) umzusetzen, führt zur Erhöhung mehrsprachiger Kompetenz und fachlich zu einer Perspektivenerweiterung auf kultureller, räumlicher und historischer Ebene (vgl. Breidbach 2007: 269; Albrecht/Böing 2010; Settinieri 2019). Dies erfordert aber auch eine daran ausgerichtete Lehrer*innenbildung, die Lehrende mit Ansätzen der bilingualen und mehrsprachigen Didaktik (vgl. Krechel 2019) vertraut macht und auf ein Lehrer*innenverhalten abzielt, das der Förderung von „Authentizität, Kontextualisierung, Lerneraktivierung, Verlangsamung, Sprachreflexion und vor allem Modellierung“ dient (Settinieri 2019: 507).

In diesem Sinne sollte bilingualer Sachfachunterricht auch stärker in alle Bildungsgänge und mit jeweils geeigneten Modellen integriert werden. So eignet sich bilingualer Unterricht in der Grundschule, Kinder mit anderer Ausgangssprache als der gemeinsamen Bildungssprache Deutsch gleichermaßen in ihrer LX Deutsch und in der gemeinsamen Schulfremdsprache Englisch zu fördern. Zum einen erleben sich diese Kinder im bilingualen Englischunterricht als gleichberechtigte Mitglieder der Sprachgemeinschaft, zum anderen erleichtert ihnen das

Englische ebenso wie das fachliche Handeln den Zugang zur dann folgenden deutschen Lerneinheit. Dies setzt voraus, dass der Unterricht durchgehend zweisprachig und dann in einzelnen Phasen differenzierend zwischen den Kindern mit L1 oder LX Deutsch stattfindet (vgl. Bellet 2017).

Auch für die Hauptschule liegen vielversprechende Untersuchungsergebnisse vor, die zeigen, dass sich die Lernenden durchaus vorstellen können, bilingual unterrichtet zu werden (vgl. Dahnken 2005). Ein modularisierter bilingualer Sachfachunterricht kann hier auch leistungsschwächere Schüler*innen erreichen, ohne dass dies zulasten der Fachinhalte geht. Auch hier ist das selbstständige Handeln der Lernenden ein Gelingensfaktor (vgl. Schwab 2013; Schwab/Keßler/Hollm 2014: 28–33). Folgende Prinzipien scheinen für diese Gruppe von Lernenden besonders erforderlich (Schwab 2013: 311 f.): „(1) Anschaulichkeit, (2) Kleinschrittigkeit, (3) Handlungsorientierung, (4) regelmäßiges Wiederholen [...] (5) Schaffung von interaktionalem Raum für Schülerpartizipation, (6) didaktische Reduktion, (7) sprachlich angemessene Aufbereitung des sachfachlichen Inputs".

Empirisch untermauerte Vorschläge liegen ebenso für offene Lernsettings in der Grundschule mit Einbindung der Sprache in verschiedene Fächer vor (vgl. Dausend/Elsner/Keßler 2013).

▶ Beispiel: Mehrsprachige Rezeption und Produktion im bilingualen Unterricht

Sprachen und Textgenres sowie Phasen der Rezeption und Produktion können im bilingualen Unterricht so miteinander verwoben werden, dass sich die einzelnen Elemente wechselseitig entlasten. So kann in naturwissenschaftlichen Fächern ein Untersuchungsablauf bildhaft mit fremdsprachiger Untertitelung dargestellt werden. Die sprachliche Rezeption ist damit entlastet, zugleich stellt die Beschreibung eine eigene Produktionsleistung dar, wenn ganze Sätze zu formulieren sind.

Kritische Texte zu naturwissenschaftlichen Fragestellungen können im Anschluss in beiden Sprachen geliefert werden und darüber verschiedenen Perspektiven einbringen und auch hier sich sprachlich wechselseitig entlasten. Mithilfe einer daraus zu erstellenden mehrsprachigen Mindmap konzeptualisieren die Lernenden die wesentlichen thematischen Bereiche und entwickeln eine weitere sprachlich-inhaltliche Basis für eigene Stellungnahmen in der Fremdsprache. ◀

▶ Organisationsformen und Abschlüsse bilingualen Unterrichts

Neben den etablierten bilingualen Zügen haben sich über die Jahre verschiedene weitere Formen bilingualen Unterrichts entwickelt (vgl. Hallet/Königs 2013a, für internationale Entwicklungen s. *International CLIL Research Journal,* ▶ http://www.icrj.eu/ sowie *CLIL Journal of Innovation and Research in Plurilingual and Pluricultural Education,* ▶ https://revistes.uab.cat/clil/index). Die flexibelste Variante sind bilinguale oder mehrsprachige Module. Hierbei handelt es sich um epochal im regulären Sachfachunterricht eingesetzte Unterrichtseinheiten. Die Wahl des Einsatzes bestimmt sich über die Eignung des Themas für eine mehrsprachige und multiperspektivische Betrachtung. Ein Vorteil ist die Möglichkeit, die fachliche Perspektive sinnvoll inhaltlich zu ergänzen und dies je nach Bedarf in unterschiedlichen und nicht institutionell

festgelegten Fächern umzusetzen. Ein Nachteil ist gleichwohl die sprachliche Vorbereitung der Lernenden und die geringere Nachhaltigkeit des Modells aufgrund mangelnder struktureller Verankerung. Der motivationale Gewinn steht dadurch der sprachlichen und fachlichen Herausforderung gegenüber (vgl. Abendroth-Timmer 2007; Schwab 2013; Verriere 2014). Dieser Gegebenheit kann nur mit einem veränderten Bildungsziel im Sinne einer Multiperspektivität und Identitätsentwicklung im Gegensatz zu einer hohen Sprachkompetenz in einer einzigen Sprache entgegengewirkt werden. Dass gerade auch Lernende mit weiteren Herkunftssprachen von einem solchen Bildungsbegriff identitär profitieren, zeigt beispielsweise die Studie von Meier (2016) zum Modell der Staatlichen Europa-Schule Berlin. Hier werden Lernende mit den Herkunftssprachen Englisch, Französisch, Griechisch, Italienisch, Polnisch, Portugiesisch, Russisch, Spanisch oder Türkisch gemeinsam mit Lernenden mit dominanter Ausgangssprache Deutsch als zweisprachige Sprachgemeinschaften unterrichtet.
Neben dem Ausweis des erfolgreichen Abschlusses eines bilingualen Bildungsganges auf dem Zeugnis oder der Absolvierung eines deutsch-französischen AbiBac oder eines internationalen Abiturs stellt das europäische Exzellenzlabel für mehrsprachige, europäische und internationale Kompetenzen *CertiLingua* eine Besonderheit dar. Dieses wird vergeben für fremdsprachliche Kompetenzen auf dem Niveau B2 in mindestens zwei Fremdsprachen, die Absolvierung bilingualen Unterrichts in einem festgelegten Umfang sowie den Nachweis interkultureller Kompetenzen über die Dokumentation eines entsprechenden Projektes (vgl. Rönneper 2013). Das Exzellenzlabel *CertiLingua* wird international vergeben. Es hat vor allem zum Ziel, besonders sprachaffine Schüler*innen gezielt zu fördern und dies zu attestieren. Dabei dient es dazu, die Lernzeit der zweiten Fremdsprache zu verlängern und in die Sekundarstufe II zu überführen. Indem außerdem seitens der Lernenden selbstständig ein Projekt geplant, durchgeführt und reflektiert werden muss, betont es die Förderung selbstbestimmten mehrsprachigen und interkulturellen Handelns.
Für Lehrkräfte im bilingualen Unterricht mit der Arbeitssprache Französisch bietet die Arbeitsgemeinschaft *LIBINGUA* Angebote für Materialien und Fortbildungen (▶ https://libingua.de/). ◀

5.6 Kritisches Handeln

Handlungsorientierter Fremdsprachenunterricht versteht sich in einem bildungstheoretischen Sinne darin, dass er – wie andere Fächer – dazu beiträgt, Schülerinnen und Schüler zu verantwortungsvollen Bürgerinnen und Bürgern zu erziehen (s. auch ▶ Abschn. 2.2 und 2.4) und sie dazu im und durch Unterricht anregt, Sprache in diesem Sinne zu verwenden:

» Language must be used to amplify students' intellectual, aesthetic, and social identities if it is to contribute to student empowerment, understood as the collaborative creation of power. Unless active and authentic language use for these purposes is promoted in the classroom, students' grasp of academic (and conversational) English is likely to remain shallow and passive. (Cummins 2000: 544)

Solchermaßen können fremdsprachliche Bildungsangebote, die z. B. über unterschiedliche Kommunikationswege und Produkte (s. *multiliteracies*) authentische Begegnungen ermöglichen, zu einer transformativen Pädagogik beitragen. Die identitätsstiftenden Maßnahmen, die auf Kommunikation und Interaktion ausgelegten Settings, welche von den Fremdsprachenlehrkräften normalerweise geschaffen werden, sowie Aspekte inter- oder transkulturellen Lernens vermögen allerdings möglicherweise nicht in Gänze die Bildungsziele zu erreichen, welche erziehungswissenschaftlich relevant erscheinen. Dort gilt „Bildung als Transformation grundlegender Figuren des Selbst- und Weltverständnisses" (Koller 2018: 15). Die Bildungsinstitutionen und der Unterricht in ihnen müssten hierfür jedoch die Reflexion eben jenes Selbst- und Weltverständnisses zunächst einmal anbahnen und zum Gegenstand des Unterrichts machen. Im Fremdsprachenunterricht wird Reflexion in aller Regel primär mit inter-/transkulturellem Lernen und hier z. B. mit der Perspektivenübernahme bzw. -koordination auf Grundlage der Didaktik des Fremdverstehens (s. ► Abschn. 2.8) thematisiert. Dass dies aus kulturtheoretischer Perspektive nicht unproblematisch ist und dass z. B. Plikat (2017) hier stärker den Diskursbegriff als produktiv ansieht, wurde bereits herausgestellt (s. ► Abschn. 2.8 und 3.2).

Hinzu kommt, dass der Fremdsprachenunterricht lange Zeit – trotz einer traditionellen Orientierung auf die Lernenden – die Fokussierung auf kritische Aspekte vernachlässigt hat zugunsten der standardorientierten Förderung sprachlicher Fertigkeiten (s. ► Abschn. 4.1) und der Didaktisierung eher generischer und neutraler Themen, welche dann – primär über Lehrwerke gesteuert – in den Fokus gerückt wurden (vgl. Gerlach 2020a; zum Spannungsverhältnis von Pluralisierung und Normierung im Hinblick auf Geschlecht, Ethnie und sozialer Herkunft in Lehrwerken s. Fäcke 1999). Ferner werden unterrichtliche Reflexionen oft auf die Beschreibung eigener Lernprozesse und -zuwächse beschränkt und werden dabei nicht selten unauthentisch und inhaltsleer bzw. können keine subjekt- oder gar identitätsbezogenen Entwicklungsprozesse initiieren (vgl. Schneider 2018: 385–392). Dies ist nicht zuletzt in der unterrichtlichen Machtstruktur und der Dominantsetzung der Zielsprache selbst begründet (vgl. ebd., 386).

Ein Fremdsprachenunterricht, der kritisches Handeln und ein kritisches Bewusstsein fördern will, orientiert sich im Gegensatz dazu ganz ausdrücklich an machttheoretisch und sozial problematischen Themen und holt diese im Sinne ganzheitlicher, transformatorischer Bildung als sprachliche Phänomene in die Schule:

> » Eine Kritische Fremdsprachendidaktik vergegenständlicht die Kommunikation und Interaktion im fremdsprachlichen Klassenzimmer zur Förderung sozialer und demokratischer Verantwortung, zur Reflexion sozialer Ungleichheit, zum respektvollen Miteinander und zum pflichtbewussten Handeln. (Gerlach 2020b: 24)

Die Ziele eines solchen, kritische Themen ins Zentrum rückenden Fremdsprachenunterrichts lassen sich dabei mittels verschiedener Ansätze begründen, welche im Folgenden dargestellt werden. Sie sind teils auf verschiedenen Ebenen (sozial-interaktional, politisch, sprachlich) zu sehen, verfolgen aber immer das Ziel, ein kritisches Bewusstsein zu fördern, welches die soziale und gesellschaftliche

Bedeutung des eigenen Handelns als Mensch beispielhaft eingebettet in und vor dem Hintergrund des Fremdsprachenlernens reflektierbar macht.

Critical pedagogy Insbesondere auf die Arbeiten von Paulo Freire (2006) – und einer im Anschluss an ihn nordamerikanischen Fortführung (vgl. z. B. Giroux 1983; Kincheloe 2008) – folgt die kritische Pädagogik dem Ziel, soziale Ungerechtigkeiten und Praktiken aufzudecken und Menschen in die Lage zu versetzen, sich diesem Gefälle zu widersetzen. Zu beobachten sind Anstrengungen zur Umsetzung dieser Prinzipien sowohl in theoretischer wie praktischer Hinsicht besonders in (post-)kolonialen Settings aber auch in sozialen Brennpunkten westlicher Kontexte, bezogen auf die gesamte Breite an möglichen Diskriminierungs- und Heterogenitätsdimensionen, welche – so die Kritik – in Bildungssystemen reproduziert werden:

> Critical pedagogy is teaching for social justice, in ways that support the development of active, engaged citizens who will, as circumstances permit, critically inquire into why the lives of so many human beings, including their own, are so materially (and spiritually) inadequate, be prepared to seek out solutions to the problems they define and encounter, and take action accordingly. (Crookes 2013: 77)

Neben der Förderung eines kritischen Bewusstseins (*conscientização* nach Paulo Freire) sollen Schülerinnen und Schüler damit in die Lage versetzt werden, anhand von Gegenständen und Praktiken aus ihrer unmittelbaren Lebenswelt darüber zu reflektieren, was es bedeutet Mensch zu sein. Dieser Anspruch richtet sich damit nicht nur an benachteiligte Lerngruppen, sondern auch an sozial und gesellschaftlich besser gestellte Lernende: Was können sie tun, um ihre Privilegiertheit gegen soziale Ungerechtigkeit(en) einzusetzen? Umgekehrt geht es jedoch auch um ein *empowerment* benachteiligter Gruppen (zu Gleichberechtigung und Feminismus s. Cravageot 2018).

In beruflichen Schulen kann von Interesse sein, das Thema *Diversity*-Management im Hinblick auf Personalentwicklung und Marketing in einer kritischen Perspektive weiterzuentwickeln.

▶ Beispiel: Engagierte Musik

Der spanischsprachige Rap „Antipatriarca" der französisch-chilenischen Sängerin Ana Tijoux ist zugleich verbunden mit einem Musikclip, der das inhaltliche Verständnis der Lernenden unterstützt. Das Lied ist ein Beispiel für *empowerment* (s. auch ▶ Abschn. 5.6) und bedient nicht nur die Diversitätsdimensionen Geschlecht, sexuelle Orientierung, Ethnie/Nationalität/Migration und sozio-ökonomischer (Bildungs-)Hintergrund, sondern thematisiert zugleich die Intersektionalität dieser Dimensionen, d. h. ihr Zusammenspiel bezogen auf das einzelne Individuum (z. B. die akademisch gebildete Mutter mit Migrationshintergrund). Schon in den ersten Versen wird eine Verbundenheit mit der Zuhörerschaft hergestellt („Ich kann deine Schwester, Tochter, Freundin, Partnerin, Verbündete sein").

Im Weiteren werden postkoloniale und patriarchale Denk- und Verhaltensweisen kritisiert („Du wirst mich nicht demütigen, du wirst mich nicht anschreien, du wirst mich nicht unterdrücken, du wirst mich nicht schlagen."). Diesem wird die eigene Stärke entgegengesetzt („nicht unterwürfig oder gehorsam, starke aufständische Frau … hübsche Frau, die Leben schenkt, emanzipiert in Autonomie"). Schließlich werden die Möglichkeiten des *empowerment* konkret genannt („Ich kann einen Haushalt führen, eine Mitarbeiterin oder eine Intellektuelle sein, ich kann die Protagonistin unserer Geschichte sein und diejenige, die aufrüttelt."). Sodann kommt der Aufruf, sich von den Ketten der eigenen bzw. zugeschriebenen Herkunft zu befreien.

Die Lernenden können zuerst diese von Strophe zu Strophe aufgebaute Dramaturgie erarbeiten, bevor sowohl der postkoloniale wie auch der patriarchale Hintergrund thematisiert werden kann. Dazu eignen sich zusätzliche informative Texte, vielleicht aber auch literarische Textauszüge. Die Lernenden können gegebenenfalls weitere Recherchen vornehmen: Hier wären die Debatte um #MeToo eine Weiterführung ebenso wie der gesellschaftliche Umgang mit Gewalt gegen Frauen und Homosexuelle in verschiedenen Ländern. Bei diesen Themen muss selbstverständlich die Lehrperson die Art der Aufgaben besonders sensibel auf die emotionalen und persönlichen Bedürfnisse der Lernenden abstimmen.

Für den Französischunterricht eignen sich die Elektro-Chansons der Sängerin Suzane. Ihr 2020 in einer internationalen Fassung erschienenes Debütalbum *Toï Toï* erzielte bereits den Newcomer-Preis « Victoire de la révélation scène ». Die Lieder der Feministin und Aktivistin sind sozial- und gesellschaftskritischer Natur und befassen sich mit Themen wie Gender, Feminismus und Umwelt. Die bisweilen untertitelten Video-Clips, die im Internet zu den Liedern zu finden sind, erleichtern das Textverständnis, so dass sie auch schon in der Sekundarstufe I verwendet werden können. Auch musikalisch werden die Elektro-Raps auf den Musikgeschmack der Jugendlichen stoßen. Die Songs sollten dann mit informativen Texten zu den behandelten Themen ergänzt werden. ◄

Politische Bildung Kritischer Fremdsprachenunterricht betrachtet das System Schule und seine Akteur*innen innerhalb der historisch-politischen und sozio-kulturellen Rahmungen. Eine solche bewusste und kritische Sicht führt zwangsläufig dazu, dass Fremdsprachenunterricht grundsätzlich nicht als unpolitischer Ort betrachtet werden kann. Möglichkeiten der Interaktion, Inhalte und Methoden werden über gesellschaftliche (politische, religiöse etc.) Werte und Normen mehr oder weniger stark bestimmt. Der Ansatz der politischen Bildung strebt daher eine Bewusstmachung dieser Zusammenhänge an. Er positioniert sich gegenüber kulturrelativistischen Ansätzen zum interkulturellen Lernen (s. ► Abschn. 3.2). Eine Problematik entsteht potenziell dann, wenn in diesen Ansätzen kulturell bedingte Haltungen und Praktiken ohne eine ethische Positionierung akzeptiert werden. Wenn aber Haltungen und Praktiken der Allgemeinen Erklärung der Menschenrechte (vgl. United Nations General Assembly 1948) und im deutschen Kontext dem Grundgesetz widersprechen, verlangt dies eine kritische Auseinandersetzung mit ihnen. So stellen Fäcke/Plikat/Tesch (2017: 8; s. auch Fäcke/Plikat 2020: 12) fest, dass „Werterelativismus […] weder ethisch noch pädagogisch angemessen und in keiner Weise mit dem Erziehungs- und Bildungsauftrag der Schule vereinbar [ist]". Gleichzeitig sind aber auch politische Rechtsgrundlagen immer wieder in ihrer Entstehung durch soziale Diskurse oder auch

„Metaerzählungen" und als veränderbar zu verstehen (vgl. ebd.: 6 f.). Und letztlich ist auch ein vermeintlich unpolitischer Unterricht ebenso politisch: „Insofern stellt sich also nicht die Frage, ob der Unterricht politisch ist oder nicht, sondern vielmehr, in welchem Maße die politische Dimension des Unterrichts bewusst wahrgenommen und gestaltet wird." (Fäcke/Plikat 2020: 10).

Nach Koch/Yilmaz (2017: 25) umfasst politische Bildung folgende Lernbereiche:

- „Wissen (über Demokratie, Politik, Kultur/Kulturen, Mitbestimmung),
- Einstellungen bzw. Bereitschaft (zu demokratischem Handeln),
- Können (um Demokratie zu leben, unter anderem Kooperationsfähigkeit, Selbstständigkeit)".

Viele Themen der politischen Bildung sind damit im handlungsorientierten Fremdsprachenunterricht denk- und umsetzbar, die zugleich auch Überschneidungen mit dem Thema globales Lernen aufweisen (s. unterrichtspraktische Umsetzungen für den Spanischunterricht in *Hispanorama* 4/2020). Gödecke/Grünewald/Steinhoff (2020: 7) nennen folgende:

1. „Landeskunde: geografische, soziokulturelle und historische Aspekte
2. Tourismus
3. Begegnung auf europäischer Ebene: Austausch, eTwinning, Erasmus etc.
4. Mehrsprachigkeit
5. Klimawandel und seine Folgen
6. Flucht, Vertreibung und Migration
7. Verletzung von Menschenrechten
8. Entstehung neuer Jugendbewegungen (z. B. Fridays for Future)
9. extreme politische Tendenzen und ihre Folgen,
10. Zusammenhänge zwischen Ökonomie und Ökologie […]."

Zu unterscheiden sind dabei historische Themen (Kriege, Kolonialisierung etc.) von Themen, die nah an der Lebenswelt der Lernenden sind und ihrer Persönlichkeitsbildung dienen (z. B. „Jugend und Adoleszenz, Generationenkonflikte, Drogenkonsum, Geschlechteridentität"; Grünewald/Kräling/Lüning 2017: 45).

Politische Bildung intendiert neben der Informiertheit über politische Systeme und über Kulturen auch die Entwicklung einer Bewusstheit für die Wirkung von Macht und Sprache, die letztlich bis in den Unterrichtsdiskurs hineinreicht. Hierzu zählt auch die Verwendung einer gendersensiblen Sprache (s. ► Abschn. 2.8; vgl. Fäcke/Plikat 2020: 12). Nur indem die Lernenden am Unterricht aktiv handelnd teilnehmen, können sie Sprache lernen und sind umgekehrt in der Lage, soziale Interaktion zu gestalten (vgl. Mecheril/Quehl 2006: 358). Gerade kooperative Lernformen dienen der Einübung demokratischer Prinzipien. Auch die Feedbackkultur sollte hierzu beitragen, indem sie durch wechselseitige Transparenz, Wertschätzung und Fairness geprägt ist (vgl. Koch/Yilmaz 2017: 26). Kreative Unterrichtsverfahren müssen dahingehend betrachtet werden, ob die Lernenden gegenüber moralisch fragwürdigen Positionen und (historischen) Personen eine Distanz behalten können. Dies vermag in diesem thematischen Feld unter Umständen Literatur besser zu initiieren als dramapädagogische Verfahren (vgl. Fäcke/Plikat/Tesch 2017: 9).

5

▶ Beispiel: Antirassismus

Nachfolgende *urban graffiti* (s. ▶ Abschn. 5.2) ist ein Beispiel für öffentliche politische Statements mit dem Ziel des *empowerment.* Es handelt sich um eine innerstädtische Treppe in einer nordrhein-westfälischen Stadt, die von Davis Pahl 2020 im Rahmen einer Aktion „Kindern gehört die Zukunft" sowie inspiriert durch die *black life matters*-Bewegung bemalt wurde. Die imposante Größe erweckt Aufmerksamkeit und die leuchtende Farbgebung und der zukunftsorientierte Slogan „In my future there is NO racism" reflektieren eine optimistische und auffordernde Haltung. Indem die Bemalung an einer Treppe angebracht ist, entsteht nicht nur ein spannender optischer Trick, sondern es wird in doppelter Weise und metaphorisch statisches Verharren in Bewegung überführt. Durch den Akt des Treppensteigens gerät der*die Betrachter*in in eine aktive Partizipation am Kunstwerk und bewegt sich gleichsam in die erhoffte bessere Zukunft. Durch das abgebildete Megaphon in der Hand des Kindes oder Jugendlichen ist der Aufruf in die Zukunft gegen Rassismus in das Bild eingezeichnet und optisch direkt zur*m Betrachter*in gerichtet, der*die sich diesem Effekt kaum entziehen kann.

Mit dem Graffiti kann über Bildbeschreibungen als Einstieg in eine Unterrichtseinheit zu (Anti-)Rassismus gearbeitet werden. Lernende können aber auch aufgefordert werden, ähnliche Bilder zu suchen (◘ Abb. 5.13). Es könnte auch im Mittelpunkt einer (digitalen) Collage stehen, am äußeren Rand weitergemalt oder aber über historische und aktualpolitische (Zeitungs-)Texte kommentiert werden. Verfahren des kreativen Schreibens können aufgenommen werden, indem Assoziationen gesammelt und zu Slams, Gedichten oder inneren Monologen umgestaltet werden. Schließlich sind auch dramapädagogische Verfahren vorstellbar z. B. in Form von Gesprächen oder politischen Reden auf dieser Treppe oder vor der Treppe als projizierter Hintergrund. Hier kann eine sprachreflexive Aufgabe mit der Frage vorangestellt werden: „Welche Wirkung hat das Pronomen 'my' im Slogan? Was passiert, wenn es weggelassen wird?" Wahrscheinlich wirkt dann der Slogan als Setzung und u. U. als konfrontativ, wohingegen er in seiner eigentlichen Form zum Dialog auffordert: „And in yours?" ◀

◘ **Abb. 5.13** Treppenbemalung von Davis Pahl (Foto: D. Abendroth-Timmer)

Insgesamt geht es um Erziehung zu Engagement und gesellschaftlicher Mitwirkung, was über verschiedene politische, literarische und globale Themen und Inhalte im Fremdsprachenunterricht angezielt werden kann, aber sich auch konkret im unterrichtlichen (sprachlichen) Handeln ausdrücken muss (vgl. auch Beiträge in *Der fremdsprachliche Unterricht Französisch 158* zum Thema « S'engager »).

Globales Lernen Globales Lernen bzw. *global education* ist eines der neuerdings dominierenden Themen im fachlichen Diskurs, das teils als Weiterführung der Inter-/Transkulturalitätskonzepte betrachtet wird (s. ▶ Abschn. 2.8). Es überschreitet mittlerweile die Inhaltsbereiche der (bilingualen) Sachfächer wie z. B. zu Themen wie Umweltbildung deutlich und wird auch in den Fremdsprachen verankert (vgl. Lütge 2015). Neben der Festlegung der Ziele für nachhaltige Entwicklung der Vereinten Nationen 2015 und des seit den 1990er Jahren in Deutschland diskutierten Konzeptes der Bildung für nachhaltige Entwicklung entsteht 2007 in Zusammenarbeit zwischen der KMK und dem Bundesministerium für wirtschaftliche Zusammenarbeit und Entwicklung ein Orientierungsrahmen für den Lernbereich Globale Entwicklung (vgl. Büter 2016). Dieser formuliert in der erweiterten Ausgabe von 2016 Vorschläge für den Fremdsprachenunterricht (vgl. Becker/Börner/Edelhoff/Schröder 2016).

▶ Beispiel: Zwischen globalen und lokalen Konflikten

Der Film *Y también la lluvia* (dt. „Und dann der Regen“) ist ein Beispiel für die Darstellung globaler und lokaler Konflikte sowie für das Thema Geschichte und Aktualität von Kolonialismus. Ein Kamerateam dreht die Geschichte der Eroberung Amerikas und der kolonialen Gewalttaten. Dabei wählen sie aber als Drehort nicht einen der historisch korrekten Drehorte, sondern Cochabamba (Bolivien) als einen für die Dreharbeiten finanziell günstigen Ort aus, womit unmittelbar moderne koloniale Machtstrukturen und Hierarchien zwischen Kamerateam und unterbezahlten lokalen Schauspieler*innen entstehen. Während des Drehs entfacht ein Kampf gegen die Wasserindustrie, welche Brunnen mit Regenwasser stilllegt, da die Bevölkerung den Zahlungen nicht nachkommen kann. Der Kampf um das Wasser eskaliert und es entstehen Kriegszustände. Der massive Konflikt fordert persönliche Entscheidungen und letztlich ein Überwinden (post)kolonialer Machtstrukturen und Hierarchien.
Erzähltechnisch besticht der Film durch die Verwobenheit der beschriebenen historischen und aktuellen Ebenen, die Veränderungen der Haltungen der Protagonist*innen und die emotionale Wirkung auf den*die Zuschauer*in. Grundlage des Spielfilms ist der Wasserkrieg *(La guerra del agua)* von Cochabamba (Bolivien) im Jahr 2000. Die durch den Internationalen Währungsfonds erzwungene Privatisierung der Wasserversorgung führte zur Verdreifachung der Wasserpreise innerhalb sehr kurzer Zeit, was zu starken Protesten und zu einem Generalstreik führte. Die Zusammenstöße zwischen den Demonstrierenden und der Polizei forderten hunderte Verletzte und mehrere Todesopfer. Ebenfalls wurde aufgrund der Gewalt erfüllten Proteste in der Stadt Cochabamba das Kriegsrecht verhängt. Mitte April 2000 entschied sich die bolivianische Regierung, die Wasserprivatisierung zurückzunehmen.

Die Verbindung der Themen kann im Spanischunterricht und in fächerverbindenden Projekten mit dem Geschichts-, Philosophie- und Religionsunterricht aufgegriffen werden. ◀

Kernkompetenzen des Globalen Lernens sind Erkennen, Bewerten und Handeln. Der Bereich Handeln gliedert sich auf in: Solidarität und Mitverantwortung, Verständigung und Konfliktlösung, Handlungsfähigkeit im globalen Wandel sowie Partizipation und Mitgestaltung (Schreiber 2016: 99). Dies schließt explizit kommunikative Handlungsfähigkeit und Sprachbewusstheit in dem Sinne des Verständnisses der Funktionen von Sprache und Sprachgebrauch (gerade im Kontext von Machtstrukturen) ein. Eine umfassende Themenliste wurde von Becker et al. (2016) exemplarisch für den Englischunterricht angepasst und ist ebenso mit den curricularen thematischen Vorgaben für Französisch oder Spanisch vereinbar. Im praktischen (fremdsprachlichen) Handeln schließlich findet globales Lernen Ausdruck durch die Teilnahme an internationalen Freiwilligendiensten (vgl. Romig 2019).

▶ Beispiel: Klimafreundliche Schule

Passend zum Orientierungsrahmen für den Lernbereich Globale Entwicklung haben die United Nations in Verbindung mit der UNESCO (2016) eine Handreichung für klimafreundliche Schulen „Getting Climate-Ready" mit konkreten Beispielen herausgegeben. Das Thema kann Gegenstand aller Fächer sein. Im Fremdsprachenunterricht erfolgt dies z. B. anhand von Sachtexten und sprachlichen Diskursfunktionen wie Beschreiben, Bewerten, Argumentieren oder auch über ästhetische Zugänge mit Kunst oder Literatur und spricht dadurch dann eher eine emotionale Ebene an. Weiterhin können klimafreundliche Maßnahmen am Schulgebäude und im Schulleben erfolgen, auch Partnerschaften und außerschulische Lernorte sind denkbar. Lernende können mit Jugendlichen anderer Länder in Kontakt treten (z. B. in virtuellen Projekten), sich gegenseitig über ihre regional spezifischen Klimaprobleme berichten oder auch im Sinne von Flashmobs gleichzeitige außerschulische Aktionen planen. ◀

Critical literacy Als über politische Bildung und Demokratieerziehung hinausgehend versteht sich die Förderung einer *critical literacy,* die von der potenziellen Machtförmigkeit von Texten (einem weiten Textbegriff folgend) ausgeht. Aufgabe des Sprachunterrichts muss es sein, bei Schülerinnen und Schülern ein kritisches Bewusstsein zu fördern, welches soziale Ungleichheiten, Machtstrukturen und versteckte Botschaften in Texten nicht nur entlarvt, sondern sie auch umformt:

» Critical literacy is about imagining thoughtful ways of thinking about reconstructing and redesigning texts, images, and practices to convey different and more socially just and equitable messages and ways of being that have real-life effects and real-world impact. (Vasquez 2017: 9)

Critical literacy geht damit davon aus, dass Wissen, wie es in jeglicher Textform dargestellt wird, niemals neutral ist. Dies ist anschlussfähig an die Argumentation Paulo Freires (s. o.), allerdings fokussiert *critical literacy* stärker auf die De- und Rekonstruktion von Texten, während die oben bereits vorgestellte *critical pedagogy* eher der De- und Rekonstruktion von Machtförmigkeit sozialer

Praktiken verbunden ist (vgl. Gerlach 2020b). Beides schließt sich aber nicht gegenseitig aus und kann durchaus zusammen gedacht werden. Es überrascht daher nicht, dass die Prinzipien einer kritischen Pädagogik nicht selten auch für *critical literacy* zugrunde gelegt werden, teilweise dann aber als „literacy" benannt werden, um bewusst die politische bzw. marxistische Dimension zu vermeiden, die bei einer *critical pedagogy* aufgrund ihrer Ursprünge immer mitschwingt.

Damit ist *critical literacy* deutlich mehr als „kritisches Denken", ein ohnehin schwammiges Konstrukt, das wiederholt als vermeintlich überfachliche Kompetenz in der Kritik stand: Ohne domänen- und fachspezifisches Wissen lässt sich kritisches Denken nämlich kaum umsetzen (vgl. Willingham 2007). Lerntheoretisch folgt *critical literacy* sozio-konstruktivistischen Ansätzen, welche in einem modernen, handlungsorientierten Unterricht relevant sind (vgl. Breidbach/Medina/Mihan 2014): Die soziale Komponente erlaubt Lernenden eine kritische Auseinandersetzung mit Texten am dritten Ort (s. auch ▶ Abschn. 3.2), der durch den Fremdsprachenunterricht entsteht, und damit gleichzeitig ein kritisches Probehandeln für reale Situationen ermöglicht (vgl. Gerlach 2020b). Dabei ist die Auswahl der Texte und das durch sie für bestimmte Schüler*innen angebotene bzw. eventuell verstellte Identifikationspotenzial (bzgl. Ethnie, Gender, soziale Ungleichheit etc.) sowie damit einhergehende Aufgabenangebote im Lichte des Konzepts des Perspektivenwechsels kritisch weiterzudenken (vgl. König 2020: 98; zur transkulturellen Arbeit mit „Literaturen der Welt" s. ferner Brink 2020). In Diskussionen um eine stärker kritisch orientierte Fremdsprachendidaktik wird daher hervorgehoben, dass reale und unmittelbare Themen der Schülerinnen und Schüler für den Fremdsprachenunterricht produktiv genutzt werden, welche eine lohnenswerte sprachliche Analyse und Interaktion bedingen. Im Gegensatz dazu wäre ein „unkritischer Fremdsprachenunterricht" ein Unterricht, in dem eher transmissionsorientiert und vonseiten der Lehrkraft (oder des Lehrwerks) Themen und Kommunikationsanlässe sowie -ziele vorgegeben und durchgespielt werden (müssen). Dies heißt jedoch nicht, dass kritische Ansätze bzw. ein auf die Förderung einer *critical literacy* fokussierter Unterricht das Fremdsprachenlehrwerk vernachlässigt: Vielmehr können auch die dort versammelten Figuren, Texte, Themen und sprachlichen Strukturen hinterfragt und kritisch gewürdigt, die Schülerinnen und Schüler damit in ihrer Stellung als Mitgestalter*innen des Lernprozesses ernst genommen werden. Sprachlich stellt dies durchaus Herausforderungen dar (vgl. Breidbach et al. 2014), zeigt jedoch auch, dass z. B. in unteren Lernstufen die Bedeutung von (Meta-)Reflexion in einer gemeinsamen Bildungssprache über die Inhalte und fremdsprachenunterrichtlichen Gegenstände immens ist und gerade über diese Reflexionsgespräche alle Schülerinnen und Schüler adressiert und mit den Kommunikationszielen im Sinne eines Lerngesprächs vertraut gemacht werden können.

▶ Beispiel: Kritische Dekonstruktion von Rollenzuschreibungen

Obwohl – dem Ansatz folgend – bei der Unterrichtsplanung von den Interessen der Lernenden aus gedacht werden muss, können sich z. B. klassische Kinderbücher und Märchen – auch aufgrund ihrer oft breiten Bekanntheit und damit Zugänglichkeit über die L1 – sehr gut eignen, um ein kritisches Bewusstsein und *critical literacy* sowohl mit jüngeren als auch mit älteren Schülerinnen und Schülern zu fördern. Denkbar ist hier zunächst beispielsweise auf klassische Geschlechterrollen einzugehen, wie sie in Märchen häufig gängig waren bzw. sind, und zu hinterfragen, inwiefern diese mit der Erfahrungswelt und dem Familienbild der Schülerinnen und Schüler übereinstimmen (oder wie Gesellschaften aktuell Familie diskutieren).

Normative Setzungen in literarischen Texten können am Beispiel von Kinderbüchern oder Märchen dann de- und rekonstruiert werden, indem man sich z. B. fragt: Wie würde die Geschichte funktionieren, wenn die Protagonist*innen ihr Geschlecht „wechseln"? Was ändert sich? Was nicht? Bei einem Märchen wie „Die Schöne und das Biest" können Lernende zunächst zu dem Schluss kommen, dass sich gar nicht viel ändert, da im Gegensatz zu Märchen wie Dornröschen oder Aschenputtel eine weibliche Figur bereits die Heldin darstellt und der männliche Gegenpart gefangen ist und gerettet werden muss. Allerdings: Beide Figuren verfügen über klassische Charakterzüge, die traditionell als weiblich oder männlich angesehen werden. Eine Manipulation an dieser Stelle kann also auch erzählerische Änderungen bewirken, welche als kreatives Schreibprojekt im handlungsorientierten Fremdsprachenunterricht prozessorientiert in einer Lerngruppe verwirklicht werden kann.

Darüber hinaus können im Sinne einer kritischen Dekonstruktion von Rollenzuschreibungen aktiv Themen zu (Trans-)Gender und sexueller Orientierung (bzw. LGBTQI-Themen: Lesbian, Gay, Bisexual, Transexuell/Transgender und Queer bzw. Intersexual) in den Unterricht aufgenommen werden und anhand von literarischen Werken (vgl. z. B. Mihan 2018; Leonhardt/Viebrock 2020) oder auch textformübergreifend thematisiert weden (z. B. Merse 2020). Auf Grundlage der Queer Theory stellt Merse (2020) fest, wie sexuelle und geschlechtliche Vielfalt Eingang in fremdsprachendidaktische Themen haben können und sollten. Er nennt drei Interventionen, die hierfür leitend sei können: Zum einen die „affirmative Sichtbarmachung von LGBTQ-Identitäten" (ebd.: 112), die auch ständigem Wandel mittels des gesellschaftlichen Diskurses unterliegt. Zum zweiten die „kritische Auseinandersetzung mit Heteronormativität" (ebd., 113), wenn z. B. in Lehrwerken klare Dichotomien vorliegen, die real in ihrer Kategorisierung kaum Bestand haben, und zum dritten eine „sprachliche Aushandlung sexueller und geschlechtlicher Identitäten", die fremdsprachenunterrichtlich in didaktischer und methodischer Hinsicht begleitet wird, damit Lernende überhaupt in die Lage versetzt werden, hierzu Stellung zu nehmen. ◄

5.7 Fazit

Handlungsorientierung im Fremdsprachenunterricht ist kein Selbstzweck, um Lernprozesse zu optimieren oder den Unterricht zu einem kurzweiligen Erlebnis zu machen. Es geht natürlich auch um motivierendes zielgerichtetes Lernen. Darüber aber steht der Bildungsauftrag, Schüler*innen in ihrer Persönlichkeitsentwicklung zu fördern und sie auf ihrem Weg zu mündigen Mitgliedern einer mehrsprachigen, mehrkulturellen und globalisierten Gesellschaft zu begleiten sowie sie zu befähigen, aktiv an der Gesellschaft teilzuhaben, ihr Leben selbstbestimmt zu gestalten und sich für demokratische Grundwerte einzusetzen. Dies erfordert eine Vielzahl an Kompetenzen, die zuvor bereits ausführlich benannt wurden. Darüber hinaus verlangt dieser Ansatz Unterrichtsverfahren, die Schüler*innen aktiv handelnd in für sie relevante Aushandlungsprozesse einbinden. Gerade die vielfältigen Möglichkeiten offen gestalteter Lernaufgaben und die Öffnung des Klassenzimmers über digitale Medien, außerschulische Lernorte oder Begegnungsprogramme tragen hierzu bei (vgl. Roche/Reher/Simic 2012: 97).

In Kombination hiermit stellt sich dann erneut die Frage nach geeigneten Inhalten und Unterrichtsgegenständen. In Teilen sehr unpolitische Lehrwerkthemen werden in diesem Zusammenhang daher nicht selten kritisiert (vgl. Gerlach 2020b), vermögen sie dieses kritische Bewusstsein durch ein Vermeiden möglicherweise heikler Themen kaum zu adressieren. Dabei kann jedes Lehrwerkthema auch kritisch angereichert, reflektiert und dekonstruiert werden (vgl. ebd.). Ob die Richtlinien und Abiturthemen diesem Bildungsanspruch und der problemorientierten Nähe zu existenziellen Alltagsfragen der Lernenden gerecht werden, bleibt immer wieder zu hinterfragen.

Schließlich ist gleichwohl kritisch anzumerken, dass alle hier vorgeschlagenen Konzepte, Vorgaben, Ideen und Methoden letztlich doch einer Nord-Süd/West-Ost-Trennung und einer sehr westlichen Perspektive verhaftet bleiben und selbst einer kritischen, dekonstruktivistischen Sichtweise unterzogen werden müssen. Die Ausführungen zur politischen Bildung und zur kritischen Fremdsprachendidaktik haben gezeigt, dass Unterricht immer auch Teil eines gesellschaftlich vorgegebenen Systems von Werten und Normen ist, die das Lehren und Lernen nicht unwesentlich bestimmen. Daher soll im folgenden Kapitel die Rolle der Lehrpersonen bezüglich ihrer Unterrichtsplanung und -durchführung betrachtet werden, um anschließend die bisherigen Darstellungen in einem Modell von Handlungsorientierung für die kontextsensible Sprachenbildung zu bündeln.

Literatur

Abendroth-Timmer, Dagmar (2007): *Akzeptanz und Motivation: Empirische Ansätze zur Erforschung des Einsatzes von bilingualen und mehrsprachigen Modulen*. Frankfurt a.M.: Lang.

Abendroth-Timmer, Dagmar/Plikat, Jochen (2017): Sprachmittlung – Warum gute Praxis gute Theorie braucht. In: *Hispanorama* 155, S. 4–10.

Abendroth-Timmer, Dagmar/Thomas, Barbara (2019a): ¡Por fin hablan! El tema… ¿da igual? Virtuelle Schülerbegegnung im Spanischunterricht als Ort identitärer Sinnstiftung. In: Schleicher, Regina/Zenga, Giselle (Hg.): *Autonomie, Bildung und Ökonomie. Theorie und Praxis im Fremdsprachenunterricht*. Stuttgart: ibidem, S. 27–44.

Abendroth-Timmer, Dagmar/Thomas, Barbara (2019b): Identitätsstiftende Kommunikation im Spanischunterricht: die Rolle des digitalen Raums. In: *Language Education and Multilingualism – The Langscape Journal 2*. ► https://edoc.hu-berlin.de/handle/18452/21340 (11.11.2020).

Abendroth-Timmer, Dagmar/von Tschilschke, Christian (2020): „Derribar" oder „reconstruir"? Die Verhandlung identitärer Entwürfe und das maurische Erbe in Pedro Antonio de Alarcóns Erzählung „Una conversación en la Alhambra" (1859). In: Koch, Corinna/Schmitz, Susanne (Hg.): *Convivencia: Dialogische Studien von Fachdidaktik und Fachwissenschaft zu ambivalenten Deutungsmustern gesellschaftlichen Zusammenlebens in Spanien*. In: Berlin: Lang, S. 73–130.

Abraham, Ulf (2019): There's more than one Atlanta. Fotografische und filmische Bilder im medienreflexiven Sprachunterricht und Bildgespräche im sprachbewussten Medienunterricht. In: *Zeitschrift für interkulturellen Fremdsprachenunterricht* 24/2, S. 13–25.

Aden, Joëlle/Eschenauer, Sandrine (2020): Une pédagogie enactive-performative de la translangageance en milieu plurilingue. In: Schädlich, Birgit (Hg.): *Perspektiven auf Mehrsprachigkeit im Fremdsprachenunterricht – Regards croisés sur le plurilinguisme et l'apprentissage des langues*. Stuttgart: J. B. Metzler, S. 177–199.

Albrecht, Volker/Böing, Maik (2010): Wider die gängige monolinguale Praxis?! – Mehrperspektivität und kulturelle Skripte als Wegbereiter der Zweisprachigkeit in bilingualen Geographieunterricht. In: Doff, Sabine (Hg.): *Bilingualer Sachfachunterricht in der Sekundarstufe. Eine Einführung*. Tübingen: Narr Francke Attempto, S. 58–71.

Alfes, Luisa (2018): *Multimodale Jugendromane im Englischunterricht. Die Entwicklung prototypischer Konzepte*. Trier: Wissenschaftlicher Verlag.

Alter, Grit (2015): *Inter- and Transcultural Learning in the Context of Canadian Young Adult Fiction*. Münster: LIT.

Apollinaire, Guillaume (1918): *Calligrammes*. Paris: Mercure de France.

Augé, Marc (1997): *Pour une anthropologie des mondes contemporains*. Paris: Flammarion.

Aulf-Huber, Annika (2018): *Autofiktionale Texte im Französischunterricht. Anbahnung von Prozessen der Selbstreflexion und Persönlichkeitsbildung im Fremdsprachenunterricht*. Trier: WVT Wissenschaftlicher Verlag Trier.

Austin, John L. (1979): *How To Do Things With Words. Zur Theorie der Sprechakte*. Stuttgart: Reclam.

Austin, John L. (1986): Performative Äußerungen. In: Austin, John L. (Hg.): *Gesammelte philosophische Aufsätze*. Stuttgart: Reclam, S. 305–237.

Badstübner-Kizik, Camilla/Lay, Tristan (2019): Bildende Künste im Fremdsprachenunterricht: Einführung in das Themenheft. In: *Zeitschrift für Interkulturellen Fremdsprachenunterricht* 24/2, S. 1–11. ► https://tujournals.ulb.tu-darmstadt.de/index.php/zif/issue/view/77 (11.11.2020).

Bär, Marcus (2009): *Förderung von Mehrsprachigkeit und Lernkompetenz. Fallstudien zu Interkomprehensionsunterricht mit Schülern der Klassen 8 bis 10*. Tübingen: Narr.

Bähr, Johannes/Gies, Stefan/Jank, Werner/Nimczik, Ortwin (2003): Kompetenz vermitteln – Kultur erschließen. Musiklernen an der Schule. In: *Diskussion Musikpädagogik* 19, S. 26–39.

Baker, Wesley (2000): The „Classroom Flip": Using Web course management tools to become the guide by the side. In: Chambers, Jack A. (ed.): *Selected Papers from the 11th International Conference on College Teaching and Learning*. Jacksonville: Florida Community College at Jacksonville, S. 9–17.

Ballweg, Sandra (2015): *Portfolioarbeit im Fremdsprachenunterricht: Eine empirische Studie zu Schreibportfolios im DaF-Unterricht*. Tübingen: Narr.

Banzhaf, Michaela/Böing, Maik (2018): L'île qui fait bouger les gens … Ein Gemälde in Sprache und Bewegung übersetzen. In: *Der fremdsprachliche Unterricht Französisch* 156/52, S. 30–37.

Barrett, Margaret S. (2006): Aesthetic response. In: McPherson, Gary E. (ed.): *The child as musician: A handbook of musical development*. New York, Oxford: Oxford University Press, S. 173–192.

Barron, Anne (⁶2016): Kulturell geprägte Konventionen des Sprachgebrauchs. In: Burwitz-Melzer, Eva/Mehlhorn, Grit/Riemer, Claudia/Bausch, Karl-Richard/Krumm, Hans-Jürgen (Hg.): *Handbuch Fremdsprachenunterricht*. Tübingen: Narr Francke Attempto, S. 131–136.

Bartosch, Roman (2019): Textzentrierte und kulturökologische Zugänge im heterogenitätssensiblen Fremdsprachenunterricht. In: Falkenhagen, Charlott/Volkmann, Laurenz (2019) (Hg.): *Musik im Fremdsprachenunterricht*. Tübingen: Narr Francke Attempto, S. 127–142.

Baur, Rupprecht S./Schäfer, Andrea (2011): Das Projekt „Sprache durch Kunst". In: Baur, Rupprecht S./Hufeisen, Britta (Hg.): „Vieles ist sehr ähnlich". Individuelle und gesellschaftliche Mehrsprachigkeit als bildungspolitische Aufgabe. Baltmannsweiler: Schneider Verlag Hohengehren, S. 137–152.

Baurmann, Jürgen (2009): *Sachtexte lesen und verstehen. Grundlagen – Ergebnisse – Vorschläge für einen kompetenzfördernden Unterricht*. Seelze/Velber: Klett Kallmeyer.

Bechtel, Mark (2003): *Interkulturelles Lernen beim Sprachenlernen im Tandem. Eine diskursanalytische Untersuchung*. Tübingen: Narr.

Becker, Thomas/Börner, Otfried/Edelhoff, Christoph/Schröder, Konrad (2016): Neue Fremdsprachen. In: Ständige Konferenz der Kultusminister der Länder in der Bundesrepublik Deutschland und Bundesministerium für wirtschaftliche Zusammenarbeit und Entwicklung/Schreiber, Jörg-Robert/Siege, Hannes (Hg.): *Globale Entwicklung im Rahmen einer Bildung für nachhaltige Entwicklung*. Bonn: Engagement Global, S. 156–175.

Behr, Ursula (2014): Sprachenübergreifendes Lernen im Russischunterricht. In: Bergmann, Anka (Hg.): *Fachdidaktik Russisch. Eine Einführung*. Tübingen: Narr Francke Attempto, S. 228–240.

Beichel, Johann J. (2017): Einleitung. In: Beichel, Johann J. (Hg.): *Ästhetische Praxis. Als allgemeines Unterrichtsprinzip für die Schule. Als Kunstsparten übergreifendes Projektmodell.* Baltmannsweiler: Schneider Verlag Hohengehren, S. 3–15.

Bellet, Sandra (2017): Mehrsprachenerwerb und Content and Language Integrated Learning in der Primarstufe. In: Chilla, Solveig/Vogt, Karin (Hg.) (2017a): *Heterogenität und Diversität im Englischunterricht – fachdidaktische Perspektiven*. Frankfurt a.M.: Lang, S. 235–261.

Bellingrodt, Lena C. (2011): *ePortfolios im Fremdsprachenunterricht – Empirische Studien zur Förderung autonomen Lernens*. Frankfurt a.M.: Lang.

Benholz, Claudia/Mavruk, Gülşah ([6]2016): Sprachförderung in der Unterrichtssprache. In: Burwitz-Melzer, Eva/Mehlhorn, Grit/Riemer, Claudia/Bausch, Karl-Richard/Krumm, Hans-Jürgen (Hg.): *Handbuch Fremdsprachenunterricht*. Tübingen: Narr, S. 217–221.

Bergfelder-Boos, Gabriele (2018): *Mündliches Erzählen als Performance: die Entwicklung narrativer Diskurse im Fremdsprachenunterricht*. Tübingen: Narr Francke Attempto.

Bergner, Grit (2019): Lieder und Reime im Fremdsprachenfrühbeginn und Anfangsunterricht. In: Falkenhagen, Charlott/Volkmann, Laurenz (Hg.): *Musik im Fremdsprachenunterricht*. Tübingen: Narr Francke Attempto, S. 195–206.

Bermejo Muñoz, Sandra (2014): Implementierung schulischer und lebensweltlicher Mehrsprachigkeit in ein aufgabenorientiertes Unterrichtskonzept im Spanischunterricht der Sekundarstufe II. In: *Zeitschrift für Interkulturellen Fremdsprachenunterrich*t 19/1, S. 119–137. ▶ https://tujournals.ulb.tu-darmstadt.de/index.php/zif/article/view/19/16 (11.11.2020).

Biebighäuser, Katrin/Zibelius, Marja/Schmidt, Torben (2012): Aufgaben 2.0 – Aufgabenorientierung beim Fremdsprachenlernen mit digitalen Medien. In: Biebighäuser, Katrin/Zibelius, Marja/Schmidt, Torben (Hg.): *Aufgaben 2.0 – Konzepte, Materialien und Methoden für das Fremdsprachenlehren und -lernen mit digitalen Medien*. Tübingen: Narr, S. 11–56.

Binas-Preisendörfer, Susanne/Unseld, Melanie (Hg.) (2012): *Transkulturalität und Musikvermittlung. Möglichkeiten und Herausforderungen in Forschung, Kulturpolitik und musikpädagogischer Praxis.* Unter Mitarbeit von Sophie Arenhövel. Frankfurt a.M.: Lang.

Blell, Gabriele ([2]2017): Musik. In: Surkamp, Carola (Hg.): *Metzler Lexikon Fremdsprachendidaktik. Ansätze – Methoden – Grundbegriffe*. Stuttgart: J. B. Metzler, S. 259–262.

Blell, Gabriele (2020): Operating between Cultures and Languages: Multilingual Films in Foreign Language Classes. In: *PraxisForschungLehrer*innenBildung* 2/4, S. 52–73. ▶ https://www.pflb-journal.de/index.php/pflb/article/view/3496/3658 (11.11.2020).

Blell, Gabriele/Leitzke-Ungerer, Eva (2011): English-Español als neuer Vernetzungsraum im Fremdsprachenunterricht. (EEV). In: Baur, Rupprecht S./Hufeisen, Britta (Hg.): *„Vieles ist sehr ähnlich“. Individuelle und gesellschaftliche Mehrsprachigkeit als bildungspolitische Aufgabe*. Baltmannsweiler: Schneider Verlag Hohengehren, S. 153–174.

Blell, Gabriele/Lütge, Christiane (2008): Filmbildung im Fremdsprachenunterricht: neue Lernziele, Begründungen und Methoden. In: *Fremdsprachen Lehren und Lernen* 37, S. 124–140.

Blume, Caro (2019): Games people (don't) play: An analysis of pre-service EFL teachers' behaviors and beliefs regarding digital game-based language learning. In: *Computer Assisted Language Learning* 32/1, S. 1–24.

Blume, Caro/Schmidt, Torben/Schmidt, Inke (2017): An imperfect union? Encating an analytic and evaluative framework for digital games for language learning. In: *Zeitschrift für Fremdsprachenforschung* 28/2, S. 209–231.

Boal, Augosto ([2]2013): *Übungen und Spiele für Schauspieler und Nicht-Schauspieler*. Berlin: Suhrkamp.

Böing, Maik (2019): Die Projektmethode „Rollenexkursion“ – ein Werkzeug zur mehrperspektivischen Erschließung von Kulturräumen für Austausche und Kursfahrten. In: *französisch heute* 50/3, S. 5–9.

Böing, Maik/Conrad, Wulf (2018): Vive les vidéos explicatives! Lernende erstellen Erklärvideos im Französischunterricht. In: *Der fremdsprachliche Unterricht Französisch* 156/52, S. 38–44.

Bonnet, Andreas (2004): *Chemie im bilingualen Unterricht. Kompetenzerwerb durch Interaktion.* Wiesbaden: Verlag für Sozialwissenschaft.

Bonnet, Andreas/Breidbach, Stephan/Hallet, Wolfgang (2013): Fremdsprachlich handeln im Sachfach: Bilinguale Lernkontexte. In: Bach, Gerhard/Timm, Johannes-Peter (Hg.): *Englischunterricht: Grundlagen und Methoden einer handlungsorientierten Unterrichtspraxis.* Tübingen: Francke, S. 172–196.

Bonnet, Andreas/Dalton-Puffer, Christiane (2013): Great Expectations? Competence and Standard Related Questions Concerning CLIL Moving into the Mainstream. In: Breidbach, Stephan/Viebrock, Britta (Hg.): *Content and Language Integrated Learning in Europe (CLIL). Research Perspectives on Policy and Practice.* Frankfurt a.M.: Lang, S. 269–284.

5

Bonnet, Andreas/Küppers, Almut (2011): Wozu taugen Kooperatives Lernen und Dramapädagogik – Vergleich zweier populärer Inszenierungsformen. In: Küppers, Almut/Schmidt, Torben/Walter, Maik. (Hg.): *Inszenierungen im Fremdsprachenunterricht: Grundlagen, Formen, Perspektiven.* Braunschweig: Schroedel/Diesterweg/Klinkhardt, S. 32–52.

Borgwardt, Ulf/Wittner, Petra (2002): Россия – мой взгляд. Anregungen zum fächerübergreifenden Arbeiten in Russisch, Kunst und Musik. In: *Fremdsprachenunterricht/Sonderheft Praxis*, S. 63–68.

Brandstätter, Ursula (2013/2012): Ästhetische Erfahrung. In: *Kulturelle Bildung online.* ▶ http://www.kubi-online.de.

Braun, Cordula/Schwemer, Kay (2018): Bandes dessinées: textes dessinés. Text- und Medienkompetenz fördern mit BD. In: *Der fremdsprachliche Unterricht Französisch* 151/52, S. –9.

Bredella, Lothar/Delanoy, Werner (Hg.) (1996): *Challenges of Literary Texts in the Foreign Language Classroom.* Tübingen: Narr.

Breidbach, Stephan (2006): Bilinguales Lehren und Lernen. Was hat das Denken mit Sprechen und Sprache zu tun? In: *PRAXIS Fremdsprachenunterricht* 6, S. 10–15.

Breidbach, Stephan (2007): *Bildung, Kultur, Wissenschaft. Reflexive Didaktik für den bilingualen Sachfachunterricht.* Münster: Waxmann.

Breidbach, Stephan (2013): Geschichte und Entstehung des Bilingualen Unterrichts in deutschsprachigen Ländern. In: Hallet, Wolfgang/Königs, Frank G. (Hg.): *Handbuch Bilingualer Unterricht. Content and Language Integrated Learning.* Seelze: Klett Kallmeyer, S. 11–17.

Breidbach, Stephan/Medina, José/Mihan, Anne (2014): Critical literacies, multiliteracies and foreign language education. In: *Fremdsprachen Lehren und Lernen* 42/2, S. 91–106.

Brink, Margot (2020): Literaturen der Welt als gemeinsame Herausforderung der Literaturwissenschaft und Literaturdidaktik. In: Grünewald, Andreas/Hethey, Meike/Struve, Karen (Hg.): *Literaturdidaktik meets Literaturwissenschaft.* Trier: Wissenschaftlicher Verlag, S. 77–94.

Brooks, James L. (2004): *Spanglish.* Columbia Tristar Home Video.

Brunner, Ilse/Häcker, Thomas/Winter, Felix (2006): *Das Handbuch Portfolioarbeit.* Seelze: Klett Kallmeyer.

Buck, Janna (2018): Dramapädagogische Methoden für einen inklusiven Englischunterricht. Möglichkeitsräume und Herausforderungen. In: Roters, Bianca/Gerlach, David/Eßer, Susanne (Hg.): *Inklusiver Englischunterricht Impulse zur Unterrichtsentwicklung aus fachdidaktischer und sonderpädagogischer Perspektive.* Münster, New York: Waxmann, S. 71–82.

Bürgel, Christoph (2008): Textzugriffe und Textverstehen in didaktischer Perspektive – Aspekte einer Dechiffrierungsmethode. In: Schumann, Adelheid/Steinbrügge, Lieselotte (Hg.): *Didaktische Transformation und Konstruktion. Zum Verhältnis von Fachwissenschaft und Fremdsprachendidaktik.* Frankfurt a.M.: Lang, S. 167–179.

Burwitz-Melzer, Eva (2008): Emotionen im fremdsprachlichen Literaturunterricht. In: *Fremdsprachen Lehren und Lernen* 37, S. 27–62.

Burwitz-Melzer, Eva ([2]2017): Portfolio. In: Surkamp, Carola (Hg.): *Metzler Lexikon Fremdsprachendidaktik. Ansätze – Methoden – Grundbegriffe.* Stuttgart: J. B. Metzler, S. 281–283.

Büter, Mara (2016): Pensar global, actuar local: Globales Lernen im Spanischunterricht. In: *Hispanorama* 159, S. 46–52.

Butler, Judith (1990): Performative Acts and Gender Constitution – An Essay in Phenomenology and Feminist Theory. In: Case, Sue Ellen (ed.): *Performing Feminisms*. Baltimore, London: Johns Hopkins University Press, S. 270–282.

Caspari, Daniela (2015): Literarästhetisches Lernen mit komplexen Lernaufgaben fördern?! In: Küster, Lutz/Lütge, Christiane/Wieland, Katharina (Hg.) (2015): *Literar-ästhetisches Lernen im Fremdsprachenunterricht. Theorie – Empirie – Unterrichtsperspektiven*. Frankfurt a.M.: Lang, S. 91–107.

Caspari, Daniela/Schädlich, Birgit (2020): Sprechförderung im Französischunterricht als Teil einer mehrsprachigkeitssensiblen Sprachbildung. In: Küster, Lutz (2020) (Hg.): *Prendre la parole. Reflexive und übende Zugänge zum Sprechen im Französischunterricht*. Hannover: Kallmeyer Klett, S. 7–45.

Caspari, Daniela/Steininger, Ivo (2016): Einfachheit in kinder- und jugendliterarischen Texten aus fremdsprachendidaktischer Sicht. In: Burwitz-Melzer, Eva/O'Sullivan, Emer (Hg.): *Einfachheit in der Kinder- und Jugendliteratur. Ein Gewinn für den Fremdsprachenunterricht*. Wien: Praesens, S. 33–49.

Chik, Alice (2014): Visual Literacy. In: *Fremdsprachen Lehren und Lernen* 42/2, S. 43–55.

Christ, Ingeborg (2018): Bilder im Französischunterricht: Präsidentschafts- und Parlamentswahlen 2017 im Spiegel politischer Karikaturen. In: Martinez, Hélène/Meißner, Franz-Joseph (Hg.): *Fremdsprachenunterricht in Geschichte und Gegenwart*. Festschrift für Marcus Reinfried. Tübingen: Narr Francke Attempto, S. 303–335.

Corcoll López, Cristina/González-Davies, Maria (2016): Switching codes in the plurilingual Classroom. In: *ELT Journal Volume* 70/1, S. 76–77. DOI:▶ https://doi.org/10.1093/elt/ccv056.

Cravageot, Marie (2018): Liberté, égalité ... parité? De la déconstruction des préjugés vers l'éducation à la parité. In: *Der fremdsprachliche Unterricht Französisch* 154, S. 2–9.

Crookes, Graham (2013): *Critical ELT in Action. Foundations, Promises, Praxis*. New York: Routledge.

Csikszentmihalyi, Mihaly (1990): *Flow: The psychology of optimal experience*. New York: Harper & Row.

Cummins, Jim (2000): Academic Language Learning, Transformative Pedagogy, and Information Technology: Towards a Critical Balance. In: *TESOL Quarterly* 34/3, S. 537–548.

Dahnken, Astrid (2005): *Englisch in der Hauptschule: eine didaktische Rekonstruktion von fremdsprachlichem und bilingualem Unterricht*. Oldenburg: Didaktisches Zentrum, Univ.

Dausend, Henriette (2019): *Die wichtigsten digitalen Tools für Einstieg, Erarbeitung und Sicherung: Im Fremdsprachenunterricht: Sinnvolle Einsatzmöglichkeiten für jede Unterrichtsphase*. Berlin: Cornelsen.

Dausend, Henriette/Elsner, Daniela/Keßler, Jörg-U. (2013): Bilingual, offen, konzeptlos – Was Schulen mit reformpädagogischen Bildungskonzepten zum fremdsprachlichen Lernen versprechen und nicht halten. In: Breidbach, Stephan/Viebrock, Britta (Hg.): *Content and Language Integrated Learning in Europe (CLIL). Research Perspectives on Policy and Practice*. Frankfurt a.M.: Lang, S. 65–83.

Dausend, Henriette/Nickel, Susanne (2017): Tap'nTalk – Differenzierte Förderung von Sprachproduktionen durch tabletgestütze Lernaufgaben. In: Chilla, Solveig/Vogt, Karin (Hg.): *Heterogenität und Diversität im Englischunterricht – fachdidaktische Perspektiven*. Frankfurt a.M.: Lang, S. 179–203.

De Florio-Hansen, Inez (2019): *Fachdidaktik Französisch – Lehren und Lernen im digitalen Zeitalter*. Stuttgart: ibidem.

Deharde, Kristine (2012): Mit 9 und mit 19 kreativ sein! Neue Aufgaben für die individuelle Lektüre. In: *Praxis Fremdsprachenunterricht – Französisch* 4, S. 4–7.

Deharde, Kristine (2019): Handlungs- und produktionsorientiertes Lernen im Anfangsunterricht: Das Kamishibai. In: *französisch heute* 50/1, S. 18–23.

Delius, Katharina (2018): „You all know that story, don't you?" Gruselgeschichten erzählen im inklusiven Fremdsprachenunterricht. Potentiale einer Verbindung von generischem Lernen und Dramapädagogik. In: Bartosch, Roman/Köpfer, Andreas (Hg.): *Inklusion und Nachhaltigkeit. Entwicklungslinien moderner Englischdidaktik*. Tier: Wissenschaftlicher Verlag, S. 115–144.

Delius, Katharina/Surkamp, Carola (2015): Ästhetisches Erleben am außerschulischen Lernort Theater: Die Förderung fremdsprachlicher Diskursfähigkeit im Rahmen eines Theaterbesuchs. In: Hallet, Wolfgang/Surkamp, Carola (Hg.): *Handbuch Dramendidaktik und Dramapädagogik im Fremdsprachenunterricht*. Trier: WVT, S. 117–142.

Del Valle Luque, Victoria (2014): Ver la poesía. Sehverstehen und literarisch-ästhetisches Lernen mit poemas visuales. In: *Der fremdsprachliche Unterricht Spanisch* 46, S. 24–29.

Deutsch, Bettin (2016): *Mehrsprachigkeit durch bilingualen Unterricht? Analysen der Sichtweisen aus europäischer Bildungspolitik, Fremdsprachendidaktik und Unterrichtspraxis*. Frankfurt a.M.: Lang.

Dewey, John (1995): *Erfahrung und Natur*. Frankfurt a.M.: Suhrkamp.

Dewey, John/Kilpatrick, William Heard (1935): *Der Projektplan. Grundlegung und Praxis*. Weimar: Böhlau.

Diehr, Bärbel (2015): Schulen im Ausland – Lernorte für Lehramtstudierende moderner Fremdsprachen. In: Burwitz-Melzer, Eva/Königs, Frank G./Riemer, Claudia (Hg.): *Lernen an allen Orten? Die Rolle der Lernorte beim Lehren und Lernen von Fremdsprachen*. Tübingen: Narr, S. 38–47.

Diehr, Bärbel (2016): Doppelte Fachliteralität im bilingualen Unterricht. Theoretische Modelle für Forschung und Praxis. In: Diehr, Bärbel/Preisfeld, Angelika/Schmelter, Lars (Hg.): *Bilingualen Unterricht weiterentwickeln und erforschen*. Frankfurt a.M.: Lang, S. 57–84.

Dietrich, Cornelie/Krinninger, Dominik/Schubert, Volker (^{2}2012): *Einführung in die Ästhetische Bildung*. Weinheim, Basel: Beltz.

Doff, Sabine (2010b): Theorie und Praxis des bilingualen Sachfachunterrichts: Forschungsfelder, Themen, Perspektiven. In: Doff, Sabine (Hg.): *Bilingualer Sachfachunterricht in der Sekundarstufe. Eine Einführung*. Tübingen: Narr Francke Attempto, S. 11–25.

Donath, Reinhard (2010): Blogs im Englischunterricht. Neue Möglichkeiten für das Lehren und Lernen. In: *Computer + Unterricht: Lernen und Lehren mit Digitalen Medien* 20/77, S. 12–16.

Dorn, Christian (2004): Digital Storytelling: Erziehung zur medialen Mündigkeit durch Bildung zur medialen Selbstreflexion. In: Mayer, Horst O./Treichel, Dietmar (Hg.): *Handlungsorientiertes Lernen und eLearning. Grundlagen und Praxisbeispiele*. München: Oldenbourg Wissenschaftsverlag, S. 163–182.

Dorn, Rudolf/Navarro Gonzalez, Javier/Strathmann, Jochen (2012): *¡Gramática! de la lengua española. Mit Vergleichen zur englischen und französischen Grammatik*. Stuttgart, Leipzig: Klett.

Dragović, Georgina (2019): *Eine empirische Untersuchung zur Effizienz des dramapädagogischen Ansatzes im schulischen DaF-Unterricht mit speziellem Fokus auf Grammatik*. Dissertation, Universität Freiburg/Schweiz. In: ▸ http://doc.rero.ch/record/327181? (19.11.2020).

Eickelmann, Birgit/Bos, Wilfried/Labusch, Amelie (2018): Die Studie ICILS 2018 im Überblick – Zentrale Ergebnisse und mögliche Entwicklungsperspektiven. In: Eickelmann, Birgit/Bos, Wilfried/Gerick, Julia/Goldhammer, Frank/Schaumburg, Heike/Schwippert, Knut/Senkbeil, Martin/Vahrenhold, Jan (Hg.): *ICLS 2018 #Deutschland. Computer- und informationsbezogene Kompetenzen von Schülerinnen und Schülern im zweiten internationalen Vergleich und Kompetenzen im Bereich Computational Thinking*. Münster: Waxmann, S. 7–31.

Eickelmann, Birgit/Bos, Wilfried/Gerick, Julia/Goldhammer, Frank/Schaumburg, Heike/Schwippert, Knut/Senkbeil, Martin/Vahrenhold, Jan (2019) (Hg.): *ICILS 2018 #Deutschland – Computer- und informationsbezogene Kompetenzen von Schüler/innen im zweiten internationalen Vergleich und Kompetenzen im Bereich Computational Thinking*. Münster, New York: Waxmann.

Eisenmann, Maria (2017): Differenzierung und Individualisierung mit Web2.0 Tools. In: Chilla, Solveig/Vogt, Karin (Hg.): *Heterogenität und Diversität im Englischunterricht – fachdidaktische Perspektiven*. Frankfurt a.M.: Lang, S. 155–178.

Elsner, Daniela (2011): Developing multiliteracies, plurilingual awareness & critical thinking in the primary language classroom with multilingual virtual talking books. In: *Encuentro* 20, S. 27–38.

Elsner, Daniela (2013): Pow! Wow! Zoom! Mit graphic novels fremdsprachliche literacies fördern. In: Grünewald, Andreas/Plikat, Jochen/Wieland, Katharina (Hg.): *Bildung – Kompetenz – Literalität. Fremdsprachenunterricht zwischen Standardisierung und Bildungsanspruch*. Seelze: Klett Kallmeyer, S. 194–206.

Elsner, Daniela/Helff, Sissy/Viebrock, Britta (Hg.) (2013): *Films, Graphic Novels & Visuals. Developing Multiliteracies in Foreign Language Education – An Interdisciplinary Approach*. Münster: Lit.

Ertelt-Vieth, Astrid ([4]2003): Schülerbegegnung und Schüleraustausch. In: Bausch, Karl-Richard/ Christ, Herbert/Krumm, Hans-Jürgen (Hg.): *Handbuch Fremdsprachenunterricht*. Tübingen, Basel: Francke, S. 274–276.

Eschenauer, Sandrine (2017): *Médiations langagières dans une pédagogie enactive au collège. Étude longitudinale des liens entre les phénomènes de translangageance, d'empathie et d'expérience esthétique et leur impact cognitif dans un enseignement performatif des langues vivantes*. Thèse de doctorat en Sciences du langage, Université Paris-Est (UPE), Créteil, France.

Europäische Union (2017): *Europäischer Referenzrahmen für die Digitale Kompetenz von Lehrenden*. ► https://ec.europa.eu/jrc/en/digcompedu (11.11.2020).

Even, Susanne/Schewe, Manfred (2016): Einleitende Gedankensammlung zum performativen Lehren, Lernen und Forschung. In: Even, Susanne/Schewe, Manfred (Hg.): *Performatives Lehren, Lernen, Forschen. Performative Teaching, Learning, Research*. Berlin: Schibri, S. 10–26.

Fäcke, Christiane (1999): *Egalität – Differenz – Dekonstruktion. Eine inhaltskritische Analyse deutscher Französisch-Lehrwerke*. Hamburg: Kovač.

Fäcke, Christiane (2020): Mehrsprachige Texte im fremdsprachlichen Literaturunterricht. In: *Die Neueren Sprachen* 8/9, S. 107–118.

Fäcke, Christiane/Meißner, Franz-Joseph (Hg.) (2019): *Handbuch Mehrsprachigkeits- und Mehrkulturalitätsdidaktik*. Tübingen: Narr Francke Attempto.

Fäcke, Christiane/Plikat, Jochen (2020): Politische Bildung im Spanischunterricht: Sechs Thesen. In: *Hispanorama* 170, S. 10–156.

Fäcke, Christiane/Plikat, Jochen/Tesch, Bernd (2017): Politische Bildung im Spanischunterricht. In: Grünewald, Andreas (Hg.): *Praxismaterial: Politische Bildung im Spanischunterricht. Didaktische Grundlagen, Methoden, Materialien*. Seelze: Klett Kallmeyer, S. 5–10.

Falk, Simon (2019): *Mobile-Assisted Language Learning. Eine empirische Untersuchung zum Einsatz digitaler mobiler Endgeräte im Kontext des Fremdsprachenunterrichts*. Tübingen: Narr.

Falkenhagen, Charlott (2019): Musik ohne Worte: Instrumentalmusik und Co im Fremdsprachenunterricht. In: Falkenhagen, Charlott/Volkmann, Laurenz (2019) (Hg.): *Musik im Fremdsprachenunterricht*. Tübingen: Narr Francke Attempto, S. 171–194.

Falkenhagen, Charlott/Noppeney, Gabriele (2018): *Bilingualer Musikunterricht. Grundlagen*. Esslingen: Helbling.

Fehling, Sylvia (2005): *Language Awareness und bilingualer Unterricht: Eine komparative Studie*. Frankfurt a.M.: Lang.

Fischer-Lichte, Erika (2012): *Performativität*. Eine Einführung. Bielefeld: Transcript.

Film+Schule NRW (2019): *Erklärvideos im Unterricht. Münster: LWL-Medienzentrum für Westfalen*. ► http://www.filmundschule.nrw.de.

Fleming, Mike (2016): Überlegungen zum Konzept performativen Lehrens und Lernens. In: Even, Susanne/Schewe, Manfred (Hg.): *Performatives Lehren, Lernen, Forschen. Performative Teaching, Learning, Research*. Berlin: Schibri, S. 27–46.

Flores Ochoa, Jorge A./Aparicio Flores, Manuel Ollanta/Samanez Argumedo, Roberto/Ugarte Vega Centeno, David/Saldívar Antúnez de Mayolo, Liliana (2013): *Tesoros de la Catedral de Cusco*. Lima: Arzobispado de Cusco: Ministerio de Cultura, Dirección Desconcentrada de Cultura de Cusco: Telefónica del Perú.

Freire, Paulo (2006): *Pedagogy of the Oppressed, 30th Anniversary ed*. New York: Continuum.

Fritz, Julia (2020): *Fremdsprachenlernen aus Schülersicht: Eine qualitative Untersuchung zum Unterrichtserleben von Französisch- und Spanischlernenden am Ende der Sekundarstufe* I. Tübingen: Narr.

Fronhofer, Nina-Maria (2015): Growing up. Affektiv-kreative Textarbeit. Jugendliche lernen, fremde und eigene Gefühle in der Fremdsprache differenziert auszudrücken. In: *Praxis Fremdsprachenunterricht Englisch* 3, S. 8–12.

Gerlach, David (Hg.) (2020a): *Kritische Fremdsprachendidaktik: Grundlagen, Ziele, Beispiele*. Tübingen: Narr.

Gerlach, David (2020b): Einführung in eine Kritische Fremdsprachendidaktik. In: Gerlach, David (Hg.): *Kritische Fremdsprachendidaktik: Grundlagen, Ziele, Beispiele*. Tübingen: Narr, S. 7–31.

Giroux, Henry (1983): *Theory and Resistance in Education*. South Hadley: Bergin & Garvey.

Gödecke, Georgia/Grünewald, Andreas/Steinhoff, Markus (2020): Politische Bildung. Ein Thema für den Spanischunterricht? In: *Hispanorama* 170, S. 6–9.

Göksel, Eva (2019): Embodied Language Learning Through Drama: A Tool for Reflected, Professional Development, and Holistic Language Practice. In: *Babylonia* 3, S. 36–43.

Gómez-Pablos, Beatriz (2007): La adaptación de los clásicos en el aula de ELE. In: Gómez-Pablos, Beatriz/Ollivier, Christian (Hg.): *Aktuelle Tendenzen in der romanischen Didaktik*. Hamburg: Kovač, S. 9–41.

Grabe, William/Stoller, Fredricka L. (2011): *Teaching and Researching Reading*. London: Routledge.

Grau, Maike ([2]2013): Austausch- und Begegnungsdidaktik. In: Hallet, Wolfgang/Königs, Frank G. (Hg.): *Handbuch Fremdsprachendidaktik*. Seelze-Velber: Klett Kallmeyer, S. 312–316.

Grau, Maike ([6]2016): Auslandsaufenthalte von Lernenden. In: Burwitz-Melzer, Eva/Mehlhorn, Grit/Riemer, Claudia/Bausch, Karl-Richard/Krumm, Hans-Jürgen (Hg.) (2016): *Handbuch Fremdsprachenunterricht*. Tübingen: Narr Francke Attempto, S. 276–279.

Grau, Maike/Legutke, Michael K. (2013): Vernetzte Lernorte. Englisch im Klassenzimmer und in der Lebenswelt lernen. In: *Der fremdsprachliche Unterricht Englisch* 47, S. 2–6.

Grünewald, Andreas (2006): *Multimedia im Fremdsprachenunterricht: Motivationsverlauf und Selbsteinschätzung des Lernfortschritts von Schülern der Sek. II im computergestützten Spanischunterricht*. Frankfurt a.M.: Lang.

Grünewald, Andreas (2011): Vernetztes Lernen. „Mitmach-Web" im Spanischunterricht. In: *Der fremdsprachliche Unterricht Spanisch* 33, S. 4–10.

Grünewald, Andreas (Hg.) (2021): *Digitalisierung im Spanischunterricht*. Klett Akademie für Fremdsprachendidaktik – Sektion Spanisch. ▶ https://www.klett.de/inhalt/klett-akademie/publikationen/140057

Grünewald, Andreas/Harder, Ann-Kristin (Hg.) (2016): *Sprachmittlung im Spanischunterricht. Powerpoint-Präsentation der Klett Akademie für Fremdsprachendidaktik – Sektion Spanisch*. ▶ https://www.klett.de/inhalt/klett-akademie/publikationen/140057

Grünewald, Andreas/Kräling, Katharina/Lüning, Marita (2017): Themen und Texte zur Förderung der politischen Bildung im Spanischunterricht. In: Grünewald, Andreas (Hg.): *Praxismaterial: Politische Bildung im Spanischunterricht. Didaktische Grundlagen, Methoden, Materialien*. Seelze: Klett Kallmeyer, S. 44–86.

Grünewald, Dietrich (Hg.) (2010): *Struktur und Geschichte der Comics: Beiträge zur Comicforschung. Ausgewählte und aktualisierte Vorträge der ersten drei Tagungen der Gesellschaft für Comicforschung*. Bochum: Bachmann.

Guttack, Monika (2016): *Individuelle Wege zur interkulturellen Kompetenz. Eine empirische Untersuchung im Rahmen von Schülerpraktika in Spanien*. Trier: WVT Wissenschaftlicher Verlag Trier.

Haberzettl, Stefanie (2016): Bildungssprache im Kontext von Mehrsprachigkeit. Eine Untersuchung von Berichtstexten ein- und mehrsprachiger Schüler. In: *Diskurs Kindheits- und Jugendforschung* 1, S. 61–79.

Haberzettl, Stefanie/Huwer, Johannes/Bröhl, Karin/Hempelmann, Rolf (2020): Das Schülerlabor als Ort der Sprachentwicklung. Sprachsensibler Unterricht rund um die Süßungsmittel. In: *CHEMKON* 27/1, S. 7–12.

Hallet, Alexander (2018): Rhythm Is a Dancer, a Soul's Companion. Englischkompetenzen mit Musik fördern. In: *Der fremdsprachliche Unterricht Englisch* 152, S. 2–7.

Hallet, Wolfgang (2006): Tasks in kulturwissenschaftlicher Perspektive: Kulturelle Partizipation und die Modellierung kultureller Diskurse durch tasks. In: Bausch, Karl-Ruprecht/Burwitz-Melzer, Eva/Königs, Frank G./Krumm, Hans-Jürgen (Hg.): *Aufgabenorientierung als Aufgabe*. Tübingen: Narr, S. 72–83.

Hallet, Wolfgang (2015): Die Bedeutung der Orte. Topologien des Fremdsprachenlernens aus raumtheoretischer Perspektive. In: Burwitz-Melzer, Eva/Königs, Frank G./Riemer, Claudia (Hg.): *Lernen an allen Orten? Die Rolle der Lernorte beim Lehren und Lernen von Fremdsprachen. Arbeitspapiere der 35. Frühjahrskonferenz zur Erforschung des Fremdsprachenunterrichts*. Tübingen: Narr, S. 60–69.

Hallet, Wolfgang (2016): *Genres im fremdsprachlichen und bilingualen Unterricht. Formen und Muster der sprachlichen Interaktion*. Seelze: Klett.

Hallet, Wolfgang ([2]2017): Performative Kompetenz. In: Surkamp, Carola (Hg.): *Metzler Lexikon Fremdsprachendidaktik. Ansätze – Methoden – Grundbegriffe*. Stuttgart: J. B. Metzler, S. 273–274.

Hallet, Wolfgang/Königs, Frank G. (Hg.) (2013a): *Handbuch Bilingualer Unterricht. Content and Language Integrated Learning*. Seelze: Klett Kallmeyer.

Hallet, Wolfgang/Königs, Frank G. ([2]2013b): Mehrsprachigkeit und vernetzendes Sprachlernen. In: Hallet, Wolfgang/Königs, Frank G. (Hg.): *Handbuch Fremdsprachendidaktik*. Seelze-Velber: Klett Kallmeyer, S. 302–307.

Hallet, Wolfgang/Königs, Frank G./Martinez, Hélène (Hg.) (2020): *Handbuch Methoden im Fremdsprachenunterricht*. Seelze: Klett Kallmeyer.

Hallet, Wolfgang/Surkamp, Carola/Krämer, Ulrich (Hg.) (2015): *Literaturkompetenzen Englisch. Modellierung – Curriculum – Unterrichtsbeispiele*. Seelze: Klett Kallmeyer.

Hansen, Maike/Wendt, Michael (1990): *Sprachlernspiele: Grundlagen und annotierte Auswahlbibliographie unter besonderer Berücksichtigung des Französischunterrichts*. Tübingen: Narr.

Harms, Lisa-Malin (2019): Spielend Französisch lernen? Potenziale des Spielens im kompetenzorientierten Unterricht nutzen. In: *Der fremdsprachliche Unterricht Französisch* 159, S. 2–8.

Hecke, Carola ([2]2017): Bilder. In: Surkamp, Carola (Hg.): *Metzler Lexikon Fremdsprachendidaktik. Ansätze – Methoden – Grundbegriffe*. Stuttgart: J. B. Metzler, S. 23–25.

Hecke, Carola/Surkamp, Carola (Hg.) (2010): *Bilder im Fremdsprachenunterricht. Neue Ansätze, Kompetenzen und Methoden*. Tübingen: Narr.

Heim, Katja/Ritter, Markus (2012): *Teaching English: Computer-assisted Language Learning*. Paderborn: Schöningh.

Heine, Lena (2013): Empirische Erforschung des Bilingualen Unterrichts. In: Hallet, Wolfgang/Königs, Frank G. (Hg.): *Handbuch Bilingualer Unterricht. Content and Language Integrated Learning*. Seelze: Klett Kallmeyer, S. 216–221.

Heine, Marcella/Riccò, Antonio/Schoof-Wetzig, Dieter (Hg.) (2003): *Bilinguales Lernen im interkulturellen Kontext*. Braunschweig: Westermann.

Heinz, Susanne/Hesse, Mechthild ([2]2018): Literatur unterrichten. In: Lütge, Christiane (Hg.): *Englisch-Methodik. Handbuch für die Sekundarstufe I und II*. Berlin: Cornelsen.

Hennig-Klein, Eva-Maria (2018): *Identität und plurale Bildung in mehrsprachigen Französischlerngruppen: Konzeptmodellierung und empirische Studie*. Berlin: Lang.

Henseler, Roswitha/Möller, Stefan/Surkamp, Carola (2011): *Filme im Englischunterricht. Grundlagen, Methoden, Genres*. Seelze: Klett Kallmeyer.

Hertrampf, Marina Ortrud (2016): Kulturgut Comic. In: *Der fremdsprachliche Unterricht Spanisch* 54, S. 4–10.

Höfler, Elke (2019): Auf den Spuren der Freundschaft. Eine digitale Schnitzeljagd zum Thema amitié. In: *Der fremdsprachliche Unterricht Französisch* 159/53, S. 16–22.

Holzbrecher, Alfred (2020): Fotografie im interkulturellen Sprachunterricht. In: *Die Neueren Sprachen* 8/9 für 2017/2018, S. 82–94.

Hruschka, Ole (2016): *Theater machen. Eine Einführung in die theaterpädagogische Praxis*. Paderborn: Fink.

Hu, Adelheid (2003): *Schulischer Fremdsprachenunterricht und migrationsbedingte Mehrsprachigkeit*. Tübingen: Narr.

Huber, Stephan Gerhard/Günther, Paula Sophie/Schneider, Nadine/Helm, Christoph/Schwander, Marius/ Schneider, Julia A./Pruitt, Jane (2020): *COVID-19 und aktuelle Herausforderungen in Schule und Bildung. Erste Befunde des Schul-Barometers in Deutschland, Österreich und der Schweiz*. Münster, New York: Waxmann.

Hufeisen, Britta (2011): Gesamtsprachencurriculum: Weitere Überlegungen zu einem prototypischen Modell. In: Baur, Rupprecht S./Hufeisen, Britta (Hg.): „Vieles ist sehr ähnlich“. *Individuelle und gesellschaftliche Mehrsprachigkeit als bildungspolitische Aufgabe*. Baltmannsweiler: Schneider Verlag Hohengehren, S. 265–282.

Jarvis, Hu/Krashen, Stephen (2014): Is CALL Obsolete? Language Acquisition and Language Learning Revisited in a Digital Age. In: *TESL-EJ* 17, S. 1–6.

Johnstone, Keith ([8]2011): *Theaterspiele: Spontaneität, Improvisation und Theatersport*. Berlin: Alexander Verlag.

Jones, Roger Dale (2018): *Developing Video Game Literacy in the EFL Classroom – A Qualitative Analysis of 10th Grade Classroom Game Discourse*. Tübingen: Narr.

Kincheloe, Joe L. (2008): *Knowledge and Critical Pedagogy. An Introduction*. New York: Springer.

Kirchhoff, Petra (2016): Short – Shorter – #twitterfiction. In: Thaler, Engelbert (Hg.): *Shorties. Flash Fiction in English Language Teaching*. Tübingen: Narr, S. 71–86.

Kleppin, Karin (1980): *Das Sprachlernspiel im Fremdsprachenunterricht: Untersuchungen zum Lehrer- und Lernverhalten in Sprachlernspielen*. Tübingen: Narr.

Kleppin, Karin ([2]2017): Sprachlernspiele. In: Surkamp, Carola (Hg.): *Metzler Lexikon Fremdsprachendidaktik. Ansätze – Methoden – Grundbegriffe*. Stuttgart: J. B. Metzler, S. 325–327.

Klippel, Friederike ([2]2013): Activities und Sprachlernspiele. In: Hallet, Wolfgang/Königs, Frank G. (Hg.): *Handbuch Fremdsprachendidaktik*. Seelze-Velber: Klett Kallmeyer, S. 186–190.

Kniffka, Gabriele/Neuer, Birgit (2008). Wo geht's hier nach ALDI? – Fachsprachen lernen im kulturell heterogenen Klassenzimmer. In: Budke, Alexandra (Hg.): *Interkulturelles Lernen im Geographie-Unterricht*. Potsdam: Universitätsverlag, S. 121–135.

Koch, Christian (2020): *Viele romanische Sprachen sprechen. Individueller Polyglottismus als Paradigma der Mehrsprachigkeitsforschung*. Berlin: Lang.

Koch, Christian/Tandayamo, Joselito (2018): Trabajar con obras clásicas en versión fácil: análisis crítico de un género textual de mala fama. In: González Casares, Carlos (Hg.): *La literatura en la clase de español*. Berlin: tranvía, S. 169–192.

Koch, Corinna/Schmitz, Sabine/Lang, Sandra (2017) (Hg.): *Dialogische Krimianalysen. Fachdidaktik und Fachwissenschaft untersuchen aktuelle Repräsentationsformen des französischen Krimis*. Frankfurt a.M.: Lang.

Koch, Corinna/Sommerfeldt, Kathrin (2016): Comics für den Spanischunterricht im Überblick. In: *Der fremdsprachliche Unterricht Spanisch* 54, S. 46–47.

Koch, Corinna/Yilmaz, Nuray (2017): Politische Bildung durch die methodische Gestaltung des Spanischunterrichts. In: Grünewald, Andreas (Hg.): *Praxismaterial: Politische Bildung im Spanischunterricht. Didaktische Grundlagen, Methoden, Materialien*. Seelze: Klett Kallmeyer, S. 25–43.

Kohl, Bert (2005): BD + Spracharbeit. In: *Der fremdsprachliche Unterricht Französisch* 74/75, S. 4–10.

Koller, Hans-Christoph (2018): *Bildung anders denken: Einführung in die Theorie transformatorischer Bildungsprozesse*. Stuttgart: Kohlhammer.

König, Lotta (2020): Perspektivenwechsel under (cultural) construction. Ein literaturdidaktisches Konzept kulturwissenschaftlich aktualisiert. In: Grünewald, Andreas/Hethey, Meike/Struve, Karen (Hg.): *Literaturdidaktik meets Literaturwissenschaft*. Trier: Wissenschaftlicher Verlag, S. 95–112.

Kramsch, Claire (2009): *The Multilingual Subject. What Foreign Language Learners Say about their Experience and Why it Matters*. New York: Oxford University Press.

Kramsch, Claire (2011): Symbolische Kompetenz durch literarische Texte. In: *Fremdsprache Deutsch* 44, S. 35–40.

Krechel, Hans-Ludwig (2019): Ausbildung von Lehrkräften für den Sachfachunterricht aus Sicht der Mehrsprachigkeitsdidaktik. In: Fäcke, Christiane/Meißner, Franz-Joseph (Hg.): *Handbuch Mehrsprachigkeits- und Mehrkulturalitätsdidaktik*. Tübingen: Narr Francke Attempto, S. 526–529.

Kreyer, Rolf (2012): 'Love is like a stove – it burns you when it's hot': A corpus-linguistic view on the (non-) creative use of love-related metaphors in pop songs. In: Hoffmann, Sebastian/Rayson, Paul/Leech, Geoffrey (Hg.): *English Corpus Linguistics. Looking back, Moving forward*. Amsterdam: Rodopi, S. 103–115.

Kukulska-Hulme, Agnes/Norris, Lucy/Donohue, Jim (2015): *Mobile pedagogy for English language teaching: a guide for teachers*. British Council: London.

Kupetz, Rita/Salden, Ulrich (2013): Aspekte eines Bilingualen Musikunterricht im Kontext einer multiliteracies-Konzeption. In: Hallet, Wolfgang/Königs, Frank G. (Hg.) (2013): *Handbuch Bilingualer Unterricht. Content and Language Integrated Learning*. Seelze: Klett Kallmeyer, S. 271–279.

Kurtz, Jürgen (2001): *Improvisierendes Sprechen im Fremdsprachenunterricht. Eine Untersuchung zur Entwicklung spontansprachlicher Handlungskompetenz in der Zielsprache*. Tübingen: Narr.

Kurtz, Jürgen (2014): Promoting oral proficiency in the foreign language class: Improvisation in structured learning environments. In: Chenoll, Antonio/Sieberg, Bernd/Franco, Mario/Lindemann, Verena (eds.): *Falar – speaking: A competência oral no ensino de uma língua estrangeira. Teaching oral communication skills in foreign languages*. Lisboa: Centro de Estudos de Comunicação e Cultura, Faculdade de Ciências Humanas – UCP, S. 18–53.

Kurtz, Jürgen ([2]2017): Improvisation. In: Surkamp, Carola (Hg.): *Metzler Lexikon Fremdsprachendidaktik. Ansätze – Methoden – Grundbegriffe*. Stuttgart: J. B. Metzler, S. 135–136.

Küster, Lutz (2003): *Plurale Bildung im Fremdsprachenunterricht. Ästhetisch-literarische und interkulturelle Aspekte von Bildung an Beispielen romanistischer Fachdidaktik*. Frankfurt a.M.: Lang.

Küster, Lutz (2012): Vernetztes Lernen: Eckpunkte eines Forschungsvorhabens zu Zielen und Praktiken der Multiliteralität in ihrer Relevanz für Lerneridentitäten. In: Leitzke-Ungerer, Eva/Blell, Gabriele/Vences, Ursula (Hg.): *English-Español: Vernetzung im kompetenzorientierten Spanischunterricht*. Stuttgart: ibidem, S. 315–328.

Küster, Lutz (2014): Praktiken der Multiliteralität in einem mehrsprachig-multimedialen Kontext. Ergebnisse einer empirischen Erhebung. In: *Fremdsprachen Lehren und Lernen* 43/2, S. 74–90.

Kutzelmann, Sabine/Massler, Ute (Hg.) (2018): *Mehrsprachige Leseförderung: Grundlagen und Konzepte*. Tübingen: Narr Francke Attempto.

Landry, Rodrigue/Bourhis, Richard Y. (1997): Linguistic landscape and ethnolinguistic vitality: An empirical study. In: *Journal of Language and Social Psychology* 16, S. 23–49.

Laner, Iris (2018): *Ästhetische Bildung: zur Einführung*. Hamburg: Junius.

Lange, Imke/Gogolin, Ingrid (2010): *Durchgängige Sprachbildung. Eine Handreichung. Unter Mitarbeit von Dorothea Grießbach*. Münster: Waxmann.

Lange, Monika/Rivera Hernandez, Marco (2020): Icy Winter, Cocodrilo – Little Monster. In: webtoon.com (18.1.2020).

Lange, Ulrike C. (2019a): Notre vision de l'Europe – Regards croisés deutscher und französischer Jugendlicher. In: *französisch heute* 50/3, S. 10–13.

Lange, Ulrike C. (2019b): Überblick über Austauschprogramme, -institutionen, Plattformen und weiterführende Links. In: *französisch heute* 50/3, S. 30–31.

Lave, Jean/Wenger, Etienne (1991): *Situated learning: Legitimate peripheral participation*. Cambridge: Cambridge University Press.

Legutke, Michael K. (2006): Projekt Airport – Revisited: Von der Aufgabe zum Szenario. In: Küppers, Almut/Quetz, Jürgen (Hg.): *Motivation Revisited. Festschrift für Gert Solmecke*. Berlin: LIT Verlag, S. 71–80.

Legutke, Michael K. ([2]2013): Projekte und Szenarien. In: Hallet, Wolfgang/Königs, Frank G. (Hg.): *Handbuch Fremdsprachendidaktik*. Seelze-Velber: Klett Kallmeyer, S. 207–210.

Legutke, Michael K. ([2]2017): Lehr- und Lernort. In: Surkamp, Carola (Hg.): *Metzler Lexikon Fremdsprachendidaktik. Ansätze – Methoden – Grundbegriffe*. Stuttgart: J. B. Metzler, S. 203–206.

Legutke, Michael K./Thomas, Howard (1991): *Process and Experience in the Language Classroom*. London, New York: Longman.

Legutke, Michael K./Wolfgang Thiel (1983): *Airport: ein Projekt für den Englischunterricht in Jahrgangsstufe 6*. Frankfurt a.M.: Diesterweg.

Leisen, Josef (2013): *Handbuch Sprachförderung im Fach – Sprachsensibler Fachunterricht in der Praxis*. Stuttgart: Klett Sprachen.

Leisen, Josef (2018): Von der Alltagssprache über die Unterrichtssprache zur Fachsprache. Sprachbildung im Fachunterricht. In: *Fremdsprache Deutsch. Zeitschrift für die Praxis des Deutschunterrichts* 58, S. 11–23. DOI: ▸ https://doi.org/10.37307/j.2194-1823.2018.58.05

Leitzke-Ungerer, Eva (2015): Can I help you? ¿Te puedo ayudar? Vom Sprachvergleich zur Kommunikation in mehrsprachigen Situationen. In: *Der fremdsprachliche Unterricht Spanisch* 51, S. 25–32.

Leitzke-Ungerer, Eva/Blell, Gabriele/Vences, Ursula (Hg.) (2012): *English-Español: Vernetzung im kompetenzorientierten Spanischunterricht*. Stuttgart: ibidem.

Leonhardt, Jan-Erik/Viebrock, Britta (2020): Ausgewählte Materialien für einen kritisch orientierten Fremdsprachenunterricht: Jugendliteratur mit Transgender-Thematik. In: David Gerlach (Hg.): *Kritische Fremdsprachendidaktik: Grundlagen, Ziele, Beispiele*. Tübingen: Narr, S. 37–52.

Lohe, Viviane (2017): „Aber ich kann doch gar kein Türkisch!" – „Na und?" Heterogene Lerngruppen und mehrsprachiges Unterrichtsmaterial. In: Fäcke, Christiane/Mehlmauer-Larcher, Barbara (Hg.): *Fremdsprachliche Lehrmaterialien – Forschung, Analyse und Rezeption*. Frankfurt a.M.: Lang, S. 189–215.

Löhlein, Susanne (2017): Die App im Spanischunterricht. Individualisierung und Motivationssteigerung im Fremdsprachenunterricht durch den Einsatz von Sprachlernapps. In: *Der fremdsprachliche Unterricht Spanisch* 59, S. 36–40.

Luu, Que Du (2018): Literarisch schreiben. In: Roche, Jörg/Schiewer, Gesine Lenore (Hg.): *Emotionen – Dialoge im Deutschunterricht. Schreiben – Lesen – Lernen – Lehren*. Tübingen: Narr, S. 13–48.

Lütge, Christiane (2009): Handlungsorientiert und ‚wohltemperiert' durch den Fremdsprachenunterricht. Audio literacy-Variationen über ein Thema von Bach. In: Abendroth-Timmer, Dagmar/Elsner, Daniela/Lütge, Christiane/Viebrock, Britta (Hg.): *Handlungsorientierung im Fokus. Impulse und Perspektiven für den Fremdsprachenunterricht im 21. Jahrhundert*. Frankfurt a.M.: Lang, S. 175–187.

Lütge, Christiane (2010): Play it again. Schüleraktivierung durch musikalische Hörerfahrungen im Fremdsprachenunterricht. In: Blell, Gabriele/Kupetz, Rita (Hg.): *Der Einsatz von Musik und die Entwicklung von audio literacy im Fremdsprachenunterricht*. Frankfurt a.M.: Lang, S. 99–108.

5

Lütge, Christiane (2012): *Mit Filmen Englisch unterrichten*. Berlin: Cornelsen.

Lütge, Christiane (Hg.) (2015): *Global Education in English Language Teaching*. Münster: LIT.

Lütge, Christiane/Owczarek, Claudia (2019): Zur Rolle von Musik im kompetenzorientierten Fremdsprachenunterricht – *audio literacy* als Teil von *multiliteracies*. In: Falkenhagen, Charlott/Volkmann, Laurenz (Hg.): *Musik im Fremdsprachenunterricht*. Tübingen: Narr Francke Attempto, S. 17–27.

Maier, Michael (2016): Russisch unterrichten in heterogenen Gruppen. In: Bergmann, Anka (Hg.): *Kompetenzorientierung und Schüleraktivierung im Russischunterricht*. Frankfurt a.M.: Lang, S. 181–200.

Marx, Nicole/Möller, Robert (2019): Die Sieben Siebe für EuroComGerm. In: Fäcke, Christiane/Meißner, Franz-Joseph (Hg.): *Handbuch Mehrsprachigkeits- und Mehrkulturalitätsdidaktik*. Tübingen. Narr, S. 340–344.

Matz, Frauke/Rumlich, Dominik (2020): Englischsprachige Jugendbücher innerhalb und außerhalb des Englischunterrichts. Young Adult Fiction als empirischer Gegenstand der Literaturdidaktik. In: Grünewald, Andreas/Hethey, Meike/Struve, Karen (Hg.): *Literaturdidaktik meets Literaturwissenschaft*. Trier: Wissenschaftlicher Verlag, S. 159–175.

Mecheril, Paul/Quehl, Thomas ([2]2006): Sprache und Macht. Theoretische Befunde zur Wirksamkeit von Lehrerfort- und -weiterbildung. In: Terhart, Ewald/Bennewitz, Hedda/Rothland, Martin (Hg.): *Handbuch der Forschung zum Lehrerberuf*. Münster, New York: Waxmann, S. 511–541.

Medienberatung NRW (2019). Medienkompetenzrahmen NRW. ► https://medienkompetenzrahmen.nrw/medienkompetenzrahmen-nrw/. (09/11/2020).

Mehlhorn, Grit (2014): Interkulturelle Kompetenz entwickeln. In: Bergmann, Anka (Hg.): *Fachdidaktik Russisch. Eine Einführung*. Tübingen: Narr Francke Attempto, S. 214–227.

Mehlhorn, Grit (2016): Der Ton macht die Musik! Anregungen zur Aussprachevermittlung im Russischunterricht. In: Bergmann, Anka (Hg.): *Kompetenzorientierung und Schüleraktivierung im Russischunterricht*. Frankfurt a.M.: Lang, S. 113–148.

Mehlhorn, Grit ([2]2017): Begegnung und Begegnungssituationen. In: Surkamp, Carola (Hg.): *Metzler Lexikon Fremdsprachendidaktik. Ansätze – Methoden – Grundbegriffe*. Stuttgart, Weimar: J. B. Metzler, S. 15–17.

Meier, Gabriela S. (2016): Zweiwegintegration durch zweisprachige Bildung? Ergebnisse aus der Staatlichen Europa-Schule Berlin. In: *International Review of Education* 3/58, S. 335–352. ► http://rdcu.be/mEBl (11.11.2020).

Meißner, Franz-Josef (2001): Aus der Mehrsprachenwerkstatt. Lexikalische Übungen zum Zwischen-Sprachen-Lernen. In: *Der fremdsprachliche Unterricht Französisch* 49/1, S. 30–35.

Meißner, Franz-Joseph (2013a): *Die REPA Deskriptoren der ‚weichen' Kompetenzen. Eine praktische Handreichung für den kompetenzorientierten Unterricht zur Förderung von Sprachlernkompetenz, interkulturellem Lernen und Mehrsprachigkeit*. GIF:on. Giessener Fremdsprachendidaktik: online. In: ► https://geb.uni-giessen.de/geb/volltexte/2013/9372/ (19.11.2020).

Meißner, Franz-Joseph ([2]2013b): Interkomprehensionsforschung. In: Königs, Frank G./Hallet, Wolfgang (Hg.): *Handbuch Fremdsprachendidaktik*. Seelze-Velber: Klett Kallmeyer, S. 381–386.

Meißner, Franz-Joseph ([6]2016): Interkomprehension. In: Burwitz-Melzer, Eva/Mehlhorn, Grit/Riemer, Claudia/Bausch, Karl-Richard/Krumm, Hans-Jürgen (Hg.): *Handbuch Fremdsprachenunterricht*. Tübingen: Francke, S. 234–239.

Meißner, Franz-Joseph ([2]2017): Sprachenübergreifendes Unterrichten. In: Surkamp, Carola (Hg.): *Metzler Lexikon Fremdsprachendidaktik. Ansätze – Methoden – Grundbegriffe*. Stuttgart: J. B. Metzler, S. 316–317.

Meißner, Franz-Josef/Meissner, Claude/Klein, Horst G./Stegmann, Tilbert D. (2004): *EuroComRom – Les sept tamis: lire les langues romanes dès le départ. Avec une introduction à la didactique de l'eurocompréhension*. Aachen: Shaker.

Meißner, Franz-Joseph/Strathmann, Jochen (2019): Romanische Interkomprehension unterrichten: Konzepte, Erfahrungen, Empirie. In: Fäcke, Christiane/Meißner, Franz-Joseph (Hg.): *Handbuch Mehrsprachigkeits- und Mehrkulturalitätsdidaktik*. Tübingen: Narr Francke Attempto, S. 387–392.

Mendoza, Eduardo (2012): *Sin noticias de Gurb*. Ditzingen: Reclam.

Mentz, Olivier (2010): Alle Fächer eignen sich – oder doch nicht? Überlegungen zu einem bilingualen Fächerkanon. In: Doff, Sabine (Hg.): *Bilingualer Sachfachunterricht in der Sekundarstufe. Eine Einführung*. Tübingen: Narr Francke Attempto, S. 29–43.

Méron-Minuth, Sylvie (2018): *Mehrsprachigkeit im Fremdsprachenunterricht. Eine qualitativ-empirische Studie zu Einstellungen von Fremdsprachenlehrerinnen und -lehrern*. Tübingen: Narr.

Merse, Thorsten (2020): Queere Interventionen in die Kritische Fremdsprachendidaktik: Theoretische Überlegungen und praxisorientierte Implementationen. In: Gerlach, David (Hg.): *Kritische Fremdsprachendidaktik. Grundlagen, Ziele, Beispiele*. Tübingen: Narr, S. 107–123.

Merse, Thorsten/Schmidt, Jochen ([2]2018): Internet-Medien und Web 2.0. In: Lütge, Christiane (Hg.): *Englisch-Methodik. Handbuch für die Sekundarstufe I und II*. Berlin: Cornelsen, S. 156–177.

Michler, Christine/Reimann, Daniel (Hg.) (2016): *Sehverstehen im Fremdsprachenunterricht*. Tübingen: Narr.

Mihan, Anne (2018): The Art of Being Normal: Trans Issues in the EFL Classroom. In: Eisenmann, Maria/Ludwig, Christian (Hg.): *Queer Beats: Gender and Literature in the EFL CLassroom*. Frankfurt, New York, Basel: Peter Lang, S. 207–229.

Minuth, Christian (2012): *Fremdsprachenlernen in Projekten. Entdecken, kommunizieren, verstehen, gestalten*. Bad Heilbrunn: Klinkhardt.

Mollenhauer, Klaus (1990): Ästhetische Bildung zwischen Kritik und Selbstgewissheit. In: *Zeitschrift für Pädagogik* 36/4, S. 481–494.

Moreno, Teresa (2018): Acción Poética Múnich: nuevos espacios del español. In: *Hispanorama* 159, S. 18–21.

Moreth-Hebel, Christine/Hebel, Udo J. (2007): Bilder von Amerika im Dialog. Interpikturale Projekte im Englischunterricht. In: *Der fremdsprachliche Unterricht Englisch* 87, S. 38–44.

Morkötter, Steffi (2016): *Förderung von Sprachlernkompetenz zu Beginn der Sekundarstufe. Untersuchungen zu früher Interkomprehension*. Tübingen: Narr.

Morys, Nancy (2018): *Bandes dessinées im Fremdsprachenunterricht Französisch. Annäherung an eine empirisch fundierte Teilbereichsdidaktik*. Berlin: Lang.

Müller, Thomas (2017): *Sprachliche Kognitivierung im dramapädagogischen Deutsch-als-Fremdsprache-Unterricht. Eine Bestandsaufnahme und empirische Expertenbefragung*. München: iudicium.

Müller-Hartmann, Andreas/Grau, Maike (2014): Nur Tourist sein oder den Dialog wagen? Interkulturelles Lernen in der Begegnung. In: *Der fremdsprachliche Unterricht Englisch* 70, S. 2–11.

Neelands, Jonathan/Goode, Tony ([3]2015): *Structuring Drama Work*. Cambridge: Cambridge University Press.

New London Group (2000): A Pedagogy of Multiliteracies: Designing social futures. In: Cope, Bill/Kalantzis, Mary (Hg.): *Multiliteracies: Literacy Learning and the Design of Social Futures*. London/New York: Routledge, S. 9–37.

Nowak, Engelbert (2016): À la rencontre de … Exkursionsdidaktische Ansätze im Überblick. In: *Der fremdsprachliche Unterricht Französisch* 140, S. 2–8.

Nowoczien, Jessica (2016): Become a Warrior and Earn Your XPs. Sprechen mit einem virtuellen Rollenspiel fördern. In: *Der fremdsprachliche Unterricht Englisch* 144, S. 20–25.

Nunan, David/Richards, Jack C. (2015): Preface. In: Nunan, David/ Richards, Jack C. (Hg.): *Language Learning Beyond the Classroom*. New York: Routledge, S. XI–XVI.

Nünning, Ansgar/Nünning, Vera ([2]2017): Narrative Kompetenz. In: Surkamp, Carola (Hg.): *Metzler Lexikon Fremdsprachendidaktik. Ansätze – Methoden – Grundbegriffe*. Stuttgart: J. B. Metzler, S. 263.

Nünning, Ansgar/Surkamp, Carola ([2]2008): *Englische Literatur unterrichten. Grundlagen und Methoden*. Seelze-Velber: Klett Kallmeyer.

O'Neill, Cecily (1995): *Drama Worlds: A Framework for Process Drama*. Portsmouth, NH: Heinemann.

Pennycook, Alastair (2010): *Language as Local Practice*. Abingdon/New York: Routledge.

Peuschel, Kristina (2012): *Sprachliche Tätigkeit und Fremdsprachenlernprojekte. Fremdsprachliches Handeln und gesellschaftliche Teilhabe in radiodaf-Projekten*. Baltmannsweiler: Schneider Verlag Hohengehren.

Piazzoli, Erika (2018): *Embodying Language in Action. The Artistry of Process Drama in Second Language Education*. London: Palgrave Macmillan.

Piccardo, Enrica/North, Brian (2019): *The Action-oriented Approach: A Dynamic Vision of Language Education*. Bristol: Multilingual Matters.

Piepho, Hans-Eberhard (2003): Von der Übungs- und Aufgabentypologie zur Szenariendidaktik – es hat sich was entwickelt. In: Legutke, Michael K./Schocker-von Ditfurth, Marita/Edelhoff Christoph (Hg.): *Kommunikativer Fremdsprachenunterricht: Rückblick nach vorn*. Tübingen: Narr, S. 59–68.

Pinkert, Ute (2016): Perspektive Theater. Rahmung, Gegenstand und Praxis – Theater im Kontext von Stadtkultur und Schule. In: Fuchs, Max/Braun, Tom (Hg.): *Die Kulturschule und kulturelle Schulentwicklung: Grundlagen, Analyse, Kritik. Band 2: Zur ästhetischen Dimension von Schule*. Weinheim/Basel: Beltz-Juventa, Band 2, S. 239–259.

Plikat, Jochen (2011): „Por algo las dictaduras no quieren libertad de prensa…". Web 2.0-Inhalte anhand verschiedener Quellen überprüfen. In: *Der fremdsprachliche Unterricht Spanisch* 33, S. 28–35.

Plikat, Jochen (2017): *Fremdsprachliche Diskursbewusstheit als Zielkonstrukt des Fremdsprachenunterrichts. Eine kritische Auseinandersetzung mit der Interkulturellen Kompetenz*. Frankfurt a.M.: Lang.

Prensky, Marc (2007): *Digital game-based learning*. New York: Paragon House.

Prokopowicz, Tanja (2017): *Mehrsprachige kommunikative Kompetenz durch Interkomprehension. Eine explorative Fallstudie zu romanischer Mehrsprachigkeit aus der Sicht deutschsprachiger Studierender.* Tübingen: Narr.

Puentedura, Ruben R. (2010): SAMR and TPCK: Intro to Advanced Practice. ► http://hippasus.com/resources/sweden2010/SAMR_TPCK_IntroToAdvancedPractice.pdf (11.11.2020).

Reinfried, Marcus (1992): *Das Bild im Fremdsprachenunterricht. Eine Geschichte der visuellen Medien am Beispiel des Französischunterrichts*. Tübingen: Narr.

Roche, Jörg/Reher, Janina/Simic, Mirjana (2012): *Focus on Handlung. Zum Konzept des handlungsorientierten Erwerbs sprachlicher, sozialer und demokratischer Kompetenzen im Rahmen einer Kinder-Akademie*. Berlin: Lit Verlag.

Romig, Nicole (2019): Apprendre en s'engageant. Gesellschaftliche Mitwirkung als Thema im Unterricht. In: *Der fremdsprachliche Unterricht Französisch* 158, S. 2–9.

Romlich, Nicole (2019): Apprende en s'engageant. Gesellschaftliche Mitwirkung als Thema im Unterricht. In: *Der fremdsprachliche Unterricht Französisch* 158, S. 2–9.

Rönneper, Henny (2013): Bilinguale Abschlüsse und Zertifikate. In: Hallet, Wolfgang/Königs, Frank G. (Hg.): *Handbuch Bilingualer Unterricht. Content and Language Integrated Learning*. Seelze: Kallmeyer in Verbindung mit Klett, S. 110–117.

Rösler, Dietmar ([2]2013): E-Learning und das Fremdsprachenlernen mit dem Internet. In: Hallet, Wolfgang/Königs, Frank G. (Hg.): *Handbuch Fremdsprachendidaktik*. Seelze-Velber: Klett Kallmeyer, S. 285–289.

Rumlich, Dominik (2016): *Evaluating bilingual education in Germany. CLIL students' general English proficiency, EFL self-concept and interest*. Frankfurt a.M.: Lang.

Rymarczyk, Jutta (2010): Sich ein Bild machen und darüber reden – das Fach Kunst im bilingualen Unterricht. In: Doff, Sabine (Hg.): *Bilingualer Sachfachunterricht in der Sekundarstufe. Eine Einführung*. Tübingen: Narr Francke Attempto, S. 89–103.

Rymarczyk, Jutta (2013a): *Foreign Language Learning Outside School. Places to See, Learn and Enjoy*. Frankfurt a.M.: Lang.

Rymarczyk, Jutta (2013b): Bildende Kunst. In: Hallet, Wolfgang/Königs, Frank G. (Hg.): *Handbuch Bilingualer Unterricht. Content and Language Integrated Learning*. Seelze: Kallmeyer in Verbindung mit Klett, S. 265–271.

Santoyo, Wendy (2019): Frida Kahlo: icono cultural y mercadológico como team en la clase de espanol. In: *Hispanorama* 163/1, S. 32–38.

Savage, Alice (2019): Teaching Grammar Through Theater. In: *EFL Magazine – The Magazine for English Language Teachers*. ▶ https://www.eflmagazine.com/teaching-grammar-through-theater/?fbclid=IwAR1xIfNWIjDJyBSqdQ4p8jAmD5RLShoL0VNkRp3wPrOSFla4B_MRAA8_yuU (11.11.2020).

Schart, Michael (2003): *Projektunterricht – subjektiv betrachtet. Eine qualitative Studie mit Lehrenden für Deutsch als Fremdsprache*. Baltmannsweiler: Schneider Verlag Hohengehren.

Schechner, Richard, (1988): *Performance Theory*. New York/London: Routledge.

Schechner, Richard/Turner, Victor (2010): *Between Theater and Anthropology*. Philadelphia: University of Pennsylvania Press.

Schewe, Manfred (2020a): Performative in a nutshell. In: *Scenario* XIV/1, 110–117. DOI: ▶ https://doi.org/10.33178/scenario.14.1.7.

Schewe, Manfred (2020b): Unterricht als Kunst. Eine kurze Einführung in die Performative Fremdsprachendidaktik. In: *Fremdsprache Deutsch* 62, S. 9–12.

Schmelter, Lars (2004): *Selbstgesteuertes oder potenziell expansives Fremdsprachenlernen im Tandem*. Tübingen: Gunter Narr.

Schmelter, Lars (2012): Bilingualer Geschichtsunterricht – (fremd)sprachliche Herausforderungen bilingualen historischen Lernens. In: Diehr, Bärbel/Schmelter, Lars (Hg.): *Bilingualen Unterricht weiterdenken. Programme, Positionen, Perspektiven*. Frankfurt a.M.: Lang, S. 37–54.

Schmidt, Torben (2007): *Gemeinsames Lernen mit Selbstlernsoftware im Englischunterricht – Eine empirische Analyse lernprogrammgestützter Partnerarbeitsphasen*. Tübingen: Narr.

Schmidt, Torben (2009): Mündliche Lernertexte auf der Zweinull-Bühne – Mediale Inszenierungen im Englischunterricht am Beispiel eines Schulpodcast-Projekts. In: *Forum Sprache* 1, S. 24–42.

Schmidt, Torben/Strasser, Thomas (2016): Digital Classroom. In: *Der fremdsprachliche Unterricht Englisch* 50, S. 2–7.

Schmidt, Torben/Strasser, Thomas (2018): Media-Assisted Foreign Language Learning – Concepts and Functions. In: Surkamp, Carola/Viebrock, Britta (Hg.): *Teaching English as a foreign language: an introduction*. Stuttgart: J. B. Metzler, S. 211–231.

Schneider, Eva (2018): *Von hybriden Schülerinnen und Schülern in dritten Räumen. Rekonstruktion kultureller Bildungsprozesse im bilingualen Unterricht*. Wiesbaden: Springer.

Schöpke, Claudia (2016): Mitten ins Leben. Stadtrallyes sinnvoll planen und durchführen. In: *Der fremdsprachliche Unterricht Französisch* 140, S. 16–21.

Schöpp, Frank (2016): Mehrsprachenkompetenz. In: Bär, Marcus/Franke, Manuela (Hg.): *Spanischdidakitk. Praxishandbuch für die Sekundarstufe I und II*. Berlin: Cornelsen, S. 154–173.

Schöpp, Frank (2020): Sprachvergleiche in Italienischlehrwerken für die Sekundarstufe I der 2010er Jahre. In: Schädlich, Birgit (Hg.): *Perspektiven auf Mehrsprachigkeit im Fremdsprachenunterricht – Regards croisés sur le plurilinguisme et l'apprentissage des langues*. Stuttgart: J. B. Metzler, S. 75–100.

Schreiber, Jörg-Robert (2016): Kompetenzen, Themen, Anforderungen, Unterrichtsgestaltung und Curricula. In: Ständige Konferenz der Kultusminister der Länder in der Bundesrepublik Deutschland und Bundesministerium für wirtschaftliche Zusammenarbeit und Entwicklung/Schreiber, Jörg-Robert/Siege, Hannes (Hg.): *Globale Entwicklung im Rahmen einer Bildung für nachhaltige Entwicklung*. Bonn: Engagement Global, S. 84–110.

Schroeter, Sara/Wager, Amanda C. (2016): Blurring Boundaries: Drama as a Critical Multimodal Literacy for Examining 17th-Century Witch Hunts. In: *Journal of Adolescent & Adult Literacy* 60/4, S. 405–413. DOI: https://ila.onlinelibrary.wiley.com/doi/pdf/▶ https://doi.org/10.1002/jaal.585.

Schumann, Adelheid (2008): Stereotype im Französischunterricht. Kulturwissenschaftliche und fachdidaktische Grundlagen. In: Schumann, Adelheid/Steinbrügge, Lieselotte (Hg.): *Didaktische Transformation und Konstruktion. Zum Verhältnis von Fachwissenschaft und Fremdsprachendidaktik*. Frankfurt a.M.: Lang, S. 113–127.

Schumann, Adelheid (2016): Texttheater im Spanischunterricht. Der Kampf der indigenen Bevölkerung um das Land ihrer Väter. In: *Hispanorama* 151, S. 26–31.

Schwab, Götz (2013): Bili für alle? Ergebnisse und Perspektiven eines Forschungsprojektes zur Einführung bilingualer Module in einer Hauptschule. In: Breidbach, Stephan/Viebrock, Britta (Hg.): *Content and Language Integrated Learning in Europe (CLIL). Research Perspectives on Policy and Practice*. Frankfurt a.M.: Lang, S. 297–314.

Schwab, Götz/Keßler, Jörg-U./Hollm, Jan (2014): CLIL goes Hauptschule – Chancen und Herausforderungen bilingualen Unterrichts an einer Hauptschule. Zentrale Ergebnisse einer Longitudinalstudie. In: *Zeitschrift für Fremdsprachenforschung* 25/1, S. 3–37.

Schwaechler, Anne (2020): Erklärvideos mit interaktiven Aufgaben erstellen? C'est simple. In: *französisch heute* 51/3, S. 23–27.

Schwerdtfeger, Inge Christine (1989): *Sehen und Verstehen, Arbeit mit Filmen im Unterricht Deutsch als Fremdsprache*. Berlin: Langenscheidt.

Seemann, Gudrun (2016): Das Europäische Portfolio der Sprachen – Einsatz im Russischunterricht / Fremdsprachenunterricht. Motivation zum selbstständigen Lernen. In: Bergmann, Anka (Hg.): *Kompetenzorientierung und Schüleraktivierung im Russischunterricht*. Frankfurt a.M. u. a.: Lang, S. 149–166.

Settinieri, Jutta (2019): Unterrichten in vielsprachigen Lerngruppen. In: Fäcke, Christiane/Meißner, Franz-Joseph (Hg.): *Handbuch Mehrsprachigkeits- und Mehrkulturalitätsdidaktik*. Tübingen: Narr Francke Attempto, S. 505–509.

Sommerfeldt, Kathrin (2005): Projektlernen – eine echte Alternative. In: *Der fremdsprachliche Unterricht Spanisch* 10, S. 14–20.

Stamenkovic, Nevena (2018): Fremdsprachenunterricht als sprachlicher und kultureller ‚Überlappungsraum': Mehrsprachige Diskursfähigkeit mit spanisch-englischer Literatur fördern. In: *Hispanorama* 159, S. 22–26.

Steininger, Ivo (2014): *Modellierung literarischer Kompetenz: eine qualitative Studie im Fremdsprachenunterricht der Sekundarstufe I*. Tübingen: Narr.

Stork, Antje ([2]2013): Lerntagebücher. In: Hallet, Wolfgang/Königs, Frank G. (Hg.): *Handbuch Fremdsprachendidaktik*. Seelze-Velber: Klett Kallmeyer, S. 261–265.

Strathmann, Jochen (2010): *Spanisch durch Interkomprehension: Multimediale Spracherwerbsprozesse im Fremdsprachenunterricht*. Aachen: Shaker.

Summer, Theresa (2016): Lehr-/Lernmaterialien und Medien zum Grammatiklernen. In: Burwitz-Melzer, Eva/Mehlhorn, Grit/Riemer, Claudia/Bausch, Karl-Richard/Krumm, Hans-Jürgen (Hg.): *Handbuch Fremdsprachenunterricht*. Tübingen: Francke, S. 448–452.

Summer, Theresa (2018): Let's Write a New Hit! Einen eigenen pop song schreiben. In: *Der fremdsprachliche Unterricht Englisch* 152, S. 12–19.

Surkamp, Carola (2008): Handlungskompetenz und Identitätsbildung mit Dramentexten und durch Dramenmethoden. In: Burwitz-Melzer, Eva/Hallet, Wolfgang/Legutke, Michael K./Meißner, Franz-Joseph/Mukherjee, Joybrato (Hg.): *Sprachen lernen – Menschen bilden. Dokumentation zum 22. Kongress für Fremdsprachendidaktik der DGFF, Gießen, Oktober 2007*. Baltmannsweiler: Schneider Verlag Hohengehren, S. 105–116.

Surkamp, Carola ([2]2013): Literaturdidaktik. In: Hallet, Wolfgang/Königs, Frank G. (Hg.): *Handbuch Fremdsprachendidaktik*. Seelze-Velber: Klett Kallmeyer, S. 137–141.

Surkamp, Carola (2020): Digitale Literatur und Literaturvermittlung. Neue Texte und Kommunikationsformen für den Fremdsprachenunterricht. In: Grünewald, Andreas/Hethey, Meike/Struve, Karen (Hg.): *Literaturdidaktik meets Literaturwissenschaft*. Trier: WVT Wissenschaftlicher Verlag Trier, S. 249–268.

Szucsich, Petra/Himpsl-Gutermann, Klaus (2016): I Hope My Page Sparks Your Interest. Mit E-Portfolios individualisiert zu Romanen arbeiten. In: *Der fremdsprachliche Unterricht Englisch* 144, S. 40–43.

Tesch, Bernd (2019): Mehrsprachiges diagnostisches Schreiben. In: Fäcke, Christiane/ Meißner, Franz-Joseph (Hg.): *Handbuch Mehrsprachigkeits- und Mehrkulturalitätsdidaktik*. Tübingen. Narr Francke Attempto, S. 405–408.

Thaler, Engelbert (2014): *Teaching English with Films*. Paderborn: Schöningh.

Tokaryk, Jana (2020): (Fern-)Unterricht interaktiv und digital gestalten: das Beispiel Seesaw. In: *französisch heute* 51/3, S. 13–16.

Treskow, Isabella von (Hg.) (2019): *Das Konzentrationslager Flossenbürg – Geschichte und Literatur. Materialien und Anregungen für den Geschichts- und Französischunterricht*. St. Ingbert: Röhrig Universitätsverlag.

Turner, Victor (1989): *Das Ritual: Struktur und Antistruktur*. Frankfurt a.M./New York: Campus-Verlag. (The Ritual Process – Structure and Anti-Structure 1969 London: Routledge & K. Paul).

United Nations General Assembly (1948): Universal Declaration of Human Rights. In: ► https://www.un.org/en/universal-declaration-human-rights/ (09.11.2020).

United Nations, Educational, Scientific and Cultural Organization (2016): *Getting Climate-Ready. A Guide for Schools on Climate Action*. Paris: UNESCO.

Vanderbeke, Dirk (2016): Comics und Krimis im Fremdsprachenunterricht. In: *Fremdsprachenunterricht* 4, S. 295–297.

Vasquez, Vivian (2017): Critical Literacy. In: *Oxford Research Encyclopedia of Education*. In: ► http://oxfordre.com/education/view/10.1093/acrefore/9780190264093.001.0001/acrefore-9780190264093-e-20 (03.03.2019).

Verriere, Katharina (2014): *Bilinguale Module im Mathematikunterricht und ihr Einfluss auf die Lernbereitschaft der Schüler/innen für das Sachfach*. Trier: WVT Wissenschaftlicher Verlag Trier.

Viebrock, Britta (Hg.) (2016a): *Feature Films in English Language Teaching*. Tübingen: Narr.

Viebrock, Britta (2016b): Fostering Film Literacy in English Language Teaching. In: Viebrock, Britta (Hg.): *Feature Films in English Language Teaching*. Tübingen: Narr, S. 13–30.

Visser, Judith (2015): Die Kommunikationsform Twitter im romanistischen Fremdsprachenunterricht: Potential, Probleme, Perspektiven. In: Gil, Alberto/Polzin-Haumann, Claudia (Hg.): *Angewandte Romanistische Linguistik: Kommunikations- und Diskursformen im 21. Jahrhundert, XXIII. Romanistentag 22.–25.99.2013 in Würzburg*. St. Ingbert, S. 207–227.

Volkmann, Laurenz ([2]2017): Populärkultur. In: Surkamp, Carola (Hg.): *Metzler Lexikon Fremdsprachendidaktik. Ansätze – Methoden – Grundbegriffe*. Stuttgart: J. B. Metzler, S. 278–281.

Volkmann, Laurenz (2019): Musik und interkulturelles Lernen. In: Falkenhagen, Charlott/Volkmann, Laurenz (Hg.): *Musik im Fremdsprachenunterricht*. Tübingen: Narr, S. 29–50.

Von Rosen, Julia (2019): Wie Literatur lebendig werden kann: Ein deutsch-französisches Austauschprojekt. In: *französisch heute* 50/3, S. 24–29.

Voss, Katharina (2019): Céer un qui interactif. Digitale Tools wie kahoot! und Quizlet spielend leicht in den landeskundlichen Unterricht integrieren. In: *Der fremdsprachliche Unterricht Französisch* 159/53, S. 23–29.

Wardetzky, Kristin (2020): Der Magnetstein. In: *Fremdsprache Deutsch* 62, S. 13–16.

Wengler, Jennifer (2020): Fehlerkorrektur 2.0: Effektiv und effizient korrigieren mit Feedbackvideos. In: *französisch heute* 51/3, S. 28–31.

Wengler, Jennifer/Nazaruk, Julian (2019): Produktion und Bewertung von Erklärvideos im Fremdsprachenunterricht. In: *Hispanorama* 163/1, S. 78–84.

Wenk, Anne Kathrin/Marx, Nicole/Rüßmann, Lars/Steinhoff, Torsten (2016): Förderung bilingualer Schreibfähigkeiten am Beispiel Deutsch – Türkisch. In: *Zeitschrift für Fremdsprachenforschung* 27/2, S. 151–179.

Weskamp, Ralf (1997): Postmoderne Literaturtheorien. Folgen und Möglichkeiten für den fremdsprachlichen Literaturunterricht auf der gymnasialen Oberstufe. In: *Praxis des neusprachlichen Unterrichts* 44, S. 345–353.

Wieland, Katharina (2017): „Wenn du das nicht richtig mittelst, …“ Dramapädagogische Verfahren zur Förderung von Sprachmittlung. In: *Hispanorama* 155, S. 4–9.

Willems, Aline (2019a): Musik und Fremdsprachenunterricht – Erkenntnisse der Kognitionswissenschaften. In: Falkenhagen, Charlott/Volkmann, Laurenz (Hg.): *Musik im Fremdsprachenunterricht*. Tübingen: Narr Francke Attempto, S. 77–89.

Willems, Aline (2019b): Chansons im Fremdsprachenunterricht. In: Falkenhagen, Charlott/Volkmann, Laurenz (Hg.): *Musik im Fremdsprachenunterricht*. Tübingen: Narr Francke Attempto, S. 221–238.

Willingham, Daniel T. (2007): Critical thinking: Why it is so hard to teach? In: *American Educator*, S. 8–19.

Wirag, Andreas (2019): You won't believe what happened to my sister's husband's friend! Urban legends in einer Campfire-Erzählrunde vortragen. In: *Der fremdsprachliche Unterricht Englisch* 160, S. 20–25.

Wirag, Andreas (2020): How to make a book trailer with Adobe Spark. Eine Lektüre erarbeiten und mit einem Buchtrailer präsentieren. In: *Praxis Englisch* 2, S. 15–19.

Würffel, Nicola (2016): Formen selbstgesteuerten Lernens in der digitalen Welt. In: Burwitz-Melzer, Eva/Mehlhorn, Grit/Riemer, Claudia/Bausch, Karl-Richard/Krumm, Hans-Jürgen (Hg.): *Handbuch Fremdsprachenunterricht*. Tübingen: Francke, S. 386–391.

Zeromskaite, Ieva (2014): The Potential Role of Music in Second Language Learning: A Review Article. In: *Journal of European Psychology Students* 5/3, S. 78–88.

Zydatiß, Wolfgang (2007): *Deutsch-Englische Züge in Berlin (DEZIBEL). Eine Evaluation des bilingualen Sachfachunterrichts an Gymnasien. Kontext, Kompetenzen, Konsequenzen*. Frankfurt a.M.: Lang.

Handlungsorientiert Unterricht planen und durchführen

Inhaltsverzeichnis

6.1 Aufgabenorientierung – 252

6.2 Produkt- und Prozessorientierung – 259

6.3 Handlungsorientiert diagnostizieren, testen und evaluieren – 268

6.4 Die Rolle der Lehrperson im handlungsorientierten Fremdsprachenunterricht – 275

6.5 Neue Perspektiven auf Handlungsorientierung – 282

6.6 Ausblick – 288

Literatur – 288

D. Abendroth-Timmer und D. Gerlach, *Handlungsorientierung im Fremdsprachenunterricht*,
https://doi.org/10.1007/978-3-476-05826-3_6

Unterricht zu planen und durchzuführen gehört zum Kern des professionellen Handelns von Lehrerinnen und Lehrern. In diesem Planen zeigen sich verschiedene Wissenselemente, Kompetenzen und Überzeugungen, die theoretisch fundiert und/oder erfahrungsbasiert Professionalität ausmachen (vgl. Gerlach/Roters/Steininger 2020), gleichzeitig aber auch besonders unter den spezifischen Voraussetzungen fremdsprachenbezogener Didaktik und Methodik gedacht werden müssen (vgl. Knorr 2015). Weiterhin können Wissen, Kompetenzen und Erfahrungen nicht alles erklären, was der Lehrkraft im Unterricht oder in seiner Vorbereitung begegnet. Vielmehr sehen sich Lehrpersonen im Unterricht stets strukturtheoretischen Herausforderungen ausgesetzt, die von Antinomien, Ungewissheit und Paradoxien geprägt sind (vgl. Helsper 2004). Hierzu gehört beispielsweise die Spannung zwischen Nähe und Distanz, das zwischen Lehrperson und Lernenden bestehende Machtverhältnis und die Unmöglichkeit seiner Überwindung oder eben die Ungewissheitsantinomie, dass Unterricht und Lernen nur begrenzt planbar sind.

Gerade letztere Antinomie und die in den vorangegangenen Kapiteln detailliert diskutierten Prinzipien und Prämissen handlungsorientierten Fremdsprachenunterrichts mögen daher irritieren, wenn im Folgenden Aspekte von Unterrichtsplanung vorgestellt werden sollen. Ist handlungsorientierter Unterricht überhaupt in seiner Unsicherheit „planbar“? Im Folgenden sollen Planungsprinzipien vorgestellt werden, die zumindest Planbarkeit sicherzustellen versuchen. Mit diesen Prinzipien (oder „Orientierungen“) soll keineswegs eines als besonders geeignet herausgestellt werden. Wie gerade auch im letzten Kapitel anhand diverser Beispiele deutlich geworden ist, lässt sich handlungsorientierter Unterricht mit einer Vielzahl von Gegenständen, Zielsetzungen und methodisch-didaktischen Konstrukten umsetzen. Weitaus bedeutender als Planungskonzepte ist daher die professionelle Lehrperson, die ihre Interaktion mit den Lernenden, ihr fachliches, unterrichtsmethodisches und pädagogisches Handeln sowie ihre professionelle Identität ständig reflektiert und Chancen zur Weiterentwicklung nutzt. Dieses Kapitel schließt daher mit einem Abschnitt zur Lehrperson im handlungsorientierten Fremdsprachenunterricht. Es geht um ihre Rolle bei Planung, Durchführung und Reflexion des Unterrichts sowie um die Frage, wie professionelle Weiterentwicklung auf individueller und kooperativer Ebene gestaltet werden kann.

6.1 Aufgabenorientierung

Das Prinzip der Aufgabenorientierung hat sich im englischsprachigen Raum in den letzten 35 Jahren als bedeutendste Ausprägung des kommunikativen Ansatzes erwiesen und wird entsprechend zentral diskutiert. Als *Task-Based Language Teaching* (TBLT) hat es den Anspruch, mittels möglichst authentischer, lebensweltnaher Aufgaben den Gebrauch von Sprache zu evozieren: „A task is an activity in which a person engages in order to attain an objective, and which necessitates the use of language.“ (van den Branden 2006: 4) Die Aufgaben sollen Lernende zum sprachlichen Handeln bewegen bzw. müssen derart gestaltet sein, dass sie sprachliches und interaktionales Handeln ermöglichen:

1. „A task is a workplan.
2. A task involves a primary focus on meaning. (Therefore it has some kind of ‚gap': information gap, reasoning gap, and opinion gap.)
3. A task involves real-world processes of language use.
4. A task can involve any of the four language skills.
5. A task engages cognitive processes.
6. A task has a clearly defined communicative outcome." (Ellis 2003: 9–10)

Elementar an dem Prinzip der Aufgabenorientierung ist damit zum einen der Aspekt der Unterrichtsplanung im Sinne eines durch Lernprozesse und -produkte gesteuerten Angebots für die Lernenden, zum anderen die hohe Involviertheit der Schülerinnen und Schüler bei gleichzeitiger (motivierender) Notwendigkeit, die Fremdsprache tatsächlich als Mittel zum Zweck handlungsorientiert einzusetzen. Dabei ist der internationale Diskurs um *Task-Based Language Teaching* in unseren Augen in weiten Teilen deckungsgleich mit dem „deutschen" Prinzip der Handlungsorientierung, wenn er auch selten differenziert mit den Begriffen „ganzheitlich" und „kreativ" oder mit soziokonstruktivistischen Identitätsmodellen unmittelbar in Verbindung gebracht wird. Piccardo und North (2019: 143–145) grenzen ihren *action-oriented approach* über ihre Konzeptualisierung von „Szenarios" und darüber, wie er für den GeR gedacht ist, deutlicher von TBLT ab: Sie kritisieren die hohe Strukturierung von Aufgaben durch die Lehrkraft innerhalb von TBLT, während sie im *action-oriented approach* eine stärkere Verantwortungsübernahme durch die Lernenden sehen möchten. Beides schließt sich in unseren Augen und im Rahmen der „deutschen" Handlungsorientierung im Fremdsprachenunterricht nicht aus: Eine zunehmende Öffnung von Lernprozessen und die Förderung von *agency* aufseiten der Lernenden ist auch innerhalb von TBLT und Lernaufgaben unseres Erachtens möglich (und nötig), wenn Unterrichtsgegenstand und Lernende dies erlauben unter den pädagogischen Voraussetzungen, die die Lehrkraft bewertet.

▶ Beispiel: Checkliste für Lernaufgaben

Bechtel (2011: 30) liefert die folgenden Kriterien zur Einschätzung von Lernaufgaben, die in einer Tabelle angeordnet jeweils mit „ja/nein" zu bewerten sind:

1. „Sie zielt auf die Förderung von mindestens einer Teilkompetenz.
2. Sie löst anspruchsvolle Lernprozesse aus.
   - kognitive Prozesse
   - emotionale Prozesse
   - kreative Prozesse
3. Sie fordert die Schüler auf, als soziale und ganzheitliche Individuen zu handeln.
4. Sie ist nicht primär form-, sondern inhaltsbezogen.
5. Sie stößt authentische Sprachverwendung an. [...]
6. Die Thematik ist für die Schüler relevant.
7. Die Aufgabenstellung ist für die Schüler sinnvoll und bedeutsam.

8. Das Material ist
   - authentisch
   - aktuell
   - sprachlich für [den heutigen Gebrauch der Zielsprache] konstitutiv.
9. Sie entspricht dem Niveau der Schüler. […]
10. Sie ist produkt- und ergebnisorientiert.“ ◀

Ein unter den Vorzeichen von Handlungsorientierung gestalteter Fremdsprachenunterricht kann komplex, widersprüchlich und in Teilen ergebnisoffen sein. Gleichwohl dienen uns im Folgenden besonders die im Zusammenhang mit Aufgabenorientierung entstandenen Planungsmodelle (im Detail s. Bär 2013b; Caspari/Kleppin 2008; Bechtel 2015) dazu, diesen latent unsicheren, handlungsorientierten Unterricht „planbar(er)“ zu machen.

Task cycle Innerhalb eines Rahmenmodells, das das Arbeiten an Aufgaben im Fremdsprachenunterricht ausdefiniert, entwickelt Willis (1996) den sogenannten *task cycle* (Aufgabenzyklus). Dieser strukturiert die Aufgabenbearbeitung vor und ist damit ein erster Ansatz gewesen, aufgabenorientiert Unterricht zu planen. In einer sogenannten *pre-task* findet eine Vorentlastung des Themas bzw. Unterrichtsgegenstandes statt, Wortschatz wird eingeführt, eine Hörverstehensübung dient potenziell als Einstieg in das Thema. Der sich dann anschließende *task cycle* ist unterteilt in
- die eigentliche Aufgabe, die in Paaren oder Gruppen bearbeitet und von der Lehrkraft mit Abstand überwacht wird,
- eine Planungsphase zur Vorbereitung einer Präsentation der Gruppen-/Partnerarbeitsergebnisse sowie
- eine Präsentationsphase.

Im Anschluss steht Spracharbeit im Fokus *(language focus),* bei der sowohl die (ggf. aufgenommene) Präsentation analysiert wird und – durch die Lehrkraft gesteuert – sprachliche Formen eingeübt werden. Diese Phase eignet sich in besonderer Weise zur Differenzierung. Den in verschiedenen Produkten der Lernenden aufscheinenden sprachlichen Schwierigkeiten kann beispielsweise über das individualisierte Angebot von Lerntheken oder Lernstationen begegnet werden. So können einige Lernende neue Strukturen erwerben, wohingegen andere bekanntes Lernmaterial wiederholen und vertieft durchdringen.

Lernaufgabenmodelle Die Zielorientierung, die mit der Bearbeitung einer Aufgabe einhergeht, wird in Ausführungen zum aufgabenorientierten Fremdsprachenunterricht besonders betont. Zudem muss bei der Gestaltung einer Aufgabe im kompetenzorientierten Sinne eine Evaluation des Lernstandes (vorher und nachher) stattfinden, der im Anschluss an Vygotskys Zone proximaler Entwicklung (vgl. Vygotsky 1978/1986) evaluiert und entsprechend durch die Bearbeitung einer Aufgabe gefördert wird (s. ▶ Abschn. 4.1). Für das deutsche Bildungssystem arbeitet das Institut zur Qualitätsentwicklung im Bildungswesen (IQB) an der Modellierung und Erforschung kompetenzorientierten Lernens und Evaluierens (s. Beispielaufgaben und Veröffentlichungen unter ► https://www.iqb.hu-berlin.de/institut).

Um eine kompetenzorientierte Lernaufgabe zu planen, sind verschiedene Modelle denkbar. Der *task cycle* von Willis (1996; s. o.) ist eines dieser Modelle, die international breit diskutiert wurden und besonders über die Englischdidaktik in den Diskurs eingebracht wurde (vgl. Müller-Hartmann/Schocker-von Ditfurth 2011). Ferner hat das Lernaufgabenmodell von Leupold (2008), das von Steveker (2011) und Gerlach/Goworr/Schluckebier (2012) weiterentwickelt wurde (vgl. ◘ Abb. 6.1), einen großen Einfluss in der Lehrer*innenbildung. Letzteres Modell sieht sich insbesondere in dem Anspruch, Lernaufgaben im Sinne von Unterrichtsplanung zu skizzieren. Dabei steht die Lernaufgabe als Produkt am Ende einer in der Länge beliebig gestaltbaren Unterrichtseinheit oder -sequenz und wird kompetenzorientiert dahingehend geplant, was Lernende (ausgehend von einem Einstieg) situativ (d. h. kommunikativ) sowie an sprachlich-methodischen Übungen benötigen, um die Aufgabe am Ende lösen zu können. Dieses kompetenzorientierte *backward planning* seitens der Lehrkraft steht damit in der Tradition der Handlungsorientierung, wie sie im GeR angelegt ist mit ihrem „shift away from the 'forward design' in curriculum planning" (Piccardo/North 2019: 16). Innerhalb der situativen Aufgaben sowie Übungen kann dann qualitativ sowie quantitativ differenziert, vonseiten der Lehrkraft oder *peers* anhand transparenter Kriterien zwischenevaluiert und gesteuert werden, Lernprozesse können ferner geschlossen oder stärker geöffnet werden.

Die Zahl an Übungen und situativen Aufgaben ist – je nach Differenzierungsgrad für die jeweilige Lerngruppe – variabel. Auch ist die Komplexität der Unterrichtsplanung nicht so hoch, wie man vielleicht denken mag: Insbesondere die (methodischen und sprachlichen) Übungen können aus einem Pool an Aufgaben generiert und immer wieder zur Förderung eingesetzt werden. Lediglich der thematisch-inhaltliche Gegenstand, d. h. der didaktische Kern, der als Produkt am Ende steht, variiert und wird durch ein inhaltliches Scaffolding mittels der situativen Aufgaben gestützt und vorbereitet.

► Beispiel: Lernaufgabe zur Simulation eines Weltklimagipfels

Im Folgenden soll dargestellt werden, wie das Lernaufgabenmodell für die Planung einer gesamten Unterrichtseinheit als komplexe Aufgabe gestaltet werden kann. ◘ Abb. 6.2 stellt eine für die Jahrgangsstufe 11 geplante Einheit dar, die für das Themenfeld „globale Erwärmung" und die damit verbundenen (wirtschaftlichen wie sozialen) Interessen verschiedener Länder sensibilisieren soll (vgl. Gerlach/Goworr/Schlu-

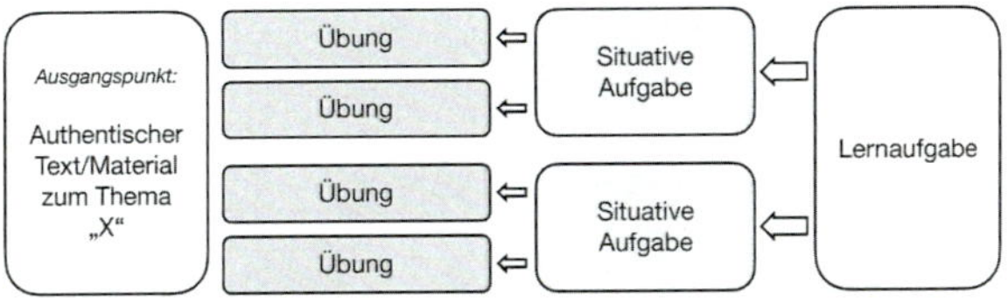

◘ **Abb. 6.1** Lernaufgabenmodell von Steveker (2011) in Weiterentwicklung von Leupold (2008)

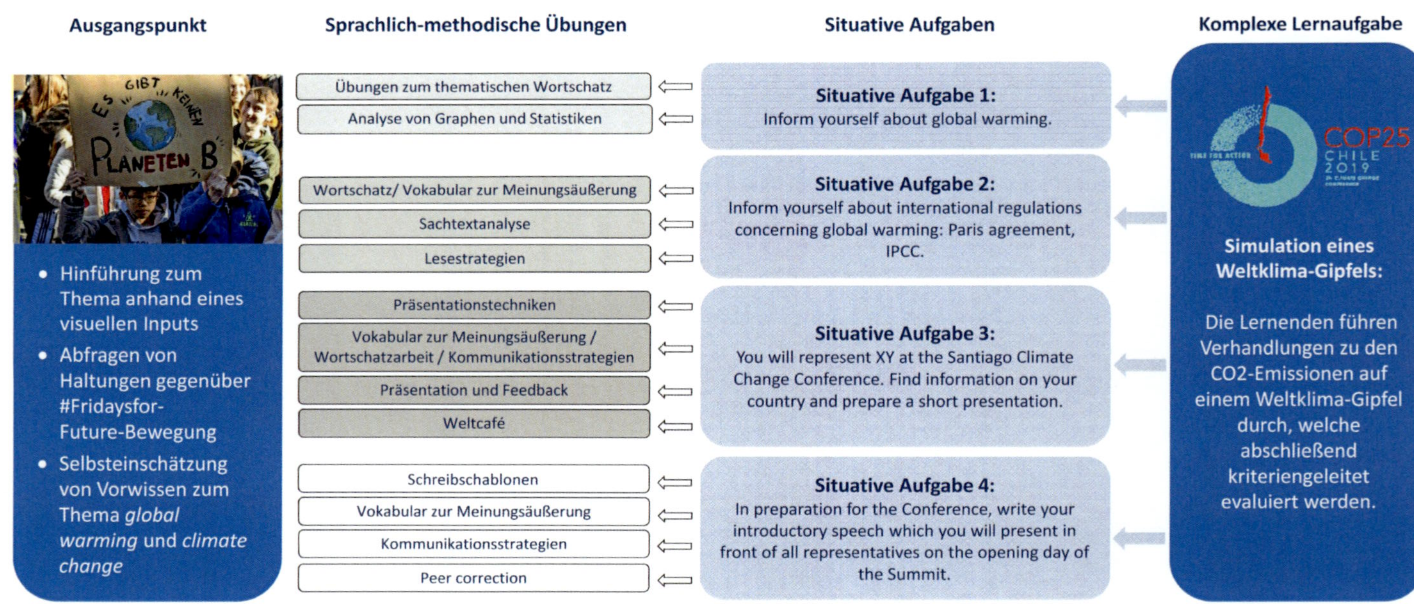

Abb. 6.2 Lernaufgabe „Simulation eines Weltklima-Gipfels“ (adaptiert nach Gerlach/Goworr/Schluckebier 2012: 8)

ckebier 2012). Der Einstieg wird über einen aktuellen Bezug für die Lernenden und das Thema hergestellt (hier: *Fridays-for-Future*-Bewegung), die Planung der Einheit folgt allerdings gemäß dem *backward planning* ausgehend von der Idee, dass die Lernenden einen Weltklima-Gipfel am Ende der Einheit simulieren sollen. Hierzu entwickelt die Lehrkraft vier verschiedene situative Aufgaben: Zunächst müssen die Lernenden sich mit der Theorie beschäftigen (situative Aufgabe 1), dann mit Regulierungen zur globalen Erwärmung (situative Aufgabe 2), um anschließend sich zu einem zufällig bestimmten Land zu informieren, das sie auf dem Gipfel repräsentieren werden. Hierzu erstellen sie – genreorientiert – sowohl eine Präsentation als auch eine kurze Einführungsrede, die die jeweiligen Interessen kurz umreißt.
Zu jeder situativen Aufgabe gibt es entsprechende sprachliche und methodische Übungen, die als Wahlpflicht oder offen durchlaufen werden können (z. B. auch als Hausaufgabe). Einige davon (wie z. B. das Einüben von Kommunikations- oder Präsentationsstrategien oder Wiederholen von Lesestrategien, das Interpretieren von Diagrammen) können generischer Natur sein, d. h. sie können auch für andere Lernaufgaben einer ähnlichen Niveaustufe immer wieder verwendet werden.
Die Übungen werden im Unterrichtsverlauf entweder von der Lehrperson gesteuert oder offen durchlaufen. In diesem Beispiel folgen die situativen Aufgaben einer gewissen Reihenfolge, die dann in die Simulation des Weltklimagipfels mündet. Hier müssen vorab Kriterien für eine mögliche Evaluation und für ein angemessenes *peer*- und Lehrkraft-Feedback festgelegt und transparent gemacht werden. Das Ziel ist eine möglichst kontroverse Diskussion der verschiedenen Länderinteressen, was wiederum die Besonderheiten solcher (politischer) Aushandlungsprozesse für die Lernenden deutlich macht. ◀

Komplexe Kompetenzaufgabe Hallet (2012a/2013) sieht die Aufgabenorientierung mit einem Bildungsanspruch verknüpft und versteht sie als „komplexe Kompetenzaufgabe“. Aufgrund der Komplexität sprachlichen Handelns geht die komplexe Kompetenzaufgabe über das vermeintlich einfache Konzept der Lernaufgabe hinaus, da neben entsprechenden Scaffolding-Maßnahmen insbesondere solche Themen als relevant gesetzt werden sollen, die Lernende im 21. Jahrhundert zum Lösen realer Probleme benötigen (vgl. auch Hallet 2013):

> » Die in der Schule erworbenen Kompetenzen müssen dazu dienen, gesellschaftliche und kulturelle Herausforderungssituationen und Problemlagen sowie die mit ihnen verbundenen diskursiven und kommunikativen Anforderungen zu bewältigen. (Ebd.: 3)

Die komplexe Kompetenzaufgabe besteht aus mehreren Bestandteilen, welche drei Prozesse anregen sollen:

1. kognitive Prozesse der Aktivierung und Motivierung,
2. sprachlich-diskursive Prozesse mit der entsprechenden Unterstützung sowie
3. interaktionale Prozesse der zielgerichteten, handlungsorientierten Aushandlung des Aufgabenziels.

Insofern zeichnen sich komplexe Lernaufgaben durch eine kommunikativ und motivational relevante Integration verschiedenster sprachlicher Fertigkeiten aus.

Dies ist auch lernpsychologisch als sinnvoll zu erachten (*integrated skills,* vgl. Stork 2013a). Die Evaluation eines Kompetenzzuwachses wird hier nicht in ein Aufgabenmodell integriert wie bei anderen (z. B. Willis 1996 und Gerlach/Goworr/Schluckebier 2012), sondern an das Bearbeiten der Kompetenzaufgabe als Evaluationsaufgabe angeschlossen:

> » Hauptgrund dafür ist die Erwägung, dass das problemlösende und inhaltsorientierte Arbeiten der Lernenden nicht durch didaktisierende, gewissermaßen ‚sachfremde' Anforderungen überlagert und entwertet werden soll. Denn Evaluationsaufgaben verfolgen naturgemäß andere Ziele als Kompetenzaufgaben und lenken die Aufmerksamkeit der Lernenden auf das Lernen und Können selbst statt auf die zu bearbeitende Sache. (Hallet 2012b: 94–95)

Task-supported Language Learning/Teaching Müller-Hartmann und Schocker-von Ditfurth (2011) relativieren das Prinzip des *Task-based Language Teaching* als „task-*supported*". Sie sehen angesichts der Tatsache, dass deutsche Lehrpläne und Curricula sowie Lehrwerke nicht in Gänze aufgabenorientiert angelegt sind, keine Möglichkeit, in vollkommener Aufgabenorientierung Fremdsprachenunterricht zu ermöglichen – wohl aber die Option, den Unterricht durch Lernaufgaben anzureichern. Die variierende Menge und Qualität von Aufgaben in Lehrwerken macht es daher nötig, dass Fremdsprachenlehrkräfte diese kontextsensibel an die Bedürfnisse ihrer Lerngruppen methodisch-didaktisch anpassen oder gar neue Aufgaben schaffen, die den Prinzipien für gute Lernaufgaben folgen.

Müller-Hartmann und Schocker-von Ditfurth modellieren *Task-supported Language Learning* (TSLL) um die Nutzung von Lehrwerken herum (vgl. ebd.: 92–106):

1. Zunächst wird das Lehrwerk als Ressource betrachtet *(Coursebook as resource),* deren Aufgaben vorab evaluiert und auf ihre Nutzbarkeit und Nützlichkeit für den eigenen Unterricht hin bewertet werden.
2. Auf Grundlage einer Vorauswahl von Aufgaben werden diese mit den Lernenden im Sinne der Förderung partizipativer Strukturen im Unterricht diskutiert *(pre-task).* Gemeinsam wird entschieden, welche Aufgaben welchen Nutzen bringen und welche letztlich im Unterricht kurz- und mittelfristig eingesetzt werden.
3. Die Fremdsprachenlehrkraft bereitet dann das Aufgabensetting vor, das nach Müller-Hartmann und Schocker im Wesentlichen dem *Task cycle* von Willis (1996; s. o.) folgt. Die Aufgabe wird entsprechend der Phasen des *task cycle* bearbeitet, die Produkte werden durch die Lernenden her- und vorgestellt.
4. Als *post-task* stehen schließlich Feedback und kritische Evaluation nicht nur der Lerner*innenprodukte, sondern des gesamten Prozesses an. Dies kann auch eine formative Evaluation sprachlichen Zuwachses einschließen, aber auch die gemeinsame Diskussion von während des Aufgabenzyklus ausgefüllten Beobachtungs- und Feedbackbögen sein.

TSLL nutzt damit die weiterhin hohe Lehrwerkzentrierung produktiv, indem die Inhalte bzw. vorgestellten Aufgaben nicht nur vorab kritisch evaluiert werden, sondern die Schülerinnen und Schüler auch durch den Entscheidungsprozess für oder wider bestimmte Aufgaben eingebunden werden und somit eine höhere, motivational wirksame Verantwortung für ihren eigenen Lernprozess übernehmen können.

6.2 Produkt- und Prozessorientierung

Produktorientierung Die Produktorientierung folgt dem Ziel, dass am Ende eines handlungsorientiert geplanten Fremdsprachenunterrichts ein „Produkt" steht, welches zugleich eine Würdigung des Arbeitsprozesses ermöglicht, als auch Ausgangspunkt für weiteres Handeln und/oder Anschlusskommunikation sein kann. „Produkt" ist damit begrifflich im weitesten Sinne zu verstehen: Neben größeren Produkten wie aufgeführten szenischen Darstellungen oder Theaterstücken, geschriebenen und überarbeiteten Texten sind Produkte als „Lernertexte" jegliche Äußerungen, die Schülerinnen und Schüler mündlich oder schriftlich herstellen: „Die Lernenden beteiligen sich nicht nur rezeptiv, sondern aktiv an der Gestaltung ihrer Lernumgebung, und ihre sprachlichen Produkte sind Gegenstand gemeinschaftlicher Auseinandersetzung." (Decke-Cornill/Küster 2015: 158) Damit sind Dialoge, Interaktionen, mündliche wie schriftliche (Kurz-)Statements ebenfalls bereits Produkte und erfüllen damit die obigen Kriterien der (nötigen und möglichen) Würdigung und der Gelegenheit für eine Anschlusskommunikation.

Das Herstellen von Produkten im fremdsprachlichen Unterricht sollte durch ein angemessenes Scaffolding angeleitet werden. Auch aufgabenorientierte Ansätze oder der Genre-Ansatz (vgl. Hallet 2016) verfolgen ein strukturiertes Vorgehen z. B. beim Schreiben von Texten, welcher in mehreren Überarbeitungsschleifen dahingehend optimiert wird, ob er den Kriterien des Genres angemessen ist (s. auch ▶ Abschn. 4.4). Insofern ist ein Produkt in diesem Verständnis immer an seiner kommunikativen Bedeutung zu bemessen. Zudem liefern Lernprodukte vertiefte Einsichten in den Unterricht und können der unterrichtlichen Weiterentwicklung hin zur Handlungsorientierung nützen. Hierzu dienen folgende Fragen (Legutke 2009: 213): „Wird in dieser Lernwelt die Sprache in sinnvollen Kontexten (*meaningful contexts*), durch bedeutsame Interaktionen (*meaningful interaction*) nachhaltig und mit Perspektiven gelernt (*meaningful learning*)?" Auch nachfolgendes Modell kann zur Planung und Evaluation handlungs- und genreorientierten Unterrichts herangezogen werden.

Teaching–learning cycle Hallet (2016: 103–111) nimmt das Planungsmodell des *teaching-learning cycle* von Feez (2002: 65) auf und definiert folgende Etappen: In einer ersten Etappe erfolgt die „kulturelle Situierung von Äußerungen", d. h. es werden sprachliche oder textuelle Äußerungen gemeinsam mit den Lernenden kontextuell verortet *(building the context)*. Es werden also die soziale Situation und das Handlungsziel erfasst, woraus dann Konventionen und Adressat*innen abgeleitet werden. In einem nächsten Schritt *(modelling and deconstructing the text)* erfolgt die „Analyse der Textstrukturen und -merkmale". Aufgaben können sein der Vergleich von Texten gleichen Genres oder die Vorbereitung eigener Texte im Hinblick auf relevante Inhalte und Adressat*innen. Der dritte Schritt ist eine „Kooperative Textproduktion und Interaktion" *(joint construction of the text)*. Hier soll in einer Abfolge von Einzel- und Gruppenarbeit der Prozess des genreorientierten Schreibens und des gemeinsamen Reflektierens und Überarbeitens angebahnt werden. Der vierte Schritt ist die „Individuelle Textproduktion oder Interaktion" *(independent construction of the text)*, in der eigenständig generische Merkmale umgesetzt und über Feedbackverfahren ausgewertet werden. Den Abschluss bildet die fünfte Phase der „diskursiven Einbettung und Partizipation" *(linking related texts)*, in der die eigenen Texte kritisch betrachtet und in Bezug zu anderen Texten gesetzt werden.

Im Sinne der in ▶ Kap. 5 gelieferten Beispiele (wie Projektunterricht oder performative Produkte im Rahmen ästhetischer Bildung) ist gerade bei dieser letzten Etappe eine authentische kommunikative Interaktion mit Personen außerhalb der Lerngruppe oder mit kompetenten Sprecher*innen der Zielsprache vorstellbar.

Prozessorientierung Zwar fokussieren TBLT und TSLT auf das Anfertigen von Produkten, was in den 1990er Jahren aufgrund stark konstruktivistischer Überzeugungen und Vorstellungen vom Lernen durchaus einen Widerspruch darstellte, gleichwohl steht auch der Prozess im Mittelpunkt, der zur Fertigstellung der Produkte führt. Weiterhin stehen prozessorientierte Ansätze unter erheblichem Druck in Zeiten von Standard- bzw. Outputorientierung und Leistungsbewertung (vgl. Littlewood 2009). Es herrscht allerdings weitgehende Einigkeit darüber, dass gerade die produktiven Fertigkeiten wie Sprechen und Schreiben im Unterricht prozessorientiert gefördert werden müssen, dass dies gerüstartig vorbereitet werden muss und die Lernenden im Prozess Feedback erhalten müssen. Dies sollte dann iterativ optimiert im Prozess zu besseren Produkten führen.

Littlewood (2009) argumentiert, dass für ein prozessorientiertes Fremdsprachenlernen vier Prozess-Ebenen zu beachten sind, die eng zusammenhängen:

- affektive Prozesse: Lernende werden durch Motivation und Selbstbewusstsein im Lernprozess befördert, Angst und Zweifel lässt diesen Prozess jedoch abbrechen,
- kognitive Prozesse: Lernen wird durch aktives Suchen nach (z. B. sprachlichen) Alternativen im Prozess befördert, durch vorzeitiges Abbrechen aber behindert,
- soziale Prozesse: Lernen wird durch Kooperation und soziale Interaktion befördert, jedoch durch Missgunst, Aversion oder Mobbing unterbunden,
- kommunikative Prozesse: Lernen wird durch gemeinsame Verstehens- und Aushandlungsprozesse befördert, allerdings durch den Prozess dominierende Personen eingeschränkt.

Die Prozesse auf den einzelnen Ebenen können wiederum durch pädagogische Mittel, die von der Lehrperson ausgehen, unterstützt werden. Damit geht es nicht unbedingt weniger um das Endprodukt, aber in besonderem Maße darum, *wie* Lernprozesse seitens der Schülerinnen und Schüler hergestellt und von der Lehrkraft begleitet werden. So kann auch TBLT, wie es oben dargestellt wurde, in seiner Produkt- oder Prozesshaftigkeit angelegt und diskutiert werden.

Planung für heterogene Lerngruppen Heterogene Lerngruppen zeichnen sich durch eine hohe Varianz an Lerner*innenvariablen aus (s. ▶ Abschn. 3.1). Im Zuge der Berücksichtigung von Heterogenität und Diversität hat die Diskussion um inklusive Bildung und den Unterricht in inklusiven Lerngruppen zugenommen. Dabei ist im Sinne eines breiten Inklusionsbegriffs nicht nur dafür zu sorgen, dass Lernende mit festgestelltem förderpädagogischen Unterstützungsbedarf adressiert werden, sondern dass im Allgemeinen Lernprozesse derart differenziert gestaltet werden, dass alle Schülerinnen und Schüler die Möglichkeit erhalten daran teilzunehmen. Auch für heterogene Lerngruppen wird die Bedeutung von aufgabenorientierten Ansätzen im Fremdsprachenunterricht zur Differenzierung wiederholt hervorgehoben und exemplarisch diskutiert (vgl. z. B. Doert/Nold 2015; Chilla/Vogt 2017a, b; Eßer/Gerlach/Roters 2018).

Es wird beispielsweise vorgeschlagen, die bewährten Aufgabenmodelle insbesondere um die nötigen Entwicklungsbereiche („basale Kompetenzbereiche"; Eßer/Gerlach/Roters 2018) zu erweitern und so besonders sprachlichen oder auch sozial-emotionalen Herausforderungen der Lernenden zu begegnen. Aber auch besonders leistungsstarke oder (im sprachlichen Bereich) hochbegabte Schüler*innen benötigen inhaltliche und methodische Lernanreize. Dies scheint ein hehres Ziel vor dem Hintergrund der Förderung sozialer Interaktion und Diskursfähigkeit im handlungsorientierten Fremdsprachenunterricht. Es kann aber dann gelingen, wenn das von Feuser (2011) ursprünglich für die Förderpädagogik entwickelte, in Diskussionen um inklusiven Fremdsprachenunterricht sehr häufig aufgegriffene Prinzip des „Lernens am Gemeinsamen Gegenstand" verfolgt wird. Feuser geht in seiner entwicklungslogischen Didaktik davon aus, dass das didaktische Zentrum des Unterrichts für alle Lernenden unabhängig von Vorwissen, Fähigkeiten und Fertigkeiten gleich sein soll. Das darum gestrickte, methodische Setting bietet allerdings eine Varianz, mittels derer die Schülerinnen und Schüler unterschiedliche Zugänge erhalten und in ihrem Maße am Gegenstand und dem Unterrichtsdiskurs partizipieren können. Dies kann z. B. im aufgaben- und handlungsorientierten Sinne dazu führen, dass Lernende einen Ausflug nach London planen, dabei aber unterschiedliche Abschnitte differenziert bearbeiten oder unterschiedliche Verantwortlichkeiten im Planungsprozess oder beim Herstellen des Produkts übernehmen.

▶ Beispiel: Differenzierungsmatrix

Sasse (2014) liefert in Anlehnung an Kutzer (1982: 40) eine Planungsmatrix, die Lehrende bei der Aufgabenkonzipierung dazu anregt, für eine Aufgabe immer eine ähnliche abstraktere oder anschaulichere (z. B. alltagssprachliche) Aufgabe zu entwerfen (s. ◘ Abb. 6.3). Auf der Y-Achse einer Tabelle werden zunehmend kognitiv komplexere Aufgaben abgetragen, während sich zugleich auf der X-Achse die thematische Komple-

Differenzierungsmatrix zum Thema: Ropa, moda y consumo

Kognitive Komplexität ↑

Freier Vortrag: Beschreibung des Nachbarn	frei vorgetragener Einkaufsdialog	1. Vortrag Was ist Mode für mich		Runder Tisch: Diskussion über Konsum
Beschreibe die Kleidung deines Nachbarn	Quartett spielen Komparativ / Superlativ			
Lückentext	Tandembogen Einkaufsdialog	Vergleiche Mode von Zara mir Markenmode		
thematischer Grundwortschatz Kleidung, Farben	Lückentext Textverständnis Einkaufsdialog			
Ropa	Ir de compras	Moda y marcas (estilo)	crítica y consumo	

© Gesamtschule Köln-Holweide

Thematische Komplexität →

Abb. 6.3 Differenzierungsmatrix zur Gestaltung von Aufgaben. (Quelle: ► http://www.gu-thue.de/material/sversuch/dmatrix/SP_Kleidung.pdf)

xität erhöht. In jedem Tabellenfeld können Lehrende z. B. mit beschrifteten Kärtchen entsprechende Aufgaben anordnen. Bezüglich der kognitiven Komplexität wird unterschieden in „anschaulich/praktische Handlung, teilweise vorstellende Handlung, vollständig vorstellende Handlung, symbolische Ebene, abstrakte Ebene“ (ebd.: 125). ◄

Bei der methodischen Gestaltung des handlungsorientierten Fremdsprachenunterrichts durch Aufgaben oder komplexe Lernaufgaben muss daher bedacht werden, dass möglicherweise schwächere Lernende durch offenere Aufgabensettings überfordert werden können und einer größeren Steuerung durch Differenzierung bedürfen als stärkere (vgl. Caspari/Holzbrecher 2016: 20; Blume/Kielwein/Schmidt 2018; Gerlach 2019). Dies erlaubt jedoch nicht den Umkehrschluss, dass formorientierte, geschlossene Übungen für diese Lernenden zugänglicher oder einfacher seien als z. B. das Abfassen eines Briefes oder anderer Texte zu einem Thema ihrer Wahl. Das Problem bei geschlossenen Übungen besteht sogar darin, dass Lernende überhaupt erst das Übungsformat und die erwünschte Umsetzung verstehen müssen. Dies wiederum fördert allgemeine schulische Ziele, nicht aber sprachbezogene kommunikative Kompetenzen. So zeigen Wild/Caspari (2013), dass in einem Aktionsforschungsprojekt mit Lernenden im ersten Lernjahr Spanisch der gymnasialen Sekundarstufe I (7. Klasse) die implizite Einführung grammatischer Strukturen in eine Lernaufgabe zum Thema „En el instituto/In der Schule“ ohne explizite Erklärungen oder formorientierte Übungen durchaus zu nachhaltigen Erwerbsprozessen führen kann. Pesce (2010) stellt – jedoch mit erwachsenen Lernenden in universitären Sprachkursen – fest, dass die explizite Grammatikvermittlung durchaus von Lernenden eingefordert wird und wirkungsvoll sein kann, dies eventuell aufgrund eines höheren Sicherheitsgefühls (ebd.: 346). Bei der Arbeit mit Lernaufgaben scheint der Modus (schriftlich/mündlich) relevant für die

Aktivierung von sprachlichem Wissen, die stärker bei der Bearbeitung schriftlicher Aufgaben erzielt wird. Auch kollaborative Zugänge bewirken dies (vgl. ebd.: 350 f.). Dies spricht für einen Wechsel zwischen kognitivierenden und produktiv-performativen Phasen im Fremdsprachenunterricht, wobei die spezifischen Erfordernisse der Lernenden (gerade auch im Hinblick z. B. auf ihr Alter und weitere Lernvoraussetzungen; s. ▶ Kap. 3) zu berücksichtigen sind.

▶ Beispiel: Checkliste für differenzierende Lernaufgaben

Zur Überprüfung von Lehrwerkaufgaben und selbst erstellten Aufgaben mit Anspruch an Differenzierung liefern Schinschke/Junghanns (2015: 13) folgende Checkliste:
„Die Aufgaben

- sind für die Schüler nachvollziehbar nach Neigung und/oder Leistung/Anspruchsniveau differenziert.
- bieten gleichermaßen motivierende und interessante Arbeitsaufträge.
- differenzieren nicht (nur) nach den Anforderungsbereichen (reproduzierend vs. gestaltend bzw. Übung vs. Produktorientierung).
- differenzieren nicht (nur) nach Länge und Menge der Aufgaben.
- bieten dem Lernenden Hilfestellung bei der eigenen Auswahl und fordern die Schüler dazu auf, ihre Kriterien der Auswahl zu reflektieren.
- fordern dazu auf, die Ergebnisse individuellen Arbeitens sinnvoll zusammenzuführen." ◀

Planung für unterschiedliche Schulstufen und Schulformen Natürlich können unterschiedliche Schulstufen und Schulformen auch Unterschiede in der Planung veranlassen. Dies ist nicht nur bedingt durch unterschiedliche Lerngruppen und Altersstufen, sondern auch curricular begründet sowie angepasst an unterschiedliche Bildungswege oder -ziele. Ferner gibt es sprachenspezifische Unterschiede: Neben dem gesellschaftlichen Prestige von Sprachen und der Einschätzung der Lernbarkeit einzelner Sprachen durch Lernende und ihre Bezugspersonen (Motivation/Motivierung), der Verbindlichkeit (Wahlbereich) und dem damit verbundenen angebotenen Stundenumfang aufgrund von länderspezifischen Regelungen ist ein Unterschied im Hinblick auf den Ausbildungsstatus von Lehrkräften und das verfügbare Unterrichtsmaterial anzumerken (für Russisch im Grundschulbereich vgl. z. B. Kolodzy 2016: 94).

Grundschule Das Fremdsprachenlernen im Grundschulbereich hat als eines der Planungsziele, mittels eines handlungsorientiert-spielerischen Zugangs Lust auf Sprache und Sprachenlernen zu bereiten, kognitive Sprachlernprozesse zu aktivieren, erste Lernstrategien zu entwickeln und interkulturelles Lernen anzubahnen (vgl. Legutke/Schocker-von Ditfurth/Müller-Hartmann 2013: 290; Decke-Cornill/Küster 2015: 77; Brunsmeier 2016; Elsner 2016: 178; vgl. auch Beiträge in Kötter/Rymarczyk 2015). Während in der Vergangenheit hier ein starker Schwerpunkt jedoch nur auf rezeptive Fertigkeiten und basale Wortfelder gelegt wurde, wird zunehmend gefordert, auch produktive Fertigkeiten zu fördern und die Kreativität der jungen Lernenden einzufordern (vgl. Piske 2017). Mit Ausnahme frühen

Französischunterrichts im Saarland und in Baden-Württemberg und einigen Zusatzangeboten in anderen Sprachen, wird Englisch als erste Fremdsprache an Grundschulen angeboten (vgl. Elsner 2016: 179). Eine Vernetzung von Sprachen findet jedoch selten statt. Gleichzeitig sollte angemerkt werden, dass einige Bundesländer wie z. B. Nordrhein-Westfalen ein breites Angebot an Herkunftssprachenunterricht zur Förderung und zum Ausbau der L1 von Lernenden mit Migrationshintergrund anbieten (vgl. Mehlhorn 2017).

Gerade der Grundschulunterricht würde sich für die Auflösung des einzelsprachlichen Unterrichts allerdings anbieten, so dass Kinder frühzeitig Bezüge zwischen verschiedenen Sprachen herstellen und dies für die Ausbildung der Bildungssprache Deutsch ebenso gezielt nutzen können wie für ein kognitiv-aktiviertes Verständnis eigener Herkunftssprachen und erster Kenntnisse in einer weiteren Sprache. Die Verwendung von Anlauttabellen aus verschiedenen Sprachen kann es ermöglichen, die Mündlichkeit der Herkunftssprache für die Memorisierung von Phonem-Graphem-Verbindungen einzusetzen. Im besten Fall erfolgt eine koordinierte zweisprachige Alphabetisierung, die systematisch den Sprachvergleich fördert (Vorschläge dazu bei Böhm/Mehlem 2018). Zum Entdecken sprachlicher Strukturen können auch Lieder, Reime und Sprachspiele genutzt werden (vgl. Belke 2003; Heintze 2003; Valbonesi/Roosen 2003). Weiterhin kann Narrativität und die damit verbundene Idiomatik und kontextuelle Situiertheit von Sprachen stärker Berücksichtigung finden (zum Einsatz von Kinderbüchern vgl. Zydatiß 2009). Zu denken ist dabei an die Arbeit mit Märchen, Kinderserien und Kinderliedern, die in Form untertitelter Filmclips auf Videoplattformen leicht zu finden sind und oft zugleich eine kulturell aufgeladene visuelle Ebene aufweisen, die Gegenstand vergleichender Gespräche werden kann (Beispiele: „Маша и Медведь/Mascha und der Bär" oder verschiedene Versionen von „Le petit prince/Der kleine Prinz"). Studien zeigen, dass eine anregende Lernumgebung mit anspruchsvollen Aufgaben im frühen Fremdsprachenunterricht Lernende befähigt, diskursive Sprechkompetenzen zu entwickeln und mit Sprache zu experimentieren (vgl. Diehr/Polte 2009). Die Lernenden sind motiviert, entwickeln erstes vertieftes Sprachbewusstsein, verfügen über elementare Hörverstehenskompetenzen und können sich überwiegend zu einfachen Alltagsthemen äußern (vgl. Legutke/Schocker-von Ditfurth/Müller-Hartmann 2013: 290 f.). Diese Vorkenntnisse müssen dann beim Übergang in die Sekundarstufe berücksichtigt werden.

Sekundarstufe I In allgemeinbildenden Schulen der Sekundarstufen I erfolgt durch das dreigliedrige Bildungssystem eine äußere Differenzierung in Angebote von Hauptschulen, Realschulen und Gymnasien. Dies führt aber keinesfalls zu homogenen Lerngruppen (zu Lerner*innenmerkmalen s. ▶ Kap. 3) und erfordert in allen Schulformen binnendifferenzierende Maßnahmen. Sekundarschulen und Gesamtschulen sind dabei aber besonders auf die innere Differenzierung ausgerichtet und verfügen über ein vergleichbar großes Repertoire differenzierender Unterrichtsansätze, individualisierender Materialien und differenzierter Testformate. Ein selbstverständlicher Umgang hiermit durch Lehrpersonen kann auch bei Lernenden zu einer verbesserten Selbsteinschätzung bei der Auswahl von

Lernmaterialien und Lernwegen führen. Während an Haupt- und Realschulen wiederum Englisch als Fremdsprache häufig dominiert, wachsen die Sprachangebote an Gymnasien auch unter dem Druck, mindestens zwei Fremdsprachen bis zum Abitur belegt zu haben. Sprachenübergreifende Konzepte, die auf Sprachbewusstsein und sprachübergreifende Kompetenzen abzielen, wie es beispielsweise in Thüringen mit einem Fach „Sprache und Sprachenlernen" als Ersatz für die 3. Fremdsprache probiert wurde, sind bislang noch eher selten. Auch bilingualer Unterricht/CLIL ist nach wie vor überwiegend dem Gymnasium vorbehalten, wenn auch zunehmend Realschulen und Gesamtschulen, aber auch Grundschulen und vereinzelt Hauptschulen (vgl. Schwab/Keßler/Hollm 2014; Bellet 2017) erfolgreich bilinguale Angebote entwickeln und CLIL-Prinzipien z. B. im Sinne sprachsensiblen Unterrichts Eingang in die Sachfächer aller allgemeinbildenden Schulen finden.

Dem fremdsprachlichen Unterricht in der Sekundarstufe I ist gemein, dass häufig die Planung des Unterrichts (und damit im Wesentlichen die sprachliche Progression) über das eingesetzte Lehrwerk zumindest anteilig gesteuert wird. Unterrichtsplanung, die entlang eines Lehrwerks erfolgt, muss dabei jedoch immer die sprachliche Heterogenität der Lernenden im Blick haben und ggf. Differenzierungsangebote vorhalten, um Lernende am gemeinsamen Gegenstand, der durch das Lehrwerk vorgegeben wird, zu halten. Auch wenn Lehrwerke zahlreiche Gelegenheiten für handlungsorientiertes Fremdsprachenlernen bieten, sind Lehrpersonen gleichwohl frei, weitere (Fremd-)Materialien, Lektüren und Filme einzusetzen, die den Interessen der Schüler*innenschaft (z. B. aufgrund aktueller Ereignisse oder Trends) entsprechen und damit für *investment* und Motivation sorgen.

Als ein lehrwerkunabhängiges Prinzip kann die *Storyline*-Methode gelten, bei der zu einem Unterrichtsthema (und ggf. ausgehend vom Lehrwerk) eine gemeinsame Geschichte entworfen wird, deren narrative Struktur sprachlich, kreativ und kooperativ ausgestaltet wird (vgl. Thaler 2017; Kocher 2019). Anlass für die gemeinsame Geschichtenentwicklung können landeskundliche Themen, *Real-Life*-Geschichten oder textbasierte Geschichten bzw. Fantasiegeschichten sein (vgl. Kocher 2019: 74–76). Als weiteres Instrument dienen Schlüsselfragen zur Planung der Geschichte. Collagen, Figuren und Redemittellisten sind weitere Hilfsmittel (vgl. ebd.: 74–91).

Bei der Umsetzung solcher offenen Unterrichtsformate und der Themen- und Methodenwahl spielt die psychosoziale Entwicklung der Lernenden im Verlauf der Sekundarstufe eine große Rolle. Rollen- und Identitätsfindungsprozesse wirken sich auf die Bereitschaft aus, sich handlungsorientiert im Fremdsprachenunterricht zu beteiligen. Gleichwohl kann das Thema „Identität" auch über die Arbeit mit Filmen, Literatur, Comics oder kreativen Verfahren im Unterricht explizit aufgegriffen werden (vgl. Finkbeiner/Smasal 2016: 185). Allerdings sehen sich die Lernenden in der Sekundarstufe I mit vielfältigen strukturellen Herausforderungen konfrontiert: Übergang von der Primarstufe in das Schulsystem der Sekundarstufe I mit anderen Unterrichtsmethoden, Fächern und Inhalten sowie weiteren Fremdsprachen, zentrale Lernstandserhebungen, Bildungsgangentscheidungen und Leistungsdruck im Hinblick auf den Mittleren Schulabschluss und die Qualifikation für die Sekundarstufe II. Das lange gemeinsame Lernen in Klassenverbänden der Sekundarstufe I bietet aber die Möglichkeit, längerfristig handlungsorientierte Lernszenarien und Projekte oder internationale Austausche anzubahnen oder durchzuführen. Umgekehrt ist gerade das letzte Jahr der Sekundarstufe I in Real-, Sekundar- und Gesamtschulen durch Prüfungsvorbereitungen geprägt. Handlungsorientiert lassen sich hier gleichwohl die zunehmend verbindlichen mündlichen Prüfungen in den Fremdsprachen gestalten, die auch entsprechend vorzubereiten sind.

Sekundarstufe II In der Sekundarstufe II sind allgemeinbildende und berufsbildende Angebote zu unterscheiden, die curricular bedingt auf unterschiedliche Kompetenzen abzielen. In der Sekundarstufe II an Gymnasien wird deutlich seltener ein Lehrwerk zentral im Unterricht verwendet, sondern stärker mittels Fremdmaterialien oder Lektüren flexibel entlang der curricular verankerten Themen gearbeitet. Hier wird für die fortgeführte Fremdsprache ab Eintritt in die Oberstufe seitens der Lernenden eine sprachliche Kompetenz vorausgesetzt, die eine derartige Flexibilität und einen Einsatz nicht-didaktisierter Texte erlaubt. Damit verschiebt sich die Unterrichtsplanung nicht selten weg von der Förderung sprachlicher Fertigkeiten zu stärker inhaltsbezogenen Feldern, gleichwohl betont werden muss, dass Erstere aufgrund einer sicherlich weiterhin vorherrschenden Heterogenität unter der Schüler*innenschaft innerhalb von Aufgaben weiterhin Gegenstand des handlungsorientierten Unterrichts bleiben muss.

Die neu einsetzende Fremdsprache ist häufig durch eine steile Progression geprägt. Ein Lehrwerk wird meist nur zu Beginn verwendet, so dass der Fokus auch hier im späteren Verlauf auf curricular festgelegten Themen liegt. Handelt es sich für Lernende um eine dritte oder vierte Schulfremdsprache, können diese von Sprachentransfers und Sprachlernstrategien besonders profitieren. Spezielle Programme wie das Exzellenzlabel *CertiLingua* bietet begabten Sprachlernenden die Möglichkeit, herausragende Kompetenzen in mindestens zwei fortgesetzten Fremdsprachen und im bilingualen Sachfachunterricht nachzuweisen. Darüber hinaus entwickeln sie handlungsorientiert interkulturelle Kompetenzen in einem Projekt (s. ► Abschn. 5.5). Schüler*innen, die die zweite Fremdsprache verpflichtend in der Sekundarstufe II erwerben müssen, sind in besonderer Weise zu motivieren, da die Sprachwahl zu einem geringen Grad selbstbestimmt ist (eine Sprache muss gewählt werden, das Sprachangebot ist i. d. R. auf eine vorgegebene Sprache reduziert) und zudem die sprachliche Progression steil ist. Gerade hier bieten sich vielfältige handlungsorientierte Ansätze an wie digitales Lernen oder virtuelle Projekte mit Partnerinstitutionen, fächerverbindendes Lernen und das Lernen an außerschulischen Lernorten (Exkursionen in Museen, an Gedenkstätten, Städtereisen).

Berufsschule Für berufliche Schulen verschiebt sich im Vergleich zu allgemeinbildenden Bildungsgängen in einem handlungsorientierten Fremdsprachenunterricht der Fokus im Hinblick auf die einzusetzenden textlichen Genres dahingehend, dass diese möglichst auf das anvisierte Berufsfeld authentisch vorbereiten. Insbesondere für das Englische, aber auch für das Spanische muss hinterfragt werden, welche sprachlich-kulturellen Konventionen für eine plurizentrische Sprache gelten können, die oft einen Lingua franca-Status in beruflichen Kontexten einnimmt (vgl. Leitzke-Ungerer/Polzin-Haumann 2017). Der Unterricht muss daher verschiedene Sprachvarietäten zulassen, auf „Sprache als *Prozess*" und „die Entwicklung flexibler Gesprächsfähigkeit" fokussieren, Kommunikationsstrategien und kulturelle Bewusstheit entwickeln (vgl. Ehrenreich 2012: 192).

Handlungsorientiert bietet sich die Arbeit mit der *Simulation globale* an, bei der in einem klar definierten Kontext wie einem Wohnhaus oder einer Firma (vgl. Yaiche 1993; Sippel 2003; Mertens 2017) fiktive Charaktere angenommen und komplexe Situationen entwickelt und simuliert werden (inklusive der Erstellung aller erforderlichen Materialien, z. B. Einladungskarten für eine Betriebsführung). Eine wirklich authentische Variante davon sind Schulfirmen (z. B. die Verwaltung eines eigenen Bürobedarfskiosks, Schulküchen mit Catering-Service und internationale Projekte), bei denen die Lernenden wirtschaftsbezogene Prozesse durchlaufen, nach außen kommunizieren müssen und dabei für ihr Handeln unmittelbar verantwortlich werden. Dies kann auch als „situiertes Lernen" verstanden werden, bei dem „eine übergeordnete nichtsprachliche Tätigkeit in einem situierten Kontext [erfolgt und] zu deren Durchführung sprachliche Äußerungen (schriftlich oder mündlich) erforderlich sind" (Kieweg 2017: 305). Auch hierbei können unterschiedliche Sprachen eine Rolle spielen, je nach Kooperationsinstitutionen, Kunden und Marketing. Im Fremdsprachenunterricht ist zu berücksichtigen, dass die Lernenden berufsbezogene Text- und Kommunikationsgenres benötigen und unter Umständen hierbei rezeptive Kompetenzen gegenüber produktiven für sie relevanter erscheinen. Dies ist auszuweiten durch die unmittelbar mit berufsbezogenen sprachlichen Handlungen verbundene Schulung von Strategien (digitale Hilfsmittel, Wortschatzverarbeitungsstrategien, Kommunikationsstrategien, Strategien im Hinblick auf berufsspezifische Textrezeption und -produktion; vgl. Funk/Kuhn 2013: 320). Roche (2015) schlägt dazu die Verbindung von Fach- und Sprachunterricht vor. Die jeweiligen Texte und Handlungen sollen unmittelbar den betrieblichen Handlungsszenarien entsprechen, also „authentische Situationen des Arbeits- und Ausbildungsplatzes" (ebd.: 242) bzw. Materialien aus den Betrieben einsetzen (vgl. Ohm 2016: 208).

Förderschule Handlungsorientierter Fremdsprachenunterricht spielt an Förderschulen weiterhin ebenfalls eine große Rolle auf unterschiedlichen Ebenen. Es werden nicht nur die Sprachbewusstheit und die sprachliche(n) Identität(en) der Schülerinnen und Schüler gefördert, sondern auch soziale Kompetenzen wie Interaktion und Kooperation. Wenn auch die sprachliche Progression nicht derart stark ausfällt wie an Regelschulen, so erhalten Lernende an Förderschulen durch ein differenziertes und individualisiertes Lernangebot Zugang zu anderen Sprachen und können ihre eigene sprachliche Identität erfahren und einbringen. Durch die je nach Bundesland hohe Spezialisierung von Förderschulen und ihrer Lehrkräfte in unterschiedliche Förderbedarfe, sind Letztere ausgebildet, um Fremdsprachenunterricht z. B. für Lernende in den Förderbedarf Sehen oder Hören so zu gestalten, dass die Schüler*innen im jeweils anderen Kompetenzbereich rezeptive Fertigkeiten ausgleichend aufbauen. Der Unterricht für Lernende im Förderbereich „geistige Entwicklung" oder „emotionale und soziale Entwicklung" bedarf weiterer nötiger Anpassungen, die zwangsläufig stark auf Interaktion zwischen Lehrperson und Schüler*in setzen müssen.

Darüber hinaus gibt es selbstverständlich länderspezifische und regionale Varietäten, besondere Schulprojekte oder spezielle Begabungsprogramme (vgl. Ziegler 2009: 946) und verschiedenste alternative Schulen in privater Trägerschaft, die hier nicht im Detail besprochen werden können. Gemein ist ihnen immer ein spezifisches strukturelles, lerner*innenbezogenes und methodisches Interesse, das nicht selten von der lokalen Nähe zu anderen Ländern wie Frankreich, den Niederlanden, Dänemark, Polen, Tschechien oder auch lange bestehenden Austauschprogrammen geprägt ist. Diese schulindividuellen Besonderheiten haben dabei natürlicherweise Einfluss auf die Planung von Fremdsprachenunterricht auf unterschiedlichen Ebenen.

6.3 Handlungsorientiert diagnostizieren, testen und evaluieren

Diagnose Für die lerngruppenspezifische Planung von Unterricht in dem hier vertretenen Verständnis von Handlungsorientierung ist eine vorherige Diagnose erforderlich. Zunächst sollten Lehrkräfte ein sehr genaues Bild von den Lernvoraussetzungen der Lerngruppe in Bezug auf jedes Individuum und die Gruppenkonstellation (s. ▸ Kap. 3) entwickeln. Hierbei geht es zuerst um allgemeine Lerner*innenmerkmale, die Lehrende über ihre Beobachtung und über Gespräche mit Lernenden, Bezugspersonen ermitteln können (vgl. Sawellion/Wolf-Zappek 2016: 174 f.). Erst als ein nächster Schritt kann eine fachliche Lernstandsanalyse durchgeführt werden. Hierfür stehen alle Formen von geschlossenen bis offenen Testverfahren zur Verfügung, aber auch Lernprodukte, Hausaufgaben, Selbstbewertungsbögen, Portfolios und Lerntagebücher (vgl. Tesch/Strathmann 2014: 19–23; Sawellion/Wolf-Zappek 2016: 177). Die Diagnose kann von Lehrenden gezielt oder inzidentell ebenso wie von den Lernenden selbst über selbstreflexive Verfahren und schließlich auch im Wechsel mit den *peers* durchgeführt werden (vgl. Tesch/Strathmann 2014: 23–30). Diagnosen sind dann wirksam, wenn sie in Lerngespräche, die Festlegung (eigener) Lernetappen und Ziele münden (vgl. ebd.: 35). Hierüber können Lernende dann auch in die Auswahl von Materialien und Methoden sowie die konkrete Planung von Lernaufgaben einbezogen werden.

Feedback Die Art und Weise, wie Lernen mit Feedback gewürdigt wird, ist eine der wichtigsten Fragen im Unterrichtsplanungs- und -gestaltungsprozess. Nach Hattie (2014: 209) muss Feedback dabei in drei Formen drei wichtige Fragen beantworten:
1. *Feed up:* Wohin gehst du? Was sind deine Ziele?
2. *Feed back:* Wie kommst du voran? Was hast du geschafft?
3. *Feed forward:* Wohin geht es danach? Was ist der nächste Schritt?

Feedback dieser Art verläuft damit kompetenzorientiert und Vygotskys Zone proximaler Entwicklung (s. ▶ Abschn. 4.1; vgl. Vygotsky 1978/1986) folgend so, dass die Lernenden ein Bewusstsein ihres eigenen Fortschritts erhalten, gleichzeitig sich über den aktuellen Stand bewusst werden und den nächsten Schritt (womöglich mit Unterstützung Dritter oder der Lehrkraft) angehen. Ein derartiges Feedbackverhalten erfordert es von der Lehrkraft, ständig Rückmeldung zum eigenen Unterricht zu erhalten und diesen auch spontan zu hinterfragen und auf sich ändernde Kontextfaktoren hin zu adaptieren (vgl. Gerlach/Leupold 2019). Feedback geht dabei in der Regel eine umfängliche Planung von Evaluation und Assessment voraus.

Im Idealfall haben Lehrkräfte schulstrukturelle Möglichkeiten und umfangreiche (Sprach-)Lernberatungen durchzuführen. Gegebenenfalls übernehmen dies Beratungslehrkräfte, die nicht in die Notengebung involviert sind. Eine solche gezielte Beratung setzt zudem eine eingehende Beschäftigung mit dem sprachspezifischen Gegenstand der Beratung bzw. eine fachliche Feedback-Kompetenz und die Kenntnis der Lernvoraussetzungen und Lernstrategien der Schüler*innen voraus und erfordert darüber hinaus spezifische Fortbildungsangebote (vgl. Mehlhorn 2013: 251; zur Aussprache Abel 2018).

Evaluation (Leistungsbeurteilung) – Messen (Leistungsmessung) – Testen (Leistungsüberprüfung) Testen (Leistungsüberprüfung) bezeichnet in der Regel eine stark festgelegte Form, durch die Leistung überprüft wird. Hier werden in der Regel standardisierte Testinstrumente herangezogen, um ein vergleichbares und allgemeingültiges Ergebnis zu erhalten (vgl. Rossa 2016). Messen (oder: *Assessment*) bezeichnet in einem breiteren Verständnis das Einschätzen von Schüler*innenleistungen, die nicht (nur) auf quantifizierten Ergebnissen basieren, sondern z. B. auch auf Basis von Beobachtungen, kriteriengeleitet erstellten Produkten, spontanen Interaktionen etc. Leistungsmessung kann dabei summativ sein und am Ende des Herstellens z. B. eines Produkts seitens der Lerner*innen geschehen oder formativ stattfinden, wenn z. B. die Zwischenprodukte im prozessorientierten Schreiben Feedback erhalten (vgl. Beurteilungsraster für die Sprechkompetenz bei Seyferth 2020).

Eine Evaluation schließlich bezieht Ergebnisse aus dem Messen und ggf. auch dem Testen ein, um zu einem Urteil wie z. B. einer Note zu kommen und darauf basierend gleichzeitig mögliche Folgen für die unterrichtliche Weiterarbeit oder individuelle Lernempfehlungen zu formulieren. Dabei stehen nicht selten auch curriculare Anforderungen oder erwartete Lernziele (Bildungsstandards) im Vordergrund. Im schulischen Bildungskontext gilt allerdings im Allgemeinen ebenfalls die Idee eines pädagogischen Leistungsbegriffs (vgl. Jürgens/Sacher 2008), der sich nicht auf die Leistung als quantifizierbaren Wert fokussiert, sondern Lernende ganzheitlich, als Menschen und Teil von Gemeinschaften sieht. Rossa (2016) diskutiert zudem das Spannungsverhältnis, in dem sich Lehrkräfte (und Lernende) bewegen, die gleichzeitig einen handlungs- und kommunikationsorientierten Fremdsprachenunterricht gestalten sollen, in dem aber auch Momente der Leistungsmessung ermöglicht werden, Letztere dann aber unter möglichst vergleichbaren und fairen Bedingungen stattfinden sollen. Ein Ansatz könnte sein, formative individuelle Rückmeldung und summative standardorientierte Evaluation personell zu trennen, indem Lehrende von parallelen Lerngruppen die jeweils andere Gruppe bewerten. Auf diese Weise kann mit der nicht bewertenden Lehrperson ein ganz anderer gemeinsamer Raum für erprobendes sprachliches Handeln entstehen (vgl. Plikat 2016: 9).

Gütekriterien und Bewertung Die Bewertung einer Leistung kann an verschiedenen Bezugsnormen festgemacht werden wie z. B. einer sachlichen Bezugsnorm mittels eines bestimmten Kriteriensystems oder einer sozialen Bezugsnorm, welche innerhalb einer Lerngruppe z. B. die Leistung der Mitschüler*innen mit einbezieht. Eine individuelle Bezugsnorm erhält zuletzt dann ihr Potenzial, wenn ein*e Lernende*r einen besonderen Fortschritt erreicht zu einer früheren Leistungsfähigkeit und damit ein besonders positives Feedback erhält. Gleichzeitig sollten möglichst beim Messen und Testen immer die Gütekriterien im Auge behalten werden (vgl. Grotjahn 2008; Rossa 2016):

- Validität (Gültigkeit): Misst der Test tatsächlich, was er vorgibt zu testen?
- Reliabilität (Zuverlässigkeit): Kann der Test zuverlässig, d. h. auch bei einer Wiederholung, messen, was er messen soll?
- Objektivität: Kommen andere Bewerter*innen zu denselben Ergebnissen für denselben Test?

Ein Beispiel Häufig werden im Rahmen von Hörverstehenstests Multiple Choice-Aufgaben verwendet, um das Hörverstehen abzufragen. Die Schwierigkeit liegt aber darin, dass hier möglicherweise nicht (nur) Hörverstehen geprüft wird, sondern auch Leseverstehen, da die Schülerinnen und Schüler die Antwortmöglichkeiten ja ebenfalls entschlüsseln und verstehen müssen, diese auf den gehörten Text übertragen und schließlich bewerten müssen, welche der Aussagen mit dem Hörtext am ehesten zusammenhängt.

Zudem können die Bedingungen, unter denen Leistung bewertet wird, das Erbringen derselben seitens der Lernenden erschweren. Auch subjektive Bewertungsfehler können auftreten, wenn z. B. das Wissen der Lehrkraft über die ansonsten sehr positive Leistung einer Schülerin oder eines Schülers das Urteil in positiver Weise (meist sogar unbewusst) beeinflusst und umgekehrt für ansonsten schwache Lernende eine schlechte Beurteilung erfolgt. Erwartungshorizonte, die Einzelleistungen transparent und bewertbar machen, schränken diese Fehleranfälligkeit ein. Gleichwohl sind besonders freie Lernprodukte wie spontane Rollenspiele oder selbst geschriebene, kreative Geschichten als offene Formen deutlich komplexer zu bewerten als geschlossene Aufgabenformate wie z. B. Grammatiküberprüfungen.

Evaluation von Lernprodukten Wenn Produkte entstehen, lassen sich diese am effektivsten anhand der Kriterien evaluieren, die im Vorfeld – vielleicht sogar gemeinsam mit den Lernenden – im Sinne der Förderung von Transparenz im Lernprozess entwickelt wurden. Diese Evaluation kann in Form von Gesprächen unter Lernenden oder mit der gesamten Lerngruppe erfolgen oder auch per anonymer Abstimmungsformate oder Evaluationsbögen, welche die Kriterien auflisten und mittels eines bestimmten Systems von Smileys (jüngere Lernende) oder Punkten (ältere Lernende) sichtbar machen.

Stadler (2016a: 82) schlägt zur Beurteilung von Aufgaben (am Beispiel von schriftlichen Produkten in der Oberstufe) vor, die Beurteilung auf folgende vier Kategorien zu reduzieren:

- „Aufgabenerfüllung (Ausführung der Arbeitsanweisungen in allen Teilen und Nachweis der erforderlichen Kenntnisse und Methodenkompetenzen)
- Textaufbau (differenzierte und transparente Verknüpfung)
- Sprachliche Differenziertheit und Angemessenheit des Vokabulars
- Sprachrichtigkeit (Normverstöße vs. kommunikative Ziele)"

Das Kriterium „Aufgabenerfüllung" nimmt für Stadler (2016a) die höchste Bedeutung im Gesamtzusammenhang ein und muss erfüllt werden. Hierbei ist differenzierend zu berücksichtigen, dass eine offene Gestaltung von Aufgaben die Erfüllung durch Lernende mit unterschiedlichen Lernvoraussetzungen ermöglichen kann. Die jeweiligen Ergebnisse sind dann anhand der individuellen Möglichkeiten der Aufgabenerfüllung einzelner Lernender zu messen (zu offenen Lernaufgaben im Englischunterricht an Grundschulen s. Reckermann 2017).

Für die umfassendere sprachliche Evaluation einzelner sprachlicher Kompetenzen können die „*can do*"-Beschreibungen des *Gemeinsamen europäischen Referenzrahmens* (GeR; vgl. Europarat 2001/2018) Anhaltspunkte geben, für welche Produkte Lernende welche Fähig- und Fertigkeiten einbringen müssen – und welche sie im Sinne eines kompetenzorientierten Planens einer nächsthöheren Kompetenzstufe erlernen müssten. Vogt und Quetz (2018) beschreiben ausführlich anhand der unterschiedlichen fremdsprachlichen Fertigkeiten, wie diese im Einzelnen evaluiert und bewertet werden können. Sie geben gleichzeitig auch Einblicke in alternative Formen der Leistungsbewertung wie z. B. die Arbeit mit Portfolios oder *self*- und *peer-assessment*. Darüber hinaus können Aufgaben im Unterricht als kollaborative, spielerische Rätsel angelegt sein, bei denen das Durchlaufen aller Einzelaufgaben zur Lösung führt. Dies wäre dann eher eine indirekte Rückmeldung. Auch können an Lernprodukte Quizzes anschließen, die Lernenden und Lehrenden zur Evaluation einzelner Wissensbereiche mit Bezug zur vorherigen Lernaufgabe dienen (vgl. Tudela/Puertas 2017).

Korrektur Korrektur steht im Zusammenhang mit dem Fehlerbegriff, der auf Basis des von uns vertretenen postmodernen Verständnisses von Sprache/n im Sinne von *languaging* hier nicht verwendet wird (s. ▶ Abschn. 2.2). Strukturalistische Sprachkonzepte führen dazu, Lerndefizite aufzuzeigen und den Abstand zum Idealmodell des *native speaker* zu betonen. Im Schulkontext ist dies mit stark negativen Emotionen belegt. Dagegen wird mit der Entwicklung hin zu einer Kompetenzentwicklung und der Einführung des GeR versucht, den erreichten Lernstand im Hinblick auf kommunikative Erfolge positiv zu evaluieren. Dies gelingt über eine Bewusstmachung der von außen oder durch die Lernenden angelegten Normen. Eine sprachliche Äußerung kann insofern nur im Hinblick auf diese Normen korrigiert und beurteilt werden, es handelt sich dann also um (bewusste/unbewusste) Normabweichungen. Eine individuell von Lernenden angelegte Norm kann dazu führen, dass ganz bewusst eine bessere Aussprache oder sprachliche Ausdrucksweise eben nicht angestrebt oder sogar vermieden wird. Normabweichungen sind also bewusster Ausdruck sprachlicher (Nicht-)Zugehörigkeit zu einer Sprechgemeinschaft oder das Verlangen danach, auf einem bestimmten Sprachlernniveau verortet zu werden (vgl. auch Müller/Settinieri 2020). Darüber hinaus spielen äußere emotionale Kontexte in die Sprachproduktion hinein und führen durch Unaufmerksamkeit, Sprechangst individuell zu Normabweichungen.

Gemäß der *processability*-Theorie (vgl. Pienemann/Keßler 2012) ist weiterhin davon auszugehen, dass Lernende bestimmte Lernstufen erst durchschreiten müssen und somit zwangsläufig bestimmte Strukturen zu einem gegebenen Zeitpunkt nicht internalisieren oder produktiv anwenden können. Dies wird daher von den Lernenden auch nicht selbst erkannt oder korrigiert (vgl. Kleppin 2013: 224). Ggf. aber sind sprachliche Strukturen individuell noch nicht genügend automatisiert oder es wurden nicht adäquate Lernstrategien genutzt. Dies sollte dann im Gespräch bewusst gemacht werden, damit Lernende sich zukünftig selbst korrigieren und Strategien anpassen können (vgl. ebd.). Eine solche Kognitivierung dient außerdem einer Aufmerksamkeitsfokussierung bei anschließender Sprachrezeption, da Lernende dann bewusster auf sprachliche Phänomene achten, diese integrieren und bestenfalls produktiv nutzbar machen. Dabei erfüllen wahrscheinlich kognitivierende Korrekturstrategien *(negotiations of form/noticing the gap)* im gesteuerten Fremdsprachenerwerb gegenüber impliziten Korrekturen *(recast)* je nach Unterrichtsphase unterschiedliche Ziele (vgl. Lochtman 2002).

Weiterhin ist davon auszugehen, dass Lernende immer ihr vollständiges (mehr)sprachiges Repertoire nutzen, so dass idiosynkratische Sprachäußerungen entstehen, die als positives Zeichen von Transferleistungen und performativer aktiver Sprachproduktion angesehen werden können. Korrektur erhält im Lichte der kommunikativen Orientierung und des Anliegens der individuellen Förderung der Lernenden die Funktion, Lernenden aufzuzeigen, was sie schon gut ausdrücken und wie sie noch komplexere Ausdrucksmittel einsetzen können.

Methodisch stellt sich die Frage, an welchem Punkt eine Fremdsprachenlehrkraft z. B. im Lehrer*in-Schüler*in-Gespräch hier einen Impuls gibt, um eine Korrektur bzw. einen Korrekturversuch anzustoßen (vgl. Kleppin 2016). Im Mündlichen ergibt sich die Schwierigkeit, dass bei einer inhaltsorientierten Äußerung der Gedankengang der Lernenden unterbrochen wird, so dass die Korrektur wahrscheinlich nicht rezipiert wird. Die Lehrkraft muss daher zum einen erwägen, welches Ziel in einer Phase im Vordergrund steht (z. B. die Aussprache beim Vorlesen gegenüber dem freien Sprechen in einer persönlichen mündlichen Erzählung). Zum anderen muss sie die Lernenden dahingehend einschätzen, wie diese auf Unterbrechungen und Korrekturen emotional reagieren und welche kognitive Kapazität einzelne Lernende zu einem gegebenen Zeitpunkt haben, die Korrektur zu verarbeiten. Die Besprechung in Form eines *language focus* in einer gesonderten Phase, kann einerseits zu einer erhöhten Aufmerksamkeit führen. Andererseits passiert es, dass sich einzelne Lernende nicht adressiert fühlen, da sie das besprochene sprachliche Phänomen nicht mehr erinnern oder bedeutsam finden.

Auch schriftliche Produkte, die im handlungsorientierten Fremdsprachenunterricht entstehen, können und müssen zeitnah korrigiert werden. Diese Korrektur kann dabei zwei Ziele verfolgen (vgl. Bausch/Kleppin 2016): Zum einen kann ein Kommentar zu einer schriftlichen Leistung wie z. B. einem Zwischenprodukt im Schreibprozess (s. ▶ Abschn. 4.4) das Ziel von Feedback im Sinne von Hattie (2014, s. o.) erfüllen, wenn es das Geschriebene prozessorientiert würdigt und Rückmeldung dazu gibt, wie es optimiert werden kann. Zum anderen kann schriftliche Korrektur auch eine Bewertungsfunktion haben, inhaltliche und sprachliche Ausdrucksfähigkeit nach bestimmten Kriterien transparent und somit auch mittels einer Note bewertbar machen. Durch die Einführung von Kriterienrastern, die auf die kommunikative Verständlichkeit von Lernprodukten und Diskursfähigkeit (anhand von Parametern wie Syntax, Wortschatz, Genre/Register) abzielen und nicht mehr auf die sprachliche Korrektheit gemäß einer externen linguistischen Norm (Fehlerquotient), erhalten die Lernenden eine inhaltlich komplexere und motivierendere Rückmeldung zu ihrem Sprachhandeln (vgl. Caspari 2011; Kleppin 2013).

Als motivational wirksam ist daher eine Positivkorrektur einzuschätzen, die Lernende bestärkt, sprachliche Risiken einzugehen, indem sie Wörter recherchieren und im Gebrauch ausprobieren und ermutigt werden, komplexere sprachliche Produkte zu generieren, anstelle der Tendenz zur sprachlichen Richtigkeit.

Hierzu können weitere Verfahren der Selbst- und Fremdkorrektur (vor allem auch durch *peers*) eingesetzt werden. Diese sollten im Sinne handlungsorientierten Lernens prozessorientiert sein und die Entwicklung von Autonomie und Reflexion fördern. Inzwischen gibt es eine Vielzahl an Instrumenten zur Dokumentation und Beurteilung eigener Lernprozesse wie Lernkarteien, Selbsteinschätzungs- und Diagnosebögen sowie Portfolios (s. ▶ Abschn. 5.3). Zudem können immer wieder auch Lernende bestimmt werden, die Korrektur in einer Unterrichtsphase zu übernehmen. Kritisch zu bewerten ist die mündliche Wiederholung fehlerhafter mündlicher Sprachproduktion oder die schriftliche Auflistung von Fehlern. Dies scheint oberflächlich zu einer Bewusstmachung zu führen (z. B. bei sogenannten *critical friends*), doch prägt sich das falsche Sprach-/Schriftbild erneut ein. Stattdessen können beispielsweise Merkstellen in einem Wort oder einer syntaktischen Konstruktion in einer Lernkartei markiert werden. Praktisch ist im Schriftlichen der Gebrauch von Textverarbeitungsprogrammen, da diese Textstellen zur Korrektur vorschlagen und im digitalen Text leichter als im handschriftlichen Text durch die Lernenden selbst Verbesserungen und mehrfache Überarbeitungen vorgenommen werden können. Wird sogar mit kooperativen Methoden oder mit digitalen Schreibtools gearbeitet, können die Lernenden sich gegenseitig korrigieren. Hierbei sind sie dann bewusst sprachlich Handelnde, wenn sie vielleicht auch mit Hilfsmitteln wie Lexika oder Grammatiken einzelne Aspekte überprüfen. Auch hier sollte zeitnah eine korrektive Sichtung durch die Lehrperson erfolgen, damit weiter bestehende Normabweichungen nicht fossiliert werden.

Hilfreich ist darüber hinaus eine vorherige gemeinsame Aufstellung von Bewertungskriterien. Handlungsorientiert können die Kriterien (z. B. inhaltliche

Vollständigkeit, Spannungsbogen, Umfang der Lexik etc.) auf einer Zielscheibe angeordnet werden und die Lernenden bewerten mit Punkten auf der Scheibe, wie nah oder entfernt z. B. schriftliche Texte (die z. B. anonym in der Klasse ausgelegt und reihum bewertet werden) oder ein mündlicher Vortrag von dem erwünschten Ziel liegt.

Handlungsorientiert evaluieren und testen Wenn der Unterricht in dem hier beschriebenen Sinne Schüler*innen in Kontexte der sozialen Interaktion, der authentischen Kommunikation und der gesellschaftlichen Partizipation versetzen will, müssen zwangsläufig Evaluations- und Testformate angepasst werden. Formate der Selbstevaluation tragen hierzu bei, da sie die Selbsteinschätzung, Mitbestimmung und Verantwortung der Lernenden für ihre Lernprozesse fördern. Sie verhelfen ferner dazu, dass sich Lernende Fördermaßnahmen zu eigen machen (vgl. Eikenbusch 2006: 20). Zudem geben sie im besten Fall Lehrenden tiefere Einblicke in Lernprozesse ihrer Schülerinnen und Schüler und dienen damit zum Abgleich mit Ergebnissen aus standardisierten Evaluationsverfahren (vgl. Winter 2006: 24). Dazu ist eine in den Unterricht und das Gespräch zwischen Lehrende und Lernende integrierte Selbstevaluation erforderlich. Für eine solche Selbstevaluation der Lernenden liegen viele Vorschläge vor, die sich nach den Dimensionen „Methode, Ziel, Adressat*in, Gegenstand und Komplexität" unterscheiden (s. ◘ Tab. 6.1).

Im Einzelnen ist also zu fragen: Dient die Selbstevaluation der Analyse des Lernprozesses, der Dokumentation oder der Bewertung eines Lernproduktes? Ist die Selbstevaluation für den*die Schüler*in persönlich und/oder mit wem wird sie besprochen (*peers*/Lehrende)? Stehen allgemeine methodische und soziale Kompetenzen, ein spezifischer Inhalt oder die Sprache im Fokus? Ist die Selbstevaluation unangeleitet (interne Norm), kriteriengeleitet (Klassennorm), durch

◘ Tab. 6.1 Instrumente der Selbstevaluation (auf Basis von Abendroth-Timmer 2007, Breuer 2009: 172 und Bellingrodt 2011)

Methode	Ziel	Adressat*in	Gegenstand	Komplexität
Lerntagebuch	Bewusste Zielformulierung	Lernende	Flexibel	Niedrig
Visualisierungen (Motivationskurve), Sprachlernbiographie etc.)	Lernprozessbeurteilung	Lernende und Lehrende	Ganzheitlich	Niedrig
Portfolio	Dokumentation, Präsentation, Mitbestimmung, Leistungsbeurteilung (interne und externe Norm)	Lernende und Lehrende	Aufgabenbezogen	Mittel
Skalen	Bewusste Niveaubestimmung (externe Norm)	Lehrende und Lernende	Kompetenzbezogen	Hoch

Deskriptoren bestimmt (externe Norm) und ist die Selbstanalyse eher beschreibend oder analytisch?

Weiterhin ist festzustellen, dass durch die verstärkte Beachtung von Handlungs- und Kompetenzorientierung mündliche Prüfungen vermehrt in den Unterricht Einzug erhalten haben. Sogenannten mündlichen Klassenarbeiten, d. h. Ersatzformaten für regulär gängige Prüfungen ist der Weg geöffnet. Mügge (2019) beschreibt z. B., wie Schüler*innen anlässlich eines Wettbewerbs ihr Traumzimmer in Form eines Schuhkartonmodells basteln und dies in einem Videoclip beschreiben.

▶ Beispiel: Handlungsorientierte Testaufgabe

Stadler (2016b) liefert folgendes Beispiel für eine handlungsorientierte Testaufgabe für den Russischunterricht auf dem Niveau B1/B2 (je nach Textwahl und Präzisierung der Aufgabe), die im Sinne von komplexen Aufgaben mehrere Kompetenzen wahlweise integriert und in einen kommunikativen und thematischen Kontext einordnet, der für die Lernenden von authentischer Relevanz ist. Ausgangspunkt kann je nach Sprachniveau entweder ein schriftlicher Zeitungsbericht oder der entsprechende Ausschnitt aus einer Fernsehnachrichtensendung sein. Beide Texte sind Originaltexte aus der russischen Presse, in denen es um denselben Fall geht:

Die Moskauer Stadtregierung hatte 2012 das Vorhaben, einen digitalen Ausweis auf Antrag für Personen ab dem 14. Lebensjahr einzuführen. Hiermit sollte die Nutzung öffentlicher Verkehrsmittel oder auch der Zutritt ins Schulgebäude sowie die Bezahlung bei Einkäufen oder in der Schulkantine ermöglicht werden.

Die Lernenden sollen hierzu aus Schüler*innensicht Stellung nehmen. Dies kann als Pro-Contra-Diskussion erfolgen oder als Brief an die Schulleitung. Für die Aufgabenerfüllung muss das kommunikative Setting in der Aufgabenstellung genauestens beschrieben werden. Stadler schlägt daher eine sehr umfangreiche Aufgabenstellung vor, mit Angabe der zu bearbeitenden Reihenfolge und des jeweiligen Umfangs der zu produzierenden Texte. Zudem sollten die Bewertungskriterien den Lernenden zuvor ausgegeben werden (vgl. ebd.: 215 f.). ◀

Hinterfragt werden muss ggf. ebenfalls, ob Leistungskontrollen immer für alle Lernenden zum selben Zeitpunkt stattfinden müssen, oder ob ihnen selbstbestimmt für bestimmte Lernbereiche die Festsetzung eines Termins für eine Evaluation überlassen wird. Oft werden Lernende auch ermutigt, zusätzliche Leistungen in einem Format ihrer Wahl zu erbringen.

6.4 Die Rolle der Lehrperson im handlungsorientierten Fremdsprachenunterricht

Berufliches und sprachliches Fähigkeitsselbstkonzept Die Rolle der Lehrperson ist im Unterricht für die Motivation der Lernenden entscheidend, besonders „wenn es um das Unterrichtserleben der Lernenden geht" (vgl. Fritz 2020: 289). Das heißt, von den Schüler*innen wahrgenommene Veränderungen (ob negativ oder positiv) werden insbesondere an den Lehrenden festgemacht (vgl. ebd.). Dies gilt auf der persönlichen, didaktischen und fachlichen Ebene gleichermaßen. Im Hinblick auf die fachliche und insbesondere sprachliche Ebene stellt die Lehrperson im Fremdsprachenunterricht das hauptsächliche Modell im Hinblick auf sprachliches und kulturelles Lernen dar. Lehrpersonen müssen selbst in ihrem autonomen, professionellen Handeln reflektiert über die Kompetenzen verfügen, die sie bei den Schüler*innen entwickeln wollen und sich dieser Rolle bewusst sein (*empowerment*, vgl. Eisenmann 2017: 159). Insofern ist es für alle anderen Unterrichtsdimensionen relevant, über welche Kompetenzen die Lehrperson verfügt und welche Haltungen sie diesbezüglich hat (s. z. B. Kurz 2015). Dies gilt umso mehr für das sprachliche Fähigkeitsselbstkonzept von Lehrkräften. Einige beispielhafte Aussagen von befragten Lehrpersonen, die zum einen ihre L1 und zum anderen ihre LX als Zielsprache unterrichteten, zeigen diesen Einfluss auf das Fähigkeitsselbstkonzept von Lehrpersonen (s. Beispiel).

▶ Beispiel: Sprachliches Fähigkeitsselbstkonzept von Lehrpersonen

Zielsprache ist L1 der Lehrperson:	**Zielsprache ist LX der Lehrperson:**
Man fühlt sich sicher	*Man hat Angst, Fehler zu machen*
Es ist schwierig, die Sprache / die Grammatik zu erklären	*Man kann nicht alles in der Zielsprache erklären*
*Die Menschen haben Angst, Fehler zu machen, wenn sie mit L1 Sprecher*innen reden*	*Es ist motivierend, dass die Lehrperson auch die Sprache gelernt hat*
Es ist schwierig, äquivalente Wörter in der L1 und LX zu finden	
Man unterrichtet auf einem höheren Sprachniveau	*Es ist schwierig, auf einem höheren Sprachniveau zu unterrichten*

Die Aussagen sind einer Interviewstudie mit Doktorand*innen der Naturwissenschaften entnommen, die in einem universitären Sprachenzentrum Konversationskurse erteilt haben (vgl. Abendroth-Timmer 2018). Einige von ihnen unterrichteten ihre L1, andere ihre LX. Eine Besonderheit der Gruppe stellt weiterhin dar, dass diese über keine fremdsprachendidaktische oder anderweitig pädagogische Ausbildung verfügten. Trotz dieser speziellen befragten Gruppe stimmen die hier dargestellten Aussagen mit anderen Studien zur Frage der Muttersprachlichkeit von Lehrpersonen überein (s. u.). ◀

In den Aussagen in der Beispiel-Box zeigt sich die schon in ▶ Kap. 2 thematisierte gesellschaftliche Haltung gegenüber den Kategorien Mutter- und Fremdsprache, die nicht mit mehrsprachigen Profilen von Lehrenden und Lernenden übereinstimmen (s. dazu auch Bogner/Gutjahr 2020). Sie sind aber – wie man auch hier sieht – von Bedeutung für die Selbstwahrnehmung, das Selbstbild bzw. das Selbstvertrauen der Lehrpersonen. Dieses ist wiederum von Einfluss auf unterrichtliche Entscheidungen im Hinblick auf mehrsprachiges Handeln (vgl. Schädlich 2020: 10) und auf die berufliche Identität der Lehrperson sowie darüber hinaus auch auf die Motivation der Schüler*innen (vgl. z. B. Valadez Vazquez 2014: 412/418; Méron-Minuth 2018).

Identität, Wissen und Überzeugungen von Fremdsprachenlehrer*innen Wenn man berücksichtigt, dass alle Fremdsprachenlehrerinnen und -lehrer einmal Lernende waren (und immer noch sind), wird die berufsbiographische Dimension des Lehrer*innenwerdens und -handelns deutlich, die höchst identitätswirksam ist (vgl. Schultze 2018). In der internationalen Fremdsprachenforschung wird immer stärker auf die Bedeutung der Identitätsarbeit von (angehenden) Fremdsprachenlehrkräften hingewiesen. Kanno und Stuart (2011: 249) gehen sogar so weit zu sagen:

> » Our findings compel us to claim that the central project in which novice L2 teachers are involved in their teacher learning is not so much the acquisition of the knowledge of language teaching as it is the development of a teacher identity.

Die Selbstwirksamkeit, die im eigenen Sprachenlernen und -lehren erfahren wird, hat damit Auswirkungen auf die gesamte Lehrer*innenpersönlichkeit. Die Identifikationskraft z. B. mit einer Sprache und einer gewissen Kultur oder Kulturalität und diese an Schülerinnen und Schüler zu vermitteln, wird damit zu einer Überzeugung, die Unterrichtsplanung und Unterrichtshandeln vorantreiben kann. Außerdem führen Interaktion und Diskurse mit Schülerinnen und Schülern, ihren Bezugspersonen sowie mit Kolleginnen und Kollegen zu einem fortwährenden Prozess der Identitätsentwicklung.

Gleichzeitig kann Identitätsentwicklung nicht losgelöst vom Kompetenz- und Wissenszuwachs gesehen werden: Um Fremdsprachenunterricht didaktisch und methodisch sinnvoll zu planen, gehört sowohl Fachwissen (z. B. auch als Sprachkompetenz), fachdidaktisches Wissen (z. B. für die methodische Umsetzung) sowie pädagogisches Wissen (z. B. für Interaktionsprozesse mit Lernenden) dazu, um ein Lernsetting so vorzubereiten, dass handlungsorientiertes Lernen stattfinden kann. Die individuelle Herleitung dieser Lernsettings erfolgt reflektiert auf Basis theoretischen (expliziten bzw. explizierbaren) Wissens und lässt sich damit auch begründen und rechtfertigen. Auf der Ebene von Lehrer*innenidentität muss allerdings auch berücksichtigt werden, dass möglicherweise ihr Handeln im Unterricht auch durch atheoretische (implizite) Wissensstrukturen geleitet wird – als Orientierungen, Wertvorstellungen oder Überzeugungen (*beliefs*; vgl. Gerlach/Leupold 2019). Sich diese bewusst zu machen und gemeinsam z. B. mit Kolleginnen und Kollegen zu diskutieren, muss eine zentrale Aufgabe von Reflexion und Identitätsarbeit sein. Bach (2013) verwendet in diesem Zusammenhang den Begriff des „Alltagswissens“, welcher seiner Meinung nach alle nötigen Dimensionen enthält: Eine subjektiv-normative Dimension individueller Überzeugungen, Werte und Einstellungen, eine relationale, in der Überzeugungen in mögliche Handlungen transferiert werden, „so dass Handlungsstrategien entwickelt werden können“ (ebd.: 307), sowie eine pragmatische Dimension, innerhalb der im Unterrichtsgeschehen die Handlungsstrategien gesteuert werden. Bach (2013) betont die Bedeutung „trägen Wissens“ sowie noch aus der eigenen Schulzeit stammender, möglicherweise überholter subjektiver Theorien von „gutem Fremdsprachenunterricht“ bzw. Sprach-Lehr-Lern-Prozessen und damit die Gefahr, dass innerhalb eines zu stark routiniert ablaufenden Fremdsprachenunterrichts der Lernprozess nur sehr wenig adaptiv unterstützt werden kann. Damit sei die Ausbildung einer „language teaching awareness“ (Bach 2013) nötig.

Abb. 6.4 Charakteristika der reflexiven mehrsprachigen Lehrperson

6

Charakteristika reflexiver mehrsprachiger Lehrpersonen Es sollen daher an dieser Stelle auf Basis des Reflexionsmodells von Abendroth-Timmer (2017; s. Abb. 6.4) sowie verschiedener empirischer Studien (Abendroth-Timmer 2018; Abendroth-Timmer/Schneider 2016) Charakteristika einer reflexiven mehrsprachigen Lehrperson beschrieben werden, welche die bislang empirisch nachgewiesenen Voraussetzungen für eine positive berufliche mehrsprachige Identitätsentwicklung widerspiegeln. Die Charakteristika stellen Elemente der fachspezifischen professionellen Entwicklung zu einer Lehrperson dar, die handlungsorientierten Unterricht in dem hier entwickelten Sinn umsetzen kann.

Eine reflexive mehrsprachige Lehrperson (s. dazu auch Kramsch/Zhang 2018) sollte mit *Selbstvertrauen* in ihre mehrsprachigen Kompetenzen die eigenen Sprachen bewusst und gezielt im Fremdsprachenunterricht einsetzen, auch um im Sinne von *translanguaging* Prozesse des Verstehens und der Wissenskonstruktion zu fördern (vgl. Hall/Cook 2012). Sie entwickelt eine bewusste *mehrsprachige Identität,* d. h. sie versteht sich nicht als defizitär im Sinne einer Mutter-/Fremdsprachen-Dichotomie, sondern kann ihre jeweiligen sprachlich-kulturellen und (sprach-)lernbezogenen Kompetenzen positiv evaluieren und weiterentwickeln. Eine reflexive mehrsprachige Lehrperson wird daher die jeweiligen Sprachen der Lernenden ebenfalls wertschätzen und die Lernenden anleiten, diese für den Spracherwerbsprozess zu nutzen, um so zu einer mehrsprachigen Identitätsentwicklung beizutragen. Aufseiten der Lehrperson, die sich und die gesellschaftlichen Rahmenbedingungen und Sichtweisen auf diese Weise selbst evaluiert und ihren Unterricht weiterentwickelt, bedarf es der entsprechenden *emotionalen Voraussetzungen,* um Reflexionsprozesse nicht vorzeitig abzubrechen (vgl. Mälkki 2012: 48 f.). Daher ist *soziale Eingebundenheit,* z. B. in ein Team von gemeinsam handelnden Lehrkräften, unterstützenden Fortbildner*innen oder in einer wertschätzenden Institution, ausschlaggebend für das Stattfinden professioneller Entwicklungsprozesse. Dieses Team und die Institution wiederum tragen zur *Legitimation* des Handelns der Lehrperson und so zu ihrem Selbstvertrauen bei. Schließlich – und dies schließt den Kreis der im Rahmen von Handlungsorientierung relevanten Theorien – bedarf es einer Einverleibung neuer Handlungsformen, wenn sich die Lehrperson bewusst weiterentwickeln will. Van Manen (1995: 13) nennt dies „embodied thoughtfulness" oder auch *verkörperlichte Überlegtheit* und meint damit die Internalisierung neuer Haltungen und Handlungen auf einer leiblichen Ebene durch die bewusste Erprobung im Lehrer*innenhandeln (vgl. auch Haack 2017).

Ergänzt werden kann dieses Modell mit Fokus auf die sprachliche Dimension über weitere empirische Erkenntnisse zu mehrkulturellen Lehrpersonen und deren (inter-)kultureller Kompetenz (vgl. Rössler 2013). So zeigt die Untersuchung von Djemai-Runkel (2018) Unterschiede in der Selbsteinschätzung und dem unterrichtlichen Handeln von Englischlehrkräften mit und ohne Migrationshintergrund. Hybride kulturelle Identitäten weisen sich die Lehrkräfte mit Migrationshintergrund zu, wohingegen die Lehrkräfte ohne Migrationshintergrund sich eher monokulturell verorten, auch wenn sie Zeiten im Ausland verbracht haben (vgl. ebd.: 276). Ähnlich wie an anderer Stelle bezogen auf Lernende mit Migrationshintergrund angemerkt (vgl. „verschämte Mehrsprachigkeit“, Hu 2003: 285; s. auch Hennig-Klein 2018; s. ▶ Abschn. 3.2) – sehen sich die befragten Lehrkräfte mit Migrationshintergrund bisweilen einem kulturbezogenen Unterrichtsthema emotional zu nahe, wenn dieses vielleicht eigene Diskriminierungserfahrungen in Erinnerung ruft. Andererseits betrachten sie sich auch in besonderer Weise befähigt, kulturelle Unterschiede zu thematisieren (vgl. Djemai-Runkel 2018: 412). Die mehrkulturellen Lehrkräfte messen inter- und transkulturellen Themen in ihrem Unterricht und der Entwicklung interkultureller Kompetenzen bei den Lernenden große Relevanz zu. Vor allem ist ihnen die Relativierung von Sichtweisen und der Abbau von Vorurteilen wichtig (vgl. ebd.: 413). Dazu arbeiten sie an Unterrichtsinhalten multiperspektivisch, führen die Lernenden an Minderheitenperspektiven im Sinne auch einer kritischen Fremdsprachendidaktik (s. ▶ Abschn. 5.6) heran (vgl. ebd.: 361, 366) und vermitteln „Strategien zur Erklärung und Interpretation anderskultureller Phänomene“ (ebd.: 362).

Professionalisierung für handlungsorientierten Unterricht Um (angehende) Lehrerinnen und Lehrer für handlungsorientierte Settings vorzubereiten, wird zunächst einmal Raum benötigt, in dem die Prinzipien von Handlungsorientierung ausprobiert werden. Sie sollten – im sprichwörtlichen Sinne – „am eigenen Leib“ erfahren werden. Handlungsorientierter Fremdsprachenunterricht kann damit nicht allein durch Rezipieren von Theorien, Methodologien oder eines Fachbuchs (wie diesem) etabliert werden, sondern muss hochschul- oder fortbildungsdidaktisch eingebettet sein und durch Experimente, Rollenspiele und erfahrungsbasierten Austausch angeleitet ausprobiert werden.

Ein solcher Ansatz der Professionalisierung nimmt neben dem (nötigen) Wissen um die Methodik und Didaktik eines kommunikativen Fremdsprachenunterrichts im kompetenztheoretischen Sinne allerdings auch die Strukturtheorie ernst: Lehrerinnen und Lehrer müssen die Ungewissheiten, Paradoxien und latente Unplanbarkeit handlungsorientierten Unterrichts aushalten und deren Umsetzung reflektieren (können). Dabei wird professionstheoretisch auch die Berufsbiographie bedeutsam: Die reflexive, mehrsprachige und mehrkulturelle Lehrperson, wie sie oben skizziert wurde, entwickelt sich ständig weiter, lernt, mit dieser Unsicherheit umzugehen und professionalisiert sich gerade durch das Sich-Stellen (und nicht dem Vermeiden) solcher Situationen. Krisen werden damit im positiven Sinne zu Lerngelegenheiten, die identitär wirksam werden für die eigene Lehrer*innenbiographie.

Bestimmungsansätze von pädagogischer Professionalität

In der schulpädagogischen Professions- und Professionalisierungsforschung zu Lehrerinnen und Lehrern werden gemeinhin drei unterschiedliche Bestimmungsansätze unterschieden (vgl. Terhart 2011): ein strukturtheoretischer, ein kompetenztheoretischer sowie ein berufsbiographischer Ansatz.

Die strukturtheoretische Deutung geht davon aus, dass das Handeln von Lehrer*innen in Strukturen eingebettet ist, die ein hohes Maß an Ungewissheit und Widersprüchlichkeiten bergen. Diesen strukturellen Ungewissheiten oder auch Antinomien (vgl. Helsper 2004) kann durch Routinen begegnet werden, die Lehrpersonen aufbauen, allerdings gerät Handeln in eine „Krise", wenn Routine allein eine Situation im Unterricht nicht mehr lösen kann. Oevermann (2008) nennt die Krise den „Normalfall" (ebd.: 57), den Lehrerinnen und Lehrer nutzen, um ihr Handlungsrepertoire durch Reflexion und Adaptivität stetig zu erweitern. Lehrerinnen und Lehrer müssen „Ungewissheiten" (Helsper 2008; Combe 2005) aushalten lernen.

Der kompetenztheoretische Bestimmungsansatz von Lehrer*innenprofessionalität und -professionalisierung geht davon aus, dass die meisten Kompetenzen, die Lehrerinnen und Lehrer zur Ausübung ihrer Tätigkeit benötigen, vermittelt und erlernt werden können (vgl. Baumert/Kunter 2006/2011). Neben persönlichkeitsorientierten Eigenschaften wie Überzeugungen, Motivation und Selbstregulation steht besonders das Professionswissen im Vordergrund, wonach pädagogisches, Fach- und fachdidaktisches Wissen im Besonderen aufgebaut und für die Gestaltung von Unterricht relevant werden können (vgl. Helmke 2015).

Mittels eines berufsbiographischen Ansatzes wird das Lehrer*innenwerden in gewissem Sinne ganzheitlich betrachtet, berücksichtigt Vorerfahrungen aus der Schulzeit, Lernendenbiographien, aber auch Herausforderungen, denen sich Lehrpersonen bewusst als „Entwicklungsaufgaben" (vgl. Hericks 2006; Hericks u. a. 2019) stellen. Ein berufsbiographischer Ansatz kann damit die häufig als gegensätzlich wahrgenommenen struktur- und kompetenztheoretischen Deutungen vereinen, wenn beispielsweise eine Lehrkraft strukturelle Umstände (z. B. Interaktionen mit Lernenden, Schwierigkeiten bei der Vermittlung bestimmter Inhalte) als herausfordernd wahrnimmt, diese reflektiert und aktiv (d. h. auf Basis von Vorkenntnissen und -erfahrungen kompetenzorientiert) nach Lösungen sucht, sich Wissen und Kompetenzen aneignet und diese sich im Handeln zu den herausfordernden Situationen – so sie denn wieder auftreten – potenziell niederschlagen (vgl. Gerlach/Roters/Steininger 2020).

▶ Beispiel: Professionalisierungstools

Die Möglichkeiten, um sich selbst als (angehende) Fremdsprachenlehrkräfte weiterzuentwickeln, zu professionalisieren, sind vielfältig. Sie sollten dabei immer die unterschiedlichen Bestimmungsansätze zur Professionalisierung (s. o.) ernst nehmen, gleichzeitig aber auch dezidiert Möglichkeiten zur ständigen Reflexion eigener Überzeugungen, eigenen Wissens und eigener Praktiken ermöglichen. Eine berufsbiographische Perspektive, also die Möglichkeit, auf Reflexionen auch zu einem späteren Zeitpunkt noch einmal zugreifen zu können, sind daher wichtig. So wird man sich seiner eigenen Entwicklung bewusst und kann ggf. weitere Maßnahmen ergreifen, um Entwicklungsbedarf zu lösen (z. B. durch Fachliteratur, Beratungsgespräche mit Kolleg*innen oder Fortbildungen).

Das *Europäische Portfolio für Sprachlehrende in Ausbildung* (EPOSA; vgl. Newby/Allan/Fenner/Jones/Komorowska/Soghikyan 2007) beispielsweise ist ein kostenfrei und in mehreren Sprachen verfügbares Reflexionsportfolio, das verschiedene Wissensbestände von Fremdsprachenlehrpersonen aufführt und dazu anleitet, die eigenen Kompetenzen einzuschätzen, die für den Fremdsprachenunterricht von Bedeutung sind oder sein können. Gerlach und Leupold (2019) bieten eine Übersicht mit weiteren Werkzeugen, die zur Reflexion und Professionalisierung als Fremdsprachenlehrkraft genutzt werden können. ◀

Kritische Fremdsprachenlehrer*innenbildung Eine kritische Lehrer*innenbildung hat analog zur Förderung von *Critical Literacy* oder *Critical Pedagogy* (s. ▶ Abschn. 5.6) zum Ziel, ein kritisches Bewusstsein bei Lehrerinnen und Lehrern zu fördern (vgl. Norton 2005; Gerlach/Fasching-Varner 2020). Dieses Bewusstsein hilft dabei, den eigenen Unterricht und eigene Praktiken zu hinterfragen, dient aber zuallererst dazu, machttheoretische Ungerechtigkeiten aufzudecken und Strukturen zu hinterfragen. Eine derart gestaltete Lehrer*innenbildung hat zum Ziel, dass Lehrkräfte im Zuge ihrer Professionalisierung sich in einer kritischen Haltung gegenüber z. B. bestimmten Methoden und Ansätzen, Medien und Lehr-/Lernmaterialien positionieren und eine Analyse derer hinsichtlich ihrer potenziellen Reproduktion von Ungerechtigkeit im Klassenraum bzw. Bildungssystem insgesamt vollziehen. Auf der Ebene strukturierter Lehrer*innenbildungsprogramme

> » […] geht eine kritische Lehrer*innenbildung weniger der Frage nach der didaktischen Vergegenständlichung oder der methodischen Vermittlung aus, sondern hinterfragt, warum etwas vermittelt und zum Gegenstand gemacht wird und wer die (angehenden) Lehrkräfte in ihrer biographischen Subjektiviertheit überhaupt sind. (Gerlach/Fasching-Varner 2020: 224)

Entsprechend wird die Förderung einer Lehrer*innenidentität bzw. eines kritisch-forschenden Habitus im Zusammenhang mit der Ausbildung von Fremdsprachenlehrpersonen bedeutsam (vgl. Norton 2005), es geht darum, „help a person develop a philosophy of teaching" (Crookes 2009: 21).

Dieser hohe Anspruch ist eng verknüpft mit Prinzipien eines kontextsensiblen Fremdsprachenunterrichts (vgl. Gerlach/Leupold 2019): Die Lehrkraft als maßgeblich gestaltende Instanz muss einen Klassenraum herstellen, der soziale Ungerechtigkeit abbaut und Chancen ermöglicht. Dies geschieht aber auch vor dem Hintergrund der eigenen (und möglichst wachsenden) Zufriedenheit im Beruf und des eigenen als selbstwirksam wahrgenommenen Innovationswillens.

6.5 Neue Perspektiven auf Handlungsorientierung

Post-method-Diskurs In der internationalen Fremdsprachenforschung wurde mittlerweile das übergeordnete Ziel aufgegeben, die beste Methode zum Fremdsprachenlernen zu finden. Die Suche hiernach hatte im Wesentlichen die Forschung des 20. Jahrhunderts bestimmt und mündete in zahlreichen – weitgehend auch je nach Zeitpunkt lerntheoretisch „modernen" – Methoden und Ansätzen, auch einigen sogenannten „alternativen Methoden", welche überwiegend nie wirklich empirisch unterfüttert wurden. Folglich wird häufig von einer „postmethodischen Ära" *(post-method era)* in der Fremdsprachendidaktik gesprochen (vgl. z. B. Kumaravadivelu 2006). Die Aufgabenorientierung gilt heute als methodisch modernster Ansatz, da sie als Ergebnis der kommunikativen Wende in den 1970er Jahren sowohl eine kommunikativ-interaktive und offene Lehr-Lernsituation herstellen lässt, gleichzeitig aber auch eher geschlossene Aktivitäten zur Förderung eher sprachlich-pragmatischer Inhalte wie Grammatik und Wortschatz durchaus zulässt. Demgemäß schlägt Doff (2017: 213) folgende Dimensionen vor, anhand derer Methoden definiert und beschrieben bzw. von Lehrenden ausgewählt werden können:

- „Dimension ‚Zielerreichung' (Vermittlungsmethode als Weg zur Erreichung von Lernzielen)": Die jeweiligen Ansätze können je nach Erfordernis z. B. besonders stark die Sprachrichtigkeit oder umgekehrt die Sprachflüssigkeit fokussieren;
- „Dimension ‚Sachbegegnung' (Vermittlungsmethode als Verbindung von Gegenstand und Lernenden)": Hierbei geht es um die gegensätzlichen Fokusse auf die sprachliche Form oder das sprachliche Handeln;
- „Dimension ‚Lernhilfe' (Vermittlungsmethode als Weg zur Herstellung optimaler Lehr-Lernbedingungen)": Hier spielen die Auswahl eher kognitiver oder affektiver Zugänge bzw. auch die Wahl der Interaktionsformen eine Rolle; und
- „Dimension ‚Rahmung' (Vermittlungsmethode als Weg zur institutionellen Verankerung von Unterricht)" im Sinne der Modellierung von Unterrichtsfächern.

Viele Fremdsprachenlehrerinnen und -lehrer machen sich eine „situated methodology" (Ur 2013) zu Nutze, passen also ihren Fremdsprachenunterricht lerner*innenorientiert didaktisch und methodisch an. Sie sollten in Aus- und Fortbildung dazu befähigt werden, die Auswahl der für ihren Kontext und ihre Lernenden, aber auch für ihr eigenes Handeln geeigneten Materialien und Verfahren kritisch reflektiert durchzuführen (vgl. Doff 2017: 216; Gerlach/Leupold 2019). Man könnte unter diesen Vorzeichen schon von „kontextsensiblem Fremdsprachenunterricht" sprechen.

Kontextsensibler Fremdsprachenunterricht Der Begriff umfasst aber noch weitere Aspekte. Er geht zum einen auf Ur (2013) zurück, aber auch im Wesentlichen auf stärker kritisch orientierte sowie *post-method*-Diskussionen wie sie u. a. von Kumaravadivelu (2006; s. o.) geführt werden. Dieser betont beispielsweise, dass Fremdsprachenunterricht eine kontextsensible, pädagogische Praxis darstellen muss, der die realen Umstände der Lernenden in ihrer Umgebung und dem sozialen Umfeld ernst nimmt. Ihm geht es darum, dass das fremdsprachliche Klassenzimmer zu einem „catalyst for identity formation and social transformation" (ebd.: 69) im Sinne einer kritischen Fremdsprachendidaktik wird (s. ▶ Abschn. 5.6; vgl. Gerlach 2020). Auch Levine (2017) fordert – wie einige andere – einen humanistisch-ökologischen Ansatz des Fremdsprachenlehrens und -lernens, der kontextsensibel die Bedürfnisse der Lernenden aufgreift, Sprache als komplexes, aber auch machtvolles System versteht und mit Sprache als Mittel zum Zweck mittelfristig Konflikte lösen und soziale Transformation im positiven Sinne herbeiführen kann.

Um dieses Potenzial sprachlicher Bildung ernst zu nehmen, muss der Fremdsprachenunterricht als „kulturelle Praxis" verstanden werden (vgl. Gerlach/Leupold 2019): „Fremdsprachenunterricht als sozial-kulturelle Praxis fokussiert die Wechselwirkung, die die Interaktion auf die Beteiligten in ihrem Verhalten zueinander ausübt." (Ebd.: 28) Er nimmt verschiedene Kontextfaktoren in den Blick, was wiederum dazu führen kann, die Unterrichtsplanung und -gestaltung sowie Formen der Evaluation um den Einfluss dieser Faktoren zu erweitern (vgl. Wedell/Malderez 2013; Gerlach/Leupold 2019). Kontextfaktoren können sein: die Interagierenden (also Lehrkräfte und Lernende), Eltern mit ihren Erwartungen, Kolleginnen und Kollegen, aber auch „unbelebte" Faktoren wie Raum und Zeit, soziokulturelle Aspekte, Medien und Lehrwerke, administrative Vorgaben oder Standards (vgl. Gerlach/Leupold 2019).

Nicht jeder Faktor hat für jede Unterrichtsstunde gleichbedeutend Relevanz. Es ist vielmehr ein ständiges über den Wochenverlauf zu- und abnehmendes Changieren der verschiedenen Faktoren. Gleichwohl sind für die Unterrichtskultur besonders Transparenz und Vertrauen zentrale Charakteristika, auf die sich die Lernenden verlassen können sollten (vgl. Gerlach/Leupold 2019). Wenn Lehrende und Lernende sich darüber bewusst werden, dass sie „people as products of contexts" (Wedell/Malderez 2013: 153) sind, damit ihre eigenen (oder Teile ihrer) Identitäten in den Unterricht einbringen und so andere einladen, sich respektvoll mit ihnen in einem Lern- und Bildungsprozess auseinanderzusetzen, kann eine vertrauensvolle Atmosphäre entstehen.

Handlungs- und Kontextorientierung Handlungsorientierung, wie sie in diesem Band dargestellt wurde, basiert auf den fundamentalen Prinzipien, die Bach/Timm (1989–2013) und andere in den vergangenen drei Jahrzehnten stark gemacht haben. Der dieser Konzeptualisierung von Fremdsprachenunterricht innewohnende Bildungsbegriff und die hiermit einhergehenden methodisch-didaktischen Prinzipien wurden in den vorherigen Kapiteln besonders um die Aspekte der Lerner*innenidentität und Leiblichkeit als leitende Prinzipien ergänzt. Es bleibt das übergeordnete Ziel, Interaktionen mit Schülerinnen und Schülern zu gestalten, die authentische Lernanlässe bieten. Aufgabenorientierung kann dabei ein Prinzip sein, dass diesen latent unplanbaren Unterricht zumindest in seinen Grundzügen gestaltbar macht. Unter dem Druck von Standard- und Outputorientierung droht jedoch die Gefahr, dass die realen Bedingungen, unter denen das Fremdsprachenlernen in der Schule stattfindet, der Kontext, aus den Augen gerät. Wir sehen daher kontextsensiblen Fremdsprachenunterricht bzw. eine Kontextorientierung als eine neue Perspektivierung und Hintergrundfolie für handlungsorientierten Unterricht. Das heißt handlungsorientierter Unterricht kann eine Möglichkeit sein, um spezifische kontextuelle Bedingungen zu berücksichtigen. Umgekehrt ist u. E. Handlungsorientierung ohne die Folie der Kontextorientierung nicht denkbar. Die Rolle der Lehrkraft als prozess(ein)leitende und -steuernde Instanz ist hierbei genauso bedeutsam wie die von ihr identifizierten Kontextfaktoren, die im Sinne einer kritischen Perspektive die soziale Wirklichkeit der Lernenden in den Unterricht hineinholt und sprachlich produktiv nutzbar macht (vgl. Gerlach 2020). Nachfolgendes Modell von Handlungsorientierung schlagen wir vor (s. ◘ Abb. 6.5):

Den äußeren Rahmen des Modells bildet der wie in ▶ Kap. 2 und 3 dargestellte postmoderne Begriff von Sprachen, Kulturen und sprachlich-kulturellem Handeln. Sprachen, Kulturen sowie Spracherwerbsprozesse werden als höchst dynamisch, interagierend, emergierend und individuell verstanden. Daher wird in diesem Modell der Begriff „Sprachenbildung" (als Bildung durch und mit Sprache) im Kontrast zu den engeren Bezeichnungen wie „Fremdsprachen-", „Herkunftssprachen-", „Muttersprachenunterricht" verwendet. Diese Vorstellung ist von grundsätzlichem Einfluss auf Menschenbildannahmen, Spracherwerbsmodelle und bestimmt damit die Modellierung von Bildungskontexten, -angeboten und -zielen.

In einem solchen Bildungskontext bzw. an den dort physisch sowie sozial gestalteten spezifischen Lernorten interagieren Lernende, *peers*/Lerngruppen und Lehrende. Ihr gemeinsames Handeln im unterrichtlichen Spracherwerbsprozess und in pädagogischen Handlungsanlässen ist geprägt über den Grad und die Form von Autonomie, Interaktion, Kollaboration, Zwischenleiblichkeit, Scaffolding und Feedback. Das heißt es macht einen Unterschied, ob Lernende beispielsweise individuell oder mit *peers* in größeren oder kleineren Gruppen arbeiten. Bei der gemeinsamen Arbeit können sich Lernende weiterhin in Lerngruppen in ihren

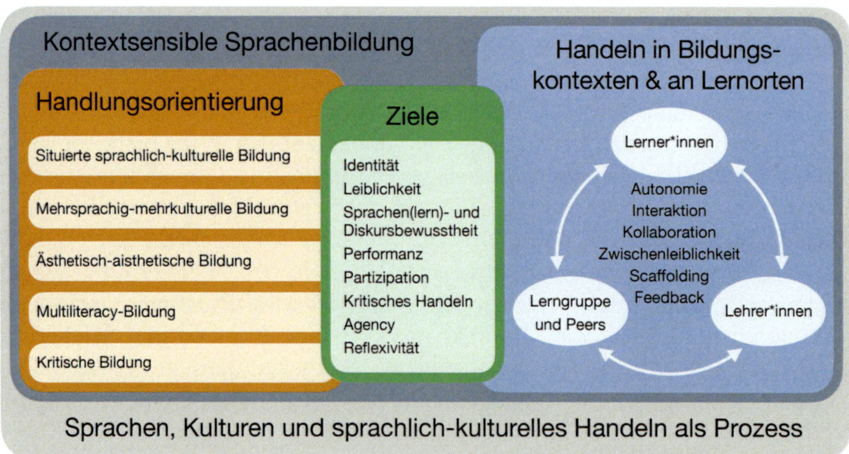

◘ **Abb. 6.5** Modell handlungs- und kontextorientierten Fremdsprachenunterrichts

Kompetenzen ergänzen, gegenseitig motivieren und Feedback geben. Bei der individuellen Arbeit können Lehrende Lernmaterialien und Lernziele individualisiert anbieten. Insofern beziehen sich die aufgeführten Termini immer gleichermaßen auf Lernende, Lerngruppen und Lehrende mit ihren individuellen Identitäten und auch ihren Gruppenidentitäten, sie haben Autonomie als Individuum oder als Gruppe, die Prozesse von Scaffolding und Feedback können individuell, in Gruppen oder durch die Lehrkraft gestaltet werden. Weiterhin bestimmt beispielsweise die Autonomie von Lehrenden in Bildungszusammenhängen, welche Formen der Interaktion sie Lernenden anbieten können und wie sie mit diesen gemeinsam Lernräume gestalten. Die Reflexion potenzieller Machtstrukturen durch von Lehrenden gestellte Aufgabenszenarien ist daher unbedingt nötig, um authentisch-handlungsorientiertes Lernen und soziale Prozesse innerhalb einer Lerngruppe anzustoßen. Von großer Bedeutung ist dabei die Berücksichtigung der Persönlichkeit aller Akteur*innen und ihrer Identität(en) als Lernende/Lehrende sowie ihr (nicht zuletzt sprachlich-kultureller) lebensweltlicher Erfahrungshintergrund und die damit verbundene Identität.

Handlungsorientierung in der kontextsensiblen Sprachenbildung beschreiben wir über fünf Formen von Bildungsanlässen: situierte sprachlich-kulturelle Bildung, mehrsprachig-mehrkulturelle Bildung, ästhetisch-aisthetische Bildung, *Multiliteracy*-Bildung und kritische Bildung. Diese ergeben sich aus den Ausführungen der vorherigen Kapitel, sollen an dieser Stelle aber noch einmal kurz in den Gesamtzusammenhang des Modells eingebettet werden:

- *Situierte sprachlich-kulturelle Bildung* entwickelt die Narrativität und Diskursfähigkeit von Individuen in spezifischen Kontexten und auf Basis ihrer jeweiligen Lern- und Lebensbedingungen. Diese Bildungsprozesse sind möglichst authentisch im Sinne von Erfahrungslernen und Entwicklungsaufgaben. Im Fokus stehen die Lernenden mit ihren individuellen sprachlichen Lernvoraussetzungen und -prozessen (Differenzierung, Inklusion, autonomes und kollaboratives Lernen sowie Inhalts- und Prozessorientierung mit Lernaufgaben, Projekte, Reflexion eigener Lernprozesse in Portfolios etc.). Berücksichtigung finden ferner individuelle inhaltliche Interessen mit dem Ziel erhöhter Lernmotivation. Schließlich geht mit dem Fokus auf Sprachen und Kulturen in situierten Kontexten auch generisches Lernen, d. h. das Verständnis für den situierten Gebrauch von Sprache/n und Texten einher. Es soll insgesamt eine Sprach(lern)- und Diskursfähigkeit weiterentwickelt werden.
- *Mehrsprachig-mehrkulturelle Bildung* fasst Kultur als diskursive Praxis und nimmt die Vielfalt von Sprachen und Kulturen der Lernenden (aber auch Lehrenden) sowie ihre sprachlich-kulturelle Identität zum Ausgangspunkt. Bildungsangebote können mehrsprachige Lernkontexte schaffen (Bilingualer Sachfachunterricht, *translanguaging*), transkulturelle Prozesse anstoßen (Begegnungsprogramme) und symbolische Kompetenz entwickeln (z. B. durch die Arbeit mit Literatur). Die Berücksichtigung, Nutzung und Weiterentwicklung aller sprachlich-kulturellen Ressourcen von Lernenden und Lehrenden ist im Zentrum und durchbricht einzelsprachliche Bildungsmodelle. Es fördert ein positives sprachliches Fähigkeitsselbstkonzept der Akteur*innen im Bildungsprozess und ermöglicht ihnen gesellschaftliche Partizipation.

- *Ästhetisch-aisthetische Bildung* legt ausgehend von einem leiborientierten, ganzheitlichen Verständnis von Spracherwerb und sprachlich-kultureller Interaktion den Schwerpunkt auf die leibliche Erfahrung und die Entwicklung einer performativen Kompetenz. Das körperliche Handeln und die damit verbundenen emotionalen Erfahrungen stehen besonders im Vordergrund. Die Reflexion der eigenen Leiblichkeit und der Zwischenleiblichkeit (also das gegenseitige Verstehen jenseits der rein verbalen Ebene) tragen zur Persönlichkeits- und Identitätsentwicklung ebenso wie zur Entwicklung sozio-kultureller Empathiefähigkeit bei. Zugleich werden sprachlich-kulturelle Ausdrucksmöglichkeiten um eine künstlerisch-kreative und reflexive Dimension erweitert.
- *Multiliteracy-Bildung* fokussiert auf die Medien in Bildungsprozessen und die damit verbundenen Handlungskompetenzen. Als Medium gelten alle sprachlich-kulturellen Kommunikationsmittel wie Sprachen, Symbole, künstlerische Darstellungsformen etc. Verbunden ist dies mit der (auch kritischen) Analyse der Wirkung von Kommunikation und Kommunikationsmitteln *(critical language awareness, visual literacy)* bzw. Diskursbewusstheit und der reflektierten Nutzung von technischen oder digitalen Medien *(media literacy)*. Kritisches Handeln, Partizipation und Reflexivität sind wichtige Zielkomplexe.
- *Kritische Bildung* hebt schließlich auf den reflektierten (selbstdistanzierten) Umgang mit Sprachen, Kulturen, Kommunikation in gesellschaftlichen und Bildungsprozessen ab. Ziel ist es besonders Lernende anzuregen, sich auch in der Fremdsprache und in fremdsprachlichen Kontexten in (Bildungs-)Diskurse einzubringen *(investment)* und sich selbstbestimmt für individuell und gesellschaftlich relevante Themen (z. B. Nachhaltigkeit, Geschlechtergerechtigkeit, ökonomische und kulturelle Gerechtigkeit, Demokratie etc.) zu interessieren, soziales Handeln zu erlernen, emanzipiert zu handeln *(empowerment)* und sich gegebenenfalls gesellschaftspolitisch zu engagieren *(agency)*.

Alle fünf Ansätze tragen in spezifischem Akzent zur Ausgestaltung von Handlungsorientierung bei und überlappen sich dabei. Situierte sprachlich-kulturelle Bildung geht von den Lernenden und der Kontextualität von Sprache aus. Zugleich kann genau dies Anlass für mehrsprachig-mehrkulturelle Ziele sein ebenso wie für eine kritische Sicht auf Sprachgebrauch (generisches Lernen) und Macht von Sprache. Mehrsprachig-mehrkulturelle Bildung schafft (Begegnungs-)Anlässe des wertschätzenden Umgangs mit vielen Sprachen und Kulturen. Dies liefert Überschneidungen zur ästhetisch-aisthetischen Bildung und zu kreativen Verfahren ebenso wie zum Umgang mit Medien (*Blended Learning,* digitale Recherchen, authentischer Austausch über soziale Medien etc.).

Dabei erfordert Handlungsorientierung bei allen Ansätzen die Entwicklung von Gestaltungswillen und daraus ergehende Handlungen *(investment/agency)*. Ferner sollte eine Reflexion von Kommunikations- und Bildungsprozessen angeschlossen werden, was wiederum Teil kritischer Bildung ist. Die Ansätze tragen insofern über je unterschiedliche Inhalte, Materialien und letztlich auch Methoden (s. ► Kap. 5), teils überlappend, teils interagierend zu den im mittleren Feld der Abbildung aufgeführten und u. E. zentralen Zielbereichen von Sprachenbildung bei. Diese sind die Entwicklung von Identität, die Wahrnehmung von (Zwischen-)Leiblichkeit, Sprach(lern)- und Diskursbewusstheit, die Gestaltung von Performanz, die Ermöglichung von Partizipation und damit die Kompetenz zu kritischem Handeln im Sinne von *agency* sowie schließlich Reflexivität im Hinblick auf diese Bildungsprozesse. Auch diese Ziele beziehen sich wiederum auf Lernende ebenso wie auf Lerngruppen und Lehrende und werden in iterativen Prozessen gebildet *(teaching-learning cycle)*.

Lehrkräfte im kontextsensiblen und handlungsorientierten Fremdsprachenunterricht Lehrpersonen in einem von diesen Prämissen geprägten Fremdsprachenunterricht sind damit in besonderem Maße als Pädagoginnen und Pädagogen gefragt, die diese respekt- und vertrauensvolle kulturelle Praxis mitsamt transparenter Ziele erschaffen. Sie zeichnen sich durch folgende Eigenschaften aus (Gerlach/Leupold 2019: 73; Herv. im Orig.):

1. „Die Bedeutung von **Reflexivität:** Lehrerinnen und Lehrer hinterfragen sowohl ihre Glaubenssätze und subjektiven Theorien vom Lernen und Lehren, die eigene Unterrichtspraxis und ihre Wirkung als Lehrpersonen innerhalb der Kontextfaktoren.
2. Die **Adaptivität,** welche es auf Basis des jeweiligen Wissens, eine Offenheit und Flexibilität ermöglicht, in der Unterrichtsplanung und im Unterricht spontan situativ auf (sich verändernde) Kontextfaktoren einzugehen.
3. Die Bereitschaft, **Innovation** in den Fremdsprachenunterricht hineinzutragen und – ausgehend von der Analyse der Kontextfaktoren – diese Neuerungen zu implementieren, um sowohl den Lehr-/Lern- und Bildungsprozess als auch selbst als Lehrperson die eigene Selbstwirksamkeit und Zufriedenheit zu fördern."

„Innovation" als Begriff ist damit nicht in einer Komplexität gemeint, die Lehrpersonen überfordert, sondern stärker als ein Schritt, den man im Unterricht geht, nachdem man sich *reflexiv* bewusst geworden ist, dass das aktuelle Handeln bzw. die aktuelle Planung *adaptiert* werden muss. Die Innovation entsteht damit durch das Herbeiführen einer (vielleicht auch nur kleinen) Änderung im Unterricht, die aber potenziell hohe positive Auswirkungen auf das sprachliche Handeln der Lernenden hat. Im obigen Zitat wird auch deutlich, welches Ziel dies hat: Durch die große Rolle der Lehrkraft in einem kontextsensiblen Fremdsprachenunterricht ist diese auch in besonderem Maße gefordert – z. B. hinsichtlich der Unterrichtsplanung, des Aufrechterhaltens einer angenehmen, vertrauensvollen Kultur oder der Gestaltung von handlungsorientierten Lehr-Lernprozessen. Es geht im besonderen Maße allerdings auch darum, dass die Lehrkraft sich als (selbst-)wirksam erlebt und damit mittel- und langfristig professionell agiert und sich die Freude am Unterrichten erhält.

6.6 Ausblick

Wir schließen mit einem offenen Ende: Dieser Schluss steht damit als Beginn der Modellierung einer kontextsensiblen Handlungsorientierung in der sprachlichen Bildung unter postmodernen Vorzeichen. Im Sinne einer kritisch-forschenden Haltung sehen wir uns selbst jedoch von spezifischen fachlichen, institutionellen, nationalen wie internationalen Kontexten geprägt. So ist das eine oder andere Thema, das eine oder andere Konzept in diesem Buch je nach individueller Lesart vielleicht stärker oder weniger stark ausgeleuchtet. So vermögen einige unserer Konzepte und Vorschläge eventuell neue Denkrichtungen zu eröffnen, wohingegen andere unter bestimmten Umständen oder bestimmten Perspektiven möglicherweise nicht denkbar sind oder so unterschrieben werden könnten. Unterricht und Fremdsprachendidaktik entwickeln sich weiter und so können hier nur Impulse für die offene Diskussion und Reflexion gegeben werden, die in der Zukunft immer wieder neu zu fassen sind. Unser grundsätzliches Anliegen ist es jedoch, schulische Sprachbildung motiviert gegen den Strich und immer von den involvierten Akteur*innen her zu denken. Und genau das verstehen wir unter einer kontextsensiblen Handlungsorientierung.

Literatur

Abel, Clémentine (2018): *Ausspracheschulung: Erhebung der Kompetenzen, Überzeugungen und Praktiken von Französischlehrkräften. Entwicklung eines bedarfsbezogenen Fördermoduls*. Tübingen: Narr Francke Attempto.

Abendroth-Timmer, Dagmar (2007): *Akzeptanz und Motivation: Empirische Ansätze zur Erforschung des Einsatzes von bilingualen und mehrsprachigen Modulen*. Frankfurt a.M.: Lang.

Abendroth-Timmer, Dagmar (2017): Reflexive Lehrerbildung und Lehrerforschung in der Fremdsprachendidaktik: Ein Modell zur Definition und Rahmung von Reflexion. In: *Zeitschrift für Fremdsprachenforschung* 28/1, S. 101–126.

Abendroth-Timmer, Dagmar (2018): Confiance et reliance des moniteurs dans un centre de langues. In: *Cahiers de l'APLIUT* 37/1. ▶ https://journals.openedition.org/apliut/5846 (11.11.2020).

Abendroth-Timmer, Dagmar/Schneider, Ramona (2016): „Dass jedoch Emotionen einen immensen Einfluss auf den Lernerfolg haben können, war mir nicht bewusst": Berufsbezogene Reflexionsprozesse in der universitären Lehrerbildung. In: Legutke, Michael K./Schart, Michael (Hg.): *Fremdsprachendidaktische Professionsforschung: Brennpunkt Lehrerbildung*. Tübingen: Narr, S. 99–126.

Bach, Gerhard (2013): Alltagswissen und Unterrichtspraxis: der Weg zum *reflective practitioner*. In: Bach, Gerhard/Timm, Johannes-Peter (Hg.): *Englischunterricht. Grundlagen und Methoden einer handlungsorientierten Unterrichtspraxis*. Tübingen: Francke, S. 304–320.

Bach, Gerhard/Timm, Johannes-Peter (Hg.) (1989): *Englischunterricht. Grundlagen und Methoden einer handlungsorientierten Unterrichtspraxis*. Tübingen: Francke.

Bach, Gerhard/Timm, Johannes-Peter (Hg.) ([2]1996): *Englischunterricht. Grundlagen und Methoden einer handlungsorientierten Unterrichtspraxis*. Tübingen: Francke.

Bach, Gerhard/Timm, Johannes-Peter (Hg.) ([3]2003a): *Englischunterricht. Grundlagen und Methoden einer handlungsorientierten Unterrichtspraxis*. Tübingen: Francke.

Bach, Gerhard/Timm, Johannes-Peter (Hg.) ([4]2009): *Englischunterricht. Grundlagen und Methoden einer handlungsorientierten Unterrichtspraxis*. Tübingen: Francke.

Bach, Gerhard/Timm, Johannes-Peter (Hg.) ([5]2013a): *Englischunterricht. Grundlagen und Methoden einer handlungsorientierten Unterrichtspraxis*. Tübingen: Francke.

Bach, Gerhard/Timm, Johannes-Peter (2013b): Handlungsorientierung als Ziel und als Methode. In: Bach, Gerhard/Timm, Johannes-Peter (Hg.): *Englischunterricht. Grundlagen und Methoden einer handlungsorientierten Unterrichtspraxis*. Tübingen: Francke, S. 1–21.

Bär, Marcus (2013b): Kompetenzorientierte Lernaufgaben als Mittel zur Umsetzung der Bildungsstandards. In: Bär, Marcus (Hg.): *Kompetenz- und Aufgabenorientierung im Spanischunterricht. Beispiele für komplexe Lernaufgaben*. Berlin: edition tranvía, Verlag Walter Frey, S. 7–27.

Baumert, Jürgen/Kunter, Mareike (2006): Stichwort: Professionelle Kompetenz von Lehrkräften. In: *Zeitschrift für Erziehungswissenschaft* 9/4, S. 469–520.

Baumert, Jürgen/Kunter, Mareike (2011): Das Kompetenzmodell von COACTIV. In: Kunter, Mareike/Baumert, Jürgen/Blum, Werner (Hg.): *Professionelle Kompetenz von Lehrkräften*. Münster: Waxmann, S. 29–53.

Bausch, Karl-Richard/Kleppin, Karin ([6]2016): Prozesse schriftlicher Fehlerkorrektur. In: Burwitz-Melzer, Eva/Mehlhorn, Grit/Riemer, Claudia/Bausch, Karl-Richard/Krumm, Hans-Jürgen (Hg.): *Handbuch Fremdsprachenunterricht*. Tübingen: Narr Francke Attempto, S. 407–411.

Bechtel, Mark (2011): Lernaufgaben für einen kompetenzorientierten Französischunterricht in der Sekundarstufe I. In: *französisch heute* 42/1, S. 25–34.

Bechtel, Mark (2015): Das Konzept der Lernaufgabe im Fremdsprachenunterricht. In: Bechtel, Mark (Hg.): *Fördern durch Aufgabenorientierung. Bremer Schulbegleitforschung zu Lernaufgaben im Französisch- und Spanischunterricht der Sekundarstufe I*. Frankfurt a.M.: Lang, S. 43–78.

Belke, Gerlind (2003): Didaktisch-methodische Grundlagen einer bilingualen Alphabetisierung. In: Heine, Marcella/Riccò, Antonio/Schoof-Wetzig, Dieter (Hg.): *Bilinguales Lernen im interkulturellen Kontext*. Braunschweig: Westermann, S. 92–97.

Bellet, Sandra (2017): Mehrsprachenerwerb und Content and Language Integrated Learning in der Primarstufe. In: Chilla, Solveig/Vogt, Karin (Hg.): *Heterogenität und Diversität im Englischunterricht – fachdidaktische Perspektiven*. Frankfurt a.M.: Lang, S. 235–261.

Bellingrodt, Lena C. (2011): *ePortfolios im Fremdsprachenunterricht – Empirische Studien zur Förderung autonomen Lernens*. Frankfurt a.M.: Lang.

Blume, Carolyn L./Kielwein, Christina/Schmidt, Torben (2018): Potenziale und Grenzen von Task-Based Language Teaching als methodischer Zugang im (zieldifferent-)inklusiven Unterricht für Schülerinnen und Schüler mit Lernbesonderheiten. In: Roters, Bianca/Gerlach, David/Eßer, Susanne (Hg.): *Inklusiver Englischunterricht*. Münster: Waxmann, S. 27–48.

Bogner, Andrea/Gutjahr, Jacqueline (2020): Mehrsprachigkeit erforschen und entwickeln: Analyse eines interdisziplinären Lehrforschungsprojekts zur Ausbildung professionsbezogener Reflexionskompetenzen von angehenden Lehrer*innen. In: Schädlich, Birgit (Hg.): *Perspektiven auf Mehrsprachigkeit im Fremdsprachenunterricht – Regards croisés sur le plurilinguisme et l'apprentissage des langues*. Stuttgart: J. B. Metzler, S. 231–253.

Böhm, Manuela/Mehlem, Ulrich (2018): Schrifterwerb und Leseförderung von Kindern mit arabischer Erstsprache. In: Kutzelmann, Sabine/Massler, Ute (Hg.) (2018): *Mehrsprachige Leseförderung: Grundlagen und Konzepte*. Tübingen: Narr Francke Attempto, S. 147–162.

Breuer, Angela Carmen (2009): *Das Portfolio im Unterricht. Theorie und Praxis im Spiegel des Konstruktivismus*. Münster: Waxmann.

Brunsmeier, Sonja (2016): *Interkulturelle Kommunikative Kompetenz im Englischunterricht der Grundschule. Grundlagen, Erfahrungen, Perspektiven*. Tübingen: Narr.

Caspari, Daniela (2011): Fehlerquotient oder Kriterienraster? Für eine Neugewichtung grammatischer Korrektheit. In: *Praxis Fremdsprachenunterricht Französisch* 8/1, S. 4–7.

Caspari, Daniela/Holzbrecher, Alfred (2016): Individualisierung und Differenzierung im kompetenzorientierten Französischunterricht. In: Küster, Lutz (Hg.): *Individualisierung im Französischunterricht. Mit digitalen Medien differenzierend unterrichten*. Seelze: Klett Kallmeyer, S. 7–37.

Caspari, Daniela/Kleppin, Karin (2008): Lernaufgaben: Kriterien und Beispiele. In: Tesch, Bernd/Leupold, Eynar/Köller, Olaf (Hg.): *Bildungsstandards Französisch: konkret. Sekundarstufe I: Grundlagen, Aufgabenbeispiele und Unterrichtsanregungen*. Berlin: Cornelsen Scriptor, S. 88–148.

Chilla, Solveig/Vogt, Karin (Hg.) (2017a): *Heterogenität und Diversität im Englischunterricht – fachdidaktische Perspektiven*. Frankfurt a.M.: Lang.

Chilla, Solveig/Vogt, Karin (2017b): Englischunterricht mit heterogenen Lerngruppen: eine interdisziplinäre Perspektive. In: Chilla, Solveig/Vogt, Karin (Hg.): *Heterogenität und Diversität im Englischunterricht – fachdidaktische Perspektiven*. Frankfurt a.M.: Lang, S. 55–81.

Combe, Arno (2005): Lernende Lehrer – Professionalisierung und Schulentwicklung im Lichte der Bildungsgangforschung. In: Schenk, Barbara (Hg.): *Bausteine einer Bildungsgangtheorie*. Wiesbaden: VS Verlag für Sozialwissenschaften, S. 69–90.

Crookes, Graham (2009): *Values, Philosophies, and Beliefs in TESOL: Making a Statement*. Cambridge: Cambridge University Press.

Diehr, Bärbel/Polte, Linda (2009): Zur Entwicklung diskursiver Fähigkeiten im Englischunterricht der Grundschule. Eine vergleichende Untersuchung von Sprechern des Englischen als Erst- und Fremdsprache. In: *Zeitschrift für Fremdsprachenforschung* 20/2, S. 151–178.

Decke-Cornill, Helene/Küster, Lutz ([3]2015): *Fremdsprachendidaktik*. Tübingen: Narr Francke Attempto.

Djemai-Runkel, Soumaya (2018): *Sichtweisen auf den Englischunterricht. Die Bedeutung des Migrationshintergrunds von Englischlehrerinnen und Englischlehrern für den inter-/transkulturellen Englischunterricht – eine empirische Studie*. Berlin: Lang.

6

Doert, Carolin/Nold, Günter (2015): Integrativer Englischunterricht – Forschungsfragen zwischen Wunsch und Wirklichkeit. In: Bongartz, Christiane M./Rohde, Andreas (Hg.): *Inklusion im Englischunterricht*. Frankfurt a.M.: Lang, S. 23–37.

Doff, Sabine (2017): The method is dead – long live the method! Was ein aktuelles Methodenkonzept für die Fremdsprachenlehrerausbildung und die fremdsprachendidaktische Forschung leisten kann. In: Appel, Joachim/Jeuk, Stefan/Mertens, Jürgen (Hg.): *Sprachen Lehren. 26. Kongress der Deutschen Gesellschaft für Fremdsprachenforschung in Ludwigsburg. 30. September 2015 – 3. Oktober 2015, Kongressband*. Baltmannsweiler: Schneider Verlag Hohengehren, S. 211–220.

Ehrenreich, Susanne (2012): Englisch und andere Sprachen im Beruf: Welches Englisch, welche Kontexte? In: Fäcke, Christiane/Martinez, Hélène/Meißner, Franz-Joseph (Hg.): *Mehrsprachigkeit. Bildung – Kommunikation – Standards*. Stuttgart, Leipzig: Ernst Klett Verlag, S. 180–194.

Eikenbusch, Gerhard (2006): „Macht richtige Lerndiagnosen!" Erfahrungen und Tendenzen aus Schweden. In: *Friedrich Jahresheft: Stärken entdecken – Können entwickeln: Diagnostizieren und Fördern*, S. 20–21.

Eisenmann, Maria (2017): Differenzierung und Individualisierung mit Web2.0 Tools. In: Chilla, Solveig/Vogt, Karin (Hg.): *Heterogenität und Diversität im Englischunterricht – fachdidaktische Perspektiven*. Frankfurt a.M.: Lang, S. 155–178.

Ellis, Rod (2003): *Task-based Language Learning and Teaching*. Oxford, UK: Oxford University Press.

Elsner, Daniela ([6]2016): Sprachen lernen und lehren im Primarbereich: Curriculare Dimension. In: Burwitz-Melzer, Eva/Mehlhorn, Grit/Riemer, Claudia/Bausch, Karl-Richard/Krumm, Hans-Jürgen (Hg.): *Handbuch Fremdsprachenunterricht*. Tübingen: Narr Francke Attempto, S. 177–182.

Eßer, Susanne/Gerlach, David/Roters, Bianca (2018): Unterrichtsentwicklung im inklusiven Englischunterricht. In: Roters, Bianc/Gerlach, David/Eßer, Susanne (Hg.): *Inklusiver Englischunterricht*. Münster: Waxmann, S. 9–24.

Europarat (2001): *Gemeinsamer europäischer Referenzrahmen für Sprachen: Lernen, lehren, beurteilen*. Berlin, München: Langenscheidt.

Europarat (2018): *Common European Framework of Reference for Languages: Learning, Teaching, Assessment. Companion Volume with New Descriptors*. ► https://rm.coe.int/cefr-companion-volume-with-new-descriptors-2018/1680787989 (11.11.2020).

Feez, Susan (2002): Heritage and Innovation in Second Language Education. In: Johns, Ann M. (ed.): *Genre in the Classroom. Multiple Perspectives*. Mahwa, London: Erlbaum, S. 43–69.

Feuser, Georg (2011): Entwicklungslogische Didaktik. In: Kaiser, Astrid/Schmetz, Ditmar/Wachtel, Peter/Werner, Birgit (Hg.): *Didaktik und Unterricht. Enzyklopädisches Handbuch der Behindertenpädagogik*. Stuttgart: Kohlhammer, S. 86–100.

Finkbeiner, Claudia/Smasal, Marc ([6]2016): Sprachen lernen und lehren im Sekundarbereich I: Curriculare Dimension. In: Burwitz-Melzer, Eva/Mehlhorn, Grit/Riemer, Claudia/Bausch, Karl-Richard/Krumm, Hans-Jürgen (Hg.) (2016): *Handbuch Fremdsprachenunterricht*. Tübingen: Narr Francke Attempto, S. 182–186.

Fritz, Julia (2020): *Fremdsprachenlernen aus Schülersicht: Eine qualitative Untersuchung zum Unterrichtserleben von Französisch- und Spanischlernenden am Ende der Sekundarstufe I*. Tübingen: Narr.

Funk, Hermann/Kuhn, Christina ([2]2013): Berufsorientierter Fremdsprachenunterricht. In: Hallet, Wolfgang/Königs, Frank G. (Hg.): *Handbuch Fremdsprachendidaktik*. Seelze: Klett Kallmeyer, S. 316–321.

Gerlach, David (2019): *Lese-Rechtschreib-Schwierigkeiten (LRS) im Fremdsprachenunterricht*. Tübingen: Narr.

Gerlach, David (2020): Einführung in eine Kritische Fremdsprachendidaktik. In: Gerlach, David (Hg.): *Kritische Fremdsprachendidaktik: Grundlagen, Ziele, Beispiele*. Tübingen: Narr, S. 7–31.

Gerlach, David/Fasching-Varner, Kenneth (2020): Grundüberlegungen zu einer kritischen Fremdsprachenlehrer*innenbildung. In: Gerlach, David (Hg.): *Kritische Fremdsprachendidaktik: Grundlagen, Ziele, Beispiele*. Tübingen: Narr, S. 217–234.

Gerlach, David/Goworr, Jürgen/Schluckebier, Julia (2012): Lernaufgaben als Planungsinstrumente: Vorschläge für den kompetenzorientierten Fremdsprachenunterricht und die Lehrerausbildung. In: *Beiträge zur Fremdsprachenvermittlung* 52, S. 3–19.

Gerlach, David/Leupold, Eynar (2019): *Kontextsensibler Fremdsprachenunterricht*. Tübingen: Narr.

Gerlach, David/Roters, Bianca/Steininger, Ivo (2020): Zur Spezifik fremdsprachendidaktischer Professionsforschung: Unterrichtsplanung als Kategorie für Professionalisierungsprozesse. In: *Fremdsprachen Lehren und Lernen* 49/2, S. 113–130.

Grotjahn, Rüdiger (2008): Tests und Testaufgaben: Merkmale und Gütekriterien. In: Bernd Tesch/Eynar Leupold/Olaf Köller (Hg.): *Bildungsstandards Französisch: konkret. Sekundarstufe I: Grundlagen, Aufgabenbeispiele und Unterrichtsanregungen*. Berlin: IQB, S. 149–186.

Haack, Adrian (2017): *Dramapädagogik, Selbstkompetenz und Professionalisierung: Performative Identitätsarbeit im Lehramtsstudium Englisch*. Stuttgart: Metzler.

Hall, Graham/Cook, Guy (2012): Own-language use in language teaching and learning. In: *Language Teaching* 45, S. 271–308.

Hallet, Wolfgang (2012a): Die komplexe Kompetenzaufgabe. Fremdsprachige Diskursfähigkeit als kulturelle Teilhabe und Unterrichtspraxis. In: Hallet, Wolfgang/Krämer, Ulrich (Hg.): *Kompetenzaufgaben im Englischunterricht. Grundlagen und Unterrichtsbeispiele*. Seelze-Velber: Klett Kallmeyer, S. 8–19.

Hallet, Wolfgang (2012b): Die Entwicklung von Unterrichtseinheiten, Kompetenzaufgaben und Evaluationsaufgaben für den Englischunterricht. In: Hallet, Wolfgang/Krämer, Ulrich (Hg.): *Kompetenzaufgaben im Englischunterricht. Grundlagen und Unterrichtsbeispiele*. Seelze-Velber: Klett Kallmeyer, S. 92–97.

Hallet, Wolfgang (2013): Die komplexe Kompetenzaufgabe. In: *Der fremdsprachliche Unterricht Englisch* 124, S. 2–8.

Hallet, Wolfgang (2016): *Genres im fremdsprachlichen und bilingualen Unterricht. Formen und Muster der sprachlichen Interaktion*. Seelze: Klett Kallmeyer.

Hattie, John (2014): *Lernen sichtbar machen*. Baltmannsweiler: Schneider Verlag Hohengehren.

Heintze, Andreas (2003): Die zweisprachige deutsch-türkische Erziehung an Berliner Grundschulen. In: Heine, Marcella/Riccò, Antonio/Schoof-Wetzig, Dieter (Hg.): *Bilinguales Lernen im interkulturellen Kontext*. Braunschweig: Westermann, S. 105–109.

Helmke, Andreas (2015): *Unterrichtsqualität und Lehrerprofessionalität: Diagnose, Evaluation und Verbesserung des Unterrichts*. Seelze: Klett Kallmeyer.

Helsper, Werner (2004): Antinomien, Widersprüche, Paradoxien: Lehrerarbeit – ein unmögliches Geschäft? Eine strukturtheoretisch-rekonstruktive Perspektive auf das Lehrerhandeln. In: Koch-Priewe, Barbara/Kolbe, Fritz U./Wildt, Johannes (Hg.): *Grundlagenforschung und mikrodidaktische Reformansätze zur Lehrerbildung*. Bad Heilbrunn: Klinkhardt, S. 49–98.

Helsper, Werner (2008): Ungewissheit und pädagogische Professionalität. In: Bielefelder Arbeitsgruppe 8 (Hg.): *Soziale Arbeit in Gesellschaft*. Wiesbaden: VS Verlag für Sozialwissenschaften, S. 162–168.

Hennig-Klein, Eva-Maria (2018): *Identität und plurale Bildung in mehrsprachigen Französischlerngruppen: Konzeptmodellierung und empirische Studie*. Berlin: Lang.

Hericks, Uwe (2006): *Professionalisierung als Entwicklungsaufgabe: Rekonstruktionen zur Berufseingangsphase von Lehrerinnen und Lehrern.* Wiesbaden: VS Verlag für Sozialwissenschaften.

Hericks, Uwe/Keller-Schneider, Manuela/Bonnet, Andreas (2019): Professionalität von Lehrerinnen und Lehrern in berufsbiographischer Perspektive. In: Harring, Marius/Rohlfs, Carsten/Gläser-Zikuda, Michaela (Hg.): *Handbuch Schulpädagogik*. Münster: Waxmann, S. 597–607.

Hu, Adelheid (2003): *Schulischer Fremdsprachenunterricht und migrationsbedingte Mehrsprachigkeit.* Tübingen: Narr.

Jürgens, Eiko/Sacher, Werner (2008): *Leistungserziehung und pädagogische Diagnostik in der Schule. Grundlagen und Anregungen für die Praxis*. Stuttgart: Kohlhammer.

Kanno, Yasuko/Stuart, Christian (2011): Learning to become a second language teacher: Identities-in-practice. In: *The Modern Language Journal* 95/2, S. 236–252.

Kieweg, Werner ([2]2017): Situiertes Lernen. In: Surkamp, Carola (Hg.): *Metzler Lexikon Fremdsprachendidaktik. Ansätze – Methoden – Grundbegriffe*. Stuttgart: J. B. Metzler, S. 305–306.

Kleppin, Karin ([2]2013): Fehler, Fehlerkorrektur, Fehlerbewertung. In: Hallet, Wolfgang/Königs, Frank G. (Hg.): *Handbuch Fremdsprachendidaktik*. Seelze: Klett Kallmeyer, 224–228.

Kleppin, Karin ([6]2016): Prozesse mündlicher Fehlerkorrektur. In: Burwitz-Melzer, Eva/Mehlhorn, Grit/Riemer, Claudia/Bausch, Karl-Richard/Krumm, Hans-Jürgen (Hg.): *Handbuch Fremdsprachenunterricht*. Tübingen, S. 412–416.

Knorr, Petra (2015): *Kooperative Unterrichtsvorbereitung. Unterrichtsplanungsgespräche in der Ausbildung angehender Englischlehrender*. Tübingen: Narr.

Kocher, Doris (2019): *Fremdsprachliches Lernen und Gestalten nach dem Storyline Approach in Schule und Hochschule. Theorie, Praxis, Forschung*. Tübingen: Narr.

Kolodzy, Elke (2016): Schüler für Russisch begeistern: aktivierende Methoden im Anfangsunterricht Russisch. In: Bergmann, Anka (Hg.): *Kompetenzorientierung und Schüleraktivierung im Russischunterricht*. Frankfurt a.M.: Lang, S. 93–112.

Kötter, Markus/Rymarczyk, Jutta (Hg.) (2015): *Englischunterricht auf der Primarstufe: neue Forschungen – weitere Entwicklungen*. Frankfurt a.M.: Lang.

Kramsch, Claire/Zhang, Lihua (2018): *The Multilingual Instructor*. Oxford: Oxford University Press.

Kumaravadivelu, Bala (2006): TESOL methods: changing tracks, challenging trends. In: *TESOL Quarterly* 40, S. 59–81.

Kurz, Natalia (2015): *„Muttersprachler ist kein Beruf!" Eine Interviewstudie zu subjektiven Sichtweisen von (angehenden) Russischlehrenden mit russischsprachiger Zuwanderungsgeschichte*. Tübingen: Stauffenburg.

Kutzer, Reinhard (1982): Anmerkungen zum Struktur- und Niveauorientierten Unterricht. In: Probst, Holger (Hg.): *Kritische Behindertenpädagogik in Theorie und Praxis. Beiträge zum gleichnamigen Studentenkongress der Fachgruppe Sonderpädagogik in Marburg 1978*. Solms-Oberbiel: Jarik-Verlag, S. 29–62.

Legutke, Michael K. (2009): Lernertexte im handlungsorientierten Fremdsprachenunterricht. In: Abendroth-Timmer, Dagmar/Elsner, Daniela/Lütge, Christiane/Viebrock, Britta (Hg.): *Handlungsorientierung im Fokus. Impulse und Perspektiven für den Fremdsprachenunterricht im 21. Jahrhundert*. Frankfurt a.M.: Lang, S. 203–216.

Legutke, Michael K./Schocker-von Ditfurth, Marita/Müller-Hartmann, Andreas ([2]2013): Frühbeginnender Fremdsprachenunterricht. In: Hallet, Wolfgang/Königs, Frank G. (Hg.): *Handbuch Fremdsprachendidaktik*. Seelze-Velber: Klett Kallmeyer, S. 290–293.

Leitzke-Ungerer, Eva/Polzin-Haumann, Claudia (Hg.) (2017): *Varietäten des Spanischen im Fremdsprachenunterricht. Ihre Rolle in Schule, Hochschule, Lehrerbildung und Sprachenzertifikaten.* Stuttgart: ibidem.

Leupold, Eynar (2008): A chaque cours suffit sa tâche? Bedeutung und Konzeption von Lernaufgaben. In: *Der Fremdsprachliche Unterricht Französisch* 96, S. 2–9.

Levine, Glenn S. (2017): Das komplexe System des Fremdsprachenunterrichts: Ein ökologischer Ansatz zur Fremdsprachendidaktik. In: Appel, Joachim/Jeuk, Stefan/Mertens, Jürgen (Hg.): *Sprachen Lehren. Kongressband zum 26. Kongress der Deutschen Gesellschaft für Fremdsprachenforschung in Ludwigsburg*. Baltmannsweiler: Schneider Verlag Hohengehren, S. 17–33.

Littlewood, William (2009): Process-oriented pedagogy: facilitation, empowerment, or control? In: *ELT Journal* 63/3, S. 246–254.

Lochtman, Katja (2002): Oral corrective feedback in the foreign language classroom: how it affects interaction in analytic foreign language teaching. In: *International Journal of Educational Research* 37/3–4, S. 271–283.
Mälkki, Kaisu (2012): What does it take to reflect? Mezirow's theory of transformative learning revisited. In: *Lifelong Learning in Europe* 17/1, S. 44–53.
Mehlhorn, Grit ([2]2013): Individuelle Sprachförderung (auch von Legasthenikern) und Sprachlernberatung. In: Hallet, Wolfgang/Königs, Frank G. (Hg.): *Handbuch Fremdsprachendidaktik*. Seelze-Velber: Klett Kallmeyer, S. 249–253.
Mehlhorn, Grit (2017): Herkunftssprachen im deutschen Schulsystem. In: *Fremdsprachen Lehren und Lernen* 46/1, S. 43–55.
Méron-Minuth, Sylvie (2018): *Mehrsprachigkeit im Fremdsprachenunterricht. Eine qualitativ-empirische Studie zu Einstellungen von Fremdsprachenlehrerinnen und -lehrern*. Tübingen: Narr.
Mertens, Jürgen ([2]2017): Simulation globale. In: Surkamp, Carola (Hg.): *Metzler Lexikon Fremdsprachendidaktik. Ansätze – Methoden – Grundbegriffe*. Stuttgart: J. B. Metzler, S. 304–305.
Mügge, Michelle (2019): Ma chambre de rêve – eine kreative Lernaufgabe mit mündlicher Klassenarbeit im ersten Lernjahr. In: *französisch heute* 50/1, S. 12–17.
Müller, Mareike/Settinieri, Julia (2020): „Solange dieser Mann gut Deutsch sprechen kann, ist auch kein Problem …“ – Evaluative Reaktionen auf einen L2-Akzent aus Sicht von Sprecher*innen. In: *Fremdsprachen Lehren und Lernen* 49/2, S. 46–63.
Müller-Hartmann, Andreas/Schocker-von Ditfurth, Marita (2011): *Teaching English: Task-Supported Language Learning*. Paderborn: Schöningh.
Newby, David/Allan, Rebecca/Fenner, Anne-Brit/Jones, Barry/Komorowska, Hanna/Soghikyan, Kristine (Hg.) (2007): *European Portfolio for Student Teachers of Languages – A reflection tool for language teacher education*. Strasbourg/Graz: Council of Europe/European Centre for Modern Languages.
Norton, Bonny (2005): Towards a model of critical language teacher education. In: *Language Issues* 17/1, S. 12–17.
Oevermann, Ulrich (2008): Profession contra Organisation? Strukturtheoretische Perspektiven zum Verhältnis von Organisation und Profession in der Schule. In: Helsper, Werner/Busse, Susanne/Hummrich, Merle/Kramer, Rolf-Torsten Kramer (Hg.): *Pädagogische Professionalität in Organisationen*. Wiesbaden: VS Verlag für Sozialwissenschaften, S. 55–77.
Ohm, Udo ([6]2016): Berufsorientiertes und -begleitendes Sprachenlernen und -lehren: Curriculare Dimension. In: Burwitz-Melzer, Eva/Mehlhorn, Grit/Riemer, Claudia/Bausch, Karl-Richard/Krumm, Hans-Jürgen (Hg.): *Handbuch Fremdsprachenunterricht*. Tübingen: Narr Francke Attempto, S. 205–209.
Pesce, Silvia G. (2010): *Löse- und Lernprozesse bei der Bearbeitung grammatisch-kommunikativer Lernaufgaben. Eine Studie am Beispiel des Spanischen als Fremdsprache*. Tübingen: Narr Francke Attempto.
Piccardo, Enrica/North, Brian (2019): *The Action-oriented Approach: A Dynamic Vision of Language Education*. Bristol: Multilingual Matters.
Pienemann, Manfred/Keßler, Jörg-U. (2012): Processability theory. In: Gass, Susan M./Mackey, Alison (Hg.): *The Routledge Handbook of Second Language Acquisition*. London, New York: Routledge, S. 228–247.
Piske, Thorsten (2017): The earlier, the better? Some critical remarks on current EFL teaching to young learners and their implications for foreign language teacher education. In: Wilden, Eva/Porsch, Raphaela (eds.): *The Professional Development of Primary EFL teachers. National and International Research*. Münster, New York: Waxmann, S. 45–57.
Plikat, Jochen (2016): Differenzierte und individualisierte Evaluation in Zeiten standardisierter Prüfungen. Die Quadratur eines Kreises? In: *Der fremdsprachliche Unterricht Spanisch 53*, S. 4–9.
Reckermann, Julia (2017): Eine Aufgabe – 25 Lösungen: Das Potenzial offener Lernaufgaben für den inklusiven Englischunterricht in der Grundschule. In: Chilla, Solveig/Vogt, Karin (Hg.): *Heterogenität und Diversität im Englischunterricht – fachdidaktische Perspektiven*. Frankfurt a.M.: Lang, S. 205–233.
Roche, Jürgen (2015): Zur Sprachlosigkeit des Sprachunterrichts und seiner Didaktik. Das Prinzip der Handlungs- und Aufgabenorientierung als Alternative im Erwerb und der Vermittlung von Sprache. In: Hoffmann, Sabine/Stork, Antje (Hg.): *Lernerorientierte Fremdsprachenforschung und -didaktik. Festschrift für Frank G. Königs zum 60. Geburtstag*. Tübingen: Narr Francke Attempto, S. 235–245.

6

Rossa, Henning ([6]2016): Prüfen und Testen. In: Bausch, Karl-Richard/Burwitz-Melzer, Eva/Krumm, Hans-Jürgen/Mehlhorn, Grit/Riemer, Claudia (Hg.): *Handbuch Fremdsprachenunterricht*. Tübingen: Narr, S. 399–403.

Rössler, Andrea (2013): Standards interkultureller Kompetenz für Fremdsprachenlehrer. Zur Einführung. In: Rössler, Andrea (Hg.): *Standards interkultureller Kompetenz für Fremdsprachenlehrer*. Sonderband der Beiträge zur Fremdsprachenvermittlung. Landau: Verlag Empirische Pädagogik, S. 7–21.

Sasse, Ada (unter Mitarbeit von Sabrina Lada) (2014): Unterrichtsvorbereitung und Leistungseinschätzung im Gemeinsamen Unterricht. In: Peters, Susanne/Widmer-Rockstroh, Ulla (Hg.): *Gemeinsam unterwegs zur inklusiven Schule*. Beiträge zur Reform der Grundschule. Frankfurt a.M.: Grundschulverband, S. 118–137. ▶ http://www.gu-thue.de/material/itag14/Unterrichtsvorbereitung_Leistungseinschaetzung_GU.pdf (11.11.2020).

Sawellion, Sandra/Wolf-Zappek, Sabine (2016): Diagnose: Lerngruppenanalyse und Lernausgangslage. In: Bär, Marcus/Franke, Manuela (Hg.): *Spanischdidaktik. Praxishandbuch für die Sekundarstufe I und II*. Berlin: Cornelsen, S. 174–177.

Schädlich, Birgit (2020): Einleitung. In: Schädlich, Birgit (Hg.): *Perspektiven auf Mehrsprachigkeit im Fremdsprachenunterricht – Regards croisés sur le plurilinguisme et l'apprentissage des langues*. Stuttgart: J. B. Metzler, S. 1–11.

Schinschke, Andrea/Junghanns, Christine (2015): Wie differenzieren? Anforderungen an leistungsdifferenzierende Aufgaben. In: *Praxis Fremdsprachenunterricht* 2, S. 12–15.

Schultze, Katrin (2018): *Professionelle Identitätsbildungsprozesse angehender Englischlehrpersonen. Theoretische, methodologische und empirische Annäherungen*. Münster: Waxmann.

Schwab, Götz/Keßler, Jörg-U./Hollm, Jan (2014): CLIL goes Hauptschule – Chancen und Herausforderungen bilingualen Unterrichts an einer Hauptschule. Zentrale Ergebnisse einer Longitudinalstudie. In: *Zeitschrift für Fremdsprachenforschung* 25/1, S. 3–37.

Seyferth, Sibylle (2020): *Mündliche Leistungsmessung im Fremdsprachenunterricht. Entwicklung eines Beurteilungsrasters für Sprechkompetenzen im Französischunterricht zum Ende der gymnasialen Sekundarstufe I in Bremen*. Trier: WVT Wissenschaftlicher Verlag Trier.

Sippel, Vera (2003): *Ganzheitliches lernen im Rahmen der Simulation globale: Grundlagen – Erfahrungen – Anregungen*. Tübingen: Narr.

Stadler, Wolfgang (2016a): Kompetenzorientiertes Testen ist handlungsorientiert, aufgabenorientiert, integrativ. In: Anka Bergmann (Hg.): *Kompetenzorientierung und Schüleraktivierung im Russischunterricht*. Frankfurt a.M.: Lang, S. 71–89.

Stadler, Wolfgang (2016b): Деятельностный подход к тестированию русского языка – ein Plädoyer für handlungsorientiertes Testen im Russischunterricht. In: Bergmann, Anka (Hg.): *Kompetenzorientierung und Schüleraktivierung im Russischunterricht*. Frankfurt a.M. u. a.: Lang, S. 201–219.

Steveker, Werner (2011): Zeitgemäß unterrichten. In: Sommerfeldt, Kathrin (Hg.): *Spanisch-Methodik. Handbuch für die Sekundarstufe I und II*. Berlin: Cornelsen, S. 23–48.

Stork, Antje ([2]2013): Integrated skills. In: Hallet, Wolfgang/Königs/Frank G. (Hg.): *Handbuch Fremdsprachendidaktik*. Seelze-Velber: Kallmeyer in Verbindung mit Klett, S. 100–103.

Terhart, Ewald (2011): Lehrerberuf und Professionalität. Gewandeltes Begriffsverständnis – neue Herausforderungen. In: *Zeitschrift für Pädagogik* 57 (Beiheft), S. 202–224.

Tesch, Bernd/Strathmann, Jochen (2014): Diagnose im Spanischunterricht. In: Grünewald, Andreas/Krämer, Ulrich (Hg.): *Vielfalt gestalten: Differenzierung im Spanischunterricht. Eine Selbststudieneinheit*. Seelze: Klett Kallmeyer, S. 9–41.

Thaler, Engelbert ([2]2017): Storyline-Methode. In: Surkamp, Carola (Hg.): *Metzler Lexikon Fremdsprachendidaktik. Ansätze – Methoden – Grundbegriffe*. Stuttgart: J. B. Metzler, S. 340.

Tudela, Nitzia/Puertas, Ernesto (2017): Evaluaciones alternativas gamificadas. Dinámicas, juegos y desafíos en el aula de segundas lenguas. In: *Der fremdsprachliche Unterricht Spanisch* 59, S. 22–29.

Ur, Penny (2013): Language-teaching method revisited. In: *ELT Journal* 67/4, S. 468–474.

Valadez Vazquez, Beate (2014): *Ausprägung beruflicher Identitätsprozesse von Fremdsprachenlehrenden am Beispiel der beruflichen Entwicklung von angehenden Spanischlehrerinnen und Spanischlehrern. Eine qualitative Untersuchung*. Stuttgart: ibidem.

Valbonesi, Vally/Roosen, Annette (2003): Bilinguale Alphabetisierung an der DIGS – Wolfsburg. In: Heine, Marcella/Riccò, Antonio/Schoof-Wetzig, Dieter (Hg.): *Bilinguales Lernen im interkulturellen Kontext*. Braunschweig: Westermann, S. 105–109.

Van den Branden, Kris (2006): Introduction: Task-based language teaching in a nutshell. In van den Branden, Kris (Hg.): *Task-Based Language Education: From Theory to Practice*. Cambridge: Cambridge University Press, S. 1–16.

Van Manen, Max (1995): On the Epistemology of Reflective Practice. In: *Teachers and Teaching: Theory and Practice* 1/1, S. 33–50.

Vogt, Karin/Quetz, Jürgen (2018): *Assessment im Englischunterricht. Kompetenzorientiert beurteilen und bewerten*. Innsbruck: Helbling.

Vygotsky, Lev S. (1978): *Mind in society*. Cambridge, MA: Harvard University Press.

Vygotsky, Lev S. (1986): *Thought and language*. Cambridge, MA: MIT Press.

Wedell, Martin/Malderez, Angi (2013): *Understanding Language Classroom Contexts*. London: Bloomsbury.

Wild, Katia/Caspari, Daniela (2013): *Hay*, *ser* und *estar* implizit vermitteln – Evaluation einer Lernaufgabe für das 1. Lernjahr Spanisch. In: Bär, Marcus (Hg.): *Kompetenz- und Aufgabenorientierung im Spanischunterricht. Beispiele für komplexe Lernaufgaben*. Berlin: edition tranvía, Verlag Walter Frey, S. 232–244.

Willis, Jane (1996): *A Framework for Task-based Learning*. Harlow: Longman.

Winter, Felix (2006): Diagnosen im Dienst des Lernens. Diagnostizieren und Fördern gehören zum Unterrichten. In: *Friedrich Jahresheft: Stärken entdecken – Können entwickeln: Diagnostizieren und Fördern*, S. 22–25.

Yaiche, Francis (1993): *Les simulations globales. Thèse pour le doctorat. Université de la Sorbonne Nouvelle*. Paris III: Presses universitaires.

Ziegler, Albert ([2]2009): Hochbegabte und Begabtenförderung. In: Tippelt, Rudolf/Schmidt, Bernhard (Hg.): *Handbuch Bildungsforschung*. Wiesbaden: VS Verlag für Sozialwissenschaften, S. 937–951.

Zydatiß, Wolfgang (2009): Die kartierte Welt des Kinderbuchklassikers Easy Peasy People: ein Projekt für den Vorlauf zum bilingualen Sachfachunterricht. In: Abendroth-Timmer, Dagmar/Elsner, Daniela/Lütge, Christiane/Viebrock, Britta (Hg.): *Handlungsorientierung im Fokus. Impulse und Perspektiven für den Fremdsprachenunterricht im 21. Jahrhundert*. Frankfurt a.M.: Lang, S. 71–87.